宋史研究诸层面

邓小南 主编
方诚峰 执行主编

北京大学出版社
PEKING UNIVERSITY PRESS

图书在版编目(CIP)数据

宋史研究诸层面 / 邓小南主编. — 北京:北京大学出版社,2020.6
ISBN 978-7-301-31402-9

Ⅰ.①宋… Ⅱ.①邓… Ⅲ.①中国历史 – 研究 – 宋代 Ⅳ.① K244.07

中国版本图书馆 CIP 数据核字(2020)第 115441 号

书　　名	宋史研究诸层面 SONGSHI YANJIU ZHU CENGMIAN
著作责任者	邓小南　主编　方诚峰　执行主编
责任编辑	武　芳
标准书号	ISBN 978-7-301-31402-9
出版发行	北京大学出版社
地　　址	北京市海淀区成府路 205 号　100871
网　　址	http://www.pup.cn　新浪微博:@北京大学出版社
电子信箱	zpup@pup.cn
电　　话	邮购部 010-62752015　发行部 010-62750672 编辑部 010-62756694
印　刷　者	北京中科印刷有限公司
经　销　者	新华书店
	720 毫米 ×1020 毫米　16 开本　45.75 印张　833 千字 2020 年 6 月第 1 版　2021 年 11 月第 3 次印刷
定　　价	126.00 元

未经许可,不得以任何方式复制或抄袭本书之部分或全部内容。
版权所有,侵权必究
举报电话:010-62752024　电子信箱:fd@pup.pku.edu.cn
图书如有印装质量问题,请与出版部联系,电话:010-62756370

目　录

一个教师的感动（代序）　邓小南 / 1

学术史

试析宋代政治史研究诸轨迹　方诚峰 / 2
宋代的信息沟通与文书行政研究述评　李全德 / 20
关于"'活'的制度史"　张　祎 / 84
近二十年来中古社会史研究的回顾与展望　王锦萍 / 106
欧美学界宋代女性史研究概述　许　曼 / 139
国家与市场的迷思：女人的唐宋之变研究回顾　易素梅 / 152
关于"中国专制论"的辩论　郑小威 / 165
邓广铭宋史研究的学术渊源考
　　——以蒙文通宋史课程的讲授为中心　聂文华 / 215

专题研究

契丹捺钵制度重审——《辽史·营卫志·行营》探源　苗润博 / 230
方镇为国：后唐建国史研究　闫建飞 / 251

申状与宋代中枢政务运行　王化雨 / 271

帖与宋代地方政务运作　刘　江 / 303

宋代官印行用考　周　佳 / 325

宋代文官的冠服等级——兼谈公服制度中侍从身份的凸显　任　石 / 356

10—13世纪中日交流中的僧商合作与"宗教—商业网络"　李怡文 / 382

北宋京畿地区洪涝的协同治理　梁建国 / 406

北宋财政决策体制中三司、宰执职权关系探析
　　——兼论三司的"有司""使职"二重性　张亦冰 / 422

制度与数据之间：宋元明之际两税的去货币化进程
　　——以温州乐清为例　刘光临 / 438

北宋前期的知县——兼谈北宋选人七阶中的第六阶　张卫忠 / 471

北宋前期制度中的"交错任用"与"宫朝相制"：以群牧司为例　丁义珏 / 482

何以"有为"？——论北宋神宗朝"大有为"之政　古丽巍 / 504

继志、国是与党祸：北宋哲宗朝"绍述"论分析　朱义群 / 536

机速房与南宋中枢军政运行　贾连港 / 570

南宋京湖战区的形成——兼谈岳家军的防区与隐患　陈希丰 / 590

宰属与史弥远专权　尹　航 / 612

"空言"的力量：南宋平江府学田诉讼中的沟通渠道与信息博弈　高柯立 / 637

五代德运新论　陈文龙 / 675

张载《正蒙》"诚明"概念探析　雷　博 / 693

《朱文公文集》未收书信原因考释
　　——以宋元两朝文集所见朱熹书信真迹题跋为线索　汤元宋 / 706

编后记 / 720

一个教师的感动（代序）

一

首先应该说明，这不是一篇正式的序言，而只是一节节零散的感言，是我心中想说的一些话。

这部论文集的作者，是一批学界的年轻人——尽管他们之中有的已经开始步入中年。他们曾经求学于北大，在燕园留下自己的印迹。毕业有年，此番将作品汇聚在一起，是一次自发的集体检阅。

论文集以"诸层面"为题，作者和编者都清楚，内容牵涉到不同方面，并非系统化的集大成之作。29篇文章，有对学术史的梳理回顾，有个人研究的心得呈现。其中的一些议题大家曾经集体讨论，其中的不少内容我是初次接触。当年的学术历程是一步步走来，经验教训都是一点点累积。今天读着想着，以往并非自觉的"推进"似乎有了更为清晰的轮廓，背景中带有稚气的面庞也显得逐渐成熟。

文章的作者有的毕业不久，有的离校多年，大多活跃在高校的教学岗位上。我借鉴过他们的讲义和课件，旁听过他们主持的读书讨论课，参加过他们组织的研讨会，每每得到启迪，受到激励。他们甘于沉潜的态度，他们勇克"硬核"的精神，他们开阔的视野，他们活跃的思路，让我面对他们不敢停步。

他们在校时,有的做过办公室"主任",负责过各类琐细的日常事务;有的负责过集体读书的组织工作;有的负责过数字人文项目CBDB的质量管理;有的做过课程助教。也有的虽无"职衔",却处处关心同伴,事事解困帮忙。

那些年我经常在朗润园中古史中心的办公室,学生们出出入入,随时有商讨,每天有争论。争议的内容有浅有深,语调时而平和时而激烈,寻章摘句引经据典,力求说服对方;一时没有结论,又去查阅材料,回头再来讨论。在读数年,学生们有困惑有波动,有泪目有笑容,但大家都执着于学业。沉浸于学术议题的这一次次对话场面,对话中的诚挚与锋芒,正是我们多年来一直期待的。

学生们虽然都有专业,但事实上是吃"百家饭"长大的。他们在北大选各断代各科各类的课程,也去人大,去清华,去首都师大旁听;他们的论文,都经过校内外多位老师悉心指教;他们的学业,都从海内外研究中汲取滋养。入学前他们从四方来,毕业后他们到四处去。目睹着本科生、研究生、博士生乃至博士后的步步前行,注意到青年人学习方式、交往方式乃至个人性情的点滴变化;看到他们完成了学业,发表了论文,出了书,科研成绩受到肯定,教学岗位上得到好评,我和同事们一样,非常享受学生们从"成长"到"长成"的过程。学生带给我们活力,使得我们"年轻"。能把生命融入学生的青春年华,自己也感觉愉悦而充实。

学生们说,一个人走,可能走得更快;一群人一起走,却可以走得更远。他们走出校门,有的又进入校门;有的在大学,有的教中学;有的在出版社,有的在博物馆;有的选调去支边,有的做了公务员。无论立足哪个行业,都长了知识添了历练,都能不忘事业不忘责任。回到母校,谈起既往,都有一份怀恋;讲到如今,都能相互勉励,向往着地广天高。和他们并肩坐在一起,听他们侃侃交谈,听他们恳恳劝诫,讶异于他们的精干,欣喜于他们的坦诚。往日的身影一个个闪过,孩子们已经长大成人。

身为教师,真的非常欣慰。

二

1985年我开始在北大任教,至今已经35年。身在校园,无论是否兼任其他工作,我首先是个教师。一路走来,有句话想说:教师需要自我"加油",同时也是需要鼓励的。这鼓励,主要不是来自某种奖项,而是来自学生们发自内心的肯定,这是对教师最好的回报,是我们前行的动力。

我没有给学生的著作写过前言,一方面是因为我不擅长写序跋类文字,一方面也是因为作品本身即会"说话",无须赘叙。不过,学生们已经出版的著述或是学位论文的前言、后记我都认真读过,也从中收获许多感动。全德《唐宋变革期枢密院研究》的后记,用了博士论文中的说法,"我原想收获一缕春风,您却给了整个春天";许曼《跨越门间:宋代福建女性的日常生活》的"鸣谢",从大三跟邓老师学习妇女史说起;锦萍 *In the Wake of the Mongols: The Making of a New Social Order in North China, 1200-1600*,扉页上说"这部书献给我的导师邓小南和 Valerie";周佳《北宋中央政务运行研究》的后记,和不少同学一样,说到邓老师的"手把手",还在赠书的扉页贴上两幅洒金纸的字条,说自己将终生"不苟且"。小林隆道是早稻田大学的博士,也是北大的学友,《宋代中国の统治と文书》后记中,有对进修期间的深情回忆。不记得从哪年开始,在校学生逐年编辑他们的研读习作和论文后记。《行事集》《结网集》《跬步集》《行思集》《学而集》《万松集》《参省集》,一本本积累至今。这些面世的著述,这些后记,这些真切的回忆,都是支持我走下去的力量。

不少学生会说,在读期间,印象最深的是学术上的"标准"二字。他们知道,我从来不会为学生的论文发表"铺路",不会提前请答辩老师"关照"。他们理解,打磨中形成能力,靠自己去"硬碰硬",更能树立学术的自信。他们记得一次次挤在狭小办公室中切磋讨论,记得我推着老旧自行车和他们边走边谈。有学生在博士论文后记中说,读研读博将近六年,"邓师与我往返的邮件共计1249封";这数量让我惊讶,邮件中少不了琐碎的叮嘱甚至絮叨,但学生记得这点点滴滴,还是让我感到慰藉。和学生一起修订论文,我曾多次说,这是"被动"训练的最后阶段,应该珍视这一过程;而我自己的感觉,其实很简单,好像就是"临行密密缝"。

现在想来,我自己的许多事情,都是在积极互动的氛围中,在学生们的督促下完成的。我的一些想法,例如"走向'活'的制度史"是在教学相长的过程中形成;2010年我的第一本论文集《朗润学史丛稿》,从立意到文章的选择,都是学生们集体讨论的结果;2020年疫情期间,修订了30年前的作品《宋代文官选任制度诸层面》,是一批批学生反复动员我着手,一批批学生不厌其烦协助核对材料才得以完成。其他如2015年的《宋代历史探求》、2020年的《长路》,编辑工作自始至终都有在校学生帮忙。这第一批读者,也常常提出并非客气的指摘,让我得以避免许多疏失。

顺便想说的是,内心的力量往往也来自外专业、外校的学生。记得一年元旦刚过,有位外地的学生发来邮件,说"12月31日晚的跨年之夜,我竟梦见在北大中古史中心上您主持的读书课。从那以后,这几天就一直念着要给您写信"。当时我心中一颤,这惦念背后是一种向往,是我们不能辜负的青年学子的期冀。

作为一名普通教师,我一直受到学生多方面的照顾。这些年,考察、开会、讲课……出门在外,总有学生接过我的背包;田野踏查,总有一双手在身旁扶持。无论走到哪里,都有学生的呵护,都是满满的温暖。

身为教师,真的非常感动。

三

历史学讲究传承。学问的传承,精神的传承。一辈辈老先生历经坎坷,铸成学术事业的"魂"与"根"。每当我们面对前辈的遗容,仰视那或凝重或期盼的目光,总要问自己:先生们的所思所想我们是否真能理解?先生们在向后人叮嘱什么?

历史学重在反思。先生们的深沉与透彻,正是基于反思而来。今天的学人,生活在一个变动频繁、竞争激烈的时代,面向未来,就是面向未知;而新知的得来,往往离不开反思。忧患、焦虑可能是常态,但我们不能沉溺在茫然之中;忧患不是停滞与徘徊的理由,焦虑也可能带来刺激,带来活力,经由反思"逼"出创造力。

人生的道路是"走"出来的。有些际遇自己无法左右,但是我们仍然可以秉持自己的信念与良知,可以选择自己的目标与方向。能够进入学界,得到"向上的精神"熏染涵育,得与"常为新"的师友朋辈交流往复,这是我们的幸运,也带来一份毕生的追求和责任。2016年,北大文研院的第一位邀访学者,是兼具"敦煌女儿"和"北大女儿"身份的樊锦诗老师。樊老师伉俪同行,我注意到,彭金章老师的微信昵称是"未名湖",头像位置的图片也是未名湖。当时心中真的感觉震撼:1963年毕业的樊老师、彭老师,离开北大已经半个多世纪,他们扎根大漠边陲,长年默默奋战于基层一线,什么样的精神力量始终支撑着他们,激励着他们?如今彭老师已经远去,但这个微信地址,我却舍不得删去,一直作为"联系人",留在心中。

今天我们无论有多少压力,工作生活条件都远非先生们当年可比。但周围环境的喧嚣,也构成一波波新的考验。我常想,学校中相对单纯的氛围,是否让青年人难以适应校门之外的嘈杂环境;但我也相信,学生时代心中的阳光会汇聚四方的能量,支持大家走好自己的路。

我做博导是在1998年。看到积累深厚的一些前辈老师阴差阳错未能指导博士,我却得到这一资格,心中十分忐忑。当时我父亲去世不久,一天夜里忽然梦到他在问我:"你怎么能带博士?"我一下惊醒,倏地坐了起来,久久无法入睡。是啊,我们有什么"资本"能指导博士生,会不会误人子弟?直至今天,这一自我质问始终盘桓在脑际,面对学生,如履薄冰,心中从未轻松。

谈到学业,常说"切磋琢磨";谈到性情,会说"陶冶磨炼"——哪个词语都不轻松,哪个过程都伴着沉重。从学、就业,大大小小的选择都可能有挣扎。挣扎也是一种探索,带有赤橙黄绿的色彩,与个人的成长相生相随。一生中可能有不少顺遂甚至"高光"的时日,但最终留下印象最深的,往往是那些周折后的收获。兴趣是内生的,道路是选得的,经历过痛苦,超越了纠结,才能真正感受畅快,理解"生生不息"的意义。

历史学对学者来说,不仅是一种事业,也是一种人生态度、深邃境界与不懈追求。我们是历史学的学习者、研究者,同时也是历史的参与者、见证者、观察者。时代塑造我们，我们也参与塑造这个时代。这一定位，让我们更为冷静地对待这个纷繁复杂的世界，得以自学者的襟怀、从学理的角度予以思考。任何学问，都是对"真"与"实"的追求，这是驱使学术进步的内在动力。尽管历史的"真相"可能再难重现，但我们不能放弃追寻真相的权利和努力。

今天的国际学界，已经是个超大平台。平台，意味着瞭解互补，也意味着交流竞争；要得到国际学界的尊重，全靠我们自己。基础—格局—气象，决定着学术的未来；有深度对话的能力，才能体现"平台"的意义。今后的数十年，面对着各种不确定性；确定的是，有眼光的青年人应该是曲折中执著前行的力量。

四

这部论文集的"幕后"推动者，是黄宽重先生和刘静贞老师；具体的策划安排，则经过了李全德、易素梅、高柯立、张祎、方诚峰和武芳等人的多次商议。编辑工作，基本上是诚峰和武芳承担的。

"芳林新叶催陈叶，流水前波让后波。"吟诵这样的诗句，呈现在眼前的，是一派蓬勃气象。这种"千帆过""万木春"的景象，正是无数教师内心期待，并且为之努力的目标。我自己学术上起步晚，面向窄；青年人则不同，思维活跃有朝气，现实中也有着更多的可能。鲁迅先生当年说，凡是有活力、在生长者，"总有着希望的前途"。

有学生的活力浸染，我们才会感觉年轻；看到青年一代的成长，自己不再畏惧变老。希望在于未来。

邓小南

2020年6月14日北大静园二院

学术史

试析宋代政治史研究诸轨迹

方诚峰

宋代政治史研究中数量最多的是事件、人物研究;但最有影响的是少数提供了认识框架的研究,它们构成了今天学界理解宋代政治甚至是整个宋代历史的基础。而那些足以更新乃至创造框架的研究,就成为某领域最出色的成果。本文不拟讨论具体的宋代政治史论题,而是聚焦于三种宋代政治史研究的基本范式变化轨迹。

多数具体研究都不会直接谈及框架、范式这些颇"大而无当"的问题。但因为这些问题是研究、思维的前提,故而每一项研究实际并无所逃,只是研究者或意识到自己的论述源自某框架,或是不自觉地使用——不自觉地使用可能就混杂了多种学术传统。这样的话,本文的析论或许不可谓毫无意义。

作者单位:清华大学人文学院历史系

一、"唐宋变革论"及其延伸

"唐宋变革论"在今日是个被极度泛化的概念,就"原教旨"而言,其核心要义是"宋代近世国家论"①。在研究中被发挥最多的,一是君主独裁论,二是朋党性质说。君主独裁,即宋代以君主为首的官僚制,区别于此前的贵族寡头政治。朋党性质,即从贵族式的朋党走向以政治、学问为媒介的朋党(走向现代的政党)。就政治史来说,君主独裁制(君主—官僚制)是"唐宋变革论"最大的贡献,大量的制度史、政治史研究围绕这一论点展开②。

一般认为,"唐宋变革论"中关于"君主独裁"的概念,源自欧洲历史中的绝对主义王权③。确实,至少在宫崎市定的时代,欧洲的绝对君主制被认为是从封建国家向现代国家的过渡形态,因逐步建立了政治与行政理性化,是走向现代官僚制的前奏④。故"近世国家论"是一种典型的"现代化叙事",即以走向现代、具备某种程度的"现代性"作为理解历史的基本观念。

在 20 世纪六七十年代,从政治史的角度对"近世国家论"的批评,首先应该提到刘子健(James T. C. Liu,1919—1993)。1969 年,刘子健与 Peter J. Golas 合编了一种名为《宋代的变革》(Change in Sung China)的小册子,主要是围绕京都学派的"宋代近世说"展开的,汇集了日、美、中学者的不同观点⑤。他本人的观点(原刊于 1965 年)后来发展为《中国转向内在》一

---

① 内藤湖南:《概括的唐宋时代观》,宫崎市定:《东洋的近世》,收入刘俊文主编:《日本学者研究中国史论著选译》第 1 卷,北京:中华书局,1992 年。
② 曾瑞龙、赵雨乐:《唐宋军政变革史研究述评》,王化雨:《"唐宋变革"论与政治制度史研究》,收入李华瑞主编:《"唐宋变革"论的由来与发展》,天津:天津古籍出版社,2010 年,第 63—113、171—210 页。
③ 葭森健介撰、马彪译:《唐宋变革论于日本成立的背景》,《史学月刊》2005 年第 5 期,第 21—23 页。葭森健介认为"唐宋变革论"源自法国基佐的《欧洲文明史》之启发。平田茂树:《日本宋代政治研究的现状与课题》,收入氏著《宋代政治结构研究》,上海:上海古籍出版社,2010 年,第 25 页。李华瑞:《唐宋史研究应当翻过这一页——从多视角看"宋代近世说(唐宋变革论)"》,《古代文明》第 12 卷第 1 期(2018 年 1 月),第 16 页。
④ 张弛:《法国绝对君主制研究路径及其转向》,《历史研究》2018 年第 4 期。
⑤ Change in Sung China, Innovation or Renovation? Edited by James T. C. Liu and Peter J. Golas, Massachusetts: D. C. Heath & Co., 1969. 笔者所阅为 1972 年台北虹桥书店复制本。

书①。刘子健认为,不应当将宋代称为"近代初期",因为近代后期没有接踵而至。他所提出的中国"转向内在"是一个文化转向,但这个文化转向背后的黑手,是政治上的专制。"在大多数时候,政治总是在决定一切。"②《中国转向内在》全书最后的《余论》主题就是批判"专制"。因此,作者是在寻找近代中国失败的缘由——为什么中国没有自我革新的能力?他认为,"宋代的确是近代中国定型的时期",南宋是中国从世界首位降为落后国家的关键③。《两宋史研究汇编》中关于南宋政治、文化的一系列阐述,尤其是"君权独运,权相密赞"的政治模式、道统的成立④,都是在回答上述问题。一言以蔽之,"皇朝权力,并不真要实行儒家的学说,而儒家的思想权威也始终不敢对皇朝作正面的抗争。这两者之间的矛盾,是中国专制历史,正统也罢,道统也罢,绝大的失败"⑤。

可见,刘子健用来反击"宋代近世说"的,其实是近现代中国学人中流行的"中国古代专制论"。

在日本,宋代"近世国家论"这一框架取得了巨大成功,不但指引了大量的唐宋史研究,更是因围绕它的论辩,针对别的时代产生了个别人身支配论、共同体论、地域社会论、专制国家论等诸种精彩的中国古代国家理论⑥。而宋代"近世国家论"给宋史研究所带来的问题,即宋代政治史集中于几个固定的主题,带来了叙述上的偏颇与断裂,经寺地遵的揭示,已经广为

---

① James T. C. Liu, *China Turning Inward: Intellectual–Political Changes in the Early Twelfth Century*, Harvard University Asia Center, 1988. 中译本《中国转向内在:两宋之际的文化转向》,赵冬梅译,南京:江苏人民出版社,2012年。本文所引为中译本。
② 刘子健:《中国转向内在——两宋之际的文化转向》,第142页。
③ 刘子健:《欧阳修的治学与从政》,台北:新文丰出版公司,1984年,"重印自志",第3、5页。
④ 刘子健:《两宋史研究汇编》,台北:联经出版事业公司,1987年。
⑤ 刘子健:《两宋史研究汇编》,第282页。
⑥ 高明士:《战后日本的中国史研究》,上海:中西书局,2019年,第36—70页。丸桥充拓:《「唐宋變革」史の近况から》,日本中国史学会编:《中国史学》11(2001)。刘俊文:《日本的中国史研究·中国史研究的学派与论争(中)》,《文史知识》1992年第5期;《中国史研究的学派与论争(续)》,《文史知识》1992年第8期。张广达:《内藤湖南的唐宋变革说及其影响》,《唐研究》第11卷,北京:北京大学出版社,2005年,第46—49页。

人知^①。

寺地遵的应对之策就是"政治过程"。一是放弃"唐宋变革论"关于"近世国家"的预设,二是从事一种"有关运动的、过程的研究"。他关于南宋初期政治史的研究,首先是放弃了宋代的"现代性/近代性"这一宏观预设,转而从事一个短时期、较微观的政治史研究。不过,虽然其著述没有宏观的目的论(近世),但仍然有微观目的论——秦桧体制。再者,寺地遵所谓的"政治势力"之权力斗争,除了皇帝外,经常是以政治集团的面目出现的:拥立高宗集团、赵鼎集团、江南士人层、秦桧集团等。因此,他的"微观"是有限度的。

在被翻译成中文之后以及在平田茂树的提倡下,寺地遵的研究产生了广泛的影响。平田茂树延续了"政治过程论",还加入了政治结构、政治空间等表述。下面两段话可以比较清楚地说明平田茂树的用意所在:

> 所谓政治过程论,就是站在微观的角度确定政治现象是由什么样的人(主体),基于什么样的力量源泉,并通过何种过程而发生,针对政治活动中力量的输入和输出进行的动态研究,关于产生政治权力、精英以及领导者的政治过程的研究,特定的政策的形成、决定、实施的过程等等研究。②

> 在此可以参考一下 H. D. Lasswell 的《政治动态分析》中把握政治的方法……认为从动态的观点来把握政治的话,那就是"谁,何时,怎样,做成什么"的过程。③

从这两段话中,可以看到如下的两点:

首先,平田茂树主张的"政治过程",主要仍然是微观政治史的研究。他自己所关心的课题,主要有朋党的形成(因科举—官僚制结成)、皇帝与

---

① 寺地遵:《南宋初期政治史研究》,刘静贞、李今芸译,上海:复旦大学出版社,2016年,第1—8页。原著初版于日本溪水社,1988年;中译本繁体字版,台北:稻禾出版社,1995年。寺地遵:《宋代政治史研究方法试论——治乱兴亡史论克明のために》,佐竹靖彦等编:《宋元时代史の基本问题》,东京:汲古书院,1996,第69—91页。
② 平田茂树:《日本宋代政治制度研究述评》,收入氏著《宋代政治结构研究》,第6页。
③ 平田茂树:《日本宋代政治研究的现状与课题》,收入氏著《宋代政治结构研究》,第32页。

官僚的对/议、文书处理过程等。可见他所处理的"过程",已经不是寺地遵作为政治活动(政治事件)的过程,而是作为政治运作程序的过程,可谓一种抽象的过程。他自己说,他研究的对象是"政策决定过程、文书制度、信息传递、监察制度"①。

其次,如果追踪 H. D. Lasswell(1902—1978)这个人的话,可知他是美国行为主义政治学(流行于20世纪40至70年代)的开创者和代表人物。其基本的特点是:排斥传统政治学的价值倾向,致力于用所谓"纯科学"(如心理学、定量方法、调查)的方法研究政治体制内部的活动、行为,行为主义政治学家往往是政策科学家,其研究致力于解释现实政治问题、提供解决方案②。平田茂树选择这样一个方法论的立场,也许有很多偶然因素,但行为主义政治学放弃宏大命题与定性研究、致力于经验研究的取向,确实非常契合走出"唐宋变革论"(近世论)之追求。

问题在于,寺地遵和平田茂树只是一定程度上搁置了"唐宋变革论",并未突破或放弃之。其微观的政治过程、政治空间也是基于"唐宋变革论"的,比如平田茂树研究的朋党问题,其实是承认了内藤、宫崎关于近世朋党性质变化的认识,在此基础上,解释了从社会关系到政治性朋党的形成机制,即科举—官僚制。

二、"国家萎缩论"及其进展、反驳

中国大陆意义上的政治史(政治事件史)在美国宋史学界并不流行,但

---

① 平田茂树:《日本宋代政治研究的现状与课题》,收入氏著《宋代政治结构研究》,第27页。亦参见同作者《宋代政治史研究的新的可能性——以政治空间和交流为线索》,收入平田茂树、远藤隆俊、冈元司编:《宋代社会的空间与交流》(日文版《宋代社会の空间とコミュニケーション》,东京:汲古书院,2006年),开封:河南大学出版社,2008年,第13—27页。

② David Easton, "Traditional and Behavioral Research in American Political Science," *Administrative Science Quarterly*, Vol. 2, No. 1 (Jun., 1957), pp. 110–115. Richard M. Merelman, "Harold D. Lasswell's Political World: Weak Tea for Hard Times," *British Journal of Political Science*, Vol. 11, No. 4 (Oct., 1981), pp. 471–497. 王沪宁:《拉斯韦尔及其政治学理论》,《国外社会科学》1983年第9期。王沪宁:《西方政治学行为主义学派述评》,《复旦学报(社会科学版)》1985年第2期。王沪宁:《当代西方政治学分析》,成都:四川人民出版社,1988年,第45—63页。

美国学者的研究仍有着鲜明的政治史背景或立场——"国家"是个无处不在的概念。

郝若贝（Robert M. Hartwell,1932—1996）的名文《750—1550年间中国的人口、政治及社会转型》开启了美国中古史研究中的"地方转向"——精英的地方化这一思路①。这个思路一般会被归入社会史的范畴，但实际亦是政治史。郝若贝在世时，声称自己有多个正在从事的课题，其中至少两个与政治史直接相关②。而《750—1550年间中国的人口、政治及社会转型》这篇文章也包含两个方面：一个方面就是已经被发扬光大的"精英的地方化"，另一个方面则是基本被忽略的"国家权力萎缩论"：

> 从中唐到明初的中国行政变迁是一个权力从中央政府向高层地方行政机关转移的渐进过程。为最低限度地有效管理一个地广人稠的帝国的日常事务，这是不得不付出的代价。政府组织的主要变化是：(1)县作为基层地方行政机关数量和权力的增加，以及州、府作为中级地方行政机关重要性的减弱；(2)省作为高层地方行政机关的出现；(3)中央政府对帝国日常事务管理直接影响的减少……上述分析显示，内藤湖南关于宋代越趋专制这一观点存在着某种悖论。皇帝对国内大部分区域的直接行政权威其实是变弱了。③

---

① Robert M. Hartwell, "Demographic, Political, and Social Transformations of China, 750-1550," *Harvard Journal of Asiatic Studies*, Vol. 42, No. 2. (Dec., 1982), pp. 365-442.中译文见伊沛霞、姚平主编：《当代西方汉学研究集萃·中古史卷》，上海：上海古籍出版社，2012年，第175—229页。

② 这些课题是："亲缘、社会关系与中古中国的社会变迁"（Kinship, Informal Associations and Societal Change in Medieval China）, "中古中国的政府与经济"（Government and Economy in Medieval China）, "中古中国的朋党与政治决策"（Coalition Behavior and Political Decision-Making in Medieval China）, "中古中国社会与政治变迁中的思想维度"（Intellectual Dimensions of Social and Political Changes in Medieval China）。见Robert M. Hartwell, "A Computer-Based Comprehensive Analysis of Medieval Chinese Social and Economic History," in Victor H. Mair and Yongquan Liu ed., *Characters and Computers*, Amsterdam, Oxford, Washington, Tokyo: IOS Press, 1991, p.89。

③ Robert M. Hartwell, "Demographic, Political, and Social Transformations of China, 750-1550," *Harvard Journal of Asiatic Studies*, Vol. 42, No. 2. (Dec., 1982), pp. 394-405.《当代西方汉学研究集萃·中古史卷》，第200—209页，引文据原文略有调整。

正是上述结论——宋代国家(中央)权力的萎缩,成为郝若贝"精英地方化"的政治史前提。因为郝若贝设想的成果多数没有发表,所以他对于国家权力萎缩的论证其实并未充分展开,也没有得到太多的回应[①]。但是,因为"精英地方化"这一论断的流行,作为其政治史前提的"国家萎缩论",似乎相应地不证自明了。如包弼德(Peter K. Bol)在总结美国宋史研究状况时说:

> 在政治史方面,学术研究已经从对皇权独裁的研究,转向关注十二世纪更重要的"制度"发展:十一世纪的偶像是在政府中积极有为、热衷干预世事的人,他们一方面寻求从物质上、社会上和文化上改变社会,一方面增长国家的"财富与权力",在十二世纪这种偶像遭到排斥。这是由于与王安石联系在一起的积极有为的政府其为政之道的失败,以及替代国家激进主义的种种做法的出现,这些做法引起了学界的关注……晚期的中华帝国是以"小国家"为标志的,使这种情况成为可能的,是强大的地方精英的存在,他们保持着与政治秩序的文化联系。从长远来看,中央政府不能取消地方精英所处的中介立场,他们处在从事生产的平民和地方上中央任命的权威之间。[②]

可见,国家干预的减少与地方社会的发达(小国家与大社会)构成美国学界对宋代基本认识的两翼。这到底来自何种思想资源?除了施坚雅(G. William Skinner)的工作之外,郝若贝在他的博士论文中提到,他在芝加哥大学社会思想委员会攻读博士学位的时候,其导师有哈耶克(F. A. von Hayek)、柯睿格(E. A. Kracke),而其博士论文的经济学理论部分正是由前者所指导[③]。就此而论,恐怕前述两翼,正是哈耶克之新古典自由主义(Neo-Liberalism)在中国古代史研究的投射。

[①] 余蔚在讨论南宋地方行政权力的时候批评了郝若贝的州府弱化说。见余蔚:《完整制与分离制:宋代地方行政权力的转移》,《历史研究》2005年第4期,第127—130页。

[②] 包弼德:《唐宋转型的反思——以思想的变化为主》,《中国学术》2000年第3期,第76—77页。

[③] Robert M. Hartwell, "Iron and Early Industrialism in Eleventh-Century China," Ph.D. diss., Committee on Social Thought, the University of Chicago, June, 1963, preface.

韩明士（Robert Hymes）遵循了郝若贝的模式，用抚州的实例说明了南宋地方精英的崛起与国家权力的萎缩①。不仅如此，此后包弼德的《斯文》、韩明士与谢康伦（Conrad Schirokauer）合编的《经世》从思想史的角度，论述了政治思想（以及相应的行动）焦点从国家、政治到地方、个人的转型②。可以说，郝若贝所提出的"国家—社会"关系论，确立了美国宋史研究的基本格局。

这一模式后续的变化，就是对于其中"国家"一翼的角色有了更多的强调。而这种趋势，似乎都离不开近几十年来欧美政治学、历史社会学界兴起的"找回国家"（bring the state back in）潮流。

在2009年出版的《剑桥宋史》中③，史乐民（Paul Jakov Smith）所作《导言》的最关键词就是国家建构（State Building）。在《导言》第一部分"走出唐代：北方与南方的国家建构"、第二部分"宋代的建立与稳固"中，作者把五代十国、宋初作为一个完整的、中原范围的国家建构过程。第三部分题为"11到13世纪草原的国家建构周期"，描绘了10—13世纪北方民族的国家建构过程。在第四部分中，作者将二者结合，展示了两种国家建构历程的"相遇"——更准确说是冲突，结局是南宋的灭亡。而南宋的灭亡，实质也就是"宋代国家"的衰萎（Sung political system had begun to atrophy, p.33），表现在财政、边疆政策（决策机制），以及最重要的第三点——精英与国家的分离，即地方转向（p.35）。最终（pp.36—37）：

> 南宋的灭亡凸显了两个互相交织的历史过程。从中原—草原关系

---

① Robert P. Hymes, *Statesmen and Gentlemen: The Elite of Fu-Chou, Chiang-Hsi, in Northern and Southern Sung*, Cambridge University Press, 1986. 中文学界的批评，见包伟民：《精英们"地方化"了吗？——试论韩明士〈政治家与乡绅〉与"地方史"研究方法》，《唐研究》第11卷，北京：北京大学出版社，2005年，第653—670页。该文重在对韩著资料运用、方法论方面的批评。关于该问题更详尽的讨论，见本书王锦萍文第一部分。

② Peter K. Bol, *This Culture of Ours: Intellectual Transitions in T'ang and Sung China*, Stanford University Press, 1992. Robert P. Hymes and Conrad Schirokauer ed., *Ordering the World: Approaches to State and Society in Song Dynasty China*, University of California Press, 1993.

③ *The Cambridge History of China,* Volume 5*, Part Two: Sung China, 960–1279,* edited by John W. Chaffee and Denis Twitchett, Cambridge University Press, 2009.

来说,从宋代建立就已在进行的、不断演进的内亚国家建构周期,为蒙古人提供了多种可资利用的组织手段,最终使其得以征服中国并将中国整合进横跨欧亚的大帝国中。但是,宋代的灭亡绝不意味着宋代精英社会或精英文化的消亡。因为到了 12 世纪,北方草原的国家建构遇到了对手,即中原内部的阶级建构。其结果是,在宋代国家之下孕育的、以士人为核心的社会——政治精英获得了其自主性,使其迅速适应了游牧人的统治,保证了其在中华帝国晚期持续壮大的能力并塑造中国的文化。①

可见,在该《导言》中,郝若贝所提出的"地方化"/"国家权力萎缩"被整合于其中:郝若贝所论,是一个包括了中原与内亚在内不同途径的、数个世纪的、复数的国家建构过程的片段②。

李锡熙(Sukhee Lee)的著作《协作的权力:12—14 世纪中国的国家、精英与地方治理》一书亦强调了"国家"在明州地方社会的作用③。基于宋元时期的材料,该书认为明州地方精英的崛起并不意味着国家权力的衰落,而是国家与精英在地方治理上的协作。且国家在这种协作中占据主导的位置,甚至地方精英的崛起也离不开国家的活跃(p.197)。此外,刘光临的宋代财政国家(fiscal state)论也以"国家"为重心④,其说的思想渊源,似是当代历史社会学的国家形成理论。如蒂利(Charles Tilly)在《强制、资本和欧洲国家》所阐释的欧洲民族国家形成的经典理论:持续千年的战争淘汰过程,导致了近代财政国家的形成并最终胜出⑤。刘光临关心战争史(尤其是消耗性

---

① *The Cambridge History of China,* Volume 5, *Part Two: Sung China, 960–1279*, pp.36-37.

② 但是,韩明士(Robert Hymes)本人在《剑桥宋史》(下)中仍然强调士人地方化的一面,只是论述方式有所不同。见本书王锦萍文。

③ Sukhee Lee , *Negotiated Power: The State, Elites, and Local Governance in Twelfth-to Fourteenth-Century China*, Cambridge, Massachusetts : Harvard University Asia Center, 2014. 博士论文完成于 2009 年。

④ William Guanglin Liu, "The Making of a Fiscal State in Song China, 960-1279," *Economic History Review*, Vol. 68, Issue 1 (Feb. 2015), pp.48-78.

⑤ Charles Tilly, *Coercion, Capital, and European States, A.D.990–1992*, Basil Blackwell, 1990. 中译本查尔斯·蒂利:《强制、资本和欧洲国家》,魏洪钟译,上海:上海人民出版社,2007 年。

极大的城防战)、财政史(尤其是间接税),似是将蒂利的经典理论应用于宋代。

因此,新的讨论或是维持了宋代国家萎缩论,或是强调了宋代国家的重要性,乃至认为两宋持续的战争中造就了带有近代色彩的"财政国家"。本来,有关国家建构的理论主要是用来解释两个历史时期的,一是近代欧洲民族国家的形成,二是二战以后各种国家的成与败。对"宋代国家"形态的认识因此也有所分歧。

与上述研究强调"国家"不同,余英时《朱熹的历史世界》用"士大夫政治"批评了郝若贝以降的南宋"地方转向"论。众所周知,该书所使用的"政治文化"概念是为了批判哲学史的研究方法以及当下"新儒家"的某些主张。而"士大夫政治"概念,即强调道学家的得君行道冲动、政治活动,则是对南宋士人地方转向说的反驳[①]。该书赋予中国传统士人以绝大的主体意识、承担精神,以士大夫的理想及相应的活动缀连起了自北宋中期到南宋的政治史。当然宋代"士大夫政治"也承载了作者个人的某些寄托:余英时一方面认为中国古代是专制政治,另一方面又将儒家士大夫标举为这一政治传统的抵抗者,其心曲跃然纸上[②]。下文将会提到,1980年代以后中国大陆学界也提出了宋代"君主与士大夫共治论"以说明宋代并非"君主专制"政治,虽用语类似,但取向迥异。

三、"封建专制国家论"之于宋代政治史

对中国大陆学者来说,"唐宋变革论"对国内宋史研究真正产生较大影响是从世纪之交开始的。在1949年以前,宋史研究的主要目的是阐发抗侮图强,主要课题是宋与辽夏金蒙关系史、亡国史、变法等[③]。1949年以后,与

[①] 余英时:《我摧毁了朱熹的价值世界吗?——答杨儒宾先生》,《朱熹的历史世界·附论三篇》,北京:生活·读书·新知三联书店,2004年,第897—898页。

[②] 阎鸿中指出,余英时对士阶层的研究主要反映了自由主义的关怀。见阎鸿中:《职分与制度——钱宾四与中国政治史研究》,《台大历史学报》第38期,2006年12月,注5,第107—109页。

[③] 李华瑞主编:《"唐宋变革"论的由来与发展》,"代绪论",第30—35页。

其他朝代一样,宋代政治史研究的主要对象已是作为革命对象的"封建专制国家"。这种取向是由毛泽东《中国革命与中国共产党》(1939)所确立的:

> 保护这种封建剥削制度的权力机关,是地主阶级的封建国家。如果说,秦以前的一个时代是诸侯割据称雄的封建国家,那末,自秦始皇统一中国以后,就建立了专制主义的中央集权的封建国家;同时,在某种程度上仍旧保留着封建割据的状态。在封建国家中,皇帝有至高无上的权力,在各地方分设官职以掌兵、刑、钱、谷等事,并依靠地主绅士作为全部封建统治的基础。①

这一纲领性的文献,本来是为了指明中国革命的道路而提出的。但其中关于秦以后中国政治形态的描述——"专制主义的中央集权的封建国家""皇帝有至高无上的权力""依靠地主绅士作为全部封建统治的基础"成为1949年后包括宋史在内的中国古代史研究的灯塔。

"专制"这个概念广泛流行于中国近现代②,激发了钱穆为代表的对"中国古代专制说"的反驳③。"文化大革命"结束以后,批判专制说与支持专制说并行不悖。如1980年代以来,王瑞来基于宋代的皇权、相权研究,提出宋代皇权走向象征化,宋代政治的基本模式乃是士大夫政治之下的、君臣合作的宰辅专权④。张其凡也有一系列文章,指出北宋宰相事权增重,更认为宋代皇权、相权、台谏为一"三权分立"之结构,此即"皇帝与士大夫共治天下"

---

① 《毛泽东选集》第二卷,北京:人民出版社,1991年。
② 侯旭东:《中国古代专制说的知识考古》,《近代史研究》2008年第4期。亦参见本书郑小威文。
③ 参见阎鸿中:《职分与制度——钱宾四与中国政治史研究》,《台大历史学报》第38期,2006年12月,第105—156页。不过,钱穆虽然反对中国古代专制说,但认为宋代皇权加强、相权减抑。见钱穆:《论宋代相权》,原载《中国文化研究汇刊》第2卷,1942年9月,收入宋史座谈会编:《宋史研究集》第1辑,第455—462页。
④ 王瑞来:《论宋代相权》,《历史研究》1985年2期;《论宋代皇权》,《历史研究》1989年第1期;《宰相故事——士大夫政治下的权力场》(日文版,东京:汲古书院,2001年),北京:中华书局,2010年。

的政治架构①。1980年代以降大陆宋史学界"宋代士大夫政治论"（或"共治论"）的产生，主要是对于"中国古代专制论"的一种反驳。

出于对特定历史的反思，更多的人认为中国古代确实是专制政治，进而加以批判，如刘泽华提出了"王权主义"说②。在宋史研究领域，王曾瑜《宋高宗传》为的就是批判本民族的坏传统——专制、愚昧、腐败，提倡民主、科学、清廉③。他说，这本书是受黎澍④启发而作："希望通过对宋高宗赵构罪恶一生的描述，对当时专制腐败政治的剖析，有助于人们了解中国的专制，以及专制与腐败互相依存的关系。中国历史上的内乱外祸，一般都与专制政治下的腐败密切相关。"据统计，整个20世纪以宋代帝王为题的论著有三百多种，但高度集中于北宋太祖、太宗、徽宗⑤，这一状况恐与"专制"这一标签的使用不无关系。

"祖宗之法"成为一个深刻影响宋代政治史研究的概念，也与"专制主义中央集权"这一论断有关。1986年，邓广铭（1907—1998）《宋朝的家法和北宋的政治改革运动》一文指出，为了避免成为五代式的短命王朝，宋太祖和宋太宗在政治、军事和财政经济诸方面的立法都贯穿着一个总的原则：以防弊之政，为立国之法；之后庆历新政、王安石变法的失败，都是因为抵触了这一"祖宗家法"⑥。而所谓"防弊之法"，在《家法》一文中，主要是指

---

① 张其凡：《宋初中书事权初探》，《华南师范大学学报（社会科学版）》1986年第2期；《宋初中书事权再探》，《暨南学报（哲学社会科学版）》1987年第3期；《北宋"皇帝与士大夫共治天下"略说》，《中报月刊》1986年5月号；皆收入《宋初政治探研》，广州：暨南大学出版社，1995年。张其凡："皇帝与士大夫共治天下"试析——北宋政治架构探微》，《暨南学报（哲学社会科学版）》2001年第6期。

② 刘泽华、汪茂和、王兰仲：《专制权力与中国社会》，长春：吉林文史出版社，1988年；刘泽华：《中国的王权主义》，上海：上海人民出版社，2000年。

③ 王曾瑜：《宋高宗传》，长春：吉林文史出版社，1996；石家庄：河北人民出版社，1998年；北京：中国书籍出版社，2016年。

④ 黎澍：《评"四人帮"的封建专制主义》，《历史研究》1977年第6期。

⑤ 朱瑞熙、程郁：《宋史研究》，福州：福建人民出版社，2006年，第15—32页。

⑥ 邓广铭：《宋朝的家法和北宋的政治改革运动》（以下简称《家法》），原载《中华文史论丛》1986年第3期；收入《邓广铭全集》第7卷，石家庄：河北教育出版社，2005年，第287—305页。亦参见《北宋的募兵制度及其与当时积弱积贫和农业生产的关系》，《中国史研究》1980年第4期；收入《邓广铭全集》第7卷，第306—333页。

各种彼此互相牵制的防范措置,如兵权、相权、州郡长官之权的分割,将从中御,兵民分离的募兵制,不任人而任法,造成因循、积贫积弱的局面。该文以"家法—变法"一组概念勾连了北宋政治史:一是太祖太宗所创的"防弊之法";二是庆历新政、王安石变法对祖宗法度的冲击及"失败"。

虽然邓广铭在1949年以前所撰宋太祖、太宗相关论文皆是关于皇位问题的,与"立国规模"无涉①,但关于"家法"的相关认识他亦已在他处论及。他把南宋的萎靡不振归因于北宋开国时的"家法",即鉴于唐末五代的篡夺之祸和割据离乱之局,宋太祖、宋太宗对于文武大臣和州军长吏,均有猜忌防闲之心;也简述了"事为之防,曲为之制"原则在财政、军事、政治设施方面的落实②。

1949年以后,这些认识逐渐被归入了"专制主义中央集权"这一概念,这与翦伯赞(1898—1968)关系较大。1952年院系调整完成后,翦伯赞领导北京大学历史系编纂中国通史各阶段讲义,意在把史学体系"改造为马克思主义的史学体系",并在其基础上编写一部适合高等学校的中国通史教材③。《中国史纲要》即最终成果。

这些讲义中就包括由邓广铭撰写的《辽宋夏金史讲义》,1955年初印行④,《讲义》论述了"北宋初年为了巩固统治权的几种措施",内容包括解决禁军问题、强化中央集权(解决藩镇问题)、宰相事权的分割与牵制(以防弊之政为立国之法)、官与差遣分离等内容;在论北宋中叶的三冗问题时,涉及了"不任官而任吏,不任人而任法"带来的因循之风,募兵制(祖宗"养兵"

---

① 邓广铭:《陈桥兵变黄袍加身故事考释》,《真理杂志》第1卷第1期,1944年1月;《宋太祖太宗皇位授受问题辨析》,《真理杂志》第1卷第2期,1944年3月;《赵匡胤的得国及其与张永德李重进的关系》,《东方杂志》第41卷第21期,1945年11月;三文皆收入《邓广铭全集》第7卷。

② 邓广铭:《陈龙川传》(《邓广铭全集》第2卷),"自序",第555—556页;"七 南宋的政治、经济和军事上的诸问题",第593—587页。原书出版于1943年。

③ 邓广铭、陈庆华、张寄谦、张传玺:《翦伯赞同志和〈中国史纲要〉》,原载《北京大学学报(哲学社会科学版)》1978年第3期;收入《邓广铭全集》第10卷,第335页。

④ 邓广铭:《辽宋夏金史讲义》,收入《邓广铭全集》第6卷,第189—360页。该讲义的印制时间为1955年1月,名称为《北京大学对外交流讲义·中国古代史讲义三:隋唐五代辽宋金部分》,此承聂文华先生根据中央民族大学图书馆藏讲义稿见告。

政策)带来的冗兵问题等①。

1957年,邓广铭《论赵匡胤》又论述了赵匡胤在中央集权、先南后北统一策略上的成功,在社会经济方面(包括养兵)的失策,指出赵匡胤"对于中央以及地方政府中各种机构的设置和各种官员的安排,是在充分利用互相牵制的作用,几乎完全是以防弊之政作为立国之法的"②。又,漆侠的研究生学位论文《王荆公新法研究》于1950年年底完稿,修改后于1959年以《王安石变法》为名出版,作者说明:

> 依我来看,这本书的情况是,第一部分有关宋代立国规模和专制主义集权制度,来自先师邓恭三先生多年的研究,是经得住时间的检验的。③

第一部分即《王安石变法》第一章"宋封建国家的政治、经济概括",该章分三节,其中的二、三节涉及阶级矛盾、阶级斗争,第一节题为"宋封建专制主义中央集权制的政治体系,积贫积弱局势的形成"④。其内容,正可与此前诸论以及此后1963年出版的《中国史纲要》(中册)相关内容对照。《纲要》在论"北宋的建立、巩固及其统一"时,就陈述了"专制主义中央集权的强化",包括解决藩镇、禁军、宰相事权诸方面问题,也陈述了防范农民起义的募兵政策,都是在防范易为内患的奸邪⑤。

因此,在1950年代翦伯赞领导编纂中国通史教材的过程中,邓广铭逐渐在"专制主义中央集权"的概念下表述了对宋代立国规模的认识,旧识新

---

① 邓广铭:《辽宋夏金史讲义》,收入《邓广铭全集》第6卷,第199—202、237—242页。
② 邓广铭:《论赵匡胤》,原刊《新建设》1957年第5期;收入《邓广铭全集》第7卷,第223页。
③ 漆侠:《王安石变法》(增订本),《漆侠全集》第2卷,保定:河北大学出版社,2009年,序,第1—2页。
④ 这三节内容,邓广铭在晚年重写王安石传时,已经放弃了关于民族矛盾、阶级矛盾的论述,只保留了关于政治部分的内容。如李华瑞所说,"对王安石变法是北宋中叶农民阶级与地主阶级政权之间矛盾运动的必然结果这个观点,邓广铭先生在四写王安石时已不再坚持"。见李华瑞:《北宋士大夫与王安石变法的兴起》,《史学集刊》2006年第1期,第10页。
⑤ 邓广铭:《中国史纲要·五代十国宋辽金元》,原刊翦伯赞主编:《中国史纲要》,北京:人民出版社,1963年;收入《邓广铭全集》第6卷,第373—375页。

知结合构成了"祖宗家法"的基本内涵。而且,在中国通史编纂过程中,翦伯赞本拟每一断代"先写出它的经济基础,然后再述写上层建筑方面的政治、军事、科技、文化等等",邓广铭则坚持"以政治、军事一类事件为线索"并最终落实了①。因而,北宋"家法"本就是作为宋代历史的基本线索之一部分而提出的。只是,因为阶级矛盾导致北宋中叶的变法这一论断的存在,家法、变法这两个部分的内容没有形成直接的联系。在20世纪70年代末80年代初"除旧布新"的情境下,邓广铭对"家法—变法"这一宋代政治史的基本线索作了更完善的论述,即《宋朝的家法和北宋的政治改革运动》等。

如果仅把宋代政治理解为"专制主义中央集权的强化"的话,宋代政治史就没有任何特殊性,也是静止的。但"家法—变法"这一基本线索,使得北宋政治史具备了自己独特的、动态的理解框架。不过,邓广铭提出的"祖宗家法",乃是作为变法、革新的对立面而出现的,邓小南《祖宗之法》一书②,则在此基础上作了推进。

对于宋代的立国规模,《祖宗之法》继承了"以防弊之政,为立国之法"这一论断,又增加了走出五代、塑造祖宗两个层面。作者指出,"祖宗之法"不等于宋太祖、宋太宗的创法立制,它不但源自晚唐五代的历史遗产,更重要的是,"'祖宗之法'的明确提出、其核心精神的具体化、其涵盖内容的不断丰富都是在宋代历史上长期汇聚而成,也是经由士大夫群体相继阐发而被认定的"(第10页)。这样的话,"祖宗之法"连贯了晚唐五代的政治、宋代政治精英的活动,从而不仅是作为"变法"对立面的、负面的"祖宗家法",故能以不同的方式把北宋晚期、南宋都纳入线索之中(第六章)③。这一"祖宗之法"因而是笼罩两宋的政治生态——"这些看似无形的'空气',充盈于天地之间,笼罩着当时的朝野,士大夫们正是呼吸吐纳于其间。"(第535

---

① 邓广铭:《在"文革"中被迫害致死的翦伯赞》,原载《传记文学》第56卷第3期,1990年3月;收入《邓广铭全集》第10卷,第371页。
② 邓小南:《祖宗之法:北宋前期政治述略》,北京:生活・读书・新知三联书店,2006年。
③ 关于南宋政治中"祖宗之法"的特点,亦有其他学者论及。如李华瑞:《略论南宋政治上的"法祖宗"倾向》,《宋史研究论丛》第6辑,保定:河北大学出版社,2005年。曹家齐:《"爱元祐"与"遵嘉祐"——对南宋政治指归的一点考察》,《学术研究》2005年第11期。曹家齐:《赵宋当朝盛世说之造就及其影响——宋朝"祖宗家法"与"嘉祐之治"新论》,《中国史研究》2007年第4期。

页）全书中较少看到结构性的论断之语，而是不断对诸多政治行为进行细致解读："希望藉以窥见宋代政治的精神脉络与整体气氛，并且追踪其形成过程中的若干关键环节。"（第519页）因此，"祖宗之法"概念的牵动力与分析性实已大为扩展。

但是，邓小南"祖宗之法"概念仍然与"专制主义中央集权"说有千丝万缕的联系。作者自述云：

> 我个人的研究方向，大体上集中在两个方面：一是宋代的政治史、制度史，包括当时的政治文化、政治群体和政治事件，以及官僚选任、考核、按察乃至文书处理机制。这类议题延续了就学期间的关注，近年来也有一些基于阅读与阅历的体悟。中国专制集权的帝制阶段长达两千年之久，其政治影响是扩散性渗透性的，绝非仅限于官僚机构、仅限于社会上层；研究中国历史上的任何重要问题，即便看似与政治无关的经济、文化、科技、性别、社会生活等等，一经深入展开，便摆脱不了与"政治"的干系。这种弥漫式的政治影响力，至今也还存在，这让学人体会到政治史研究的意义所在……①

如作者自述，专制集权的帝制政治影响是无所不在的，而宋代祖宗之法的渊源、层累塑造、被冲击、被标榜，也正是这种专制集权政治在宋代的独特呈现。因而，经两代学人的努力，在"专制主义中央集权"这个一般性概念之上，"祖宗之法"作为笼罩两宋、概括宋代朝廷政治史独特氛围的概念被提炼了出来，成为一个与前述"近世国家论""国家萎缩论"渊源、内涵不同的宋代政治史框架。

四、结语

以上回顾了宋代政治史研究的三条轨迹。一是"唐宋变革论"下的"近世国家论"，其后续是将"近世国家论"搁置，转而从事相对微观的"政治过程"

---

① 邓小南：《宋代历史探求：邓小南自选集》，北京：首都师范大学出版社，2015年，"学术自述"，第4—5页。

研究。二是"国家萎缩论"以及与之配合的宋代士人"地方转向说",其后则又对"国家"角色有了更多的强调,或是以"士大夫政治"反驳"地方转向"。三是在"专制主义中央集权"框架下所产生的反、正二说,"反"即以"士大夫政治"或"共治说"为宋代政治架构,"正"指"祖宗之法"作为宋代政治史的基本线索,实为"专制国家论"的转化。

这三条轨迹当然不足以囊括宋代政治史研究的全貌——宋史学界有过许多的创新努力,特别是进入21世纪后,总结、反思实不鲜见[①],如方法论上突出政治过程、日常政治以反思事件史,关注点上从朝堂人事扩展到与"政治权力"相关的诸多领域,如思想文化、地方社会、士人群体,新的政治史从而成为某个领域与政治权力交叉之所在。进展固然可喜,但多数是方法论或议题上的更新,并不涉及基本认识框架。"近世国家论""国家萎缩论""专制主义中央集权论",作为宋代政治史研究的三个最主要原点,没有一个被真正地抛弃了[②]。这或许是因为,这些关于宋代政治的认识,皆源自不同的现代思潮在中国古代历史上的投射,历史研究本身也参与了这些现代思潮的建

[①] 除了前文已提及的,其他如:包伟民主编:《宋代制度史研究百年(1900—2000)》,北京:商务印书馆,2004年。魏希德(Hilde De Weerdt):《美国宋史研究的新趋向:地方宗教与政治文化》("Recent Trends in American Research in Song Dynasty History: Local Religion and Political Culture"),《中国史研究动态》2011年第3期;该文原刊《大阪市立大学東洋史論叢》15(2006),第121—138页。邓小南:《中国古代政治史研究管窥——以中日韩学界对于宋代政治史的研究为例》,《北京大学学报(哲学社会科学版)》2008年第3期。邓小南:《宋代政治史研究的"再出发"》,《历史研究》2009年第6期。包伟民:《地方政治史研究杂想》,《国际社会科学杂志》2009年第3期。方震华:《传统领域如何发展?——对宋代政治史研究的几点观察》,《台大历史学报》第48期(2011年12月)。黄宽重:《从活的制度史迈向新的政治史——综论宋代政治史研究趋向》,《中国史研究》2009年第4期;收入《政策、对策:宋代政治史探索》,台北:联经出版事业公司,2012年。《"宋代政治史研究新视野"笔谈》,《史学月刊》2014年第3期;该笔谈包括:《开拓议题与史料:丰富宋代政治史研究的内涵》(黄宽重)、《政治史再思考:以公众史学为视角》(刘静贞)、《多元立体,推陈出新——政治史研究新路径思索》(王瑞来)、《突破史料和家法之局限——对宋代政治史研究的一点思考》(曹家齐)、《宋代政治史研究的新视野——以科举社会的"人际网络"为线索》(平田茂树)。魏希德(Hilde De Weerdt):《重塑中国政治史》,《汉学研究通讯》第34卷第2期,2015年5月,第1—9页。黄宽重:《南宋史料与政治史研究——三重视角的分析》,《中国社会科学》2017年第8期。

[②] 李华瑞教授大声疾呼走出日本学者的"宋代近世说(唐宋变革论)",但亦感远未实现。见李华瑞:《唐宋史研究应当翻过这一页——从多视角看"宋代近世说(唐宋变革论)"》,《古代文明》第12卷第1期,第14—37页。

构。因而只要现代思想本身未被超越或抛弃,他们所衍生的历史认识就很难被破除。

就此而言,史学研究范式的创立与更新永远是一个戴着枷锁跳舞的过程。本文所述的几种宋代政治史研究基本框架,其渊源虽然都是那些更为普遍的思想体系,如实证主义、自由主义、马列主义等,但其创造性在于将这些宏大的命题体贴于具体的历史材料之中,其框架固然依稀带有某些普遍色彩,但仍融入了宋代历史的独特性,因此对宋史研究产生了持久不灭的影响。

宋代的信息沟通与文书行政研究述评

李全德

前　言

政治史与政治制度史研究是中国古代史研究中学术积累最为丰厚的领域之一。从20世纪80年代末开始，文化史、社会史勃兴，政治史、制度史日渐边缘化。一定程度上可以说这是历史学发展的规律使然，同时也与其自身研究方法与取向所存在的问题有关。

自21世纪到来前后20年间，史学界主要有过两波回顾过去、展望未来的史学反思的潮流，分别是在20世纪90年代末[①]、21世纪的第一个10年

作者单位：中国人民大学历史学院

① 20世纪90年代末，学界对20世纪学术研究的回顾与展望，比较重要的如福建人民出版社在1998年初策划了《20世纪中国人文科学术研究史丛书》30册，其中史学专辑即有14册。该丛书的宋史研究部分为朱瑞熙、程郁著《宋史研究》（2006年）。期刊类代表性的有《历史研究》"二十世纪中国历史学回顾"专题，该专题的宋史部分由王曾瑜先生撰写（《宋史研究的回顾与展望》，《历史研究》1997年第4期）。

末①,希望能够在21世纪创出一条新史学之路,将史学研究引向深入。政治史、政治制度史研究在所有的回顾中都是重要内容②,其中政治学、历史学界对政治制度史研究的回顾与反思,重要的可举出两种:一是政治学学者白钢先生的《二十世纪的中国政治制度史研究》③,一是宋史学界组织的"近百年宋史研究的回顾与展望"国际学术研讨会④。

在以上不同时节主动反思宋史研究的已有成绩,思考宋史研究的未来的学者,如王曾瑜、朱瑞熙、黄宽重、邓小南、包伟民、李华瑞等先生,在宋史学界皆成绩卓著,他们的认识与思考比较能代表宋史学界的整体状况,以此为基础,我们可以检视在过去的一个多世纪中,宋代政治史与政治制度史研究所取得的成绩以及存在的问题。

20世纪初中国的新史学诞生以来,政治制度的研究一直是中国古代史研究的主要内容。自康、梁之后百年间的宋代政治史、制度史研究,朱瑞熙

---

① 2008年值改革开放30周年,该年9月中国社会科学院科研局和历史研究所共同召开了"改革开放三十年以来的中国古代史研究"论坛,总结与回顾中国古代史各学科三十年发展状况,该论坛的部分论文刊于《河北学刊》当年的"改革开放三十年来中国古代史研究的新进展"专题讨论。此次专题讨论中无宋史专题。不少史学类杂志也组织了以此为主题的史学讨论,如《历史研究》的"改革开放三十年史学回顾"(《历史研究》2008年第6期);《史学月刊》的"改革开放以来若干热点问题述评",其中与唐宋史相关的有张国刚《改革开放以来唐史研究若干热点问题述评》(《史学月刊》2009年第1期)、李华瑞《改革开放以来宋史研究若干热点问题述评》(《史学月刊》2010年第3期)。同一时期宋史学界其他述评类文章还有《史学月刊》"历史研究中的材料与问题笔谈"(《史学月刊》2009年第1期,该组笔谈共5篇文章,其中4篇为宋史)、《历史研究》"宋辽金史研究:新视野、新论题、新方法"笔谈(《历史研究》2009年第6期)。

② 黄宽重:《海峡两岸宋史研究动向》,《历史研究》1993年第3期;白钢:《二十世纪的中国政治制度史研究》,《历史研究》1996年第6期;王曾瑜:《宋史研究的回顾与展望》,《历史研究》1997年第4期;方震华:《一九八〇年以来宋代政治史中文论著回顾》,日本东京:《中国史学》第九卷,1999年。李华瑞:《近三十年来国内宋史研究方向博士学位论文选题取向分析与思考》,《历史教学》2009年第12期;张其凡:《三十年来中国大陆的宋史研究(1978—2008)》,《宋史研究集刊》第2辑,杭州:浙江大学出版社,2010年;曹家齐:《近年中国大陆宋史研究新视野》,《中国社会科学报》2009年7月2日;王化雨:《唐宋变革与政治制度史研究》,《中国史研究》2010年第1期,等等。

③ 白钢:《二十世纪的中国政治制度史研究》,《历史研究》1996年第6期。

④ "近百年宋史研究的回顾与展望"国际学术研讨会2001年在浙大召开,有来自中国内地及港澳台地区、日本、韩国等地的学者参加,共提交论文17篇,结集为《宋代制度史研究百年(1900—2000)》(包伟民主编,北京:商务印书馆,2004年)。

先生分为四个阶段做了细致的论述,其中第四个阶段,即 1977—2000 年,朱先生认为是"宋代政治制度研究走上正轨,进一步深入阶段",这一阶段"撰写出许多高水平的著作和论文,填补了一些空白"[①]。李华瑞先生也指出,1980 年代以前宋史研究的落后主要表现在对典章制度研究的无所作为,除了邓广铭先生在 1940 年代做的《宋史职官志考正》外,几乎是一片荒芜,进入 1980 年代以后,宋史研究的进步迅速,也表现在对典章制度研究所取得的巨大成绩上[②]。1980 年代以来对诸如皇帝制度、职官制度(包括科举、铨选、管理等)、兵制、法律制度等宋代典章制度的研究成绩显著[③],具体的研究在材料上多是以传统的正史、政书、文集、笔记等为主,方法上几乎都是从职官或官僚机构入手,以史料考证和梳理为主,研究内容重在职官或机构的组织、职掌、人选等,而较少从权力、运作、体制等方面着眼讨论制度的渊源、流变及其内在的运作机制。白钢先生认为 20 世纪历史学领域的中国政治制度史研究中,"相当一批著作,实际上是以官制史来代替政治制度史","缺乏充分的科学论证与分析,从而陷于静态的缕述和平面的图解。古往今来,无数经验事实表明,典章制度是一回事,具体执行情况又是一回事。要想使政治制度史的研究更贴近客观政治实践的历史实际,使政治制度史的研究更有价值,就必须加强对政治体制的运行机制、对政治制度执行情况的研究"[④]。宋史学界实际上也持有大致相同的看法。在这样的研究范式之下,研究论著增速很快,其中固然产生了不少优秀作品,有的且已成为宋代制度史研究领域的基础性的经典研究,"但大多数情况下都只表现为描述性论著数量的增长,制度阐释的表面的平推与扩展",很多学术"空白"被"填补"了,但往往只是人们所熟知的解释模式在另一具体制度侧面的重复,并不意味着对于结构性的体制和产生一系列制度的时代之深入理解[⑤]。

[①] 朱瑞熙、程郁:《宋史研究》,第 116、132 页。
[②] 李华瑞:《建国以来的宋史研究》,《中国史研究》2005 年增刊,第 128 页。
[③] 具体成绩参见包伟民主编:《宋代制度史研究百年(1900—2000)》。
[④] 白钢:《二十世纪的中国政治制度史研究》,《历史研究》1996 年第 6 期,第 168 页。
[⑤] 参见包伟民:《走向自觉:关于深入拓展中国古代制度史研究的几个问题(代前言)》、邓小南:《走向"活"的制度史——以宋代官僚政治制度史研究为例的点滴思考》,《宋代制度史研究百年(1900—2000)》,第 3 页、第 11 页。

制度史研究的另一困境是近百年的积累达到一定限度之后所面临的论题枯竭的压力,"想要找到一个前人论著不多的'阵地',已颇感为难"①。20世纪90年代中期以后,政治制度史同政治史研究俱从热门变得冷落,首先就是表现在论著数量的大幅萎缩上。正如粗放式的经营方式遭遇发展瓶颈之后,要么沦落,要么谋求转型。一则要开辟新的研究方向,发现新的议题,保持一定数量的学术增长点;一则要有新的视角、新的方法和新的研究范式,保证政治制度史研究的深入发展和持续创新的能力。为此,白钢先生提出的想法是加强多学科协作,并指出政治制度史研究的核心问题应该是政体机制的研究,"绝对不能满足于结构形式的图解和演变过程的缕述。更重要的是要从政治学的角度,对其运转方式、管理方式作出理论上的分析"②。邓小南先生也提出了政治制度史研究深入发展的方向是走向"活的制度史":重视制度的发展变迁和相互关系,在制度的动态"运作""过程"中,在影响制度变迁的各种"关系"中理解政治制度,加强对政治机制的整体认识③。应该说,在认真回顾已有学术基础上提出的这些看法都是富有前瞻性的创见,不过在当时的宋史学界还并没有提出特别具体的、可操作的研究视角和议题。在很多年以后,李华瑞先生在评述改革开放以来宋史研究若干热点问题时,没有提及政治制度史研究,论及的制度相关问题是传统课题"相权消长问题"以及"士大夫政治"问题④,似乎政治史与制度史研究的"复兴"还是停留在坐而论道的局面上⑤。

实际上在21世纪的第一个十年中,宋代政治制度史研究的新趋向已经出现,只是在起初并没有格外引人瞩目,这个新趋向主要表现在两个新视角的确立,一是文书运行,一是信息沟通。

---

① 包伟民:《走向自觉:关于深入拓展中国古代制度史研究的几个问题(代前言)》,《宋代制度史研究百年(1900—2000)》,第3页。

② 白钢:《二十世纪的中国政治制度史研究》,《历史研究》1996年第6期,第169—170页。

③ 邓小南:《走向"活"的制度史——以宋代官僚政治制度史研究为例的点滴思考》,《宋代制度史研究百年(1900—2000)》,第13—18页。

④ 李华瑞:《改革开放以来宋史研究若干热点问题述评》,《史学月刊》2010年第3期。

⑤ 魏希德:近年两种新趋向:其一为社会历史学家对地方宗教的关注,其二为政治史的复兴。参《美国宋史研究的新趋向:地方宗教与政治文化》,《中国史研究动态》2011年第3期。

白钢先生曾提出中国政治制度史研究范围和内容的十个方面,其中第一项为"首脑与中央决策机制及其运行机制",主要研究皇帝制度、朝廷决策机构的构成形式及其运行机制,后者包括:决策机构的构成形式、决策的依据与信息传递渠道、决策的程序和方式、运行机制等。在其主编的《中国政治制度通史》中,秦汉、隋唐五代、宋、清等各卷均设有专节"决策的依据与信息传递渠道"。朱瑞熙先生主笔的《中国政治制度通史·宋代卷》中从二府奏事、臣僚章疏等八个方面论述了"法定的正式决策依据和信息渠道"[①]。不过关于这些决策依据和信息渠道的具体研究,在当时基本上付诸阙如。邓小南先生对文书与信息研究的思考开始于 20 世纪末对宋代文官考察制度的研究[②]。此后在邓先生的身体力行以及大力倡导之下,信息渠道与文书运行相结合的新视角在政治制度研究中的价值日益凸显,围绕信息及其传递,发掘出一系列新的学术议题,如信息不对称条件下的政绩与"实迹"的考察问题;地方基层社会官民关系与沟通问题;官民沟通中的文书,如粉壁、榜谕、劝俗文等问题;信息传递中的职能机构如通进银台司、阁门司、进奏院等;信息传递过程中出现的邸报与小报等问题;作为信息载体的文书传递与管理问题等[③],有力地推动了宋代政治制度史研究走向深入。

2007 年、2010 年,北京大学中古史中心先后举办"唐宋时期的文书传递与信息沟通"国际学术工作坊和"文书·政令·信息沟通"国际学术研讨会。相关研究分别结集为《文书·政令·信息沟通:以唐宋时期为主》[④]、《过程·空间:宋代政治史再探研》[⑤]。大致也正是从这个时期开始宋史研究中出现了文

---

① 朱瑞熙:《中国政治制度通史·宋代卷》,北京:人民出版社,1996 年,第 134—158 页。
② 邓小南:《课绩·资格·考察——唐宋文官考核制度侧谈》,郑州:大象出版社,1997 年,第 117—137 页。
③ 邓小南主编:《政绩考察与信息渠道——以宋代为重心》,北京:北京大学出版社,2008 年。
④ 邓小南、曹家齐、平田茂树主编:《文书·政令·信息沟通:以唐宋时期为主》,北京:北京大学出版社,2012 年。该书收文 22 篇,对唐宋时期的文书、政令、信息沟通的相关运行路径与演进过程,做了全面、深入的探讨,可以看作是 21 世纪新政治制度史探索的一个阶段性的总结。
⑤ 邓小南主编,曹家齐、平田茂树副主编:《过程·空间:宋代政治史再探研》,北京:北京大学出版社,2016 年。收文 20 篇,主要探讨了宋代政务文书性质与日常政务、宋代的日朝和转对等信息相关制度、地方军政与中央决策、空间与政治文化、周边关系和内政措施等问题。

书与信息研究相关的博士学位论文①。

在此期间,"中国古文书学"的成立与一批新发现文书资料的发现与整理,也对文书与信息的研究起到了有益的推动作用。2010年,在中国社会科学院历史研究所一些研究甲骨文金文、秦汉简牍、敦煌吐鲁番文书、黑水城文书、徽州文书的年轻学者倡导下,成立了"古文书研究班"。到2012年,召开了第一届"中国古文书学研讨会",标志着"中国古文书学"正式成立。建立"古文书学"的目的,就是倡导重视"文书"这一原始史料,并提倡一种符合"文书"性质与特色的研究视角及研究方法②。"中国古文书学研讨会"到2018年已举办7届,成为学界跨断代文书研究的重要平台,与文书、信息视角下的唐宋史研究起到了相互促进的作用。

2012年,宋代墓葬出土的珍贵文物《武义南宋徐谓礼文书》经包伟民先生主持整理后由中华书局出版③,连同此前整理出版的天一阁藏明钞本《天圣令》和俄藏黑水城出土宋代西北边境军政文书④,为推动宋代文书行政研究走向新阶段提供了新契机。自2017—2019年,北京大学中古史中心又先后组织了六次"中国古代信息沟通与国家秩序"工作坊,讨论文书政令与信息沟通、官民之间的信息沟通、民间信息沟通。

20世纪末,从官文书角度出发探讨政务运行机制以及从信息角度出发探讨中央决策机制的研究新趋向皆已出现,但并没有有意识地将信息沟通与文书行政两者相结合切入国家与社会、中古决策与运行机制的研究,有之,自邓小南先生始。此后宋代公私文书与信息沟通的研究,不但引起了其他断

---

① 王化雨:《宋朝君主的信息渠道研究》,北京大学历史系,2008;张祎:《制诏敕札与北宋的政令颁行》,北京大学历史系,2009年;杨芹:《宋代制书制度及其影响》,中山大学历史系,2009年;刘江:《北宋公文形态考述——以地方公文及其运作为中心》,北京大学历史系,2012年。

② 黄正建:《关于"中国古文书学"的若干思考》,《中国古代史研究动态》2018年第2期;黄正建:《中国古文书学的历史与现状》,《史学理论研究》2015年第3期。

③ 包伟民、郑嘉励编:《武义南宋徐谓礼文书》,北京:中华书局,2012年。

④ 天一阁博物馆、中国社会科学院历史研究所天圣令整理课题组校证:《天一阁藏明钞本天圣令校证》(附《唐令复原研究》)(下文简称《天圣令校证》),北京:中华书局,2006年。孙继民:《俄藏黑水城所出〈宋西北边境军政文书〉整理与研究》,北京:中华书局,2009年。

代制度史研究的关注①,也得到香港、台湾地区以及美国、日本等地宋史学者的响应。黄宽重先生在台湾主持了"宋代军政信息的传递"专题研究计划②,美国学者伊沛霞教授从榜谕告示入手,探讨宋代印刷技术普及的背景之下官民之间的沟通③。荷兰莱顿大学在魏希德教授主持下启动以宋代政治信息沟通研究为核心的"信息与帝国:比较视野中的中华帝国"项目(Communication and Empire: Chinese Empires in Comparative)④。2014年魏希德在莱顿大学中国史教授的就职演说上,又提出了宋代"信息文化"(information culture)的概念⑤。在海内外学者的共同努力下,十数年来,文书与信息视角中的宋代政治沟通与体制运作机制研究已经成为21世纪以来"新政治史"研究中"最受关注的热点"⑥,也是21世纪以来宋代政治制度史研究中成绩最多、影响最大的领域。

文书与信息两个概念均有公、私的区分,研究领域涉及政治学、历史学、文书学、档案学、秘书学、新闻学、社会学等多个学科,互有交叉,相关成果丰富,本文所关注的为与宋代政治决策和政务运作有关的官方信息沟通和政务文书研究,主要围绕以下问题:能够进入政务运作过程中的公私信息如何

---

① 参见仇鹿鸣:《陈寅恪范式及其挑战——以魏晋之际的政治史研究为中心》,《中国中古史研究》第2卷,北京:中华书局,2011年。近年来的唐史、明史研究也出现了不少与宋代信息与文书研究呼应之作。

② 相关成果参见《汉学研究》第27卷第2期(2009年6月)"宋代的讯息传递与政令运行"专辑。收文六篇:邓小南《掩映之间——宋代尚书内省管窥》、平田茂树《宋代文书制度研究的一个尝试——以"牒"、"关"、"谘报"为线索》、张祎《麻制草拟与宋代宰相任免——重在文书运行环节的探讨》、曹家齐《威权、速度与军政绩效——宋代金字牌递新探》、魏希德,"'Court Gazettes' and 'Short Reports': Official Views and Unofficial Readings of Court News"、黄宽重《晚宋军情搜集与传递——以〈可斋杂稿〉所见宋、蒙广西战役为例》。

③ 伊沛霞:《宋代的榜谕告示》,【北大文研讲座12】,北京大学人文社会科学研究院,2016年11月16日:http://www.ihss.pku.edu.cn/templates/yf_xz/index.aspx?nodeid=121&page=contentpage&contentid=658。Patricia Buckley Ebrey, "Informing the Public in Song China," *Harvard Journal of Asiatic Studies*, Volume 79, Issue 1, 2019, pp. 189–229.

④ www.chinese-empires.ac.uk.

⑤ Hilde De Weerdt, "Reinventing Chinese political history" (https://openaccess.leidenuniv.nl/handle/1887/29857,访问时间为2020年3月),中文译稿见《汉学研究通讯》第34卷第2期,2014年。

⑥ 曹家齐:《近年中国大陆宋史研究新视野》,《中国社会科学报》2009年7月2日。

沟通、传递,宋代君主与中央政府如何处理信息、形成决策,略微涉及决策执行层面的信息沟通与文书的运行。孤陋寡闻,遗珠必多,评述难周,敬请批评。

一、宋代的政务信息沟通与文书传递

宋史学者中较早注意到宋代信息渠道问题的是朱瑞熙先生和邓小南先生,其时大约在20世纪末。

朱瑞熙先生在《中国政治制度通史·宋代卷》中,设有专节"决策的依据和信息传递渠道",从八个方面论述了"法定的正式决策依据和信息渠道",包括:1.二府奏事;2.臣僚章奏;3.臣僚上殿奏事,包括日常奏事、召对、请对、轮对等;4.大臣留身奏事;5.台谏官的本职公事;6.监司、帅守奏报;7.经筵官议论;8.士民上书,以及皇城司探报等[①]。朱先生所揭示出的宋代决策所依据之信息渠道有近十种左右,主要包含了奏对与上书两大方面。因为所列为"法定""正式"的信息来源,故没有论及带有君主私人信息渠道性质的"天子耳目"如宦官,提到了皇城司,不及走马承受,也没有提到临时派遣的专使与特使等。

邓小南先生对文书与信息研究的思考开始于20世纪末对宋代文官考察制度的研究。中央决策工作中相当重要的内容是人事管理问题。"如何及时掌握充分、可靠的信息,保证确知官员的品性、才能与治事绩效,是宋代最高统治者无法须臾释怀的首要问题。"[②]那么决策机构通过哪些途径了解官员的治迹信息以定黜陟?《课绩·资格·考察——唐宋文官考核制度侧谈》从考察宋代文官选任原则与考核方式入手,指出宋代从制度设施、运作举措两方面入手,建立了各自相对独立、多途多向的考察渠道,并采取有针对性的运作措施以减少信息虚假和信息被垄断的可能性。这些途径包括:1.纵横结合的常规考察。地方逐级申报,诸州、诸司等常设机构的互核互申,常设机构与临时机构之间的互察互补;后任官员对前任绩效的检验,活跃严密的监

---

① 朱瑞熙:《中国政治制度通史·宋代卷》,第134—158页。
② 邓小南:《课绩·资格·考察——唐宋文官考核制度侧谈》,第112页。

督覆验渠道；几乎无处不在的磨勘勾检体制、号称"言路"的台谏监察机构；收纳士民申诉的机构,包括登闻鼓院、登闻检院、理检院等①。2. 特使与专使。察民间利害、官吏能否的特使,以及察验专项法令执行情况的专使；由三班使臣或者内侍担任的走马承受公事,按察各地"物情人事"、按察监司。3. 对于地方士民的察访②。

在此基础上,20 世纪初,邓先生推动"唐宋时期中央考察地方政绩的信息渠道"课题研究,对于宋代的政绩考核与信息沟通做了进一步的深入探讨,对宋代"多层多途错落纵横而又各自相对独立的沟通渠道"做了总结③。

宋廷考察官员、考察地方治绩的信息渠道,基本上也是宋代君主了解下情的主要渠道。多途渠道与多元信息构成了宋代君主与士大夫进行政治决策的基础。邓先生通过对于文官课绩与考察的信息渠道的研究已建立起了学界对于宋代信息渠道的基本认识。这些认识此后经不同学者从不同角度入手加以完善和推进。

(一)宋代君主信息来源

1. 奏对

通过各种制度化的奏对,直接面对臣僚,接受群臣奏事,是宋代君主最主要、最直接的信息渠道。

南宋蔡戡曾说宋代求言,"有大臣以陈善闭邪,有侍臣以献可替否,有台官所以绳愆纠缪,有谏官所以补阙拾遗,在内又有轮对之制,在外间有召对之命,凡可以言者非一人也"④。理宗时魏了翁上疏曾经列举前朝"听言旧典",其中与"对"相关的就有 10 项,专有名词就有"请对""召对""轮对""转对""引对""夜对"等,所以他说祖宗朝"无一日而不可对"⑤。"对"成为

---

① 邓小南:《课绩·资格·考察——唐宋文官考核制度侧谈》,第 121 页。
② 邓小南:《课绩·资格·考察——唐宋文官考核制度侧谈》,第 117—137 页。
③ 邓小南主编:《政绩考察与信息渠道——以宋代为重心》,第 55—81 页。
④ 蔡戡:《廷对策》,曾枣庄、刘琳主编:《全宋文》第 276 册,上海:上海辞书出版社,合肥:安徽教育出版社,2006 年,第 280 页。
⑤ 魏了翁:《应诏封事》,《全宋文》第 309 册,第 127 页。

宋代君臣交流、信息沟通的最主要渠道之一。"对"的形式很多，如"二史直前""翰苑夜对"之类都是基于本职工作所产生之对，对于大部分官员而言，制度化的方式是君主日朝时的分班奏对、引对，百官起居时的"轮对""转对"和"召对"等。

日本学者宫崎市定最早从"对"的角度观察宋代君权的特征，"非常多面地与官僚直接接触，是宋代以后的天子的特质，天子的独裁权也必然地由此产生，并最终得以完成"①。这是一个很重要的意见，解释了宋代君主如何通过奏对这种制度化的手段走向政务处理的前台。不过如果考虑到明代皇帝的经常不上朝与清代皇帝对密折的利用，则天子"独裁权"的实现，在奏对之外，还应该有对文书的利用。平田茂树正是在这一点上推进了宫崎的研究。

平田茂树发表于1994年的《宋代政治结构试论——以"对"和"议"为线索》一文，在学界中较早地根据吕中《大事记讲义》卷2"论对章奏"的提示，观察皇帝的信息网络问题，指出皇帝凭借"对"的系统的发达，从与各种官僚的接触中获得政治情报。文章总结了"对"的优先顺序：宰执、尚书六曹或台谏、侍从、转对官以及路、州长官，勾勒了北宋君主以听政为中心的日常活动。此后的《从周必大〈思陵录〉〈奉诏录〉考察南宋初期的政治结构》（2004年）利用周必大日记史料，从"政治空间"和"政治过程"两种视角，考察南宋政治结构，认为当时皇帝与官僚的接触方式，是以"对"和"御笔"为两个中心展开，在这两个基础上进行政策的决定。相比北宋时代只以"对"为中心的政治系统，显示了某种变化。《解读宋代的政治空间》（2007年）可以看作平田先生关于该问题思考的总结。文章从文书、信息的角度观察两宋的不同，提出北宋以"对"的机制为中心开展政治运作，而南宋以"御笔"机制为中心进行政治运营，认为南宋的这一特征也可以解释何以南宋多权相，以及临安政治空间分散化的问题。"皇帝从官僚广泛听取意见的体制逐步削弱。换言之，皇帝参预空间的缩小导致了南宋专权宰相之政治。"北宋中期以后，为了缩短皇帝与宰执（或宫城—宰执官邸、私宅）之间

---

① 宫崎市定：《宋代官制序说——宋代职官志的读法》，于志嘉译，台北：《大陆杂志》第78卷第1期、第2期，1989年，第1页。

的距离而发达起来的正是以御笔手诏为代表的文书制度。根据政治空间的转型,唐宋间政治变化可以看作是皇帝、官僚在政治空间上发生的比重变化。南宋至明代变化的主要趋向是,唐代后半期至北宋较显著的以"对"为代表的皇帝、官僚间的直接交流方式,转变为由南宋至明代的主要以文书为媒介的间接交流方式的变化①。

平田的研究中已经涉及了宋代的各种"对",此后学界关于转对、轮对、朝见与朝辞、翰苑夜对,以及与奏对相关的朝会、班次等问题,都做了更为精细的研究②。王化雨《面圣:宋代奏对活动研究》是关于该课题的总结性著作,上篇四章分别讨论了御殿视朝、内引奏事、经筵问答、禁中夜对等奏对活动,下篇专论宋代宰辅奏事制度,在此基础上重新审视宋代皇权,提出"皇权的士大夫化"③。

平田从"对"和"议"入手解释两宋的政治转型,提出北宋君臣之间以奏对为主要交流方式,南宋君臣则以文书为主要媒介。然而正如王化雨所质疑的,南宋也依然存在频繁的君臣奏对,而且其中的"内引奏事"、宰辅"晚朝"等活动,"似为北宋所罕有"④。藤本猛的研究也证明,北宋的转对并没有

---

① 《宋代政治结构试论——以"对"和"议"为线索》《从周必大〈思陵录〉〈奉诏录〉考察南宋初期的政治结构》《解读宋代的政治空间》三文,均收入平田茂树:《宋代政治结构研究》,上海:上海古籍出版社,2010年。另外可看同书所收《日本宋代政治制度研究述评》《日本宋代政治研究的现状与课题》两文,及同氏《宋代的政治空间:皇帝与臣僚交流方式的变化》,《历史研究》2008年第3期,第131—136页。

② 关于轮对与转对,参见徐东升:《从转对、次对到轮对——宋代官员轮流奏对制度析论》,《厦门大学学报(哲学社会科学版)》2009年第5期;陈晔:《北宋政情、政风下的转对制》,《史学月刊》2010年第11期;藤本猛:《宋代的转对与轮对制度》,王海燕译,收入邓小南主编:《过程·空间:宋代政治史再探研》;王化雨:《宋代视朝活动探研:以时间和班次为中心》,姜锡东主编:《宋史研究论丛》第14辑,保定:河北大学出版社,2013年;任石:《北宋时期转对制度补考》,《史学集刊》2016年第5期;任石:《北宋元丰后的内廷朝参制度》,《史学月刊》2017年第9期。朝见谢辞制度,参见苗书梅:《朝见与朝辞——宋朝知州与皇帝直接交流的方式初探》,《首都师范大学学报(社会科学版)》2007年第5期;周佳:《北宋中央日常政务运行研究》第5章,北京:中华书局,2015年,第279—365页。关于夜对,参见王化雨:《宋朝的君臣夜对》,《四川大学学报(哲学社会科学版)》2010年第3期。

③ 王化雨:《面圣:宋代奏对活动研究》,北京:生活·读书·新知三联书店,2019年。

④ 王化雨:《评平田茂树〈宋代政治结构研究〉》,《中国学术》第31辑,北京:商务印书馆,2012年,第464—473页。

被严格执行,而南宋的轮对频率远远超过北宋的转对,而且除了秦桧时代的短暂低迷外,其他大部分时间都得到了有效的运用①。再者,各种奏对中,除了如翰苑夜对之类临时性的对之外,各种制度化的"对"都是需要提交上殿札子②,故"对"的活动,也必然伴随着文书的运行。

2. 宋代君主的"耳目"与耳目之司

在宋代被视为耳目的官员很多,但在言事时很高调地以耳目自居的多是台谏官,台谏官是公认的最典型的天子耳目,也是最狭义的"言路"。宋代监司负有按察之责,号称"外台",为一路"耳目之寄",亦是宋代特色的天子"耳目"。台谏、监司章疏也是君主的重要信息来源。

宋代台谏作为"天子耳目",专司监察,监督百官课绩制度施行,在官员的考察工作中,如邓小南先生所言具有"超越前代的重要性"。诸州、诸司等常规机构之间的互核互申,意味着诸州与诸司长官既有考察之责又是被考察的对象;他们既是君主和朝廷的信息来源,同时也需要自己的信息来源。那么台谏、监司的信息渠道又有哪些呢?虞云国先生考察"宋代台谏言事信息的输入渠道",指出如下几点:(1)风闻言事。谏院接受所主管检院、鼓院进状,御史台在元丰改制前接受理检院状,此后接受"诸色论诉",托以风闻。接受"短卷"。(2)公文关报。(3)取索公事。(4)台参辞谢。此为御史台所独享之渠道。(5)考绩监司。(6)出巡采访。虞先生认为在君主官僚政体运作正常的情况下,宋代台谏考察地方的信息渠道基本上是畅通的③。余蔚考察了监司官员向中央所传递的信息的内容、反映形式、获得方式,以及保证这些信息之准确性、全面性的方法,指出巡历是宋代监司区别于其他朝代的高层行政组织长官的最重要的特点,监司除了亲自巡历属部外,还可遣属下官

---

① 藤本猛:《宋代的转对与轮对制度》,收入邓小南主编:《过程·空间:宋代政治史再探研》,第167—184页。

② 官员上殿奏事须呈递上殿札子,北宋的情况可参看周佳:《北宋上殿札子探研》,《史学月刊》2012年第4期。

③ 虞云国:《制度与具文之间:宋代台谏考察地方的信息渠道》,收入邓小南主编:《政绩考察与信息渠道——以宋代为重心》,第83—101页;并可参看氏著《宋代台谏制度研究》,上海:上海社会科学院出版社,2001年,第49—55页。

员代为考察核验以获取信息，朝廷则通过监司、帅司之间的"互察"保障所获得的关于路一级官员政绩的信息之准确性①。采访是御史台和监司共有的信息获取方式。邓小南《"访闻"与"体量"：宋廷考察地方的路径举例》②，以奏弹王逵的案例，指出包拯弹王逵的信息来源有：访闻、臣僚论奏、台官举劾、提刑司体量。其中"访闻""采访""风闻"即个人主动的了解访求、自上而下的多途径考察方式是朝廷掌握地方官员活动行为的重要信息来源。文中对御史出巡以及朝廷遣使等方式做了更为细致的分疏，指出"察访"基本是指实地的访问调查，"体量"是察访的方式之一；"访闻"通常无须外出巡行，非亲历亲见，是"风闻"的方式之一，"访闻""体量"等，正是带有赵宋特色、以防微杜渐为目标的考察途径③。

日朝听政中，君主最为放松的一段时间是"后殿再坐"。这个时候才是听取真正的天子私人耳目汇报的时刻。宋人自己列举祖宗之法中君主信息来源之广，都未提到或不愿意提的是天子主动派出察访外事的私人"耳目"和"耳目之司"。用为"耳目"的主要有内臣、近职，制度化的"耳目之司"则内有皇城司，外有走马承受。他们与"对"和上书共同构成了君主个人的信息来源。

宋代皇城司的职能是"掌宫城出入之禁令，凡周庐宿卫之事、宫门启闭之节皆隶焉"④。其本职是掌宫廷宿卫，所掌军队名为亲从、亲事官，实际上皇城司继承自五代的武德司，太平兴国六年（981）始改名皇城司，而武德司自始便具有侦察官吏和军人的职能。日本学者佐伯富最早研究了皇城司，1938年发表《论宋代的皇城司》考察了皇城司的机构设置、职掌及其影响，论述了入宋后皇城司对各类事务的伺察，涉及军队、财政、外交、民众社会生活等众多领域，认为皇城司是直属于天子的特务机关，是独裁政治发展的

---

① 余蔚：《巡历与互察：宋代路级官员考核地方官政绩的履职方式》，收入邓小南主编：《政绩考察与信息渠道——以宋代为重心》，第103—123页。
② 邓小南：《"访闻"与"体量"：宋廷考察地方的路径举例》，收入邓小南主编：《政绩考察与信息渠道——以宋代为重心》，第125—161页。
③ 邓小南主编：《政绩考察与信息渠道——以宋代为重心》，第132—153页。
④ 《宋史》卷166《职官六·皇城司》，北京：中华书局，1985年，第3932页。

必然结果①。国内学者中最早研究皇城司的程民生先生,专文论述了皇城司探事的主要内容,称皇城司为"宋代的情报机关""帝室的私家密探",认为皇城司是北宋皇权强化的表现。文章最后提出"侦捕成为皇城司正式的、主要的职责",是"明代厂卫制度的先河"②。此论不无疑问。

宋设走马承受,"诸路各一员,隶经略安抚总管司,无事岁一入奏,有边警则不时驰驿上闻"③。然其实际职能绝不止此。佐伯富最早研究了宋代走马承受,其《宋代走马承受之研究——君主独裁权研究之二》一文,论述了走马承受在监察军队、讥察边情、上报民情、传达帝王命令方面的作用,认为走马承受的设立使得天下各种情报,可以快速直达天子,天子命令也得以直接遍及天下各个角落,"天子的独裁权得以无上发展"④。佐伯富指出了皇城司与走马承受伺察区域的差异,认为自天禧(1017—1021)之后,前者监察的范围限于都城,而走马承受监察的区域在远离国都之处。而程民生关于皇城司的研究中,曾提出徽宗时期的皇城司收敛了其特务活动,很少有探事迹象,原因之一是"另起炉灶"了,将走马承受改为廉访使者,分担了皇城司探事的部分任务⑤。

走马承受的监察职能是以前研究的重点,有学者曾称走马承受"是北宋皇帝特派的、身份公开的特务",负有监察本路将帅、人事、物情、边警动态、

---

① 佐伯富:《论宋代的皇城司》,原载(京都)《东方学报》第 9 册,1938 年,收入刘俊文主编:《日本学者研究中国史论著选译》第 5 卷,北京:中华书局,1993 年,第 337—369 页。

② 程民生:《北宋探事机构——皇城司》,《河南大学学报(社会科学版)》1984 年第 4 期,第 37—41 页。关于皇城司的研究,还可以参考赵雨乐:《试论宋代改武德使为皇城司的因由——唐宋之际武德使活动的初步探索》,收入张其凡、陆勇强主编:《宋代历史文化研究》,北京:人民出版社,2001 年;汪辉:《两宋皇城司制度探析——以其探事职能的拓展及人员的管理为主》,河南大学硕士学位论文,2005 年。

③ 《宋史》卷 167《职官七》,第 3962 页。

④ 佐伯富:《宋代走马承受之研究——君主独裁权研究之二》,魏美月译,《东方杂志》第 13 卷 8、9、10 期,香港:商务印书馆,1980 年复刊。原载(京都)《东方学报》1944 年 2 月、10 月。关于走马承受的研究,还可以参考:阎沁恒:《宋代走马承受公事考》,原刊《政治大学学报》1964 年第 9 期,收入《宋史研究集》1979 年第 11 辑,台北:编译馆中华丛书编审委员会,第 195—221 页。

⑤ 程民生:《北宋探事机构——皇城司》,《河南大学学报(社会科学版)》1984 年第 4 期,第 40 页。

州郡不法等职权，其中"主要目的是监视地方大员"[①]。秦克宏则对其信息通进的职能予以格外的关注，分析了走马承受获取信息的手段和方式，指出徽宗朝之前，走马承受主要是通过帅司、随军、谍报、巡视、访闻获得信息，权限集中在监视将帅和军政活动上。就信息传递而言，走马承受上达信息有快速、直达御前的特点。走马承受的重大变化是在徽宗时期，主要有二，一是在大观年间（1107—1110），获得了"风闻言事"的权力；二是政和六年（1116）七月，走马承受改为廉访使者。这些变化使走马承受·廉访使者的职能从大观元年之前的以军情传递、监视将帅为主，转向此后的监察地方，可称之为新的路级监察机构[②]。

天子耳目台谏给舍之类与皇城司、走马承受等皆可谓天子耳目，后者更具私密性，不过他们都是官僚体制的一部分。君主还经常会根据地方实际，派出一些专使、特使调查情况，或派"承受"文字官等，这些信息，同样也是朝廷信息的一部分。实际上即使对于皇城司这样的侦伺机构，天子仍有不放心的地方。在这些耳目之外，天子更有自己的耳目。这些私人耳目完全对天子负责。他们主要有两类人：近幸与宦官。宦官在君主收集信息过程中的作用，北宋较南宋明显，王化雨认为这可能与南宋时期宦官整体势力减弱有关，亦可能与现存南宋文献对这方面的记载较少有关[③]。

（二）宋代的信息传递渠道

皇祐年间（1049—1054），宋仁宗与辅佐大臣谈及言事时说道："比日上封言政事得失者少，岂非言路壅塞所致乎？其下阁门、通进银台司、登闻理检院、进奏院，自今州县奏请及臣僚表疏，毋得辄有阻留。"[④] 区别于信息来源之"言路"，仁宗这段话向我们展现出另一种类型的宋代"言路"，即文书传递的渠道，包括：阁门、通进银台司、登闻、理检院、进奏院。

---

① 申忠玲：《宋代的走马承受公事探究》，《青海社会科学》2011年第5期，第189—193页。
② 秦克宏：《宋代走马承受公事》，北京大学历史学系博士学位论文，2012年。
③ 参见王化雨：《宋朝君主的信息渠道研究》第四章"侧近"之人与宋代君主的信息收集：以宦官为中心"，北京大学历史学系博士学位论文，2008年，第120—124页。
④ 李焘：《续资治通鉴长编》（以下简称《长编》）卷173，皇祐四年十月丁亥条，北京：中华书局，2004年，第4176页。

1. 进奏院

进奏院的设置始于唐代宗大历十二年(777),是安史之乱以后中央与方镇沟通的主要渠道。宋初沿袭唐五代旧制,支郡不隶藩镇者,可自行置邸京师,隶藩镇者,则由藩镇进奏院兼领。及太宗时支郡不复隶藩镇,于是州、镇各自置邸京师,并皆用本州镇人为进奏官。他们不愿久住京师,就自募京师人或以亲信代之,每日晨则集于右掖门外廊接受制敕及诸司符牒等文书,及午则各还私居,造成文书承接出现稽缓、漏泄两弊。太平兴国七年(982)十月,太宗先是派人拣选原来各地自选的进奏、知后官150人为进奏官,每人掌二三州进奏事宜,设监官统一管理,然后又于大内侧近置都进奏院,主要职能有二,一是负责官文书的上传下达,一是邸报的编定。历史学界的研究两者并重,新闻学研究者则重后者。

较早涉及宋代进奏院研究的是台湾学者朱传誉先生,其《宋代新闻史》中设有"发行机构"一节,考察邸报的发行机构进奏院,论述了进奏院的演变,指出"历代以来,都有收发文报的机构,以前这些机构,和邸报或进奏院没有统属关系,到宋代才成为一体"①。在关于进奏院的"上级机构"通进银台司的叙述中,该书对官制改革前后官制不加区分,以为改制前的通进银台司由一名或两名给事中负责(15—16页),南宋时宰相兼枢密以后,通进银台司直属宰执控制(18页)。赵效宣《宋代驿站制度》中述"入递递角收发交割手续"时,对进奏院的职能、管理、封装等亦有简略介绍②。日本学者梅原郁先生《进奏院——宋代的文书传达制度》一文对包括进奏院、通进银台司、邮递、递铺在内的宋代文书传递机构做了全方位考察③。曹家齐《宋代交通管理制度研究》中亦有专章重点讨论递铺系统中的文书传递制度,其中对"中央文书收发的总机关"进奏院有比较简短的介绍,对于进奏院所发报状,该书称为"向全国发布朝廷新闻简报"④。

大陆学者中游彪先生较早对进奏院做了一系列研究,著有论文四篇,重

---

① 朱传誉:《宋代新闻史》,台北:台湾商务印书馆,1967年,第15—18页。
② 赵效宣:《宋代驿站制度》,台北:联经出版事业公司,1983年,第13—16页。
③ 梅原郁:《进奏院——宋代的文书传达制度》,就实女子大学《史学论集》第15号,2000年。
④ 曹家齐:《宋代交通管理制度研究》,开封:河南大学出版社,2002年,第128—129页。

点讨论了进奏院的相关制度和邸报。《宋代邮政管理体制的一个侧面——以进奏院的职责与官方文书的分类为中心》一文将进奏院比拟为现代国家邮政总局,考察了进奏院的职能及其文书传递中的"常程文书"和"急速文字""实封文字"和"通封"等文书分类。文章反对朱传誉提出的进奏院的上级机构是银台司的看法,认为进奏院与通进银台司是两个完全平行的机构,互不统属。文章指出进奏院弊端有三:进奏官人手不足,导致文书的抄写与传递出现种种问题;进奏院和邮递人员违反规章而造成人为失误;泄露机密。关于利用实封文字入递的资格,文章认为"几乎所有低级文武官僚都可以向中央提交机密报告(实封奏章)"(87页)[①]。对于"常程文书"和"急速文字"的区分,该文认为"衡量的标准主要是传递时间和速度"。这有点儿倒果为因了,实际上应该是文书性质决定传递的方式(时间和速度)。《宋代流转往来的官方"文字"》所论亦是官方文字分类问题,提出通常情况下,官方按照传递速度和时间将文书分为"常程"和"急速",按照文书的机密程度又有"实封"和"通封"之别。文章对"实封""通封"的解释如下:所谓"实封",是指单封的机要密件,这类文件必须由进奏院长官亲自验收。"通封"就是将那些非机密材料集中起来送到朝廷,这些文件绝大多数是按照国家相关制度进行的例行汇报,恐怕多与政务有关,与前文所述"常程"材料有相近之处[②]。

2. 登闻鼓院、检院、理检院

登闻鼓院、检院、理检院为宋代受理特定群体上书的中央机构。宋代鼓院原名鼓司,源自前朝的登闻鼓制度,检院则源自唐代匦函之制。匦、检俱为承受文书之装置。传说尧舜时期有"敢谏之鼓""诽谤之木",目的是开言路,使天下得以尽言。西周时期则有路鼓,"以待达穷者",类似于汉代之"上变事而击鼓",通常被看作唐宋登闻鼓制度之滥觞[③]。至西晋时,出现"登闻鼓"

[①] 游彪:《宋代邮政管理体制的一个侧面——以进奏院的职责与官方文书的分类为中心》,《云南社会科学》2003 年第 3 期,第 85—90 页。

[②] 游彪:《宋代流转往来的官方"文字"》,收入邓小南主编:《政绩考察与信息渠道——以宋代为重心》,第 379—410 页。

[③] 张军胜:《登闻鼓源流略探》,《青海民族学院学报(社会科学版)》2009 年第 3 期;赵旭:《论唐宋之际登闻鼓职能的强化及影响》,《唐史论丛》2009 年第 11 辑,第 30—45 页。温慧辉:《〈周礼〉"肺石"之制与"路鼓"之制考》,《史学月刊》2007 年第 6 期。

之称。

匦函制度则萌芽于汉,初创于梁武帝时期,至唐则有四匦之制,五代、宋初皆袭唐制。杨一凡、刘笃才《中国古代匦函制度考略》考察了唐代匦函制度的设置与管理等制度,亦论及匦函在五代两宋的实行情况及其变化,比较了宋代检函制与唐代匦函制的联系、受状内容和投状方式的变化。文章认为相比于唐,宋代的检函制度比唐代的匦函制度在许多方面都有新的发展和完善,如宋代的投检方式更为细密,对投检书状的限制也更为严格,对投状的处理区分缓急,等等[①]。

黄纯艳撰有《宋代登闻鼓制度》,修订而为《下情上达的唐宋登闻鼓制度》。文章探讨了登闻鼓制度的沿革、进状程序与进状人构成、作用与影响。关于进状人,文章认为登闻院击鼓进状人以民间人士为主,官员中只有致仕官员、选人可以通过此途径进状。受状内容总结为上诉、受理举告、议论政事、集体请愿、自荐、其他等六个方面。其作用在于在通进司、进奏院之外开辟一条联系民间社会、获取民间社会信息的途径,并得以据此调整政策、澄清吏治,是行政和司法制度的补充[②]。文章论及登闻等三院的各个重要方面。但没有区分鼓院、检院受状的不同。文章引曾巩《隆平集》卷1《官名》中所言"自是匦函遂废",提出"应该是指景德四年起,登闻检院也鸣鼓而不再投匦进状",未讨论是否投检的问题。三院进状固然是以民间人士为主,但官员进状并不限于"致仕官员、选人"。至于三院所收进状,一则并非皆达于御前,二则皇帝也难以尽阅,故并非如文章所言"呈递到鼓、检两院的进状都由皇上直接审阅"。

刘丹《宋代登闻鼓制度研究》将三院接受进状内容分为诉讼、议政、自荐、乞恩等四类,进状人则"主要由官吏、平民、僧道、命妇等构成,贬谪官员和蛮人不允许击鼓进状,贬谪官员被恩赦或其家属可以击鼓进状",认为进状达于御前的方式是登闻鼓机构经过通进银台司或枢密院、皇城司转呈于皇帝。关于进状的处理,刘丹认同黄文观点,认为鼓状由皇帝亲自审阅,具

---

① 杨一凡、刘笃才:《中国古代匦函制度考略》,《法学研究》1998年第1期,第79—91页。
② 黄纯艳:《下情上达的唐宋登闻鼓制度》,收入邓小南主编:《政绩考察与信息渠道——以宋代为重心》,第213—234页。黄纯艳:《宋代登闻鼓制度》,《中州学刊》2004年第6期,第112—116页。

有三种处理方式，一是直接做出决定，派遣官吏实施；二是指令相关机构处理；三是留中不出。文中附有监登闻鼓院长官表123人，登闻检院长官表94人，理检使表61人[①]。

程民生《宋代的诣阙上诉》中提出宋代诣阙上诉有两种形式：击登闻鼓和邀车驾。登闻鼓院受理的是"无法按正常渠道（通进司）递交到皇帝手里的文字"，"击登闻鼓没有身份限制"，不分高官还是农民，机会均等。诣阙上诉的内容，作者总结为政治问题、控告地方官、经济问题、司法问题、文化问题、军事问题、家庭私事、诬告和其他等九个方面。文章高度评价了宋人的诣阙上诉，认为宋代的诣阙上诉是"一种比较普遍的社会现象"，"宋人享有一定的诉讼权、申诉权并充分运用，本质是追求公正权，包含着一定程度的人权意识"[②]。宋人诣阙上书，实际上不止击登闻鼓和邀车驾两种，还有伏阙上书，此三种方式属于不同的下情上达的方式，但后两者基本是被禁止的。

程民生先生所言的"上诉"，实为上书，并非专指诉讼。不过三院所受状中很重要的一部分是关于词讼。法制史学者讨论中国古代的诉讼制度，直诉，即古代审级制度中直接诉于君主的特别诉讼程序，是其中的重要内容，而溯源至"路鼓""肺石"的登闻鼓制度则被看作是最重要的直诉方式之一[③]。王捷《"直诉"源流通说辨正》指出《周礼》所载"路鼓"与"肺石"、秦汉至南北朝以前的上书、登闻鼓，均非司法意义上的"直诉"。登闻鼓等制设计之初的着眼点在于行政沟通机制，而不是成为超越审级的非常上诉机制。东汉魏晋时期"登闻鼓"类制度经历了从行政机制向司法机制的转型。在隋唐时期，立法者将前代的"登闻鼓"和《周礼》的"肺石"制结合入律，

[①] 刘丹：《宋代登闻鼓制度研究》，河南大学硕士学位论文，2018年。还可参看吴晓志：《登闻鼓制度研究》（西南政法大学硕士学位论文，2010年），通过对登闻鼓案件的分类分析，认为登闻鼓机构具有诉讼功能、申诉功能、告发检举功能、表达意愿功能、上疏上言功能、乞恩功能。赵映诚：《鼓与中国古代的言事制度》，《理论月刊》，2001年第4期，第36—37页。

[②] 程民生：《宋代的诣阙上诉》，《文史哲》2012年第2期，第81—91页。

[③] 戴炎辉：《中国法制史》，台北：三民书局，1986年；刘俊文：《唐律疏议笺解》，北京：中华书局，1996年。

是现实制度与理想构造的结合,从而形成正式的"直诉"制度①。

3. 阁门

阁门,即阁门司,始见于中唐。中唐以后,君主听政场所从宣政殿逐渐转移至以紫宸殿为中心的内廷②,入朝必经之宣政殿两侧的东西上阁门成为接受臣僚章奏的主要地方之一,其他各门如光顺门、右银台门等也多有承受文书者,而以阁门总领之。总领阁门文书通进者为阁门使,为中唐以后所出现之宦官内诸司使之一,其职责除通达奏状之外,还负责赞导官员朝见,系是侵夺中书通事舍人之职③。其实赞引与文书通进这两者是相通的,因为自宰相以下若需求对,本来也都是要先经阁门递交文书申请得准方可。五代宋初之阁门使不再由宦官担任,改任武人,职能则沿袭唐制。

赵冬梅《试论通进视角中的唐宋阁门司》据唐代墓志考知阁门使在文宗时已经出现,并考察了阁门使"通达奏状"的职能。同唐代一样,宋代阁门司接收奏状的对象以中央官员为主、所通文字以程序化的表状为主。文章论述阁门司在信息沟通渠道中的地位:见与不见,权在皇帝;报与不报、如何报,事在阁门——阁门完全有可能利用赞导职务便利影响宰相、百官面见皇帝的频率,从而影响到皇帝与群臣间信息的交流。阁门实际控制着视朝中一般

---

① 王捷:《"直诉"源流通说辨正》,《法学研究》2015年第6期,第190页。关于直诉的研究,参看陈丽红:《中国古代直诉制度研究》,安徽大学硕士学位论文,2006年;王瑞蕾:《宋代民事诉讼权利研究》,河北大学硕士学位论文,2008年;王茂娟:《中国古代直诉制度研究》,山东大学硕士学位论文,2010年;王彤:《中国古代直诉制度研究》,黑龙江大学硕士学位论文,2011年;陈晓庆:《宋代直诉制度研究》,内蒙古大学硕士学位论文,2011年;孔维博:《宋朝直诉制度研究》,河北经贸大学硕士学位论文,2016年;李惠娜:《宋代直诉制度研究》,上海师范大学硕士学位论文,2017年。张全民:《中国古代直诉中的自残现象探析》,《法学研究》,2002年第1期,第93—99页。

② 王静:《唐大明宫的构造形式与中央决策部门职能的变迁》,《文史》第61辑,2002年,第101—119页。

③ 唐长孺:《唐代的内诸司使及其演变》,氏著《山居存稿》,北京:中华书局,2011年,第269页。《资治通鉴》胡三省注对阁门使仅言及其赞导之职,而忽视其文书传递的功能(《资治通鉴》卷250,咸通四年八月,北京:中华书局,1956年,第8106页)。咸通十三年(872)五月,国子司业李殷裕诣阁门告郭淑妃弟内作坊使敬述阴事被杖杀,阁门使田献铦夺紫,改桥陵使,"以其受殷裕文故也"(《资治通鉴》卷252,咸通十三年五月乙亥条,第8163页)。同时又有"阁门司阁敬直决十五,配南衙"(《旧唐书》卷19上《懿宗本纪》,北京:中华书局,1975年,第679页),知彼时亦有阁门司之设。

官员能否及时见到皇帝的关键。阁门在通进中的作用,还有一项,就是负责向在京官员送达诏敕告身等文书。阁门位于整个信息下达过程的最前端,直接接触诏敕告身的受付者,充当着皇帝/政府与百官之间的"传话人"的角色[①]。阁门司因为地理位置而在信息通传过程中承担重要角色,而阁门司官员多出身于外戚勋贵,既当通进之要路,又"日近衮冕",容易获得皇帝信任,故存在"弄权"的潜能,然而在实际政治生活中又受到文官的鄙薄和防弊制度的压制,因而在极端情况下有可能演变为佞幸干政[②]。

4. 通进银台司

以上进奏院所进之地方文书以及阁门所领奏牍等,最终要经过通进银台司的勾检后进入宫中或分发各处有司。通进银台司最初是通进、银台二司并立,在所领文书上有明确的职事分工:银台司所领文书有"天下奏状、案牍"两类,是来自地方的文书;通进司所领为"阁门、在京百司奏牍,文武近臣表疏",主要是来自在京机构以及京城内外"近臣"的文书。在太宗淳化四年(993)之后,通进、银台司渐渐整合为一个由通进、银台、发敕与封驳等四司组成、由两名知司官统一领导的主管文书运行的机构,其下端机构则是都进奏院。元丰官制改革后,通进司与进奏院一起成为给事中统一领导下的两个并行机构,其职能也相若;章奏房处于两环节之间,所取代的正是原银台司的职能[③]。

通进银台司与阁门都接受官员文书,区别何在?据《宋会要辑稿》所引《两朝国史·志》载:"通进司掌受银台司所领天下章奏、案牍,及阁门京百司奏牍、文武近臣表疏以进御,然后颁布于外。"赵冬梅据此认为,阁门所领文书为在京"百司奏牍,文武近臣表疏",如此则上段记载中,"阁门"后应补"所

---

① 赵冬梅:《试论通进视角中的唐宋阁门司》,邓小南主编:《政绩考察与信息渠道——以宋代为重心》,第195—212页。

② 赵冬梅:《试论宋代的阁门官员》,《中国史研究》2004年第4期。

③ 梅原郁在《进奏院をめぐって——宋代の文书传达制度》(《就实女子大学史学论集》第15号,2000年)的第二部分中对通进银台司的职掌做了初步梳理。另参见李全德:《通进银台司与宋代的文书运行》,《中国史研究》2008年第2期,第119—134页;孟宪玉:《北宋通进银台封驳司研究》,河北大学硕士学位论文,2008年。

领"二字，整句话可理解为通进司掌受来自银台司和阁门两个部门所领的文书，通进司自身不接受文书，这与史料中所见通进司接受文书不同，故"阁门在京百司奏牍"似当为"阁门、在京百司奏牍"①。阁门所领者只能是与其赞引职能相关的群臣奏对时所上的上殿札子等文书。阁门所领文书是否全都经过通进司进呈，亦有待进一步研究。总体而言，通进司与阁门可视作并行的两条言路。

前文仁宗所说的这条言路，有内、外之分，"外有登闻甄函，内有银台、阁门。"进奏院、登闻理检院在外，阁门、通进银台司在内。通进司是阁门与银台司之上、更接近皇帝的通进机构，但却并不是文书传递之路的终端：一则通进银台司的文书需要经过宦官之手进入禁中；二则，大内之内别有文书通进渠道，即宦官所掌控之入内内侍省、御药院、内东门司等机构。嘉祐五年（1060），仁宗诏："今后臣僚乞于入内内侍省、御药院、内东门司投下文字者，令逐处申中书再取旨。"②可证此三机构明确负有部分文书通进职能。

5. 入内内侍省

宋初，有内中高品班院，淳化五年（994），改入内内班院，又改入内黄门班院，又改内侍省入内内侍班院，景德三年（1006）改为入内内侍省。内东门司与御药院皆为入内内侍省的直属机构，其勾当官也皆由入内内侍充当。

经入内内侍省通进文字须得皇帝批准，何种身份、哪类文书可经入内内侍省通进无一定之规。金字牌创设后，由入内内侍省掌管，出现所谓"入内内侍省递"，入此递之文书可直达入内内侍省转呈御前③。

6. 御药院

御药院设置于太宗至道三年（997），其位置初在崇政殿后，英宗、仁宗

---

① 赵冬梅：《试论通进视角中的唐宋阁门司》，《历史研究》2008年第3期，第130页。李全德：《通进银台司与宋代的文书运行》，《中国史研究》2008年第2期，第120页。徐松辑：《宋会要辑稿》职官2之26作"阁门、（在）京百司奏牍"，刘琳、刁忠民、舒大刚、尹波等校点，上海：上海古籍出版社，2014年，第3003页。

② 《宋会要辑稿》仪制6之13，第2408页。

③ 曹家齐：《威权、速度与军政绩效——宋代金字牌递新探》，原载《汉学研究》第27卷第2期，2009年，收入《文书・政令・信息沟通：以唐宋时期为主》，第551—584页。

时期多有变更,然皆以崇政殿为中心。其基本职能是掌合和御药,分掌职事诸案有生熟药案、杂事案、开拆案等三案,值得注意的是开拆司的职能,"承受诸处投下应干文字,付合行案分行移发放"①,本身已具有接受特定文书的职能。

日本学者友永植《御药院考》,从御药院长官勾当御药院入手,分析其职能与性质,以及在维护宋朝君主独裁体制中的角色。文章指出勾当御药院在本职之外,因为其侧近性,备受君主信任而广泛参与各种事务,如勾当公事,走马承受公事,检阅军队,内藏库出纳管理,其他临时差遣,并简略考及其与政争的关系②。程民生《宋代御药院探秘》从"医药本职""宫廷事务""朝廷事务""军事、外交、司法、抢险赈灾等事务"等四个方面做了更为详细的论述③。文章认为御药院下设四案,上述三案外,尚有"合行案",系误读"付合行案分行移发放"④。

更多研究是就御药院所兼职能中的某一方面做深入探讨。远藤隆俊、曹家齐曾分别利用日僧成寻的《参天台五台山记》考察了御药院接待外国使者与文书传递方面的作用⑤;王瑞来、夏亚飞对御药院在殿试中的作用作了考察⑥。

医疗史学者会将御药院称为"医政机构"⑦,程民生也说道御药院是"宫中的御用药房,皇帝的医药保健机构",实际上则"名不副实,其职能的重要

---

① 《宋会要辑稿》职官19之13,第3553页。
② 友永植:《御药院考》,《别府大学短期大学部纪要》第6号,1987年,第9—16页。
③ 程民生:《宋代御药院探秘》,《文史哲》2014年第6期,第80—96页。
④ 程民生:《宋代御药院探秘》,《文史哲》2014年第6期,第81页。
⑤ 远藤隆俊:《宋代的外国使节与文书传递:以成寻〈参天台五台山记〉为线索》,《历史研究》2008年第3期。曹家齐:《宋朝对外国使客的接待制度——以〈参天台五台山记〉为中心之考察》,《中国史研究》2011年第3期;《北宋熙宁内诸司及其行政秩序——以参与接待成寻的御药院和客省为中心之考察》,《北京大学学报(哲学社会科学版)》2011年第2期。
⑥ 王瑞来:《赵抃〈御试官日记〉考释——兼论北宋殿试制度的演变》,《东北师范大学学报(哲学社会科学版)》1986年第4期,第41—48页;夏亚飞:《宋代御药院殿试职能管理职权的演变》,姜锡东主编:《宋史研究论丛》第17辑,保定:河北大学出版社,2016年,第71—88页。
⑦ 朱德明:《南宋医药行政管理机构研究》,《史林》2010年第1期;胡玉:《宋代医政研究》,河北大学硕士学位论文,2005年。

性和广泛性出人意料,远远超出了本职",认为御药院的职能"几乎涉及宫廷所有事情和社会各个领域",是宋代特有的皇帝的御用工具,其特点一是性质的隐蔽性,千年之后才真相大白;二是职能的广泛性,几乎无所不能;三是使用的任意性,认为御药院制度体现了"宋代政治制度设计的微妙"①。丁义珏提出任何机构自有其核心职能与权责边界,应该区分开作为宦官群体一分子之御药院勾当官个人活动与御药院机构职能,否则容易夸大御药院的日常功能。他从医药、礼物和殿试三方面分析御药院的核心职能,认为其职能局限、零碎且互不关联,但都是需要展现君主参与、过问的环节,也体现了官僚行政系统运作中内廷与外朝之间的分工与配合关系。御药院勾当官自仁宗朝后成为君主最亲近的宦官,经常受命出外,充当着君主日常行政过程中"皇帝私人"的角色,是皇帝个人最直接的代表,而不是代表御药院机构②。该文对御药院作为信息渠道在沟通内外方面的作用没有论述。程民生认为御药院起着连接宫廷内外桥梁的作用,"接受、整理并分析奏章"③,实际上御药院承接部分文书固有之,如翰林学士院的文字承受是御药院负责,认为它有整理分析章奏的职能,则不免有些夸大其在文书行政中的作用。

7. 内东门司

内东门司原名内东门取索司,景德三年(1006)二月改名,由此可见其最初之职能与物品取索有关。友永植《内东门司考》一文对内东门司的职能,以及在内东门进行的"垂帘听政"、对长官勾当内东门司参与外廷的活动等有所论述④。内东门司是进入内廷的唯一门户,也是文书通进和君臣交流的重要渠道⑤。

以上三途,皆掌于宦官。所谓"外有登闻匦函,内有银台、阁门",然而较之于地处禁中的入内内侍省、御药院、内东门司,通进、银台,亦是外了。

---

① 程民生:《宋代御药院探秘》,《文史哲》2014年第6期,第80—96页。
② 丁义珏:《宋代御药院机构与职能考论》,《中华文史论丛》2018年第2期。
③ 程民生:《宋代御药院探秘》,《文史哲》2014年第6期,第86—87页。
④ 友永植:《内东门司考》,《别府大学史学论丛》第21辑,1990年,第159—186页。
⑤ 王化雨:《北宋宫廷的建筑布局与君臣之间的沟通渠道:以内东门为中心》,《国学研究》第21卷,北京:北京大学出版社,2008年。张莎莎:《宋代入内内侍省研究》,黑龙江大学硕士学位论文,2018年。

这种内外之分,是由宫城建筑布局决定的。文书入宫内,自然需要有人收接、传递,起到这个作用的就是宫中的宦官,复根据禁中宫殿位置关系形成入内内侍省、御药院、内东门司等三渠道。从宫廷建筑位置关系出发讨论文书与信息传递诸渠道以及空间与政治权力运作之间的关系,近些年在唐宋史领域都出现了不少较为深入的研究①。

那么基于空间位置之不同而形成的内、外信息渠道之间是什么关系呢？曹家齐先生从君权、相权之争视角出发,讨论了入内内侍省所掌之金字牌递与进奏院之间的关系,认为金字牌递是神宗时期在通进司、进奏院这条信息渠道被以宰相为首的外朝掌控情况下,入内内侍省深度介入机要文字传递的结果,"是皇权进一步膨胀或强化在控制信息渠道方面之表现",由此形成了两条承传诏奏、沟通中央与地方联系的信息渠道:"一是制度规定的进奏院和通进司,二是非制度规定的入内内侍省",后者是"皇帝掌控机要诏奏传递,并进而绕开外廷臣僚独断朝政的重要工具"。两条渠道呈现出此强彼弱的博弈关系②。此论值得商榷。首先,诏、奏之承传存在着多种途径,即以入内内侍省之金字牌递而言,其所承传之诏、奏都是机密、要切文书,尤其需要保密与效率,与进奏院并不构成博弈关系。再者,尽管进奏院掌于外朝官僚之手,但并不等于外廷官僚控制进奏院,其所上传之章奏,还是需要首先达于御前的。问题的关键不在于信息通过何种途径传递,而在于所获信息如何处理,是否君相共享。最后,金字牌递由入内内侍省负责封装、用印、发出,但所发出文书大都是君主、宰相共同做出的决策,且实际接收金字牌递派发

---

① 松本保宣:《关于延英殿在唐后半期的职能》,《立命馆文学》516,1990年；松元保宣:《关于唐代的侧门论事》,《东方学》86,1993年；松本保宣:《唐王朝の宫城と御前会议——唐代听政制度の展开》,京都:晃洋书房,2006年。王静:《唐大明宫的构造形式和中央决策部门职能的变迁》,《文史》2002年第4辑；王静:《唐大明宫内侍省及内侍诸司的位置与宦官专权》,《燕京学报》新十六期,北京:北京大学出版社,2000年,第89—119页。平田茂树:《宋代的政治空间:皇帝与臣僚交流方式的变化》,《历史研究》2008年第3期。王化雨:《北宋宫廷的建筑布局与君臣之间的沟通渠道:以内东门为中心》,《国学研究》第21卷；王化雨:《南宋宫城布局与御前文书运行》,《史学月刊》2011年第5期；王化雨:《南宋宫廷的建筑布局与君臣奏对:以选德殿为中心》,《史林》2012年第4期。

② 曹家齐:《宋朝皇帝与朝臣的信息博弈——围绕入内内侍省与进奏院传递诏奏之考察》,《历史研究》2017年第1期。

递铺系统的似仍为进奏院。两条路线博弈之说，似难成立。内、外两系列的通进渠道各有其大致明确的职权界限，基本是互相补充的关系。这一格局的存在，也使得没有任何群体能够操控君主与外界的沟通，从而有利于皇权政治的巩固[①]。

宋代多元信息渠道的建设不可谓不完善。邓小南先生提出，宋代统治所达到的纵深层面，前朝难以比拟，而这正与宋廷对于信息渠道的着意经营有直接的关系，在国家事务中，宋廷始终致力于疏通信息来源，建立信息网络，减少信息被垄断的可能性[②]。《信息渠道的通塞：从宋代"言路"看制度文化》指出宋代对于信息的搜集汇聚方式有其独特之处（101页），君主与朝廷重视信息渠道，信息通进路径不断增加，技术手段愈益多样，投注的心思缜密繁复，但沟通中阻滞仍旧，渠道通塞不常（113页）。致力于防范雍蔽，而信息沟通却未必通畅，原因一则在于"君主对于进言的实际态度"，外有好谏之名，内有拒谏之实；始悦而终违，面从而心拒。再则在于"奉上""唯上"的政治文化和维稳的现实政治取向。制度实施的效果，与环绕其中的政治文化氛围有关，言路的运行从属于政权的需求，当轴者的关切，主要在于控御的维系及朝政的安宁[③]。

8. 宋代官方文书传递与信息传播

以上"言路"的组成机构都是在京部门，至于地方各类文书如何入京，决策后的政令如何下达，则涉及文书传递的手段和信息传播方式的问题。

宋代驿传制度的研究始于20世纪二三十年代，日本学者如青山定雄等贡献尤多，至80年代，台湾学者赵效宣出版《宋代驿站制度》，为当时唯一一部专门研究宋代驿传制度的著作，其大旨"乃在提出日本学者对所有马递之曲解"，考察了"递角之传递制度""人与物之传递制度""管理制度"，

[①] 王化雨：《宋朝宦官与章奏通进》，《历史研究》2008年第3期，第143—146页。

[②] 邓小南：《多途考察与宋代的信息处理机制：以对地方政绩的核查为重点》，收入《政绩考察与信息渠道——以宋代为重心》，第55页.

[③] 邓小南：《信息渠道的通塞：从宋代"言路"看制度文化》，《中国社会科学》2019年第1期，第101—122页。

广征博引,已论及驿传制度的方方面面①。21世纪以来,在宋代交通史领域贡献最著者为曹家齐先生,其《宋代交通管理制度研究》对宋代交通管理制度作了全方位考察,其中第二章"文书传递制度"论述了宋代递铺的种类、结构和管理,以及文书传递等级,提出宋代的步递、马递、急脚递只是三种传递等级,是一般递铺兼具的三种职能,急脚递只是传递等级的标志,不限于一种传递方式②。

两宋立国以兵,军事情报的搜集与传递具有异常重要性。宋辽之间的间谍问题,实质上也就是信息的搜集问题③。宋代很多新出传递方式都与军政有关,如摆铺、斥堠铺、金字牌递等。曹家齐分别考察了南宋朝廷对岭南、四川地区文书传递的经营、文书传递的状况,分析了区域间信息沟通状况与时政的关系。陈希丰通过对南宋四川战场军情战报、奏诏往来的分析,考察了南宋前期朝廷与四川间文书传递的实际状况,并以此为基础梳理了南宋不同时期朝廷与福建、江西、湖北、湖南、京西、广西间文书传递状况,认为南宋军期要切文书传递的普遍速度为日行二百至三百里,与北宋时期相差不大④。关于文书传递等级,曹家齐考察了宋代最高文书传递等级"金字牌递"出现的时间、背景和所传递文书的性质,认为金字牌递在神宗朝的出现,印证了

---

① 赵效宣:《宋代驿站制度》,台北:联经出版事业公司,1983年,第330页。

② 曹家齐:《宋代交通管理制度研究》,郑州:河南大学出版社,2002年,第95—152页。关于20世纪驿传制度研究的得失可参看曹家齐先生《宋代驿传制度史研究述评》,收入包伟民主编:《宋代制度史研究百年(1900—2000)》,第365—373页。

③ 陶晋生《宋辽关系史研究》有"情报与间谍活动"专节讨论情报问题(北京:中华书局,2008年)。关于间谍问题的讨论可以参考:陶玉坤:《辽宋和盟状态下的新对抗——关于辽宋间谍战略的分析》,《黑龙江民族丛刊》1998年第1期;李立:《北宋河北缘边安抚使研究》,收入漆侠主编:《宋史研究论文集》(2000),保定:河北大学出版社,2002年,第95—109页;王福鑫:《宋夏情报战初探——以元昊时期为中心》,《宁夏社会科学》2004年第5期;舒仁辉、范晓燕:《试论两宋时期的间谍问题》,《杭州师范学院学报(社会科学版)》2007年第5期;李琛《宋朝间谍问题研究》,广西师范大学硕士学位论文,2008年。

④ 曹家齐:《两宋朝廷与岭南之间的文书传递》,《中国史研究》2013年第3期,同氏《南宋朝廷与四川地区的文书传递》,《中国社会科学》2014年第5期,俱收入氏著《宋代的交通与政治》,北京:中华书局,2017年,第242—297页。陈希丰:《南宋前期朝廷与四川的文书传递状况——兼论南宋文书传递的整体水平》,北京大学中古史中心"7—16世纪的信息沟通与国家秩序"第六次工作坊论文集,2019年,第161—180页。

神宗朝皇权与相权关系变化之事实，揭示出权力变化背后之机制，指出金字牌递是凭借最高威权保证传递速度，进而最大限度地实现权力之表达，促成政治和军事绩效。文章引李曾伯《辞免资政》中"照对臣闻六月二十一日，准递到御前金字牌八面，内侍省皮匣御宝实封降下尚书省札子"一语，证明"无论是岳飞一日收到十二道（或十三道）金字牌诏书，还是宋高宗一日发出十二道（或十三道）金字牌诏书，都是有可能的"①。然李曾伯奏状中"八面"二字，当为"入内"之讹。

李曾伯在理宗宝祐五年（1257）任广南制置大使兼知静江府，为南宋末广西抗蒙统帅，景定元年（1260）七月离任。其《可斋杂稿·续稿后》载有此时期奏札若干，是"现存宋代史料中最丰富、最完整的军情资料"，也是"研究晚宋政局与军情的最佳史料之一"。黄宽重先生利用此资料，考察了宝祐五年到景定元年蒙古由大理、安南侵宋期间，宋廷如何通过安南、大理、羁縻溪洞三方面来搜集蒙古军情以及情报的传递与处理。文章通过翔实的资料搜集与分析，生动展现了晚宋时期君主与前线指挥官之间是如何通过多种传递方式如省铺、军铺、金字牌递，多种通进渠道如奏、申的并用，来保持地方军政信息的传递与沟通，以及形成决策的过程②。

奏状、边报之外，利用官府递铺系统传递的还有进奏院所编发的邸报，邸报也是地方尤其是地方官员获取官方信息的最主要渠道。

新闻学界通常把自唐代出现的进奏院状视作报纸，唐史学者认为是公文。张国刚先生提出进奏院状的行文款式与唐代其他同类公文完全相同，作者是唯一的，所反映的内容是个别的，其"发行"的份数也是唯一的，发行"对象"也是唯一的，那就是本道藩帅，尽管本道幕僚也能获睹，"无论从内容还是形式，从实物还是记载，都只能是一个十足的官府公文，与报纸是毫无共

---

① 曹家齐：《威权、速度与军政绩效——宋代金字牌递新探》，原载《汉学研究》第27卷第2期，2009年，收入《文书·政令·信息沟通：以唐宋时期为主》，第551—584页。

② 黄宽重：《晚宋军情搜集与传递——以〈可斋杂稿〉所见宋、蒙广西战役为例》，原载《汉学研究》第27卷第2期，2009年，收入《文书·政令·信息沟通：以唐宋时期为主》，第602—640页。关于北宋时期的军情搜集与传递问题，可参看：沈琛铮：《北宋神宗朝对西北的经略——以战略决策与信息传递为中心》，西北大学硕士学位论文，2010年；俱凤：《宋仁宗朝军情传递研究》，西北大学硕士学位论文，2015年。

同之处的"①。方汉奇先生修正了关于邸报性质的认识，认为"属于一种由官文书向正式官报转化过程中的原始状态的报纸，近似于作为西方近代报纸前身的16世纪欧洲的'新闻信'"②。

游彪《宋代朝廷与地方之间的"文字"传递——围绕邸报及其相关问题而展开》提出"宋代邸报多种多样，并非'进奏院报'一家，很多政府部门的公文都属于广义范畴的邸报"。其意是凡进奏院所传递之政府公文皆可成为"邸报"。但只有"进奏院报"更接近于现代意义上的报纸，进奏官身兼数职，既是记者，负责到各政府机构收集报道内容；又是编辑，共同制作"定本"送审；还是发行人，必须将邸报及时送到所管辖的区域（11—12页）。朝廷处理所收到文书（文章称为"情报"）的程序，是先急后缓，视事体轻重③。文章解释赵升《朝野类要》"朝报"条为元丰官制改革后"三省六部等中央机构下发各地的文件"（14页），而实际上赵升所说的是"进奏院报"。同氏《宋代的邸报与时政》认为邸报无疑是以皇帝为核心的朝廷的喉舌，尽管具有极强的政治色彩，但"作为宋代最为重要的舆论工具"，邸报在某种程度上亦发挥了舆论监督的功能，还"具有教化、警示朝廷内外官员的作用"④。关于邸报与时政关系的研究，尚有田建平《〈邸报〉内容与宋代国政——哲宗时期李焘笔下的〈邸报〉记事》。文章以《长编》所引邸报，研究邸报内容。哲宗时期《长编》，引邸报资料28条，据其内容可"确定《邸报》的基本性质为宋代国家权威政治媒体"，提出宋代"出版政策总体上是比较自由宽容，报道内容也是比较自由的，形成了新闻报道早期专业主义特征，确立了《邸报》以真实报道为主的权威媒体地位，反映了哲宗时期丰富复杂的政治生态。显

---

① 张国刚:《两份敦煌"进奏院状"文书的研究——论"邸报"非古代报纸》,《学术月刊》1986年第6期,第57—62页。

② 方汉奇等主编:《中国新闻事业通史》,北京:中国人民大学出版社,1991年,第60页。李彬:《新闻信——唐代进奏院状报新解》,《中国青年政治学院学报》1998年第3期。

③ 游彪:《宋代朝廷与地方之间的"文字"传递——围绕邸报及其相关问题而展开》,《河北大学学报(哲学社会科学版)》2003年第3期,第11—17页。

④ 游彪:《宋代的邸报与时政》,《中州学刊》2004年第6期,第108—111页。

性与隐性报道兼具，政事报道的公开性甚至令人惊诧"①。

邸报研究中最为引人关注的问题是邸报的内容与定本制度，两者有关联，因为存在"合报事件"与"不合报事件"的区分，故而也就存在朝廷对邸报内容审查制度。

游彪《宋代邸报的"禁区"及其官员与邸报之关系》，论述邸报所"禁刊"的文字：(1)灾异之事；(2)臣僚章疏；(3)边防、军机文书②。李亚菲《宋代邸报研究》尤有新意的是专节论述了"邸报诗"，从宋人读邸报后所作诗篇观察邸报的内容③。

宋真宗咸平三年(1000)，有诏进奏院报状"每五日一写，上枢密院定本供报"④。有的学者据此认为定本制度始于真宗。此条记载为宋代进奏院定本的最早记载，但视之为事始则不可。大中祥符元年(1008)，诏进奏院"不得非时供报朝廷事，宜令进奏官五人为保，犯者科违制之罪"⑤。游彪先生有解释云：此处所谓"非时"，有些令人费解，如果简单地理解为时间概念，就很难界定究竟哪些是"适时"的，哪些是"非时"的。大体而言，估计有两种可能，其一是朝廷对邮递时间有明确限制，进奏官不得随时随地将得到的消息通告地方，这恐怕与整个国家邮政资源的利用有关，如果不加以限制，势必造成人力、物力的巨大浪费，而且还能预防进奏官因私人关系而将朝廷情况提前告知地方官员。其二是针对那些朝廷尚无定论的问题。凡是正在处理的公务，即便进奏官提前了解一些情况，也不能向各级地方政府通报，违反这一原则，将受到严惩⑥。实际上，"不得非时供报"，就是强调要遵守定期传报的五日定

---

① 田建平：《〈邸报〉内容与宋代国政——哲宗时期李焘笔下的〈邸报〉记事》，《河北大学学报(哲学社会科学版)》2015年第6期，第1—12页。

② 游彪：《宋代邸报的"禁区"及其官员与邸报之关系》，《中国社会科学院研究生院学报》2005年第4期，第97—103页。

③ 李亚菲：《宋代邸报研究》，安徽大学新闻学硕士学位论文，2013年。关于邸报的研究，还可参考：尹双双：《古代邸报研究》，曲阜师范大学中国古典文献学硕士学位论文，2011年；田海宾：《宋代进奏院研究》，河北大学历史学硕士学位论文，2014年。

④ 《宋会要辑稿》职官2之45，第3013页。

⑤ 《长编》卷70，大中祥符元年，第1583页。

⑥ 游彪：《宋代邮政管理体制的一个侧面——以进奏院的职责与官方文书的分类为中心》，《云南社会科学》2003年第3期，第85—86页。

本制度。

熙宁四年（1071），神宗接受枢密院检详吏房文字刘奉世的意见废五日定本制度。游彪将枢密院五日定本报状理解为"枢密院自宋初以来似乎每隔五日统一发布一次情报"，刘奉世所言罢"枢密院五日定本报状"仅是指枢密院文书，而非所有朝廷文书[①]。其论似误。定本审查权在枢密院，罢"枢密院五日定本报状"即是废止了五日定本制度。

从新闻传播的角度，定本制度被看作是一项新闻控制措施，"是传播制度的创新，通过编辑权的集中强化皇权"[②]。进奏院也就可以看作是控制新闻活动的主要机关[③]。

宋代的邸报是"纯粹的官报"，是宋代传达政令的工具，是主要面向特定官员的信息传播方式，此外宋代更有多种面向不同群体、传达不同信息的传播方式。

朱传誉《宋代新闻史》对宋代的信息传播方式有比较全面的论述，导论之外，正文七章，分别论述邸报（发行机构、编辑程序、内容概要、印刷、发行、名称、进奏院流弊、功能及影响）、小报（产生背景、起源与发展、编辑与发行）、边报（搜集、传递、防谍、成败及影响）、榜文（榜示对象、榜文范围、出榜地点、榜的约束力、匿名榜、功能及影响）、时文（诏书、檄文、章疏、诗文、程文、边机文字）、出版事业与出版法、舆论[④]，指出就宋代的传播工具来说，除官办邸报和民营小报以外，尚有政府传达政令用的榜文和民间印行的所谓时文。后者包括诏令、章奏、时文、士庶上书、士子考试参考读物，内容广泛，

---

① 游彪：《宋代邸政管理体制的一个侧面——以进奏院的职责与官方文书的分类为中心》，《云南社会科学》2003年第3期，第85—90页。游彪：《宋代朝廷与地方之间的"文字"传递——围绕邸报及其相关问题而展开》，《河北大学学报（哲学社会科学版）》2003年第3期，第13页。

② 吴军明：《从进奏院状到定本制度：传播制度的创新》，《中国青年政治学院学报》2004年第5期，第137—142页。

③ 侯明扬：《宋代社会的新闻控制》，内蒙古大学硕士学位论文，2012年。关于进奏院的研究，还可以参考：申忠玲：《唐宋进奏院之比较研究》，《青海师范大学学报（哲学社会科学版）》2012年第1期；李静、贾红棉：《宋朝的都进奏院和进奏院状》，《辽宁师范大学学报（社会科学版）》2001年第1期；李文以：《宋代公文传达与公布制度研究》，郑州大学硕士学位论文，2006年；魏莹莹：《宋代进奏院官吏研究》，河南大学历史学硕士学位论文，2017年。

④ 朱传誉：《宋代新闻史》，台北：台湾商务印书馆，1967年。

读者对象普遍,传播功能也胜过报纸(导论,第4—5页)。关于邸报的性质,朱氏指出不是所有的官吏和机构都能看到邸报,"因此,严格讲起来,它不能算是大众传播媒介,对民众也不能发生影响"(59页),而宋代的小报,则是"中国报业史上最早的民营报纸,也是宋代重要的传播媒介之一"[①]。

关于宋代政令的传达,久保田和男以出迎和宣读为中心考察了宋代赦书在地方上的传达方法、宣读赦书地点以及参与人员,指出"宋朝的赦文宣读是确认地方与中央政府连带关系的类似于'国民意识'的行为"[②]。戴建国则认为"宋代的肆赦礼仪所体现的是君权神授下的中央集权主义专制统治",其《宋代法律制定、公布的信息渠道》考察了宋代法律制定的信息渠道和公布、传达的渠道,指出宋代法律的颁布传达渠道有转运司传送渠道与进奏院传送渠道两途[③]。

戴文中也指出,对于一些重要的刑法,宋代采取榜示公告的形式让百姓大众知晓。粉壁和榜文,是宋代基层传播官方信息的最主要的途径,也是基层官民沟通的主要方式。高柯立考察了粉壁的空间分布与政令传布的网络、榜谕的种类与功能、榜谕的形成以及传布途径,指出官府通过粉壁,"一方面是希望利用这些场所中聚集的人群及其流动来传布朝廷官府的诏敕政令,另一方面,官府亦试图对粉壁加以控制,从而掌握舆论的传播。"榜谕则既是官府制度长期运作的产物,又是因应现实需要,在官府的调查、民意的上达这种官民互动过程中形成,可视为一种地方官府制定的"约"。粉壁与榜谕彼此关联,粉壁沟通上下的作用有赖于榜谕的公布,榜谕的公示功能通过要闹之处的粉壁来实现。而地方官府的政令由榜谕而粉壁,逐步在地方社会传布

---

① 朱传誉:《宋代新闻史》,第67页。关于小报的研究,最早的研究当为台静农:《南宋的小报》,收入《台静农论文集》,合肥:安徽教育出版社,2002年,第394页。还可参看:谢广跃:《谈谈宋代的小报》,《中州学刊》1987年第3期,第125—126页;魏琨:《宋代小报的特点及其产生原因探析》《武汉理工大学学报(社会科学版)》2011年第5期。

② 久保田和男:《关于宋朝地方赦书的传达——以出迎和宣读为中心》,梁建国译,收入《文书·政令·信息沟通:以唐宋时期为主》,第585—601页。

③ 戴建国:《宋代法律制定、公布的信息渠道》,收入邓小南主编:《政绩考察与信息渠道——以宋代为重心》,第329—340页。

开来，地方父老在这一过程中充当宣讲人，是官府榜谕与民众之间的媒介①。

二、宋代文书行政

关于宋代官方文书相关的研究，历史学、文书学、档案学、秘书学，甚至文体学等各个领域都已经有了不少成果。较早的如董才庚、杨果对宋代文书的介绍之外②，在"公文"的文体、管理、传达与公布等角度的研究③、官文书的管理等相关制度④、外交文书及其运作等方面都已取得了不少成绩⑤。将文书作为管理的手段，以文书御天下，早自秦汉时期就已成为传统中国政治

---

① 高柯立：《宋代的粉壁和榜谕：以州县官府的政令传布为中心》，收入邓小南主编：《政绩考察与信息渠道——以宋代为重心》，第411—460页。其他相关研究可参看：高柯立：《宋代粉壁考述——以官府诏令的传布为中心》，《文史》2004年第1辑；高柯立：《宋代州县官府的榜谕》，《国学研究》第17卷，北京：北京大学出版社，2006年；杨宇勋：《宋朝民间对救荒榜的正负反应》，邓小南、杨果、罗家祥主编：《宋史研究论文集》（2010），武汉：湖北人民出版社，2011年；杨军：《宋代榜的传播学解读》，《新闻与传播研究》2011年第3期；赵晓倩：《榜文与宋代地方社会治理研究》，河北大学硕士学位论文，2013年。

② 董才庚：《两宋文书及其制度研究》，《秘书》1987年第4期；杨果：《宋朝诏令文书的主要制度》，《档案与历史》1999年第3期；杨果：《唐宋时期诏令文书的主要类型》，《文史杂志》2000年第2期。

③ 尹小平：《宋代公文文体研究》（中山大学硕士学位论文，2003年）从文学体裁、撰写格式的角度对宋代公文的主要类型都做了介绍；胡明波：《中国古代官署平行公文文体研究》，南京师范大学硕士学位论文，2005年；李文以：《宋代公文传达与公布制度研究》（郑州大学硕士学位论文，2006年）对宋代的公文传递系统以及政令与朝政信息的一些公布方式作了整体的勾勒；张荟丽：《宋代公文研究》，南昌大学硕士学位论文，2012年。

④ 蒋淑薇：《从〈庆元条法事类〉看宋代的文书制度》，《湘潭大学学报（社会科学版）》1989年第2期；董劭伟、鹿军：《宋代伪造官文书犯罪透析》，《石家庄经济学院学报》2006年第6期；刘学健：《宋代专门档案管理研究》，郑州大学硕士学位论文，2006年；赵彦昌：《从〈庆元条法事类·文书门〉看南宋的文书档案管理制度》，《浙江档案》2008年第5期；钟文荣：《宋代伪造官文书研究》，《中国档案研究》第1辑，沈阳：辽宁大学出版社，2015年，第98—109页。

⑤ 冒志祥：《论宋代外交文书》，南京师范大学文艺学博士学位论文，2007年。郝祥满：《北宋与日本之间的"国书"及国交性质的探讨》，《云南社会科学》2007年第2期。远藤隆俊：《宋代的外国使节与文书传递：以成寻〈参天台五台山记〉为线索》，《历史研究》2008年第3期。广濑宪雄：《古代东亚地域的外交秩序与书状——关于非君臣关系中的外交文书》；黄纯艳：《"藩服自有格式"——外交文书所见宋朝与周边诸国的双向认识》；远藤隆俊：《文书中所见宋朝对日本使客之接待——以成寻〈参天台五台山记〉为题材》；山崎觉士：《由文书简所见的宋代明州对日外交》，均收入《文书·政令·信息沟通：以唐宋时期为主》，第643—723页。

体制的一个显著特征,那么宋代文书行政区别于前朝的特征是什么?

日本学者富谷至论所谓"文书行政的汉帝国",认为汉代强大的中央集权制国家"使之得以实现的力量正是完备的文书行政,以及依靠文书确立起来的人员及物品流动管理检查体系"[①],主要是就国家对文书的利用以及控制力的深度立论。本文认为更重要的是决策,而信息是决策的基础。信息渠道,体现着权力的组织架构。所有信息都成为决策的依据,是为决策信息,决策一旦成立,借文书自上而下推行,亦即权力的流动。决策信息的多少、真伪、传递、共享程度,反映出不同政权的性格。所有信息、文书运行的最终结果是形成决策,以文书的形式加以确认并施行,而从决策的成立到推行又是一个循环往复的文书行政过程。文书行政就是以行政文书为依托、以决策为中心的一系列行政行为过程,因而文书行政研究的重点主要就是决策行为的分析过程。

(一)新出宋代文书资料与研究

早期的宋代官方文书研究主要是对一些个别实物的考辨。如阎万章分别考证辽宁省博物馆所藏《蔡行敕》的作者以及《方丘敕》的作年[②]。宋高宗付岳飞手札的研究:清宫旧藏有《宋高宗赐岳飞手敕》《宋高宗赐岳飞批札》两卷,前者藏台北故宫博物院,后者据杨仁恺《国宝浮沉录》,"土改"时被焚毁,实际上亦是流入台北。李安最早做了考注,主要是叙述相关事迹[③],此后朱家溍《宋高宗付岳飞敕书和批答》也做了介绍[④],后者经郭丹考证确为清宫旧藏真迹[⑤]。与岳飞相关的还有《起复诏》,乾隆六十年(1795)据原件刻石

---

① 富谷至:《文书行政的汉帝国》,刘恒武、孔李波译,南京:江苏人民出版社,2013年,第353页。
② 阎万章:《蔡行敕非宋太宗所书考》《宋徽宗行书方丘礼成答妃嫔起居敕》,原分载于《大公报》1963年6月16日、11月3日"艺林"版,收入辽宁省博物馆编:《辽宁省博物馆学术论文集》第1辑(1949—1984),沈阳:辽宁省博物馆出版,1985年,第506—509页。
③ 李安:《岳飞史迹考》第11章《故宫博物院藏"宋高宗付岳飞手敕"考注》,台北:正中书局,1970年,第397—401页;第12章《林柏寿先生藏"宋高宗付岳飞手敕"考注》,第401—404页。
④ 朱家溍:《宋高宗付岳飞敕书和批答》,《文物》1997年第2期,收入氏著《故宫退食录》,北京:紫禁城出版社,2009年,第21—23页。
⑤ 郭丹:《兰千山馆藏〈宋高宗赐岳飞批札〉考述》,《辽宁省博物馆馆刊》2009年第1期,第370—376页。

立碑于岳庙，2008年现身西泠拍卖会，王曾瑜先生、虞云国先生先后从书法、史实、落款等方面证其为伪[①]。

安徽省档案馆、安徽歙县档案馆在20世纪80年代征集到两件宋代敕命，左言东、杨冬荃对这两件文书做了注释与介绍，认为"填补了我国档案馆藏中宋代官文书的空白"。根据介绍，此两件文书分别为谢深甫绍熙元年（1190）、庆元二年（1196）敕命。两件文书分藏于两地，两次任命时间上相差七年半，"形制、格式、用印完全一样，而且文字的书写风格也完全相同"，"错都错得一样"，理明证其为赝品[②]。浙江武义《马氏宗谱》收录有一件宋代马光祖敕命文书，然不足200字文书中，出现官衔、文种、文书用语、印信等错误20余处，理明考证其为明人伪作[③]。

敕牒的实物，1958年山西吕梁县发现两件，分别为大观四年（1110）十二月封顺民侯牒、崇宁二年（1103）赐丰济庙额牒[④]，今藏山西博物院。该院另藏有《员外郎闵惟庆封牒》《员外郎闵从周封牒》《员外郎闵师文封牒》等宋代官文书三件[⑤]，据孙继民先生录文观察[⑥]，疑皆为伪作。

20世纪六七十年代还出土有宋代的牒、札子等文书数件。1966年陕西灵石县绵山石缝发现宋代铜罐一个，内藏建炎二年（1128）鄜延路经略安抚使札子、都统制河东路军马安抚使札子、河东陕西路经制使司札子等文书五

[①] 虞云国：《宋高宗手敕岳飞〈起复诏〉的始末与真伪》，《东方早报》2009年1月11日《上海书评》，收入氏著《两宋历史文化论稿》，上海：上海人民出版社，2011年，第479—486页。王曾瑜：《岳飞和南宋前期政治与军事研究》（第二版），开封：河南大学出版社，2005年。

[②] 左言东：《填补我国档案馆藏空白的两件宋代官文书》，《档案工作》1990年第8期；杨冬荃：《两件宋代官文书释读之考正》，《档案工作》1990年第11期；理明：《两件宋代官文书真伪考》，《浙江档案》1991年第3期。

[③] 理明：《宋代马光祖敕命文书辨疑》，《浙江档案》2002年第4期。

[④] 《文物》1959年第12期《文物工作报告》；杨绍舜：《吕梁县发现宋代牒文》，《文物》1959年第12期，第65—66页。

[⑤] 山西省博物馆编：《山西省博物馆藏文物精华》，太原：山西人民出版社，1999年，第292页。

[⑥] 孙继民：《近代以来宋代新材料发现述议——以纸质文献为中心》，《中华历史与传统文化论丛》第1辑，北京：中国社会科学出版社，2015年，第135—136页。

件①。陈振先生考释了其中都统制李宋臣相关事迹②。1975年江苏金坛县南宋周瑀墓出土淳祐五年（1245）周瑀补太学生牒抄件。朱瑞熙先生著文纠正了此前考古报告中对于此牒的标点和考释错误③。

关于宋代告身的研究，较早的有20世纪80年代何忠礼对日本京都藤井有邻馆藏范纯仁拜相告身的介绍④。台北故宫博物院藏有司马光拜相告身，王竞雄《〈司马光拜左仆射告身〉书法述介》做了介绍⑤。前文提及2012年浙江武义徐谓礼墓葬发现随葬录白告身、敕黄、印纸等文书，由包伟民、郑嘉励先生主持整理为《武义南宋徐谓礼文书》出版。2015年，南宋的两件告身，《司马伋告身》和《吕祖谦告身》现身大陆拍卖会，虞云国、龚延明先生分别著文对两件告身的内容以及相关文官选任流程做了介绍⑥。这两件告身被称为"大陆首次发现之宋代告身"，实际上尚有更早的。2002年，故宫博物院从北京嘉德拍卖公司购得"宋孝宗《敕詹效之文林郎牒》"卷，实为告身。其时间为淳熙十六年（1189）四月，时孝宗已禅位，且告身中本来亦有"朕承寿皇之休"之语，为宋光宗即位初期时的告身文书。

除了以上散见文书实物外，近些年来集中发现或整理的宋代文书资料主要有三种，即俄藏黑水城文献中的《宋西北边境军政文书》《宋人佚简》和《武义南宋徐谓礼文书》。

20世纪初在今内蒙古额济纳旗黑水城遗址发现的黑水城出土文献分藏于中、俄、英三国，俄藏黑水城文献共有8000多编号，绝大多数为西夏文文

---

① 丁明夷：《灵石县发现的宋代抗金文件》，《文物》1973年第4期。
② 陈振：《有关宋代抗金义军将领李宋臣的史料及其他》，《文物》1973年第11期。
③ 镇江市博物馆：《金坛南宋周瑀墓》，《考古学报》1977年第1期，第105—144页；肖梦龙：《江苏金坛南宋周瑀墓发掘简报》，《文物》1977年第7期，第18—29页；焦绿：《略谈宋墓出土的补中太学生牒》，《文物》1977年第7期，第33—34页。朱瑞熙：《再谈宋墓出土的太学生牒》，《考古》1979年第3期，收入氏著《疁城集》，上海：华东师范大学出版社，2011年，第107—120页。
④ 何忠礼：《介绍一件现存日本的宋代告身》，《绍兴师专学报（社会科学版）》1988年第1期，第65—68页。
⑤ 王竞雄：《〈司马光拜左仆射告身〉书法述介》，《故宫文物月刊》第284期，2006年11月，第14—15页。
⑥ 虞云国：《解读两份南宋告身》，《文汇报》2015年5月22日。龚延明：《宋代真迹官告文书的解读与研究——以首次面世的司马伋吕祖谦真迹官告为中心》，《中华文史论丛》2016年第1期。

献,其中的汉文部分已全部收录于上海古籍出版社出版的《俄藏黑水城文献》前6册①,共有编号60左右。宋代文献中史料价值最大者为收于《俄藏黑水城文献》汉文文献部分第6册中的《宋西北边境军政文书》,共109页,主要是徽宗时期鄜延路军政活动的原始档案。文书提供了两宋之际陕西战场宋军军事建置、军人日常生活和管理以及司法活动的新材料。第49页为政和八年(1118)保安军德靖寨军人赵德诚补承节郎奏钞,具有很高史料价值②。2009年、2012年,孙继民先生先后出版《俄藏黑水城所出〈宋西北边境军政文书〉整理与研究》《俄藏黑水城汉文非佛教文献整理与研究》③,收录有部分相关研究成果④。

《宋西北边境军政文书》纸背为西夏文《文海宝韵》。此类利用官方废弃公文档案等写本旧纸纸背印刷的宋代公文纸印本,尚有国图藏《礼部韵略》和上海博物馆藏龙舒本《王文公文集》。前者原纸文书尚未公布,后者现存74卷900余纸,其中非空白页有780余页,纸背为南宋初舒州废弃公文档案及宋人书简,已于1990年由上海古籍出版社以《宋人佚简》为书名影印出版,计有高宗绍兴末(1131—1162)至孝宗隆兴(1163—1164)初舒州"公牍"50

---

① 史金波等主编:《俄藏黑水城文献》(1—6),上海:上海古籍出版社,1996—2000年。
② 刘江:《北宋公文形态考述——以地方公文及其运作为中心》附录一《〈宋西北边境军政文书〉所见荫补拟官文书类型再考释》,北京大学历史学系博士学位论文,2012年;《〈武义南宋徐谓礼文书〉中"录白告身"的类型考释》,中国人民大学"徐谓礼文书与宋代政务运行"学术研讨会论文,2013年4月。
③ 孙继民:《俄藏黑水城所出〈宋西北边境军政文书〉整理与研究》,北京:中华书局,2009年。《俄藏黑水城汉文非佛教文献整理与研究》,北京:北京师范大学出版社,2012年。
④ 黑水城文献对于宋史研究的意义可参看孙继民等《黑水城文献发现的始年及在近代新材料发现史上的地位》、陈瑞青《开创黑水城宋代文献研究的新局面》,均发表于《中国史研究》2008年第4期。文书方面的考释与研究成果有孙继民《黑水城所出宋赵德诚家状试释》(《敦煌学辑刊》2002年第2期)与《黑水城宋代文书所见荫补拟官程序》(《历史研究》2004年第2期),张春兰等《〈宋建炎二年(1128年)德靖寨牒某指挥为招收延安府脱身官兵事〉考释》(《延安大学学报(社会科学版)》2004年第6期)、张春兰《〈宋靖康二年某路经略安抚司牒为施行赦书事〉考释》(《文物春秋》2005年第2期),陈瑞青《黑水城所出宋代统制司相关文书考释》(《敦煌学辑刊》2006年第3期)、《从俄藏黑水城文献看宋代公文的贴黄制度》(《中华文史论丛》2007年第2期)、《关于一件黑水城宋代军政文献的考释》(《文物春秋》2007年第4期),杨倩描《黑水城宋代军政文书与宋史研究:以鄜延路为中心》(《河北学刊》2007年第4期)等。

余件以及舒州官员、学者等60余人"佚简"310余通①。其中"公牍"部分中,多半为与酒务相关公文。李伟国《绍兴末隆兴初舒州酒务公文研究》一文,最早利用其中酒务文书考察了宋代官酒务监官、酒匠、杂役人员及其工钱,并利用酒务日帐分析了官酒务的经济核算方式,计算出其利润约为26.8%。酒务日帐为日具课利收入以申于州之公文②。酒务文书之外都是舒州或其他地方官府下属各部门公文,涉及部门20多个,是研究地方政府行政运作的重要资料。2005年以来,孙继民先生主持了对《宋人佚简》中的公牍文书的系统整理与研究,成果汇集为《南宋舒州公牍佚简整理与研究》一书。其中"研究篇"涉及酒务会计报告文书、须知册申状公文、申闻状、申禀状等文书制度研究以及酒课分隶制度研究③。

2012年包伟民、郑嘉励整理出版《武义南宋徐谓礼文书》,文书共计15卷,含录白告身10道、敕黄11道、印纸批书80则,约四万字,完整记录徐谓礼自嘉定十四年(1221)至淳祐十二年(1252)三十多年间仕宦履历,对于认识宋代文书制度、官员选拔和管理制度、地方赋税制度等具有重要历史价值。已有研究基本也是围绕着告身④、印纸⑤、徐谓礼本人的仕宦经历及其所

---

① 上海市文物管理委员会、上海博物馆编:《宋人佚简》,上海:上海古籍出版社,1990年。
② 李伟国:《绍兴末隆兴初舒州酒务公文研究》,原载《国际宋史研讨会论文选集》,保定:河北大学出版社,1992年;收入氏著《宋代财政与文献考论》,上海:上海古籍出版社,2007年,第97—122页。
③ 孙继民、魏琳:《南宋舒州公牍佚简整理与研究》,上海:上海古籍出版社,2011年。此后关于其中的札子与须知册的研究,尚有魏琳:《〈宋人佚简〉所收札子之初探》,《山西档案》2015年第1期,第127—131页;范建文:《宋代的〈须知〉及其价值》,《首都师范大学学报(社会科学版)》2015年第5期,第31—40页;范建文:《〈须知〉与宋代社会》,《华中国学》2017第1期,第201—215页。
④ 张祎:《徐谓礼〈淳祐七年十月四日转朝请郎告〉释读》,《中国史研究》2015年第1期;王杨梅:《徐谓礼告身的类型与文书形式——浙江武义新出土南宋文书研究》,《浙江社会科学》2013年第11期;戴建国:《宋代官员告身的收缴——从武义徐谓礼文书谈起》,《浙江学刊》2016年第4期。
⑤ 魏峰:《宋代印纸批书试论——以新发现"徐谓礼文书"为例》,《文史》2013年第4辑;王刚:《宋代印纸的概念和流转程序——兼及印纸作为仕宦象征的意义》,《兰州学刊》2013年第7期;邓小南:《再谈宋代的印纸历子》,《国学研究》第32卷,北京:北京大学出版社,2013年。

反映的南宋地方行政管理展开①。

公文书研究以及将公文程式与官僚制度结合的研究在汉唐史研究中都有比较深厚的传统和重要成果②。早期的宋代制敕、牒文书的研究主要还是基于对文物的关注，并没有从文书学、行政学等角度研究此类文书的自觉。随着信息沟通与政务运行研究视角的确立，近些年来新出之碑刻、墓志、天圣令、黑水城文书、徐谓礼文书等新资料，以及传统书画资料的利用，都为将宋代的文书行政研究进一步推向深入提供了新的契机，出现一批高质量研究成果。与宋代文书行政相关的研究，除了前文所提到的平田茂树《宋代政治结构研究》和邓小南先生等主编的《政绩考察与信息渠道——以宋代为重心》《文书·政令·信息沟通：以唐宋时期为主》《过程·空间：宋代政治史再探研》等论文集外，比较重要的还有张祎关于宋代制诏敕札和政令颁行的研究，刘江和小林隆道关于北宋地方公文书及其运作的研究，杨芹关于宋代制诰文书的研究，周佳和方诚峰关于北宋政务运行的研究，王化雨关于宋代奏对活动的研究③，等等。

（二）地方行政文书及政务运行

经由各种信息通进渠道汇聚至中央的地方信息是君主和中央决策的基础，地方政务信息的上传主要有两种文书形式，一种是通过种种渠道直达御

---

① 王宇:《〈武义南宋徐谓礼文书〉与南宋地方官员管理制度的再认识——以知州的荐举和考课为例》,《文史》2013年第4辑；周佳:《南宋基层文官履历文书考释——以浙江武义县南宋徐谓礼墓出土文书为例》,《文史》2013年第4辑；胡坤:《宋代基层文官的初仕履历——以〈武义南宋徐谓礼文书〉为中心》,《史学月刊》2014年第11期；龚延明:《南宋文官徐谓礼仕履系年考释》,《中国史研究》2015年第1期。

② 相关介绍可参考刘后滨:《汉唐政治制度史中政务运行机制研究述评》,《史学月刊》2012年第8期；《古文书学与唐宋政治史研究》,《历史研究》2014年第6期；《文书、信息与权力：唐代中枢政务运行机制研究反思》,《唐宋历史评论》第3辑, 2017年, 第265—287页。

③ 张祎:《制诏敕札与北宋的政令颁行》, 北京大学博士学位论文, 2009年；刘江:《北宋公文形态考述——以地方公文及其运作为中心》, 北京大学博士学位论文, 2012年；小林隆道:《宋代中国の统治と文书》, 东京：汲古书院, 2013年；杨芹:《宋代制诰文书研究》, 上海：上海古籍出版社, 2014年；周佳:《北宋中央日常政务运行机制研究》, 北京：中华书局, 2015年；方诚峰:《北宋晚期的政治体制与政治文化》, 北京：北京大学出版社, 2015年；王化雨:《面圣——宋代奏对活动研究》, 北京：生活·读书·新知三联书店, 2019年。

前的各级官员的奏状,一种是通过各级政府层层上报机制送达中央的申状。下行文书则有符、牒、帖等。其中又以牒的使用最为广泛,可以平级机构之间使用,亦可上行(牒上)、下行(故牒)。宣和六年(1124)五月十一日,臣僚上言:"内之省台寺监,外之监司郡县,文移往来,皆有定体,自下而上则用状,自上而下则用帖,非相统属则用牒。状则书名,牒则押字,所以正尊卑,明分守,各有所当也。"① 公文名目不少,宗旨则一,不过是"正尊卑,明分守"而已,体现的是不同机构之间的等级关系。不同级别的地方官僚机构及官员依照身份、等级的不同,使用着名目不同的公文书。运行规则一致,小事自决,稍大者申上。因为禁止越级申上,故而别有一套层层上报的文书运行机制,在此过程中也就难免出现信息的变异问题。

平田茂树以地方机构中使用的札子、帖、牒、申状四类文书为例,分析从北宋至南宋地方政治形态发生的变化,指出南宋时期由于对金、蒙古作战关系,朝廷设置了职掌军事大权的宣抚司与都督府,并且常常以枢密使、执政或侍从等兼任这些机构的长官、次官,于是出现了统帅若干路的特别官司与其他的路官、州县官之间的纵向关系的文书来往的结构,这影响到其后的元代②。同氏《宋代文书制度研究的一个尝试——以"牒"、"关"、"谘报"为线索》从宋代"牒""关""谘报"三种平行文书的讨论出发,重新审视了官府间的相互关系和构造,指出宋代史料中常用"相统摄""非相统摄"来描述宋代官府之间关系,官僚机构根据此两者的符合关系运营操作,体现这两种关系的文书就是札子、牒、帖等文书类型,但还存在具有"相统摄"却不适合使用符、帖、状,而是使用牒的场合。牒上、牒某官所表现出的上行、下行关系,与"札付"、"申状"、符、帖所体现的明确的上下级关系不能相提并论,故而宋代官府间的相互关系还存在可称为"内""外"两种类型的命令系统。宋代的命令系统并非一元、金字塔层级式的构造,而是在中央同时存在对中央官僚机构进行牵制、监视的另一个系统的官僚机构的二元体制;在地方,

---

① 《宋会要辑稿》仪制5之22,第2392页。

② 平田茂树:《宋代地方政治管见——以札子、帖、牒、申狀为线索》,收入氏著《宋代政治结构研究》,第334—359页。

则存在路—府州军监—县相互监视的构造①。

曹家齐根据熙宁(1068—1077)间杭州、台州接待日僧成寻时二州之间的往来公文牒、州付寺院的帖以及州付成寻个人的帖、公据,考察了州府事务运作流程,分析其行政效率,指出宋代地方具体事务处理,"完全以文书为行政运作手段",充分体现出宋代政治制度中分工细致、多机构相互合作与牵制,并严格按照行政规则办事之特点。作者认为其中州府的具体权限和在京部门的较高之行政效率和良好运作秩序,出乎我们的想象,有助于反思宋朝行政机构叠床架屋、效率低下的传统认识②。

具体的地方行政文书类型的研究,主要有小林隆道对苏州玄妙观碑所藏《天庆观尚书省札并部符使帖》和《天庆观甲乙部符公据》两件碑刻,以及朱熹《绍熙州县释奠仪图》中保存的《文公潭州牒州学备准指挥》的分析,尤其是后者考察了官司之间传递文书的具体路径,分析了"备准"文书的构成和特点,并讨论文书节略、实际抄写者、文书行政与政治形势关系等问题③。

关于北宋地方公文的研究,最重要的为刘江《北宋公文形态考述——以地方公文及其运作为中心》。该研究考察了北宋地方公文中状、牒、符、帖四类通用公文的格式及特点,辨析了公文形成、流转过程中的草稿、副本、存本等文本形态的特点、产生方式和制作过程,讨论了不同文本形态与权力运行的关系。文章提出北宋公文运作方式显示了朝廷对地方机构、官吏的调度和动员能力,体现了宋朝统治的纵深严密④。同氏《帖与宋代地方政务运作》一文结合典籍与石刻资料,考察了宋代帖的公文形态演变,及其在宋代地方

---

① 平田茂树:《宋代文书制度研究的一个尝试——以"牒"、"关"、"谘报"为线索》,《汉学研究》第27卷第2期,2009年,第43—65页。

② 曹家齐:《北宋熙宁间地方行政一瞥——以杭、台二州对日僧成寻之接待为中心的考察》,《江西社会科学》2010年第4期,第129—140页,收入氏著《宋代的交通与政治》,第323—347页。还可参看曹家齐、金鑫:《〈参天台五台山记〉中的驿传与牒文》,《文献》2005年第4期。

③ 小林隆道:《宋代"备准"文书与信息传递——从分析朱熹〈绍熙州县释奠仪图〉中〈文公潭州牒州学备准指挥〉入手》,收入邓小南主编:《文书·政令·信息沟通:以唐宋时期为主》,第208—236页;《宋代「文書」の様式と機能——蘇州玄妙観「天慶観尚書省箚并部符使帖」を事例に》,《史滴》第31号,2009年;《蘇州玄妙観元碑「天慶觀甲乙部符公據」考——宋元交替期の宋代「文書」》,《東洋学報》第92卷第1号,2010年。

④ 刘江:《北宋公文形态考述——以地方公文及其运作为中心》,第108—109页。

日常公文行政中的广泛运用,指出帖之运作灵活,并不严格受统属关系的制约,既可以在地方行政层级中逐级下达,也可以越级发送,且适用于民间组织和个人,其行用体现了宋代文书行政的发达和其中的理性行政的色彩。刘江同时也指出行帖勾追作为宋代地方行政中的一项常见督责手段,其运作方式并没有有效突破既有体制中"执行难"的弊端,反而逐渐沦为新的"文具",进一步恶化了地方行政困局[①]。

在地方文书运作中,官方文字的传递经常会用到各种各样的"匣"。绍兴二十一年(1151)时就有臣僚上奏请州郡常程文字用"木匣实封"传递至县,县"复责令承帖人付乡村"[②]。邓小南先生从"匣"这一具体而微的切入点入手,考察了匣、紫袋等作为新的地方文书行移方式和督催手段在宋代地方文书行政中的行用,指出"匣追"也成为南宋时有关经济、司法事件中专案勾追的重要形式[③]。

层层申上的文书运作中,如何保证信息的原始性?徐谓礼文书中的录白印纸中保存有不少徐谓礼请求上级给批书印纸的状,状中有"申"、有"备申",分析所有徐谓礼的个人申状以及上级部门为之"备申"的申状结构,可知"备申"是在不得越级申上的情况下,请求直属上级部门为之申上更高一级部门时的公文用语,实际上的操作即是将上状者的申状"备录在前",制作新的申状申上。"备申"的文书运作程序存在于自最底层的申县一直到申省的各个层级当中,体现了上行文书的运作。

将原始文书"备录在前"的原则也同样存在于自省札以下的各级文书运作中。如果逐级部门都能严格按照"备录在前"的原则,则原来的信息将得以忠实再现,实际上的文书运作中不尽如此。淳熙八年(1181)七月,朱熹因为知南康军修举荒政,省札除直秘阁。朱熹三状辞免。在第三状中,朱熹说道:"熹准九月五日尚书省札子,备坐熹前状所乞寝罢新除直秘阁恩命事,

---

[①] 刘江:《帖与宋代地方政务运作》,《文史》2019 年第 2 辑,第 165—181 页。

[②] 《宋会要辑稿》职官 47 之 30,第 4282 页。

[③] 邓小南:《南宋地方行政中的文书勾追——从"匣"谈起》,《张广达先生八十华诞祝寿论文集》,台北:新文丰出版公司,2010 年,第 469—501 页,收入氏著《宋代历史探求:邓小南自选集》,北京:首都师范大学出版社,2015 年,第 308—339 页。

奉圣旨不许辞免者。"朱熹在前状中曾提出朝廷履行南康军赈济时税户四人依格补官事,然而九月五日省札中"备坐熹前状",却"删去此项事理",朱熹觉得"义难祗受"新命,于是"再具状申尚书省,伏候指挥"①。

地方政府中行下之公文文种较多,其中县下乡村的公文有符、帖、引、历等;下之达上,则自庶民而上皆用申状。地方公文运作中关于县与乡村基层组织的文书行政关系,学界关注较少。

佐竹靖彦先生在20世纪60年代就著有硕士论文《宋代行政村的结构与质变——以吏人、役人及文件制度为中心展开讨论》,在70年代开始做《作邑自箴》译注的工作,《〈作邑自箴〉研究:对该书基础结构的再思考》一文结合《作邑自箴》的篇章结构,条理其重要事项,探讨了宋代县级政务运作及其文书行政体系。县令手中无一兵一卒赤手空拳到当地就任,之所以能够迅速承担县政,"首先是因为他们通过以文件为中心的地方行政体系,充当着中央集权的王朝统治的一翼,已与当地士大夫具有统一的价值标准和秩序趋向"。《作邑自箴》中提到的"簿""籍""历""牒""帖"等十数种文书"相互关联,形成了县一级的文件行政",其中单发的文件"钞"、综合性的基本簿帐"簿",以及将"簿"的要点项目化的"历",相互关联,县一级的文件系统就运作起来。"现代人往往认为旧中国的地方行政制度讲究制作官样文章,并不无嘲讽地怀疑这些官样文章的实效性",本文则高度评价《作邑自箴》的实务性,指出遵从其处方以行政的士大夫们"既是被动的但又是具有积极责任的主体,他们被推定具有灵活的责任感。没有这个要素,前近代社会的大范围统一是不可能的"②。谭景玉《宋代乡村组织》亦讨论了宋代乡村行政组织与县之间上行、下行公文类别及相关政务运行机制,以及乡村与县之间

---

① 朱熹:《晦庵先生朱文公文集》卷22《辞免直秘阁状三》,朱杰人、严佐之、刘永翔主编:《朱子全书》,上海:上海古籍出版社,合肥:安徽教育出版社,2002年,第21册,第994页。关于"备申"的文书运作,参见李全德:《宋代政务文书运行中的"备申"与"备奉"——以〈武义南宋徐谓礼文书〉为中心》,"宋代政治史研究的新视野"国际学术讨论会,北京大学,2013年。

② 佐竹靖彦:《〈作邑自箴〉研究:对该书基础结构的再思考》,原载《人文学报》第238号,东京都立大学人文学部,1993年,收入《佐竹靖彦史学论集》,北京:中华书局,2006年,第234—269页。

的公文传递①。

基层行政中的文书运作,有赖于胥吏。高柯立讨论了各级地方政府中胥吏在官民信息沟通中的中介作用,在地方官府文书运作体制中占据关键位置。基层的各种信息都要经过其手才能为地方官获悉,同时他们还影响到朝廷、官府教令的传布,有可能阻滞信息传递的过程②。实际上不论是阻滞还是畅通,效率之外,胥吏对文书运作更重要的影响在于信息的准确程度,盖其中上下其手、上下相蒙的空间很大。李华瑞等学者关于宋代救荒与赈灾中的"抄札"研究,提供了生动案例③。

抄札是一项救灾时为登记受灾人口而采取的文书工作,所以要力求获得真实的灾民数据,"画图本,具名姓,注排行,写小名,以为帐状。县申之州,州申之监司,监司申之朝廷,递相传写,坐待结局"④。抄札不实,则许人告。这些工作都要县里胥吏连同乡里展开。已抄札之贫民给"凭由"或"历""历头",作为领米凭证。灾民户口登记有严格的登录方法和排查措施。经由抄札所获得的数据,制为帐状,自县而州、监司、朝廷,"递相传写",层层申上。抄札工作经过朝廷或朝廷授权的一级官府批准核实,最后落实到计口给食。由此所得到的灾民人口数据,李华瑞先生认为"一般来说数据较为可信"。不过史料中却常见宋人关于抄札不实的言论,所谓"赈济之弊如麻"是也,最主要的原因即在于负责抄札之胥吏等徇私舞弊,《宋会要辑稿》载宋人言抄札不实,"公吏非贿不行,或虚增人口,或镌减实数,致奸伪者得以冒请,饥寒者不沾实惠"⑤。"然厢耆、保正习为吏胥巧取之弊,每遇抄札,肆为欺罔,赒遗所至,则资身之有策者可以为无业,丁口之稀少者可以为众多。"⑥

---

① 谭景玉:《宋代乡村组织》第二章第一节"宋代乡村行政组织与县之间的政务运行",济南:山东大学出版社,2010年,第155—168页。

② 高柯立:《宋代地方官府胥吏再探——以官民沟通为中心》,《河北大学学报(哲学社会科学版)》2017年第3期。

③ 李华瑞:《抄札救荒与宋代赈灾户口的调查统计》,《历史研究》2012年第6期。张文:《宋朝社会救济研究》,重庆:西南师范大学出版社,2001年,第88—140页;郭文佳:《论宋代灾害救助程序》,《求索》2004年第9期,第236—237页。

④ 《宋会要辑稿》食货58之30至31,第5836页。

⑤ 《宋会要辑稿》食货68之61,第6284页。

⑥ 《宋会要辑稿》食货68之106至107,第6306—6307页。

种种弊端，一言以蔽之就是信息不实，公然作假。最终层层申上后朝廷获得的便是看起来运行有序、文书完备的虚假信息。天圣五年（1027），范仲淹上执政书论劝农无实："每于春首，则移文于郡，郡移文于县，县移文于乡；乡矫报于县，县矫报于郡，郡矫报于使。利害不察，上下相蒙，岂朝廷之意乎！若县令郡长，一变其人，乃可诏书丁宁，复游散之流，抑工商之侈，去士卒之冗，劝稼穑之勤。"① 荒政抄札也是早在仁宗庆历（1041—1048）时便已经有严格细致的程序了，可以想象其弊正与范仲淹所论劝农同。文书行政不论多么严密，其推行在人，故范仲淹所能想到的办法是"县令郡长，一变其人"，而朱熹知道抄札人数"恐未尽实"，能想到的办法也是"合委官与县官评议"②。

抄札赈灾的整个过程，如李华瑞先生所言，"调查登记是由官府自上而下逐级组织进行，数据获得是从下而上逐级申报"，体现了一个完整的从中央到基层的文书运作过程，从中可以一窥宋代地方政务实际运作的大致过程。熙宁五年（1072），河北蝗灾，在"耆申县，县申州，州申转运、提点刑狱司"的文书运转基础上，神宗要求安抚司亦须闻奏，王安石反对，论诸处同奏之弊：对于抄写的吏人来讲是"枉费纸笔"，对于传递的递铺而言是"虚负脚力"，而对于"一处有蝗虫"却要"阅六七纸奏状"的君主而言，则是"劳敝精神"。神宗当时应该是不以为然的（"上笑"），后来陈瓘也为此评论王安石是"壅天下之情，启蒙蔽之患"③。到了元丰元年（1078）五月，广西边事起，神宗手诏："广西凡有边事，动至五六处交奏，不惟过涉张皇，深虑缘路习为常事，或真有边机当速者，反致稽迟。可速下转运、提点刑狱、经略邕州安抚都监司，自今后非紧切边事，毋得擅发急递，及经略司已奏者，不须重复。如逐司自有所见，及经略司处置未尽，不拘此令。"④ 正是安石数年前所言之弊。

申状的层层申上，加上备申，以及诸处同奏的做法，固然有助于保证信

---

① 范仲淹:《上执政书》，曾枣庄、刘琳主编:《全宋文》第18册，第279—280页。
② 朱熹:《行下各县抄札户口并立支米谷正数》，曾枣庄、刘琳主编:《全宋文》第244册，第193—194页。
③ 《长编》卷236，熙宁五年闰七月丙辰条，第5732—5733页。
④ 《长编》卷289，元丰元年五月辛丑条，第7080—7081页。

息的准确,弊端却也不少,最终影响决策与行政的效率。况且即使申达朝廷,也未必会引起重视,故在实际的地方政务运作中,地方官在向上级部门提交申状的同时,常常会伴有兼申以及私信性质的公状上上级部门长官个人甚至是宰相等,所有这些信息汇聚至君主与朝廷处,构成中枢决策的基础。

(三)御批、省札与宋代的中枢决策

宋代"命令之体",有册书、制书、诰命、诏书、敕书、御札、敕榜等名目。21世纪以来结合实物与文献资料,关于制敕等诏令文书及其运行机制的研究日渐丰富。张祎《制诏敕札与北宋的政令颁行》全文三章,结合文献与现存宋代文书以及金石拓片、法帖等资料,分别讨论了宋代诏令文书的种类与使用、两制格局与诏令颁行以及敕牒、札子等宰相机构处理政务的文书形式与相关文书处理程序。该研究尽可能地厘清了各类诏令文书的体式及其行用场合、程序,认为"宋廷非常重视指令下达、信息流通中的可靠性与保真度,几乎倾向于让政务处理的每一步骤都落实为文书,有案可稽",提出"宋代的文书制度非常严密,朝廷以文书管理国家事务的水平,已达到相当的高度,相关制度日渐细密,体现出规范化、程序化的趋势"[①]。杨芹《宋代制诰文书研究》重点探讨了宋代王言中的制诰文书,分析了制诰文书的文本特征,草拟、颁降等相关制度,以及影响制诰撰写的政治因素[②]。这两个研究皆注意将文书体式的探讨与实际的运行相结合,是迄今关于宋代高层政令文书最主要的研究[③]。

---

① 张祎:《制诏敕札与北宋的政令颁行》,北京大学博士学位论文,2009年。
② 杨芹:《宋代制诰文书研究》,上海:上海古籍出版社,2014年。
③ 有关制敕的研究,参见前揭张祎博论、杨芹《宋代制诰文书研究》、安洋《宋代敕牒碑的整理与研究》(中国政法大学硕士学位论文,2006年)、郭艳艳《宋代赦书研究》(河南大学博士学位论文,2011年)。有关告身的研究,参见:清水浩一郎:《南宋告身の文书形式について》,《历史》第109辑(2007年9月),第1—30页;黄毛:《宋代官告院及官告研究》,河南大学硕士学位论文,2012年;李萌:《唐宋告身略论》,厦门大学硕士学位论文,2014年;赖亮郡:《唐宋告身制度的变迁——从元丰五年〈告身式〉谈起》,(台北)《法制史研究》第18期,2011年;王杨梅:《徐谓礼告身的类型与文书形式——浙江武义新出土南宋文书研究》,《浙江社会科学》2013年第11期;王杨梅:《南宋中后期告身文书形式再析》,包伟民、刘后滨主编:《唐宋历史评论》第2辑,北京:社会科学文献出版社,2016年。

关于负责君主诏令文书起草的宋代两制词臣的研究，杨果《宋代中枢秘书制度史研究述评》对20世纪的相关研究有较为全面总结[①]。其中最早的为柯昌基《宋代中枢的秘书制度》，比较有代表性的研究有张东光《唐宋时期的中枢秘书官》、徐茂明《宋代翰林学士院诸制度述论》、杨果《中国翰林制度研究》[②]等，又以杨果先生贡献最大。经由这些研究，关于两制及其机构的组织、职掌，文书起草的程序及相关制度等，基本上得到比较清晰的梳理。21世纪以来关于翰林学士与中书舍人的研究依然在中文、历史学界占有重要地位[③]，尤其值得注意的是从政务运作的角度对于宋代外制官的研究[④]。

诏令文书实际上已是中央决策后的产物。宋代中枢体制的研究，长期以来都是在君权、相权之争的框架下展开[⑤]，从职事、权力的角度着眼，讨论君权相权大小、强弱，故而结论也就不出此强彼弱，或者两者同时加强等三个可能，其中君权与相权同时加强似乎已成为学界共识。实际上这三种状态在两宋不同时期都不同程度地存在着，其间很难说有什么"趋势"存在，因为有很多变化都是不期而至。衡量权力的变化，首先需要了解君、相在体制中

[①] 杨果：《宋代中枢秘书制度史研究述评》，收入包伟民主编：《宋代制度史研究百年（1900—2000）》，第281—294页。

[②] 柯昌基：《宋代中枢的秘书制度》，《中国史研究》1986年第4期；张东光：《唐宋时期的中枢秘书官》，《历史研究》1995年第4期；徐茂明：《宋代翰林学士院诸制度述论》，《苏州大学学报（哲学社会科学版）》1996年第3期；杨果：《中国翰林制度研究》，武汉：武汉大学出版社，1996年。

[③] 赵小军：《两宋翰林学士承旨研究》，陕西师范大学硕士学位论文，2000年；赵小军：《宋代翰林学士承旨述论》，《晋阳学刊》2003年第4期，第63—67页。王瑞林：《代王言者——以宋真宗朝翰林学士为中心的考察》，收入《漆侠先生纪念文集》，保定：河北大学出版社，2002年；唐春生：《宋代翰林学士的宿直制度》，《重庆师范大学学报（社会科学版）》2006年第2期；沈小仙、龚延明：《唐宋白麻规制及相关术语考述》，《历史研究》2007年第6期，第148—155页；唐春生：《翰林学士与宋代士人文化》，北京：中国社会科学出版社，2011年。

[④] 朱瑞熙：《宋朝"敕命"的书行和书读》，《中华文史论丛》2008年第1期，第101—122页，收入《文书·政令·信息沟通》，第166—182页。张祎：《从"专行诰词"到"分押制敕"——北宋外制官在诏令颁行程序中的职事变化》，《北京大学学报（哲学社会科学版）》2009年第2期，第109—114页。张祎：《麻制草拟与宋代宰相任免——重在文书运行环节的探讨》，《汉学研究》第27卷第2期，2009年，第101—132页。宋靖：《唐宋中书舍人研究》，哈尔滨：黑龙江大学出版社，2010年；杨芹：《宋代制诰文书研究》第三章，第86—163页。

[⑤] 可参阅杨世利、尚平：《宋代中枢权力研究综述》，《中国史研究动态》1998年第1期，第8—12页。

的角色,在以君主和宰相为主体的中枢体制中,君、相分别是如何参与,又是通过何种方式参与到日常政务的裁决。从信息沟通与文书运行的角度我们可以更好地理解宋代的中枢体制:信息是垄断还是共享,决策是独断还是同议。

宋代君主和宰相日常政务主要是对来自各级官员和部门的奏状与申状等政务文书的裁决,而他们参与日常行政的最重要文书形式分别是御批(内批、御笔等)和省札、批状。关于宋代君主的内降和御笔,学界关注较早,有着长期讨论,后者则是新近才注意到的问题。

1. 章奏处理

通进银台司在经过必要的文书点检、登记等一系列程序之后,会将所承受的各种文书,根据其性质而分送至皇帝、中书、枢密院或其他相关机构。奏状与申状是宋代君主和宰辅机构决策的文书基础。其中奏状上于御前,申状达于宰辅机构。经由通进银台司直接送至皇帝处的章奏、表疏等,皇帝多声称会一一亲览,实际上在文书繁多的情况下皇帝很难做到,故而君主通常关注的是近臣、大臣的奏疏,就文书的种类而言,皇帝重视的是实封奏章,而通封者则往往忽略。傅礼白《宋朝的章奏制度与政治决策》较早讨论了章奏制度,"有关章奏书写、递呈、收转、看详、批阅的各种规范的总和便是章奏制度。"关于章奏的处理,文章提出皇帝有三种处理方法:(1)对章奏内容认可的,便在章奏上画"可"表示批准,或者写出自己的批示意见;(2)认为价值不大或一时难以处理、或不同意臣下的要求,一般作"留中"处理,不批示,不交议;(3)交给有关部门评议,或指令某些要员研究,其中"经常奉命审阅臣僚章奏的是翰林学士"等清要官员,其中"皇帝依赖最多的当属翰林学士",翰林学士要阅读群臣章奏,"全面处理所有奏章"[①]。文章触及很多与信息沟通和文书相关的重要问题,误解也不少,比如章奏画"可","留中"章奏不交议,翰林学士处理章奏,等等。

章奏留中有很多种情况。如果"事干机密,人主所当独闻",则文书必

---

① 傅礼白:《宋朝的章奏制度与政治决策》,《文史哲》2004 年第 4 期,第 47—53 页。

留中。如皇帝认可其奏又不宜示众人,可能会将文书留中而派专使对上书者有所回应;即使不认可,也会既不施行,也不黜责。皇帝本人有时候也会以留中为保证,鼓励大臣尽职尽言。对于臣僚而言,有的大臣唯恐其奏流传,会主动请求留中不出;有的臣僚则唯恐皇帝寝其奏不行,而极力要求将自己的章奏降出,以供讨论而反对留中。在很多情况下,皇帝将文书留中不出便成为其控制朝政的一种手段。皇帝处理文书的最为经常的一种方式是降出文书付外,有的是批示后降出,有的是直接降出。降出文书有付宰执(三省、枢密院)者,亦有直付有司者[1]。

周佳《北宋上殿札子探研》讨论了官员上殿奏事时所呈递给君主的札子,即赵升所谓"上殿奏对所入文字也",重点关注的是札子的制度化、规范化。勾勒了上殿札子的呈递、覆奏、署名等相关问题,指出对上殿札子的处理有当廷独断、退朝后审阅两种方式,前者越来越少,后者更主要,可行者便将札子副本交付相关部门审议。自太宗后期始,真宗、仁宗之时建立起上殿札子必经二府覆奏的制度,"神宗以后,覆奏制度基本是继承真宗、神宗以来的规定,没有太大的改动。"政务裁决模式从宋初的君主独断模式走向以君主为终端的集体决策[2]。

王化雨《宋代皇帝和宰辅的政务信息处理过程——以章奏为例》对君相处理章奏的过程有更为细致的研究,指出了应奏而申、宰辅隐匿章奏、宰辅对章奏通进机构介入等现象,重点探讨了降出的途径,指出存在皇帝—尚书内省—(内侍)—通进司—两府的常规途径,以及章奏交给个别亲信内臣,直接递至某位宰执手中的非常规途径。文章讨论宰辅覆奏的两种方式、覆奏过程中宰辅议论不一时通过留身与密奏两种形式表达异见的情况,以及不覆奏的情况。宋代宰执在行政过程中拥有一定独立处理政务的空间,如利用皇帝对熟状的不重视,宰辅可以获得独立处理政务的便利,将对于一些章奏的处理意见用熟状奏禀,从而达到自己的政治目的。文章在此基础上讨论了君相关系:走到了日常政务处理前台的宋代皇帝,对于具体行政事务的介入程

---

[1] 李全德:《通进银台司与宋代的文书运行》,《中国史研究》2008年第2期,第119—134页。
[2] 周佳:《北宋上殿札子探研》,《史学月刊》2012年第4期,第34—39页。

度，较前代有所加深。宋代宰辅的主要日常工作，首先是协助皇帝看详大量的章奏文书，分析判断其中信息的价值以供决策，宋代宰辅更接近于君主的行政助手乃至私人秘书，有皇帝秘书官化的倾向[①]。

以上研究都侧重进入禁中的章奏文书处理过程中的君主、宰相之关系，尤其是从文书的降出至二府的进呈取旨、覆奏的制度化过程，对于文书降出之前在禁中的处理过程则罕有论及，邓小南《掩映之间：宋代尚书内省管窥》对此一过程中隐而不彰的机构——尚书内省及其女官作了精彩研究。后宫女尚书之官，汉唐时皆已有之，"尚书内省"之名则始见于宋太宗时，地处后宫西北区域，是北宋帝王"燕处"的区间，也是帝王在禁中处理政务的重要场所，在其中协助君主处理政务文书的那部分女官即是内尚书。章奏等上行文书进入内廷之后，由尚书内省负责登记编目、点检分配，发放合属去处；或者伺候进呈、代批文字。帝王的旨意，通过尚书内省宫官的协助，形成内批，颁降至外廷。文章并指出有些史料中所见之"内侍省"常被误为宦官机构内侍省，实为"大内内侍省"即尚书内省。文章最后清醒地指出，尽管尚书内省的"直笔"宫官，居于政务文书流转的关键位置，从这一角度来说，她们的作为具有十分重要的意义；但她们毕竟是具体程式的辅助者，而非国家政令的决策者，所掌管的基本是有程式可循的事项，因而对其作用亦不宜过分高估[②]。这一论断，实际上也基本适应于在文书上传下达中角色突出的宦官，宦官尽管掌握不少通进渠道，但能够在其间上下其手甚至影响到决策的机会毕竟还是有限的。

内尚书"掌批出四方奏牍及临时处分"，并掌印玺、用宝，则禁中付外之内批，即所谓内出中旨、内降等，太半出自内尚书之手。仁宗嘉祐六年（1061）预备立储，宰相韩琦请"从内批出"，而仁宗答以"此岂可使妇人知之"，据仁宗之言，则仁宗似是不曾亲笔写过内批，其内批皆出自内尚书之手，然自

[①] 王化雨：《宋代皇帝和宰辅的政务信息处理过程——以章奏为例》，收入《文书·政令·信息沟通：以唐宋时期为主》，第307—367页。相关内容亦可参见氏著《面圣：宋代奏对活动研究》，第217—275页。

[②] 邓小南：《掩映之间：宋代尚书内省管窥》，原载《汉学研究》第27卷第2期，2009年，收入《文书·政令·信息沟通：以唐宋时期为主》，第368—407页。

神宗始，亲笔内批显著增加，至徽宗时而有御笔、御笔手诏之名目。

2. 内降、御批与御笔

赵汝愚《国朝诸臣奏议》卷23《君道门》"诏令下"中收文20篇，全是反内降，其中仁宗朝11篇，超过半数，哲宗朝4篇，徽宗朝5篇。徽宗朝5篇，似是不多，然《宋大诏令集》中，"御笔"凡175见，以"御笔"名篇者149篇，全部是徽宗时期[①]。至于神宗，据统计，《长编》中共有"上批"即御批共910条，其中神宗朝占了894条，哲宗朝为16条[②]。这些数字直观反映出仁宗朝"内降"问题突出，御批与御笔则分别是神宗、徽宗朝文书行政的特色。

何为内降？龚延明先生的解释是"内降即中旨"，而"中旨"意为"内中批旨""内降"，"凡自宫内皇帝、皇后、皇太后批旨或处分，未经中书或三省而直接付有司施行者"[③]。朱瑞熙先生的解释："皇帝的批示直接由内宫颁出者，称为内批降指挥或内降指挥、内降文字、中批、内批、中旨等，简称'内降'。"[④]朱先生的解释较审慎，一则没有将内降等同于御笔，再则没有提直付有司施行，只是客观描述其自内而出的特点。龚先生解释的依据是南宋赵升《朝野类要》，其"中旨"条云："自禁中降下御笔或直旨，付有司施行。"此解释强调了内出与直付有司两个特点。这一解释也为此后绝大多数研究者所承袭。杨建宏《略论宋代"内降"与国家权力的运行》认为"内降"是皇帝或女主绕过中书、门下、尚书机构直接给下属有关部门发出的指令，其内容多为任官、免刑等，内降也可称为内批、御笔[⑤]。杨世利则给予内降以更为宽泛的定义，对"内降"的解释是："皇帝从皇宫中直接发出的诏令，它的全称是内降手诏、内降札子、内降指挥、内降文字等。另外内降还有其他一些别名，比如中旨、内批、上批、御札、御笔等。这些内降诏令有一个共同特点，那就是不经过中书、枢密院的审议直接颁发。"文章把诏令分为合法与不

[①] 据王智勇《宋徽宗朝"御笔"与北宋后期政治》(《宋代文化研究》第17辑，成都：四川大学出版社，2009年)统计数字：《宋大诏令集》著录徽宗朝诏令780篇，以"御笔"名篇者117篇。

[②] 杨世利：《论北宋诏令中的内降、手诏、御笔手诏》，《中州学刊》2007年第6期，第187页。

[③] 龚延明：《宋代官制辞典》"内降"条、"中旨"条，北京：中华书局，1997年，第621页。

[④] 朱瑞熙：《中国政治制度通史·宋代卷》，第160页。

[⑤] 杨建宏：《略论宋代"内降"与国家权力的运行》，《求索》2004年第11期，第241页。

合法两类,"制、诏、敕、批答、国书、口宣"等六种文书是合法的诏令,还有"不合法的诏令,称为内降、御笔、御笔手诏等",这些不合法的诏令长期存在,对北宋政治产生了恶劣的影响①。

根据这些解释,则中旨、内批、上批、御札、御笔、御笔手诏、手诏、手书等,都是内降,其共同的特点是未经中书或三省即直付有司,是"违背封建政府正常行政程序,绕过二府(北宋前期)或三省和枢密院(元丰改制后),直接由内宫下达给有关部门的行政命令"②。这种解释与学界对于唐代内降的解释相似:"不经过三省的颁诏程式,由禁中直接发出。"③"不经凤阁鸾台,何名为敕",正是宋人批评本朝内降时常举的唐代之例。

徽宗时期御笔问题突出,较早专文研究御笔的是王育济先生。《论北宋末年的御笔行事》一文提出徽宗年间的御笔行事与一般诏令的区别有三:(1)诏令是由翰林学士起草,三省共议,经过封驳程式以后颁布行下的;御笔则不需要这些手续,由皇帝直接行下。(2)诏令颁布后,允许进谏,提出修正意见;御笔明文规定不可以。(3)御笔行事较诏令行事有一套更为严厉的惩罚执行不力者的制度。徽宗御笔对北宋政治的影响表现在长达二十多年的时间里,"御笔行事"几乎完全代替了诏令。至少颁布五次违御笔法。熙宁以来的党争所造成的专制君权的极度膨胀和奸佞得势,是北宋末年"御笔行事"盛行的一个最为关键而又直接的原因④。王智勇《宋徽宗朝"御笔"与北宋后期政治》也认为徽宗朝的"御笔","从诏文的起草到付有司执行,省去了'中书门下公议'及'封驳'这一程序"⑤。

日本学者德永洋介《宋代の御笔手诏》辨析了"御笔手诏"与"内降手诏"的概念,认为神宗时的内降手诏改变了政事先由有司商议,皇帝最后裁可的方式,而是先由皇帝裁决行下,有司奉行。神宗时开始被频繁使用的内降手

---

① 杨世利:《论北宋诏令中的内降、手诏、御笔手诏》,《中州学刊》2007年第6期,第186页。
② 余春燕:《宋代内降研究》,河北大学硕士学位论文,2008年,第1页。
③ 游自勇:《墨诏、墨敕与唐五代的政务运行》,《历史研究》2005年第5期,第45页。
④ 王育济:《论北宋末年的御笔行事》,《山东大学学报(哲学社会科学版)》1987年第1期,第55—56页。
⑤ 王智勇:《宋徽宗朝"御笔"与北宋后期政治》,《宋代文化研究》第17辑,第595页。

诏在徽宗时被滥用,钦宗即位后,对御笔、手诏等的使用又基本恢复到了徽宗以前的状况。御笔手诏在北宋末期到南宋时代逐渐成为宋代文书系统的主干,为皇帝在保持与宰相的磋商前提下直接指导六部以下行政机关的体制开了先河,对明代的内阁和司礼掌印太监相关的多个侧面都起了先驱作用①。

德永洋介的观点在日本学者中有很大影响,得到普遍认同。平田茂树《从周必大〈思陵录〉〈奉诏录〉考察南宋初期的政治结构》一文在引述了德永洋介的观点后,接着又引周必大《奉诏录》中关于御笔的资料,论证"御笔手诏在决策过程中起到了重要的作用","御笔手诏取代了北宋以对为中心的皇帝、官僚间的意见交换方式,而占有重要的地位。"根据对《思陵录》和《奉诏录》的分析,平田提出其中有"两个并存的系统":一是将皇帝与宰执相结合,即皇帝与宰执面对面直接交换意见的"对"的系统;另一个是以宦官为中介送达的"御笔"系统②,这和南宋出现大量权相、明代最终废除宰相制度、形成内阁票拟制度等政治现象都是相通的③。

藤本猛《北宋末期御笔撰写之所——宣和殿及学士蔡攸》一文主要考察了北宋末期徽宗御笔撰写之处——宣和殿的地理位置、功能及其特性,并对徽宗御笔与蔡京专权之间的关系做出了新颖的解释。文章提出宣和殿为禁中最深处,"在皇帝左右活动而且后世被叫做'奸臣'的人物,多担任宣和殿学士职位"(441页),故宣和殿"浓缩了徽宗朝的特性"(410页),由此一窥徽宗朝政治内幕。徽宗御笔"这一以皇帝亲自撰写为原则,越过宰相、执政而下达的命令文书的出现"包含着颠覆长期以来以宰执、台谏等士大夫为中心的政治运行机制的危险性。蔡京自己也遭遇到了这一危险,为了稳定自己的权力,蔡京不但要控制宰执集团和言路官等士大夫集团,也要监视皇帝身边负责撰写御笔的人,以其子蔡攸和其孙蔡行分别担任可以进入御笔撰写现场的宣和殿学士和殿中省职位作为窥测皇帝意志的手段,从而得以保持了

---

① 德永洋介:《宋代の御笔手记》,《东洋史研究》第57号第3期,1998年,第393—426页。
② 平田茂树:《宋代政治结构研究》,第330—331、257页。
③ 平田茂树:《宋代的政治空间:皇帝与臣僚交流方式的变化》,《历史研究》2008年第3期,第135—136页。

十五年的权力(450页)①。

　　以上关于内降以及御笔性质的解释,大同小异,多是强调君主直接裁决、直付有司的一面,然观察宋代史料,则多有扞格难通之处,故而有些作者本人的解释也不免前后自相抵触。如杨建宏一方面据《宋史》中"凡应承受御笔,官府稽滞一时,杖一百"的记载,认为内降"具有合法性",所以"宋代用法律保障'内降'之权威";另一方面却又说内降"不合理",所以"宋代又从法律的角度禁止内降"②。杨世利一方面称内降、御笔、御笔手诏等是"不合法的诏令",一方面又认为"还有一种合法的内降诏令叫手诏,或曰手书"③。这些研究,一是忽略了"内降"并非文体,从来也不存在一种名为"内降"的诏令之体;二是忽略了批、诏以及亲笔与否的区别;三是没有在行政运作中去理解内降。近年来的一些研究在这几个方面都取得了不少新认识,主要有周佳、丁义珏和方诚峰的研究等。

　　周佳和丁义珏都是先从概念辨析入手,分析了仁宗朝"内降"的涵义。丁义珏《论北宋仁宗朝的"内降"——制度、政治与叙事》批评了"近年来的相关研究依然将内批、御笔和内降混同讨论,并探讨其中的政治意义"的研究方法,提出作为名词使用时,"内降指挥""内降札子"等,可直接对应文书制度中的"内批",而内批是正常的文书,是代表皇帝个人意旨的文书之一种,主要功能是指挥有司,是在诏令形成之前皇帝批覆二府或有司的文字。在徽宗朝以前,内批不具有诏令的效力,在制度上不当绕开二府(67页)。神宗没有从制度上提高"内批"的效力(68页),徽宗朝之前的覆奏制度一直得到坚持,内批不能任意绕过二府。前辈学者以不经二府作为"内批"的特点,显然有误。这种误解与徽宗朝越过二府的"御笔手诏"的大量泛滥有关(69页)。内批之名不含贬义,而"内降"则在宋人话语中是个贬义词。"内降"从内容上看,多为爵赏、授官和赦免案犯等方面。从程序上看,包含不正常的文书上行和禁中轻易下内批两个过程。在政治话语中隐含请托禁中的"开

---

① 藤本猛:《北宋末期御笔撰写之所——宣和殿及学士蔡攸》,收入《文书·政令·信息沟通:以唐宋时期为主》,第408—451页。

② 杨建宏:《略论宋代"内降"与国家权力的运行》,《求索》2004年第11期,第243页。

③ 杨世利:《论北宋诏令中的内降、手诏、御笔手诏》,《中州学刊》2007年第6期,第186页。

后门"之意(71页)①。以上大都是正确的意见,但在涉及徽宗御笔的部分,颇多可议之处,如曰"徽宗朝以前,内批不具有诏令的效力","徽宗朝越过二府的'御笔手诏'的大量泛滥"等,对于徽宗朝的内批、御笔手诏的性质以及区分未加措意。再则,对有些内批被视为诏令的现象也未加辨析。

周佳对"内降"做了广义、狭义的定义。"就广义言,'内降'指高层政令文书颁行中的一道环节,即君主对政务做出指示或批复后,以文字形式从禁中降出至二府等部门",当"内降"用作名词时,即指称这种文字。狭义的"内降"往往特指"发生在这一环节的某类特殊现象,即君主绕开政令颁行常规程序将个人意见不经二府审覆而直接下达有司执行"②。仁宗朝士大夫对"内降"的批评与抵制,主要是指后者,集中于程式、内容、颁行方式等三个方面。后两者互有关联,因为内容违反制度,所以无法通过正常行政程式颁行,所以"君主才会绕开常规流程,将其直接下达给有司执行"。仁宗朝内降主要涉及授官、减罪、赏赐、免税等给予个人的恩泽,颁行方式多为内侍传宣③。

丁、周都指出内降沿袭自仁宗初的太后垂帘时期,对于士大夫所抵制的仁宗时期的内降的类型,有着基本相同的认识,但对于作为事件的反内降的理解大相径庭。丁义珏认为仁宗对士大夫的反内降采取的是阳奉阴违的策略,结果并不成功。仁宗朝的反内降反映的不是士大夫与皇权的对立,而是臣僚间的政争,两派区隔很重要的一点是是否有非常渠道沟通皇帝。南宋以后的历史叙事,把仁宗朝内降问题引申到君相关系上(89页)。周佳认为君臣共同反内降,最后将治理重点放在颁行环节,明道二年(1033)实行内降执奏法,其中二府的监督审核之责尤重。仁宗朝"抵制内降"行为的出现某种程度上正是对君权行使边界的一种调整,反映出北宋中期在君权行使、君相权力分际等方面的关键变化。当时各种所谓"抵制"的意见与举措实际上并不是要"取消"内降文字,而是力图将内降文字"纳入"现有的常规文书

---

① 丁义珏:《论北宋仁宗朝的"内降"——制度、政治与叙事》,(台北)《汉学研究》第30卷第4期,2012年,第65—90页。

② 周佳:《北宋仁宗朝的文书行政——以内降为中心》,《北大史学》第16辑,北京:北京大学出版社,2012年,第47页;周佳:《北宋中央日常政务运行研究》,第367页。

③ 周佳:《北宋中央日常政务运行研究》,第380页。

运行体系，从而确保在国家政务决策中，君主既能充分表达个人意见，同时又能受到制度约束而不至于滥用权力。

丁文认为仁宗时期的反内降实际上是臣僚直接的政争，似是求之过深了。文章最后举刘沆有关内降的议论，认为刘沆提出三弊，"是在转移话题，并且对抑制内降言论展开反击。"实际上"陈乞亲属、叙劳干进、援例希恩"这三项内降最多之事，同样存在于自下而上的宰执进呈取旨上，且已成以例破法之势，故刘沆在肯定执奏内降的前提下，提出此三类以后不得援例进呈取旨，所言甚当，切中时弊。周佳关于内降广义、狭义的区分，则颇有作茧自缚之感。按照其定义，狭义的内降是绕过二府的，是对常规文书运行制度的突破。那么此类内降是本来就应该禁止的事情，就如同当时臣僚要求的都是应"止绝"之类，如包拯明确说的是"绝"内降，如此则何来"纳入"常规文书运行体系？又，周佳提出"执奏法颁行后，朝野对抵制内降的关注点，逐级从请托、决策环节转向颁行环节"（56页）。检视仁宗朝反内降的章奏，以《国朝诸臣奏议》为例，所收仁宗朝11篇反内降奏疏，皆在明道二年（1033）后，最早的是韩琦的《上仁宗论干求内降乞降诏止绝》，嘉祐年间（1056—1063）更是有7篇之多。11篇中，只有一篇是论"二府不执奏乞正其罪"，其余皆是反禁中内降。

神宗时期的内批是以前学者关注不够多的问题。周佳慧眼独具，从神宗御集入手分析神宗时期君主政务角色的变化。对宋代皇帝御集的研究很少，王曾瑜先生对宋代君主的御集与御笔有过讨论，认为"御笔和圣旨经常是混淆不清的。就广义言，凡皇帝手书者，也都可称御笔、宸翰之类"，宋代君主的御笔，"多少反映了他们当权和施政不同的个性"。王先生梳理了宋帝御集的编纂情况，搜集了不少历代"宋帝御笔中较引人注目者"，所搜集资料中基本上对御集中御笔的性质不作区分，既有御制诗文，也有指挥政务的御批、手诏等[①]。周佳《北宋中央日常政务运行研究》指出，神宗内批数量，可谓北宋历朝之最（420页），以《神宗御集》为重心，考察北宋御集的编纂、体例、内容、用途，进而讨论御集编纂制度化现象背后的历史原因，提出《神宗御

[①] 王曾瑜：《宋帝御集和御笔述论》，《兰州学刊》2015年第3期，第1—15页。

集》与此前御集的不同在于以政事为主,并且此后哲宗、徽宗的御集中也是政事取代文辞成为最重要的内容,而这与君主政务角色变化有关(439页)。神宗朝御批内容两大类:一类是对臣僚贺表、谢表、辞免等章奏的程式性批答;另一类是政务性批示。神宗朝内批与仁宗朝内降在内容上的最大区别是其绝大多数内批是与政务决策相关(415页)。

周佳关于神宗内批与仁宗内降在内容上的不同以及对神宗时期内批与君主政务角色变化的观察是准确的,但对神宗时期内批的性质及其使用还是低估了。她认为严格说来神宗朝的内批仅仅是代表君主个人政务意见的文字,并不具备直接执行的效力,是决策形成过程中的一道环节,一种君臣政务沟通的书面手段,并非最终形成的决策结果,这体现在三个方面:神宗内批多是商量语气、都要覆奏、不少内批被驳回(417页)。这一点上,丁义珏观点类似,他认为神宗没有从制度上提高"内批"的效力,徽宗朝之前的覆奏制度一直得到坚持,内批不能任意绕过二府[①]。两位都忽视了神宗时期大量的指挥边事的内批。仅据《长编》记载统计,元丰四年六月至七年十二月间,神宗直接给李宪手诏就有31次[②],而这些所谓"手诏"实际上绝大部分就是绕过二府直接指挥边事的内批。

同样是内批,还得区分因书写者不同而产生的御笔批和御宝批。神宗时期毫无疑问御批的使用大幅度提高,以至于富弼、司马光都有抱怨,而且神宗在其中后期阶段无疑是提高了御笔批的权威,在神宗前期还可以看到不少封还御批的记载,后期绝少。

神宗时期的"内降手诏"与徽宗御笔的区别,王智勇认为在于:(1)神宗"内降手诏"在其诏令中占极小比例;而徽宗御笔为这一时期诏令主要形式之一,内容涉及政治、经济、军事等各个方面。(2)最重要的是,神宗始终是新法最终的裁定者,其"内降手诏"多经其手;徽宗御笔由蔡京等极少数当权者操纵,所谓"崇宁奉行御笔,乃小人盗权之术"[③]。其中所谈第二点是

---

① 丁义珏:《论北宋仁宗朝的"内降"——制度、政治与叙事》,(台北)《汉学研究》第30卷第4期,第69页。

② 余春燕:《宋代内降研究》,第24页。

③ 王智勇:《宋徽宗朝"御笔"与北宋后期政治》,《宋代文化研究》第17辑,第596—597页。

宋人常谈,第一点则并没有区分御笔与御笔手诏。周佳比较御笔、御笔手诏的形式、出令程式,进而讨论徽宗朝御前文字称谓升格背后的执行效力问题,提出御笔和御笔手诏在实际政务运行中界限比较模糊。单从内容、形式来看,有时很难区分究竟是御笔还是御笔手诏,其差别主要体现在执行效力不同,出令程式不同,实际文书运行中出令程序执行也并不严格。界限模糊的情况下,徽宗使用御笔或者御笔手诏的区别在于规格高低[①]。

方诚峰《北宋晚期的政治体制与政治文化》对徽宗御笔和御笔手诏做了区分。徽宗御批就是以前的内批,"仍遵循着之前故有的流程,在行下方式上亦无本质改变。"(第179页)故而将徽宗御笔看作是君权膨胀的结果的说法,"看似有道理,但并不能成立。"(180页)因为徽宗御笔手诏是继承"手诏",是朝廷正式发布的诏令文书。从内批到御笔,从手诏到御笔手诏,最主要变化不在于出令的方式,而是命令呈现的方式——必然以瘦金体书、更为严格的行下之限、更为隆重的载体呈现,以此突出君主本人的角色(第185页)。徽宗御笔、手诏以瘦金体呈现于公众,确如方诚峰所说是突出君主本人角色的模式,呈现出君主自身与王朝政治之间的紧密联系。不过徽宗的御笔是不是确如方所一再强调的"改变的不是皇帝命令的颁行实质,而是外在面貌",主要是一种"政治姿态的表达",而不是要"万机独断、主威独运"(187页)呢?

3. 中书札子与省札

宋代君主对章奏的批示,原则上是需要降出至宰辅,进呈取旨后,形成正式诏敕施行。在此过程中,御批是君主参与日常政务处理的必需的文书形式,而宰辅推动日常政务运作的文书在北宋前期是中书札子,此后则是省札。省札之于宰辅,正如内批之于君主,都是中枢日程政务运作中不可或缺的指挥文字。

唐代自中期以后,中央政治制度以及政务运行机制都发生了明显的变化,各种帖文的使用,墨诏、墨敕的运用以及皇帝"批答"的增多都是这种变化

---

① 周佳:《北宋中央日常政务运行研究》,第452—457页。

的反映①，堂帖亦是适应此种变化而出现的一种新的文书形式，它"体现了中书门下独立的机构建制，反映了中书门下作为政务裁决机关的性质及唐代宰相职权政务化的特征"②。五代北宋在中书门下体制基础上形成中书门下、枢密院对举文武大政的二府体制，其中中书门下沿用唐制，以堂帖指挥日常公务，枢密院则以头子。堂帖使得宰相拥有了对相当一部分政务独立裁决的空间，太祖时基于赵普专权，"堂帖势力重于敕命"，禁用堂帖而代之以中书札子。中书札子体轻于堂帖，然效力不减，至太宗时再次限制札子，规定宰相以札子决事，亦须奏裁。此后札子之出，必以"奉圣旨"为文，至元丰官制改革后札子再变为省札，此特征不变。"奉圣旨"体现了事出于奏裁，非中书所能专。奏可之后，中书即可出札子指挥公事，事体简径，较诏敕为速，故而此后札子的使用反而更加普遍，即使以诏敕指挥之事，也往往是由中书先出札子，形成札子与诏敕配合使用的新模式，其隐患则是札子只需要宰执押字，则君相的裁决可绕过封驳等诏令监督系统。从宋太祖以札子代堂帖，至太宗后期中书札子缩小了使用的范围，且又必须承旨，这对于宰相独立指挥公事，或者说宰相权力的限制是明显的。但在实际政务运行中，存在着种种突破限制的手段，比如空头敕、空头省札、白帖子之类，直接体现了宰相权力空间，即使具奏取旨、拟状得旨等体现、保障君权的中枢运作方式，亦很难说君、相中的哪一方在其中起了主导作用③。宰相在进呈取旨、得旨后书写圣旨诸环节中，均可以上下其手，操控信息，误导君主，从而实现自己的意图，君权、相权始终处于一种微妙的动态平衡中④。

---

① 参见雷闻：《唐代帖文的形态与运作》，《中国史研究》2010年第3期；游自勇：《墨诏、墨敕与唐五代的政务运行》，《历史研究》2005年第5期；叶炜：《唐代"批答"述论——以地方官所获"批答"为中心》，《北京大学学报（哲学社会科学版）》2010年第2期。

② 刘后滨：《唐代"中书门下"机构建制考》，《北大史学》第七辑，北京：北京大学出版社，2000年。关于中书门下体制的研究以及堂帖的集中论述可参见同氏著《唐代中书门下体制研究》（济南：齐鲁书社，2004年）。

③ 关于宋代中书札子、省札的研究，参看李全德：《从堂帖到省札——略论唐宋时期宰相处理政务的文书之演变》，《北京大学学报（哲学社会科学版）》2012年第2期，第106—116页；张祎：《中书、尚书省札子与宋代皇权运作》，《历史研究》2013年第5期。

④ 参见王化雨：《"进呈取旨"：从御前决策看宋代君主与宰辅的关系》，《四川师范大学学报（社会科学版）》2012年第1期，第153—160页。

4. 覆奏、执奏与封驳

宋代以君主御批为核心运转的中枢决策体制中，原则上君主的指令，不论事情巨细都要经过二府，否则不能执行①。实际运作中，君主的御批指令是该体制中最不易控制的因素，从宋初的内降问题到北宋末徽宗御笔问题，很多政治变化都与御批的使用突破体制限制有关。为了保证体制的顺利运转与决策的正确，北宋君臣建立起针对君主指令的覆奏、执奏制度和决策形成以后的封驳制度。

大致在太宗末年起，君主针对面对得旨或者中外章奏文书的批示，承受官员、官司须根据事情的性质分送中书、枢密院、三司，"覆奏而后行"。此后在仁宗时期的反内降风潮中，覆奏制度得到进一步的完善，君主直付有司或个人的指令绝大多数都须经二府覆奏。

执奏是与覆奏有关联的。对于君主的批示认为不妥，覆奏时反对执行，即构成执奏。决策形成以后亦可执奏。朱瑞熙先生指出，各级执行机构和官员对中央不正确的决策和不符合法定程序的决策可以进行抵制，亦称为"执奏"②。周佳将覆奏后请旨称为内降执奏法③。当时内降文字的主要承受部门是二府，执奏的主要责任也在于二府，因此由抵制内降而引起的君主权力边界变化，也意味着君主与二府之间权力分际的重新调整。丁义珏对覆奏的看法与此有异，认为覆奏是指将已经做出的决策再次向皇帝回报、确认的文书环节，并不强调他们的否决权，而是意味着再次向皇帝禀告，以示慎重。换句话说，两省的参议、决策的机会与权力主要不在覆奏环节体现④。

宰执的执奏，无疑主要是针对御批。朱先生所据执奏事例全是针对内降、御笔之类的执奏，可见覆奏、执奏的过程也是君相议政的过程。覆奏制度完善于仁宗时，然仁宗时期的内降问题却反而有愈演愈烈之势，故丁义珏提出"宋代的覆奏体系尽管在仁宗时趋于完备，但除了宋仁宗对待内降问题以外，覆奏限制君主个人权力的作用极为有限。除非某些特定事务由皇帝要求执

---

① 朱瑞熙：《中国政治制度通史·宋代卷》，第9页。
② 朱瑞熙：《中国政治制度通史·宋代卷》，第174页。
③ 周佳：《北宋上殿札子探研》，《史学月刊》2012年第4期，第58页。
④ 丁义珏：《北宋覆奏制度述论》，《中华文史论丛》2013年第4期，第119—141页。

奏，臣僚想要主动抵制皇帝禁中已然做出的决策，并没有切实的硬性制度可以依托。靠的只能是尽臣下之职分的精神或者是与人主周旋的手腕。"丁义珏对宋代执奏效果评价极低，认为"明确地给予臣僚否决内批的权力，也仅在仁宗一朝出现。这也是南宋人频频拿仁宗抵制内降的事例劝谏后代皇帝，希望他们避免过分专权的原因所在"[1]。实际上宋代宰执执奏内批的权力一直都有，执奏的事例非常多。即使在文章认为执奏效果极差的神宗时期，王安石为相时，也是屡缴御批，"手批多不行"[2]。丁文对元丰改制后的门下省覆奏制度评价亦极低，"门下省对得旨后的录黄覆奏，就只能是纯粹的审定文字、提请皇帝确认而已，毫无决策意味可言"（137页）。这是对门下省在覆奏过程中所产生的封驳作用评估不足。

丁文对宋代执奏与封驳的评价不高主要是基于相关官员在影响决策和限制君主方面的权力不足，而实际上中国古代君主的职能和权力从来没有明确的划分，关于君主权力的限制也就从来没有明确的规定。相对于儒家的"天"、"理"、教化、祖宗家法等，宰相的执奏与给舍的封驳，是对君权的更为直接、制度化的限制因素，虽然其力量依然是有限的。

内藤湖南在阐述其唐宋时代区分论时曾提出，唐代门下省享有封驳权，代表官吏舆论，即贵族的舆论，并不绝对服从天子的命令，封驳之权在宋代以后日益衰退，至明清几乎完全消失[3]。后来内藤乾吉又进一步发挥了这种观点，认为唐代给事中的封驳极具权威，天子对其所持的态度也颇为郑重。这种威权得以维持的关键在于贵族社会的背景。宋代以后，给事中即使具有封驳之权，但由于这种社会背景不复存在，所以在君主专制之下纵然是本分行使职责内的权力，在事实上也是很困难的了[4]。内藤氏关于帝制时期封驳制度总的演变趋势的观察是准确的，但有关宋代的封驳缺乏更加细密的研究与比

---

[1] 丁义珏:《北宋覆奏制度述论》,《中华文史论丛》2013年第4期，第131—132页。
[2] 《长编》卷224，熙宁四年六月丙寅，第5452页。
[3] 内藤湖南:《概括的唐宋时代观》，刘俊文主编:《日本学者研究中国史论著选译》第1卷《通论》，北京：中华书局，1992年，第12—13页。
[4] 内藤乾吉:《唐代的三省》,《日本学者研究中国史论著选译》第8卷《法律制度》，第248—249页。

较。

自淳化四年(993)北宋复封驳之制到元丰五年(1082)改官制,九十年间有封驳事例十六件,多数是在仁宗嘉祐(1056—1063)以后,可以说北宋封驳之职虽恢复于太宗时,而其振作实在仁宗末年。从效果看,负多胜少,尤其是神宗时期的屡次封驳竟然没有一次成功。宋人对封驳职能的发挥要比唐人更进一步,君相们所采用的种种规避与对抗封驳的办法也同样是唐朝所不多见的[①]。

唐代的封驳主要是指门下省给事中的封驳,而以给事中为主体的封驳制度在宋代是直到北宋神宗元丰改制之后才恢复并趋于稳定,且发展成为以中书舍人、给事中的双重封驳为特色的"给舍封驳"[②]。南宋时随着建炎三年(1129)中央政治体制的变革,给舍封驳出现几个影响较大的变化,一是相关合送给舍文字,由以前的分送改为并送给舍;一是给舍的列衔同奏。最直观的印象便是给舍的职能与作用削弱,原来的程序控制变成具文。贾玉英先生认为,一方面随着南宋给事中地位提高,职能增多;另一方面,封驳官的权力名义上大,实际上小,封驳制度成为具文[③]。或如诸葛忆兵先生所言,绍兴元年(1131)的规定"事实上就是取消了门下的封驳作用"[④]。宋靖亦认为是"事实上取消了由中书再门下的审覆程序",把元丰改制以来给舍的演变趋势视作是给事中的削弱和中书舍人职能的扩大,认为中书舍人的职权在唐宋时期总的看来是呈上升趋势,"至南宋,权力达到顶峰。"就封驳权而言,

---

[①] 李全德:《封驳制度与北宋中前期政治》,《唐宋历史评论》第1辑,北京:社会科学文献出版社,2015年。

[②] 关于元丰改制以后给舍封驳的成立及其运行,参见李全德:《宋代给舍封驳的成立——以书读、书行为中心》,《国学学刊》2012年第2期。贾玉英先生将宋代的封驳制度置于监察体系中做过讨论,参见氏著《宋代监察制度》,开封:河南大学出版社,1996年,第216—272页。关于宋代封驳制度的专文有金圆先生早期文章《宋代封驳制度考》,《上海师范大学学报(哲学社会科学版)》1980年第1期,第110—115页,可参看。关于宋代中书舍人的职能变化及其在中枢系统中的行政角色可参看张祎:《从"专行诰词"到"分押制敕"——北宋外制官在诏令颁行程序中的职事变化》,《北京大学学报(哲学社会科学版)》2009年第2期,第109—114页;宋靖:《唐宋中书舍人研究》第二章,哈尔滨:黑龙江大学出版社,2010年,第132—159页。

[③] 贾玉英:《宋代监察制度》,第226—227页。

[④] 诸葛忆兵:《宋代宰辅制度研究》,北京:中国社会科学出版社,2000年,第44页。

则是"中书舍人的封驳事权与给事中封驳重叠,事实上侵夺了给事中的封驳权",至高宗朝,"中书舍人与给事中共同行使封驳权,从而完成了封驳事权的最终统一"①。张复华先生也将以上两点看作是组织精简背景下的"给舍混一,封驳职废"②。包伟民先生在《武义南宋徐谓礼文书》的《前言》中对此的解释是:"由于南宋时期三省合一,取旨与覆奏这两个应分别执行的程序,实际中也已经合并",因此反映到告身上,文书的签署也变得不再严谨③。这些都是对南宋所谓"三省合一"以后所带来的给、舍职能变化的较为通行的理解,然而这样的理解是有问题的。南宋时期的给舍封驳职能与作用并没有随所谓"三省合一"而削弱甚至丧失。南宋时的封驳受时代环境等种种因素影响,与北宋相比,南宋给事中的封驳权"受到最严酷之考验",制度的执行虽不尽如人意,但南宋封驳事例无代无之,张复华先生认为"在台谏力量式微之南宋,给事中封驳成为朝廷纲纪所系,更是限制君主与宰执权力的最后一股力量"。虽不免过誉,但封驳制度在当时确为君臣上下所认可的制度,虽存在种种对给舍封驳的规避手段,但并不存在直接针对给舍封驳制度的打击或削弱,实际上对封驳制度的规避,也正显示出其制度的重要性与严肃性。封驳官的前仆后继、屡败屡战,君主的晓谕再三、胜之不易,都体现了封驳制度本身的成功与士大夫集团力量的存在④。

三、结语

宋代以防弊之政为立国之法的目标自然在于政权和社会的稳定,但消极目标总体上却是尽量以积极的制度设计而不是以高压政策下的弹谤和打压异己达成。信息沟通是否趋于垄断,文书行政是否趋于专断,通常可以用来作为观察两宋政治变迁和体制异化的重要指标。宋代的信息沟通和文书行

---

① 宋靖:《唐宋中书舍人研究》,第157页。
② 张复华:《南宋给事中的封驳权》,《社会科学论丛》第三卷第二期,2010年,第30—50页。
③ 《武义南宋徐谓礼文书·前言》,第10页。
④ 参见张复华:《南宋给事中的封驳权》,《社会科学论丛》第三卷第二期,第30—50页;李全德:《从〈武义南宋徐谓礼文书〉看南宋时的给舍封驳——兼论录白告身第八道的复原》,《中国史研究》2015年第1期,第53—70页。

政在大部分时间内保持了多元与开放的特点，已有研究使得我们对于宋代言路之广、文书行政之无远弗届以及制度设计中维制精神的贯彻有了更为清晰的理解。

　　成绩是显著的，如果说有什么不足之处的话，大致有两点。一、文书与信息的研究视角刺激大量常见史料的复活，激发了大量相关研究，很大程度上扩大了研究范围，提供了更多的研究题目，但这些研究多属"点"状。宋代信息渠道既是多元的，亦是复合的。相关事务的信息传递与传播，很少只依靠单一的渠道，它可以是奏、申的结合，亦可以是兼申的运用，也可以是公状与私书的结合。此类资料尤其见于南宋文集，如李纲、周必大、朱熹等人的文集以及现存两宋的各种公文碑刻中。善用此类史料，文书与信息结合的系统研究上还有很多工作可做。二、在研究方法上仍然不够"动态"，不够"活"，有陷入新的僵化研究的迹象。研究可谓繁矣、细矣，然多是以小见小，文繁事备而义理少。有学者提出：讯息传递呈现出一朝代的政权性格。以赵宋一朝而言，其国家控制力所及深度，非前朝可比，究其缘由之一端，实因赵宋政权重视讯息传递及其管道经营所致。研究上应更注重参与其中的诸环节间彼此的关联与互动，进而综合观察"链条"运行的全貌；衬着政治、军事与社会史等历史脉络，将制度史框架内所讨论的问题，置于整体现实社会中考虑[①]。这是很好的意见。宏观的视角、比较的视野、整体的观察，是方法上应该致力的方向。

---

　　① 黄宽重、邓小南：《宋代的讯息传递与政令运行专辑》导言，《汉学研究》第27卷第2期，第1页。

关于"'活'的制度史"

张　祎

2001年，邓小南老师撰成并发表《走向"活"的制度史》一文，倡导中国古代制度史研究的突破与创新，迄今已将近二十年。这二十年间，从事研究、教学的同时，邓老师陆续在不同场合谈到她对历史学研究方法的理解和思考，其中相当一部分围绕政治史、制度史而展开。原先《走向"活"的制度史》中一些引而未发的想法，得到进一步的丰富、发展。在我看来，这些也都是"'活'的制度史"构想的组成部分。本文希望能略略梳理这二十年来邓老师关于制度史研究方法的总结和阐发，间或也谈谈个人对"'活'的制度史"的理解及学习心得，向师友、同仁质正求教。

一、《走向"活"的制度史》的两个层次

2001年11月，浙江大学中国古代史研究所主办的"近百年宋史研究回

作者单位：首都师范大学历史学院

顾与反思：制度篇"国际学术研讨会在杭州召开①。会上，邓老师宣读了《走向"活"的制度史》一文的初稿。文章修改后，以《走向"活"的制度史——以宋代官僚政治制度史研究为例的点滴思考》为题，发表于《浙江学刊》2003年第3期②。2004年，在包伟民老师主持下，杭州会上宣读、讨论的诸篇论文结集出版，书名《宋代制度史研究百年（1900—2000）》，《走向"活"的制度史》收录在列，次于全书"代前言"之后③。由此，"'活'的制度史"——邓老师倡导的这一学术理念，为越来越多的同仁所了解，并在学界产生一定影响。

二十年后回头来看，《走向"活"的制度史》实际上并不是一篇就制度史论制度史、只着眼于制度史研究创新的文章。文章主体包含"一、关于'问题意识'""二、作为'过程'的制度史""三、作为'关系'的制度史""四、严格学术规范，加强学术交流"四部分，主要内容实际可以拆解为两个层次：首先，它是在提倡学术创新，以宋代制度史研究为例，讨论什么是真正更有价值的学术创新、该如何去推动更有实质意义的学术进步；其次，才是谈制度史的研究方法，强调对于制度的"动态"把握，倡导走向"活"的制度史。

相对来说，第一层次，关于学术创新的提倡，才是《走向"活"的制度史》一文更为紧要、更具有普遍意义的内容。这部分，邓老师主要从"问题意识""学术规范""学术交流"三方面阐述了她一系列的看法。世纪之交的中国学界，讨论学术创新，或多或少都会谈到类似话题。但邓老师关于"问题意识""学术规范""学术交流"三者的阐述有其独特侧重；同时，将这三者联系起来予以强调，也体现了她的特别关切。

泛泛而言，邓老师所谓的"问题意识"，指的是一种在研究中精心设问、努力追问的意识。它通常包含两层内容。一层与研究选题有关，就是要关注、

---

① 会议报道可参看郑瑾：《宋史研究需从"自主"走向"自觉"》，《国际学术动态》2002年第5期，第6页。有关会议情况详细、深入的总结，可参看包伟民：《走向自觉：关于深入拓展中国古代制度史研究的几个问题（代前言）》，包伟民主编：《宋代制度史研究百年（1900—2000）》，北京：商务印书馆，2004年，第1—9页。

② 参见邓小南：《走向"活"的制度史——以宋代官僚政治制度史研究为例的点滴思考》，《浙江学刊》2003年第3期，第99—103页。

③ 参见包伟民主编：《宋代制度史研究百年（1900—2000）》，第10—19页。

提出、探索具有足够学术价值的问题。邓老师认为，应该倾向选择"探索事物发展的内在逻辑"、"对于全局性研究更有'牵动'作用"的研究课题。另一层是如何回应、解决问题，强调在研究中，从微观考订到中等层次的论证，再到最终构建具有一定解释力或参考价值的研究模式、评价体系，要追求"问题设计的层次化、细密化与逻辑的推衍"[①]。

然后是"学术规范"与"学术交流"。邓老师认为，"强调学术规范"、"加强有锐气的严肃的学术交流"是推动研究深入、提升学术品质的保证。一般谈到"学术规范"，人们首先会注意那种关于研究综述、引文注释方面的"一系列技术标准"。而邓老师强调的"学术规范"，则不仅仅甚或主要不在于此，她所强调的是一种有意识地"寻找本领域的学术前沿"、"寻找自己的学术起点"、"从自我质疑开始"，不断审视、追问的研究理念和学术追求。至于"学术交流"，邓老师特别期待的是那种"真正具有锋芒的、中心突出而高密度的学术交流"，"多元而良性的互动"[②]。

这两者密切关联，相辅相成。强调"学术规范""学术交流"，就其本质而言，就是倡导学术"对话"。"学术交流"属于"对话"，自不待言；有意识地寻找学术前沿、从自我质疑开始、不断审视追问的"学术规范"无疑也是一种"对话"——与前人研究的"对话"，"今我"与"故我"的"对话"。"学术规范"主要是个人的理想追求，"学术交流"则有赖于学界共同、持续的努力。

《走向"活"的制度史》表述简练，以上想法有些还只是略引端绪，未做充分展开。此后，邓老师在不同场合，从不同角度、不同层面，对上述理念进行补充、阐发，形成为《永远的挑战：略谈历史研究中的材料与议题》《历史研究要强化史料辨析》《力度·厚度·深度——学术研究如何兼顾原创

---

① 参见邓小南：《走向"活"的制度史——以宋代官僚政治制度史研究为例的点滴思考》，《浙江学刊》2003年第3期，第100页。

② 参见邓小南：《走向"活"的制度史——以宋代官僚政治制度史研究为例的点滴思考》，《浙江学刊》2003年第3期，第103页。

性与时代性》《多种学术语境下的"深度对话"》[1]等多篇文章或报告。同时,除在研究中以身作则,努力追求"问题意识""学术规范"的理想以外,2016年9月,北京大学人文社会科学研究院(简称"文研院")揭牌成立,邓老师受命出任院长。文研院以"涵育学术,激活思想"为宗旨,致力于构建"多方面多层次对话互动的平台",期待充当"新想法、新议题的出发点和助推器"[2]。这是邓老师为助成"有锐气的严肃的学术交流"黾勉而为、身体力行的实践。

强调"问题意识",倡导"学术规范""学术交流",最终是为了推动、促成学术创新。那么,值得期待的学术创新应该是什么样子呢?20世纪90年代,王元化先生提出过"有思想的学术,有学术的思想"的说法[3],近些年邓老师经常借用这一说法来谈学术研究应该追求的目标。在邓老师看来,学术作品的力度来自于它的思想性,真正有价值的学术研究必定有思想的引领,而真正有创见的思想又必定建立在深厚坚实的学理基础、学术底蕴之上,"学术"与"思想"不可分[4]。换言之,理想的创新成果应该既有"学术"性,又有"思想"性。文研院标举"涵育学术,激活思想",其着眼点正在于此。

在我看来,倡导学术创新、推动学术进步,才是《走向"活"的制度史》更为重要的精神内核,才是邓老师一以贯之、念兹在兹的追求,故而本节不嫌辞费,稍作交代,接下来再转入制度史研究的话题。

二、制度史研究的理想目标

倡导以"问题意识""学术规范""学术交流"推动学术创新之外,对

---

[1] 邓小南:《永远的挑战:略谈历史研究中的材料与议题》,《史学月刊》2009年第1期,第50—54页;邓小南:《历史研究要强化史料辨析》,《人民日报》2016年5月16日,第16版;邓小南:《力度・厚度・深度——学术研究如何兼顾原创性与时代性》,《探索与争鸣》2018年第5期,第13—16页;邓小南:《多种学术语境下的"深度对话"》,邓小南:《长路:邓小南学术文化随笔》,北京:北京师范大学出版社,2020年,第111—125页。

[2] 参见邓小南:《涵育学术,激活思想——在北京大学人文社会科学研究院揭牌仪式上的致辞》,《长路:邓小南学术文化随笔》,第88页。

[3] 参见王守雪、胡晓明:《王元化学案》,《上海文化》2019年第4期,第78—79页。

[4] 参见北京大学新闻中心:【深度丨五四交流会上的面孔】邓小南——涵育学术 激活思想》,https://news.pku.edu.cn/xwzh/129-297825.htm,"北京大学新闻网",2017年5月13日。

制度史研究而言,提出"'活'的制度史"这一提法,可能是当年《走向"活"的制度史》发表之后最为重要、最具影响的贡献。

邓老师呼吁"走向'活'的制度史",主要针对20世纪末宋代制度史研究相对沉闷的状态以及研究中存在的一些问题。20世纪最后二十年,大陆的史学研究取得了长足进步,但也暴露出一些发展中的问题。就制度史领域而言,成果虽然丰富,但研究方式显得颇为单一、重复。很多研究者会择取一种职官或一项制度作为选题,按照固定的套路,划分"起源""设置""职能""兴废""影响"之类子目,安排篇章结构,然后将相关材料分门别类纳入,由此展开以描述为主的讨论。

遵循这样一种套路,不断选取各种不同的职官、制度作为议题,重复操作,的确就能持续推出"新"的成果。但这样"表层的平推、扩展"式的研究,虽然在不断填补学术空白,却并不能真正推进我们对于结构性的政治体制乃至制度所处时代的深入理解。这样一种讨论模式,也很容易带上将某种职官、制度进行"割裂""静态"处理的弊病。并且,随着相对重要或处于核心位置的职官、制度逐一得到讨论,议题向外围推衍,相关研究会显得越来越枝节、琐碎。

不仅如此,许多研究经过翔实、细致的梳理之后,在结论部分仍只是不假思索地重复此前业已形成的既定认识。以宋史为例,就如邓老师所说,"批评宋代的政策政风,还只痛愤于其因循保守;批评宋代的官僚制度,还只斥责其冗滥与叠床架屋"……依然停留于前人甚至是宋代士大夫早已反复申说的固有认识,"相对于我们所处的时代而言,这实际上是思维方式的倒退"[①]。此外,当时关于宋代制度史的研究在具体讨论方法、解释模式、论证逻辑方面也存在一些疏漏。这类问题,李立《宋代政治制度史研究方法之反思》进行了详细的总结和评议[②],可以参看。

正是在这样的背景下,邓老师提出"走向'活'的制度史",围绕"问题

[①] 参见邓小南:《走向"活"的制度史——以宋代官僚政治制度史研究为例的点滴思考》,《浙江学刊》2003年第3期,第100页。

[②] 参见李立:《宋代政治制度史研究方法之反思》,《宋代制度史研究百年(1900—2000)》,第20—39页。

意识""学术规范""学术交流"呼吁"认识论意义上"的学术进步。所以,"'活'的制度史"并不是高深玄远甚至凌空蹈虚的一句口号,它的提出,有着非常明确、具体、切实的针对性。

在文章中,邓老师写道:

> 所谓"活"的制度史,不仅是指生动活泼的写作方式,而首先是指一种从现实出发,注重发展变迁、注重相互关系的研究范式。官僚政治制度不是静止的政府型态与组织法,制度的形成及运行本身是一动态的历史过程,有"运作"、有"过程"才有"制度",不处于运作过程之中也就无所谓"制度"。①

这段话至少可以拆解出三层意涵。首先,"活"是形容、修饰"制度史"的(而非"制度"),文章倡导"走向"或努力做出"活"的制度史研究。其次,制度史试图把握的研究对象——"制度"本身也是"活"的,是"动态的",与"运作""过程"密不可分,它并不等同于"静止的政府型态与组织法"。最后,追求对于"制度"的动态把握,努力做出"活"的制度史,研究方法上应该要"从现实出发,注重发展变迁、注重相互关系"。另外,"生动活泼的写作方式"也应该是"'活'的制度史"锦上添花的追求之一。邓老师心目中构想的"'活'的制度史",大体上是这个样子。

二十年来,"'活'的制度史"的提法在中国史学界产生了相当大的影响。在评论制度史研究成果、检讨制度史研究方法的各种场合,常能看到对于诸如"鲜活""活化"之类的倡导,甚至有学者表示"'活'已经成为衡量制度史研究是否具有价值的重要标准"②。这一影响,是邓老师始料未及的。在我看来,"'活'的制度史"之所以会有这么大的反响,首先,无疑是因为这个提

---

① 邓小南:《走向"活"的制度史——以宋代官僚政治制度史研究为例的点滴思考》,《浙江学刊》2003 年第 3 期,第 100—101 页。

② 例如陈享冬:《追求"鲜活"的制度史研究——"近代中国制度变迁"高峰论坛会议侧记》,《暨南学报(哲学社会科学版)》2016 年第 3 期,第 126—128 页;张杰:《制度史研究更趋"活化":从"静态"走向"动态"》,http://www.cssn.cn/sjs/sjs_xsdt/201610/t20161026_3250450.shtml,"中国社会科学网-中国社会科学报",2016 年 10 月 26 日。

法足够鲜明凝练,具有强烈的感召力;但更重要的则是,追求对于制度的"动态"把握、期待能把制度写"活",这本身就是制度史研究者共同、一贯的理想追求——即使是传统时代讨论"典故"的学者,也早已拈出"沿革"二字,关注制度在历史长河中的运动、变迁。"'活'的制度史",正是将这样一种追求鲜明地揭举了出来。

不过,不同的学者对于什么样的研究是"'活'的制度史"、如何做出"鲜活""活化"的制度史,各自有着不同的理解和看法。例如龚延明先生总结制度史研究方法,谈到:

> 制度史研究有两翼,一翼是固定的、静态的成文法制度史研究,这是传统的,也是基本的、基础的研究方法;一翼是"活"的、动态的制度史研究,这是新兴的、制度运作的史学研究方法,二翼相辅相成,缺一不可。①

龚先生认为,两种研究方法是并行互补的关系,彼此处理的研究对象有所不同。"传统的职官制度史研究,一般以固定的官制为主要研究对象。但在制度执行过程中会不断产生权宜官制,即'活'的制度",针对后者,更适于应用"'活'的、动态的制度史研究"方法。"静态的、固定的制度与权宜的、'活'的制度是制度发展过程中相互碰撞、相辅相成的两大部分。因此,研究官制需将固定制度与'活'的制度结合起来"②,相应地,两种研究方法当然也需要相辅而行。虽然借用了"'活'的制度史"的提法,但龚先生对于制度、对于制度史研究方法的理解,另有自己的创见和发挥,与邓老师的看法并不雷同。

宋代制度史领域尚且如此,其他研究方向自不待言。邓老师在《走向"活"的制度史》一文的标题上加注声明"本文不可能从根本上解决究竟什么是'活'的制度史,以及如何才能将制度史研究做'活'等重要问题,但笔

---

① 龚延明:《宋代刑部建制述论——制度史的静态研究》,《河北大学学报(哲学社会科学版)》2016年第5期,第1页。
② 参见龚延明:《唐宋官、职的分与合——关于制度史的动态考察》,《历史研究》2015年第5期,"摘要",第92页。

者期盼通过讨论,使学界予以更多关注,从而共同'走向自觉'"①,就表达了这样一重涵义:她期待走向"'活'的制度史"能成为制度史研究同仁有意识去追求的理想目标,但文中关于"制度"的理解、关于制度史研究方法的设想,只是她"一家之言"的贡献。

邓老师曾说,"'活'的制度史"提出之后,她不敢轻易再写制度史的文章②,生怕别人误以为那就代表了"'活'的制度史"。平常交流之中,也会有师友善意地表达犹疑,制度史是否真的能做"活"。在我看来,当年邓老师提出"'活'的制度史"虽然有着很明确、具体的针对性,但"'活'的制度史"实际上应该是一个理想目标。"活",并不是制度史研究"入流"或"不入流"的界线、标准,而应该是一个悬远高绝、永无止境的追求方向。

循着"'活'的制度史"的理想目标,却只能写出不那么"活"甚或完全不"活"的制度史作品,这无可厚非。只要这项研究在前人基础上,又向着理想目标迈进了一步,或者做出了有益的铺垫和补充,足矣。事实上,就如同以追求写真、写实为目标的绘画,努力要"丹青写出真精神",但活灵活现的人物、景物,一旦定格在纸面上,就必然变得固定、静态、扁平,绝不再"活动""灵动"了;"'活'的制度史"的研究成果当然同样如此。

理想目标虽然永不可企及,但它能起到"指引方向"的实际作用,也可以充当"参照标准"。在努力推进研究的过程中,对照这一理想目标,可以不断审视、反思、检讨既有成果或方法的局限和缺憾。"'活'的制度史"是包括邓老师在内所有制度史研究者的共同理想。对于邓老师而言,她也处在不断自我砥砺的艰难探索之中。

三、"'活'的制度史"的切入视角和研究选题

揭举理想目标的同时,围绕如何走向"'活'的制度史",邓老师从自己

---

① 邓小南:《走向"活"的制度史——以宋代官僚政治制度史研究为例的点滴思考》,《浙江学刊》2003年第3期,第99页。

② 参见邓小南:《力度·厚度·深度——学术研究如何兼顾原创性与时代性》,《探索与争鸣》2018年第5期,第15页。

的研究经验出发，总结出一系列具有借鉴意义和可操作性、有助于捕捉"动态"制度的思路和方法。这些设想应该理解为邓老师贡献的个人心得、"一家之言"，而非走向"'活'的制度史"的唯一路径。不过，下文为了叙述方便，有时就泛泛称之为"'活'的制度史"研究方法，不再过多分疏了。

《走向"活"的制度史》最初发表之际，邓老师的相关构想还比较简略。随着研究实践和认识、思考的推进，二十年来，邓老师的想法有了更进一步的丰富和阐发。我认为，把这部分新发展与《走向"活"的制度史》一文结合起来，对于邓老师的思路、方法才能获得相对完整的理解。概括说来，如何尝试"动态"把握制度、做出"活"的制度史，邓老师的回答是，结合"过程""关系""行为"三重视角切入，选择"文书制度""信息沟通"这样的议题，应该是值得考虑的方案。

在当年的文章中，邓老师着重提出的还只是"过程"与"关系"两个视角。所谓"过程"，指的是制度形成、运行、演变的过程；所谓"关系"，包括影响到制度运行状态的各种内外关系；"'活'的制度史"，应该是一种"注重发展变迁、注重相互关系"的制度史研究范式[①]。传统的制度沿革史研究，早已重视"过程"与"关系"。邓老师强调的"过程"与"关系"是其继承与发展，与之既有联系，又有区别。

以往制度沿革史研究所说的"过程"，通常是指一项制度或某种体制从产生、发展到演变、消亡的历史过程，往往划分为不同阶段来进行梳理和考察。对于这一"过程"，"'活'的制度史"同样非常重视，并在前人基础上补充强调：(1)关于制度演进的"长时段"研究，要超越朝代更易的框架，注意切分出更为合适的研究单元；(2)把握制度演进的阶段性，要设法避免将绵延推进的制度演化过程切割为若干固定段落，只是以"短静态"来取代"长静态"。这是邓老师对于以往制度沿革史研究方法的继承和发展。此外，邓老师"'活'的制度史"还关注沿着制度运作线索的"过程"问题，也就是一项制度从纸面作出规定、官方宣示规范到它在政治生活中实际运行、产生效

[①] 参见邓小南：《走向"活"的制度史——以宋代官僚政治制度史研究为例的点滴思考》，《浙江学刊》2003年第3期，第100—102页。

果的这一动态"过程"。注重考察这一"过程",是"'活'的制度史"相对于前人研究方法的特别之处。总而言之,"'活'的制度史"期待追踪、梳理的"过程",是制度历史演进或日常运作中如链条转动一般的动态过程;通过摸索其中诸多阶段、层次和环节,来设法把握这一动态过程,是"'活'的制度史"的主要入手方式。

同样,对于前人注重的"关系"问题,"'活'的制度史"也有更进一步的阐发。以往制度沿革史研究讨论"关系",主要着眼于一项制度与并行的其他制度乃至政治、社会环境之间的相互影响关系。这部分属于"'活'的制度史"所说的"外在关系"。除此之外,"'活'的制度史"还特别关注决定制度本身性质的"内在关系"。一项制度在制定、施行以及产生影响的过程之中,无不缠绕着错综复杂的各种"关系"。这些"内在"的"关系"塑造了制度实际运作的状态、最终呈现的样貌。在邓老师看来,制度本身既由内部各种"关系"所构成,又被外部各种"关系"限定着。因此,试图动态把握制度,就需要深入形形色色的各种"关系","内"与"外"相结合,这样才有可能形成对于制度的立体认识,真正理解制度的"活动"。

"过程"与"关系"之外,后来邓老师又引入新的研究视角 ——"行为",这是前人研究方法中很少谈到的内容。2006 年邓老师出版专著《祖宗之法:北宋前期政治述略》,该书《序引》部分论及政治史研究的学术追求与研究方法,许多想法与《走向"活"的制度史》一脉相承。《序引》第一篇第二节以"过程·行为·关系:政治史讨论的对象"为题,将"行为"与"过程""关系"并列,视作政治史研究应当充分关注的课题之一[①]。制度史是政治史的重要分支,强调关注人的"行为",同样适用甚至更契合于制度史领域的研究:制度的形成、运作及更革,与政治活动中人的"行为"密不可分;制度产生、行用于现实政治"行为"之中;特定时间环节、空间位置上发生的政治"行为",即构成为制度运作的动力和过程……关注"行为",从"行为"视角切入,有助于切近观察制度存在并发生效用过程中丰富、鲜活的情态。由此,2015 年

---

① 参见邓小南:《祖宗之法:北宋前期政治述略》,北京:生活·读书·新知三联书店,2006 年,第 5—8 页。

邓老师在台湾大学做专题讲演"走向'活'的制度史：以宋代政治制度史为例的点滴思考"时，提纲第二部分以"走向'活'的制度史：过程·关系·行为"为题①，很自然地将"行为"列作与"过程""关系"并立的制度史研究视角。

据我观察，相较于制度演进的"过程"，邓老师似乎更关注制度运行的"过程"；相较于制度的"外在关系"，邓老师似乎更强调制度的"内在关系"。重视制度运行的"过程"，重视制度的"内在关系"，是《走向"活"的制度史》相对于前人制度史研究视角的新意所在。制度运行的"过程"由环环相扣、前后连缀的"行为"所构成；错综复杂的"内在关系"又影响、限定着政治活动中的"行为"；"行为"连接"过程"与"关系"，并呈现"过程"与"关系"。由此，我以为，"过程·行为·关系"三者的联结一体，是邓老师"'活'的制度史"研究方法最为重要、最有特色的内容。

转换视角之外，邓老师还倡导对于"文书制度""信息沟通"课题的研究。《走向"活"的制度史》发表以来，邓老师撰写论文、指导学生、推动项目，关于制度史的研究多数都围绕"文书制度""信息沟通"议题展开。这两大议题是随着制度史研究领域不断拓展、深入而涌现出来的新课题，以往学者——尤其是宋史领域的研究者关注较少，具有较大的开拓余地。这是邓老师对此予以重视的原因之一，但更重要的则是"文书制度""信息沟通"本身的独特研究价值。

信息、文书现象，贯串、弥漫在日常政治统治、制度运转的方方面面。政治统治的实现与维系，各项制度的有效运作，无不倚赖于对信息的掌握、处理，依托于文书的传达、流动。考察"文书制度""信息沟通"，必得关注制度运作的环节与流程问题、信息与文书处理过程中人的行为和错综复杂的各种关系，可以很自然地引入"过程·行为·关系"的研究视角。从某种意义上来说，"文书"与"信息"也是制度史研究的两个视角，可以借此考察、审视各种政治制度的日常运作"动态"。因此，我认为，邓老师关于"文书制度""信息沟通"课题的倡导，也应该算作"走向'活'的制度史"的重要组

---

① 参见《2015 年 10 月 15 日~11 月 11 日："活"的制度史——邓小南教授讲座系列》，http://homepage.ntu.edu.tw/~history/_news/lecture_20150917.html，台湾大学历史学系，"学术活动 2015.9.18 公告"。

成部分。

由"过程""关系""行为"视角切入，关注"文书制度""信息沟通"问题，展开研究，是邓老师为尝试"动态"把握制度、"走向'活'的制度史"提供的参考方案。借鉴这一套方案的效用，我想以胡坤博士关于宋代荐举制度的研究为例，略为揭示。2009年，胡坤从河北大学毕业，来到北京大学做博士后，与邓老师有过两年的合作研究关系。胡坤的博士学位论文以"宋代荐举制度研究"为题，分六章，依次为"宋代荐举概述""宋代有关荐举的重要官职""宋代荐举的制度规定""宋代荐举之弊""宋代荐举中的几个问题""荐举与宋代社会"，其结语总论"宋代荐举制度的历史地位及评价"[①]。2011年，胡坤提交题为"制度运行与文书流转：宋代荐举改官研究"的博士后出站报告。报告着力讨论宋代荐举制度中的改官问题，主体部分分为三章，以"从受荐到脱选：宋代荐举改官的流程""具文与实效：宋代荐举改官的官文书""制度背后：宋代荐举改官书启与人际网络"为题[②]。就内容而言，两份论文毫无疑问都同样丰富、扎实而有体系。但若不顾内容而仅从篇章标题粗浅看去，前者相对会显得程式化，也容易给读者造成一种两宋三百年的制度或被笼统处理、静态呈现的误解；而后者关注荐举改官的"流程"、所用的"文书"、涉及的"关系"网络以及经营人际关系的行为等问题，引入"过程""关系""行为""文书"视角之后，至少在形式上就带给读者一种"生动""新鲜"之感。前一种篇章安排，覆盖宋代荐举制度的各项重要内容，讨论系统而全面，几乎给人以题无剩义的印象；而后者借鉴"'活'的制度史"研究思路，仅围绕荐举制度中的改官一节，柳暗花明，又做出充实丰厚的成果：这就非常直观地展现了制度史研究继续推进、深入的路径。

四、"路径"与"制度文化"

围绕"'活'的制度史"，邓老师的探索、思考从未止步。"过程·行为·关系"与"文书""信息"之外，邓老师还提出过"从路径看制度""制度文化"

---

① 参见胡坤：《宋代荐举制度研究》，河北大学博士学位论文，2009年。
② 参见胡坤：《制度运行与文书流转：宋代荐举改官研究》，北京大学博士后出站报告，2011年。

之类的说法或概念①。这些是伴随着邓老师对"制度"的认识不断深入、对制度史研究不断反思而衍生的新概括、新议题。

关于"制度",邓老师在论著中通常就以约定俗成的含义来使用这个概念。邓老师对于"制度"的认识深化,并不表现为胪举内涵、外延,对这一概念进行新的辨析、界定,而是落实在对于"制度"现象本身的观察和理解上。

毫无疑问,无论在历史上还是现实中,纸面或理念中的"制度"设计,与"制度"实际运作之间必定存在着差异。以往一些制度史研究者常常忽略这种差异,将两者混为一谈:见到法令条文中关于"制度"的规定、官僚士大夫称述的"制度"理念,就等同于政治生活中实际在发生效用的"制度"本身;读到史料中围绕"制度"实施记述的一些特定运作活动,就借此来梳理、构建国家正式认定的"制度"框架。之所以会有这种混淆,除了研究者认识有所不足外,古代史领域相关资料欠缺,支离破碎,难窥全貌,也是客观原因。

而注意到"制度"设计与"制度"运作实态之间差异的研究者,往往又倾向于将两者对立起来看待。有的将前者等同于"制度"本身,而将后者看作一时偶发、偏离常态的特殊现象。邓老师早年也持这样一种看法,她说"有些制度史的研究者,包括我自己在内,往往把制度与现实的关系作习焉不察的颠倒理解。我们以为制度是恒定存在的,而人为因素则是个别出现、一时干扰且系偶发的",甚至制度的实施全无成效,依然坚持认为"制度的存在"毋庸置疑②。许多研究者注意到某些制度"空转"的问题,就用"一纸具文"的评语轻轻放过,不再作进一步深究。

邓老师非常重视"制度"设计与"制度"运作实态之间的差异。在她看来,停留于纸面规定或古人议论中的,只是"制度"的条文或有关"制度"的理念,决不能等同于"制度"本身;研究"制度",应该将纸面或理念中的"制

---

① 参见邓小南:《"访闻"与"体量":宋廷考察地方的路径举例》,北京大学中国古代史研究中心编:《邓广铭教授百年诞辰纪念论文集》,北京:中华书局,2008年,第923—924页;邓小南:《从"按察"看北宋制度的运行》,邓小南:《宋代历史探求:邓小南自选集》,北京:首都师范大学出版社,2015年,第298—302页;邓小南:《信息渠道的通塞:从宋代"言路"看制度文化》,《中国社会科学》2019年第1期,第120—122页。

② 参见邓小南主编:《政绩考察与信息渠道——以宋代为重心》,北京:北京大学出版社,2008年,"前言",第16页。

度"设计与"制度"实际运作状态结合起来,予以考察、理解。因为"世上本没有不经实施而存在的'制度',也没有原原本本谨守规定的'实施'"。对于某些"制度"的"空转""具文",不能止步于简单化的评判,而应该将它视作相关"制度"现象本身的一个组成部分,进一步思考"空转""具文"对于当时政治、体制、官场的实质意义,从而增进对于"制度"的真正理解[①]。

随着制度史研究的深入,越来越多的研究者注意到制度文件规定与实施效果之间的出入,也开始关注"制度"设计与"制度"运作实态之间的差异。文件规定与实施效果、"制度"设计与运作实态,邓老师称之为"制度的起讫两端"。邓老师认为,只是看到这"两端",而不注意连结"两端"的"路径",则我们对于制度运行的理解,仍然很不完全[②]。

所谓"路径",就是"制度"如何从最初设计走向运作实态、从文件规定落实为施行效果的"过程"或"方式"。早在《走向"活"的制度史》一文中,邓老师已经流露出对于制度运行内在的"关系"与"过程"的偏重。随着思考不断深入、思路逐渐明朗,邓老师提出"从路径看制度"的新表述。"路径",实质上就是对制度运行内在"过程"问题的进一步提炼和强调。

邓老师说:"制度本身即是'规范'与'关系'折衷的结果,也是通过运行过程体现出来。作为针对特定关系而设立的倡导或约束,制度所试图提供的,基本上是行为的模式。"[③]"从路径看制度",也无外乎从"过程""关系""行为"诸要素入手。"路径"是足以统摄"过程"与"关系""行为"的提法。由"过程·行为·关系"入手的制度史研究,最适合、最值得去观察、探讨什么问题呢?"路径",树立了一个明确的旨归或目标。

邓老师认为,连结制度"起讫两端"的"路径"非常重要。她常在各种场合反复申说,"历史学重在反思"[④]。就制度史研究而言,邓老师说,反思的

---

① 参见邓小南:《学术菁华在辩驳问难中凝聚结晶》,《北京日报》2019年7月8日,第15版。
② 参见邓小南:《"访闻"与"体量":宋廷考察地方的路径举例》,《邓广铭教授百年诞辰纪念论文集》,第923页。
③ 邓小南:《"访闻"与"体量":宋廷考察地方的路径举例》,《邓广铭教授百年诞辰纪念论文集》,第923—924页。
④ 参见邓小南:《学术自述》,《宋代历史探求:邓小南自选集》,第6页;邓小南:《历史研究要强化史料辨析》,《人民日报》2016年5月16日,第16版;邓小南:《谈"成长"与"长成"——"教授茶座"对话录》,《长路:邓小南学术文化随笔》,第249—250页等。

要旨在于对"路径"的观察,这应该是真正联系古今思考的关键,"是面向'贯通'的一扇窗口"①。

注意到"制度"在实施过程中相对于原先设计模式的各种"变异走形",从而强调"路径"问题;由思考种种"变异走形"的成因及其现实意义,关注影响、制约"路径"的诸要素以及更深层次的背景,邓老师提出了"制度文化"的概念。在《信息渠道的通塞:从宋代"言路"看制度文化》一文中,邓老师谈到,"制度实施的'万象图',应该说与环绕制度的政治文化氛围直接相关",而"环绕制度的政治文化氛围"不妨概称为"制度文化"。邓老师进一步解释说:

> 笔者所谓"制度文化",不是单纯指特定时代创制的规范体系,而是指影响制度实施的环境,指多种因素互动积淀产生的综合状态。……制度文化可以说是一种弥漫性的政治生态环境,浸润渗透于制度之中,影响着制度的生成及其活动方式。……或许可以说,制度面临的生态环境,决定着制度实施的基本前景。②

"制度文化"的提法与"政治文化"的概念,在形式上颇为相似。关于"政治文化"的界定,虽然颇多分歧,但总体上侧重于思想观念、价值取向层面的内容③。而"制度文化"之"文化",则取其最宽泛的意义,大概相当于指特定人群的生活方式。特定的生活方式是由自然条件、社会现实、历史传统、民族心理等等多重因素共同造就的。相对来说,"制度文化"是一个更加包罗宏富的概念,不仅仅局限于精神层面的内容,故而称之为"多种因素互动积淀产生的综合状态""弥漫性的政治生态环境"。"制度文化"是直接作用

---

① 邓小南:《"访闻"与"体量":宋廷考察地方的路径举例》,《邓广铭教授百年诞辰纪念论文集》,第924页。
② 邓小南:《信息渠道的通塞:从宋代"言路"看制度文化》,《中国社会科学》2019年第1期,第121页。
③ 参见戴维·米勒、韦农·波格丹诺(英文版)、邓正来(中文版)主编:《布莱克维尔政治学百科全书》(修订版),北京:中国政法大学出版社,2002年,第595—596页;〔英〕安德鲁·海伍德:《政治学核心概念》,吴勇译,天津:天津人民出版社,2008年,第268—270页;《中国大百科全书》(第二版)第28册,北京:中国大百科全书出版社,2009年,第300—301页。

于"制度"的因素。"制度"是"政治"课题的组成部分，制度史属于政治史的子目，"制度文化"与"政治文化"之间一定存在相互关联、重叠交叉的内容，但"制度文化"概念与"政治文化"绝不重合，有其独立提出、进行专门研究的价值。

努力走向"'活'的制度史"，想方设法对林林总总的制度进行不同程度的"动态"把握之后，我们的认识和思考可以再走向哪里？邓老师提出了"制度文化"的概念和研究课题。"通过对于制度文化的观察，可以探求制度生成的背景脉络，也使我们得以理解导致制度妥协、异化乃至'变形'的综合性原因"[①]——"制度文化"研究的展开，势必会增进我们对于"制度"本身的理解，从而推动制度史研究继续深入。

相对于"过程·行为·关系""文书制度"与"信息沟通"，邓老师关于"路径""制度文化"的探讨还比较少，一些想法、思路仍在逐步成型、渐趋明朗的过程之中，不妨拭目以待。

五、另一种"'活'的制度史"

在北京大学历史系，邓老师与阎步克老师都招收"中国古代政治制度史"方向的研究生。阎老师对制度史的研究方法也有一系列总结。邓老师指导的同学们，同时从阎老师的研究思路中获得许多启发。例如任石的博士论文围绕文臣身份等级讨论北宋朝会仪制，曹杰探讨"宋代武阶的演生"，他们的研究很大程度上受到阎老师的影响[②]。

阎老师并未拈出像"'活'的制度史"一样概括式的提法，参考他在论著中的一些表述，私下里我喜欢把他的研究方法概称为"从技术原理出发的制度史主体研究"。所谓"制度史主体"，是相对于"政治史"而言的，阎老师在《服周之冕》附记中写道：

---

① 邓小南：《从"按察"看北宋制度的运行》，《宋代历史探求：邓小南自选集》，第 300 页。
② 参见任石：《北宋朝会仪制研究：以文臣身份等级为中心》，北京大学博士学位论文，2016 年；曹杰：《宋代武阶的演生》，北京大学博士学位论文，2019 年。

> 曾有一种倾向：把制度史视为政治史的附庸，制度史是为政治史做注脚的，制度研究只有从政治史开始、并最终归结到政治史上去，才算有深度。但我不那么看。从"政治史主体"的立场观察，有血有肉的人的活动才是历史，人的思想言行、人与人的关系，集团、事件和冲突，才是历史的中心。而在"制度史主体"的目光中，人的活动也好，政治事件也好，它们都发生在一个结构之中。宛如湖面上的一场风波，政治史把它刻画得栩栩如生；但制度史关心的，却是湖泊的水文、地质、气象问题。①

一般认为，政治制度属于"政治"课题的子目，就宽泛意义而言，应该说制度史是政治史的分支领域。而阎老师语境中的"政治史"则用其狭义，主要特指政治活动、政治局势的演进历史，与制度史属于并列层次，同为广义"政治史"的组成部分。比较强调制度史研究应该具有独立于"政治史"的"主体"地位，这是阎老师很有意思的特点。

以制度史为主体，将目光聚焦于政治制度，会注意到什么呢？在《品位与职位》的后记中，阎老师写道：

> 制度规定虽不等于实际政治行为，但在我眼中，它们仍不止一纸空文而已。政治制度同样有血有肉，它们的结构有如精微的有机体，它们的运动呈现出韵律和节奏；它们也经历着生、住、异、灭，像生命界的花木鸟兽一般；它们有时高歌猛进，有时也误入歧途，有时分道前行，有时又百川归海；不同制度间的碰撞、排斥、渗透和配合，同样错综多变、跌宕起伏，其精彩和微妙不亚于不同势力的联手、敌对和纵横捭阖。②

这段话集中体现了阎老师对于制度的理解和认识——制度犹如"精微的有机体"，也有"生、住、异、灭"的生命历程，彼此之间还有"精彩""微妙"的交流互动。毫无疑问，在阎老师心目中，政治制度显然也是"活"着的，阎老师想要书写的也是一种"'活'的制度史"。

---

① 阎步克：《服周之冕——〈周礼〉六冕礼制的兴衰变异》，北京：中华书局，2009年，第461页。
② 阎步克：《品位与职位：秦汉魏晋南北朝官阶制度研究》，北京：中华书局，2002年，第647页。

然而，这样一种"'活'的制度史"该如何着手书写，阎老师的思路、方法与邓老师很不一样。他明确谈到：

> 在"制度史主体"的立场中，研究应首先从法定成文制度开始，随后是其运行状况，最后才是其与政治、文化、经济、社会、民族等因素的关系。制度的最基本要素就是结构、功能和形式，所以形式排比和结构分析，是制度史研究的基本方法。①

从这段表述来看，阎老师所说的"制度"很大程度上就相当于"法定成文制度"，它具有一个相对清晰可见、不难观察到的具象。对这一具象的形式、结构、功能展开分析，是制度史研究的基础和出发点。

如何进行"形式排比和结构分析"？首先要引入概念，构建分析框架。阎老师经常使用一组并列、对举的概念作为分析工具，如探讨士大夫政治演生提到的"学士"与"文吏"，论述古代官僚制度所用的"品位"与"职位"、"自利取向"与"服务取向"等②。一套分析工具至少得有两个概念，因为只有这样才能"把重重叠叠的交织纠葛分解开来"、"一个层面一个层面观察，一环一环解扣儿"③。在《中国古代官阶制度引论》中，阎老师尝试系统梳理古代官阶制度分析框架，内容宏富，但细细推求，不难注意到，这一分析架构仍是由一组组、一对对并列的概念排列组合而成。

邓老师提示研究门径、写作方法，常常也说要善于"提炼"、注意"拆分"，但"提炼""拆分"的对象通常指的是史料和自己的论点，与阎老师强调概念、分析工具，很不一样。探讨问题，概念有其无可替代的重要价值，用阎老师的话来说："概念的力量，就在于能让模糊散乱的东西清晰起来"，"一个现象，看到了但说不出来，那么它仍是模模糊糊的；用一个概念来指称它，它就清

---

① 阎步克：《服周之冕——〈周礼〉六冕礼制的兴衰变异》，第461页。
② 参见阎步克：《士大夫政治演生史稿》，北京：北京大学出版社，1996年，第1—23页；阎步克：《品位与职位：秦汉魏晋南北朝官阶制度研究》，第1—17页。
③ 参见阎步克：《古代政治制度研究的一个可选项：揭示"技术原理"》，《河北学刊》2019年第1期，第60页。

晰起来了"①。而能够将制度史研究对象的"结构、功能和形式"清晰描述、呈现出来的概念以及相关分析框架,实际上就是阎老师所说的"技术原理"——古代政治制度研究值得考虑的一个入手选项。所谓"揭示'技术原理'"与构建概念或分析工具,是一体两面的。

对阎老师来说,使用概念、构建分析框架、拆解"技术原理",其意义不仅仅止于探讨、研究中国古代制度史,它还有一个"中外历史的会通"的重要意义,承担着更为宏远的使命。在《一般与个别:论中外历史的会通》一文中,阎老师指出:现代学术曾给中国史学带来了革命性的变化,然而它的具体内容,实际主要是以西方的历史经验为基础,在西方率先发展起来的;它提供了很多被认为是"普适性"的方法,其实并没有把更多民族、地区的历史经验完全纳入考虑,所谓"普适"是存有疑问的;中国浩如烟海的典籍文物、无与伦比的历史进程,应该得到更充分的利用和关照,使这一部分独特经验能够为人类历史研究共同的"平台"添砖加瓦,从而助益现代社会科学理论真正超越"地方性"。试图"会通"中外历史,实现真正意义的比较研究,前提就是要构建更具有"普适性"的理论框架②。

从"技术原理"出发,不仅仅是用此说清中国制度史的问题,同时也是借助中国的历史经验完善从社会科学领域借用来的现成"原理",推动"技术原理"的精密与升级。同样,从"技术原理"出发的"制度史主体"研究,也并不止步于制度史,由此出发,阎老师提供了一种理解中国历史发展脉络与趋势的"制度史观"③。所谓"制度史观",就是以政治体制为中心,主要从政治形态演进的角度来观察、阐述中国社会变迁的历史观。在各种"分期论"的引导之下,20世纪的中国史研究取得了大量重要创获。但以往流行的"分期论"实际上就带有许多以"地方性"经验作为"普适性"框架的色彩,随着研究的深入,越来越能看到这些概念、框架、原理与中国历史经验之间的龃龉。阎老师注意到政治体制在塑造中国社会面貌上体现出的巨大权重,提出

---

① 参见阎步克:《中国古代官阶制度引论》,北京:北京大学出版社,2010年,第513页。
② 参见阎步克:《一般与个别:论中外历史的会通》,《文史哲》2015年第1期,第5—11页。
③ 参见阎步克:《以"制度史观"认识中国历史》,王绍光主编:《理想政治秩序:中西古今的探求》,北京:生活·读书·新知三联书店,2012年,第147—154页。

以"制度史观"来理解、认识中国历史。在我看来,"制度史观"能够很好地容纳自古以来对于中国史形成的诸如"停滞""治乱周期""王朝循环""马上天下"等种种相沿已久、深入人心的感性认识或抽象概括①,具有很强的解释力和启发性,至少也能对以往的各种"分期论"构成有益补充。

"从技术原理出发的制度史主体研究"大致如此。比较邓、阎两位老师提示的制度史研究方法,能看到一些鲜明的特点或差异。首先,两位老师观察"制度"的先后、侧重有所不同。阎老师主张研究"应首先从法定成文制度开始"②,阎老师谈论的"制度"很多情况下大体可以等同于"法定成文制度"。而邓老师则并不假定存在着某种相对稳定、可以抽离出来进行考察的"制度",她认为"纵观历史上的各个时期,几乎没有任何制度按照其设计模式原样施行;调整修正甚至于变异走形,大致是其常态",既如此,真正确定可以观察到并进行研究的,那就是"被称作'制度'的那套规则和程序,在现实中如何实践并且发挥作用;当时的官僚体系如何执行(或曰对待)这套制度,当时的社会人群如何感知这套'制度'"诸如此类的问题了③。

正因为观察、理解的侧重点不同,所以,阎老师倾向于先将"制度"从历史情境中抽取出来进行分析,分析的对象首先是"制度"的结构和形式,分析的工具是合适的概念和理论框架,分析的目标是希望能揭示"技术原理";而邓老师则倾向于将"制度"放置于具体的历史情境之中来进行观察,通过各种"过程·行为·关系"去考察"制度"运作并发生效用的状态。两位老师研究制度的入手方法、趋向目标有所不同。

最后,两位老师制度史研究倡导的"升华"方向也不太一样。制度史之于阎老师,既是研究对象,也是一种研究视角,他提出"制度史观",以之切入对于整个中国史延续与变迁问题的宏大思考。同时,他强调"技术原理",期待"中外历史的会通",所倡导的研究,最终要从制度史乃至历史学的具

---

① 参见阎步克:《波峰与波谷——秦汉魏晋南北朝的政治文明》,北京:北京大学出版社,2009年,第8—16页。

② 阎步克:《服周之冕——〈周礼〉六冕礼制的兴衰变异》,第461页。

③ 参见邓小南:《信息渠道的通塞:从宋代"言路"看制度文化》,《中国社会科学》2019年第1期,第121页。

体问题跃升出去，进入理论探索的层面。邓老师的治学经历与阎老师有所不同，制度史与政治史、社会史乃至女性史并列为邓老师关注的领域之一，研究课题随兴趣与关注重心的转换而推移。《走向"活"的制度史》谈制度史研究期待致力的方向，并未太在意制度史研究应进一步趋向于或服务于何种研究目标。不过，我觉得，邓老师后来提出的"制度文化"概念，颇能体现邓老师制度史研究的趋向。由考察"制度"运作状态，进而注意影响、制约"制度"运作的深厚背景，从而引申出"制度文化"的议题——按照这一进路，邓老师制度史研究的方向，应该是进一步"沉潜"，而非"跃升"——这与前文所说，邓老师更愿意将"制度"放回历史情境之中进行考察的趋向，也是一致的。

邓、阎两位老师的方法理路，大体有这样一些不同。"学者不可无宗主，而必不可有门户"，章学诚的这一说法着眼于进学门径、持论根柢。实际上，面对特定、具体的研究课题，只有入手思路、讨论方法的切合与否，而无所谓"宗主""门户"。邓老师特别喜欢引用吴承明先生"史无定法"的说法。吴先生认为，学术研究，"在方法论上不应抱有倾向性，而是根据所论问题的需要，和资料等条件的可能，作出选择"[①]。阎老师也有一个很好的比喻，他说"各种不同论点，宛若从不同角度投向黑暗的历史客体的一束探照灯光，它们各自照亮了不同景象，同时必定各有所见不及之处"[②]。对于两位老师采用、提示的研究方法、治学思路，我们应当这样看待。

再者，两位老师的方法理路虽然不同，但各有侧重，彼此恰好互为补充，相辅相得；"天下同归而殊途，一致而百虑"，更为重要的是，两位老师对于许多根本性问题的理解与关注，实际上是相通、一致的。邓老师认为，政治因素对于中国社会的影响，是"扩散性渗透性"的，"研究中国历史上的任何重要问题……一经深入展开，便摆脱不了与'政治'的干系"[③]。阎老师相信，"在中国历史上，政治系统在塑造社会面貌上的权重特别大……中国古代的经济、文化、社会、民族等问题，最终都无法在旁置了政治体制的情况

---

① 吴承明：《中国经济史研究的方法论问题》，《中国经济史研究》1992年第1期，第3页。
② 阎步克：《一般与个别：论中外历史的会通》，《文史哲》2015年第1期，第8页。
③ 参见邓小南：《学术自述》，《宋代历史探求：邓小南自选集》，第4页。

下,而得到合理解释"①。邓老师经常强调,历史学本质上是一门注重"反思"的学问,回首过往,是期待能"在中国的历史中理解历史的中国"②。阎老师反复谈到,"历史学的主题,往往根植于时代主题之中",对于时代变迁,"人们期望做出判断,中国史学有义务提供参考,它们本身也是影响历史进程的因素"③……凡此种种,可以说,两位老师的方法理路或有不同,但他们的学术理想、研究旨趣是相通、趋同的,这种一致性甚至超越了许多做类似研究、看似持类似方法的学人。两位老师是真正的同道。

余 语

黄宽重先生提议,2019年清华大学"宋史研究诸层面——思考与实践"研讨会召开之际,希望能有同学对邓老师提出"'活'的制度史"以来,宋代制度史研究取得的进展进行回顾和反思。这一任务最终交给了我,我眼界不广,见解容易流偏,很怵于这种要求周览博涉、精切持平的工作。后来,拜读孙正军《何为制度——中国古代政治制度研究的三种理路》④文稿,深受启发的同时,也萌生了从个人学习心得出发,尝试评述"'活'的制度史"这一研究思路本身的兴趣。于是不揣谫陋,草成此文,期待得到师友、同仁的教益、指正。

---

① 参见阎步克:《时代变迁与中国古代官僚政治制度研究》,教育部社会科学委员会历史学学部编:《史学调查与探索:教育部社会科学委员会历史学学部论丛》,北京:北京师范大学出版社,2011年,第102页。

② 参见邓小南:《回首宋代,看到什么——邓小南教授在解放日报报业集团第51届文化讲坛"'文化强国'的历史视野"上的演讲》,上海市社会科学界联合会编:《上海学术报告(2012—2013)》,上海:上海人民出版社,2015年,第199页。

③ 参见阎步克:《时代变迁与中国古代官僚政治制度研究》,《史学调查与探索:教育部社会科学委员会历史学学部论丛》,第101页;阎步克:《断想:王朝体制的延续性与周期性》,收在笔谈《理论与方法:历史学与社会科学的关系及其他》,《历史研究》2004年第4期,第32页。

④ 文章初稿曾在首都师范大学历史学院"史学沙龙"第81期宣读、讨论(2018年11月8日),定稿刊载于《中国社会科学评价》2019年第4期。

近二十年来中古社会史研究的回顾与展望

王锦萍

本文旨在对过去二十年来的中古社会史研究作一述评。但笔者的目的并不是做全貌性梳理,而是希望通过对数部重要或典型作品的深入介绍和分析,概述学界在相关课题上所取得的进展和展现的研究旨趣。此外,本文所选的典型作品主要以欧美学界为主,借此为中文读者介绍英文学术界的最新研究动向[①]。最终,笔者试图总结目前中古社会史研究面临的"困境",并对未来方向略做展望。如后文所论,学界对"中古"的分期尚未达成共识,而本文的"中古"源自目前英文学界中逐渐通用的"Middle Period"的概念,大致涵括中晚唐至明前期。

众所周知,中古社会史研究自 20 世纪以来深受由内藤湖南首先提出的"唐宋变革论"的影响。Robert Hartwell(郝若贝)于 1982 年发表了影响至今

作者单位:新加坡国立大学历史系

[①] 中文学界的研究旨趣和成果,吴雅婷曾以基层社会的组成、运作、联结为主线,对 20 世纪 80、90 年代宋史学界中文论著中的宋代基层社会研究,做了全貌性的综述和分析。参见吴雅婷:《回顾一九八〇年以来宋代的基层社会研究:中文论著的讨论》,(日本)《中国史学》第 12 卷,2002 年,第 65—93 页。

的长文《750—1550年中国的人口、政治与社会的转型》,对"唐宋变革论"提出了新的见解;他的学生 Robert Hymes(韩明士)1986年出版《政治家与绅士:南北宋江西抚州的精英》,详细阐述、推进了 Hartwell 的观点,美国学界因此以"Hartwell-Hymes 假说"来统称这个新的唐宋变革论①。受到当时欧美史学界勃兴的社会史分析思路和方法的影响,该假说以精英家族和社会阶层的流动为两大主题。Peter Bol(包弼德)1992年出版的《斯文:唐宋思想的转型》则丰富了思想史层面的"唐宋变革论"假说②。

过去二十多年欧美学术界对"唐宋变革论"的回应大致表现在三个方面:从社会史角度对"Hartwell-Hymes 假说"中"士人精英地方化"观点的挑战与质疑,从思想文化史角度对"士人精英地方化"观点的推进,以及在历史解释范式上"宋元明转型说"的提出。值得一提的是,在2015年出版的《剑桥中国史·宋代卷》第二部第8章《宋代的社会和社会变化》由 Hymes 执笔,该章综合大量欧美与中日学界研究的成果,对宋代社会史做了全面的总结,涉及商品经济、货币、印刷、识字率、女性、性别、宗教、士人等诸多议题,并对"Hartwell-Hymes 假说"中关于士人精英的观点做了大幅修正③。本文将重点讨论包括《剑桥中国史·宋代卷》该章在内的几部新著,在此基础上梳理过去二十多年中古社会史研究的几个核心议题,包括士人精英地方化、宗教与社会变迁以及国家与社会关系等。

---

① Robert Hartwell, "Demographic, Political, and Social Transformations of China, 750–1550," *Harvard Journal of Asiatic Studies*, vol. 42, no. 2 (1982), pp. 365–442; Robert Hymes, *Statesmen and Gentlemen: The Elite of Fu-chou, Chiang-Hsi, in Northern and Southern Sung*, Cambridge: Cambridge University Press, 1986.

② Peter Bol, *"This Culture of Ours": Intellectual Transitions in T'ang amd Sung China*, Stanford: Stanford University Press, 1992. 关于"Hartwell-Hymes 假说"和内藤湖南假说的比较,以及他们的理论对日本、美国和中国史学界的影响,罗祎楠2005年的文章已经做了详细的阐述和评论,本文不再赘言。参见:Luo Yinan, "A Study of the Changes in the Tang-Song Transition Model," *Journal of Song-Yuan Studies*, vol. 35 (2005), pp. 99–127。

③ Robert Hymes, "Sung Society and Social Change," in John W. Chaffee and Denis Twitchett, ed., *The Cambridge History of China, vol. 5, Part 2, Sung China, 960–1279,* Cambridge, UK, and New York: Cambridge University Press, 2015, pp. 526–664.

一、"士人精英地方化"假说的演进

"Hartwell-Hymes 假说"激发了过去几十年对"士人精英地方化"议题的持续讨论。Hartwell 认为，唐宋的社会变化主要体现在精英的转型，即由唐代的门阀贵族（Aristocracy）到北宋的职业精英（Professional Elite），再到南宋的地方精英（Local Elite），精英的转型反映了唐宋之间贵族社会的瓦解和科举制度带来的社会阶层流动。Hymes 在《政治家与绅士》中以江西抚州的士人为例，重点阐述了南北宋精英家族策略的变化。Hymes 认为北宋士人追求高阶官职，参与一个全国性的、以官职为本位、以京城为中心的精英网络。南宋士人则在不放弃官职的同时，追求在地方的地位和参与州县内的精英网络。具体表现在：北宋跨区域联姻频繁，而南宋家族的联姻多在本县以内；北宋的精英若仕途顺利，倾向于向政治中心的京城地区或经济中心的江南地区移民，最终放弃他们的故乡。南宋的精英即便任职遥远的外乡，最后也会回到家乡并始终保持对家乡的认同。南宋的精英更热衷于参与地方社会的慈善事业，建立民间社会机制，实践地方宗族的理念，以及资助地方宗教活动等。美国学界至今已出版了大量著作回应"Hartwell-Hymes 假说"，大多是基于某个特定地区的士人研究，如浙江婺州（Beverly Bossler; Peter Bol）、明州（Richard Davis; Sukhee Lee）、和福建（Hugh Clark）等[①]。

20 世纪 90 年代欧美学界对"Hartwell-Hymes 假说"最重要的挑战来自 Beverly Bossler（柏文莉）的《权力关系：宋代中国的家族、地位与国家》。

---

① See Beverley Bossler, *Powerful Relations: Kinship, Status, and the State in Sung China (960-1279)*, Cambridge, MA: Harvard University Asia Center, 1998; Peter Bol, "The Rise of Local History," *Harvard Journal of Asiatic Studies*, vol. 61, no. 1 (2001), pp. 37-76; Bol, "The 'Localist Turn' and 'Local Identity' in Late Imperial China," *Late Imperial China*, vol. 24., no. 2 (2003), pp. 1-50; Richard Davis, *Court and Family in Sung China, 960-1279: Bureaucratic Success and Kinship Fortunes for the Shih of Ming-chou*, Durham: Duke University Press, 1986; Sukhee Lee, *Negotiated Power: The State, Elites, and Local Governance in Twelfth-to Fourteenth-Century China*, Cambridge, MA: Harvard University Asia Center, 2014; Hugh Clark, *Portrait of a Community: Society, Culture, and the Structure of Kinship in the Mulan River Valley (Fujian) from the Late Tang through the Song*, Hongkong: Chinese University Press, 2007.

Bossler 指出，高级官僚家族之间彼此通婚的模式贯彻整个宋代，北宋的许多通婚家族看似来自不同的州，实际上他们都已经乔迁到了京城，不是真正意义上的跨区域联姻。而南宋精英家族在短程区域内通婚的模式也是一个错觉。南宋士人阶层的扩大、在科举和官场上取得成就的地方精英家族的增长，使得高门大族更易于就近找到门当户对的姻亲。此外，史料性的偏见也夸大了北宋的跨地域性和南宋的地方性。现存的南宋史料的作者往往受到道学运动的影响，更关心地方事务。而史料的留存又经过了宋代以后藏书家偏见的过滤。Bossler 虽仍然承认宋代精英呈现地方化的趋势，但强调在精英内部，南北宋之间的变化是延续渐进的，变化的原因更多源于士大夫群体以外的士人数量的增长，而非士人家族策略的转变[①]。

20世纪90年代以来中文学界学者对宋代士人家族的研究，同时证明了南北宋精英在通婚模式上没有本质的不同，两宋士人家族存在很强的延续性[②]。其中邓小南对宋代苏州士人家族及其交游圈的研究，以及黄宽重对浙江四明和江西多个家族群像的研究，最具有代表性和建设性。他们的研究显示，北宋时已出现"精英地方化"假说中强调的诸多南宋现象。如士人群体通过文化而非科举仕宦进行身份认同的趋势，以学堂作为培育家族及乡里士人、培养同学同乡情谊、增强科举考试集体竞争能力的场所。邓小南强调，从整体上看，两宋士人都是活跃于基层的"精英"，既代表着本家族的利益，又是地方"教化兴行"之表率、政令畅通之关键。黄宽重则指出，参与救济、慈善、书院、桥梁建设等地方公益活动，与开展人际关系、培养乡里声望、奠定经济与教育基础一样，是士族巩固、扩展家族地位，防止家族在竞争中失败的重要考虑和策略，同时也蕴涵了部分士人回馈乡土、改造社会等更纯然

---

① Beverley Bossler, *Powerful Relations*.
② 何晋勋：《宋代鄱阳湖周边士族的居、葬地与婚姻网络》，《台大历史学报》1999年第24期，第287—328页；陶晋生：《北宋士族：家族、婚姻、生活》，台北："中央研究院"历史语言研究所专刊，2001年；包伟民：《精英们"地方化"了吗——试论韩明士"政治家与绅士"与"地方史"研究方法》，《唐研究》第11卷，北京：北京大学出版社，2005年，第653—672页。

的本质①。在士人家族的发展方向及其与政府、地方社会的关系上,邓小南和黄宽重都认为南北宋没有截然不同,只有程度强弱的差异和个体动机倾向的不同。

进入 21 世纪,欧美学界南宋精英地方化观点的发展,主要得力于 Peter Bol 对道学和地方史书写的研究。与 Hymes 关注宋代士人家族和整个士人群体不同,Bol 偏重南宋士人精英的"地方转向"(localist turn)与道学运动的关系,更关注南宋以后的精英地方化的发展和曲折。Bol 以浙江婺州为例考察了三种在 12 世纪中叶至 14 世纪早期出现的地方史书写:地方志、文化地理书、乡贤录,强调这三种书写体现出的共同特色,即它们是具有强烈地方存在感的思想文化的产物,书写的重心都从关注国家兴趣转为关注地方兴趣,共同建构了地方的过去和历史。而婺州士人书写地方史的核心是为了创造婺州精英的身份认同,这个身份不是政府定义的,而是由参与士人文化的地方精英群体(特别是道学家和道学追随者)自己定义的②。Bol 的学生们也对宋元明时期地方史的研究颇为用力③。他们所讲的"地方史",核心是关于地方史书写的历史。

Bol 认为南宋道学家倡导了士人主导(literati activism)的地方化,这些理念和实践在元代继续发展,而在明前期国家主义(state activism)复兴的背景下一时偃旗息鼓。明初政府为重新控制土地和劳动力,将政府主导的里甲、

---

① 邓小南:《北宋苏州的士人家族交游圈:以朱长文之交游为核心的考察》,《龚明之与宋代苏州的龚氏家族:兼谈南宋昆山士人家族的交游与沉浮》,载氏著《朗润学史丛稿》,北京:中华书局,2010 年,第 372—413 页,414—447 页;黄宽重:《宋代家族与社会》,北京:国家图书馆出版社,2006 年;黄宽重:《政治、地域与家族:宋元时期四明士族的衰替》,《新史学》第 20 卷第 2 期,2009 年,第 1—41 页。

② Peter Bol, "The Rise of Local History," *Harvard Journal of Asiatic Studies*, vol 61, no.1(2001); "The 'Localist Turn' and 'Local Identity' in Late Imperial China," *Late Imperial China*, vol.4., no.2(2003).

③ Chen Wenyi, "Networks, Community, Identity: On the Discursive Practices of Yuan Literati," Ph.D. Diss. Harvard University, 2007; Chang Woei Ong, *Men of Letters Within the Passes*: *Guanzhong Literati in Chinese History, 907–1911*, Cambridge, MA: Harvard University Asia Center, 2007; Anne Gerritsen, *Ji'an Literati and the Local in Song-Yuan-Ming China*, Leiden: Brill, 2007; Song Chen, "Managing the Provinces from Afar: The Imperial State and Elites in Sichuan, 755–1279," Ph.D. Diss. Harvard University, 2011; Sukhee Lee, *Negotiated Power*.

粮长、官学、城隍庙等各种制度性机制强加给地方社会。但更重要的是，明前期社会政策的本质，是用国家的手段来建立宋元道学的理想社会秩序，也就是由国家主动取代士人来贯彻地方化的规划。随着国家机制的日益失效，以及商品经济的发展催生更多私有财富，16世纪后出现了新的地方转向，地方精英主导的宗族、书院、信仰、社团和慈善事业，与政府主导的机制积极竞争社会生活核心的地位。Bol强调，这种趋势一方面是对宋元地方化发展模式的回归，并呈现数量上的增长。另一方面，宋元与晚明的地方认同话语又有不同，宋元时期的地方认同话语强调在不同的地方建立同一的高层次文化，地方之间的不同在于实现该文化的程度；晚明的地方认同话语则强调某地方拥有其他地方没有的特殊性。也就是说，地方精英的作用在宋元是要引进一个同质的文化，到了晚明则是要创造文化的多样性[①]。

　　Bol和他的学生们论述的地方化，偏重士人对自身身份和地方认同的建构，地方与全国关系的分析维度，以及思想史和文化史的视角。从文化史的视角讨论士人身份，近年来最大的研究成果要数Bol的学生Hilde De Weerdt（魏希德）的《信息、疆域与网络：宋代的危机和帝国维系》。该书讨论的士人，包括了过去研究中有所区分的两个群体：作为政治精英的士大夫，以及没有官员身份和科举功名的普通士人。连结这两个群体的社会关系网络，与南宋出现的新的信息网络重叠。在这个网络中，士人群体一方面分享、讨论有关宋代历史、时政的政府档案和信息，另一方面积极创作、传播、出版新的相关书籍，特别是笔记。在这个信息网络中，士人群体建构了共同的政治目标——收复中原，完成中华帝国理想疆域的帝国使命（imperial mission），对这一共同目标的认同和向往，塑造了南宋士人的共有身份[②]。魏希德指出，南宋信息网络在社会层面的扩展，使得士人可以不用身处京城也能追求政治上的成功，在某种程度上推进了"地方转向"，但信息的普及也抵消了士人

---

① Peter Bol, "The 'Localist Turn' and 'Local Identity' in Late Imperial China," *Late Imperial China*, vol 24., no.2(2003); *Neo-Confucianism in History*, Cambridge, MA: Harvard University Asia Center, 2008.

② Hilde De Weerdt, *Information, Territory, and Networks: The Crisis and Maintenance of Empire in Song China*, Cambridge, MA: Harvard University Asia Center, 2015, pp. 325-326.

精英对地方的依附。魏希德并没有在结论上否定士人精英地方化的观点,但强调南宋士人精英的地方化与士人形成大一统的政治共识并不相悖。她的研究提示了,不同类型的史料呈现不同的士人身份建构和认同取向。"士人精英的地方化"假说能否成立,必须要考虑到这些不同的身份认同取向以及它们之间的关系。

在《剑桥中国史》中,Hymes 回应了自《政治家与士绅》出版后学界对"Hartwell-Hymes 假说"的批评,并在吸收学界新的研究成果的基础上,大幅度修正了南宋士人精英地方化的观点,体现出过去二十多年学界对宋代士人研究的转向,即视角从社会流动转向个人、家族、群体的关系网络,以及思考方式从社会史转向文化史。在这个最新的表述中,Hymes 放弃了精英地方化表现为精英家族发展策略上地方化的观点,强调长期和短期的两个过程催生了南宋的"精英地方化"。长期的过程是士人文化上的转向。短期过程则是南宋不稳定性因素的增加,使维持家族财富和人身安全更加棘手,士人精英不得不将注意力转向地方。

Hymes 重点论述了士人在文化上的转向。他提出,宋代士人在理念和实践上参与了两种关于地位、权威和价值观的文化:朝廷本位文化(court-oriented culture),和士人本位文化(shih-oriented culture)。在朝廷本位文化中,权威呈金字塔式散布,从顶端的皇帝和朝廷以自上而下的方式向下延展,界定了帝国内所有人的位置和相互关系。在士人本位文化中,士人有多重资源来区分彼此,等级、权威是模糊、有争议、持续被建构的。与朝廷本位文化的金字塔式相对,士人本位文化是一个大的水平面的网络,由诸多二元关系组成的次网络构成,这些关系包括老师/学生、同门、姻亲、同年、同乡等。两宋士人都同时参与朝廷本位文化和士人本位文化,但南宋时期士人本位文化更加明朗化,在精英生活中占据日益重要的位置。定义士人身份越来越重要的,是作为士人的行为,而非在科举和仕途上的成就[①]。士人的自主性和权威也通过诸多途径得到越来越清晰的表达和捍卫。这些不仅仅是道学运动

---

① Hymes 界定的士人行为包括了不同的角色:学者,社会机制的创立者和赞助者,民间慈善活动参与者,家谱的撰写者,宗族的组织者,地方社会的领导者等。

的现象,也是不同学术派别的南宋士人所体现的共同倾向。Hymes 指出,这个文化转向并非本质上的地方化,但催生了丰富的地方性网络和文化事业。这种转向标志着中国历史上精英与国家关系的划时代转折。在商业经济以前的中古环境下,财富分配的主要形式是国家通过赋税、俸禄等形式向官僚体系的系统性输送,因此隋唐的精英尽管是贵族,却有赖于获得政府官职来维持其上层地位和生活方式。在这种情况下,精英的增长无法超出国家通过官职分配财富的能力。唐宋变革后,构成精英地位的基础改变了。市场的高度发展带来私有的土地和商业财富,印刷的发达带来教育文化资源的普及,私人财富和累代教育成为维持精英生活方式的重要经济和文化基础。士人可以不再完全依赖政府,由此导致了新的精英与国家的关系①。

与原来的"Hartwell-Hymes 假说"相比,Hymes 的新观点不再将南宋精英地方化看成是士人的自在动机或士人家族的策略性选择,而是士人本位文化在士人生活中重要性增强的外在结果。与 Bol 所论述的道学运动主导下的精英地方化不同,Hymes 强调道学运动是南宋士人向士人本位文化转向的反映,是对该文化深刻、重要的响应。但道学运动并不能涵括广泛的士人群体的变化②。

另外,Hymes 继续强调在国家与社会关系层面南宋与北宋的重要不同。他指出宋代社会变化有三个相互影响的主要趋势:(1)商品经济、印刷书籍的普及,市场关系对社会生活、文化强有力的渗透;(2)国家从原先力图控制的社会、经济领域内退出或收缩;(3)精英地方化。这三个趋势都表明,在国

---

① Robert Hymes, "Sung Society and Social Change," *The Cambridge History of China, vol. 5, part 2, Sung China, 960-1279,* pp. 631-638. 关于家族经济基础对宋代士人的重要性,日本学者衣川强对官僚生活的研究指出,宋代的俸给远远不能支撑官僚家庭维持体面生活所需的费用,官僚们要获得俸给以外的收入,不外利用其官僚的地位和特权,通过受贿或家族购买土地、从事商业活动的方式。此外,黄宽重对寒门士人孙应时的研究,也揭示了对孙应时这样家世、社会与经济资源不足的寒门士人来说,即便中了进士、迈入仕途后也受经济资源不足所困。参见衣川强:《宋代官僚社会史研究》,东京:汲古书院,2006 年,第 402—450 页;黄宽重:《孙应时的学宦生涯:道学追随者对南宋中期政局变动的因应》,台北:台大出版中心,2018 年。

② Robert Hymes, "Sung Society and Social Change," *The Cambridge History of China, vol. 5, part 2, Sung China, 960-1279,* p. 658.

家与社会关系上南宋相比北宋有根本性的变化。北宋政权总的方向是国家主导改造社会。特别是王安石变法，利用市场和强制的手段限制民间的经济力量，扩张财政和官僚机构，并最终将精英都吸收入国家的结构中。而南宋政权则根本没有在全国范围内的此类努力，相反出现三个方向上的权力下移：出让职责，无效管控，以及有意退让。每个方向上都吸引来自市场的、地方豪强的或士人精英等不同的民间力量取而代之①。但 Hymes 也强调，南宋国家退场与社会力量崛起的过程，并非简单的一方取代另一方的模式，而是在某种程度上国家行为社会化的过程②。

欧美学界在对南宋精英地方化的讨论过程中，衍生出了"宋元明转型说"这一新的补充"唐宋变革论"的假说。2003 年出版的《中国历史中的宋元明转型》，开启了过去十几年内关于这一假说的诸多讨论③。Paul Smith（史乐民）和 Richard von Glahn（万志英）的两篇序言，对这一新的范式做了详细的阐述，将宋元明转型期定义为 1127 年至 1500 年之间将近 400 年的时段，并认为这个长时段构成一个独立的历史单元。其主要观点是，唐宋和明清构成了中国历史上的帝国中期和晚期，这两大时代经历了相似的巨大变革，又存在很强的联系性。将其连接起来的，是宋元明转型期内的诸多历史变化。这些联系性表现在两个主要方面。一、蒙元统治重新统一了中国，其开创的多民

---

① Hymes 举了很多例子，如盐和东南沿海的茶业经济，从直接的官方经营的生产销售转为由商人作为中介的市场体系。在有些国家不感兴趣或没有财力干涉的领域，如地图的制作、大规模的印刷乃至对官妓的培训，国家直接让位给了民间的力量或由市场来填补空缺。这两点在 Bossler 关于官妓以及魏希德关于南宋信息网络的最新研究都有论证。参见 Beverly Bossler, *Courtesans, Concubines, and the Cult of the Female Fidelity: Gender and Social Change in China, 1000–1400*, Cambridge, MA: Harvard University Asia Center, 2013; De Weerdt, *Information, Territory, and Networks*.

② Hymes 强调，北宋的许多国家行为，有的为私有经济的兴盛和地方精英的活动提供了范式，有的则直接启动了后者。比如，乡村经济的货币化是王安石变法的重要遗产，为整个宋代乡村民众生活的商品经济化打下了基础。朱熹所领导的道学运动中创建的社会机制，实际上大量借用了王安石变法下政府主导的机制，只不过以非政府的形式出现而已。如以私立的、地方性的书院取代全国统一规模的州县学，以地方自愿性的乡约取代国家强制性的保甲制度，以社仓的私人性、自愿性的贷款来取代青苗法，且几乎全盘照搬了青苗法的运营模式。Hymes, "Sung Society and Social Change," *The Cambridge History of China*, vol. 5, part 2, *Sung China, 960–1279*, pp. 538–540.

③ Paul Jakov Smith and Richard von Glahn eds., *The Song-Yuan-Ming Transition in Chinese History*, Cambridge, MA: Harvard University Asia Center, 2003.

族国家模式为明清所继承。二、蒙元统治时期，唐宋变革的成果，在未受战争破坏的江南地区得以延续和巩固，江南成为中国的经济和文化中心。虽然江南的发展模式在明初被国家力量强制逆反，但在明中期之后得到复兴并扩张至其他区域。江南发展模式的核心，是南宋弱政府下出现的士人精英地方化，以及道学家所倡导的社会、国家理念制度化的过程。作为中国历史上第一个士绅阶层，宋元时代士人精英的出现是区域认同的产物，他们的地方化策略没有导致帝国的分裂，相反促进了中国作为多民族国家在政治、社会、思想文化上的整合。他们得益于16世纪后商品经济的发展，进一步型塑了帝国晚期的士绅社会。就结论而言，"宋元明转型说"的本质是对"唐宋变革论"的继承和推进，但相比"唐宋变革论"又强调了蒙元统治在中国历史上的重要性。

作为一种历史解释的范式，宋元明转型的问题可能远多于它给学界带来的启发。作为宋元明转型两个核心因素中的蒙元统治，Smith 和 von Glahn 是放在中国历史上草原和中原关系的背景下讨论的，但又没能提供有说服力的解释，说明为何在这个意义上，南宋至明中期是一个独立的历史单元，这个分期明显是由江南发展模式而来。此外，对于是否存在一个历经400年的历史转型或过渡期，Anne Gerritsen（何安娜）在书评中表达了疑虑[①]。对宋元明转型最全面深刻的批评来自法国学者 Christian Lamouroux（蓝克利）的书评。他指出，《中国历史上的宋元明转型》以论文集的形式出现，没能包容各个方面对该范式的检验，比如偶发性的政治、军事事件对渐进的社会经济变迁的影响，宗教网络在区域整合中的角色等。更重要的是，江南模式是否具有全国意义上的普遍性仍需打个很大的问号，我们目前还缺乏太多对其他区域的实证研究[②]。确实，该书中 Bol 讨论道学和地方社会的一章，是宋元明转型说

---

① 参见 Anne Gerritsen, "Review of *The Song-Yuan-Ming Transition in Chinese History*," *Bulletin of the School of Oriental and African Studies*, vol. 68. 1 (2005), p. 150.

② Christian Lamouroux, "Review of *The Song-Yuan-Ming Transition in Chinese History*," *Journal of Song-Yuan Studies*, vol. 35 (2004), pp. 177–189.

的一个核心依据①。但 Bol 的结论是基于婺州的个案研究,而婺州因其临近杭州的地理优势,经济繁荣,教育文化发达,特别是朱熹道学的兴盛,即便在南方社会也是一个特例。在不具备这些因素的南方其他区域,以及根本没有经过宋元发展模式的北方社会,在 12 世纪至 15 世纪之间有不同的发展动力和历史轨迹②。即便 16 世纪后江南模式真的在其他区域出现,也不会是简单复制,而会是新旧因素、机制、精英群体之间的复杂互动,其结果是否仍能用江南模式下的士绅社会来概括,则是未知数。可以肯定的是,我们不能把江南模式的假说作为结论来对待。基于这些原因,虽然《中国历史中的宋元明转型》激发了许多新的议题,但作为一种新的历史解释范式,它因解释力不强而并没有得到欧美学界的广泛支持③。

总结来看,过去二十多年欧美学界对"Hartwell–Hymes 假说"的挑战和推进,一方面修正了原来 Hartwell 假说中从国家—地方二元对立的分析框架来解释唐宋至明清的历史,将政治、社会、经济、文化层面的诸多变化整合在全国与地方、国家与社会等分析框架下综合讨论,在分析视角上也从以

---

① Peter Bol, "Neo-Confucianism and Local Society, Twelfth to Sixteenth Century: A Case Study," in *The Song-Yuan-Ming Transition in Chinese History*, pp. 241–283.

② 拙著通过对金元明时期山西地区的研究,证明华北社会相较于南方有着完全不同的变迁模式,笔者称之为 "社会变迁的北方之路 (the northern path of social transformations)"。在中古时期的北方社会变化过程中,蒙古征服是重要的转折点。在蒙古统治下,宗教组织及其成员——而非南方模式下的士人——扮演了主导性的角色。参见 Jinping Wang, *In the Wake of the Mongols: The Making of a New Social Order in North China, 1200–1600*, Cambridge, MA: Harvard University Asia Center, 2018.

③ 中日学界对 "宋元明转型说" 有不同程度的回应。中国学者的讨论,包括 2013 年 10 月《历史研究》编辑部与南开大学历史学院联合举办的 "宋元明国家与社会高端学术论坛"(参见牛传彪:《"宋元明国家与社会高端学术论坛"综述》,《中国史研究动态》2015 年第 2 期,第 66—67 页);王瑞来、李治安、黄纯艳等学者在《思想战线》杂志 2017 年第 6 期第 43 卷上的笔谈,其中李治安的《"唐宋变革"前后的江南角色与元明江南嬗变》与 "宋元明转型假说" 的观点最为接近。此外,也有学者从个案研究的角度对宋元明转型进行响应(参见吴铮强:《宋元明时期苍坡李氏家族变迁史——兼论所谓的宋元明转型问题》,《浙江社会科学》,2017 年第 11 期,第 122—159 页)。日本学者的回应,主要见于中岛乐章的文章(《宋元明移行期论をめぐって》,《中国—社会と文化》2005 年第 20 号,第 482—500 页)。中岛认同《中国历史上的宋元明转型》一书中提出的许多问题的重要性,但也指出了该书不同作者之间意见不一致乃至相左等问题。中岛认为目前学界对元至明前期的社会经济史研究还相当薄弱,远没有到可以定论的时候。

社会史研究为主导,转向社会史和思想文化史并重,并在历史时段上从宋延伸至元,重视蒙元统治带来的变化。另一方面,过去二十多年讨论的大方向,仍然聚焦在两个密切相关的问题上:(1)南北宋之间是否有重大的变化?(2)这个变化是否呈现南宋士人精英的地方化和国家从社会退场或缺席的特点?

在笔者看来,目前欧美学界在这两个问题上的讨论,存在三个不足之处。首先,在 Hymes、Bol 等的解释中,精英地位的构成以及精英的自我认同有三个核心要素:政治、经济、文化的资源,唐宋变革的意义在于士人对经济和文化资源的独立占有成为可能,这使得士人可以脱离对政治资源的依赖来建构身份认同和精英地位。这个假定是精英地方化观点成立的必要条件,但这个假定是否成立恐仍需政治史和经济史视角下的论证。更重要的是,这个假定强调了士人精英与国家分离的独立自主性,"精英地方化"暗含着"精英社会化"的意思,即精英领导社会力量与国家力量进行博弈的历史过程。美国学者从欧美的历史和文化背景出发,容易往这个社会自治的方向思考。其次,国家从社会退场的论述,有将国家和社会都打包成一个整体、以二元对立的方式来处理两者关系的倾向。学者论述中对"国家"的理解也非常不一致,有时指中央朝廷,有时则包括了朝廷和地方军政的整个国家机器。最后,"地方"和"社会"两个概念并不等同,有使用混乱的问题。学者在讨论精英地方化时,对"地方"概念的使用也不统一,有时意为与中央相对的地方,包括了地方政府和民间社会,有时又特指不包括地方政府的民间社会。

在国家与社会关系的议题上,黄宽重提供了不同于欧美学界的分析路径和解释框架,对相关研究有深刻的启发意义。黄先生长年深耕南宋史,他对南宋社会的理解有一个极为重要的洞见,即南宋以士人为中心的地方势力兴起、并成为地方公共建设和文化发展的动力,有重要的政治背景,但这个政治背景并非国家衰弱,而是南宋的财政中央化达于极致,大量财赋被集中到中央以应付庞大的国防和外交开支,导致地方政府财政窘困。在这种情况下,地方官要推动地方建设、保证地方政务的正常运作,必须借助于由乡居官员、士人、富豪、胥吏形成的地方势力①。换句话说，南宋朝廷也许放弃了王安石变法那种由政府主导改造社会的国家主义模式，但并不等于放弃了中央集权的体制。

黄宽重指出，朝廷力图控制地方的努力，还表现在对地方武力的政策上。北宋在重中央而轻地方的政策下，将基层武力纳入地方军政体系以加强朝廷对地方社会的掌控。南宋朝廷为应对金朝、蒙古的入侵和生存压力，不得已突破强干弱枝的传统政策，对地方武力采取既利用又控制的原则，发展出更为复杂的中央与地方关系。一方面代表地方的社会力量有了进一步发展的空间，但同时朝廷又通过多种方式淡化地方武力的地方或个人领导的色彩，并按照和战与形势变化的需要频繁调整对地方武力的政策②。显然，不能简单地用国家衰弱论来解释相比北宋更活跃的南宋地方武力的现象。黄先生对南宋茶商地方武力的研究则显示区域差异的重要性。长江下游地区作为南宋立国的根基，不论在政治还是军事上，朝廷的控制措施都较为严密。而在两湖、两广、江西等距政治中心较远之地，朝廷驻军少，又由于少数民族杂处，形成治安上的死角，包括茶商在内的地方力量与官府的冲突更多，在这些区域内则表现出南宋朝廷对地方控制力减弱的现象③。

黄宽重的研究提醒我们，在衡量国家与社会关系的问题上，既需要关注纵向上不同层级政府之间权力的消长以及它们与不同层面的社会发生关联的互动形式，也需要关注横向上地方政府与地方社会之间关系的区域差异性。将这些不同方向的发展整合起来，从整体上把握国家与社会关系的变化走势，是社会史与政治史、制度史结合的一个方向。黄宽重提出的"政治力"和"社会力"概念，就是往这个方向努力的体现。代表国家政治力的是

---

① 黄宽重:《宋代基层社会的权力结构与运作——以县为主的考察》，黄宽重主编:《中国史新论: 基层社会分册》，台北: 联经出版公司，2009 年，第 273—325 页。在不同区域，掌握雄厚财富的地方力量有所不同，地方官府要依赖、合作的社会力量也不同。如宋元时期闽南地区的佛教力量庞大，地方官府常需寺僧的合作。参见刁培俊、王菲菲:《官府与寺僧: 宋元明公益活动的历史书写——以闽南为中心的考察》，《厦门大学学报（哲学社会科学版）》2014 年第 5 期，第 38—48 页。

② 黄宽重:《南宋地方武力——地方军与民间自卫武力的探讨》，北京: 国家图书馆出版社，2009 年。

③ 黄宽重:《南宋地方武力——地方军与民间自卫武力的探讨》，第 195 页。

中央王朝，代表地方社会力的是地方势力。两者的关系，随着政治社会的变化有不同的发展与互动。地方势力在历史发展的长河中一直存在，只是在不同的时期呈现不同的面貌，由不同的群体代表。在宋代表现为以知识谋生的士人群体和凭借财力豪勇的地方豪强，这两大群体的交织形成社会力。宋廷通过制度设计和实际政治的运作，将政治力伸展于基层行政区域的同时，与社会力碰撞交流，形成新的互动关系。南宋时因士人群体成为基层社会的主轴，而出现政治力与社会力共治的型态。因此从北宋到南宋，在以县为主的基层社会，我们看到的是政治力和社会力之间多样性的动态发展，但仍旧呈现彼此相互依存、共同合作的景象，而这正是士人群体在其中发挥影响力的结果[①]。在黄宽重的解释框架中，"国家"明确指中央朝廷，"社会"指地方势力，地方政府则是朝廷与地方势力互动博弈的一个场域。县层级的政务与社会事务，因此成为观察国家与社会关系的有效切入点。该解释框架的建设性在于，以国家与社会互动协调而非二元对立的模式来解释南宋以后社会变化的本质。

  黄宽重并没有对 Hymes、Bol 的南宋士人"精英地方化"假说提出正面的挑战，但他的思路和研究成果部分被 Bol 的学生 Sukhee Lee（李锡熙）继承，在同样以宋元时期四明地区为中心的研究中，Lee 对士人"精英地方化"假说做出了较为尖锐的批评。Lee 指出国家和社会精英的协商在四明地方治理中占据越来越重要的地位，不该用零和博弈的思维来看该时期国家与社会关系，而该关注国家和社会精英运作各种权力资源进行既协作、又竞争的互动关系。他的研究中一个很重要的贡献是，指出了地方精英与国家产生关系的多种方式，除了科举考试、与地方政府合作建设乡里之外，另一个重要方式是通过进纳补官等方式取得官户的地位，其直接目的是获得赋役上的特权。Lee 认为，获得官户地位需要政府的认可，这表明取得与政府的关系——而非剥离这种关系——对于保证地方精英的地位极具重要性。士人越是不能通过竞争日益激烈的科举考试成为官户，取得官户地位的其他途径对他们来

[①] 黄宽重：《宋代基层社会的权力结构与运作——以县为主的考察》，《中国史新论·基层社会分册》，第 323 页。

说就越具有吸引力①。这个发现也间接挑战了"精英地方化"假说中南宋士人独立于国家之外的论点。士人或许在书写中表达出这种独立性,但在实际的社会经济生活中,很多人还是会很诚实地去追寻政治资源带来的特权。

也就是说,士人在书写中呈现的身份认同,并不等于他们在日常的社会、政治生活中的身份追求和建设。张维玲对南宋中晚期福建莆阳士人群体的研究显示,莆阳士人对乡贤的认同、对地方身份的塑造,与其作为一个整体在南宋政坛上的起伏密切相关。地方认同成为南宋中晚期政坛上党争和政治庇护网络的重要因素,实际上加强了作为士大夫家乡的地方与国家之间的相互连接②。这些最新的研究显示出社会文化史与政治史视角深度融合的倾向,这可以说是学界继续回应"Hartwell-Hymes 假说"的发展方向之一。

二、宗教与社会变迁

除了作为社会精英的士人,宗教也是中古学者考察社会变迁的重要研究对象。近年来中古宗教领域的研究成果颇丰,具体议题的讨论可见 2015 年出版的 *Modern Chinese Religion I: Song-Liao-Jin-Yuan*（960—1368 AD）(现代中国宗教:宋辽金元部分),该书内容涉及国家、社会、仪式、丧葬、医药、法律、艺术、建筑和儒释道三教等许多方面③。本文的重点是分析几个由社会史学者提出的兼具包容性和历时性的解释框架,这些框架都试图将宗教和政治、社会、经济等因素整合起来,从整体上解释宋以后的宗教和社会变迁趋势。

首先是 Hymes 关于宋代宗教世俗化的观点。他在《剑桥中国史》中指出,宋代社会变化的三个主要趋势的合力,在宗教领域推动了宗教的世俗化。这

---

① Sukhee Lee, *Negotiated Power*, pp. 52-60.

② Chang Weiling, "Interplay between Official Careers and Local Identity among Puyang Literati during the Late Southern Song," *Journal of Song-Yuan Studies*, 48 (2019), pp. 103-137.

③ John Largerwey and Pierre Marsone eds., *Modern Chinese Religion I: Song-Liao-Jin-Yuan (960-1368 AD)*, Leiden: Brill, 2015.

个世俗化的含义,确切地讲不是 secularization,而是 laicization①。即不是人们不再相信或重视宗教,而是在宗教事务上,权力的天平从宗教职业人士向世俗群体倾斜。这个世俗化的过程也是宗教领域市场化的过程,世俗群体表现为买方,来自不同传统的宗教人士为卖方,用宗教图像、仪式、符文、神灵、庙宇为世俗群体提供相关服务,换取金钱的酬劳。世俗民众还可以通过善书、功过格等方式,不依赖宗教组织和职业宗教人士的中介而获得福报救赎②。这个宗教的权力和主动性向世俗大众倾斜的过程,波及组织性宗教、国家、地方神灵信仰和道学运动等多个领域。具体而言,僧道等宗教人士从宋初开始就在不同程度上投入了对世俗市场的竞争。在竞争的同时,佛教、道教以及政府等主要的组织性力量都从本身利益出发,试图规范化乃至清除这个市场化的世俗宗教领域。在朝廷减少对佛寺寺额的封赐的同时,自王安石变法时期开始的北宋政府,通过大量封赐地方神灵的政策,实现国家对神灵以及支持神灵的地方力量的控制。但这个政策同时也使宗教人士更加依赖世俗群体。由于赐封的地方神灵数量庞大,中央认可的一个稳定的神灵体系逐渐变得不再有意义。北宋政府经过数次对禅宗、道教和地方神灵进行系统化管控的努力失败后,最后将宗教领域的权力移交给了宗教市场本身和地方的权力结构。南宋的封赐过程体现出权力进一步下移的趋势,地方官员和地方精英豪强成为核心力量。南宋道学运动是力图改造宗教领域的另一个组织性力量,也是最持之以恒的力量。道学运动拒绝宗教世俗化和宗教市场本身,将后

---

① 关于宋代宗教世俗化,学者们有不同的表述方式。Valerie Hansen(韩森)用"secular religion"统称没有职业人士作为中介的宗教。Richard von Glahn 用"vernacularization"描述普通世俗民众日渐介入神灵领域的过程。Hymes 在另一本书中用"personal model 个人模式"(与之相对的是 bureaucratic model 官僚模式)的概念,来描述普通人不经职业宗教人士的中介与神灵的交流方式。参见 Valerie Hansen, *Changing Gods in Medieval China, 1127–1276,* Princeton, N.J.:Princeton University Press, 1990; Richard von Glahn, *The Sinister Way: The Divine and the Demonic in Chinese Religious Culture,* Berkeley: University of California Press, 2004; Robert Hymes, *Way and Byway: Taoism, Local Religion, and Models of Divinity in Sung and Modern China,* Berkeley: University of California Press, 2002。

② Robert Hymes, "Sung Society and Social Change," *The Cambridge History of China, vol. 5, part 2, Sung China, 960–1279,* p. 596. 宗教的世俗化发展倾向,柳立言从宋代僧众犯罪的角度,以及游彪从寺院经济的角度都有不同程度的论述。参见柳立言:《宋代的宗教、身份与司法》,北京:中华书局,2012年,第1—138页;游彪:《宋代寺院经济史稿》,保定:河北大学出版社,2002年。

者看成是一种退化。但道学的许多创新可以说是另一个层面上的世俗化宗教，目的是要完全取代宗教，特别是佛教。在结果上，道学家同禅宗的僧人成为士人宗教市场的竞争者。只是道学运动对宗教的影响，在士人阶层以外几乎没有什么实际的效果①。Hymes 强调，宗教领域的世俗化是宋代、特别是南宋社会环境变化的产物。除了商业和印刷的重要性，国家力量的退场和权力下移尤为关键。南宋以后的宗教领域，继续沿着这个世俗化的方向发展。

  Hymes 的宗教世俗化观点，显然与他对宋代国家与社会关系变化的结论密切相关。如前所述，他所强调的南宋国家力量退场的核心观点是否成立仍有待讨论，宗教世俗化在结论上因此受到这个重要前提的限制。比如，从赋役、禁止寺观买民田等经济政策的角度，据游彪的研究，从北宋中叶至南宋，国家控制寺院经济的趋势是在增强的，南宋僧道的赋役负担甚至更重②。这点也响应了前文提到的南宋财政中央化问题，即便南宋政府在规范神灵体系等方面力不从心，在赋税徭役等涉及其核心利益的层面，则从未放弃对宗教控制的努力。但作为一个解释框架，Hymes 宗教世俗化的分析思路仍然是有启发意义的。它突破了过去的研究将组织性宗教和普通民众的宗教信仰分开探讨的倾向，注重商品经济和市场对社会和宗教生活全面的渗透和影响，从权力关系演变的视角，将宗教组织、国家、大众乃至士人精英的道学运动放在一起讨论，不仅大大拓展了特定时段内宗教社会史研究的视野，而且可以在宗教与世俗力量博弈的主线下，做长时段的比较分析。

  第二个有启发性的解释框架是由 Joseph McDermott（周绍明）提出的。在其新作《中国南方乡村社会秩序的建构 I：900—1600 年徽州的村落、土地与宗族》，他将组织性宗教、民间信仰以及道学运动放在同一变化过程中考察，但他将重点放在乡村社会的场域，关注不同社会机制在这个场域中的互动关系。在他看来，过去的宗教社会史研究有两个很大的问题，一是过于僵化地将不同传统的宗教实践和不同类型的社会、个人生活挂钩，如村社与庙会，佛寺与丧葬仪式，道观与驱邪，宗族与祖先信仰、学校和社仓等；二

---

① Robert Hymes, "Sung Society and Social Change," *The Cambridge History of China*, vol. 5, part 2, *Sung China, 960–1279*, pp. 612–620.

② 游彪:《宋代特殊群体研究》，北京：商务印书馆，2006 年，第 221—264 页。

是将政府的法规或士人精英对理想社会秩序的规划（prescription），当作对社会现实本身的描述（description）。McDermott 不认同 Hymes、Bol 等从精英角度出发的研究，认为他们的解释都过于强调宗教的或道学的社会机制有连贯的规划、宏大的蓝图以及组织性的结构。他更认同 Valerie Hansen 在《变迁之神》中阐述的宋人对宗教的折中主义态度，以及 Edward L. Davis（戴安德）在《宋代的社会与超自然现象》中强调的宋人宗教实践中的多样性和灵活性[1]。McDermott 指出，多样性和灵活性是中国大部分社会和宗教生活的特色，只有将宗教实践的多样性、灵活性历史化，我们才能更自然也更有效地将宗教史与社会史、政治史结合起来[2]。比起士人、地方精英或宗教领袖在说什么，McDermott 更关注实际的日常生活中人们在做什么。

McDermott 认为塑造乡村秩序的动力，是代表不同力量的社会机制（social institution）之间的竞争，特别是四种主要的社会机制：家族、寺院、社及神庙。研究北宋以后社会变化的一个有效路径，就是探讨不同地区这四类乡村组织之间争夺财富和影响力的合作、竞争关系，以及某类社会组织逐渐在竞争中胜出、成为特定地区主导性社会机制的历史过程[3]。他对宋元明徽州的乡村社会研究显示，即便是受儒家思想影响的家族组织，在实际生活中也常常在经济的压力下与士人理念和关怀大相径庭。根据道学理念建立的宗族仅是少数特例，宗族建立的义仓等看似慈善性的社会机制，实际也兼具慈善和营利本质，而宗族通过放贷追求利润的经济动机往往被道学家们的道德说辞所掩盖。不仅如此，宋元时期，在四类乡村组织的竞争中，落败的往往是家族组织，而胜出的则是佛教寺院和神庙的信仰组织。虽然宗族在元以后在有些地方开始占据整个村落，它们仍然需要通过在村社和神灵信仰组织中取得领导地位，来实现对乡村事务的控制。因此，即便是按照道学理念建

---

[1] Valerie Hansen, *Changing Gods in Medieval China*; Edward L. Davis, *Society and the Supernatural in Song China*, Honolulu: University of Hawai'i Press, 2001.

[2] Joseph P. McDermott, *The Making of a New Rural Order in South China I: Village, Land, and Lineage in Huizhou, 900–1600*, New York: Cambridge University Press, 2013, pp. 42–44.

[3] Joseph P. McDermott, "The Village Quartet," in vol. 2 of *Modern Chinese Religion I*, pp. 1433–1492.

立的宗族，也不可避免地吸收了佛教和村社组织的诸多思想和实践。

McDermott 笔下的宋元明宗教与地方社会，与学者们以士人精英的书写为依据描述的景象大不相同。同样是探讨徽州地方社会，杜永涛将宋元明徽州宗族的分析置于士人精英构建地方身份的文化背景中，使用的主要资料是士人文集和士人为族谱写的序，他笔下的徽州宗族成为了道学家实践道学理念的集中象征，更强调宗族组织与佛教、民间信仰之间的分离，而非相互的影响和渗透。因此杜更倾向于将宗族成为徽州主导性社会机制的现象，解释为徽州士人对家乡的有力渗透，以及对徽州地方性的塑造，即道学的士人精英将徽州想象为儒学之地的模范和宗族之乡[①]。McDermott 和杜永涛对宋元徽州宗族大相径庭的结论，反映出目前宋元地方社会研究中社会史和文化史分析视角的不同。社会史的分析视角倾向于关注地方社会中发生了什么、普通人的日常生活、基层社会运作方式以及深层次社会结构如何形成和转变，将宗教人士和组织作为这些历史过程中重要的行动者、社会结构中重要的组成部分来对待。文化史分析视角则偏重作为精英的士人如何理解地方，建构地方身份，解释地方与全国的关系，以及通过书写宗教来建构自身的身份认同和文化主张[②]。

在 McDermott 看来，当我们将宋代社会变化的分析聚焦于普通人的日常组织，而非统治精英的话语和活动时，能看到真正支撑所谓"地方"等概念的是乡村的组织架构，在这个意义上，真正构成所谓"中国传统社会"这样抽象概念基础的，是乡村秩序极大的区域差异性。即便明中期以后市场推动的社会经济变化促进了全国范围内的整合，这个整合也不是一种社会秩序模式在全国范围内的推广或重复，而是区域之间存在社会秩序的极大差异，但构成这些社会秩序的要素则基本相同，即四类乡村组织，不同的只是它们

---

① Yongtao Du, "Locality, Literati, and the Imagined Spatial Order: A Case of Huizhou, 1200–1500," *Journal of Song-Yuan Studies*, vol. 42 (2012), pp. 428–432.

② 比如，Anne Gerritsen 分析江西吉州士人如何通过书写地方庙宇等宗教空间，塑造士人身份和地方认同；Mark Halperin 通过分析宋元士人为佛教寺院、僧人所写的记文，强调士人通过积极参与佛教话语来表达对佛教的看法，并型塑佛教与儒学、国家关系的话语。参见 Anne Gerritsen, *Ji'an Literati and the Local in Song-Yuan-Ming China,* Leiden: Brill, 2007; Mark Halperin, *Out of the Cloister: Literati Perspectives on Buddhism in Sung China, 960–1279*, Cambridge, MA: Harvard University Press, 2006; "Buddhists and Southern Literati in the Mongol Era," In vol.2 of *Modern Chinese Religion I*, pp. 1433–1492。

的形态和彼此之间的等级关系①。这个观点间接否定了"宋元明转型说"中对江南模式在明中期后向全国扩张的假说。McDermott 的这个解释框架有很强的说服力，但在应用上有局限性，特别是由史料丰富程度决定的时空限制。他关于宋元时期徽州社会的研究得益于极为丰富的徽州地方文献。但这个条件在明以前的大部分区域都不存在，有些地区即便到明清也未必有徽州文献那样允许学者透析乡村社会的史料。此外，聚焦于乡村这个相对微观场域的研究，不免会将宏观领域的变化仅当作背景来处理，而忽略宏观的制度设计对社会生活乃至社会结构的重要影响。

拙作《蒙古征服之后：1200 至 1600 年之间华北社会秩序的变迁》部分采用了 McDermott 的解释框架，同时针对史料和微观场域的局限性，尝试为中古社会变迁的研究提出一个折中的解决方案。首先，拙作将分析的场域从州县的乡村，扩展到路、省一级大区域的地方社会。这一方面是为了解决州县范围内史料不足的问题，更重要的，是能将区域性人群、组织的网络引入分析框架，进而同时关照水平和垂直方向上的社会变化。水平方向的变化，指特定时期内超越地方局限的社会组织或机制的发展。垂直方向上的变化，指特定地方社会中不同机制在长时段内的竞争和互动。将这两个维度的变化以及它们的相交面放在一起讨论，能帮助我们对社会变迁的区域差异有更深入的理解。其次，在关照这两个维度的同时，从自上而下和自下而上两个历史发展过程，观察国家与社会关系的变化及长时段社会变迁。所谓自上而下，是国家政治体系或国家在应对社会压力时对国家—社会关系的根本性调整，此类国家性的行为划定了社会成员合法享有、使用国家所赋予特权的边界。所谓自下而上，是构成某个特定区域社会秩序的社会机制及彼此之间等级关系的界定，此类社会性的变化决定了地方社会中争夺权力、信仰和财富的竞争参与者与平台。地方精英往往同时介入这两个历史发展过程，并且在整合二者、塑造地方的规范和活动中扮演着主导性的角色。

在这个意义上考察 1127 年之后的北方社会，我们能看到，在自上而下调整国家与社会关系的层面，元、明都有与前代相比的关键变化。蒙元时期是中央权力的高度分散化，而明前期则是高度的中央集权化，表现为国家对

---

① Joseph P. McDermott, *The Making of a New Rural Order in South China I*, pp. 50, 107.

社会生活进行全面规划和管控的国家主义。从自下而上的视角来看，士人群体在经过金朝的短暂辉煌后，在蒙元时期急速衰落。军阀和僧道成为新的地方精英，世袭性的官员家族和宗教组织成为华北社会新的主导性社会机制（social institution）。先后得到蒙古政权支持的全真教和佛教，都发展了全国性的寺院和组织网络，在占据大量土地、人力和物力的经济基础上，充分发挥宗教在慈善、救济等公益活动中的影响力，领导了战后城乡社会中的社区重建，并在与其他乡村社会机制的竞争中，长期处于有利之地，建构了一个有利于宗教的新的地方社会秩序。同时，在蒙古统治者取消科举考试、普通汉人的入仕途径被大大压缩的政治环境下，宗教也为许多汉人家族提供了一条通过僧道衙门获得政治资源的蹊径[①]。宗教在13、14世纪华北社会中扮演的重要角色，不能完全从宗教与世俗权力关系的角度来解释，因为宗教一方面几乎完全依赖世俗政权和权贵取得特权，另一方面相对世俗民众又拥有压倒性的优势。相对于南方社会宗教领域的市场化，我们或许可以说，蒙元时期北方社会的宗教领域体现的是政治化的特色。其大背景是华北社会中社会力量对国家权威的依赖，这个特色在入明以后也长期存在。

　　以上回顾体现了目前中古社会史研究中几个主要的研究对象：特定的社会群体、社会关系网络、社会机制以及社会空间。研究对象不同，所呈现的历史景象常常各异。比如，当我们聚焦宗教和民间信仰，我们能看到士人不一定在场或担当地方领袖的角色，而以农民为主体的乡村社会则往往有另外一套运作机制、行为逻辑和话语体系。中国和日本学界对乡村社会的研究有很深的传统，近年来也有新的成果问世[②]。中国学者中比较有代表性的是谭景玉的《宋代乡村组织研究》，该书讨论了乡村的行政组织和民间组织的运作及彼此的互动关系，揭示了国家既通过乡村行政组织实现对乡村社会的控制和渗透，又通过与民间力量在民间社会组织中的博弈来巩固这种控制[③]。日本学者中值得一提的是伊藤正彦的《宋元乡村社会史论》，该书从宋元时出现

[①] Jinping Wang, *In the Wake of the Mongols*, pp. 281–286.

[②] 参见贾连港：《宋代乡村行政制度及相关问题研究的回顾与展望》，《中国史研究动态》2014年第1期，第22—30页。

[③] 谭景玉：《宋代乡村组织研究》，济南：山东大学出版社，2010年。

的"义役"组织以及义役改革入手,探讨明初里甲制度出现的社会和政治基础。不同于欧美学者常常将南宋义役组织的出现解释为民间力量崛起和国家的退场,伊藤的研究指出了义役组织内在脆弱性的缺点,指出宋元时期为克服这些缺点进行的改革,在结果上强化了地方官对义役的管理。元代助役法的出现更加深了国家干预的特点,而明初的里甲制度不仅延续了宋元义役的功能,也延续了其依靠外力干预和支撑的特点①。谭景玉和伊藤的研究都指向了宋元民间组织的官民二重性,以及地方政府对乡村社会的强有力干预。乡村社会中行政和赋役制度的运作,是欧美中古社会史研究中的弱项,但要从整体上把握国家与社会关系在唐宋以后的发展和演变,这是必须要考虑在内的领域②。

三、中古社会史研究的新趋势、反思和展望

从 Hymes 在《剑桥中国史》中的总结以及近年出版的新著,我们大概能看到中古社会史研究在近年来呈现的几个重要的新趋势:(1)对唐末五代社会变迁的重视;(2)对 1127 年之后北方社会的研究,关注内亚政权、族群关系对长时段社会变化的影响;(3)注重对新材料的挖掘,数字人文研究等新方法的应用;(4)研究视角上受到文化史、全球史等史学界整体思潮转向的影响。

近年来学界对唐末五代历史变化的重视,为思考"唐宋变革论"带来了一个新的起点。在欧美学界,学者们过去普遍接受了 Hartwell 的观点,认为安史之乱和科举重要性的与日俱增,是导致唐代门阀贵族逐渐解体的重要原因。对唐宋社会转型的讨论基本上都集中在宋代,特别是两宋之间的变化。

---

① 伊藤正彦:《宋元乡村社会史论—明初里甲制体制的形成过程—》,东京:汲古书院,2010 年。伊藤在本书附论《中国史研究の「地域社会论」—方法の特质と意义—》中,对 20 世纪 80 年代以来以明清史研究为中心的地域社会论做了很有价值的评议,值得中国社会史研究者参考。伊藤特别指出了森正夫提倡的"地域社会论"的本质不是地方社会论,而是士大夫阶层主导的社会秩序论,并比较了地域社会论在日本史和中国史研究中的不同(日本史研究中强调日本近世的村落共同体等社会组织,发展为具有自律性的自治团体,而中国史研究强调宋代以后的社会集团和组织不具备这种特性)。

② 除了乡村社会,近年来对城市的研究在欧美和中日学界都有很多新的成果和突破。限于篇幅和主题,本文不再做详细展开。

Nicholas Tackett（谭凯）在《中古中国门阀大族的消亡》中挑战了这一观点，认为门阀贵族在安史之乱后积极调整策略，参与科举考试，在河北三镇以外的中晚唐帝国的政治生活中长期维持着主导地位。晚唐的黄巢起义才是导致门阀贵族消亡的最重要原因。因此在 Tackett 看来，唐宋变革中精英转型的主要原因，不是制度变化或社会经济的发展，而是晚唐五代的一系列血腥屠杀直接从物理上消灭了门阀贵族。因此唐代门阀贵族的消亡和宋代科举精英的兴起，是两个不同的历史过程①。2018 年在哥伦比亚大学举行的第二次"唐宋变革工作坊"中，Tackett 报告了他对晚唐五代精英移民模式和文化变迁的研究，结合该次工作坊中 James Robson 对唐五代佛教的研究，唐宋史学者开始重新认识黄巢起义以及整个 10 世纪对唐宋政治、社会、文化转型的重要意义。此外，陆扬的《清流文化与唐帝国》也从政治文化史的视角，强调了晚唐五代对理解唐宋士人转型的重要性②。Hugh Clark 论述了十国时期南方在社会、经济、文化领域的创新及宋对这些创新的吸收，进而呼吁学界对五代十国历史的重视③。许曼利用数百份墓志铭数据，分析了从隋唐至宋晋东南滁州的地方精英构成，及其与都城主流文化之间的关系，说明唐至宋初士人转型在区域上的差异性④。接下来对唐宋变革问题的探讨，研究者可能会把注意力从南北宋的变化转到唐末五代至北宋的变化上来。

Hymes 在《剑桥中国史》的总结中承认，我们目前所认识到的士人精英的发展模式以及支持这个模式的因素，很大程度上是一种南方现象。新的精英生活、精英与国家的关系，以及由此带来的社会后果，归根于中国的人口

---

① Nicolas Tackett, *The Destruction of the Medieval Chinese Aristocracy*, Cambridge, MA: Harvard University Asia Center, 2014.

② 陆扬:《清流文化与唐帝国》，北京：北京大学出版社，2016 年。

③ Hugh Clark, "Why Does the Tang-Song Interregnum Matter: A Focus on the Economies of the South," *Journal of Song-Yuan Studies*, 46 (2016), pp. 1–28; "Why Does the Tang-Song Interregnum Matter: Part Two: The Social and Cultural Initiatives of the South," *Journal of Song-Yuan Studies*, 47 (2017), pp. 1–31.

④ Man Xu, "Ancestors, Spouses, and Descendants: The Transformation of Epitaph Writing in Song Luzhou," *Journal of Song-Yuan Studies*, 46 (2016), pp. 119–168; "China's Local Elites in Transition: Seventh- to Twelfth-Century Epitaphs Excavated in Luzhou," *Asia Major*, vol. 30, no. 1 (2017), pp. 59–107.

和经济重心南移这一重大转变。在北方很可能没有所谓的宋代精英①。确实，过去二十多年，中日学者已经通过田野考察，利用丰富的碑刻资料，对中古华北社会做出了相当精细的研究。这其中包括了饭山知保对金元科举考试、士人精英、先茔碑的研究，井黑忍对水利和农业经济的研究，以及笔者对宗教组织和民间信仰的研究②。这些研究都关注辽金元北方民族政权的统治风格如何影响华北汉人家族、社会群体的生存和发展策略，不同族群之间的权力关系和互动如何动态地型塑地方社会的秩序、价值和文化。最重要的是，这些研究证明了1127年之后，北方社会经历了完全不同于南方社会的变迁脉络。对华北社会研究的继续深入和课题扩展，必会极大地更新我们对中古社会的理解。

第三个重要的方向是材料和方法上不断的推进。不仅考古和图像数据越来越受到学者的重视，邓小南在对南宋龙泉何氏家族的研究中特别提到如何从明清材料中挖掘宋元史料："宋代一些家族数据通过重辑翻修的形式，被包裹着'活'在明清以降传世的谱系著述中。也是在这个意义上，或许可以说，这类材料中散存着我们至今尚未充分辨析发掘的宋代社会史研究'数据库'。"③ 此外，数字人文和大数据等技术在人文研究中的推广，使得学者们能够创造性地利用更多"旧"材料。与之相伴，数量统计的方法重新受到社会史研究的重视，社会网络分析等新的数字人文的分析工具也被更广泛地应用。Tackett对唐代贵族消亡的研究和魏希德对南宋信息网络的研究，是最典型的例子。Tackett以出土的数千份唐代墓志作为基本数据，通过地理信息

---

① Robert Hymes, "Sung Society and Social Change," *The Cambridge History of China, vol. 5, Part 2, Sung China, 960–1279*, pp. 638–639, 659.

② 参见饭山知保：《金元时代の华北社会と科举制度——もう一つの「士人层」》，东京：早稻田大学出版部，2011年；《孙公亮墓碑刻群の研究：12—14世纪华北における"先茔碑"の出现と系谱传承の变迁》，《アジア アフリカ言語文化研究》第85卷，2013年，第62—170页；"Genealogical Steles in North China during the Jin and Yuan Dynasties," *International Journal of Asian Studies*, vol. 13, no. 2 (2016), pp. 151-196); 井黑忍：《分水と支配：金·モンゴル时代华北の水利と农业》，东京：早稻田大学出版部，2013年；Jinping Wang, *In the Wake of the Mongols*.

③ 邓小南：《何澹与南宋龙泉何氏家族》，载《宋代历史探求：邓小南自选集》，北京：首都师范大学出版社，2015年，第492—493页。

系统和社会关系网络的数字人文研究方法，分析中晚唐门阀家族的地理分布、婚姻关系、出仕状况，以此来研究这些家族如何在中晚唐维持其政治权力。需要指出的是，这种依靠大数据的新量化社会史分析模式，与20世纪六七十年代依靠统计的量化社会史分析类似，有一个明显的缺陷需要学者警惕，即历史过程中的个体和小团体被类型化为抽象的社会类别，导致对历史过程中的复杂性和多层次、多环节的变化过程忽略不计。比如，Tackett将唐代"贵族"定义为主要定居于长安、洛阳两京地区的墓志铭拥有者，虽然这个定义可以帮助他建立一个足够大、边界也足够清晰的数据库，但这个定义的有效性仍有很大争议①。除了日渐为更多中古史学者利用的地理信息系统、历代人物传记数据库、社会网络分析等数字人文工具，魏希德的书展示了Markus等对文本进行深度语言分析的软件对历史研究的潜力。该书一个重要贡献是，提出了信息交流网络这一分析概念，它包括了交流的主体（士人）、交流的客体（信息，兼具物质和非物质两种形式）、交流的媒介（写本、印刷、口头对话）以及网络的空间广度。将信息交流的网络和所交流内容、所表达的话语相结合，开辟了文化史与社会史研究结合的新路径。

最后一个趋势是文化史、全球史等新的史学思潮带来的影响。文化史视角对中古社会史研究的影响，前文已多处提到。对全球史挑战的响应，两个尝试是"宋元明转型说"和Hymes在《剑桥中国史》中关于宋代社会变化的总论，二者都力图将中国的中古史置于世界史的背景。这些新的史学思潮给中古社会史研究带来新的刺激和挑战。下面笔者将结合个人对中古社会史研究"困境"的反思，来探讨这个问题。

笔者的反思从两个概念开始：什么是社会史？什么是中古？前者涉及研究方法和视角的问题，后者涉及中国历史分期的问题。20世纪早期社会史在历史学领域的兴起，受到马克思主义和法国年鉴学派的极大影响。二战后，特别是六七十年代，社会史成为欧美史学界的主流，不仅与社会科学积极对话，而且与当时各国内部风起云涌的社会运动密切相关。当时的社会史直面

---

① 参见 Song Chen, "Review of *The Destruction of the Medieval Chinese Aristocracy*," *Harvard Journal of Asiatic Studies*, vol. 75, no. 1 (2015), pp. 233–243.

时代大的理论和政治问题而自带了政治能量，被称为新社会史。尽管新旧社会史都关注普通民众与长时段问题，但与旧社会史将社会看成一个整体性的结构不同，新社会史将社会看作一个过程，强调其流动性、偶然性和网络的状态。这种新社会史在20世纪80年代被引入中国史学界[①]。如von Glahn在《中国历史上的宋元明转型》中指出的，在这种新社会史的视角下，中国史学者开始关注农民、工人的社会运动，商人和城市社会，宗教组织、秘密社会、妇女及少数民族群体等议题。明清史学者聚焦国家与社会关系，提出了以士绅社会为核心的帝国晚期范式（late imperial paradigm），倡导以中国为中心的历史（"China-centered" history），摆脱欧洲中心论对中国史研究的影响。相似地，日本的明清史学者也采取了去欧洲中心主义的立场，在中国自身的历史变化过程中考察现代性问题[②]。这种从明清史学界开始的新社会史研究范式，深刻影响了过去几十年中古社会史的研究思路和议题。

同时，在William Skinner（施坚雅）区域分析理论的影响下，"中国中心"的新社会史研究趋向于区域史、地方史的研究方法。这个取向也受到20世纪80年代的"文化转向（cultural turn）"的影响。在文化研究的潮流下，历史学者的对话、合作伙伴从政治学、社会学、经济学等社会科学转向了人类学、语言学、文学等人文学科，关注语言、习俗、话语、仪式表达的意义、认同和权力关系。对于中国社会史研究来说，人类学的影响最大。近二十年来中国史学界内历史人类学、区域社会史先从明清、近代史领域勃兴，近些年来迅速扩展至明清以前的社会史研究。日本宋史学界自20世纪80年代以来，也聚焦地域社会史，不仅涉及宋代大多数路府州县，而且在水利社会、宗教、信仰、习俗、城市等诸多具体议题上都取得丰富成果，近年来更积极开拓社

[①] 杜正胜曾对80年代以来两岸的中国社会史发展脉络和不足之处，做了全面的梳理总结，并为中国史学界设计了一个全面的研究纲目。参见杜正胜：《什么是新社会史》，《新史学》第3卷第4期，1992年，第95—116页。

[②] Richard von Glahn, "Imaging Pre-modern China," in *The Song-Yuan-Ming Transition in Chinese History*, pp. 44–54.

会空间、交流网络等新的研究领域[①]。这些聚焦区域社会、地方治理、宗族、士绅的研究，一方面瓦解了过去从政治角度建立的宏大叙事（historical grand narrative），但另一方面正如 von Glahn 所指出的，历史学与人类学的合作导致了历史学家拒绝探讨历史发展普遍规律（historical grand models），否定基于西方经验的现代性在中国历史过程中的存在。虽然历史人类学自下而上的视角极大地丰富了我们对历史过程的认识，但也出现了史学研究碎片化和缺乏整体性关怀的缺陷，这已是学界共识，也是社会史研究急需正视和解决的问题。

如何解决这些问题，大概有方法论和历史视野两个主要的方向。就方法论而言，中古社会史学界总体上缺乏与史学研究理论的积极对话，也缺乏对 20 世纪 90 年代后现代史学所带来的冲击的正面回应。后现代主义思潮的本质是西方社会内部对现代性的反思，但不管是现代性还是后现代性，两者的社会、政治、思想根源都来自工业革命以来的西方现代社会。这些史学潮流与欧美社会理论、当代政治之间的密切关系，英国后现代主义历史学家 Patrick Joyce 在 2010 年发表的《什么是社会史中的社会？》一文中，做了批判性反思的梳理[②]。了解这个学术史源头很重要，因为它提醒我们，欧美的旧社会史是 19 世纪以来现代性的产物，即工业革命后的现代社会形态催生了与宗教相对的"社会"（society）的概念和以阶级为核心的"社会问题"（social question），并以民族国家这样有明确边界的政治体为范畴。新社会史虽是在批判这个现代性的基础上出现的，但新社会史的出现，既与欧美社会中相对国家而言强大社会力量的传统有关，又与后工业社会中全球化和信息网络社会的当代背景有关。

这些认知迫使我们思考，脱胎于西方社会近现代历史和经验的概念，是

[①] 日本宋史学者的社会史研究方向，集中体现于宋代史研究会在汲古书院出版的一系列成果报告。参见宋代史研究会编《宋代の知识人：思想、制度、地域社会》（1993 年）、《宋代の规范と习俗》（1995 年）、《宋代社会のネットワーク》（1998 年）、《宋代人の认识：相互性と日常空间》（2001 年）、《宋代社会の空间とコミュニケーション》（2006 年）。近年来的专著还有冈元司：《宋代沿海地域社会史研究：ネットワークと地域文化》，东京：汲古书院，2012 年。

[②] Patrick Joyce, "What is the Social in Social History?" *Past & Present*, vol. 206 (2010), pp. 213–248.

否适合用来讨论传统中国的社会？是否应该从中国传统社会本身的历史脉络和历史书写的语境出发，提出新的分析概念和框架？比如"社会"这个词是近代日语翻译"society"而来、从日本传入中国的[①]。在传统社会中，人们用什么词汇来描述类似"社会"的存在？表达什么样的概念框架？关注什么样的"社会问题"？在中国语境里定义"社会"，需要同时定义"国家"。近代以前的文献中没有现代意义上"国家"与"社会"对举的概念，有的只是"官民"与"朝野"。相对于西方历史语境中的"国家"与"社会"体现两者相对平等竞争的关系，中国历史语境中的"官民"与"朝野"蕴涵更强烈的等级关系。虽然国家与社会关系的分析框架已经普遍被用在对传统社会的研究中，但研究者似乎应该更具批判性地使用这对概念，而不是将其看成是历史的本来状态。郑振满通过对"乡族""家族""宗族"等概念的厘清，即有力地说明了中西方之间的很多概念是不能通用的，而只能在特定的语境和文脉中定义和理解[②]。对中国本土概念、词汇的关注，也提醒我们"国家"在中国社会史研究中的不可缺席。

另外，如葛兆光提出的，我们需要正视后现代史学的洞见，特别是史料的文本性质。如葛兆光所述，我们过去对史料虽也注重真伪的甄别，但大体上还是相信透过史料可以直接看到过去。后现代史学凸显了史料作为文字书写的文本性质，掺杂了书写者主观的价值、感情取向以及各种有意无意的虚构和掩盖，使我们认识到史料呈现的是经过这个文本折射的过去[③]。对史料文本性质的重视，已大量见于对话语敏感的思想文化史和性别史研究中，"历

[①] 除了"社会"，还有大量我们用于研究及日常生活的词汇，是从日本转手而来的，如"经济""宗教""文明"等，都来自近代史上日本对西方的"economy""religion""civilization"等概念的翻译。思想史、文化史学者越来越注意到这些西方概念在翻译过程中受到日文语境影响的研究。如陈熙远讨论了"宗教"一词及其意涵如何在20世纪引进中国，与传统义理磨合接榫，终成为当今文化论述中不可或缺的关键术语（《"宗教"：一个中国近代文化史上的关键词》，《新史学》第13卷第4期，2002年，第37—66页）。另参见本书中郑小威对西方、日文、中文语境中"共和"与"专制"概念的分析。

[②] 郑振满：《乡族与国家：多元视野中的闽台传统社会》，北京：生活·读书·新知三联书店，2009年。

[③] 葛兆光：《思想史研究课堂讲录：视野、角度与方法》，北京：生活·读书·新知三联书店，2012年，第74—97页。

史书写"常常成为这些领域研究的关键词。

那么社会史如何界定与文化史的关系,或者是否有必要界定? Joyce 的文章指出,文化史坚持文化的中心地位,将有关社会的一切都解释为文化的,在实际讨论中强调意义(meaning)、想象(imagination)和表述(representation),而忽视物质、经济和国家①。这个倾向我们在前文对"唐宋变革论"演进的讨论中也能看到。那么与此相对,社会史则讨论物质的、经济的和国家的议题吗?抑或社会史已经变成了一种强调"过程"的视角?与过去作为一种研究范式的社会史相比,目前的社会史研究不仅失去了引领学术潮流的能力,似乎也失去了对自我的定位与对核心关注的坚持②。相比中古史学者,明清史、近代史的学者对这些问题表现出更明显的焦虑感,也因此更积极思考、对话社会史研究的理论和方法③。

就历史视野而言,在20世纪90年代之后全球史转向思潮的影响下,现代性、整体史等议题似乎正在重新引起中国史学者的兴趣。"宋元明转型说"即倡导将中国历史放在世界史的视角来考察。Von Glahn 指出,虽然这个世界史不再是以欧洲史为蓝本的古代—中世纪—现代的分期模式,而是以跨区域文化、经济整合为基础建构的多重世界史模式,但欧洲的崛起和全球霸权的建立,仍然是世界史的重要转折点。在这个意义上,14、15世纪是世界史中的一个重要分水岭,在这个时期,多种文明、帝国、市场共存并彼此相对平等互动的世界体系,向一个由欧洲的政治、经济霸权定义的统一的世界体系转化。许多学者相信,正是蒙古帝国的兴亡引发了这一划时代的巨变。Von

---

① Joyce, "What is the Social in Social History?" *Past & Present,* vol. 206(2010),pp. 211, 236.

② 最近由蒋竹山主编的《当代历史学新趋势》(台北:联经出版公司,2019年),列举了感觉史、情感史、阅读史、思想史、概念史、性别史、全球史、跨国史、科学史、医疗史等十几个当下史学研究的热门领域,阐述了从新文化史到全球史的当代史学研究的潮流。社会史已被排除在当前的历史学趋势之外,与1992年杜正胜《什么是新社会史》文章激发台湾地区史学界的社会史研究形成鲜明对比,也在一定程度上说明,社会史从20世纪80年代的文化转向之后所面临的困境。

③ 明清史学者对社会史研究方法的讨论较多,比如赵世瑜在对20世纪社会史研究批判反思的基础上,提出了社会史研究的三个问题,即如何与传统史学对话,如何反思政治史,如何完善自身的方法与表达。尤其在第三个问题上强调了历史人类学与区域社会史研究方法的适用性。参见赵世瑜:《社会史研究向何处去?》,《河北学刊》2005年第1期,第62—70页;《后现代史学:匆匆过客还是余音绕梁》,《学术研究》2008年第3期,第106—108页。

Glahn 指出,不管将 16 世纪以后的中国看作是帝国晚期还是前近代(early modern),我们都有必要将这一时期之后的明清史和之前的宋元明联系起来,并放在世界史的视野内考虑[①]。"宋元明转型说"虽然提出了中国史和世界史之间的内在联系,但未能对这种联系给出清晰的解释并佐以翔实的论证,因此在学界的回应中并没有引起强烈的共鸣。

Hymes 在《剑桥中国史》中的总论是回应全球史的另一个努力,侧重点在中古史对现代性反思的贡献上。他在总论中指出,近年来一些全球史的学者提出前近代是一个全球的现象,包含了诸多平行的变化,且独立于西方化存在。这些现象包括市场关系的扩展、新的精英群体的崛起、识字率的提升等。在这个意义上,宋代极具重要性,因为类似于启蒙时代欧洲的变化趋势确实大量出现在宋代。将前近代看作一个全球现象的观点,显然进一步削弱了欧洲中心论对现代性的解释。但在 Hymes 看来,前近代概念的弱点在于"前"字,虽然暗示了与后来现代化的必要关联,但又没能论证这些变化不管是在欧洲还是其他地方,一定会导致工业革命式的经济现代化,或启蒙运动后的思想文化的现代化。因此在全球范围内比较前近代社会带来的重要启示是,"现代性"本身就是一个根本上有问题的概念。对宋代的研究促使我们分解"现代性"(modernity)的概念,认识到市场、印刷、世俗化、韦伯式的官僚化以及民族国家等所谓的"现代性"要素,可能彼此之间并不具相关性[②]。这个认识一方面回应了内藤湖南提出的宋代是中国历史近世开端的提法,但另一方面又是在去欧洲中心论下讨论中国向现代社会转型的经验,以及重新认识中国历史对世界史的启示[③]。

全球史的思潮一方面给我们理解中国古代史多了一个视角,另一方面也带来挑战,即重新提出了历史分期的问题。对于中古史来说,界定什么是"中

---

① Richard von Glahn, "Imaging Pre-modern China," in *The Song-Yuan-Ming Transition in Chinese History*, pp.68-70.

② Robert Hymes, "Sung Society and Social Change," *The Cambridge of History of China, Vol. 5, Part2, Sung China, 960-1279*, pp. 662-664.

③ 日本学者谷川道雄在重新阐释内藤湖南中国史观的基础上,也提出类似看法,认为中国史能在世界史当中成为未来的先驱。参见谷川道雄:《"唐宋变革"的世界史意义——内藤湖南的中国史构想》,李济沧译,载《魏晋南北朝隋唐史资料》2006 年第 1 期,上海:上海古籍出版社,第 1—13 页。

古"，或者思考"中古"这个概念本身是否有问题，就成了避不开的问题，而且对社会史研究尤其重要。因为社会变迁往往是跨朝代的、且存在巨大的区域差异。如赵世瑜指出的，传统史学按照朝代划分的方式容易使我们陷入按照某种政治分期的认识框架，并始终落入王朝的治乱兴衰的政治史问题。从社会史或社会经济史的本质来说，不太应该出现"宋代社会史""明代社会史"这样以朝代生灭为标准的概念①。那么作为一种分析概念，讨论"中古社会史"的合理性，就首先要讨论"中古"这个分期概念的合理性。

学界目前对"中古"的分期，特别是对于"中古"的终点在哪里，仍然没有形成共识。当今中国史学界普遍将"中古"划定为魏晋南北朝隋唐的时段②。本文论及的"中古"，对应的是近年来欧美学界越来越频繁使用的"middle period"的概念。2014年在哈佛召开的第一次中古中国人文大会，和2017年在莱顿举行的第二次会议，都将"中古"的分期定在800—1400年，基本上是唐中后期至明前期，但对为何如此分期则没有严格的界定。这个分期法看上去是将"唐宋变革论"和"宋元明转型说"放在一起的折中做法，但将明前期而非明中期作为终端，又与"宋元明转型"的分期不同，也与Hartwell提出的750—1550年的"中古"不同③。无论是从政治史、社会史还是经济史的角度讨论"中古"分期，都需要对整个中国历史过程中根本性变化有整体的认知，并需要对衡量这种变化的指标做出具体的界定。而"middle period"的概念又极为模糊，我们需要回答"什么的中间（middle of what?）"的问题。这样整体史观不可避免。即便我们将这个整体理解成整个帝制时代，

---

① 赵世瑜：《社会史研究向何处去？》，《河北学刊》2005年第1期，第65页。

② 由西方学术话语中的"medieval"或"middle ages"翻译而来的"中古"概念如何经日本传入中国，参见孙英刚：《西方学术话语与东方史学脉络——以"Medieval"为例》，《人文杂志》2010年第2期，第147—157页。对"中古"一词在中国传统典籍和近代史学研究应用中的讨论，参见谢伟杰：《何谓"中古"？——"中古"一词及其指涉时段在中国史学中的模型》，《中国中古史集刊》第二辑，北京：商务印书馆，2016年，第3—19页。

③ 2019年3月新加坡国立大学中文系王昌伟教授组织Peter Bol、Ronald Egan（艾朗诺）、邓小南教授就"中国'中古'时期研究的过去、现状和展望"进行了一个圆桌论坛。在讨论中，Bol指出美国学界的共识是，中古的起点在唐中期，以安史之乱为标志，是唐宋变革的开端。但是中古的终点在哪里，他坦诚地说他自己也不知道。

即将"中古"或"middle period"等同于"帝国中期（middle imperial era）"，与后段的"帝国晚期（late imperial era）"相对，但因为"帝国晚期"概念经常与"前近代（early modern）"概念互用，故仍不免需要与"现代性"问题的对话。

总结起来，展望中古社会史研究，笔者认为有几个可行或可能的发展方向。首先，回到社会史研究的起点，从特定时代语境中的"社会"概念出发，研究该时代的"社会观"、"国家"与"社会"关系观，以及这些观念的历史变化，并从这些概念的视角，重新审视历史书写中普通人的日常生活、社会关系以及作为权力之源的各种网络建构。这个方向的社会史，需要与政治史、制度史、文化史等领域关于"国家"的研究有更密切的互动。

其次，当下的社会发展可能会推动历史学者对"旧"的社会史问题予以新的关注。进入21世纪后，贫富差距、阶层固化、社会经济不平等问题在全球范围内的加剧并明朗化，族群冲突、弱势群体越来越成为社会关注的热点问题，这些当下的社会议题正刺激史学界重新关注"旧"的社会经济议题[①]。在中国史背景中，唐宋以后的传统社会，随着商品经济的发展，贫富分化、阶层流动等问题成为社会焦虑的重要来源。过去受马克思主义影响的社会史研究（特别是在中日学界）强调士绅阶层作为地主的阶级身份以及地主与农民之间在土地、赋役等社会经济问题上的冲突。1980年代以来史学领域内的文化转向淡化了阶级和经济的分析视角，更侧重士绅作为政治、社会、文化精英的身份，关注他们的身份建构、生活方式、文化建设等问题。但阶级和经济的分析视角可能会重新回到史学研究的前沿。

最后，社会史研究在吸收文化史、环境史、全球史等一系列史学思潮建设性创见的基础上，探索在研究方法和议题上的创新和扩展。比如，在深刻理解史料文本性质的基础上，研究作为行动者（而并非只是被呈现者）的个

[①] 这一史学趋势可以从2014年出版的《历史学宣言》中体现出来。该书作者倡议，历史学家应重新激活年鉴学派长时段（long durée）的历史思考方式，利用大数据技术带来的史料的极大扩充，综合过去几十年史学界大历史（macro-history）和小历史（micro-history）的成熟研究方法，对当今世界面临的几个大问题作出历史学独特的贡献。这些大问题包括全球治理和气候变化等政治、环境问题，也包括社会经济不平等和资本主义的未来等社会、经济的问题。参见Jo Guldi and David Armitage, *The History Manifesto*, Cambridge, UK: Cambridge University Press, 2014。

人或群体的历史，以及被呈现的社会与真实存在过的社会之间的关系。从长时段社会变迁的角度讨论历史分期的问题，与前后段的历史研究进行对话，并在全球史视野下突破国别史的框架，开拓新的研究课题。目前学界在这方面的研究较集中在宋元时期东亚、东南亚的贸易、物质和人群的交流网络[①]。另外一个有潜力的课题，是蒙古统治下欧亚大陆不同地区的历史发展、社会变迁轨迹的比较研究。我们需要真正将蒙元时代的中国置于全球史的视角下考察，也需要从中国史的角度积极回应全球史或世界史的问题。

[①] 参见 Billy K.L. So, *Prosperity, Region, and Institutions in Maritime China: The South Fukien Pattern, 946–1368*, Cambridge, MA: Harvard University Asia Center, 2000; Richard von Glahn, "East Asian Maritime Trade, 1150–1350," *Harvard Journal of Asiatic Studies*, vol. 74, no. 2 (2014), pp. 249-279; Yiwen Li, "Networks of Profit and Faith: Spanning the Sea of Japan and the East China Sea, 838–1403," Ph.D. Dissertation, Yale University, 2017; John Chaffee, *The Muslim Merchants of Premodern China: the History of a Maritime Asian Trade Diaspora, 750–1400*, Cambridge University Press, 2018。

欧美学界宋代女性史研究概述

许 曼

近现代女权主义在西方国家的勃兴带动了学界对女性历史的关注。20世纪下半叶，女性史作为一门新的学科在欧美国家逐渐发展壮大，诸多高校纷纷开设相关课程。时至今日，女性史以及社会性别研究已经得到欧美主流学界的认可和支持，被赋予了现实的社会及政治意义，成为众多学者讨论的话题。欧美的女性史研究发展之初，集中于梳理本国女性的历史。而当女权主义者开始反思女性因其种族、阶层、政治经济地位等方面的不同而导致了生活经历与诉求的差异与多样性，一些历史学家也把眼光投向了世界各地的女性，包括中国。在海外汉学家对女性历史的关注中，宋代女性史研究开始萌芽。

和其他国家的女性史研究一样，对于中国古代女性史的研究也很大程度上受限于原始资料。尽管世界各地保留下来的文本史料在类型、性质和内容上大不相同，它们绝大多数都是历史上男性精英的创作，充斥着男性的视角和想象。如何在这些记载中寻找和发现女性的历史，对于研究女性史的历史

作者单位：美国塔夫茨大学历史系

学家们来说是前所未有的挑战。而早期研究中一个常见的切入点就是寻找女性名人，比起那些默默无闻的女性，有关她们的记载会相对丰富和集中。欧美学界最初研究宋代女性的专著便是如此。Priscilla Ching Chung 在 1981 年出版了 *Palace Women in the Northern Sung* 探讨北宋时期宫廷女性的历史[①]。有关后妃与宫女的材料广泛保存于官方正史和典章之中。学者往往使用这类文献来研究以男性为中心的政治制度史，而 Chung 则利用它们来揭示女性在皇权统治和政府机构中占有一席之地。北宋设置了类似于外朝官僚组织的内廷管理体系，宫廷女性身份及家庭背景各异，通过不同的渠道进入内廷，晋升途径也不尽相同。某些太后甚至临朝摄政，拥有相当的权力和声望。后来的欧美学界对宋代妃嫔的研究都会提到这部开山之作。Chung 在对北宋宫廷女性的总体性和大致的研究中企图寻找一些普遍存在的范式，而后来的研究者则避开了这种普遍化（generalization）的倾向，深入探究一些个案。伊沛霞（Patricia Ebrey）的"Record, Rumor and Imagination"[②] 收集了大量记载南北宋之交的宫廷女性的史料，包括正史和笔记小说，这些文本中实录、绯闻以及想象相互交织，难以厘清。伊沛霞比较了不同类型的史料所记载的内容之间的差异，揭示了靖康之变对宫廷女性生活以及普通民众心理的影响和冲击。李慧漱的 *Empresses, Art, and Agency in Song Dynasty China*[③] 则走出了单纯在政治史中研究宫廷女性的窠臼，也打破了女性在宋代艺术史研究中的沉默。该书关注的重点是几位有代表性的宫廷女性——真宗刘后、高宗吴后以及宁宗杨后。这些后妃一直以来因其对政治的高度参与而引起学界的兴趣，李慧漱的研究则揭示了她们作为艺术赞助人和践行者的创造性。宋代士大夫文化兴盛，宫廷艺术蓬勃发展，这一时期的书法与美术作品成果斐然，数位宋代皇帝都热衷于此。李慧漱认为不少过去归到帝王名下的艺术作品

---

① Priscilla Ching Chung, *Palace Women in the Northern Sung (960–1126)*, Monographies de T'oung Pao, Leiden: Brill, 1981.

② Patricia Ebrey, "Record, Rumor and Imagination: Sources for the Women of Huizong's Court Before and After the Fall of Kaifeng," 邓小南主编：《唐宋女性与社会》，上海：上海辞书出版社，2003 年，第 46—96 页。

③ Hui-shu Lee, *Empresses, Art, and Agency in Song Dynasty China*, Seattle: University of Washington Press, 2010.

真正的作者其实是后妃。宋代的后妃与唐代不同,她们认可传统的儒家性别规范,在很多情境下隐身于皇权之后,在宫廷艺术的发展中扮演了重要却又并不明晰的角色,以至于在文献记载中难以寻觅踪迹。对很多外围材料的考察显示出宋代后妃在宫廷艺术发展的潮流之中顺势而为,她们在宫中研习书法,为帝王代笔,写诗题记作画,直抒胸臆,收藏名家作品,支持教谕图画的制作,彰显才与德,定制宗教图像,声张帝后的权力与王朝的合法性。在与帝王、亲属、朝臣、画师的互动中,深宫女性的能动性跃然纸上。

除了后妃,另一类早早就引起了学者注意的女性是女作家。中国古代的女性作为一个群体基本上是失声的,当女性史学者努力地去发掘女性自己的声音,那些在历史上留下了文学作品尤其是诗词的女性,理所当然地成为学者们关注的焦点。明清史学家在这方面做了大量工作,她们研究女性的文学创作,试图通过发掘女性"自己的声音"来再现女性的生活经历和情感,将历史上缺席的女性放回到历史中去。与明清时期丰富的女性作品不同,流传至今的宋代女性的创作只是零星可见,并且散于各处,不少作品的作者也不确定。在宋代的女作家中最为后人所熟悉的便是李清照和朱淑真。20世纪六七十年代就有一些关于李清照的著作出版,但主要是对其文学作品的翻译和一般性介绍[1]。伊维德(Wilt Idema)才是将社会性别视角引入文学理论,分析解读宋代女性诗词的先行者。1999年的"Male Fantasies and Female Realities"[2]讨论的是保存完好的唯一两部宋代女性诗集,朱淑真的《断肠集》和张玉娘的《兰雪集》。通过细致解读两本书的序言以及后人创作的相关传记资料,伊维德发现收集和出版朱淑真和张玉娘作品的男性文人对她们的个人信息都是含糊其辞。从宋到清,大众文化把她们从女诗人变成了大家崇拜和喜爱的对象,而在男性文人的话语中,她们又转化为女性贞洁的代言人,以此象征男性对君主的忠诚。这些记载的流变蕴含的是后世文人的幻想和

---

[1] 例如 Hu Pin-ching, *Li Ch'ing-chao*, New York: Twayne Publishers, Inc., 1966; Kenneth Rexroth, and Ling Chung, *Li Ch'ing-chao, Complete Poems*, New York: New Directions Publishing, 1979.

[2] Wilt Idema, "Male Fantasies and Female Realities: Chu Shu-chen and Chang Yü-niang and Their Biographies," in Harriet T. Zurndorfer, ed., *Chinese Women in the Imperial Past: New Perspectives*, Leiden: E. J. Brill, 1999, pp. 19-52.

社会考量，而不能简单地看作是关于她们的可信史料。在五年后出版的 *The Red Brush*① 中，伊维德分析了朱淑真和张玉娘的一些诗作，怀疑宋代历史上是否真的有朱淑真这位女诗人。《断肠集》应该被解读为 12 世纪男性眼中典型的出自闺阁的诗意表达，而不是某个特定女性的作品集。其中很可能有相当数量的诗是不知名的男性作者模拟女性声音创作的。伊维德对诗人经历和作品真实性的怀疑也同样适用于《兰雪集》。伊维德从文本流传的角度直接质疑了"女性的声音"的真实性。在中国古代的文学传统中，男性作者假借女性的口吻作诗是司空见惯的，这意味着所谓的女性文学作品并不一定是女性撰写的。而即便是可以确认由女性写作的文章，也不能完全被看作是女性自己声音的表达。包括诗词在内的各种文学类型的格式和语汇都是男性创造的，当女性借用这些文体来表达自身情感时，她们不可避免地要去接受这些既定的文学范式，调整自己的声音。在伊维德之后，艾朗诺（Ronald Egan）在 2013 年出版的 *The Burden of Female Talent*② 中将历史学家的实证精神和怀疑主义以及文学批评理论的运用推到了一个新的高度。其研究的时间跨度从宋代延伸到当下，在大量零散的史料中爬梳，抽丝剥茧，辨析李清照词作的真伪，分析她在词作之外创作的其他类型的文本，她对文学传统和潮流以及时局世情的认知和理解，讨论其女性身份在其生前如何影响她自身的角色定位、自我期待以及作品中的自我呈现，在其死后因社会环境和历史语境的变迁又如何持续影响文人墨客对其作品的接受，导致他们对李清照的记载与评价不尽一致甚至相互矛盾。艾朗诺的研究将历史上的李清照与后人眼中笔下的李清照剥离开来，相当程度地还原了李清照作为一个有血有肉的真实历史人物的存在，同时也再现了她的形象在其身后漫长的千年中是如何被重构和改造的。

20 世纪 90 年代是欧美学者研究中国古代女性史的黄金时期，大批经典

---

① Wilt Idema, *The Red Brush: Writing Women of Imperial China*, Cambridge, Mass: Harvard University Press, 2004.

② Ronald Egan, *The Burden of Female Talent: The Poet Li Qingzhao and Her History in China*, Cambridge, Mass: Harvard University Press, 2013. 中译本艾朗诺:《才女之累：李清照及其接受史》，夏丽丽、赵惠俊译，上海：上海古籍出版社，2017 年。

著作出版，为中国古代女性史的学科成长奠定了坚实的基础，其重要的学术观点影响深远。对宋代女性史的研究也在此期有了长足的发展，而走在最前沿的就是伊沛霞。从 80 年代开始，她对中国古代尤其是宋代女性、家庭、宗族和社会的关注便衍生出多篇论文①。1993 年出版的 *The Inner Quarters*② 集其历年研究之大成，是对宋代女性做出全方位综合研究的里程碑之作。在研究对象上，她不局限于在宋代历史上留下特殊印记的女性名人，而将目光投向整个宋代社会的女性，不过限于材料，研究重心多放在士人家庭中的女性。在研究方法上，该书得益于当时西方学界勃兴的女性史、社会史和家庭史，在研究架构上，她把家庭放回到历史语境中，揭示了政治、经济、宗教和文化对家庭以及在家庭中生活的女性的影响。鉴于婚姻在女性生命历程中巨大的转折型意义，伊沛霞以此为出发点来重构女性的家庭生活。开篇介绍了儒家经典的男女两性的区隔和婚姻的意义，接着讨论与缔结婚姻有关的婚约、嫁娶礼仪、嫁妆聘礼。之后的叙述便聚焦婚姻生活中的女性，妻子作为内助要打理家务，参与纺织等女红，而夫妻之间的关系也是形态各异。生育后的女性如何做母亲，丧偶后的寡妇如何生活，女性的再嫁、为妾、通奸、乱伦与离婚。伊沛霞对宋代女性的婚姻和家庭的研究可谓面面俱到，书中讨论的诸多话题后来都成为学者们进一步深入研究的议题。

柏清韵（Bettine Birge）也是一位多年致力于宋代女性史研究的学者。她早年的学术兴趣是女性与教育，通过解读朱熹的作品，分析他对女性教育的态度和主张③。此后她转向法制史领域，专注于女性财产权和继承权的研究④。为

---

① 这些八九十年代的文章后来被收入她的一本论文集 *Women and the Family in Chinese History*, New York: Routledge, 2003。

② Patricia Ebrey, *The Inner Quarters: Marriage and the Lives of Chinese Women in the Sung Period*, Berkeley: University of California Press, 1993. 中译本伊沛霞：《内闱：宋代的婚姻和妇女生活》，胡志宏译，南京：江苏人民出版社，2004 年。

③ Bettine Birge, "Chu Hsi and Women's Education," in *Neo-Confucian Education: The Formative Stage*, Berkeley, CA: University of California Press, pp. 325-367.

④ 20 世纪中期日本学者仁井田陞和滋贺秀三关于宋代家庭财产所有权和财产继承的讨论引发了学界对女性财产权的广泛关注。此后对宋代女性财产权的研究一直是中国、日本和欧美学术界的一个成果丰富而又颇具争议性的领域。相关研究综述，参见本书易素梅文。

了厘清女性这些权益的历史演变,在长时段的框架下探讨这些变化的意义,她的研究范围从唐代跨越到明代,既检视了"唐宋变革说",也成为了"宋元明转型"学说的奠基之作①。2002 出版的专著 *Women, Property, and Confucian Reaction in Sung and Yüan China*② 详述了宋代关于女性财产权方面空前绝后的创新。在经济的商业化和社会流动性的加强中,作为本家的女儿和夫家的妻子/母亲,宋代女性的财产权稳步提升,法典和法律实践都偏离了儒家理想中的父系传统。财产权的扩大赋予了女性前所未有的经济独立性,也鼓励了她们的再嫁。理学家们一方面支持女性管账理财,为夫君的学业和仕进解除后顾之忧;另一方面又不满女性财产权的现状,希望女性能将自己的私财尤其是嫁妆捐给夫家,作为家庭的共同财产③。13 世纪蒙古人的入侵带来了草原游牧民族的习俗和传统,它与农耕文化的碰撞竟然毫无预期地带来了法律制度的重新儒家化和对父系原则的回归,宋代理学家的诉求得以实现,女性在很大程度上被剥夺了财产权,丧失了法律上和经济上的独立性。该书在政府法令、儒家理念、社会实践、伦理道德的相互张力中观察社会性别的建构,充分呈现了女性史研究的多元性和复杂性。

柏文莉(Beverly Bossler)是另一位在宋代女性史研究中成绩卓著的学者。她对宋代女性的关注在 1998 年出版的第一部专著 *Powerful Relations*④ 中已

---

① Bettine Birge, "Inheritance and Property Law from Tang to Song: The Move Away from Patrilineality," 收入《唐宋女性与社会》,第 849—866 页。"Women and Confucianism from Song to Ming: The Institutionalization of Patrilineality," in *The Song-Yuan-Ming Transition in Chinese History*, Paul Jakov Smith and Richard von Glahn eds., Cambridge, Mass: Harvard University Asia Center, 2003, pp. 212-240.

② Bettine Birge, *Women, Property, and Confucian Reaction in Sung and Yüan China (960-1368)*, Cambridge: Cambridge University Press, 2004.

③ 柏清韵此书将对理学的讨论集中在朱熹及其弟子身上。此前伊沛霞的相关研究则着眼于司马光。司马光对宋代女性拥有私财表达了强烈的不满,认为这不利于家庭的稳定和发展,其批判的态度和论调后来为朱熹所继承,进而塑造了理学视野下的女性经济角色和地位。和柏清韵一样,伊沛霞也指出这种理学观念在宋代影响力相当有限。Patricia Ebrey, "Women, Money, and Class: Sima Guang and Song Neo-Confucian Views on Women," in *Women and the Family in Chinese History*, New York: Routledge, 2003, pp.10-38.

④ Beverly Bossler, *Powerful Relations: Kinship, Status, and the State in Sung China (960-1279)*, Cambridge, Mass: Harvard University Asia Center, 1998. 中译本柏文莉:《权力关系:宋代中国的家族、地位与国家》,刘云军译,南京:江苏人民出版社,2015 年。

经体现出来。该书以宋代婺州士人群体为研究对象,讨论以亲缘和婚姻为基础的家庭关系在地方以及中央如何影响他们的社会地位和政治成就。而女性作为家庭内部和家庭之间联系的枢纽,在其中也发挥了重要作用。在该书的引言部分,柏文莉还比较了唐宋时期女性研究最常用的史料——墓志铭,在墓志书写的变化中考察中古社会的变迁,其发现与"唐宋变革说"相当契合。唐代墓志推崇女性的显赫家世,赞美她们的仪容和才华,描述夫妻之间的亲密关系;而宋代的书写表彰的却是尽职尽责操持家务,含辛茹苦教育子女的母亲的德行。由唐入宋,社会流动性增加,等级意识淡化,科举兴盛,商业发达,对于由男女个体共同组成的家庭而言,比起家世出身和祖先功业,子孙的成就更能彰显其社会地位。*Powerful Relations* 出版之后,柏文莉聚焦女性发表了大量的相关论文。除了精英阶层的女性,她也深入研究了在宋代社会常见却又被边缘化的一些女性,诸如婢女、娼妓、妾侍。十多年史料的积累和思考的沉淀在 2013 年以一本大部头的 *Courtesans, Concubines, and the Cult of Female Fidelity*[①] 呈现在读者面前,从社会性别的角度展现了宋元时期社会变迁和延续的宏大而复杂的图景。宋代的娼妓之盛延唐五代而来,北宋政府对其进一步制度化,官妓私娼无所不在,引起了社会的关注,而在男性的书写中发展出了对各阶层节妇的兴趣。声色文化至南宋进一步泛滥,女性日渐商品化,纳妾之风流行。男性试图将她们驯化(domestication)为家庭成员,通过写作表彰节烈妇女。入元之后,这一趋势进一步强化。作为一名资深的社会史学家,柏文莉将其研究置于四个世纪的长时段中,讨论了不少社会转型中的关键因素,比如社会流动性的增加,地方精英文化的崛起,朝代更迭对男性精英的影响以及他们持续自我定位的努力。而她对不同文学体裁(传奇、词、传)的内容之演变的考察也服务于此。尽管书名是以女性为中心,该书更多的是通过社会性别的视角来理解男性的政治和社会生活。士人与妓妾的关系被纳入公共的政治话语,而他们对女性的书写针对的其实是有着相似教育背景和社会地位的男性读者。由于学界对宋代理学性别理念

---

① Beverly Bossler, *Courtesans, Concubines, and the Cult of Female Fidelity: Gender and Social Change in China, 1000–1400*, Cambridge, Mass: Harvard University Asia Center, 2013.

的关注，有很长一段时间大家认为从唐到宋，自由开放的风气销声匿迹，女性被束缚于内闱，循规蹈矩，沉默保守，地位一落千丈，为明清时期节烈观的普及奠定了基础。近二十年来，学者开始质疑和批判这一所谓的女性唐宋之变①。柏文莉更是用她细致而深入的研究全面颠覆了这一陈见。她指出宋代精英，包括理学家们，对女性并无道德上的苛求，他们对妓、妾、烈女的态度往往是模棱两可；宋代理学和明清时期流行的节烈观（the cult of female fidelity）发展并不同步也不存在因果关系。

2015年读者们期待多年的《剑桥中国史·宋代卷》的第二部终于面世。与第一部以帝王谱系为脉络重构政治史不同，第二部从社会、经济、军事、法律、思想、文化等诸多方面回顾了宋史研究的成果，并在此基础上加以升华。而宋代女性史的研究也在其中占有一席之地。韩明士（Robert Hymes）长期以来研究地方社会，虽然其专著中很少涉及女性，但他从20世纪90年代开始一直在关注和思考女性史。他于1997发表的 The Inner Quarters 的书评用极具批判性的声音质疑伊沛霞所描绘的宋代女性生活的场景，认为它过于理想化，与社会现实之间有脱节。从书的架构到每一章的具体内容，韩明士都详细地加以评述，其犀利的眼光和独到的见解为宋代女性史研究的深入提供了新的思路。他在为《剑桥中国史·宋代卷》写作的文章 "Sung Society and Social Change"② 中，专门列出 Women and Gender 的主题，用相当大的篇幅写下了一位社会史学家多年来对女性史研究的心得。他指出宋代关于女性的话语和实践往往落实到她们相较于男性的不同之处。在已有的研究中，学者们谈到了一些新的或是被强调的性别差异：女性缠足开始流行，妇科作

---

① 早期挑战这一观点的代表作是 Fangqin Du（杜芳琴）and Susan Mann（曼素恩），"Competing Claims on Womanly Virtue in Late Imperial China," in *Women and Confucian Cultures in Premodern China, Korea, and Japan*, edited by Dorothy Ko, Jahyun Kim Haboush, and Joan R. Piggott, Berkeley: University of California Press, 2003, pp. 219–247. 文章重点讨论明清时期的女性贞节观，指出很多变化在宋代理学的家庭价值观中可见端倪，但是宋代政府并未对此做任何的推广和倡导。政府在这方面的强势干预始于元朝。

② Robert Hymes, "Sung Society and Social Change," in John W. Chafee and Denis Twitchett, eds., *The Cambridge History of China, Volume 5, Part 2: Sung China, 960–1279*, Cambridge, UK, and New York: Cambridge University Press, 2015, pp. 526–664.

为专科出现，男女两性的空间区隔。这些在某种程度上呈现的是女性的脆弱性（vulnerability）。在现实生活中，社会流动性加强，建立在市场基础上的财富的扩展和教育的普及逐渐模糊了阶层界限，男女两性身处其间都容易受到伤害。不少男性精英为此感到焦虑，认为这种变化对女性是危险的。同时又有不少男性表达出了另一种截然相反的担忧，他们认为这种变化中的女性是危险的，比如娼妓、侍妾侵犯了正常家庭秩序，而寡妇具有相当的独立性。韩明士认为，不管他们论调如何，对于宋代男性精英而言问题的症结所在其实是女性的自主性（autonomy）。它建立在两点基础上：商业的兴盛和高额的嫁妆促成了女性对财产更多的接触和使用；女性读写能力的提高。急于制造和放大男女差异是男性（有时或许是女性）对社会变化的反应，在精英男性眼中，它预示着男女角色和权力有新的交叉和重叠。女性的经济和教育自主性在宋代既有长足的发展，又面临着困惑与干扰。

时至今日，宋代女性史的研究已是硕果累累，但以宋代女性为中心的可开展的议题并未穷尽。拙作 Crossing the Gate①2016 年出版。它在学界已有成果的基础上做了一个新的尝试，以福建地方作为切入点来再现宋代女性的日常生活。虽然和柏文莉的近作一样，该书使用的文献材料基本上都是男性创作的文章，但与之不同的是，在探究男性精英的女性观之外，该书侧重的是对女性在社会性别建构中所展现出的自身能动性（agency）的发掘。从 20 世纪 90 年代开始，学界对宋代女性的研究基本上沿用伊沛霞所设定的 Inner Quarters 的框架，解析她们的家庭角色以及相应的权利和义务。Crossing the Gate 试着走出家门，寻找宋代女性在家外的行迹，在更广阔的物理和社会空间中重构女性生活的日常。为了弥补文本材料的不足和局限性，该书使用了大量图像和物质材料，运用艺术史和考古学的研究方法，尽可能地突破阶层的限制，重现身份各异的女性在各类公共以及私人场域中的活跃姿态。宋代女性无所不在，她们"主内"，又时而外出，使用各种交通工具，探亲访友，

---

① Man Xu, *Crossing the Gate: Everyday Lives of Women in Song Fujian (960–1279)*, Albany: State University of New York Press, 2016. 中译本许曼：《跨越门间：宋代福建女性的日常生活》，刘云军译，上海：上海古籍出版社，2019 年。

旅游览胜；她们管理家庭经济，又贡献于地方福祉，参与公共工程①；她们与地方官员互动，维护自己的合法权益；求神拜佛，光顾宗教市场；安排身后事，与丈夫共享死后的墓葬空间。面对女性在"外"领域的主动与强势，宋代的男性精英或赞扬，或包容，或缄默，或质疑。对于与女性相关的事务，包括理学家在内的精英士人一般不主动干预，这与他们遵奉和推崇的古典的男女区隔理念大相径庭。长期以来被学者们认为是明清特色的女性的自主性和流动性其实在宋代早已蔓延开来②。

女性史向来是多学科交叉研究的重点。由此发展出来的社会性别研究已经影响到各个学科领域，吸引了不少学者从不同的角度参与其中。例如斐志昂（Christian de Pee）的 The Writing of Weddings in Middle-Period China③ 融合了性别研究、考古学和文化人类学；程晓雯（Hsiao-wen Cheng）的 "Before Sexual and Normal"④ 和 "Manless Women and the Sex-Desire-Procreation Link in Song Medicine"⑤ 综合了性（sexuality）与政治、医疗和宗教研究；Bo Liu

---

① 鲍家麟与吕慧慈在2003年发表过论文《妇人之仁与外事：宋代妇女和社会公共事业》，邓小南主编：《唐宋女性与社会》，第263—274页。

② 对"男外女内"这一经典儒家性别区隔理念的质疑和挑战最早来自20世纪90年代的明清性别史研究学者。代表作是 Dorothy Ko 的 Teachers of the Inner Chambers: Women and Culture in Seventeenth-Century China, Stanford: Stanford University Press, 1994. 中译本高彦颐：《闺塾师：明末清初江南的才女文化》，李志生译，南京：江苏人民出版社，2005年。内外之间没有绝对清晰和固定的界限，男女的空间区分是灵活多变、可协商的。除了欧美学界对这一议题的持续关注和深入探讨，中国宋史学者对此也迅速做出了回应。邓小南有多篇相关论文陆续发表：《宋代士人家族中的妇女——以苏州为例》，《国学研究》1998年第5卷，第519—555页；《六至八世纪的吐鲁番妇女：特别是她们在家庭以外的活动》，《敦煌吐鲁番研究》1999年第4卷，第215—237页（英文版为 "Women in Turfan during the Sixth to Eighth Centuries: A Look at their Activities Outside the Home," The Journal of Asian Studies, vol. 58, no.1 (1999), pp. 85–103）；《"内外"之际与"秩序"格局：兼谈宋代士大夫对于〈周易·家人〉的阐发》，邓小南主编：《唐宋女性与社会》，第97—126页。

③ Christian de Pee, The Writing of Weddings in Middle-Period China: Text and Ritual Practice in the Eighth through Fourteenth Centuries, Albany: State University of New York Press, 2007.

④ Hsiao-wen Cheng, "Before Sexual and Normal: Shifting Categories of Sexual Anomaly from Ancient to Yuan China," Asia Major, 3d ser., vol. 31, no. 2 (2018), pp. 1–39.

⑤ Hsiao-wen Cheng, "Manless Women and the Sex-Desire-Procreation Link in Song Medicine," Asian Medicine, vol. 13 (2018), pp. 1–26.

的"Physical Beauty and Inner Virtue"①糅合思想史、政治史和图像以及文本的研究,解读宋代仕女图的衰落和社会性别理念的变化;Lara C.W. Blanchard 的 Song Dynasty Figures of Longing and Desire②巧妙地比照了宋代绘画与诗词,探讨图像资料中女性欲望的政治寓意以及理想的女性气质模式;巫鸿的《织——女功、女德与女性政治空间》③将绘画、社会性别、伦理道德和政治话语结合起来。这些专著和论文大多不以女性为中心,并不是严格意义上的女性史研究,但它们以社会性别作为核心议题和讨论焦点,显示了其在推动跨学科研究方面巨大的发展潜力和生机。

在中国古代女性史的研究领域,开风气之先的是明清史的学者。比起宋代女性史研究,明清女性史研究有其得天独厚的优势。明清时期的精英女性留下了大量的题材丰富的文字资料,其女性史研究就是由一批研究女性文学的学者开创的,而几十年来主导明清女性史研究的也一直是文学史家。她们的研究成果并不限于文学评论,而是立足于女性创作的文字,讨论女性生活的方方面面以及她们与男性的互动。与之相较,宋代女性的写作材料相当匮乏。这里存在两种可能性的解释,要么这是一个历史问题,即宋代女性很少写作;要么这是一个史学史的问题,即宋代女性也写作,但她们的作品大多没有流传下来。就目前的相关材料来看,第二种可能性要大一些。但即便如此,在宋代似乎还未形成像明清江南那般的由书写(writing)而建立起来的女性社区(women's community)及女性文化(women's culture)。宋代女性写作材料的缺失使得宋史研究者不得不另辟蹊径,在零零散散的各种类型的史料中寻找女性活动的蛛丝马迹。文本材料包括正史、典章、法令法案、文集、笔记、类书、诗词、方志、家训;图像和物质材料则囊括了服饰、交通工具、建筑、绘画、书法、随葬品、墓室结构和壁画等。和明清女性史研究者不同,

---

① Bo Liu, "Physical Beauty and Inner Virtue: 'Shinü tu' in the Song Dynasty," *Journal of Song-Yuan Studies*, vol. 45 (2015), pp. 1-57.

② Lara C.W. Blanchard, *Song Dynasty Figures of Longing and Desire: Gender and Interiority in Chinese Painting and Poetry*, Leiden: Brill, 2018.

③ 巫鸿:《中国绘画中的"女性空间"》,北京:生活·读书·新知三联书店,2019年,第233—278页。

致力于宋代女性史研究的大多是社会史学者。而她们对宋代社会女性的研究也与明清学者遥相呼应。研究宋代女性的学者往往关注女性问题在后代的流变，以此探究历史的延续性和变化性。而研究明清女性的学者也会追根溯源，寻找明清女性现象的历史演进。不少明清史专家拉长研究的时段，她们对晚期帝制中国（late imperial China）女性问题的探索往往以宋为开端。比如白馥兰（Francesca Bray）的 *Technology and Gender*[1] 对家宅、女红和生育的研究都回溯到宋代；费侠莉（Charlotte Furth）的 *A Flourishing Yin*[2] 认为妇科的发展肇始于宋；白凯（Kathryn Bernhardt）的 *Women and Property in China, 960–1949*[3] 比较了宋与明清女性财产权的异同；于君方（Chün-fang Yü）的 *Kuan-yin*[4] 认为宋代是观音的家庭化（domestication）和女性化转变的关键点，影响深远；马克梦（Keith McMahon）在 *Celestial Women*[5] 中考察从宋到清的后宫妃嫔。在宋史学家的眼中，变化是宋代最显著的一个特征，在政治、经济、文化等各方面都有表现。而在明清女性史学者的笔下，宋代也是一个承前启后的时代。很多新的性别理念、规范和实践都初现端倪，等到元明清时期发展壮大，又与宋代形成了鲜明的对比。

就材料、研究人员及其成果的数目而言，宋代女性史在包罗万象、纷繁复杂的宋史研究和中国女性史研究中显得相对边缘和弱小，尚未能形成一个

---

[1] Francesca Bray, *Technology and Gender: Fabrics of Power in Late Imperial China*, Berkeley: University of California Press, 1997. 中译本白馥兰：《技术与性别：晚期帝制中国的权力经纬》，江湄、邓京力合译，南京：江苏人民出版社，2010 年。

[2] Charlotte Furth, *A Flourishing Yin: Gender in China's Medical History, 960–1665*, Berkeley: University of California Press, 1997. 中译本费侠莉：《繁盛之阴：中国医学史中的性（960—1665）》，甄橙主译，南京：江苏人民出版社，2006 年。

[3] Kathryn Bernhardt, *Women and Property in China, 960–1949*, Stanford: Stanford University Press, 1999. 中译本白凯：《中国的妇女与财产：960—1949 年》，刘昶译，上海：上海书店出版社，2003 年。

[4] Chün-fang Yü, *Kuan-yin: The Chinese Transformation of Avalokiteśvara*, New York: Columbia University Press, 2001. 中译本于君方：《观音：菩萨中国化的演变》，陈怀宇、姚崇新、林佩莹合译，北京：商务印书馆，2012 年。

[5] Keith McMahon, *Celestial Women: Imperial Wives and Concubines in China from Song to Qing*, London: Rowman & Littlefield Publishers, 2016.

成熟独立、有机有序的研究领域和群体。然而宋代女性史的研究筚路蓝缕，发展至今，不断扩大和拓展史料的范围，发掘新的材料，考察了女性的家庭生活、户外活动、政治参与、法律地位、经济权利、教育水平、医疗知识、文化修养、宗教信仰①等诸多方面。从载入史册的后妃、留下文字的作家，到男性精英笔下的士人家族的女性，以至下层庶民、倡优，来自社会各阶层的女性都成为了研究者关注的对象，构成了精彩纷呈的宋代女性群像，极大地丰富了我们对宋代的认知。除了一些长期耕耘于此的研究者，还有不少学者将女性和社会性别纳入其研究视野，从多角度来观察和解析宋代社会的多元性。宋代女性史的发展从来不是孤立的，它的产生是对相关政治话语与学术新潮的回应，而学术总结、批判、反思和对话也一直贯穿其成长过程。与之互动的不仅是宋史研究的新动向，还包括其他时段历史尤其是明清史的研究成果和时尚。正是因为有了这样开放的视野和对学术前沿敏锐的感知，宋代女性史研究的活力才得以延续至今。

---

① 对宋代女性宗教信仰进行集中讨论的论文，参见 Mark Halperin, "Domesticity and the Dharma: Portraits of Buddhist Laywomen in Sung China," *T'oung Pao*, vol. 92 (2006), pp. 50–100. Ding-Wha Hsieh, "Images of Women in Ch'an Buddhist Literature of the Sung Period," In *Buddhism in the Sung*, edited by Peter N. Gregory and Daniel Getz, Jr., Honolulu: University of Hawai'i Press, 1999, pp. 148–187.

国家与市场的迷思：女人的唐宋之变研究回顾

易素梅

20世纪20年代，中国妇女史研究创立伊始，女人的唐宋之变就是关系妇女史乃至中国史展演趋势、变化动因的重要议题[①]。儒礼被视为男女不平等的根源："三从"、男外女内、宗法致使女性仅具从属地位，只能从事家内小事，无与男子平等的社会地位，无宗祧继承权；儒礼渗入法律，大成于唐代，经过宋儒倡导，强化男女之不平等；至于唐宋习惯法中女子原始的"公民权"（摄政、封爵、旌表的权利）、成文法中的财产权，虽被提及，但不受重视[②]。虽然具体论述的弊端不尽相同，"以礼入法"说与稍早马克斯·韦伯提出的"中国宗教"说均以儒家思想与伦理为阻碍中国现代化的根源[③]。它影响深远，令人

作者单位：中山大学历史系

[①] 唐宋之变指唐宋时期发生的历史变化。关于唐宋之变的性质与历史分期，学界意见并不统一。参见李华瑞：《"唐宋变革"论的由来与发展》，李华瑞编：《"唐宋变革"论的由来与发展》，天津：天津古籍出版社，2010年，第1—39页。

[②] 赵凤喈：《中国妇女在法律上之地位》，北京：商务印书馆，1928年，第1—4、12—14、78—79、111—120页。

[③] 马克斯·韦伯：《儒教与道教》，王容芬译，北京：商务印书馆，1999年，第279—301页。

产生如下印象：女人若有唐宋之变，也不过是中国现代化过程中不进反退的一环①。

此后近一个世纪，"以礼入法"说受到社会史、文化史、知识史等转向的冲击，女人的唐宋变革悖论的预设、取径、瓶颈、出路渐次显露。究其根底，国家与市场的理念既是激发学者灵思的源泉，又是使其受困的源头。国家是囊括政治、经济、军事、意识形态力量的复杂社会组织。两种不同的看待国家的方式影响着唐宋妇女史研究：一种注重国家的整体性，认为单一价值体系决定国家治理的效果；一种注重国家的多元性，强调其力量来源的多样性与不同组织、势力的协商机制。市场是在国家内、外最重要的资源配置方式。对于市场机制的形成，学界亦有自然生成与人为配置二种看法。对国家与市场的看法折射出人们对权力来源与历史动因理解的分歧，以下分述之。

一、国家

性别与国家的关系是中国妇女史研究始兴即重点关注的议题，是解释女人唐宋之变的关键所在。一个世纪过去，具体研究议题从女人的政治参与扩展到性别想象的政治意涵。作为分析工具的国家也从延续不变、全知全能的礼法象征转为对应特定时空中依赖信息、财富等社会资源的人与组织。

早期妇女史研究关注的政治参与聚焦在宫廷、官僚等政治体制中的女性与被国家认可的女性身上。赵凤喈认为，虽然女性干政屡受禁止与批评，但作为紧急措施与权宜之计的太后摄政是一种习惯法；秦汉以后形成的女子封爵之制演变为唐宋时期的内外命妇制度，其本质均为女性对夫、子官位的依赖；女性亦可凭借自身的努力获得国家认可的荣誉或曰旌表，秦汉时期，礼教培植出重视贞节、贱视再嫁等观念，经宋儒提倡，元代旌表制度逐渐完善，至明清则节烈观盛行，主要旌表下层民众②。他默认中古妇女史演进的动力来

---

① 譬如陈东原认为，历史研究者的任务是发现并同情被忘却、深受唐宋思想与社会转型之害的妇女，即贞节观的加强导致离婚、再嫁、受教育等权益受损的女性。陈东原：《中国妇女生活史》，北京：商务印书馆，1937年，第2、129—148页。

② 赵凤喈：《中国妇女在法律上之地位》，第78—79、111—120页。

自"三从"、男外女内、宗法代表之儒礼与以礼入法之国家,但并未解释礼何以入法,它们如何形塑女性的政治参与。一方面,儒礼成为中国落后、国家治理无效的根源,它导致近代女子无选举权,不能承担公共职务,受国家表彰的首要原因是在家内守节。以礼入法说将古代帝国与现代国家对立起来,否认前者行使权力的合理有效性,指责其偏袒身份、礼俗、神圣性,肯定后者注重契约、法理、世俗性[①]。另一方面,国家似又无所不能,强有力地推行并成功地实现以礼入法。以礼入法说长于解释治理的合法性与制度的延续性,短于解释变革的发生,因其忽视异见与规避的现象。

女主摄政的制度化与儒礼之间的张力引起杨联陞的兴趣。他引入家庭、婚姻、族群等社会人类学视角,试图重构女主摄政的制度模式,并诠释其生成机制。他认为宋制更加精密,出现张扬、内敛二型;摄政太后的权力来自母权、妻权,同时北方妇女较高的社会地位(如唐武曌称帝与辽太后临朝所示)直接或间接影响着宋朝的太后们[②]。杨说预示的社会史转向在20世纪80年代以后得到热烈的回应,女主、后妃、宫廷女性的社会背景及其参政的原理与机制逐渐成为学者关注的焦点[③]。但是,对人物、事件的深描细写并未超越赵、杨提供的解释框架。女性在婚姻、家庭中的抽象角色被平移到女主摄政

---

① 对两分法式的古代/现代国家定义的批评,参见 Robert A. Nisbet, *The Sociological Tradition*, London: Heinemann, 1967, pp.8-9;杜赞奇(Prasenjit Duara):《从民族国家拯救历史:民族主义话语与中国现代史研究》,王宪明译,北京:社会科学文献出版社,2003 年,第 2 页。

② 杨联陞:《中国历史上的女主》,林维红译,《食货月刊》1972 年第 11 期;L. S. Yang, "Female rulers in Imperial China," in John Lyman Bishop, ed., *Studies of Governmental Institutions in Chinese History*, Cambridge, Mass.: Harvard University Press, 1968, pp.153-169.

③ 代表性论著有:Priscilla Ching Chung, *Palace Women in the Northern Sung (960-1126)*, monographies de *T'oung Pao*, Leiden: Brill, 1981, pp. 80-90;张邦炜:《宋代皇亲与政治》,成都:四川人民出版社,1993 年,第 122—199 页;刘静贞:《皇帝和他们的权力》,台北:稻乡出版社,1996 年,第 163—186 页;贾志扬:《刘后及其对宋代政治文化的影响》,漆侠主编:《宋史研究论文集:国际宋史研讨会暨中国宋史研究会第九届年会编刊》,保定:河北大学出版社,2002 年,第 126—141 页;John Chaffee, "The Rise and Regency of Empress Liu (969-1033)," *The Journal of Sung-Yuan Studies*, no. 31 (2001), pp. 1-25;赵冬梅:《先帝皇后与今上生母——试论皇太后在北宋政治文化中的含义》,张希清编:《10—13 世纪中国文化的碰撞与融合》,上海:上海人民出版社,2006 年,第 388—407 页;祝总斌:《古代皇太后"称制"制度存在、延续的基本原因》,《北京大学学报(哲学社会科学版)》2008 年第 2 期。

制度中，而制度的变化（如精密化、张扬／内敛两极化）没有获得合理的解释。

社会性别（gender）研究的兴起与文化史转向促使学者关注历史的真实与虚构、精英文化与大众文化的关系等问题。儒礼呈现的夫妻、母子权力关系与社会实践之间的关联成为解释制度转型的突破口。邓小南从唐宋时期人们对礼的认知入手，分析男外女内的秩序格局在政治与家庭危机、士大夫与普通家庭的人际交往中的展演，揭示家事／国事、男女职事衔接与交叠的合法性的形成[1]。刘静贞述陈"三从"在周代封土建邦之制、宋代君主官僚制中的不同呈现，反映"三从"在逐渐稳定的父系父权制中被内化的过程[2]。李慧漱（Li Hui-shu）发现就皇后自身形象的艺术表达而言，北宋比唐代更注重谨守内外阈限，南宋比北宋又更甚焉；但即便南宋皇后，仍然通过亲自执笔、赞助、馈赠等方式，彰显自己作为君主敌体的权力地位[3]。在对儒礼及其践行的历史考察之中，礼、法不再被看成是传统与现代的对立两极，而是各自具有相应的设想、表述、执行的过程以及合理有效、变通折中的层面。以礼入法不再被理解为儒家思想自发演变的必然结果，而是不同组织与群体之间面对现实需求与挑战的竞合选择。因此，学者不再笼统地看待女人唐宋之变的问题，不再以线性史观推论女性地位的升降或相关制度的进步或退后，而是根据女性的身份属性，考量其生存、发展的制度环境与应对。

对权力关系的历史考察反过来推动学者思考以政治参与为中心的妇女史研究模式、国家本身。邓小南主张在貌似不存在女性的领域发现女性的存在状态，启发学者重新评估女性在国家政治生活中的位置[4]。虽然女官、命妇

---

[1] 邓小南：《六至八世纪的吐鲁番妇女：特别是她们在家庭以外的活动》，《敦煌吐鲁番研究》1999年第4卷；邓小南：《宋代士人家族中的妇女——以苏州为例》，《国学研究》1998年第5卷；邓小南：《"内外"之际与"秩序格局"：兼谈宋代士大夫对于〈周易·家人〉的阐发》，邓小南主编：《唐宋女性与社会》，上海：上海辞书出版社，2003年，第97—126页。

[2] 刘静贞：《社会文化理念的政治运作：宋代母／后的政治权力与位置试探》，邓小南、程民生、苗书梅编：《宋史研究论文集》，开封：河南大学出版社，2014年，第10—18页。

[3] Li Hui-shu, *Empresses, Art, and Agency in Song Dynasty China*, Seattle: University of Washington Press, 2010, pp. 68-69, 158-159, 218.

[4] 邓小南：《存在？不存在？——女性与中国古代政治史》，叶汉明主编：《性别视野中的中国史新貌》，北京：社会科学文献出版社，2012年，第1—10页。

制度长期存在,但它们往往被视为夫、子官品或君主特权的附属物①。邓小南对女官的研究改变了这一印象:宋代尚书内省继承隋唐侍奉帝后生活起居的职事官序列,但渐趋品秩化,其协助君主处理政务文书的差遣渐成新的序列,然而职事官与差遣的分离远不如外朝彻底;徽宗朝后宫一度分置掌宫闱的内侍省与掌书命的尚书内省,后者设六司与外朝六部对接,但南宋初已废止;对高级内尚书的年龄、服用、日常礼仪的规定体现出去性别化特征②。由此,政治参与不仅意味着设官分职、出谋划策,抑或财富与荣誉的流动,还意味着知识、信息的流动。女性的政治参与不仅关乎贵妇们主动参与决策,还关乎普通女人"被参与"日常政务处理。后者的制度化、组织化反映官僚制、国家信息流通机制的转型:在女子居内从人的社会规范基础上,统治者添加去性别化规定,在内朝打造更保密、高效的高端政务信息处理后台,以便君主走向前台。从信息渠道的角度考察女性在组织分层中的位置,有助于打破以男性为中心的政治史研究阈限,打破君/臣、国家/社会的二分法,揭示不同层级、面相的权力代理机制(女官、内宦、宰相、官僚、地方精英等制度)的生成、符号化、互动、转型过程,揭示不准入、不准发言、貌似不在场的在场者的能动性及其行使权力的机制,从而获得对国家、制度创新更深刻的认识。

　　国家虽是特定疆域内垄断暴力的合法使用权的人类共同体,但与国家支配相伴而生的是无效的治理以及权力代理、逃离统治的组织与方式,后者往往成为制度转型的起点,不能不予以重视③。鲍家麟、吕慧慈研究女性参与的社会公共事业,举钱四娘为例④。钱氏从民间筹措巨资,设计修建莆田木兰陂。虽然功败垂成,但她的尝试早于并影响了熙丰时期农田水利法。学者论及熙

---

① Priscilla Ching Chung, *Palace Women in the Northern Sung (960–1126)*, monographies de *T'oung Pao*, pp. 80–90.

② 邓小南:《掩映之间:宋代尚书内省管窥》,《汉学研究》2009年第27卷第2期。

③ 参见乔尔·米格代尔(Joel Migdal)对马克斯·韦伯"国家"定义的批评。乔尔·米格代尔:《社会中的国家:国家与社会如何相互改变与相互构成》,李扬、郭一聪译,张长东校,南京:江苏人民出版社,2013年,第3—28页。

④ 鲍家麟、吕慧慈:《妇人之仁与外事:宋代妇女和社会公共事业》,邓小南主编:《唐宋女性与社会》,第263—274页。

丰变法往往以国家或者象征国家的王安石、神宗为创设主导者,但钱氏的例子说明包括女性在内的民众才是制度创新的源泉,国家只是传播成功经验的推手之一①。钱氏之名虽不见于正史记载,但作为地方祠庙供奉对象,她以及她参与开创的汇聚民间智慧与财富的创新模式存在于当地民众的集体记忆之中。

女性形象,特别是不同文类、在地文化中的女性形象,逐渐成为性别与政治史研究拓展的另一领域。受知识史转向影响,女人的唐宋转型首先是有关女性的历史书写的转型,逐步成为学者的共识。"宋代贞节观加强"不再被看作是女性的实然,而被视为女性的应然。宋代既不盛产节妇,政府也不积极提倡守节②。学者由批评理学的兴起对女性的桎梏,转向关注社会经济、历史书写者的变化对书写方式的影响。"被呈现的女性"取代"受迫害的女性",进入唐宋转型研究的中心位置。士人言女性而顾其他的他意成为学者分析士人的身份政治、国家与社会关系的用力之处。伊沛霞(Patricia Ebrey)推测,作为宋代的审美理想,"才子佳人"形象受到契丹、女真、蒙古等北方族群文化的影响。通过推崇有别于北族的文雅,宋代士人彰显汉人文化的优越性③。这一推测与宋代女主受辽影响说相映成趣,为方兴未艾的全球史研究提供了有价值的假说。

对女性形象的实证研究扎根于文体分析。何复平(Mark Halperin)揭示北宋后期墓志铭出现较多女性弃家事而兴佛事的描写,是因为女居士恬淡自处的美德成为因党争而遭贬黜的士人自身道德理想的投射④。柏文莉(Beverly

---

① 韩明士(Robert Hymes)认为国家的后退是宋代社会变化的起因之一,北宋王安石新政的发起者为国家,它为南宋一系列社会变革设置典范。Robert Hymes, "Sung Society and Social Change," in John Chaffee and Denis Twitchett eds., *The Cambridge History of China: Sung China, 960-1279*, Volume 5, *Part 2*, Cambridge: Cambridge University Press, 2015, p. 540.

② 柳立言:《浅谈宋代妇女的守节与再嫁》,《新史学》1991年第2卷第4期。

③ 伊沛霞:《内闱:宋代的婚姻和妇女生活》,胡志宏译,南京:江苏人民出版社,2004年,第29页; Patricia Buckley Ebrey, *The Inner Quarters: Marriage and the Lives of Chinese Women in the Sung Period*, Berkeley: University of California Press, 1993, p. 33.

④ Mark Halperin, "Domesticity and the Dharma: Portraits of Buddhist Laywomen in Sung China," *T'oung Pao*, vol.92, no.1 (Aug. 2006), pp. 50-100.

Bossler)指出,北宋党争中受挫的文人通过撰写墓志铭赞美善治内事的女性,以表达他们对国家的忠;南宋、元代的文人则更热衷于运用族谱、地方志向公众展示节妇的美德,以激励男性尽忠,并在缺少科举仕进机会的元代追求公众声誉和文化认同感①。

对地方女性的历史书写的关注与包弼德(Peter Bol)的地方史兴起说遥相呼应。后者强调,地方史的兴起是唐宋转型的重要面相,宣示家族美德的地方史书写在维系新型士绅家族地位(不再依靠门第甚至官位)、实施国家教化中具有不可或缺的地位②。不过,女性在宋代地方史书写中的地位或符号化似不宜高估③。节妇烈女在宋元明转型中的意象应结合更细致的文本分析与制度史研究进行理解,国家如何因应地方史的兴起也不能简单概之以国家的后退、不干预④。国家的进退仅触及历史的表象,并不能直接反映其社会控制力的强弱。以退为进、交换协商如何成为国家与社会组织、个体之间权力角逐的常态,才是理解唐宋、宋元明社会转型的关键。

---

① Beverly Bossler, *Courtesans, Concubines, and the Cult of Female Fidelity: Gender and Social Change in China, 1000–1400*, Cambridge, Mass.: Harvard University Asia Center, 2013, pp. 414–415, 421–425.

② Peter K. Bol, "The Rise of Local History: History, Geography, and Culture in Southern Song and Yuan Wuzhou," *Harvard Journal of Asiatic Studies,* vol. 61, no. 1 (Jun. 2001), pp. 37–76.

③ 汉唐之际,《列女传》逐渐成为正史修撰的必备类目,而宋代地方志中罕见"列女"条目。邓小南发现在宋元苏州地区地方志的"人物"条中仅1位女性;许曼(Man Xu)主要依据明清方志"列女""官守""人物""名宦"等条目复原宋代福建地方史书写中的女性道德楷模,仅发现3位。邓小南:《宋代士人家族中的妇女——以苏州为例》,《国学研究》1998年第5卷;许曼:《跨越门间:宋代福建女性的日常生活》,刘云军译,上海:上海古籍出版社,2019年,第133、141、156、175—177、179页; Xu Man, *Crossing the Gate: Everyday Lives of Women in Song Fujian (960–1279)*, Albany: State University of New York Press, 2016, pp. 110, 118, 130, 146–148, 150.

④ 许曼认为宋代的旌表主要由地方官颁给,元以后逐渐制度化,地方旌表成为国家旌表的从属和辅助手段,但并未提供依据与解释。持国家后退说的代表性学者有郝若贝(Robert Hartwell)、韩明士。许曼:《跨越门间:宋代福建女性的日常生活》,第36页; Xu Man, *Crossing the Gate: Everyday Lives of Women in Song Fujian (960–1279)*, Albany: State University of New York Press, 2016, p. 29; Robert Hartwell, "Demographic, Political, and Social Transformations of China, 750–1550," *Harvard Journal of Asiatic Studies* vol. 42 no.2 (1982), pp. 365–442; Robert Hymes, "Sung Society and Social Change," in John Chaffee and Denis Twitchett eds., *The Cambridge History of China: Sung China, 960–1279*, volume 5, part 2, pp. 526–664.

从政治参与到性别意象不仅意味着研究议题的拓展，还反映出看待国家、女人唐宋之变的方式改变。唐宋帝国与当代国家一样，不是无所不能，而是有所不能、有所不为。作为正式或非正式的制度，国家行政体系中的性别分工、士人精英对理想女性形象的塑造均蕴含对效率、合理性的考量。对女人唐宋之变的叩问因而被拆解成诸多子课题，其着眼点从迫害女性的一元意识形态转向复杂多样的两性应对危机与挑战的经验与机制，特别是女性在知识、信息的制造与传播体系中的位置。国家研究范式的转变受到经济学思潮的影响，并影响着市场与女性的研究。

二、市场

与国家政治相比，市场在早期妇女史研究中不受重视。市场被视为自然而然产生的交换，而女性往往被视为没有自主意识的交换品。然而市场嵌入社会之中，各项社会制度安排与市场体制交互影响[①]。20世纪末，学者开始将婚姻、女性劳动力市场的需求、交换场域、价格机制纳入研究范围，市场与国家、家族、士人与精英群体的关系逐渐得到重视。

受"以礼入法"说影响，早期妇女史研究并不关注性别与市场的关系。赵凤喈仅提及女性继承、占有财产的权利：自古妻无私财，即便嫁妆亦归夫家所主；中古以前只有宗祧继承，无财产继承，宗法废弛之后，嫡庶子男得以继承家产，女儿只得嫁妆；但户绝时，女儿可以承受财产，只是宋与前代、后世不同，在室女、姑姊妹可分得有附加条件的财产，即不可承受全部资产，且父母得以遗嘱剥夺或限制其承受权，而唐、元帝国均确认女儿承受权[②]。赵氏全然不计女性在社会生产与再分配中的法律地位，而单以宗法无法解释家庭财产分配在宋代的"反常"。

20世纪中叶，以《名公书判清明集》中南宋户绝财产"女得男之半"法

[①] 国家与市场的关系研究参见约翰·希克斯（John Hicks）：《经济史理论》，厉以平译，北京：商务印书馆，1987年，第23—24页；卡尔·波兰尼（Karl Polanyi）：《巨变：当代政治与经济的起源》，黄树民译，北京：社会科学文献出版社，2013年，第25、126—127、144页。

[②] 赵凤喈：《中国妇女在法律上之地位》，第1—4、14—17、75—76页。

的发现为契机,学界分为女子继承权扩张说与家产父系传承说二派。前者以岛田正郎、仁井田陞为代表,认为该法确实存在,因为江南地区女性在家庭中经济地位较高,长期存在女儿参与分家的习惯法①。后者以滋贺秀三为代表,认为前者断章取义,该法应在未知的附加条件下才适用:中国家产继承原则上仅存在于父子之间,女儿不是权利主体,没有继承权;女儿作为附属的受益者,可以获得嫁妆,或者承受户绝财产,其份额远小于继产之子、继子;在后一情况下,国家可以像处理无主抛荒土地一样参与分羹②。该说与以礼入法说一样,认为儒礼决定国家治理的效果与社会秩序运行的现实。女性在家计中的地位是二派分歧产生的深层原因。

20世纪80年代以后,更多学者立足于国家的立场、作为与权限,认同家产父系传承原则。但对"女得男之半"法的适用范围,他们的看法不尽相同:袁俐、柳田节子、白凯(Kathryn Bernhardt)、邢铁持抚恤孤女说;津田芳郎(即高桥芳郎)持照顾幼男说;魏天安持照顾孤幼说;柳立言持"女得男之半"与"聘财之半"法并存说;戴建国持地方法说③。限定"女得男之半"法的适用人群、地域、时机,只能将其视为家产父系传承说的例外与补充,并不能使其逻辑自洽。

---

① 岛田正郎:《南宋家产继承上的几种现象》,《唐宋(附五代史)研究论集》第2辑第2册,台北:大陆杂志社,1967年,第11—12页;仁井田陞:《中国法制史》,牟发松译,上海:上海古籍出版社,2011年,第170—171页。

② 滋贺秀三:《中国家族法原理》,张建国、李力译,北京:法律出版社,2002年,第353—366页;滋贺秀三:《中国家族法の原理》,东京:创文社,1967年,第437—453页。

③ 仅白凯一人认为"女得男之半"不是成文法,而是法官的误用。袁俐:《宋代女性财产权述论》,杭州大学历史系宋史研究室编:《宋史研究集刊》第2集,1988年,第271—308页;柳田节子:《南宋期家产分割における女承分について》,《宋元社会经济史研究》,东京:创文社,1994年,第221—242页;Kathryn Bernhardt, "The Inheritance Rights of Daughters: The Song Anomaly?" Modern China, vol. 21, no. 3, (July 1995), pp. 269-309;魏天安:《宋代财产继承法之"女合得男之半"辨析》,《云南社会科学》2008年第6期;津田芳郎:《再论南宋"儿女分产"法》,《法制史研究》2008年13期;邢铁:《南宋女儿继承权考察:〈建昌县刘氏诉立嗣事〉再解读》,《中国史研究》2010年第1期;戴建国:《唐宋变革时期的法律与社会》,上海:上海古籍出版社,2010年,第373—394页;柳立言:《宋代分产法"在室女得男之半"新探》,载氏著:《宋代的家庭和法律》,上海:上海古籍出版社,2008年,第408—494页;柳立言:《南宋在室女分产权探疑:史料解读及研究方法》,《中研院历史语言研究所集刊》2011年第83本第3分。

伊沛霞从婚姻市场的角度切入，挑战国家视角，指出"女得男之半"法有助于保障厚嫁风气下孤女的出嫁，是国家对婚姻市场需求的应对。她认为，获取嫁妆的意义并不小于继承，财产的支配权与所有权一样重要：虽然妻财归入丈夫名下，但妻子可以利用嫁妆帮助夫家，并提升自己在夫家的地位；士人对理想的嫁妆分量看法不尽相同，但宋代兴起的厚嫁之风显示出士人精英应对社会流动性加剧、维系家族地位不坠的决策倾向①。市场视角的引入打破了以儒礼为根基的家产父系传承说面临的僵局。儒礼需与现实进行妥协，由此形成的制度安排体现为婚姻市场供需关系的变化。

　　作为制度安排的市场不应被视为国家的对立面。李贞德指出汉代没有"户绝"制度，女性在代户制度中位居前列；汉唐之际的分产、田宅、户绝等制度显示，女性获得不动产的机会与分量在递减②。Bettine Birge（柏清韵）亦指出，南宋后期，限制寡妇携产再嫁的主张开始出现，至元代被正式确立③。换言之，从长时段看，"女得男之半"法似属例外。柏清韵认为它是偏离唐律所依据的父系原则的创新，宋代绝户财产的处置更有利于女儿而非男性近亲④。但是，户绝财产的处置不能仅从男性近亲的退出来看，国家不再"侵占"户绝财产的现象也不能仅以保障女性或孤幼权益来解释。

　　国家的角色，特别是它通过赋役、继承等制度实现社会再分配的市场角色，值得深究。譬如李贞德指出隋唐帝国不再授予普通女性田地⑤。而宋朝国家人口统计往往不包括女口⑥。如以国家不再重视女性的经济贡献解释这

---

　　① 伊沛霞：《内闱：宋代的婚姻和妇女生活》，第87—100页；Patricia Buckley Ebrey, *The Inner Quarters: Marriage and the Lives of Chinese Women in the Sung Period*, pp. 99-113.

　　② 李贞德：《汉唐之间女性财产权试探》，李贞德编：《中国史新论：性别史分册》，台北：联经出版社，2009年，第191—238页。

　　③ Bettine Birge, *Women, Property, and Confucian Reaction in Sung and Yüan China (960-1368)*, Cambridge: Cambridge University Press, 2004, pp.138-142.

　　④ Bettine Birge, *Women, Property, and Confucian Reaction in Sung and Yüan China (960-1368)*, pp.138-142.

　　⑤ 李贞德：《汉唐之间女性财产权试探》，李贞德编：《中国史新论：性别史分册》，第191—238页。

　　⑥ 苏基朗：《宋代一户两口之谜：十年来有关研究的回顾》，收入氏著《唐宋法制史研究》，香港：香港中文大学，1996年，第123—148页。

些变化,将无视无数女性直接或间接承担赋役的事实。国家治理与市场机制的结合或可提供一种新的思考方向:通过代理组织(如家族、保甲等)与儒家观念,宋以后的国家能以较小的成本实现更有效的社会控制,而女性逐渐被剥夺这些代理组织的领导、决策者地位。宋代继承制的变化或许反映国家减少对土地等生产资料的直接控制、赋予家族更多财产经营与管理权利的趋势,而不是专为保障女性财产权益、背弃父系制的创新。

对国家与市场关系的再思考也能为女性职业与生计的研究提供出路。80多年前,全汉昇将宋代女性的职业分为实业、游艺、杂役、妓女四类①。包含商业、手工业、农业的实业显然被认为比出卖身体自由、服侍他人的后三者更重要。商业居首,农业居尾,大概不仅与近代对商业的重视有关,还与全氏认为女性在传统经济的最大产业中只能从事采桑与养蚕之业有关。女性仅能在传统经济的末业之中独立经营,或许是他未明言的观点吧。

伊沛霞重新聚焦娱乐服务业中的女性,阐发市场化与贞节观之间的联系:某些道学家之所以提倡以男尊女卑、男外女内、家族控制嫁妆等父系制原则重建家族秩序,是因为女性经济独立性增强,处于下层社会的妓女、女使可以通过做妾实现地位的抬升,家与阶级的界限变得模糊②。伊沛霞对妓女、女使的能动性的发现,以市场解释观念转变的方法,启发着后继者。白馥兰(Francesca Bray)认为宋代宗祧观念的普及反过来影响女性的角色,导致宋以后生育的重要性超过生产③。柏文莉则指出宋代妓女的形象从标识士人身份等级的美丽商品逐渐变为家庭成员、贞节的母亲,士人的男子气概(masculinity)则从风流变为自律;国家无力抵制市场对价值观的侵蚀,导致兼具道德、法律意义的良贱之别变得暂时/职业性而非永久/继承性;她不赞同苏成捷(Mathew Sommer)的观点,后者认为清中期性规范从良贱有别转向全民一致,以社会性别为决定性因素;她认为社会性别与身份的因素始终纠缠,两性关系的变化同时具有周期性(如文人话语中的情、对象征前朝

---

① 全汉昇:《宋代女子职业与生计》,《食货》1935年第1卷第12期。

② 伊沛霞:《内闱:宋代的婚姻和妇女生活》,第237—238页;Patricia Buckley Ebrey, *The Inner Quarters: Marriage and the Lives of Chinese Women in the Sung Period*, pp. 269-270.

③ Francesca Bray, *Technology and Gender: Fabrics of Power in Late Imperial China*, Berkeley: University of California Press, 1997, pp. 150-155.

的妓女的怀念、战乱时期对烈女的宣传与和平时期对节妇的宣传)与线性(宋元以后节妇的种类、数量增多,即宋法以限制纳妾之令的消亡、丈夫无须与奸妇强制离婚为特征,而明清法律以旌表贞节妻妾、惩治无力娶妻养家的"光棍"为特征)[①]。在这些研究中,向上流动的阶级诉求被视为推动贞节观强化的主动力,市场是自然产生之物,国家是受市场牵动、试图干预市场而最终徒劳无功的因子。

然而市场与国家仅仅是"冲击—反应"的关系吗?男人无须与奸妇强制离婚之律至迟可追溯至唐代,反映早在宋代商业化之前,国家就以贞节为代价维护男人(特别是穷男人)的权利,对个体与社会成本的考量已在婚姻法的设计之中[②]。女性的市场化并未造成宋代强制离婚法的改变,并不必然意味着市场的冲击不够强大,或者旧法足以应对新变,而是意味着市场与国家之间存在恒久的互动关系。

宋代国家以市场的手段进行社会控制的现象比比皆是,其中不乏关于女性就业与生计的例子。刘静贞认为,虽然士大夫将不举子归结为经济性原因,提出理想主义的对策,但在其强调义利的表象背后,有着"家庭计划"的考虑、民众对于某种生活质量的期待[③]。费侠莉(Charlotte Furth)认为妇科的确立与宋朝主持的大型医书整理与出版项目、儒医的兴起、印刷术的普及有关,而出版与印刷术的普及有赖于市场;妇科的兴起导致依赖手术、针灸等实际操作与口头传承的女性医疗看护者及其知识的边缘化[④]。刘、费对知识的考古使"女子难疗""家贫可/不可溺婴"等道德观念历史化,有助于破除以永恒不变的儒礼解释不变的中国的原教旨主义、以线性发展的公理解释人的行为与选择的进化论史观。她们的发现也揭示,宋朝国家更多采取经济的思维与手段干预女性的就业市场、家计安排,截然不同于唐代国家不干预或以武力

---

① Beverly Bossler, *Courtesans, Concubines, and the Cult of Female Fidelity: Gender and Social Change in China, 1000–1400*, pp. 412-429.
② 参见崔兰琴:《中国古代的义绝制度》,《法学研究》2008 年第 5 期。
③ 刘静贞:《不举子:宋人的生育问题》,台北:稻香出版社,1998 年,第 209 页。
④ 费侠莉:《繁盛之阴:中国医学史中的性(960—1665)》,甄橙主译,南京:江苏人民出版社,2006 年,第 113—114 页;Charlotte Furth, *A Flourishing Yin: Gender in China's Medical History, 960-1665*, Berkeley: University of California Press, 1997, pp.131-133.

直接干预的二极式治理方式。

宋型治理给女性带来的机遇与挑战需分时空、看身份而言,不能以进步、后退定论①。士人对市场的焦虑与无奈不仅针对女性市场化带来的士人家族内部阶级界限的模糊,还直指市场对婚姻关系与社会秩序的破坏与瓦解。譬如士人著述中流行五通神奸淫士庶、贫富之家的妇女而使之暴富的故事,小说中亦见富人"行钱"驱使士人而后者不得不以未嫁女劝酒服侍的描述;五通神在宋代获取国家赐封②。作为社会控制的暴力手段,市场机制获得日益广泛的运用,其影响已不限于赋役体制,而是深深嵌入婚姻、家庭乃至宗教管理体制。

综上,对整体性国家制度的形态与变化趋势的追问并未消失,但学者逐渐形成的共识是,这一追问必须基于对多元性社会资源、社会力量及其组织方式的认识。国家与市场关系的变化是理解唐宋之变的关键。将市场视为自然生成之物、将国家视为市场跟随者的做法无法解释唐宋之变中传统与现代之间的悖论。澄清市场为国家带来的机遇与挑战与理解女人的唐宋之变是相互关联、促进的研究课题。女人的唐宋之变研究折射出不同世代的学者对历史与"现代化"进程中国家与市场的双重关怀。90年前,"以礼入法"说呈现出日益强暴无理的唐宋帝国与蛰伏的市场,其间女性作为受害者,处境每况愈下;当下的研究呈现出一个财富、知识、荣誉等资源的流动渠道或开通、或闭塞的唐宋国家与生机/危机并存的市场,作为历史创造者的女性面临种种机遇与挑战。女性的经验虽然依旧难以再现,但进化论史观下唐宋女性地位下降说的虚构成分逐渐被披露,围绕她们的男性精英的知识世界的轮廓日益清晰,国家运用市场机制的领域、手段与能力以及二者对女性生存与生活经验的影响正在呈现。

---

① 费侠莉摈弃地位升降,以新儒学家族主义(familism)概括宋代性别制度的复杂变化,即去性别化、孝敬母亲二种趋势并存。2019 年 7 月 14 日,第六届海峡两岸"宋代社会文化"学术研讨会下,我向包伟民老师请教制度创新与贪腐现象之间的关系问题,包老师提醒我注意不是所有现在看来有效的制度创新在历史上都具有正面意义。Charlotte Furth, *A Flourishing Yin: Gender in China's Medical History, 960-1665*, pp.131-133.

② 五通、行钱研究分别参见万志英(Richard von Glahn):《左道:中国宗教文化中的神与魔》,廖涵缤译,北京:社会科学文献出版社,2018 年,第 205—206,209 页;斯波义信:《宋代商业史研究》,庄景辉译,台北:稻禾出版社,1997 年,第 443 页。

关于"中国专制论"的辩论

郑小威

2008年,侯旭东发表《中国古代专制说的知识考古》,较系统地考察了"专制"从西方经日本到中国的传播、演变的历史[①],做出了几个鲜明的论断:

第一,"专制"一词很早就见于中国文献,但它并非用来描述君主,更不是指一种政治体制。现在所说的"专制主义""专制政体"乃是近代引入的新含义,是对西方政治学术语 despotism 的翻译,"专制君主"则出自英语 despot 一词,其来源是希腊语的 δεσπότης(罗马拼音为 despótēs),有着从亚里士多德以来就有的对东方的偏见。

第二,18世纪时个别西方思想家开始以"专制主义"来描述古代中国。法国启蒙思想家孟德斯鸠(1689—1755)以专制政体为三种基本的政府形态(共和、君主、专制)之一,使得专制政体成为18世纪政治思想中的一个核心主题,不仅如此,他还是西方思想家中第一个将中国划入"专制政体"的。其说尽管在当时受到同时代的许多思想家的反对,随着时间的推移,却逐渐

作者单位:美国加州大学圣芭芭拉分校历史系

① 侯旭东:《中国古代专制说的知识考古》,《近代史研究》2008年第4期,第4—28页。

成为西方人对中国的基本看法。

第三,如果我们挖掘一下这一论断的根底,不难发现它并不是什么科学研究的结果,只是18世纪西欧个别人并无多少根据的论断。随着工业革命与西方资本主义的全球扩张,包括"中国专制说"在内的西方学说,随着西方的商品,一同被输送到世界各地,在船坚炮利的辅佐下,逐渐成为支配性的话语,成为众人俯首称臣而罕加质疑的普遍"真理"。

第四,19世纪末以后,这个带有偏见的概念被广为传播,经由日本广为中国思想界所接受,不仅成为政治上的话语,也成为当代学术话语的一部分,这不仅严重束缚了中国学者对自身历史的理解,也暗中应和了西方人对中国的歪曲,无意间为西方的"东方学"做了不少添砖加瓦之事。

《中国古代专制说的知识考古》引起了学者的广泛争论。2012年,阎步克在《政体类型学视角中的"中国专制主义"问题》中回应侯旭东。尽管阎步克自陈是从思辨而非史实论据的角度对这篇文章进行回应,但他所依据的实际上是其在古代史领域数十载耕耘的心得以及对中国当代政治的思考①。

第一,阎步克借用语言学能指(singifier)与所指(signified)的区分,追问"专制"的所指是什么。能指是概念标签。所指是事物的概念指向的本体、实态和内涵,是客观存在。两者的关系是任意的。那么,"专制"的所指是什么呢?

首先,阎步克指出,1915年首版的《辞源》把"专制政体"释为"国家之元首有无限权力,可以独断独行者,谓之专制政体"。从这一"代表了中国人对'专制'的基本认识"的词条出发,阎步克将"无限权力"转化为"权力集中化的程度",并将其作为一个可比标准,进而采用政体类型的比较的方法来理解"中国专制主义"是否存在。他认为,"专制"的概念适应了人们对于"权力集中化的程度"的认知需要,其学术价值在于"通过比较,把最显赫、最强悍的君主区分了出来"。

其次,阎文指出,用权力集中化程度判断专制只是标准之一。"专制主义"

---

① 阎步克:《政体类型学视角中的"中国专制主义"问题》,《北京大学学报(哲学社会科学版)》2012年第6期,第28—40页。

还有另一个定义:"一种意指统治者与被统治者的关系是主奴关系的统治形式。"① 这个定义是就 despotism 而发的、源于古希腊的 despótēs。此外,还有第三个比较标准:"为谁的利益而统治"。

总结来看,阎步克归纳的专制政体的所指是:(1)高度集中化的单一君主权力。(2)全体臣民对单一君主的人格依附与单一君主对全体臣民的人身支配,君臣间无条件的统治权利与效忠义务。(3)财富、资源与声望高度集中于君主个人及其家族。他认为,以上述三种标准判断中国古代君主制就是专制并不难。

第二,在定义了"专制"的所指并且判断中国古代就是专制政体后,阎文对中文中"专制"这个词是否是偏见做出了自己的考量。首先,阎看到看到"东方专制"的表述的确含有偏见。在西文中 absolutism 与 despotism 是两个词,而部分西方学者习惯于把前者专用于西方,把后者专用于东方。但是,阎同时看到,"东方专制"的表述含有偏见与东西方的专制主义是否存在差异,在学理上仍是两个问题。前者的存在还不足以否定后者。

其次,阎指出 despotism 一词也不尽然特指东方国家。在18世纪的欧洲,这个词也被用于西方自己无限权力的政府与暴君。更重要的是,"专制"虽然是外来概念,但在其成为中文概念之初,就已经中国化了,变成了一个本土概念。他断言道:"近代以来中国学人纵观古今中外种种政体,他们感觉 despotism、absolutism、autocracy、dictatorship、tyranny、autarchy 等等可以归于一个政体大类,其特点都是'国家之元首有无限权力,可以独断独行',可以通名为'专制'。""就算西文 despotism 是个'西方中心论'、'东方主义'的概念,中文'专制'却不是,它并没有网开一面,给欧洲专制以自成一格的特惠。"②

---

① 戴维·米勒、韦农·波格丹诺主编:《布莱克维尔政治学百科全书》(修订版),邓正来主编,北京:中国政法大学出版社,2002年,第207页。

② 阎步克:《政体类型学视角中的"中国专制主义"问题》,《北京大学学报(哲学社会科学版)》2012年第6期,第36页。同时,见蒋凌楠:《晚清"专制"概念的接受与专制历史谱系的初构》,杨共乐主编:《史学理论与史学史学刊》2015年卷,北京:社会科学文献出版社,2016年,第153—178页。蒋文也证明,从翻译史的角度考察,在明治时期日英词典中,"专制"的对应翻译有 absolutism、despotism、absolute monarchy、arbitrary 等词。

第三，在说明了中文"专制"没有东方主义的论点之后，阎步克认为可以不放弃中文中常用的"专制"一词。如欲回避围绕其滋生的政治纠葛，尽管权力高度集中的那种君主制是客观存在的，尽管中文中的"专制"已经成为了一个指代清楚的本土化概念，也不妨更换"能指"，更换"标签"，以"集权君主制"替代。

在我看来，侯旭东教授的确在有些方面是武断的：第一，如阎步克指出的，中文"专制"这个词的西文词汇来源有很多，并非只有 despotism。第二，孟德斯鸠是传播 despotism 这一概念以及中国专制论的重要人物，但是，中国的"专制"是否就是主要接受了孟德斯鸠之议而没有因其他触媒发生变化？孟德斯鸠的专制说影响究竟怎样，大到什么程度？第三，中国近代的读书人是否在接受这个概念的时候就意味着完全继承和接受了孟德斯鸠的偏见、成为他们"自我东方化"的一环？这些问题的论断都有太多假设成分[①]。

而对于阎步克教授，从其论点中我们能够深刻感到其认识的历史感与现实问题意识。然而，如果想对"专制"在现代中文中的所指有更加真切的了解，我们必须回到近代的历史当中，仔细考察"专制"作为现代概念的生成和发展的过程。阎步克教授依据思辨抽象出来的"专制"的定义，是否就是中国近代读书人的所指？近代以来中国学人观察古今中外的政体之后是否就是认为 despotism、absolutism、autocracy、dictatorship、tyranny、autarchy 都可以归于一大类，其通名为"专制"且其特点为"国家之元首有无限权力，可以独断独行"？如果不能讲清楚近代读书人对"专制"和"专制政体"的理解，是无法真正判断"中国专制论"的。

因此，为了能够更好地评价和理解有关"中国专制论"的辩论，我们需要考察几个重要的节点：首先，"中国专制论"的始作俑者孟德斯鸠的理论是什么？有着怎样的意图？其在西方谱系中是怎样的定位？孟德斯鸠对于中国的观察是否可以简单地归纳成"偏见"？第二，近代以来使用的"专制"就是一个"外来概念"吗？中日两国对"专制"概念的接受史究竟是怎样的？

---

① 蒋凌楠也指出，侯文意在考察概念的历史而非古代政治制度研究，这一点无可非议。但是将近代中国接受、传播这一概念的行为简单称为"自我东方主义"，既掩盖了话语背后的政治实践与权力运作，又忽视了这一概念在中国本土"生发"而非简单翻译、接受的复杂性。

他们接受西方（包括孟德斯鸠）政体理论的思想土壤又是怎样的？为了怎样的政治诉求？其具体过程又如何？

一、despotism 在西方的谱系以及"中国专制论"的出现

（一）despotism 在西方的谱系

在这一小节中，我首先结合政治与社会背景，梳理 despotism 在欧洲发展的脉络。在梳理西方的谱系时，我将借助于威纳（Philip P. Wiener）《观念史大辞典》(*Dictionary of the History of Ideas*)[①] 以及作者"无明"在"知乎"专栏"城与邦：政治哲学学术写作小组"的优秀文章《欧洲绝对主义国家时期"seigneure"和专制概念使用》[②]，并加入我自己对于这一历史的理解。

1. 古希腊的 despotism

如前所述，希腊语中的 δεσπότης（罗马拼音为 despótēs）在古希腊是指一家之主或者奴隶的主人。作为一个政治词汇，其被引发成为一种王制的形式，在这种形式中，君主与臣民的关系同主人与奴隶的关系类似，只是被统治者由于习惯承认这种统治，所以成为具有合法性的一种统治关系。

对 despótēs 进行深入分析的是亚里士多德。他认为："政治家 πολιτικός（politikós）的权威来自于天性自由的人；而主人 despótēs 的权威来自于天性为奴隶的人。"[③] 亚里士多德特别比较了僭主制度 tyranny 与这种 depotism 的相似与不同。首先，他指出，在流行于亚洲各国的 despotism 的统治形式当中，其统治基础并不是暴力，而是臣民的同意。despotism 中的君主也是根据一系列的法律进行统治的，而非恣意妄为。并且与 tyranny 不同，despotism 的统治时常是长久而稳定的。但是，亚里士多德同时也认为，一旦被亚洲各国君

[①] Philip P. Wiener ed., *Dictionary of the History of Ideas: Studies of Selected Pivotal Ideas,* Charles Scribner's Sons: New York, 1973.

[②] 无明："专制"特辑（二）《欧洲绝对主义国家时期"seigneure"和专制概念使用》，https://zhuanlan.zhihu.com/p/28141472，编辑于 2017 年 8 月 11 日。以下简称"无明（二）"。

[③] *Politics I*, 1255b. Quoted from *Dictionary of the History of Ideas*, vol.2:2.

主掌握的权力成为血亲继承（royal），尽管是站在臣民同意和拥有法则的立场上的，despotism 与 tyranny 就是类似的，因为统治者会事实上依据自己的好恶进行统治。同时与 tyranny 类似，尽管 despotism 有法律的支持，它也非为公共利益服务的。

亚里士多德认为奴隶制度与政治的 despotism 是相关的，两者都是建立在同样的一种特别的、主奴式样的人与人关系的基础上的。与蛮族不同，用希罗多德的话说，他们认为自己是城邦中的自由人，只听从城邦的法律。希腊人是自由民。而由于希腊民族是由自由民组成的，希腊人理应征服蛮族。自从希波战争开始，希腊人就把 despotism 与非希腊的蛮族统治方式以及亚洲的统治方式（特别是波斯的阿契美尼德帝国＜前559—前330＞）相连。

在古希腊以及后世很长一段时间，对专制政治或者说主人式的君主制作为一种统治方式的讨论并没有广泛开展，但是，亚里士多德开创了将东西方政治形态相对立的传统，他关于非希腊民族统治方式的论述，其统治是基于非自由的论断，以及东方应当受到希腊统治的论点，为后世思想家铺平了道路。

2. 中世纪的 despotism

中世纪时，despotism 被当成一种统治的形式而使用。在"十字军"东征之后，西欧重新开始了对古典文化的研究探索。随着亚里士多德的《政治学》（Politics）于 1260 年被 William of Moerbeke（1215—1286）翻译成中古拉丁文，从 despótēs 中引出了 principatus、despoticus、monarchia、despotica、despotice principari、despoticum、despotizare 等拉丁词汇。中世纪的作者们使用亚里士多德的概念用于自己当下的政治实践，尽管他们的政治、法律、社会、宗教等环境与古希腊的城邦政治很不一样。法国的查理五世（1337—1380）也命令 Nicole Oresme（1320—1382）将《政治学》翻译为旧法语，为查理五世反对亚维农教廷（1309—1378）的政治斗争做铺垫。

在中世纪，William of Ockham（1287—1347）是最广泛使用 despotism 这个概念的思想家，他把这一概念用于王制的分类以及限定教皇的权力。他认为王制政治组织分为两种形式：一种是为公共利益，一种是为了统治者利益。

首先，为了公众利益的王制又分两种：一种是统治者有全权，并且不受实在法限定，只受到自然法的限定；一种是受到实在法律与习惯的限定。此外，还有两种王制，它们都是只为了君主的利益服务的：一种是 despotism，被统治者是奴隶，但是他们有对于统治者的认可；另外一种是 tyranny，统治者得不到被统治者的认可。Ockham 用 despotism 批评和限定教皇的权力：教皇无权干涉他人的权利与自由，特别是其他皇帝、君主，还有不信教者。原因是：教皇是为了信教者的得救存在的，而不是为了自己的尊荣存在。并且耶稣并没有给其使徒彼得（教会的初建者）那种统领奴隶的权力，而是给其管理自由民的权力，那么教皇的统治方式不可以 despotic。Marsilius of Padua（1275—1342）也用这个概念来打击教皇权。他认为政治是由自由民组合而成的，而教士要求基督徒过分而无限地服从，这样教皇实际上是非公正的 despotism。

在中世纪，思想家受到亚里士多德的启发，声讨建立在主奴关系上的统治形式，但他们并没有完全遵循亚里士多德的区分，即只把 depotism 用于形容其他地方的统治形式而用 tyranny 形容欧洲地区的统治形式。在这里，despotism 也被他们使用去批评欧洲自己的制度与实践。

3. 绝对主义、殖民征服与 despotism 概念间的微妙关系

14 世纪、15 世纪欧洲经济和社会危机标志着封建生产方式陷入危机并最终达到极致，并导致欧洲大陆在 16 世纪出现后世所谓的"绝对主义国家"。中古法国、英国以及西班牙的君主制及其领地制、封臣制等一整套中世纪社会结构瓦解，走上集权化的君主政体。这种在绝对权力思想指导下的变革，带来了常备军、常设官僚机构、全国性税收、成文法以及初步的统一市场，同时伴随有欧洲封建生产方式和农奴制的不断瓦解。从后世来看，所谓的绝对主义，其突出特点就是保留君主制，世俗权力摆脱宗教束缚，君主实行强有力的集权，对内保障私有财产权和法制，实行君主开明统治，建立现代税收，对外实施强国策略。

绝对主义也进一步推动了现代民族国家的建立，但也为日后的反弹和批评埋下了历史伏笔。在这个绝对主义国家的时期，人们对于"专制"概念的解释为适应各国的政治环境与需求发生了明显的变化，呈复杂化、多样化的

状态,对于专制的揭示日趋中性,甚至是褒义。在16世纪初,马基雅维利在《君主论》中警示君主们想要国家强大,必须建立强大的绝对权威。当然君主不可以放任自己的私欲,那将导致僭政,是马基雅维利坚决反对的。成功的君主与僭主的区别并不是权力的大小,而是是否放任私欲,他甚至认为一位成功的君主甚至比僭主的权力还要大。马基雅维利中立地使用"绝对权威"的概念对后世产生了深远影响,最终引领了西方绝对主义的思潮,并在16世纪至18世纪的欧洲产生了重要的政权形式:绝对君主制。

1576 年,法国思想家博丹(Jean Bodin, 1529—1596)在其法语著作中用法语词汇 seigneur 表达了 despótēs 的概念,认为其是三种政府类型当中的一种[①]。博丹的 seigneur 的概念只能与他有关主权的理论、有关国家和政府不同分类的理论以及地理与国家类型的关系的理论一同理解。

首先是主权理论。博丹认为主权是绝对的,是政治共同体中的最高权力。而国家类型是由主权的归属决定的,一人掌握主权的国家称之为君主制国家;主权归少数人掌握,称之为贵族制国家;主权归多数人掌握的称之为民主制国家。那么对于君主制国家,君主的权力是怎样的?他可以进行 despotic rule 吗?在这一点上,博丹做出了自己第二个重要的发明。他明确国家分类与政府分类的区分标准是不同的这一观点,并且明确表示 despotic rule 作为政府统治类型也可以发生在贵族和民主制国家当中。

其次,博丹对 despotic rule 这个概念进行了新的阐发。他认为,这是一种基于胜利者对于被战胜者权利的统治形式。只要战争是正义的,这种统治就包括奴役被战胜者并且剥夺被战胜者财产的权利;同时,被战胜者认可这种统治,以换取存活。在这里,博丹在罗马法中发现了有关保护战胜者在正义战争中奴役和剥夺被战胜者权利的理论,创造性地将专制作为一种正义战

---

① Jean Bodin, *The Six Books of the Commonwealth* (*Les Six livres de la République* <1576>):博丹没有使用 Nicole Oresme 的旧法语词汇,而是用自己的词汇 seigneur 表达这个概念。在其 1586 年拉丁语版本中,博丹则使用 dominatus 这一词汇。如前所述,William of Moerbeke(1215—1286)将《政治学》翻译成中古拉丁文,从 despótēs 中引出了 principatus、despoticus、monarchia、despotica、despotice principari、despoticum、despotizare 等拉丁词汇;而 Florentine Leonardo Bruni(1370—1444)重新翻译《政治学》则用拉丁词汇 dominatus 翻译 despótēs。

争胜利者的权利加以论述。这一阐发深刻地影响了后世的思想家。

同时，这一关于征服者权利的阐发也使讨论回到了古典时代有关东西方不同的论述当中。博丹把土耳其帝国列入 oriental despotism 一类，强调了欧洲人和亚洲人天性的不同，欧洲人更加好战与骄傲，而亚洲人易于顺从。在亚洲这些国家的 despotic rule 当中，私有财产权是不被人所知的，君主拥有合法地处置臣民私产的权力。这些观点都深刻地影响了孟德斯鸠。

再次，博丹也是第一个把 despotism 放在历史发展谱系中看待的思想家。despotic monarchy（monarchie seigneuriale）在他的分类中被认定为是人们所知的第一个、最早的政府类型，君主像是一家之主管理家奴一样管理他的臣民。之后的黑格尔与马克思都受到了这种发展谱系说的影响。

的确，博丹的阐发为 despotism 这一概念在欧洲的讨论开出新的空间，大大增加了此时思想家对于 despotism 概念的讨论。despotism 被用来讨论欧洲自己，同时，在寻求殖民扩张以及加强王权的政治背景下，它也就没有那么负面的意义了。比如，博丹作为绝对主权论的鼓吹者，对土耳其没有贵族地产世袭制表示赞许，借以反对西欧贵族凭借封建特权阻碍君主国的统一。在博丹之后，格劳秀斯（Hugo Grotius，1583—1645）与普芬多夫（Samuel von Pufendorf，1632—1694）参与了关于 despotism 的讨论，特别是在国际法、征服和奴隶制度的领域中。同时，由于 16 世纪英国的政治斗争，博丹的主权理论被翻译到英国。monarchie seigneuriale 在 1606 年被翻译成为 lordly monarchy。

英语世界充分认识 despotism 是在霍布斯（Thomas Hobbes，1588—1679）发表《利维坦》（*Leviathan*）之后。熟悉亚里士多德的霍布斯对这一概念的理解一方面依赖于博丹，一方面直接来自希腊文的亚里士多德《政治学》，并且他依据自己的理解，赋予其新的含义和用法。

首先，霍布斯继承了博丹有关 despotism 是起源于征服的说法，并认为征服者拥有绝对的权力；同时，霍布斯也没有把这种统治类型局限于东方。熟悉希腊文的霍布斯认为：由征服或战争胜利所取得的管辖权，有些作家称之为专制的管辖权 despotical，是从希腊文 δεσπότης（despótēs）变来的，本来的意思是领主或主人，这便是主人对臣仆的管辖权。征服者与被征服者的主仆关系是正当的。与博丹稍有不同的是，霍布斯不去区分战争或者征服是否正义，只要是征服、只要是双方达成协议（尽管是基于恐惧而达成的协议），那么征服者拥有的绝对权力就是有合法性的。另一方面，霍布斯不同意博丹对于国家类型与政府类型的区分。在霍布斯这里，国家类型和政体类型是一件事情，区分都是主权者人数的不同，不存在国家类型之外的其他政体。所谓的僭主与君主并没有实质差别，僭主只是遭人憎恶时的名称。对于霍布斯来说，专制君主既不是"野蛮的"也不是"东方的"，而是自然国家的必然形式之一①。

霍布斯在中立的立场上使用despotism，但是在17世纪末，这个词又被洛克（John Locke，1632—1704）成功带回到否定的含义中了。一方面，洛克反对人可以正义地于征服之后奴役被征服者；另一方面，洛克认为，对于北美的奴隶而言，他们由于正义战争被俘虏，他们成为奴隶从而换取活命，所以这个奴役合法。总之，在欧洲绝对主义国家时期，绝对主义、殖民征服与专制概念之间有着微妙的关系。这是一个绝对主义与专制主义概念混杂的时期，即使有论者欲将两者分开，也会发现切割不是那么容易。

4. 将路易十四的统治比作土耳其和东方：反对绝对王权的斗争演变为反"专制"

即使在欧洲的"绝对君主制"期间，反对绝对主义的思想也一直存在并不断发展。在法国，随着拥护和反对绝对制的争论激化，论证双方都通过引述、描述东方国家的专制来支持自己的观点。在17世纪的法国，由于新政治环境的出现，法语的despotique——这是由Nicole Oresme从亚里士多德的著作中翻译入法语的450个词之一——变得特别重要。

在当时的法国，出现了胡格诺教派与法国贵族反抗王权的运动，他们共同把土耳其帝国当成东方专制的坐标。反对路易十四绝对统治的贵族投石党的小册子写道：土耳其苏丹的权力被称之为despotique，而与路易十四不同，法国的传统君主制一直不同于土耳其的专制统治②。同样地，在路易十四

---

① *Dictionary of the History of Ideas*, p.6.

② *Dictionary of the History of Ideas*, p.7.

于1685年废除南特敕令、宣布基督新教为非法后，流浪到荷兰与英国的法国胡格诺教派也用despotique这一词将路易十四比作土耳其苏丹①。

为当时法国君主制辩护的人指出：法国君主制当然不同于土耳其和莫卧儿的君主，因为法国君主尊重宗教和法律，这哪里是专制呢？专制是只存在于野蛮人的巨型帝国之中的②。但是，随着对路易十四批判的升级，1689年在荷兰出版的小册子中指出，法国已经俨然成为与土耳其类似的专制政体③。

这是西方世界第一次明确将现实中欧洲的统治与土耳其所代表的东方专制相等同。此后，在路易十四与反对派的每一回博弈中，后者都强化了将路易十四与土耳其这两种统治的比较和等同化的做法。胡格诺教派的Pierre Bayle甚至认为，没有必要细分欧洲的君主与土耳其苏丹的差别，将路易十四称之为despot就是为了政治攻击④。这一切都在增加对抗绝对主义的理论优势，也刺激着对专制主义的进一步阐释。

（二）孟德斯鸠的despotism以及"中国专制论"的出现

孟德斯鸠著名的《论法的精神》就是在这一时刻出现的。孟德斯鸠看到当时路易十四统治下的法国，极为悲愤，他在1721年出版的《波斯人信札》中，抨击了路易十四的统治方式。1727年，孟德斯鸠旅居英国，对英国的考察使得他开始倾向于英国的君主立宪制度，最终于1748年发表了酝酿20多年的《论法的精神》。

孟德斯鸠的确是专制理论发展的一个重要的思想家：他正式把专制作为政体学介绍给世界，并把中国定性成为专制政体，决定性地扭转了耶稣会传教士及莱布尼茨等早期启蒙思想家对中国人生活的赞美，奠定了批判中国

---

① *Dictionary of the History of Ideas*, p.8.

② 神学家Jacquet Bousset认为专制具有以下四个特点：民众生来就处于奴隶地位；君主掌握社会的所有财产；君主掌握所有臣民的生死权力；君主不按照法律行事，完全按照自己的意志，并表示专制只存在于野蛮人的巨型帝国之中。引自无明（二），注第19。

③ 1689年9月到1690年7月，一系列旨在诋毁路易十四的匿名（据考证是奥拉托里会<Oratorian>会员Michel Levassor）作品《法兰西的奴隶在呻吟，他渴望自由》在荷兰出版。在这些小册之中，作者指出当时的法国民众、组织所有的权力都被一位不守法的随心所欲的君主剥夺，等级会议、法院、城市和贵族阶级都受到路易十四的压迫。引自无明（二），注第20。

④ *Dictionary of the History of Ideas*, p.8.

人生活方式和政治制度的基本主题。其后从黑格尔、马克思、韦伯到魏特夫对中国政治和社会的分析和批评,都可以看作是对孟德斯鸠思想的发展和丰富。

1. 孟德斯鸠的理论

首先,在《论法的精神》中,孟德斯鸠创立了全新的政体分类方式。孟德斯鸠反对亚里士多德划分政体的做法,认为其在论述政体时陷入了窘境:因为他只是依据君主的好坏等一些偶然因素进行判断。孟德斯鸠则把人类的政制形式归类为三种政体:共和政体、君主政体和专制政体。具体来说,共和政体是全体人民或一部分人民握有最高权力的政体。君主政体是由单独一个人执政,不过要遵照固定的、确立的法律。专制政体则是既无法律,又无规章,由单独一个人按照一己意志与反复无常的性情领导一切①。

其次,孟德斯鸠用推动政体的情感作为政体分类原则并重新定义despotism。《论法的精神》中对政体原则的分析,是孟德斯鸠改造古典政体理论的关键步骤。在孟德斯鸠看来,政体的原则其实就是推动政体的人的情感:共和政体的动力和原则是民众或贵族集团应该具有美德,君主政体则是政治上的荣誉,而专制政体仅仅依赖畏惧和臣民的绝对服从。在专制政体下,真正的政治行为,如调和、修正、妥协、交情、对等、商榷、谏议,根本没有用武之地,家庭伦常、道德法规、个人发展根本无从谈起,而美德根本不需要,荣誉反而会给专制政体带来危险②。

无明总结了孟德斯鸠阐述的专制政体的特点:第一,不同于欧洲的共和制和君主制,专制政体存在于亚洲各国;第二,臣民之间平等,服从于按心情行事的君主一人;第三,专制政体本质是腐化的,并处在不断腐化过程之中,气候、宗教、形势和人民的才智尽管影响着专制政体,但是无法将国家从专制中拔身出来;第四,与君主政体教育目的在于提升心志不同,专制政体的教育在于降低心志;第五,君主骄奢淫逸,将政事交予一位宰相,尤其

---

① 孟德斯鸠:《论法的精神》第三章第二节"多种政体的原则",张雁深译,北京:商务印书馆,1995年,第19页。

② 孟德斯鸠:《论法的精神》第三章第十节"宽政与暴政国家服从的区别",第27—28页。

是臣民众多的国家；第六，臣民和土地等一切社会财富均由君主支配，尤其是在一些幅员广袤的国家，君主握有专制权力，对地方官员采取压制以防各种意外事件①。

孟德斯鸠将"宽和"视为立法者的精神，认为道德和政治意义上的善尽在于此。因此，恐惧作为东方政体的原则和动力，意味着东方政体不可能成为"宽和"政体，而是一种严苛和残酷的政府，缺乏基本法和法律监护机构，在根本上其实不具有"法的精神"。值得注意的是，孟德斯鸠的"专制"与阎步克强调的君权集中不是一回事。"君主制和专制都是君主大权在握，举足轻重，并被服从。"欧洲的君主政体，权力可以很大，甚至可以有绝对主义因素等，但是这不可与东方相提并论。"总的区别在于，君主政体下君主具有开明性，朝廷的丞相机敏，操持政务的干练，这是专制国家不能比的。"②对孟德斯鸠而言，决定一切的关键是有无"法的精神"，这成为其判断政体的标准。这样的论述也抛弃了原本 despótēs 的定义，尽管引起了争议，但也产生了巨大影响③。

最后，孟德斯鸠的"中国专制论"。在孟德斯鸠看来，最好的政体就是由贵族和官僚制约君主权力的君主制，尤其是英国的君主立宪制。而他认为，像中国这样的专制国家，官员都是君主的奴仆，根本没有制约君主的能力。在讨论中华帝国时，他指出：虽然许多传教士将中国描写为兼具各种政体特点的国家，但是由于"任何东西一旦与专制主义沾边，就不再有力量。……所以，中国是一个专制的国家，它的原则是恐怖"④。

孟德斯鸠重新定义、改造乃至创造的"专制"概念，是赋予东方的"专享"概念。从此而言，孟德斯鸠几乎将"专制"与东方（特别是中国）彻底捆绑

---

① 无明（二），注第30—33。
② 孟德斯鸠：《论法的精神》第三章第十节"宽政与暴政国家服从的区别"，第28页。
③ 对于《论法的精神》，伏尔泰在1768年指出：我们现在的著作者们——我不明白为什么——使用本来应该用于亚细亚和非洲的 despotiques。将他们使用在欧洲和土耳其 despote 身上。……despote 这个词汇在古希腊的最初的意思是一家之主或家庭中的父亲。现在对它的使用泛滥了，将它用于摩洛哥、大特克及教皇和中国的皇帝身上。而当伏尔泰看到孟德斯鸠的东西两分法被反启蒙者利用的时候，他的不满转化为一种愤怒，称其为"顽固和狭隘的地方主义"。无明（二），注第35。
④ 孟德斯鸠：《论法的精神》第八章第二十一节"中华帝国"，第129页。

到了一起，成为后来思想家展开相关讨论无法回避的论断。

2. 孟德斯鸠论"中国专制论"是"个别人对于东方的偏见"吗？

通过对中国的描述，孟德斯鸠在现实中为法国君主制构建了一个危险的仿效样板。针对中国模式的宣传战无疑是18世纪欧洲生活方式和政治形式整体论争的一个重要组成部分。

必须说明的是，孟德斯鸠的专制论是为反抗路易十四的本国政治斗争服务的。其目的不是为了批判中国，而是指桑骂槐，针对他们在本国的论敌，从而为建构符合他们利益的政体论服务。准确地说，"中国专制论"这样一种理论是孟德斯鸠清除法国绝对主义思想的愿望以及对来自中国的不同信息的有选择使用等混合因素的产物。鉴于孟德斯鸠关注的对象本不是中国，我们很难用"偏见"对"中国专制论"一言以蔽之①。

然而，尽管他关注的对象根本不是中国，孟德斯鸠对西方（君主制度）与东方（专制主义）的切割，其专制主义与中国的无缝焊接并以此为助力阐发的"法的精神"，都对西方政治及政治思想产生了有力而深远的影响。作为被有意无意树立起来的对立物，遥远的东方特别是中国也受到震撼般的影响。下面就让我们探究一下，东方国家的知识分子在接受西方政体的论述时经历了怎样的过程。

二、"专制"在日本的受容以及日本思想界的"中国专制论"

孟德斯鸠的政体学说在19世纪中期传入东方世界后，确实引发了一系列的反思与改变。1875—1876年何礼之（1840—1923）译的《论法的精神》日文版《万法精理》出版，这一版本建立了"despotism"与"专制政体"之间的对译。但是，在这一完整译本出现前，孟德斯鸠的理论就已经进入日本的

---

① 比如，李猛就明确指出："《论法的精神》中对中国的充满敌意的判断，源自耶稣会士敌人对孟德斯鸠的影响。但这并不足以解释《论法的精神》有关中国论述的诸多'矛盾'之处。问题并不在于孟德斯鸠是否准确地使用了当时许多描述中国的材料，也不在于中国历朝历代的君主是否比法兰西和西班牙的君主更'专制'，而在于如何理解中国的政体及其相关的生活方式。"李猛：《孟德斯鸠论礼与"东方专制主义"》，《天津社会科学》2013年第1期，第44—48页。

政治话语。1868年，日本著名的宪法学者加藤弘之写成《立宪政体略》，用"君主擅制"一词对应了孟德斯鸠的"despotism"的概念。自此以后，日本便在自身的语境之中不断与"专制"一词互动，并进一步影响到中国。

如前辈学者蓝弘岳所言：如何接受来自西方的现代性之问题，一国史观常常难以处理，在汉文圈的东亚国家中，现代性的概念往往并非由单纯的国与国之间语言的对译产生，而有思想连锁与知识环流[①]。理解现代中文中"专制"的含义，日本是绕不开的一环。同时，在整个东亚的现代政治话语形成过程中，存在洋文脉和汉文脉的问题。具体到"专制"这个词而言，它一方面是19世纪之后东亚向西方习得的重要概念，但"专制"一词也一直在汉文脉中存在。

理解日本的"专制"概念我们需要把握几点：第一，兰学（荷兰学）在日本的重要性及其对立宪的强调。第二，汉文脉的长期存在以及"专制""专擅"能指所对应的复杂的所指。第三，日本特殊的国体论（即万世一系的天皇血脉）的影响。在这一节中，我检索日本明治时期政论家与知识人对于"专制"及其通假字"擅制"的使用，力求把握它在日文中的复杂涵义。日文中"专制"有怎样的意义？孟德斯鸠的影响应当如何定位？在日文中，despotism与absolutism的区别是否已经"填平"？最后，日本思想界的"中国专制论"是怎样的存在？

（一）加藤弘之：兰学的重要性以及早期君主立宪派思想中的"专制"理解

作为日本最为重要的立宪主义者以及向日本人系统介绍政体概念的学者，加藤弘之是首先考察的对象。他首先出版《邻草》，以后十年内又连续出版了《立宪政体略》《真政大意》《国体新论》三部著作。

1. 兰学的影响和《邻草》

1861年12月日本藩书调所的洋学者加藤弘之（1836—1916）著成《邻草》，介绍世界万国的政体。《邻草》是加藤最初的著作，也是日本"解说立

[①] 蓝弘岳：《十九世纪日本与中国政治思想之"共和"论述》，《新史学》第25卷第2期，2014年，第27页。

宪政体的最初文献"①。关于《邻草》,加藤在 80 岁口述《自叙传》中曾回忆说:"还是我在坪井私塾,即 26 岁时,第一次著述了题为《邻草》的小册子,主要叙述西欧各国的议会制度是监督、防止政府专制的制度,实际上是考虑到必须改革当时的幕政而写的。但因不能公开擅论,便以谈论邻邦中国的政治改革为由,取书名《邻草》。"②

加藤在《邻草》中将世界万国的政体分为"君主政治"和"官宰政治"两大类,进而又将君主政治分为"君主握权"与"上下分权","官宰政治"分为"豪族专权"与"万民同权",一共四种政体。加藤写道:虽然大凡世界立国无数,若论其政体无外乎君主政治(洋名モナルキー,源于荷兰语,英文为 monarchy)、官宰政治(洋名レプユブリーキ,源于荷兰语,英文为 republic)两者。君主政治的政体又分为君主握权(洋名オンベペルクテモナルキー,源于荷兰语,英文为 unlimited monarchy)、上下分权(洋名ベペルクテモナルキー,源于荷兰语,英文为 limited monarchy)两种③。

根据日文片假名,我们在这里看到加藤弘之是根据兰学中的读本分类的,有限君主和无限君主是区分标准。尽管没有用"立宪"这个词汇,兰学中的 limited monarchy 其实对应的就是君主立宪制度(constitutional monarchy),其反面是 unlimited monarchy,对应的是西方语境下的绝对君主制(absolute monarchy)。

加藤认为"君主握权"与"豪族专权"的政体不公平,而"上下分权"与"万民同权"则是"公明正大而最协天意合舆情"的政体。他判断各种政体之高下的标准,就是看其是否由"公正"而达到"人和"。以此为标准,加藤预测了将来世界政治发展的大趋势,即"世界万国的政体都逐渐地将变成公明正大而协天意合舆情的上下分权与万民同权两种政体,这是自然之势,决非人

---

① 刘岳兵:《〈邻草〉对近代中国立宪思想发展的借鉴意义》,《东疆学刊》2010 年第 1 期,第 18 页。
② 加藤弘之:《加藤弘之自叙传》,第 44 页。转引自卞崇道:《加藤弘之早期启蒙哲学思想述评——从〈邻草〉到〈国体新论〉》,《外国问题研究》1986 年第 1 期,第 30 页。
③ 加藤弘之:《邻草》,收入明治文化研究会编《明治文化全集》第 3 卷"政治篇",东京:日本评论新社,1955 年,第 6 页。转引自侯旭东:《中国古代专制说的知识考古》,《近代史研究》2008 年第 4 期,第 10 页,注⑤。

力所能够阻挡"。在君主制中,上下分权与君主握权是高下立判的,就在于"君主握权的国家万事为王室朝廷谋,而上下分权的国家万事为国家万民谋。仅以此差异可知此二政体之公私如何"①。

加藤以"公明正大"和"人和"作为标准,而"公会"是"听下说,通下情"的途径,它助力为"万民谋",加藤强调了设置"公会"的必要性。对于邻国清国,加藤把其划入君主握权的一类当中,认为"汉土"的缺点在于没有公会,从而暴君、奸臣独专其权。他说:"清朝自高宗以前皆为英明之主。……仁宗之后,暗君代出,终于到现在这种可悲的形势。这特别是因为没有开设公会的缘故。如果设置公会,虽然是暗君也要常听下说、通下情,因此有可能自然地变得英明;而且即便奸臣想要盗权,因为在公会之下民之不从,也决不能遂其志。因此设立公会,远比尧之作敢谏鼓、舜之立诽谤木还要优越,实可谓治国之大本。如果无此公会,不管有怎样的法律也没有益处。"他将设立"公会"作为"治国之大本",进而强调"欲立万世安全之策,必先设此公会不可"②。

加藤强调了君主制中上下分权政体(limited monarchy)的优点和不可阻挡性,强调了"公会"(议会)在此政体中的关键意义。值得注意的是,这时的加藤仍是用公、私的概念来评判政体的优劣的,其反对的是政府的专制,而非君主权力集中化的问题。《邻草》的结尾恳切地希望"清主回到北京后立即建立上下分权的政体,设置公会,施以公明正大的政治,那么下民皆怀其仁德,而视朝廷如父母,万民相亲如兄弟。无疑可以完全政通人和"③。

2.《立宪政体略》:孟德斯鸠的思想与"君主擅制"表述的出现

7年后的1868年,加藤以《邻草》为本写出《立宪政体略》。在这部书中,加藤明确使用"立宪"一词,并提到了孟德斯鸠的名字。在总论中,加藤指

---

① 加藤弘之:《邻草》,收入《明治文化全集》第3卷"政治篇",第13页。转引自刘岳兵:《〈邻草〉对近代中国立宪思想发展的借鉴意义》,《东疆学刊》2010年第1期,第20页。
② 加藤弘之:《邻草》,收入《明治文化全集》第3卷"政治篇",第9—10页。转引自刘岳兵:《〈邻草〉对近代中国立宪思想发展的借鉴意义》,《东疆学刊》2010年第1期,第19页。
③ 加藤弘之:《邻草》,收入《明治文化全集》第3卷"政治篇",第14页。转引自刘岳兵:《〈邻草〉对近代中国立宪思想发展的借鉴意义》,《东疆学刊》2010年第1期,第20页。

出有两类五种政体,君政(君主擅制、君主专治、上下同治)和民政(贵显专治、万民共治)。与1861年的《邻草》相比,其主要不同在于君政中的"君主握权"被改称为"君主专治",并在此之外又加了一类:"君主擅制"。"君主擅制"是"君主私有天下,擅制万民,生杀予夺之权独任其所欲者"①。它强调唯心所欲,与despotism相类似。"君主专治"是"君主私有天下,独专礼乐征伐之权,臣民不得参与国事。惟习俗自成法律,稍有限制君权之处,盖所以与擅制相异也"②。它类似于absolutism。

这样,加藤的政体就从1861年的四分法到了1868年的五分法。在介绍完五种政体后,他指出,在此五种政体中,如"君主擅制""君主专治"与"贵显专治"等均为未走向开化文明国家的政体,其中"君主擅制"作为"蛮夷的政体,尤为可恶可贱"。而"君主专治"则是"人文未开、蠢愚之民多有之国"采用的制度,"虽属甚为适当之政体,但于渐趋开化之国则不可不旋即废弃"。加藤指出:五种政体中确实能"制立公明正大、确然不拔之国宪以求真正治安者,仅上下同治、万民共治二政体,故称之为立宪政体"③。

把五种政体放在一起,加藤认为,是否是立宪政体是划分政体的最重要的标准:有宪法的二政是为公的,"所谓以天下之天下、黎民之天下也";而无宪法的三政是为私的,即"以天下为私有、以黎民为其仆妾者"。而确保政体为公,则需"将天下之大权分之三类,各充其官,君主统括之。即第一立法权柄;第二施政权柄;第三司律权柄是也"④。在这里加藤首先使用了"擅制"这个词来形容政体。"擅制"与"专制"在日文中为通假字。而且发音相同,均为"せんせい"。这应当是加藤在接触到了孟德斯鸠的despotism概念之后,用"擅制"对译"despotism"。如果我们仔细比较"擅制"与"专治"的定义,就可以看到"擅制"特别强化了"任意所为"这个意思,符合despotism与absolutism的区别。

---

① 加藤弘之:《立宪政体略》,张允起等编译:《日本明治前期法政史料选编》,北京:清华大学出版社,kindle电子书,2016年,Kindle Locations 101。
② 加藤弘之:《立宪政体略》,Kindle Locations 1018—1019。
③ 加藤弘之:《立宪政体略》,Kindle Locations 1034—1035。
④ 加藤弘之:《立宪政体略》,Kindle Locations 1039—1040。

我们看到，作为号召立宪的最重要的日本思想家，加藤弘之从一开始就强调有宪法和三权分立的政体的优越与正当性，这种观念成为日本日后思想界与政治界讨论政体问题的基调。对于加藤而言，有无立宪以及政府的大权是否分为三类是更大、更根本的区分。君主专治和君主擅制都是站在立宪的对立面上的，是对立面中内部的、次要的区分，以君主是否唯心所欲为别。

3. 1870 年出版的《真政大意》（上、下卷）

在《真政大意》上卷的一开始，著者便说明了该书与前著的关系，指出前著仅从制度上阐述了立宪政体的优越，而本书则要进一步阐述施政方针。何谓"真政"，简言之，就是现实地实现安民的政治。加藤认为，要认识治术的规律，必先了解政治的目的在于安民，而安民的关键在于了解人的天性与国家政府所由产生的天理。

他说："人是天之最爱之物，由之可见，给人以万福乃是天意，……人决非禽兽之类，更有属于天性的种种之情，其中不羁自立之情乃是第一之情。"由于人有此情，便"又有施行此情的权利，所有人不分贵贱、上下、贫富、贤愚之别，决不应该被他人所束缚拘制，自身之事皆能遂其所欲，这里就产生了在交往上的种种权利"。但是，人不能恣意谋求自己的权利，"若自己拥有某种权利，他人也必拥有同样的权利"，"各人履行自己的本分，尊重他人的权利，即谓之义务"[①]。

站在人的权利与义务的立场上，加藤批评了擅制与专治。首先是擅制，其问题在于臣民无论公事私事皆丝毫没有权利："既如《政体略》粗略所论，尤其在君主擅制之各国，天下亿兆为国君之私有仆妾，为其臣民者，且不论国家之事，即使自己之事亦决不能自在处置，所谓不羁自立之权利丝毫不能确立，无善恶邪正之论，必须唯命是从。因此之故，首先政府与臣民之间做梦也不会有权利义务之类的道理。"[②]

在这里，对于日本是否属于"君主擅制"，加藤颇多踌躇。在加藤的体

[①] 加藤弘之：《真政大意》，转引自卞崇道：《加藤弘之早期启蒙哲学思想述评——从〈邻草〉到〈国体新论〉》，《外国问题研究》1986 年第 1 期，第 31 页。

[②] 加藤弘之：《真政大意》，Kindle Locations 1244—1247。

系中,"擅制"是完全违背通常人性天理之事:不是为亿兆而有一君,而是为一君而有亿兆。那么,日本是否在这一体系当中呢?加藤努力说明,与国学家强调日本是为一君而有亿兆相反,日本是为亿兆而有一君,他说:"原本皇国乃依天神天祖之诏,永为天孙之御国,皇统万古一姓之事自不待论,本来如其天神天祖如上所定,即非特别爱怜,从御心所由出,彼唯今举诏敕中有其确证。也就是说,为亿兆而置一君,绝非为一君而有亿兆。"①

在批评了"擅制"后,加藤批驳"专治"。加藤认为,"君主专治"之政体虽然是比"擅制"更为开化之政体,但其仍然有"天下亿兆为一君主之私有仆妾"之论。这是因为臣民没有"公权":"所谓臣民之权利,唯有关联私事之不充分之权利,固然做梦也想不到以所谓公权参预国事之权利。因故,虽称宪法,并不如通常立法府所制定的那样出色,说起来只是国君之私法,因此所有臣民有关国事固然只有唯命是从,国君之权利自然强大,君民之间权利义务两者仍然难说融洽贯通。终究安生之基础不牢固,真正之治安便不可靠。"②

加藤指出,中国的问题即在于此:"汉土夙为趋于开化之国,其政教之周到于今自不待言,特别于君臣之际,以注重所谓'义'为第一,虽实堪感服,但可惜只以义字为专,而通常所谓权利却未能确立,有暴君出世,动辄唯责其臣民向己尽义,自己却对屈害臣民权利不以为然。"③

那么,要怎样解决"擅制"和"专治"的问题呢?加藤提出,要以立法的形式明确规定政府与臣民的义务与权利。他说:"如立宪政体之各国,政府为政府之权利义务,臣民为臣民之权利义务,两者同样确立之各国,纵令暴君出世,政府也不能不尽自己之义务,而唯问责臣民之义务;臣民因有同样权利,若有作为政府者不尽其义务时,必能有所谓立法追究政府之处置。"④

在这里,加藤特别提到公权的必要性,他写道:"既如《政体略》所概论,此为臣民参与宪法制立之权利,被选为所谓通常之代议士,作为立法府之官

---

① 加藤弘之:《真政大意》,Kindle Locations 1252—1254。
② 加藤弘之:《真政大意》,Kindle Locations 1260—1263。
③ 加藤弘之:《真政大意》,Kindle Locations 1284—1286。
④ 加藤弘之:《真政大意》,Kindle Locations 1286—1288。

员,商议宪法之权利,以及选择应为代议士人选,此即所以以民心治民者。通常君主专治与上下同治不同之处,端在此权利之有无。往昔汉土等不必说,其他君主专治之各国也于明君英主之世,有过非常良善之政事,但因臣民向无此种权利,无论如何也不能像立宪政体一样普遍。无论怎样之仁政大多一代而终,接着暗君或暴君出世,其政事情状聚变,全失民心。"①

值得提到的是,在《真政大意》中,加藤一直对"汉土"抱有尊敬。他没有将"汉土"归于"擅制"类下而是将其放在"专治"类下,如同讲孟德斯鸠时代的法国一样。当然,就像之前的《立宪政体略》,区分"专治"与"擅制"不是他的重点,他的目的是讲立宪制度:由于不羁自立之情是人的天性与权利,而立宪就是保障这种天性权利得以伸张的制度。这与君主权力的集中与否无关。

4. 加藤早期四部作品的最后一部:明治七年(1874)刊行的《国体新论》

《国体新论》在前两部著作的基础上进一步从理论上阐述国家建立之理。在提倡立宪政体这一点上,《国体新论》与前面几部著作毫无差异。但是,它与前著不同之处在于,加藤以激烈的言辞批驳了国学者和汉学者的"皇权天授"的谬论,以天赋人权论为思想武器,批判了日本和中国"野鄙陋劣不合道理之国体"。

加藤首先论述了国家的起源:是人民以契约形成了国家,国家君民之理在于保护人民的自由与权利。所以,以国土为君主私有、人民为君主臣仆的想法是不合理的。可是,加藤看到:"然和汉等开化未全之诸国,因为古来未曾明了国家君民之真理,不仅绝无认为此野鄙陋劣之国体实为不合道理者之辈,反而以之为是,以致愈益养成此番风习,实在可叹。《诗经》所云'普天率土,王土王臣',孟子所谓'富有天下'之类,完全以国土为君主之私有、以人民为君主之臣仆者虽然很清楚,但古来未曾闻有以此语为非理者。"② 尽管《尚书》言"民为邦本",《孟子》言"民为贵,社稷次之,君为轻",《帝范》有"民者国之先,国者君之本"的说法,但"考察古来和汉制度及风习",却

---

① 加藤弘之:《真政大意》,Kindle Locations 1314—1319。
② 加藤弘之:《国体新论》,Kindle Locations 1546—1549。

都是以国土为君主私有、人民为君主臣仆。

在《国体新论》中，无限君权之制（unlimited monarchy）与君主擅制（despotism）的区别还是保留着的，后者并未覆盖前者，君主是否恣意妄为是区分标准。一方面，加藤看到君权无限之国有它的国情，其适用于一些文明未开化的国家。但另一方面，他也看到，无限君权之制中君主的权力是很容易导致擅恣的，其与君主擅制只有一线之隔。鉴于此，加藤号召人民在知识获得进步时"致力于废除此政体而为有限政体"（limited monarchy）。

5. 加藤弘之的深刻影响

作为日本提倡立宪的最重要的思想家，加藤弘之深刻地影响了当时日本的思想界与政界。比如，主政的大久保利通就于1873年11月向政府提交了关于立宪政体的意见书。大久保明显受到了加藤的影响，并使用加藤在《立宪政体略》的原文中几次提到的"确然不拔之国宪"这个说法。一方面，大久保希望能够订立国法，建立君民共治之政，"上定君权，下限民权"，使"人君安于万世不朽之天位，使生民保持自然固有之天爵"①。另一方面，他也提醒大家："今日之要务莫大于首先议定国体者。既议之则有序，不可妄拟欧洲各国君民共治之制。我国自有皇统一系之法典，亦有人民开明之程度，宜当审慎斟酌以立定法宪典章。"②

在政体的划分上，大久保将政体分为三种：立君独裁、君民共治、共和政治。他说："所谓三种之政体中，立君独裁者则从来国无定法，只以国君之意为国法，其谓君权无定限者；君民共治者，乃依从来之定规，君民之间各定其权限以立法，君主因之自理国政者；至于共和政治，乃是人民共相尽力以定法宪，依所定之法宪，选出处理国政之人，使之奉行国务。"③又说："故立君独裁之国，以君意为确然不可犯者；君民共治、人民共治之国以定宪法为确乎不拔之者。"④这样看来，在明治早期，立宪重要的意识就已经建立起

---

① 大久保利通：《立宪政体意见书》，张允起等编译：《日本明治前期法政史料选编》，Kindle Locations 6291—6292。
② 大久保利通：《立宪政体意见书》，Kindle Locations 6292—6294。
③ 大久保利通：《立宪政体意见书》，Kindle Locations 6297—6300。
④ 大久保利通：《立宪政体意见书》，Kindle Locations 6301。

来了。尽管大久保没有说要立即修宪,但是有无宪法成为其划分政体最重要的标准。

除去加藤之外,在明治早期提到政体划分的还有尾崎三良。1874年12月,尾崎三良在华族会馆所做的关于英国历史的讲座中有一篇名为"君民同治论",其中说到:"晚近论及国体,往往分为四类,曰君主专裁、曰君民同治、曰贵显共和、曰百姓共和。"下面接着说:"概括而言,为立君、共和两类。"尾崎三良将"君主专裁"称为"专制的国体",认为其是助长君主之私欲、助其无道的阶梯①。

值得注意的是,尾崎的分法类似于加藤《邻草》中的划分,这里的"君主专裁",对应于 unlimited monarchy,与立宪相对,而没有 despotism 中任意妄为之义。尾崎曾留学英国多年,其思想来源是英国的公民读本。这也说明,在理解日本"专制"的受容中,除去孟德斯鸠之外,也一直同时存在兰学和英国学中对于政体的理解,对于荷兰与英国这些长期君主立宪的国家而言,他们的他者是欧洲的绝对王权,即 unlimited monarchy。这也提醒我们,在理解日文语境中的"专制"受容时,必须要准确定位孟德斯鸠,不能够把他当成唯一来源。

(二)汉洋文脉的并存:福泽谕吉以"专制"描述东西方的政体并建立历史进化谱系

1. 汉文脉的存在:传统语境中的"专制"

依据《古代汉语词典》:"专"有"专一,单纯""单独""独占,专擅"三层意义。作为动词的"制"有"制作,加工","禁止,遏制"并引申为"控制,掌管",以及"规定,制定"这几层意义。在汉文脉中,"专制"常有独揽大权的意思②。

---

① 尾崎三良:《君民同治论》,收入田中彰、宫地正大编:《日本近代思想大系13:历史认识》,第381—382、385、386页。转引自侯旭东:《中国古代专制说的知识考古》,《近代史研究》2008年第4期,第11页。

② 《古代汉语词典》编写组编:《古代汉语词典》,北京:商务印书馆,1998年,第2054、2026—2027页。

蒋凌楠在《晚清"专制"概念的接受与专制历史谱系的初构》中举了康有为于 1899 年在传统的意义上使用"专制"的例子:"而敝国天子专制之权,雷霆万钧,无不披靡,有何所谓巨室大官者哉? 或优其爵禄以待之,或解其柄权以驭之,在指顾间耳。"① 正如蒋凌楠所分析的,这里的"专制"是日本维新变法有效性的保障,带有褒义色彩,是"专"的汉文脉传统意涵的延伸。这里的"专制"不是用来指政体,它的对立面也不是"立宪",而是巨室大官分权之弊。

"专制"的传统意涵在"辛亥革命"之后也依然存在。例如,清遗民沈曾植(1850 — 1922)于 1919 年在阐释"专制"时说:"专制,'天动而施曰仁,地静而理曰义。仁成而上,义成而下。上者专制,下者顺从。'《易纬》之言专制,非不美之辞也。不解近儒不为新学者,何亦畏此二字。《抱朴子》:'支干上生下曰宝日,下生上曰义日,上克下曰制日,下克上曰伐日,上下同曰专日。'《淮南子》称:'以专从事,成而有功;以义行理,名立而不毁;以保蓄义,万物蕃昌;制日伐日无以焉。'五行家义,可与《易纬》相发。"②

在这里,沈曾植解释了"专制"的传统语境中的意义,有以上为主、上克下但又上下一同的意思。其不一定都是贬义和不美之辞。值得注意的是,沈提到了"不为新学者"也畏惧使用此词的状况,说明当时新学中贬义的"专制"已经成为强势定义,挤压到旧学语义下的"专制"的使用。

2. 福泽谕吉的"专制":汉文脉与洋文脉的共存以及"专制"的负面化

其实,在明治的日本,"专制"汉文脉中的传统意思仍然大量存在于日人的著作中。"デジタル大辞泉"对于"专制"的解说是:"上に立つ人が独断で思うままに事を処理すること。"引用的例句是津田真道在《明六雑誌・一二》中的说法:"国是を討論して以て政府の専制を防止す。"这里的"专制",仍然是汉文脉中"独揽大权"的含义③。从所给例句中判断,这里的"专

---

① 康有为:《康南海复依田百川君书》,《日知报》第 84 册(1899 年 4 月 20 日)。转引自蒋凌楠:《晚清"专制"概念的接受与专制历史谱系的初构》,《史学理论与史学史学刊》2015 年卷,第 163 页。
② 沈曾植:《东轩温故录》,收入《海日楼札丛》,北京:中华书局,1962 年,第 27—28 页。
③ https://kotobank.jp/word/%E5%B0%82%E5%88%B6-550365, 2019 年 5 月 15 日访问。

制"已经拥有负面的意思了。

在对"专制"和"中国"负面化的过程中,日本著名的启蒙思想家福泽谕吉扮演了十分重要的作用。福泽在其著名的《文明论概略》(1875)中,曾大量使用"专制"一词。系统检索这些词的使用,福泽用它形容中国的皇权一统的政治,英国"光荣革命"前的专制王室,罗马帝国皇帝的权力,封建割据时期法兰西、西班牙的贵族,中世纪基督教的统治,自治城市下的城市统治者的权力,彼得大帝时期的俄国,法兰西斯二世大权独揽时的奥地利,日本德川幕府治下的门阀政治,甚至是日本自有政府以来就一直存在的"权力偏重"的政治,这些杂糅了东西方历史、交织了汉洋文脉的"专制",需要我们仔细思考其含义。

福泽首先在第二章"以西洋文明为目标"中用"专制"定性中国皇权一统的政治,他写道:

> 秦始皇统一天下虽有焚书的暴举,但其用意并不是单纯地憎恶孔孟之教,而是想把百家争鸣,所有各种学说,不问孔孟或是杨墨,一律加以禁绝。假使当时只有孔孟之教,秦始皇未必会作出焚书之举。
>
> 为什么这样说呢?因为后世也有很多暴君,其暴虐并不亚于秦始皇,但都不认为孔孟之教有害,而孔孟之教并不妨碍暴君的作为。那末,秦始皇为什么特别憎恶当时的百家争鸣而加以禁止呢?这是因为当时的众说纷纭,特别妨碍了他的专制。所谓妨碍专制的不是别的,很明显在于百家争鸣必然要产生自由的因素。假如只有一个学说,无论这个学说的性质怎样纯粹善良,也决不能由此产生自由的风气;自由的风气只有在不同意见的争论之中才能存生。
>
> 秦始皇杜绝了争论的根源以后,统一天下,从此实行了独裁(按:中译本此处用"专制",此以日文版为准)政治,虽然经过多次改朝换代,但人与人之间的关系本质上并未改变,仍然是以至尊的地位与最高的权力集中于一身而支配着社会。因为孔孟之教对这个制度最有利,所以只让它流传后世。①

---

① 福泽谕吉:《文明论概略》,北京:商务印书馆,1992年,第16—17页。

福泽紧接着论述了日本与中国的不同:"中国是一个把独裁(按:中译本此处用"专制",此以日文版为准)神权政府传之于万世的国家,日本则是在神权政府的基础上配合以武力的国家。中国是一个因素,日本则包括两个因素。如果从这个问题来讨论文明的先后,那么,中国如果不经过一番变革就不可能达到日本这样的程度。在汲取西洋文明方面,可以说,日本是比中国容易的。"① 我们看到,这里的"专制"指的是没有自由、全面控制的意思,可以理解为汉文脉中的"单一""独占,专擅"之语义。福泽认为,由于这种统治的长期存在,中国人的思想过于简单,不容易接受西方文明。在这个意义上,中国的政治制度是负面的。

在讨论了中国的"专制"后,福泽在第三章"论文明的涵义"中从更为广泛的人类历史阐释"专制"。他写道:

> 基佐氏的《文明史》讲道:"君主政治,既可以在国民等级之区分极其严格的印度施行;又可以在人民权利平等,完全没有上下等级之分的国家施行,同时还可以在专制压迫的国家施行,而且也可以在开化自由的国度施行。君主恰如一个珍奇的头,政治风俗就好象躯体,以同一的头可接于不同的躯体。君王恰似一种珍奇的果实,政治风俗好象树木,同一的果实可结在异种的树木上。"这些话的确不错。
>
> 世界上任何一个政府,都是为了人民的利益而设的。政府的体制只要对国家的文明有利,君主也好,共和也好,不应拘泥名义如何,而应求其实际。有史以来,世界各国的政府体制,虽然有立君独裁、立君定律、贵族合议、民庶合议(按:中译本作"君主专制、君主立宪、贵族专制、民主制",此以日文版为准)等不同的体制,但是不能单从体制来判断哪种好,哪种不好,最重要的是不使偏于极端。君主未必不好,共和政治也未必都好。如1848年法国的共和政体,徒具公平之名,实际却极残酷。奥国在法兰西斯二世时代,虽是独裁(按:中译本作"专制",此以日文版为准)政府,而实际却很宽宏。②

---

① 福泽谕吉:《文明论概略》,第18页。
② 福泽谕吉:《文明论概略》,第34页。

在这里，福泽受基佐（Guizot，1787—1874）的影响，认为君主制本身并无好坏。他认为，政治制度的发展有其规律，它必须符合这个国家的文明水平①。站在文明论的角度，福泽对于那种简单地认为文明国家不应当有君主的理论进行反驳，认为这完全是用一只眼观天下事的说法："文明之为物，不仅既大且重，并且既宏且宽。文明既然至宏至宽，岂能没有容纳国君之地？既可容纳国君，又可保留贵族，何必拘泥这些名称而发生怀疑呢？"②在这里，我们看到，"专制压迫"与"开化自由"相对，有负面色彩。"专制"作为一种统治状态，不仅存在于东方，也存在于西方。

在第五章中，福泽关注日本，对压制人民智慧的门阀专制进行了批判："我国人民长期遭受专制暴政的压迫，门阀成了他们发号施令的资本，即使才华过人，如果不依靠门阀就不能施展其才能，也不能有所作为。……一切事物都陷于停滞不前的状态。"然而，"人类智慧发展的力量，是怎样压制也压制不住的，在这停滞不动的期间，人们也能不断前进"③。而明治变革就是一场"智力和专制制度的生死搏斗，掀起这次战争的就是全国总的智力"。"它的真正目的既不是复古，也不是攘夷，而是利用复古攘夷的主张为先锋以声讨根深蒂固的门阀专制。"④在这里，"专制"是负面的，它压抑人智慧的发展，但随着文明的发展，"专制"必将被抛弃。福泽的文明进化的思想表达得很明确。

在第八章"西洋文明的来源"中，福泽再次转入欧洲史。在这一章中，福泽借鉴基佐的《欧洲文明史》，描述了在罗马帝国废墟上形成的欧洲文明的因素和演化历程。必须要说明的是，基佐采纳了一种以自由为焦点的进步史观描述多样化的欧洲文明因素（罗马帝国遗物如君主制、法律、自治市镇；蛮族因素如封建制、个体独立；基督教因素如心灵力量、宗教与世俗的分离）

---

① 福泽定义"文明"："文明就是指人的安乐和精神的进步。但是，人的安乐和精神进步是依靠人的智德而取得的。因此，归根结蒂，文明可以说是人类智德的进步。"福泽谕吉:《文明论概略》，第33页。
② 福泽谕吉:《文明论概略》，第34页。
③ 福泽谕吉:《文明论概略》，第61页。
④ 福泽谕吉:《文明论概略》，第64—65页。

如何在漫长的时间中慢慢融合进一个现代文明。

在基佐的《欧洲文明史》中,"despotism"是"全面控制"(total domination)的意思,如君主的控制 monachical despotism,宗教的控制 religious despotism,封建领主的控制 fuedal depsotism,军事的控制 military despotism①。在描述这些历史和概念时,福泽基本上用"专制"来对应"despotism",从而"专制"一词也就被用来形容西方历史上许多统治的状态:罗马时的君主的控制,封建时代的贵族的控制,中世纪时的城市领袖的控制,中世纪天主教会的控制,以及十六七世纪封建贵族衰落后绝对主义时期的王室的控制。

如同基佐,福泽也认为是这些不同质的多样的要素造成了西方自由民主的产生:

> 西洋文明的特点在于对人与人的交往问题看法不一,而且各种看法互相对立,互不协调。例如,有主张政治权的,有主张宗教专权的,有的主张君主政治,有的主张神权政府,有的主张贵族执政和有的主张民主政治等等,众说纷纭,莫衷一是,自由争辩,胜负难分。由于长期形成对峙局面,即使彼此不服,也不得不同时并存。既然同时并存,即便是互相敌对的,也不得不在互相了解对方的情况下,允许对方的活动。由于自己不能垄断一切,又不得不允许对方的活动,于是便各持其说,各行其是,为文明进步尽一分力量。最后将溶为一体。这就是产生"民主自由"的原因。②

同样,基佐抵御单一权力、强调自由的思想也被福泽继承。在第九章"日本文明的来源"中,福泽认为,文明的自由只有"允许享受各种权利,使能获得各种利益,容纳各家的意见,使各种力量得以发挥,彼此保持均衡,才存在这种自由"③。福泽正是站在自由这一立足点上,批判了日本开国以来的

---

① François Guizot, *General History of Civilization in Europe* (1828), Online Library of Liberty: https://oll.libertyfund.org/titles/guizot-general-history-of-civilization-in-europe.
② 福泽谕吉:《文明论概略》,第121页。
③ 福泽谕吉:《文明论概略》,第145页。

政治制度中"权力偏重"(即统治者权力过重)的这一问题。他写道：

> 日本文明，关于人的社会关系，当然也有各种因素，君主、贵族、宗教和人民等自古就有，并各自形成一个阶层，各有各的思想。但是这些思想未能并立，未能互相接近和合而为一，这好比虽有金银铜铁各种元素，但未能镕合成一体。即或镕合在一起，实际上并不是各种元素保持着均衡，不是偏重偏轻，就是其中的一种元素消灭了其他元素，使其他元素不能现出本色。这好比铸造金银货币时，虽然掺入十分之一的铜，但是不能现出铜的本色，铸造出来的货币仿佛是纯金银货币一样。这就叫作偏重。①

> 政府体制形成之后，政府里的人便成为统治者，人民便成为统治的对象，于是就分成了"统治者"与"被统治者"。统治者叫作上或主或内，被统治者叫作下或客或外。因此，上下、主客，内外的区别，也就截然分开了。从此这两者成为日本人之间的互相关系上的两大分野，也可以说这是我国文明的两个因素。自古至今，人的关系虽然多种多样，但归根结底都可归纳成为这两种因素，而没有任何一种可以例外（分为统治者与被统治者）。②

> 后来，文化渐开，有了养蚕、造船的技术和纺织、耕种的工具，以及医儒、佛教的书籍等其他各种文明事物，其中，有的从朝鲜传来，有的是本国发明的，这样，人们的生活方式日渐丰富起来，但管理这些文明事物的权力，全部操在政府手里，人民只有俯首听命而已。不仅如此，连全国的土地以至人民的身体，也都成为王室的私有财产。换句话说，被统治者等于统治者的奴隶。③

福泽认为，日本从立国开始，天下大势的变化早在王室时代局势已定。"自从分成统治者与被统治者两种成分和划分了兵农以后，这种界限更加明确，直到今天，从未发生任何改变。所以，在王室时代的末期，虽有藤原氏

---

① 福泽谕吉：《文明论概略》，第131页。
② 福泽谕吉：《文明论概略》，第134—135页。
③ 福泽谕吉：《文明论概略》，第135页。

的专权和太上皇的听政,但这些都是王室内部的问题,当然与天下形势毫不相干。后来,平氏灭亡,源氏兴起新建幕府于镰仓,北条氏以陪臣身分执政,足利与南朝对抗而被骂为逆贼,以至于织田氏、丰臣氏、德川氏等相继执政,先后统治了全国,但是这中间只有统治方法的巧拙不同,全国局势,依然如故。"①

日本的"政府虽有变革交替,但国内局势从不改变,权力永远偏重于一方,在统治者与被统治者之间,就好象筑起一道高墙,断绝了关系。不论有形的膂力或无形的德智,以及学问、宗教等都操在统治者手里,而这些人狼狈为奸,争权竞势,因此,财富集中在他们中间,才智集中在他们中间,荣辱和廉耻也集中在他们中间"②。权力偏重发展到了德川时代,"专制政治愈巧妙,弊病愈甚,统治愈久,贻害愈深,终于成为难以医治的遗毒"③。

福泽要大家警戒政府权势过重的问题,他警醒人民:"日本人自古以来,就不重视自己的地位,只知趋炎附势,企图依靠别人谋求权势,否则,就取而代之,步前人的后尘,即所谓'以暴易暴',真是卑鄙已极,这与西洋人独立自主的精神相比,确有天壤之别。"④他号召日本人奋起,人人有爱国心,人人有羞耻心,人人以国家独立为目标,人人独立从而国家独立。

综上所述,应当如何理解福泽的"专制"呢?

首先,在明治前期的日本,"专制"在汉文脉中的"单一""独占"加"控制"(即"专"加"制"合起来)的传统意思仍然大量存在于日本知识人的著作中。在讨论中国的时候,这一汉文脉中的意思,即独自掌控朝政,常用于形容统治单一、绝对的状态,与多样、自由的状态相对。

同时,福泽也是阅读西书的洋学者。在福泽的论述中,"专制"也被用于描述西方的历史。福泽的文明论特别受到了基佐的《欧洲文明史》的影响。对照基佐的原文,我们发现,基佐本身就大量使用 despotism 用来描述西欧的历史。他没有强调"恣意妄为"这个含义或"主奴关系"这个希腊的本源,

---

① 福泽谕吉:《文明论概略》,第 138 页。
② 福泽谕吉:《文明论概略》,第 139 页。
③ 福泽谕吉:《文明论概略》,第 156 页。
④ 福泽谕吉:《文明论概略》,第 141—142 页。

而是强调"全面控制"这个意思。基佐这样的对 despotism 的使用,其对自由的强调及其淡化 absolutism 与 despotism 区分的用法也被福泽所继承。基佐的向自由进化的线性文明史观也被福泽吸收。

当这些杂糅东西方历史的"专制"概念被用来论述文明的进化时,一种总括全球的线性进化史观出现了:福泽认为西方历史上也曾有一个野蛮的、未开化的"专制"时代,只不过已为现代的、民主自由的西方文明所取代了。而中国与日本之所以落后,在于其仍然保留着古代的"专制"的特点,没有自由与权力的平衡。"专制"的状态必须被改变,东方必须向西方学习。

(三)自由民权运动中"专制"

明治七年(1874)以后,以要求明治政府立宪为核心的自由民权运动盛极一时。在围绕开国会和宪法草案的斗争中,"专制"一词也经常出现在政论文当中,成为批评藩阀政府的武器。

1874 年 1 月 17 日,因征韩论下野的板垣退助等人提出《民选议院设立建白书》,批评政府为有司专裁,认为不应以百姓民智未开为由而拒绝设立民选议院,希望尽快建立代议制政体[①]。1874 年 2 月 20 日,板垣退助、副岛种臣、后藤象次郎批评日本当下的政治:"废藩之后不复设置公议人,其势非无有司专制之弊。"[②] 与此类似,元田永孚在 1879 年 6 月描述明治政情时说:"陛下即位以来,万机存于内阁,臣不知陛下亲裁之实,年年议论纷至沓来,佐贺、熊本、山口、鹿儿岛之祸随起随灭。今日国会民权论之兴起,亦是怀疑内阁之专制也。"[③] 当时的民权运动家要求政府正式开国会,而他们的对立面是由萨摩与长州两藩主导的藩阀政府,时常使用的是"有司专制"与"内阁专制"的说法。

斗争的激化导致了对"专制"批判的升级。1880 年民权运动家片冈健吉、

---

① 板垣退助等:《民选议院设立建白书》,张允起等编译:《日本明治前期法政史料选编》,Kindle Location 7098—7145。

② 副岛种臣、后藤象次郎、板垣退助:《答加藤弘之书》,张允起等编译:《日本明治前期法政史料选编》,Kindle Locations 7189—7190。

③ 元田永孚:《宪政意见书》(1879 年 6 月草稿),张允起等编译:《日本明治前期法政史料选编》,Kindle Location 6332—6334。

河野广中请求允许开设国会,他们将无立宪、无国会的"专制"政体看成是日本政治落后的全部原因。他们写道:

> 使人民减杀爱国之心者,莫甚于专制政体。愈要保全王室,可得其巩固之事,莫若定律政治。易陷王室于危殆,失王位之巩固者,莫甚于专制政体。易倾国家于危险,酿成亿兆之不幸者,亦莫甚于专制政治也。臣等作为国民者,焉得不希望定律之政治也?而欲树立定律之政体亦必不得不开设国会也。①

他们认为,"专制政治则最是隔离上下之心",而"设国家之代议员者,则为得以交通政府与人民之心之一法也"。"专制政治使庶民不通其志,使人民之心甚为倦厌",而"开设国会之事乃所以使庶民励其志,使人心竞勉也"②。于是,"万民保全之道"即在于"改革专制政体而定立宪政体"③。而"墨守专制政体而不改之,则为疏于世界形势,固守旧习,不图一新之效者,易失国家一日之安宁,且酿百年之忧,遂受各国之凌侮,一则辱没列圣,一则可成亿兆之苦。开设国会,确定宪法之事,乃所以安抚亿兆,置天下于富岳之安之道也。臣等善体陛下之志,助陛下之业,保全神州者,亦必不可不获得参政之权利也"④。

在民权理论家的论述下,"专制"作为落后的政体存在,与立宪政体形成鲜明对比。与福泽谕吉更加复杂的政体和文明程度相辅相成的观点不同,自由民权的活动家认为解决政治危险的答案是简单而清晰的:立宪及开设国会。这样的论述,有着加藤弘之"立宪"对"专制"划分的明确影响,也有着文明进化论的明确影响。在自由民权家的鼓动下,相对于进步的"立宪"存

---

① 片冈健吉、河野广中:《请求允准开设国会之上书》,张允起等编译:《日本明治前期法政史料选编》,Kindle Locations 6466—6469。

② 片冈健吉、河野广中:《请求允准开设国会之上书》,张允起等编译:《日本明治前期法政史料选编》,Kindle Locations 6473。

③ 片冈健吉、河野广中:《请求允准开设国会之上书》,张允起等编译:《日本明治前期法政史料选编》,Kindle Locations 6480—6481。

④ 片冈健吉、河野广中:《请求允准开设国会之上书》,张允起等编译:《日本明治前期法政史料选编》,Kindle Locations 6585—6488。

在的落后的"专制"成为了一个流行的表达。后面我将展示，这一理解深刻影响了中国知识人，特别是立宪派。

（四）《万法精理》的出版

1876年，日本人何礼之根据英译本将孟德斯鸠的《论法的精神》翻译成日文《万法精理》时，采用"专制政治"这样的词汇来译"despotism"。译者在《万法精理》卷二第一回中说："政府之三类称为共和政治（レプッブリック）、立君政治（モナルキー）与专制政治（デスポテ＜リ＞ズム）。"①

该书以下部分反复使用"专制""专制政治"一词。在该书卷8第21回"论支那帝国"明确将中国归为专制国家："支那是专制国，其精神是畏惧。"②此后，将孟德斯鸠的despotism这种政体固定译为"专制政体"，正式替代加藤的"擅制"这一词汇，成为对于despotism的更加稳定的对译。而这一带有新意的（即包括恐惧、奴役、使人愚昧、恣意妄为的意义，溢出了汉文脉，也溢出了立宪的对立面的）"专制"也逐渐流行于日本。在稍后看到的日文教科书中，我们将看到，这些新的意思的确也切切实实地加入到了这个词汇当中。

尽管《万法精理》的翻译十分重要，但是，自加藤以来，"立宪"对"专制"、"立宪"同时与"君主专治"与"君主擅制"相对的观念已经成为日本思想界与政治界讨论政体问题时的基调。涉及政体的讨论，加藤的影响远比何礼之的孟德斯鸠要深刻。我在这里用中江兆民举例说明。

1881年中江兆民发表的《君民共治之说》，开头就指出"政体的名称有数种，曰立宪、曰专制、曰立君、曰共和"。这里，一方面，他明白地使用孟德斯鸠的政体分类法（专制、立君、共和）。另一方面，中江又在孟德斯鸠的分类法上加上了"立宪"这一在日本地位和意义特别重要的分类。尽管中江兆民是熟读法语的法兰西学的学者，我们依然明确看到了加藤弘之对日本

---

① 何礼之译：《万法精理》卷2，明治九年（1876）刻，中国社会科学院法学所图书馆藏，第1页。转引自侯旭东：《中国古代专制说的知识考古》，《近代史研究》2008年第4期，第11页。

② 何礼之译：《万法精理》卷8，第30—31页。转引自侯旭东：《中国古代专制说的知识考古》，《近代史研究》2008年第4期，第11页。

人政体分类的影响,日人对于孟德斯鸠理论的受容保留了自己的鲜明特点①。

(五)明治后期的"专制"即此期日人教科书中的"专制"的多样性

我们看到,从明治早期以来,政体分类无论几分(三分、四分或五分),"立宪"与否一直是日文政治话语中最大的对立。在1900年代,"专制"的定义也在日文词典中稳定下来,即"与'立宪'对立的政体"。日文词条"专制"的第一个定义就是:"專制主義によって行なわれる政治体制。立憲政体に対する。"②与此类似,在1903年上海出版的、由中国留学生汪荣宝、叶澜借鉴日文词典编辑的《新尔雅》中,编者也接受了这样一个划分:即"立宪"对"专制"③。大量的清国留学生赴日本留学时,这就是他们面临的语境。同时,在日本宪法完成、国会召开以后,日本社会普遍认同立宪政体,认为其国的政治已经文明开化。随着日清、日俄矛盾的加剧,日人此后时常用"专制"来批评中国与俄国的政体,而认为自己不再有"专制"的问题。就像下面要说的,这也成为东文报纸的一个主流基调。

同样,此期日文的教科书中也大量使用"专制"这一词汇。首先,"专制"大量出现于日译西洋史用于描述17、18世纪普遍存在于欧洲国家的君权强盛的情况。比如,小川银次郎所著的《西洋史略》在描述18世纪的法国政治时写道:"当路易十四时,以专制政治,强率其民,耀威于海外,百度骄纵,暴虐恣肆。"④这里强调恣意暴虐,是 despotism 之意。同时,本书将法国的"王政专制主义"与英国的"立宪自由主义"相对照⑤,是 absolutism 之意。

在论及中国历史时,"专制"则用来指秦以来的政治统治的样态。比如,

---

① 中江兆民:《君民共治之说》,原载《东洋自由新闻》第3号,明治十四年(1881)三月二十四日。转引自侯旭东:《中国古代专制说的知识考古》,《近代史研究》2008年第4期,第11页。

② 新闻中常有的说法,比如《东京朝日新闻》明治三十八年(1905)一月二十五日 "專制政体の破綻は常に疆土侵略の挫折に起る" 就是这种用法。https://kotobank.jp/word/%E5%B0%82%E5%88%B6%E6%94%BF%E4%BD%93-550384。

③ 汪荣宝、叶澜编:《新尔雅》,上海:上海明权社,1903年,第9页。

④ 小川银次郎:《西洋史要》(1901)。转引自蒋凌楠:《晚清"专制"概念的接受与专制历史谱系的初构》,《史学理论与史学史学刊》2015年卷,第172页。日文原版是小川银次郎著《西洋史略》(金港堂明治33年1月版)。该书为中学课本,这段引文为原文的第83页,用"专制"一词。

⑤ 同上。这段引文为原文的第70页,用"专制"一词。

田口卯吉所著的《支那开化小史》对中国历史总结道："考以上之事实，可详中国人民常苦于专制政治之弊害。从周以前，数千年间，埋没于封建乱离之祸害时代也；从秦以后，二千余年，沉沦于专制政治之腐败时代也……然其于政治，则未有别开生面而越于专制政治之外者。"① 比如，白河次郎、国府种德著的《支那文明史》认为中国"通观夏殷周三代之政治，尧舜之贵族民主政体，自夏而渐至具有君主政体之形体。……际秦始皇，君主政体、君主独裁政治，纯然大成，后世诸王朝之革命者，虽不无损益，而大体悉皆以秦制为基础，以定主权之根据，秦之始皇确立支那二千年之政体者也"②。这里的"专制"强调的是"皇帝拥有无限命令之权并统治人民"之意③。

在这里，我们看到日文中"专制"这个能指的所指是多样的，可以指 absolutism，也可以指 despotism，还可以指作为执政者的东方君主拥有无限命令之权并统治人民的这种政体，但这三种所指都与"有限权力"与"立宪"相对，都带上了贬义的色彩。我们将看到，日文中"专制"这个能指的所指的多样性，其对于"立宪"的强调，以及日人将"专制政体"放入文明进化一环中考察的发展史观都深刻地影响了中国近代的读书人。

（六）本节小结

回到本节开头提出的问题：在日文中的"专制"及其通假字"擅制"有怎样的意义？孟德斯鸠的影响应当如何定位？日文中 despotism 与 absolutism 的区别是否就已经"填平"？

首先，日文"专制"一词从一开始就具有其在汉文脉中的含义，有集权、垄断、控制的含义，当"专制"与"擅制"被用来翻译西方政体学中的

---

① 田口卯吉：《中国文明小史》（1902）。转引自蒋凌楠：《晚清"专制"概念的接受与专制历史谱系的初构》，《史学理论与史学史学刊》2015年卷，第172页。日文原版是田口卯吉著《支那開化小史》（宫川仁吉1888年版）。这段引文为原文的第380页，用"专制"一词。

② 白河次郎、国府种德：《支那文明史》（1900）。转引自蒋凌楠：《晚清"专制"概念的接受与专制历史谱系的初构》，《史学理论与史学史学刊》2015年卷，第174页。日文原版是白河鲤洋、国府犀东著《支那文明史》（博文馆1900年6月版）。这段引文来自原文第5章"政治に関する観念及君主政体の発展"。

③ 白河鲤洋、国府犀东：《支那文明史》，东京：博文馆，1900年，第110页。

despotism 及 absolutism 时，汉文脉中的传统意思也与之共存。日文"专制"的所指是多样的，但最常见的是"与立宪相对的政体"这个意思，讲的是政府的执政者的"无限权力"，与国家元首权力的集中程度不是一回事。其次，对于日人而言，"立宪"是更为根本的政体划分标准。比如，在加藤最激进的学说中，人的自由权利是国家建立的理由，而立宪就是为了保护人的自由和权利。尽管天赋人权的理论在日本逐渐衰落，但"专制"对"立宪"这个共识却早已牢牢建立。这也提醒我们，在理解中日语境中的"专制"受容时，必须要准确定位孟德斯鸠，不能把对他的译介当成最重要的或者唯一的思想来源。再次，日文"专制"被用于翻译 despotism 及 absolutism，的确是身兼二职的。Despotism 的特有含义，如恐惧、恣意妄为，在日文中也有所体现，如"暴虐恣意"。同时，这个对应 despotism 意思的"专制"也被用于描述西方。

三、中国的受容

现代中文中"专制"概念的来源复杂，受中国古来就有的汉文脉的影响，又有西方的洋文脉的影响，还有在日本受容中特殊理解的影响。同时，中文中的"专制"也是当时革命者对于时局的表达。尽管受到日文语境中意思的影响，特别是 1905 年后出现的立宪派常常只是用"立宪"来对应"专制"，但是中文中的"专制"也远远超出了"立宪"的对立面，和中国当时的反君主制的革命联系在一起。

（一）"东学"来临之前的"专制"

在"东学"大规模来临之前，中国对"专制"的表达有两个来源，分别简述如下。

一是汉文脉的存在，也即传统的"专制"的语义。比如前面引用的蒋凌楠所举的 1899 年康有为刚刚到达日本时的例子。面对艰难处境的康有为，仍然用传统"专制"的语义："而敝国天子专制之权，雷霆万钧，无不披靡，有何所谓巨室大官者哉？或优其爵禄以待之，或解其柄权以驭之，在指顾间耳。"①

二是早期新式史书里的"专制"。在 19 世纪后半期，西方传教士和条约口岸知识分子做了大量的文献编译工作，其中介绍西方世界的历史是重要一环。如蒋凌楠看到的，早期编译的新史书，对戊戌政变前的新派士人曾产生过重要影响。湖南时务学堂就要求学生阅读《日本国志》《罗马志略》《欧洲史略》《希腊志略》《泰西新史揽要》诸书，这些都属于早期编译的西方史著。

蒋凌楠指出，查遍这些当时流行的新史书，没有一本提到过近代语义的"专制"用语。在他们编译的历史叙述中，包含西方"专制"的历史阶段，但用词并非贬义，通常使用的意思就是"独自掌控朝政"的意思②，即"专"加"制"合起来。

比如，《泰西新史揽要》虽是西来的新式史著，书中所用"专制""擅制"词汇却是古代语义。蒋认为："究其原因，与李提摩太的史观有关，也与负责遣词用句的合作译者蔡尔康有关。"③"而李提摩太也认为'民主之治、君民共主之治，断未能行于中国'，并不会特意把'专制'与野蛮落后形象相联系。"④蒋总结道，至少在 19 世纪末以前，在华的西方人所编译引介的历史著作中，鲜有出现野蛮落后的"专制"欧洲历史，也不会强调中国"专制"的负面形象。

在蒋凌楠的材料和分析的基础上，我想特别强调一下李提摩太提到的

---

① 康有为：《康南海复依田百川君书》，《日知报》第 84 册（1899 年 4 月 20 日）。转引自蒋凌楠：《晚清"专制"概念的接受与专制历史谱系的初构》，《史学理论与史学史学刊》2015 年卷，第 163 页。

② 蒋凌楠：《晚清"专制"概念的接受与专制历史谱系的初构》，《史学理论与史学史学刊》2015 年卷，第 167 页。"蔡氏供职于多家西文报纸，又受聘于广学会，协助译书，但他不识西文，所凭借的只是中文素养与传统资源。因而，此书内容、结构都是西方的新史学，字里行间却仍有传统君臣观念的思想遗存。"

③ 蒋凌楠：《晚清"专制"概念的接受与专制历史谱系的初构》，《史学理论与史学史学刊》2015 年卷，第 167 页。"蔡氏供职于多家西文报纸，又受聘于广学会，协助译书，但他不识西文，所凭借的只是中文素养与传统资源。因而，此书内容、结构都是西方的新史学，字里行间却仍有传统君臣观念的思想遗存。"

④ 蒋凌楠：《晚清"专制"概念的接受与专制历史谱系的初构》，《史学理论与史学史学刊》2015 年卷，第 168 — 169 页。

"君主、民主、君民共主之治"这个政体分类法。这是当时知识人,包括李提摩太用来分类政体的主要说法。很明显,"立宪"、"专制"等后来进入中国的政体论的词汇以及"专制"的负面化的说法是通过东文的脉络进入中国的。

(二)甲午战后对于君主的批判以及"东学"初来

1. 甲午战后对秦以来君主制的批判

甲午战争的惨败刺激中国知识分子反思传统政治。在这一时期,维新派知识分子开始批判君权。比如,谭嗣同在1896—1897年完成的《仁学》中写道:"两千年来之政,秦政也,皆大盗也","西人辄诋中国君权太重,父权太重……二千年来君臣一伦,尤为黑暗否塞,无复人理,沿及今兹,方愈剧矣",提出"废君统,倡民主,变不平等为平等"①。与此类似,梁启超1896年在《与严幼陵先生书》中引严复的看法并表认同,写道:"先生谓黄种之所以衰,虽千因万缘,皆可归狱于君主,此诚悬之日月不刊之言矣。"②

我在之前的研究中指出,甲午战败之后中国知识人对旧制度的批评是在民权说的语境下进行的。这样批评的中心在于君权太重,君臣关系太不平等③。这样的批评的确与福泽谕吉的对于统治者权力过重的批评有相似之处,但更重要的是它有着中国传统儒学的思想资源。

如侯旭东教授所指明的,此时一个重要现象是明末清初思想家黄宗羲等人的思想的盛行。黄宗羲的《明夷待访录》批判和反思中国自秦以来的政治制度,其中《原君》是代表作。黄宗羲于其中充分探究为君之道,提出"天下为主,君为客"、官员应当"为天下,非为君也;为万民,非为一姓也"、"天子之所是未必是,天子之所非未必非"等观点,表现出"民贵君轻"的"民本"思想。维新派知识分子受到其说的启发,开始批判中国的君权,甚至提出了废君统的要求。

的确,同日本特殊的万世一系的天皇国体及在其基础上发展出来的日本

---

① 蔡尚思、方行编:《谭嗣同全集》,北京:中华书局,1981年,第337页。
② 梁启超:《与严幼陵先生书》(1896年),《饮冰室合集·文集》第1册,第108页。
③ Xiaowei Zheng, *The Politics of Rights and the 1911 Revolution in China,* Stanford: Stanford University Press, 2018, Chapter 2.

儒学不同,中国儒学中一直有民贵君轻的说法。这是中日接受外来学说的思想土壤上的最大不同。在中国,孟子的民本思想,还有在历史中并没有被淹没的"有道"伐"无道"的革命正当性的思想,这些都使得此时的中国知识人对于政治制度的批判集中在了君主身上。我们将看到,这个焦点也被之后的革命派所沿袭。

回到"专制"上,我看到,在近代语义上的"专制"被正式引入中国现代政治话语之前,中国已经有对秦代以来的政治制度的尖锐批评了。尽管此时仍没有使用"专制"一词来概括中国秦以来的政体,却在思想上为接受"中国专制论"做了铺垫。

2."东文报译"中"专制":"专制"负面化的开始

根据蒋凌楠的研究,中文文献中最早的近代语义的"专制"出现在《时务报》的"东文报译"栏目中。《时务报》是维新运动时期销行最广、影响最大的报刊,而由日本汉学家古城贞吉担任翻译的"东文报译"栏目是大量引入和制汉语的最早途径①。

从蒋文所举的例子可以看到,首先,《时务报》上时常出现"君主专制之国"与"民主之国"相对立的情况,而且"君主专制"有落后之意,并点明俄国是"君主专制国"②。其次,"专制"在《时务报》中常常与选举、自由相对,表达"无选举法度,无自主之权"之意,有贬义色彩③。同时,蒋凌楠发现,

---

① 蒋凌楠:《晚清"专制"概念的接受与专制历史谱系的初构》,《史学理论与史学史学刊》2015年卷,第160页。
② 蒋凌楠:《晚清"专制"概念的接受与专制历史谱系的初构》,《史学理论与史学史学刊》2015年卷,第160—161页。如1896年11月25日刊行的译自《东京日日报》的《论俄法同盟》:"本月廿二日,神户西字捷报云:迩来俄法同盟,为前古未有之异例。何则?俄为君主专制之国,法为民主之国,且并非寻常之君主、民主,其势本甚悬殊也。"我认为这一例子中的"专制"还是汉文脉下大权独揽的意思。
③ 蒋凌楠:《晚清"专制"概念的接受与专制历史谱系的初构》,《史学理论与史学史学刊》2015年卷,第161页。如1897年5月2日译自《大阪朝日报》的《列国訾议俄强论》:"俄国伸左手于东方,有囊括满洲并吞朝鲜之概。其属土之广,兵力之强,盖彼所自恃也。况其国以专制为政,无舆论阻止俄皇之意,其民无选举法度,无自主权力。若当有事于东洋,则旅顺口大连湾,为其握要之地也。"

与《时务报》"东文报译"同时存在的还有《实学报》的"东报辑译"。比如，在其1897年12月的报译中就两次使用了"专制"这个词。第一次是指称德国："自由之说，由德意志之众中所生，往昔之言所传如是也。观于今日，实为最不自由，专制已极，民之屈从，于国政治，无论是非，悉由帝王为独裁。"第二次是指称清国："况台湾人于专制之政治，甫经得脱，而其人民之先天，久被治之者缚其手足。"①

从蒋文所举的例子中，我看到的是，由"东文报译"进入中文的"专制"一词有贬义色彩，时常与"自由"相对，但是，这时的"专制"还没有全面贯彻"立宪"对"专制"这个日本政体论上最重要的对立。

（三）经由"东学"系统引入"西学"的开始：以梁启超为例

1. "专制"对"立宪"观念的建立

如蒋凌楠看到的，逐渐接受日人学说并自觉地使用，梁启超初到日本的经历就是典型的例子。1899年1月12日，梁启超最早在《清议报》上发表的《戊戌政变记》就提到"专制君权"，并且直指俄罗斯与中国②。这说明，梁很快就学习了日本指责俄国与清国"君主专制"的用法，把"专制"概念作为一种政治武器，并将负面的批评由俄国推及清廷的后党，从而论证了戊戌变法的合理性。

在此之上，我想指出的是：初到日本的梁启超"专制"论述仍然带着戊戌时期的以民权对君权、儒家民本主义的独夫民贼说的特点。比如在1899年4月《清议报》载梁启超的《商会议》一文中，他写道："古者专制之世，惟独夫民贼有合众之权力，故此等之事，必待命于国家。今欧洲诸国，民权大伸，故此等之事，民间自合众而自举之。"③

但是很快，日本特有的"立宪"对"专制"的观念进入了梁启超的视野。

---

① 蒋凌楠：《晚清"专制"概念的接受与专制历史谱系的初构》，《史学理论与史学史学刊》2015年卷，第162页。

② 蒋凌楠：《晚清"专制"概念的接受与专制历史谱系的初构》，《史学理论与史学史学刊》2015年卷，第162—163页。

③ 梁启超：《商会议》，《清议报》第12册，1899年4月20日。

梁启超在 1899 年 4 月 20 日发表于《清议报》的《各国宪法异同论》一文的前言中说："故苟凡属国家之大典，无论其为专制政体（旧译为君主之国），为立宪政体（旧译为君官共主之国），为共和政体（旧译为民主之国），似皆可称为宪法。"在正文第一章"政体"中又有："政体之种类，昔人虽分为多种，然按之今日之各国，实不外君主国与共和国之二大类而已。其中于君主国之内又分为专制君主、立宪君主之二小类。"①

这里，可以明确地看到孟德斯鸠的新式政体论的影响，即专制、立君、共和的分类法。这个分类代替了之前的亚里士多德的三分法。同时，我们也看到，梁并没有彻底接受孟德斯鸠的说法，而是在其中融入了日本的要素，把日本的"立宪"说融合在了新的政体分类法中，成为专制、立宪、共和②。

2. 孟德斯鸠被译介后："专制"的进一步负面化

值得注意的是，对于孟德斯鸠的"中国专制论"，正如侯旭东教授所发现的，梁启超在相当长的一段时间之内的理解都是摇摆的。1899 年 12 月 13 日梁启超在《清议报》发表《蒙的斯鸠之学说》一文，文中介绍孟德斯鸠的三大政体说时加了自己的按语："任案：蒙氏所谓立君政体者，颇近于中国二千年来之政体。其实亦与专制者相去一间耳。若英国之君民共治不与此同科也。窝的儿尝评之曰，蒙氏所论专制立君二者，其性质实相同，特其手段稍异耳。"③

在这里，梁启超将中国历代政体归入"立君政体"，即通常所说的"君主政体"而非"专制政体"，但又说其与专制政体差距不大。这说明，此时梁启超对中国是否对应孟德斯鸠特有的 despotism 这一问题尚无确定看法。

如侯文指出的，梁对于孟德斯鸠的犹疑状态到 1901 年前后发生了变化，其主要原因是中国留日学生编辑的《译书汇编》第 1 卷第 1 期上开始连载的《万法精理》的中译本。这个基于何礼之日译本的中译本《万法精理》写道：

---

① 梁启超：《各国宪法异同论》(1899 年)，《饮冰室合集·文集》第 4 册，第 71 页。
② 同一时期，除了梁启超，专制、立宪、共和的分类法也在中文报刊中多了起来。宪政最为重要，它对应专制并且包括君主立宪与共和立宪两种，这样的日式叙述逐渐稳定地出现在中国知识人的出版物中。
③ 梁启超：《蒙的斯鸠之学说》，《清议报》第 32 册，1899 年 12 月 13 日。

"万国政府之形质,可以三大别概括之,曰共和政治,曰立君政治,曰专制政治。……以一人之喜怒裁决政务,不受法律之节制,而唯〔为〕所欲为者,专制政治也。"① 又写道:

> 专制政治,无所谓法宪以定其基本……专制政治之所以为专制者,君主以一人而有无限之君权,又以行此君权之权力,举而再委诸一人。其人居至尊之地,其外皆仆妾也。彼其意一若万事唯我一身,一身之外,无复有他人者,则虽欲不骄盈矜夸,不涂聪塞明,不可得也。故专制君主,怠于政务而不顾,亦出于必然之势。当是时也,设官分职,以理庶事,同僚之间,争竞无已,莫不逞其私智,上以固其恩宠,下以恣其威福,故君主不得不亲揽大权,不得已则举国而听之于冢宰,使之专决政事,其权与人主同。东方诸国大抵如斯。②

孟德斯鸠明确把"东方诸国"都划入"专制"类下,使得梁启超不再犹豫。同时,我们比较前一节的内容可以看到,这个译本很忠实地翻译了孟德斯鸠所强调的不受法律节制、恣意妄为的这些说法。在孟德斯鸠正式被翻译之后,孟氏对于"专制"的特别定义与批判也正式进入梁的视野。

对梁而言,"使民畏惧"与"奴化人民"的这个论点变得特别重要。比如,1901年,梁启超在《清议报》发表《中国近十年史论:积弱溯源论》,将"中国积弱之源"归于"理想""风俗""政术""近事"四个方面并且大量引用孟德斯鸠:

> 法国大儒孟德斯鸠曰:凡半开专制君主之国,其教育之目的,惟在使人服从而已。

> 孟德斯鸠曰:专制政体之国,其所以持之经久而不坏裂者,有一术焉。盖有一种矫伪之气习,深入于臣僚之心,即以爵赏自荣之念是也。

---

① 《译书汇编》第1卷第1期(1900年),第41页。转引自侯旭东:《中国古代专制说的知识考古》,《近代史研究》2008年第4期,第17页。
② 《译书汇编》第1卷第1期(1900年),第54—55页。转引自侯旭东:《中国古代专制说的知识考古》,《近代史研究》2008年第4期,第17页。

> 彼专制之国，其臣僚皆怀此一念，于是各竞于其职，孜孜莫敢怠，以官阶之高下，禄俸之多寡，互相夸耀，往往望贵人之一颦一笑，如天帝、如鬼神然。此语也，盖道尽中国数千年所以饬民之具矣。
>
> 顾吾又尝闻孟德斯鸠之言矣：专制政体，以使民畏惧为宗旨。虽美其名曰辑和万民，实则斫丧元气，必至举其所以立国之大本而尽失之。昔有路衣沙奴之野蛮，见果实累累缀树上，攀折不获，则以斧斫树而掇取之。专制政治，殆类是也。然民受治于专制之下者，动辄曰，但使国祚尚有三数十年，则吾犹可以偷生度日，及吾已死，则大乱虽作，吾又何患焉？然则专制国民之苟且偷靡，不虑其后，亦与彼野蛮之斫树无异矣。故专制之国所谓辑和者，其中常隐然含有扰乱之种子焉。呜呼！孟氏此言，不啻专为我中国而发也。①

至此，他不再抱模棱两可的态度，开始用"专制"形容中国的政体，并以孟德斯鸠为依据，激烈批判之。1902年5月《新民丛报》开始连载梁启超的长文《中国专制政治进化史论》，直至1904年。1902年11月，梁又在《新民丛报》上发表《论专制政体有百害于君主而无一利》，将专制政体当成"数千年来破家亡国之总根原"。他历数各代衰亡的缘由，最终无不落实在专制政体上。文中引用的十大恶业的具体观点，明显可以看到孟德斯鸠的直接影响（见前节）②。

1902年的梁启超是真正的激进主义者。在1902年《新民丛报》的《论合群》一文中，他写道：

> 吾闻孟德斯鸠之论政也，曰："专制之国，其元气在威力；立宪之国，其元气在名誉；共和之国，其元气在道德。"夫道德者，无所往而可以弁髦者也。然在前此之中国，一人为刚，万夫为柔；其所以为群者，在强制而不在公意。则虽稍腐败，稍涣散，而犹足以存其鞟以迄今日。若今之君子，既明知此等现象，不足以战胜于天择，而别思所以易之，则非

---

① 梁启超：《中国近十年史论：积弱溯源论》，《清议报》第80册，1901年5月28日。
② 梁启超：《论专制政体有百害于君主而无一利》（1902年），《饮冰室合集·文集》第9册，第90页。

有完全之道德,其奚可哉?其奚可哉?吾闻彼顽固者流,既恝有辞矣。曰:"今日之中国,必不可以言共和,必不可以言议院,必不可以言自治。以是畀之,徒使混杂纷扰,倾轧残杀,以犹太我中华。不如因仍数千年专制之治,长此束缚焉,驰骤焉,犹可以免滔天之祸。"吾恶其言!虽然,吾且悲其言!吾且惭其言!呜呼!吾党其犹不自省,不自戒乎?彼辈不幸言中,犹小焉者也。而坐是之故,以致自由、平等、权利、独立、进取等最美善高尚之主义,将永为天下万世所诟病。天下万世相与谈虎色变曰:"当二十世纪之初,中国所谓有新思想、新知识、新学术之人,如是如是。亡中国之罪,皆在彼辈焉!"呜呼!呜呼!则吾侪虽万死,其何能赎也!①

此时的梁启超并不特别排斥革命,他看到立宪和革命内在共同的追求,即自由、平等、权利、独立、进取,并强烈批驳了中国今日不可言共和、议院、自治的论调。在这里,梁启超并没有像日本人那样将共和革命看得那么可怕,而是把它放在反对专制现政府的一种可能性的方案中。在梁看来,"立宪、革命本不能为对待之名词。立宪者,虽君统依然,已不得不谓之革命;革命者,虽绝君统,然结局不过求立宪"②。"立宪、革命两者,其所遵之手段虽异,要其反对于现政府则一而已。"③

梁启超对孟德斯鸠的宣传大大加深了中文中"专制"概念的负面化。尽管之后梁启超与革命派论战并力主君主立宪,甚至还写出了"开明专制论",其早期的激烈反"专制"的文字早已随着各种小册子的发行广泛传播了。

(四)革命派的"专制论"

除去以梁为主的立宪派这一条脉络之外,我们看到,中文语境中的"专制"从褒义到贬义的转变是和否定君主制同时发生的。对君主制的否定在甲午战败后就已经开始。20世纪以后,革命派继续对帝制进行否定,在帝制为恶政的观念的形成过程中扮演了重要角色,他们在论述中时常把"专制"与

---

① 梁启超:《新民说第十三:论合群》(1902年),《饮冰室合集·专集》第4册,第80页。
② 梁启超:《新民说第二十:论政治能力》(1906年),《饮冰室合集·专集》第4册,第160页。
③ 梁启超:《新民说第二十:论政治能力》(1906年),《饮冰室合集·专集》第4册,第161页。

帝制相连，"专制"一词从而也更加负面。

1903年，革命派领袖孙中山在《支那保全分割合论》一文中指出："支那国制，自秦政灭六国，废封建而为郡县，焚书坑儒，务愚黔首，以行专制。历代因之，视国家为一人之产业，制度立法，多在防范人民，以保全此私产；而民生庶务，与一姓之存亡无关者，政府置而不问，人民亦从无监督政府之措施者。故国自为国，民自为民，国政庶事，俨分两途，大有风马牛不相及之别。"①数月后他在檀香山发表演说，号召"倾覆满洲政府，建设民国。革命成功之日，效法美国选举总统，废除专制，实行共和"②。1906年，他又写道："中国数千年来都是君主专制政体，这种政体，不是平等自由的国民所堪受的。"③我们看到，孙中山的"专制"论是与其推翻帝制的革命目标连在一起的，其思想的来源，仍有中国传统儒学的影响。孙反对秦制的主要论据仍在于秦制下的君主"视国家为一人之产业"，"其制度立法，多在防范人民，以保全此私产"，而非天下为公。

与孙类似，邹容在1903年的《革命军》中写道，要"扫除数千年种种之专制政体，脱去数千年种种之奴隶性质……自秦始统一宇宙，悍然尊大，鞭笞宇内，私其国，奴其民，为专制政体，多援符瑞不经之说，愚弄黔首，矫诬天命，搀国人所有而独有之，以保其子孙帝王万世之业"④。邹容特别提到他思想来源："吾幸夫吾同胞之得卢梭《民约论》、孟德斯鸠《万法精理》……等书译而读之也。"⑤比起孙中山，邹容格外强调了"专制"奴化人民的一面，并明确地把孟德斯鸠、卢梭当成启蒙其思想的资源。

值得说明的是，革命派反对帝制的目标一致，但是反对的原因和学理来源却各不相同。比如，刘师培于1903年写道："中国政体，达于专制极点，皆由于以天下为君主私有也。"⑥儒家的公私观念仍是刘师培批判"专制"的思考支点。由此可见，革命派要推翻帝制的诉求虽一致，但有些是出于西方

---

① 孙中山：《支那保全分割合论》，《孙中山全集》，北京：中华书局，1981年，第1卷，第220页。
② 孙中山：《在檀香山正埠荷梯厘街戏院的演说》，《孙中山全集》第1卷，第226页。
③ 孙中山：《在东京〈民报〉创刊周年庆祝大会的演说》，《孙中山全集》第1卷，第325页。
④ 邹容：《革命军》，北京：华夏出版社，2002年，第7—9页。
⑤ 邹容：《革命军》，第10页。
⑥ 刘师培：《黄帝纪年论》，收入罗家伦主编：《中华民国史料丛编》A15.1，台北："中国国民党中央委员会党史史料编纂委员会"，1968年，第276页。

自由民权之学说,有些是来自传统儒家思想的资源。站在革命实践的大背景下,革命派笔下"专制"指的就是君主专制,其与民主共和相对,不特别强调立宪,而带有自己鲜明的特点。

(五)"专制"在近代中国的复数状态

1. 中性的"专制"说

革命者激烈地批判"专制",并且将"专制"与君主制画等号,对立于民主共和。立宪派负面化"专制"政体,强调政府的无限权力,与立宪对立。与此同时,中性的、传统含义的"专制"也是长期存在的,它们与"专制"的新意长期共存。除去本文前面所举的沈曾植的例子,侯旭东教授所引的一例也能说明问题:"1905年5月刊发的穀生《利用中国之政教论》一文指出:'吾中国之政教,可以一语蔽之曰,寡人专制。'不过,作者不赞成'立宪而后中国可兴'的主张,提出'中国兴而后可立宪',具体做法是'莫如即专制之政教,而因以为功',通过专制的力量发展教育,不适于生存者,'一以专制之力划绝之';'其有合于强国者,一以专制之力提倡之',并批评说'世人不察,徒诟厉专制之政教,欲举一切蹂躏之,盖亦炫于立宪之美名,而不知所处耳'。"①我们看到,这里的"专制"仍然是传统文脉下的君主"大权独揽"的含义,可以为变法者所利用。

与此同时,最早将中国归入专制政体并加以批判的梁启超在游历美国后思想发生了相当的变化。他在《开明专制论》中指出,中国民智不开,施政机关未整备,实行君主立宪的条件尚不具备,转而希望通过强大的朝廷来行使国家权力,抗衡西方。梁写道:"专制者,一国中有制者有被制者,制者全立于被制者之外,而专断以规定国家机关之行动者也。"②这里的"专制"指的是执政者拥有绝对权力的意思。在这篇文章中,他中性地使用"专制"一词。

---

① 侯旭东:《中国古代专制说的知识考古》,《近代史研究》2008年第4期,第20—21页。
② 梁启超:《开明专制论》(1906年),《梁启超全集》,北京:中国人民大学出版社,2018年,第5集,论著5,第303页。

2. "专制"说的吊诡：外延的清晰以及内涵的多歧

经过数年立宪派与革命派的宣传，新学大量进入中国，新义下的"专制"也进入中国的政治话语，它们或对立宪、或对民主共和、或讲孟德斯鸠的特殊定义，或是类似于基佐的全面控制之意。与此同时，传统的"专制"与新义的"专制"长期共存。尽管在"专制"到底是什么这个问题上各方无法统一，但是，在视中国秦以来二千年的政治都为"专制"的问题上，各方并无异词。甚至是旧学家，都可以用传统意义下的"专制"把其说通。

正如佐藤慎一所指出的："在对现状的分析上，各持不同的未来图景的论者之间，其意见却奇妙地一致。这就是将从秦始皇开始到20世纪初延绵不绝的中国的政治体制都一并视为专制政体。"① 同时，这个"秦以来的制度"为"专制"的明确指认，进一步通过历史教科书得到了巩固。根据侯旭东对中国历史教科书的研究，我们看到，与秦制相连的"中国专制说"由此扩大了社会影响，"专制"成为了对中国古代政治的定性②，常有负面色彩。

但是，外延的清晰并不能解决内涵的多歧。专制概念内涵的多歧性在字典中都可以得到证实。比如，之前引用过的1903年的《新尔雅》以"立宪"对"专制"，带有明显的日本印记。而1908年的《东中大词典》则将"专制"定义为"君主总揽国务，一切大小政事，均由其独断独行，恣意处理者是也"③，这是传统语义中"独断独行"和孟德斯鸠强调的"恣意妄为"的结合。又比如，在阎步克、侯旭东都引用的1915年首版的《辞源》中，"专制"词条释义为："政令之权，全出于一国之君者，曰专制。"这里强调"大权独揽"这一传统语义。而在同一词典的"专制政体"项下，则云："国家之元首有无限权力，可以独断独行者，谓之专制政体，为立宪政治之对。"④ 这里强调了两个意思：一是"独

---

① 佐藤慎一：《近代中国的知识分子与文明》，第236页。转引自侯旭东：《中国古代专制说的知识考古》，《近代史研究》2008年第4期，第22页。

② 侯旭东：《中国古代专制说的知识考古》，《近代史研究》2008年第4期，第22—24页。

③ 钟少华编：《词语的知惠——清末百科辞书条目选》，贵阳：贵州教育出版社，2000年，第158页。转引自侯旭东：《中国古代专制说的知识考古》，《近代史研究》2008年第4期，第22页。

④ 《词源》，上海：商务印书馆1915年首版；1922年第17次印刷，寅集，第94页。转引自侯旭东：《中国古代专制说的知识考古》，《近代史研究》2008年第4期，第22页。

断独行"的传统含义，一是"无限权力""为立宪政治之对"的日本印记。这说明，中文"专制"的概念多歧，在字典中，甚至在同一词条下，都无法形成统一。

（六）本节小结

20世纪后中国知识人逐渐对"专制"所指的外延达成了一致，即大多数人都把秦代以来君主制度认可为"专制"。但是，学人对"专制"的内涵则没有共识。在他们的心目中，"专制"有的对"民主共和"，有的对"立宪"，有的对"分权封建"，有的则带有孟德斯鸠说法的特别含义。

中国近代"专制"的政治话语和日本很不同，受到概念、政论和学理三个层面的作用。日本的"专制"理论强调宪政、宪法、三权分立，这与日本天皇万世一系的国体相关。而中国的"专制"理论则一直保留有强烈的"伸民权"的意义，这与君贱民贵的民本论相关，并在革命派的论述中得到增强。

同样，"中国专制论"用于批判秦以来的中国政治制度，尽管其迅速成为海内外知识分子批判当时政治的武器并通过历史教科书扩散，但是，维新派、革命派、立宪派、保皇派对于秦以来的中国为何称为"专制"的理由是多样的。在"中国专制论"的形成过程中，一方面，孟德斯鸠的思想被系统介绍，产生了很大的影响；另一方面，对于秦制批判的资源绝非仅来源于孟德斯鸠。儒学中的君贱民贵的思想，公私的观念，来自日本的并由立宪派大力宣传的"立宪"对"专制"的说法，以及由福泽谕吉宣传的以自由为焦点的进化论的史观也一直在发挥作用。这几方的力量共同作用，影响着"中国专制论"的形成。

结　论

回到本文的初衷，2008年侯旭东发表《中国古代专制说的知识考古》，2012年阎步克发表《政体类型学视角中的"中国专制主义"问题》之后，学界对于"专制"争论一直在继续。本文希望能够从近代史的角度提供一些"专制"概念在近代发生、发展的信息。

本文首先梳理了"despotism"一词在西方政治思想中的谱系。我们看到，该概念在西方与社会发展、政治斗争的互动十分复杂而密切，经过了多次语义的变化，最终成为一个复杂的历史学术语。欧洲学者对政体的分类，对"专制"概念的使用和创新，都是在有意识地为本国政治斗争服务。但同时，这些概念又对东方国家产生了很大的"外部性"。

对于舶来品，受容国家在词汇对译以及与自己已有文脉结合等环节上都面临复杂的选择与权衡，有极大的主观能动性。本土词汇数量的稀少，一个能指对应多个所指的现象，使得"专制"的定义成为激烈竞争的对象；而在传播阶段，又成为争相使用的对象。用汉文中既有的词汇去翻译汉文中本不存在的概念，新的意思就可能无法完全传达。同时，这一词汇本来的语义长期存在，也会影响到新义的完全接受。例如，"专"在汉文脉中的"单一、独擅"的意思，加上中国历史上帝制长期存在的事实，很容易让人把对"专制政体"的理解聚焦到大权独揽的君主身上。

两位教授关于"专制"的学术争论，是这一梳理工作极为重要的重启与推动。他们实际上提出了对"专制"的概念本身的追问与梳理的思考方向，推进了对这个问题的立体性和历史性的揭示工作。这只是一个开端，在这个方向上，需要进一步的更多的信息，也需要进一步的更大视野上的综合。

侯旭东从后殖民主义的范式出发对"中国专制论"发出质疑。可是，由于其对于"专制"的本土资源以及其中国化的过程的解读过于简单，其"自我东方主义"的论断无法解释为何"专制"成为如此重要的政治与学术词汇，不能说明晚清读书人的心路历程。

阎步克艰苦探索，试图找到一个"中性"的框架将古今中外的政体都放进去比较，这个努力是令人尊重和钦佩的。阎选取"权力集中程度"这一可量化的指标进行比较，可是，这一指标并非西方思想家在塑造"专制"或"东方专制"时所依据的准则，也非中日学人在理解"专制"时所凭借的标准。"权力集中程度"抽象自1915年《辞源》的"专制政体"词条，是当时众多"专制政体"定义的一种。阎通过截取此词条的前一部分，即"国家之元首有无限权力，可以独断独行"，而将这一词条的后一部分，即"为立宪政治之对"忽视了。

大概是由于中国历史上实权君主的长期存在，使得阎步克把关注点放在了君主的独断独行和集权上，没有注意到"立宪"对于近代中国学人塑造现代中文"专制"概念的重要性。如前所述，立宪、有限政体、三权分立是西方和日本在反抗绝对权力的斗争中最核心的部分，它的关注点是政府的执政者是否拥有无限权力，而非国家元首是否集权。这一认识也为近代中国学人所广泛理解和接受。同时，由于《辞源》词条本身的双重性，如"专制"词条强调"大权独揽"这一汉文脉的意思，而"专制政体"词条强调绝对权力、立宪这些洋文脉的意思并杂糅"独断独行"这一汉文脉的意思，阎教授并没有意识到国家元首的独断独行与政府执政者的绝对权力其实并不是一回事。也是基于这样的认识，他断言近代中国学人认为 despotism、absolutism、autocracy、dictatorship、tyranny、autarchy 都可以通名为"专制，其特点都是国家之元首有无限权力，可以独断独行"。从本文对 despotism 概念的梳理以及中日两国对西方概念的受容史来看，这个认识是不准确的，这一论断也非近代中国学人对"专制"的统一感观。

两位教授的文章实际在很大程度上是政论文，争论的焦点是东方主义的问题。本文则从概念史的角度出发，将"专制"和"专制政体"放到概念的谱系中考察，力图厘清概念的来龙去脉。本文通过揭示"中国专制论"的发生以及近代以来"专制"概念的复数状态，说明现代中文中的"专制"不能被简单化为两位教授中任何一位提供的单一概念（侯旭东强调的孟德斯鸠的"专制"或阎步克总结的三点论）。由于"专制"在现代中文中已经存在的多歧的现实，我们很难强加给所有人一个统一的概念，使所有人都使用、认同这一个概念。同时，我们需要更加细致真切地把握本土化的"专制"概念的内涵，在此基础上才能更准确地理解和评价"中国专制论"。

邓广铭宋史研究的学术渊源考
——以蒙文通宋史课程的讲授为中心

聂文华

  学术史的研究，大致有两批人：一是断代史研究者，重在材料和议题，以学者论著和回忆性材料为主；一是近现代学术史的研究者，以当时性的材料为主，重学术机制和学者个人，注意材料的当时性和现场感。两者各有其特色，若能互相结合，对发掘学术史上被忽视的事实，理解学术发展的复杂性和多层次性不无助益。如邓广铭与宋史研究，学界多追溯至胡适和《陈亮传》，但通过档案、报刊、书信材料的钩稽，不仅能还原他毕业论文的具体缘起，还进而可以发现他与蒙文通在宋史研究上不太被提及的学术渊源。

  "新宋学"一直是民国学术史的重要话题。近些年，学界对民国时期的宋史研究有更系统的论述。概言之，大致有两类学者关注此问题。一是近现代学术思想史研究者，他们关注陈寅恪、刘咸炘、蒙文通等人（从教育背景及学术断代上划分，他们基本可被视为现代学术意义上的第二

作者单位：重庆师范大学历史与社会学院

代①），民国时期对于宋代研究的计划、议论及其学术重心、特色，丰富了学界对民国学术史的认识；另一类则是宋史研究者，他们在世纪之交对20世纪的断代史研究进行了总结，更关注那些后来以治宋史著称的学人及其具体研究成果，比如张荫麟、陈乐素、邓广铭等第三代在宋史研究中的贡献②。

  这两代学者在宋史研究上具有什么关联和影响？虽然之前已有学者注意到此问题，但却多未能具体展开论述③。在此，笔者希望能够结合两类研究者对学术史研究的长处，以邓广铭与蒙文通的学术关系为例，通过档案、报刊和书信还原邓广铭早期的学术经历，以追索他早年宋史研究的学术因缘。虽然邓广铭在一些场合也表述过自己与蒙文通的渊源，但其具体来龙去脉仍是比较模糊的。本文的考察，有助于厘清这段学术史，也可对学人学术回忆文章的特殊性有进一步的认识。

一、邓广铭毕业论文之缘起

  邓广铭（1907—1998），著名的宋史学者，北京大学历史学系教授。他晚年回忆时，说他受胡适、傅斯年、陈寅恪三人影响很大，尤其是胡适

---

  ① 关于近代史学家的断代划分，可参看尚小明：《近代中国大学史学教授群像》，《近代史研究》2011年第1期。

  ② 前者代表性成果可参见桑兵：《民国学人宋代研究的取向及纠结》，《近代史研究》2011年第6期。后者参见朱瑞熙、程郁：《宋史研究》第1章第2节《蒙文通、张荫麟、陈乐素、邓广铭的开创之功》，福州：福建人民出版社，2006年，第4—14页。

  ③ 朱瑞熙先生在前揭书据牛大勇在《北大史学》第1辑（1993）《北京大学史学系沿革纪略（一）》中所列蒙文通讲授课程做了初步的考证。后来，他又据2007年北京大学召开"邓广铭教授百年诞辰国际学术研讨会"之际北大图书馆展出的邓广铭大学毕业成绩单作了进一步推定，认为蒙文通宋史课程的开设为国内最早，参见朱瑞熙：《国内大学最早开设宋史课的准确时间》，《四川大学学报（哲学社会科学版）》2008年第5期。其实，邓先生成绩单已收入2005年出版的《邓广铭全集》第2卷书前图版中，而民国宋史课程的开设情况也要比朱先生所认为的要复杂些，蒙文通尚难称最早，对此笔者有专文讨论。另，张凯在《经史嬗递与重建中华文明体系之路径——以傅斯年与蒙文通学术分合为中心》（《浙江大学学报（人文社会科学版）》2014年第2期）一文中亦曾简单论及邓、蒙的学术关系。

和傅斯年对他一生的学术选择具有决定性的意义①，而陈寅恪对他的影响更多体现在方法上的启示和人格上的熏陶，不过三人都对他有知遇之恩。这是邓广铭对他一生的学术历程所做的自述，学者多以此为据来讨论他早年的学术经历②。不过，若追踪邓广铭为学术的一生，尤其是他早年学步阶段，则又不能不说及其他人——如周作人、蒙文通、钱穆、姚从吾、赵万里等人对他的影响了。对于胡适、傅斯年、陈寅恪三位前辈学者，邓广铭均写过专门的回忆文章，谈及他们交往的点滴及三位学人对他学术上的影响。这些文章已然成为现代学术史研究的基本史料了。但本文拟通过对一些基本事实的追索，看他是如何开始宋史研究的，这对认识民国时期宋史研究的学术史，也不无裨益。

众所周知，宋代杰出人物的谱传研究（陈亮—辛弃疾—韩世忠—岳飞—王安石）是邓广铭宋史研究的一大特色，而他最早研究的宋代人物是陈亮。那他为什么会选择陈亮？据邓广铭晚年回忆，在大学四年级时，曾选修胡适在文学院开设的一门传记文学的专题研究课程——"传记专题实习"，胡适提供给学生的作传人物当中就有陈亮，他就选择了为陈亮（号龙川）作传。后来，胡适在他的论文中批示，陈亮和辛弃疾两人关系写得尚为简单，仍有发掘的余地。因此，邓广铭进而去研究辛弃疾，并且很快就写出一篇针对梁启超、梁启勋及陈思各自所撰的《辛弃疾年谱》和二梁《辛词笺注》一书的书评，从而确定了他未来几年的研究主题。邓广铭也因这篇文章受到诸多学者的称赞，并得以顺利申请到中华教育文化基金会的研究补助金，从而保障了他在北大南迁之后仍可致力于辛弃疾（号稼轩）的研究③。

---

① 邓广铭写过多篇回忆胡适、傅斯年的文章，其中最为全面的是《漫谈我和胡适之先生的关系》与《怀念我的恩师傅斯年先生》，两文均收入《邓广铭全集》第10卷，石家庄：河北教育出版社，2005年，第262—290、308—326页。文中都提及他与陈寅恪交往的事迹，他在"纪念陈寅恪教授国际学术讨论会"闭幕式上的发言，对他们的交往也有所补充，见《邓广铭全集》第10卷，第327—333页。

② 刘浦江：《邓广铭与二十世纪的宋代史学》，《历史研究》1999年第5期；张春树：《民国史学与新宋学——纪念邓恭三先生并重温其史学》，《国学研究》第6卷（1999年）。

③ 此段叙述主要基于《漫谈我和胡适之先生的关系》，《邓广铭全集》第10卷，第268—275页。

上述是邓广铭对他学术经历的一个总结性回忆，自有其可信性，所以也广为大家所接受。但笔者想进一步追溯，他当初为什么会选择陈亮，而不是其他人？他的解释是感觉时局与南宋相似，而他又为陈亮"推倒一世之智勇，开拓万世之心胸"的气魄所折服①。这应该也是实情，但是否还有某些更具体的考虑影响了他的选择？当时胡适给出的是三个专题九位人物，宋代即有文学家苏轼、思想家陈亮、政治家范仲淹和王安石四人②。邓广铭为何恰好选择了陈亮，而不是苏轼、范仲淹或王安石？

幸运的是，笔者在胡适档案中发现了一封邓广铭写给胡适的书信，可以提供些线索，兹先转录如下：

适之先生：

　　前读何炳松先生《浙东学派溯源》，觉其立论颇多牵强过甚之处，嗣即对此问题加以注意，并以之作为毕业论文题目。现因选定"传记文学实习"，又愿缩小范围，先尽力为陈龙川个人作一传，然后再及其他诸人。但前曾作《浙东学派探源》短文一篇，系对浙东各人学问作总括的叙述者，又系专为针对何炳松先生的书而发，其中支离处所及差谬处所必甚多，且当时为缩短文章之篇幅计，故所讲陈龙川也很简单。兹将该文章呈奉，敬祈先生加以教正，庶在为龙川作传时得有所依据为祷。

　　谨此　敬祝

教安

学生邓广铭敬上　十月十四日③

从信中所说"毕业论文"及"选定传记文学实习"看，此信应写于邓广铭大学四年级（1935—1936）刚开始选课之时。信中又提及他曾作《浙东学

---

① 《漫谈我和胡适之先生的关系》及《〈邓广铭学术论著自选集〉自序》，《邓广铭全集》第10卷，第268—269、422页。
② 国立北京大学文学院编：《国立北京大学文学院课程一览》，民国二十四年至二十五年度，第98—99页。
③ 《邓广铭致胡适》，耿云志主编：《胡适遗稿及秘藏书信》第40册，合肥：黄山书社，1994年，第207—208页。

派探源》一文，批评何炳松的《浙东学派溯源》一书的观点，而这篇文章已发表在 1935 年 8 月 29 日的天津《益世报·读书周刊》上。据此，可以确定此信写于 1935 年 10 月。

据此信的说法，邓广铭之前曾关注过何炳松《浙东学派溯源》一书，注意到何氏立论多谬误不经之说，所以他毕业论文打算对浙东学派做一整体通贯性的研究。而这学期北大文学院开设的课程中正好有胡适的"传记文学实习"，其备选人物中就有浙东学派的代表陈亮，所以他愿意再缩小研究范围，以陈亮传作为他的毕业论文。此信即是邓广铭为了调整毕业论文题目和选择导师，特意写给胡适的。而《浙东学派探源》一文，则是用来证明他在陈亮研究上有所积累、有继续研究的能力。这封信和这篇文章现仍保存在中国社会科学院近代史研究所胡适档案中。

关于邓广铭毕业论文题目，也可从当时的北京大学校刊中找到印证。1935 年 10 月 19 日的《北京大学周刊》公布了史学系四年级毕业论文信息，其中邓广铭的题目是"浙东学派研究"，指导老师却为钱穆①。根据史学系 1935 年度的新规定，"本年度四年级学生，于上学期注册截止后一星期，须将论文题目交齐"。论文题目及指导老师的选定，可以参照学年论文的相关规定，"须各就前二年肄业兴趣所近，拟定研究题目，交呈教授会审查。教授会审定研究题目后，即就题目性质，推定教员担任导师"②。这一年的毕业论文中，宋史的四篇论文均由钱穆指导，但钱穆在北大并未讲授过宋史，他被指派为导师，或许与他开设过"近三百年学术史"及其对宋学的兴趣有关。而邓广铭的论文选题属于宋史或学术史范畴，导师的指派也很合理③。

邓广铭毕业论文的具体因缘既如上述，不过仍值得深思的是，他何以会"前读何炳松先生《浙东学派溯源》"？何炳松《浙东学派溯源》一书，

---

① 《史学系布告（二）》，《北京大学周刊》第 137 号，1935 年 10 月 19 日，第 2 版。

② 国立北京大学编：《国立北京大学一览·史学系课程指导书》，民国二十四年至二十五年度，第 128 页。查当时校历（《北京大学周刊》1934 年 9 月 22 日第 3 版校历所附下学年开学日期），注册截止日期在 9 月 14 日星期六。

③ 或许可以作一假设，若蒙文通未被解聘，系里或许会指派他作为邓广铭的指导老师。而钱穆最后被选派为宋史导师，或许与他既是蒙氏的好友，在学术上与其亦有相通之处有关。

作为《万有文库》的一种，于1932年12月由商务印书馆出版，1933年6月该书再版。邓广铭何以会在两年之后方才注意此书？他为什么恰好会在此时对浙东学派如此有兴趣？除了民国时期章学诚的学术思想逐渐受到学界重视，而章氏在书中着力表彰的浙东学派也受到学者的关注这个大背景外，是否还有更具体的机缘？

笔者留意到《浙东学派探源——兼评何炳松〈浙东学派溯源〉》一文的写作时间，是在1935年春假期间（据校历是4月7日—14日）①，也就是邓广铭大三下学期。那邓广铭这篇文章的撰写是否与他当时所选修的课程有关？

带着上述疑问，笔者考察了邓广铭大学三年级时的选课情况，并对授课老师讲授的具体内容进行了考证，恰好能够找到邓氏的宋史兴趣与授课老师的讲授课程之间的关联。

二、蒙文通与北大宋史课程的讲授

1930年代，在北京大学史学系讲授宋史课程的老师先后有朱希祖、柯昌泗、赵万里、蒙文通和姚从吾，不过数蒙文通所讲"宋史"课程最有特色②。通过邓广铭的大学成绩单，知道他大三时选修过蒙文通开设的"宋史"课③。那么蒙文通在课堂上讲授什么内容呢？

据1934—1935年度的《国立北京大学史学系课程一览》，"宋史"课程要讲两学期，一周三课时，共六学分，由副教授蒙文通讲授④。现将该课的课程纲要抄录如下，或可略知此课的讲授重点：

> 注重探讨有宋一代政治之升降、学术之转变、制度之沿革、民族

---

① 《邓广铭全集》第10卷，第28页。
② 参考拙文《宋史课程设置与毕业论文选题——以民国时期北平四校为中心》（发表时被改为《民国时期北平四高校宋史课程教学探研》，《史学史研究》2016年第2期。
③ 《一九三六年毕业成绩审查表》，据《邓广铭全集》第2卷，书前图版。
④ 《北大下年度各系教授名单》，《北平晨报》1934年7月10日第9版。蒙文通（误排为"家文通"）时为副教授。

之盛衰，以吕东莱、陈君举、叶水心之说为本，取材于《东都事略》《南宋书》《宋朝事实》《太平治迹》，以济元修《宋史》之阙。更从《文献通考》辑出《建隆编》佚文，以为《宋会要》之纲。①

从课程的规划看，蒙文通主要以浙东学派的代表人物吕祖谦、陈傅良、叶适等对他们本朝史的理解为核心，通过他们的史论来论述宋代的政治、学术、制度、民族等重大问题。也就是说蒙文通的宋史研究与浙东学派一脉的思想有极为密切的关联。仅从此大纲分析，也能看出当时宋史研究的特色和起点——更为重视对《宋史》等传统正史的补正，所以才会取材于纪传体的《东都事略》《南宋书》及纪事本末体的《太平治迹统类》和简要的典制体《宋朝事实》来补"《宋史》之阙"，而不是利用更有史料价值的《续资治通鉴长编》和《建炎以来系年要录》等。至于他想从《文献通考》中所引"止斋陈氏曰"辑出陈傅良所作的《建隆编》，自是可行，此书也确实对认识天水一朝的历史有帮助，但不可能作《宋会要》之大纲。不过，这却说明蒙文通对《宋会要》这部宋代典制类史籍的重视②。

尽管如此，此大纲也只能视作任课老师所提交的预想方案，至于最后讲授的内容是否与大纲相符，则尚未可知。若想进一步了解蒙文通当时的具体讲授内容，还得通过其他途径来寻求。

作为主讲者的蒙文通（1894—1968），其学术研究领域异常宽广，从经学到史学、子学，并兼通释、道两家，宋史只是他的一个学术支流而已。他在宋史研究上的各种论著至今仍然具有很高的学术价值，尽管出版多已在他去世之后。虽然不能直接了解到他此时宋史研究的情况，不过却可以通过他与当时学界友人的通信和此后不久的一些课程讲义及后来的闲谈碎语，略窥他当年在北大讲授宋史的情况。

---

① 国立北京大学文学院编：《国立北京大学文学院课程一览·史学系课程一览》，民国二十三年至民国二十四年度，第111页，标点有所改动。王承军：《蒙文通先生年谱长编》1934年下已收入此大纲，北京：中华书局，2012年，第123页。

② 陈傅良《建隆编》一书的性质，及其与《文献通考》所引"止斋陈氏曰"的关系，参考拙文《〈文献通考〉所引"止斋陈氏曰"即〈建隆编〉佚文考》，《中国典籍与文化》2015年第3期。徐松辑《宋会要辑稿》1936年才由大东书局正式影印出版。

首先，蒙文通在写给柳诒徵的一封信中说："文通暑期中在平，略读东莱、水心、龙川、止斋诸家书，欲以窥宋人史学所谓浙东云者。"并初步提出了"北宋之学，洛、蜀、新三派鼎立，浙东史学主义理、重制度，疑其来源即合北宋三派以冶于一炉者也"。在信中，他还进一步对浙东学派的学术源流有所辨析，比如"浙东学者重制度"，"疑其非伊洛之传，而有接于新学之统也。"并说及"浙东史学与苏学气脉之相关"。而黄宗羲、全祖望《宋元学案》一书，对浙东学派之史学"实有轻心处耳"，不但"于诸家史学不论及，而于学派源流亦若未晰"。信末提到他"秋初学年开始定课，遂不揣浅妄，拟授中国史学史一门，于六朝史学拟讨其体例，于宋则拟就《宋元学案》中提出有关系五六学案，而以各家文集之有关文字选以补入，溯其源为前编，及于北宋三派；竟其流为后编，及于宋濂、王祎，以完一宗本末"。

此信落款时间只有"七日"二字，但信中既说"暑期中"，又说"秋初"拟定课，此信应写于北大暑期快结束而尚未开学之前夕，编者系于 9 月为是，不过却是在 1934 年而非 1935 年①。据此信，蒙文通在 1934 年暑假，集中精力阅读浙东学派诸人的文集，对宋代学术思想史别有明悟，故想开"中国史学史"一课讲授之。而他本年度确实也在北大开设了一门"中国史学史"的课程，其讲授大纲如下：

> 从各时代学风之变迁以究其及于史学之影响，凡中国史学进展之大势，名著之梗概，均详为叙述。②

---

① 《致柳翼谋（诒徵）先生书》，《蒙文通文集》第 3 卷《经史抉原》，成都：巴蜀书社，1995 年，第 414—417 页。编者将此信落款时间"七日"系于 1935 年 9 月，而蒙文通 1934—1935 年在北大开设宋史等课，正与信中"秋初学年开始定课"相合，则"略读东莱、水心、龙川、止斋诸家书"应在 1934 年暑假，据前引校历 9 月 19 日开始上课，又 1935 年秋蒙氏已被北大解聘移席河北女子师范学院，故编者推定此信时间为 1935 年有误。王承军在《蒙文通先生年谱长编》1934 年下，虽据柳诒徵复函的落款时间"甲戌（1934 年）十月十五日"对系年做出订正，但却把柳氏复函的月日系在 11 月 21 日，应是认为当时通用阴历，故转换成公历所致。而揆之当时的书信传递速度和日历使用习惯，公历 10 月 15 日似乎更合理。

② 《国立北京大学文学院课程一览·史学系课程一览》，民国二十三年至民国二十四年度，第 107、115 页。

此课与"宋史"同时开设,也是一学年的课程,每周二小时。虽然课程的内容介绍略显笼统,但也能看出与后来以《中国史学史》为名的讲义之间有一脉相承的联系。

其次,据其发表在1935年6月出版的《图书季刊》第二卷第二期评议刘咸炘《学史散篇》一文,对于浙东学派与吕学、王学、苏学三者之渊源,他特意提到"此三家于南渡学派之关系也。南渡之学,以女婺为大宗,实集北宋三家之成,不仅足以对抗朱氏,而一发枢机系于吕氏。以北宋学派应有其流,而南宋应有其源也"①。此与他给柳诒徵信中的看法基本一致,观点也更为明确了。

最后,在《中国史学史》讲义中,有四节内容与此相关,如《南渡女婺史学源流与三派》《义理派史学》《经制派史学》及《事功派史学》,对南宋浙东学派三派六宗进行了系统总结性的论述。从内容上看,可说是给柳诒徵信中计划的具体展现。而这些讲义,据蒙默说,主体写于1938年,是他父亲蒙文通基于30年代在各大学讲授《中国史学史》课程的讲义编写而成②。

从上述所引,可知当时蒙文通最为关心的问题是宋代史学史(相当于现在的学术思想史),尤其是浙东学派的史学意义,其观点在1934年9月份就已经基本成型。虽然尚无直接证据说明他"宋史"课程的具体讲授内容,但仅就课程大纲而言,无论他当时开设的"宋史"还是"中国史学史",都与浙东学派有密切关联;就其学术兴趣来说,既然他这段时间倾心关注于此,在课堂的讲授中自然会渗透着他对浙东学派的看法在其中了。

另外,尚有一些旁证。蒙默在《治学杂语》中记录了其父治学方面的心得,而其中恰好有关于宋史部分的内容,移之与"宋史"课程大纲相较,正若合符节。若以此作为他在北大讲授"宋史"一课的大概,虽不中亦应

---

① 蒙文通:《经史抉原》,第402—413页,引文见第411页。
② 蒙文通:《经史抉原》,第320—345页,蒙默《记》在第344—345页。

不远矣①。

任继愈曾在一次访谈中说,蒙文通讲授宋史一学年只讲了王安石变法,并认为邓广铭的王安石变法研究即是受蒙文通的启发②。任继愈1934年刚进入北大哲学系,此言可算是当时人回忆当时事,似若可信,不过却值得仔细辨析。若以后来出版的蒙文通1950年代关于北宋熙丰变法研究的讲义为据,来推测他1930年代在北大讲授宋史的情形,蒙文通对王安石变法的研究与浙东学派诸人的观察多有承接之处③。所以蒙氏在北大"宋史"课上即便是讲述王安石变法,也应是夹杂着浙东学派的观点在其中的。

而邓广铭1935年在评论柯昌颐《王安石评传》一书时说,对于王安石新法的批评,"南宋之史家多详细论及于此者,如陈傅良之建隆编,叶水心之法度总论、兵总论、财总论、始论等篇,莫非谈北宋法制者之绝好史料"④。其中,陈傅良的《建隆编》是一本散佚之书,并非一般翻阅就能注意到的,而蒙文通"宋史"课程大纲正好提及"从《文献通考》辑出《建隆编》佚文"。邓氏之引用,应是出于蒙氏的课堂讲授。这也可算是蒙文通在北大宋史课上讲授过王安石变法的一个佐证。

不过,邓广铭研究王安石变法已经是1950年代的事情,并且他对王安石变法的看法和处理材料的方式与蒙文通截然不同,与其说他研究王安石变法是受蒙文通的影响,毋宁说是在胡适传记文学观念影响下进行的⑤。但是,任继愈却道出一个事实,邓广铭宋史研究的缘起与蒙文通有

---

① 蒙默编:《蒙文通学记:蒙文通生平和学术》,北京:生活·读书·新知三联书店,2006年,第44—50页。据蒙默整理后记,这些杂语记于1957年前后,而根据书中所说二十余年前访陈氏于清华园一语,可以断定这些杂语应是蒙氏当时在北大讲授宋史时的主要心得,内容也重在浙东学派的史学研究。

② 向燕南、杨树坤:《任继愈先生访谈录》,《史学史研究》2004年第4期,第2页。

③ 蒙文通:《北宋变法论稿》,《蒙文通文集》第5卷《古史甄微》,成都:巴蜀书社,1999年,第402—473页。

④ 邓广铭:《评柯昌颐编〈王安石评传〉》,《邓广铭全集》第8卷,第60页。原载天津《益世报·读书周刊》第15期,1935年9月12日。

⑤ 邓广铭与传记文学之间的关系,笔者另有《作为"文学青年"的邓广铭——从〈牧野〉旬刊到〈陈龙川传〉》(未刊稿)一文专门讨论。

较直接的关系。这种关系不是表现在邓广铭中年之后学术成熟期的作品当中,而是体现在他学术研究的早期训练阶段。

既然邓广铭适逢其会,在他大三(1934—1935)时听过蒙文通开设的"宋史"课程,基于蒙文通此时的研究重心和兴趣所在,蒙文通在讲堂之上应该会多次提及浙东学派,邓广铭对浙东学派的兴趣或即因此而引发,从而推动他进入到后来的陈亮—辛弃疾系列研究当中。故他写作《浙东学派探源》一文的缘起,便可追溯至蒙文通在北大开设的"宋史"课程,而邓广铭与蒙文通之间的学术因缘亦于此可见。

邓广铭在《浙东学派探源》一文中认为,浙东学派"分看各家,虽畸轻畸重各不相同,若作为一个整体而看浙东之学,则正是熔铸性理、经制、文史三方面的学问于一炉之内的。性理之学本于伊洛,经制学沿溯新经,而文史之学则出诸苏氏"[1]。结论基本与蒙文通一致[2],但在具体论证和问题的表述上还是有差异的。蒙文通是通过浙东学派的著作去寻找他们的思想渊源,虽然也有学术传承方面的考察;而邓广铭更关注学术师承的考察,以此寻找浙东学派与新、洛、蜀学之间的联系。

值得一提的是,邓广铭在蒙文通的"宋史"课程上取得了他断代史课程当中的最高分(92.5分),尽管并不知道此课程的考核标准,他在课程上的具体表现如何,但从分数上看,或许可以说他后来对宋史的兴趣即发端于蒙文通"宋史"课程的激发[3]。

《浙东学派探源——兼评何炳松〈浙东学派溯源〉》也是邓广铭所写

---

[1] 《邓广铭全集》第10卷,第28页。

[2] 粟品孝:《蒙文通与南宋浙东史学》,《浙江学刊》2005年第3期。他已经注意到两人对浙东学派认识上的相似性,可惜未能进一步揭示他们之间的关联。

[3] 金克木回忆说:"1935年我进入北大图书馆当职员,……他谈起怎么写了一篇书评,评论一位名人的有关宋史的书。那时规定学生要做读书报告。他便交上这篇文,得到文学院长胡适赏识并鼓励他继续研究宋史。"(《送指路人》,收入金克木:《风烛灰》,北京:生活·读书·新知三联书店,2002年,第104—105页)金氏回忆基本准确。所谓"一位名人的有关宋史的书",应指何炳松的《浙东学派溯源》,那书评自然是指《浙东学派探源》了。但文章却不是直接交给胡适的,不过,此文后来受到胡适的赏识是极有可能。笔者怀疑邓氏即是以此文和前文所提《评柯昌颐编〈王安石评传〉》通过课程考核的,而这两篇文章也恰好是他最早的宋史论文,似乎并非偶然。

的第一篇宋史研究的论文。邓广铭生前就曾数次对蒙文通的学生朱瑞熙说:"我们是一师之出(徒)。"[①]这可视为他对自己的学术发端的追忆。

至于邓广铭为什么很少提及蒙文通对他学术上的影响[②],其实也并不奇怪。1935年下半年蒙文通就因北大以学生听不懂他讲课为名未能得到续聘,转而移席河北女子师范学院[③]。抗战后他又辗转回到四川,以后他们似乎也没有多少来往。而邓广铭通过撰写陈亮传,进而深入研究辛弃疾,明确以整理《宋史》为志业,在研究过程中受到胡适、傅斯年更多的指导和帮助,他后来的学术风格也更倾向于胡适、傅斯年一脉,与蒙文通的风格迥异。

笔者在此当然无意否定胡适、傅斯年对邓广铭的学术风格和治学方法上的决定性影响,只是希图在梳理清楚邓广铭早年的学术经历之后,能对其后来的学术发展有一更全面的认识。

三、余论:学术回忆与学术史研究

从前文的考察中可知,在邓广铭学术研究之初,蒙文通对他宋史研究有启发之功,至于他后来在学术回忆文章中几无提及蒙文通对他的影响,应视为他学术成熟之后,形成了与蒙文通迥异的学术风格,因而主要以胡适、傅斯年、陈寅恪三人作为他学术上的师承所在。在此,笔者拟以邓广铭对钱穆的评价为例,看他晚年回忆与早年对钱穆的学术评价有什么差异,以说明不同时段对同一位学者的评价会因各种因素的影响而有所不同。

邓广铭在回忆傅斯年的文章中,曾不指名地提到了钱穆:"在我们的

---

① 朱瑞熙、程郁:《宋史研究》,第5页。
② 刘浦江:《邓广铭与二十世纪的宋代史学》,《历史研究》1999年第5期。
③ 钱穆:《八十忆双亲·师友杂忆》,北京:生活·读书·新知三联书店,1998年,第171—172页。虽然没有邓广铭评论蒙文通教研的直接文字,但可参照他晚年在《怀念我的恩师傅斯年先生》(第310—311页)一文中对钱穆秦汉史课程的评价,见下文。蒙氏被解聘,可能与他的学术风格与北大史学系的主流风气不同有关,他与钱穆在北大实处于边缘化的地位。蒙、傅二氏学术之不同,可参考张凯:《经史嬗递与重建中华文明体系之路径——以傅斯年与蒙文通学术分合为中心》,《浙江大学学报(人文社会科学版)》2014年第2期。

必修课程当中有先秦史和秦汉史,是由同一位先生讲授的,他的讲授,虽也有精彩独到之处,然而他的材料的来源,总是从书本到书本,从正史到杂史,等等。然而傅先生在其所开设的先秦史和秦汉史的专题讲授两门课程中,却不但显示了他对古今中外学术的融会贯通,而且显示了他对中外有关文献资料与新旧出土的多种考古资料的融会贯通。"[1] 根据邓广铭大学成绩单和史学系课程指导书,当时开设必修课"中国上古史"和"秦汉史"的教授是钱穆,傅斯年则开设"中国上古史单题研究""汉魏史择题研究"的选修课(与劳榦合开,属研究生课程)。从这段话中,可以看出邓广铭对钱穆学术的优长和不足之处有一清醒的认识,认为与傅斯年相比,钱氏的学问则显得传统得多。不过,钱穆开设的是低年级的必修课,而傅斯年开设的则是高年级或研究生的选修课,讲授的要求自是不同,给学生的印象也自然不一样了。

大学四年级时,邓广铭在1936年4月《国闻周报》第13卷13期上发表一篇评论钱穆《先秦诸子系年》的书评,高屋建瓴地将钱书在战国史研究中的意义一一条析,行文之中充满赞叹[2]。1939年9月他从北平南下,途经上海去昆明的北大文科研究所,在沪拜访任教之江大学的夏承焘时,二人曾经谈及此前北平的学者。邓氏"谓钱宾四《刘向歆年谱》及《楚辞地理考》最好"[3]。由此可见,他当时对钱穆的赞赏和评价之高,也说明他对考证的极大偏爱。邓广铭早年问学与晚年回忆之时对钱穆学问的评价并不是截然相反的:晚年回忆本是为了纪念傅斯年而作,容有特别突出傅氏之处;更何况研究与教学自是二事,不可等同而论,因此两种评价只

---

[1] 邓广铭:《怀念我的恩师傅斯年先生》,《邓广铭全集》第10卷,第310—311页。陈勇曾引用此段文字,来说明钱穆与新考据学派(胡适、傅斯年为代表)之间的关系,参见《钱穆与新考据派关系略论——以钱穆与傅斯年的交往为考察中心》,《上海大学学报(社会科学版)》2007年第5期。

[2]《邓广铭全集》第10卷,第55—64页。据成绩单可知,本学年他刚好选修钱穆的"中国近三百年学术史",此文之作或与此课作业有关。毕业后,他留在北京大学文科研究所任助教,工作的内容之一就是"校点整理钱穆先生为《国史大纲》而搜集的一些资料"(《浅谈我和胡适之先生的关系》,《邓广铭全集》第10卷,第270页)。

[3]《天风阁学词日记(1938—1947年)》,1939年9月5日,《夏承焘集》第6册,杭州:浙江古籍出版社、浙江教育出版社,1998年,第129—130页。

是不同语境下对钱穆不同面向的侧重。

  结合前文对邓广铭宋史研究发端的考察，可见个人的学术回忆文章往往是他学术已经成熟之后，在总结过往的学术经历时，进行的有侧重的叙述，限于篇幅、主题、文章要求，并不能涵盖其全部的学术经历。[①]毋庸置疑，这些学术自述是学者本人感受最为深切的，其叙述自有其合理性。但因特定写作目的、写作语境带来的轻重取舍，后人在使用这些回忆文字的时候，需要结合档案、报刊和书信、口述等各种类型的材料，才能还原当时的学术生态环境，"回访"当时的现场。[②]也才能把握学术史的整体，进而认识学人学术经历中的学术选择多重可能性，更好地理解他们学术研究的特色和风格的由来。

  本文原刊《史学月刊》2015年第3期，收入本论集时有修订。

[①] 1990年代邓先生在一次访谈中回忆《陈龙川传》的写作缘起时，说："我选了陈亮，一方面是因为我写过关于浙东学派的文章。另一方面，当时日寇步步进逼，国难日亟，而陈亮正是一位爱国之士。"表述最为准确，可见不同类型的文章叙述的侧重点亦自有所不同。参见陈智超《邓广铭先生访问记》，《中国史研究动态》1992年第5期，第24页。

[②] "回访"是人类学研究的一种重要方法，不过历史学的"回访"是通过文献去还原当时的情景现场，而人类学的"回访"是回到田野现场，进行再研究，从而建立地方文化的发展变化系列。参见庄孔韶：《回访与人类学再研究的意义——农民社会的认识之二》，庄孔韶等：《时空穿行：中国乡村人类学世纪回访》，北京：中国人民大学出版社，2004年，第456—495页。

专题研究

契丹捺钵制度重审
——《辽史·营卫志·行营》探源

苗润博

自傅乐焕《辽代四时捺钵考》以降,学界关于契丹捺钵制度已经有了相当丰富的积累[1],这些成果的基本取向是以《辽史·营卫志·行营》所记为总纲,钩稽《辽史》其他相关记载,佐以辽代石刻、宋人记载以及考古、图像资料,力图对上述记载进行补充、修正,以得到更为全面、深入的认知。这一研究路径的前提性预设在于,《辽史·营卫志·行营》文本具有独立的、现成的、铁板一块的原始资料作为史源,其中关于契丹捺钵的叙述框架也基本如实反映了辽朝当时(至少是一段时期内)对于捺钵制度的认知。然而,如果仔细分析《行营》文本的来源和结构就会发现,这一立论前提恐怕还有很大的斟

作者单位:北京大学历史学系
[1] 代表性论著包括傅乐焕:《辽代四时捺钵考五篇》,收入氏著《辽史丛考》,北京:中华书局,1984年,第36—172页;李锡厚:《辽中期以后的捺钵及其与斡鲁朵中京的关系》,氏著《临潢集》,保定:河北大学出版社,2001年,第73—85页;陈晓伟:《捺钵与行国政治中心论——辽初"四楼"问题真相发覆》,《历史研究》2016年第6期,第16—33页;杨军、王成名:《辽代捺钵考》,《安徽史学》2017年第2期,第39—46页。

酌余地。

为分析方便,先引《营卫志·行营》全文如下:

《周官》土圭之法:日东,景朝多风;日北,景长多寒。天地之间,风气异宜,人生其间,各适其便。王者因三才而节制之。长城以南,多雨多暑,其人耕稼以食,桑麻以衣,宫室以居,城郭以治。大漠之间,多寒多风,畜牧畋渔以食,皮毛以衣,转徙随时,车马为家。此天时地利所以限南北也。辽国尽有大漠,浸包长城之境,因宜为治。秋冬违寒,春夏避暑,随水草就畋渔,岁以为常。四时各有行在之所,谓之"捺钵"。

春捺钵:

曰鸭子河泺。皇帝正月上旬起牙帐,约六十日方至。天鹅未至,卓帐冰上,凿冰取鱼。冰泮,乃纵鹰鹘捕鹅雁。晨出暮归,从事弋猎。鸭子河泺东西二十里,南北三十里,在长春州东北三十五里,四面皆沙埚,多榆柳杏林。皇帝每至,侍御皆服墨绿色衣,各备连锤一柄,鹰食一器,刺鹅锥一枚,于泺周围相去各五七步排立。皇帝冠巾,衣时服,系玉束带,于上风望之。有鹅之处举旗,探骑驰报,远泊鸣鼓。鹅惊腾起,左右围骑皆举帜麾之。五坊擎进海东青鹘,拜授皇帝放之。鹘擒鹅坠,势力不加,排立近者,举锥刺鹅,取脑以饲鹘。救鹘人例赏银绢。皇帝得头鹅,荐庙,群臣各献酒果,举乐。更相酬酢,致贺语,皆插鹅毛于首以为乐。赐从人酒,遍散其毛。弋猎网钓,春尽乃还。

夏捺钵:

无常所,多在吐儿山。道宗每岁先幸黑山,拜圣宗、兴宗陵,赏金莲,乃幸子河避暑。吐儿山在黑山东北三百里,近馒头山。黑山在庆州北十三里,上有池,池中有金莲。子河在吐儿山东北三百里。怀州西山有清凉殿,亦为行幸避暑之所。四月中旬起牙帐,卜吉地为纳凉所,五月末旬、六月上旬至。居五旬。与北、南臣僚议国事,暇日游猎。七月中旬乃去。

秋捺钵:

曰伏虎林。七月中旬自纳凉处起牙帐,入山射鹿及虎。林在永州西北五十里。尝有虎据林，伤害居民畜牧。景宗领数骑猎焉，虎伏草际，战栗不敢仰视，上舍之，因号"伏虎林"。每岁车驾至，皇族而下分布泺水侧。伺夜将半，鹿饮盐水，令猎人吹角效鹿鸣，既集而射之。谓之"舐鹻鹿"，又名"呼鹿"。

冬捺钵：

曰广平淀。在永州东南三十里，本名白马淀。东西二十余里，南北十余里。地甚坦夷，四望皆沙碛，木多榆柳。其地饶沙，冬月稍暖，牙帐多于此坐冬，与北、南大臣会议国事，时出校猎讲武，兼受南宋及诸国礼贡。皇帝牙帐以枪为硬寨，用毛绳连系。每枪下黑毡伞一，以芘卫士风雪。枪外小毡帐一层，每帐五人，各执兵仗为禁围。南有省方殿，殿北约二里曰寿宁殿，皆木柱竹榱，以毡为盖，彩绘韬柱，锦为壁衣，加绯绣额。又以黄布绣龙为地障，窗、槅皆以毡为之，傅以黄油绢。基高尺余，两厢廊庑亦以毡盖，无门户。省方殿北有鹿皮帐，帐次北有八方公用殿。寿宁殿北有长春帐，卫以硬寨。官用契丹兵四千人，每日轮番千人祗直。禁围外卓枪为寨，夜则拔枪移卓御寝帐。周围拒马，外设铺，传铃宿卫。

每岁四时，周而复始。

皇帝四时巡守，契丹大小内外臣僚并应役次人，及汉人宣徽院所管百司皆从。汉人枢密院、中书省唯摘宰相一员，枢密院都副承旨二员，令史十人，中书令史一人，御史台、大理寺选摘一人扈从。每岁正月上旬，车驾启行。宰相以下，还于中京居守，行遣汉人一切公事。除拜官僚，止行堂帖权差，俟会议行在所取旨，出给诰敕。文官县令、录事以下更不奏闻，听中书铨选；武官须奏闻。五月，纳凉行在所，南、北臣僚会议。十月，坐冬行在所，亦如之。①

就现有材料看，作为元修《辽史》的主要史源，辽耶律俨《皇朝实录》、金陈大任《辽史》都没有关于捺钵制度的集中记载，今本《营卫志·行营》实际上是元朝史官对三种不同来源、不同性质的材料加以拼接杂糅的产物。只不

---

① 《辽史》卷32《营卫志中》，北京：中华书局，2016年，第423—426页。

过由于元人所据史源今皆已不存，追索起来颇须一番周折，故而长期以来并未得到揭示。兹将三者一一考出，分述如下。

一、主体骨架——赵至忠《阴山杂录》

《营卫志·行营》的主体叙述框架，出自宋仁宗朝归明人赵至忠之手，元人所据直接史源当为赵氏所著《阴山杂录》。主要考证线索有二，一见于《续资治通鉴长编》（下简称《长编》），一见于《辽史·国语解》。

《长编》宋仁宗天圣九年（1031）六月己卯条，在记载辽圣宗耶律隆绪死事之后，有一段关于契丹各项制度的总体介绍，开首即记捺钵之制：

> 契丹每岁正月上旬出行射猎，凡六十日。然后并挞鲁河凿冰钓鱼，冰泮，即纵鹰鹘以捕鹅雁。夏居炭山或上陉避暑。七月上旬，复入山射鹿，夜半，令猎人吹角，效鹿鸣，既集而射之。①

此段所记诸多细节乃至具体文辞，皆与上引《行营》春、秋两段颇为接近，如"正月上旬""六十日""凿冰钓（取）鱼，冰泮，即（乃）纵鹰鹘以捕鹅雁""七月上（中）旬""入山射鹿""令猎人吹角效鹿鸣，既集而射之"等，二者显然出自同一文本来源。因此，追溯《长编》这段记载的最初源头就显得尤为关键。

欲考史源，首要之法并非对零散信息或史料作单一、碎片式追溯，而当求诸该文本的整体环境和传承脉络。《长编》在上引文后继续记录了契丹的其他制度，形成一段相对独立的整体文本：

> 贱他姓，贵耶律、萧氏。其官有契丹枢密院及行官都总管司，谓之北面，以其在牙帐之北，以主蕃事；又有汉人枢密院、中书省、行官都总管司，谓之南面，以其在牙帐之南，以主汉事。其惕隐，宗室也；夷离毕，参知政事也；林牙，翰林学士也；夷离巾，刺史也。内外官多仿中国者。

---

① 李焘：《续资治通鉴长编》（以下简称《长编》）卷110，北京：中华书局，2004年，第2560页。个别文字据《中华再造善本》影印宋刻本（北京：国家图书馆出版社，2005年，卷72，第3b叶）校正。

其下佐吏则有敞史、木古(原注:"古"字疑作"直"字,更详之)、思奴古、都奴古、徒奴古。分领兵马则有统军、侍卫、控鹤司、南王、北王、奚王府五帐分提失哥、东西都省太师兵。又有国舅、钤辖、遥辇、裳袞诸司,南北皮室、二十部族节度、颇必里、九克、汉人、渤海、女真五节度,五冶太师,一百、六百、九百家奚(原注:内外官至一百、六百、九百家奚,皆所增)。凡民年十五以上、五十以下,皆籍为兵。将举兵,必杀灰牛、白马,祠天地日及木叶山神。铸金鱼符,调发军马。其捉马及传命有银牌二百。军所舍,有远探拦子马,以夜听人马之声。每其主立,聚所剽人户、马牛、金帛,及其下所献生口或犯罪没入者,别为行宫领之。建州县,置官属。既死,则设大穹庐,铸金为像。朔望节辰忌日,辄致祭。筑台高丈余,以盆焚酒食,谓之烧饭。十宫各有民户,出兵马,阿保机曰洪义宫,德光曰永兴宫,兀欲曰积庆宫,述律曰延昌宫,明记曰章敏宫,突欲曰长宁宫,燕燕曰崇德宫,隆绪曰兴圣宫,隆庆曰敦睦宫,隆运曰文忠王府。又有四楼,在上京者曰西楼,木叶山曰南楼,龙化州曰东楼,唐州曰北楼。凡受册,积柴升其上,大会蕃夷其下,已,乃燔柴告天,而汉人不得预。有谆子部百人,夜以五十人番直。四鼓将尽,歌于帐前,号曰"聒帐"。每谒木叶山,即射柳枝,谆子唱番歌,前导弹胡琴和之,已事而罢。三岁一试进士,贡院以二寸纸书及第者姓名给之,号"喜帖"。明日,举案而出,乐作;及门,击鼓十二面,云以法雷震。①

关于上述两段独立引文的直接史源,李焘段末小注云:"《正史》载此段于《契丹传》末,比《实录》但增'内外官至六百五家奚'凡百余字耳,今依《实录》仍附隆绪没后。"② 其中所称"实录"当指《仁宗实录》,而"正史"则指仁、英《两朝国史》,据注文可知,李焘所著此段内容采自《两朝国史·契丹传》,而系年则取《仁宗实录》之说,并在注文中注明《两朝国史》较《仁宗实录》所增加之部分(即上引文"内外官至一百、六百、九百家奚,皆所增")。除《长编》外,此段正文全见于马端临《文献通考·四裔考·契丹》,亦当出自《两朝国

---

① 《长编》卷110,天圣九年六月己卯,第2560—2562页。个别文字据《通考》校正。标点有改动。
② 中华书局点校本校勘记已指出此注作"六百五家奚"当有脱误。

史·契丹传》①。那么,《两朝国史》这段记载的史源又是什么呢?

我们注意到,引文所述捺钵、南北面官、军事、行宫、四楼、烧饭、柴册、拜山射柳等内容,几乎涵盖了辽朝社会最为重要的制度、礼俗,就集中性、全面性和准确性而言,这段文字在现存宋代文献有关契丹的记载中实属罕见,洵非寻常使者所记异域见闻可比,当有着独特的史料来源,宜从总体脉络中作一通盘考量。按此文本之主体部分最早见于《仁宗实录》,是书始修于英宗初即位之嘉祐八年(1063)十二月,成于神宗熙宁二年(1069),所据史源应为馆藏仁宗朝之典籍。系统梳理宋人契丹认知的源流变化可知,仁宗朝正是宋代官方涉辽知识信息得到急剧更新和扩充的时期,其中关节即在于归明人赵至忠的南来②。

赵至忠,又名赵志忠,仁宗庆历元年(辽兴宗重熙十年,1041)自辽归宋,《长编》称其"尝为契丹中书舍人,得罪宗真,挺身来归,言庆历以前虏中事甚详"③。赵氏归宋后曾多次著书进献,如嘉祐二年(1057)四月上书称"陷蕃年深,异类之种皆耳目所睹,今偶录其事,篡成三册,并《北庭建国而来僭位之人子孙图》一本"④,三年二月"又上《国俗官称仪物录》"⑤,五年"献《契丹蕃汉兵马机密事》十册,并《契丹出猎图》"⑥,以上三次嘉祐年间进呈之著述又被统称为"契丹地图及《虏庭杂记》十卷"⑦。赵氏入宋之初的进言及仁宗朝的三次献书,一举奠定了这一时期及此后宋朝官方系统所记契丹史事的

---

① 参见顾宏义、郑明:《宋〈国史·契丹传〉考略》,刘宁主编:《辽金史论集》第13辑,北京:中国社会科学出版社,2013年,第160—166页。

② 关于此问题的详细论述,参见苗润博:《赵至忠著述与宋人契丹认知的定型及更新》(待刊)。

③ 《长编》卷133,庆历元年八月乙未,第3169页。"虏中",中华书局点校本作"契丹",文渊阁《四库全书》本作"敌中",皆四库馆臣所改,今据袁本《郡斋读书志》"虏廷杂记"条改(晁公武撰,孙猛校证:《郡斋读书志校证》卷7,上海:上海古籍出版社,2011年,第294页)。

④ 《宋会要辑稿》崇儒5之24,北京:中华书局,1957年,第2258页下栏。

⑤ 《长编》卷185,嘉祐二年四月辛未小注,第4475页。

⑥ 《长编》卷191,嘉祐五年五月戊申小注引《仁宗实录》,第4626页。《宋会要辑稿》崇儒5同。

⑦ 王应麟:《玉海》卷16"嘉祐契丹地图",扬州:广陵书社,影印浙江书局本,2003年,第304页下栏。《长编》卷185嘉祐二年四月辛未条(页4475)同,惟今辑本删去"虏廷"二字,据李焘小注知,此当出《两朝国史·契丹传》。盖《实录》详载历次进书情况,《两朝国史》则于首次进书时概而言之。

主体脉络，前引《仁宗实录》及《两朝国史·契丹传》的文本正是此番背景之下的产物。

以上背景性判断又可得到上引文本具体内容的支撑，其中所记契丹制度每与宋人所引赵至忠之说相合。据与修《仁宗实录》的范镇记述："契丹之先，有一男子乘白马，一女子驾灰牛，相遇于辽水之上，遂为夫妇。生八男子，则前史所谓迭为君长者也。此事得于赵志忠。志忠尝为契丹史官，必其真也。前史虽载八男子，而不及白马、灰牛事。契丹祀天，至今用灰牛、白马。予尝书其事于《实录·契丹传》，王禹玉恐其非实，删去之。"① 由此可知，在赵至忠入宋以前，中原文献从未记载契丹灰牛白马的祖源传说，范镇曾将此修入《仁宗实录》，后为王珪（禹玉）所删。但范氏所称"契丹祀天，至今用灰牛、白马"，却保留在了《仁宗实录》及据此而成的《两朝国史》之中，即上引文所谓"将举兵，必杀灰牛、白马，祠天地日及木叶山神"者，是为其出于赵至忠记载之明证。

此外，该文本所记"四楼"问题亦可为证。五代至仁宗以前，中原文士仅知辽有西楼，而至庆历以后方出现关于契丹四楼的记载，这一变化的节点亦在赵至忠入宋。《通鉴考异》引赵氏《虏廷杂记》曰："于所居大部落置楼，谓之西楼，今谓之上京；又其南木叶山置楼，谓之南楼，又于其东千里置楼，谓之东楼，又于其北三百里置楼，谓之北楼。太祖四季常游猎于四楼之间。"②《契丹国志》云："因于所居大部落置寺，名曰天雄寺（原注：今寺内有契丹太祖遗像）。又于木叶山置楼，谓之南楼；大部落东一千里，谓之东楼；大部落北三百里置楼，谓之北楼，后立唐州，今废为村；大部落之内置楼，谓之西楼，今上京是。其城与宫殿之正门，皆向东辟之。四季游猎，往来四楼之间。"③ 此条显与《通鉴考异》同源而更为详细，当亦出赵至忠之著述。类似的记载尚见于《武经总要·北蕃地理》《新五代史·四夷附录》《资治通鉴》诸书，个别细节容有出入，皆系根据赵至忠不同时段所著、所进之

---

① 范镇：《东斋记事》卷5，汝沛点校，北京：中华书局，1980年，第43页。
② 《资治通鉴》卷269《后梁纪四》之《考异》，北京：中华书局，1956年，第8809页。
③ 叶隆礼：《契丹国志》卷1《太祖大圣皇帝》，贾敬颜、林荣贵点校，北京：中华书局，2014年，第8页。

书所成。上引《两朝国史·契丹传》所记"又有四楼,在上京者曰西楼,木叶山曰南楼,龙化州曰东楼,唐州曰北楼"同样也是这一脉络之下产生的。

综合以上历史背景和文本细节可知,《两朝国史·契丹传》所记契丹制度的最初源头当出自赵至忠之手。《两朝国史》此段主要直接取资《仁宗实录》,而后者的史源则为赵氏仁宗朝三次进书的成果,或即《虏廷杂记》一书。如上所述,此段文本所记捺钵内容与《辽史·营卫志·行营》从记载细节到具体文字都十分类似,由此推断《辽史》的文本亦当与赵至忠之著作存在某种渊源。同时也应注意到,这两份文本同中有异,如《两朝国史》之文仅记春、夏、秋三季,而《辽史》则更为全面、深入,除四季游猎之所外,更述及捺钵行政体制。二者恐怕并非线性的传抄关系,而是有着共同的文本源头。尚须追问的是,《辽史·营卫志》相关记载的直接史源究竟会是什么呢?

问题的答案其实就隐藏在《辽史》本书之中。《国语解》列传部分有"堂帖"一条:

> 辽制,宰相凡除拜,行头子堂帖权差,俟再取旨,出给告敕。故官有知头子事。见《阴山杂录》。[1]

《国语解》名义上是元朝史官对原始材料所见契丹语词的解释,但其实中间不乏汉语词汇,引文所释"堂帖"即属此例。该词见于今本《辽史·杨绩传》:"杨绩,良乡人。太平十一年进士及第,累迁南院枢密副使。与杜防、韩知白等擅给进士堂帖,降长宁军节度使,徙知涿州。"[2] 我们这里所关心的不在于该词的确切含义,而是元朝史官解释此词时所用到的文本"宰相凡除拜,行头子堂帖权差,俟再取旨,出给告敕",与上引行营门末段"除拜官僚,止行堂帖权差,俟会议行在所取旨,出给诰敕"一语高度类似,二者显然同出一源,唯因采撷不同而稍有差异。难得的是,负责撰写《国语解》这一词条的史官记录下了其所据史源的确切名称——《阴山杂录》,这就为我们追踪《行营》文本的来源提供了关键依凭。

---

[1] 《辽史》卷116《国语解》,第1706页。

[2] 《辽史》卷97《杨绩传》,第1550页。

《阴山杂录》实为赵至忠的另一著作。上文已述，赵氏归宋后曾于仁宗朝多次献书，成为《仁宗实录》及《两朝国史》之史源，不过这并非赵氏著述的全部内容。据《宋会要辑稿》载，神宗熙宁六年(1073)赵氏最后一次进书，方集其著作之大成："上虏廷伪主宗族、蕃汉仪制、文物宪章、命将出师、攻城野战次第、兵众户口、州城钱粟都数、四至邻国远近、地里山河、古迹等共十一册，并戎主阅习武艺、于四季出猎射虎等图各二副，外有戎主登位仪制图、拜木叶山图并入国人使宴图。"① 此次进书内容较仁宗朝所进有明显扩充，故后来赵氏著作单行于世者主要分繁简两个系统：一名《虏廷杂记》，全本十卷；一名《阴山杂录》，全本十六卷②。前者即仁宗朝所进，而后者当系神宗朝进书的大体内容③。

　　关于赵至忠著述在宋亡以后的留存情况，以往学界关注不多。目前看来，与北宋人多引《虏廷杂记》不同，元人所见赵氏之书似多出《阴山杂录》系统。如元朝前期商贾所作《契丹国志》曾大量征引赵氏之书④，从记载细节看，又与宋人所引《虏廷杂记》往往有所出入；而上引《辽史·国语解》的条目更直接提示我们，元末史臣很可能仍能获见《阴山杂录》并加以利用。

　　此判断尚有一重要佐证。元末明初王袆著有《大事记续编》，乃续吕祖谦《大事记》而作，据说原书下限讫于宋末，而今本仅至五代后周恭帝显德六年(959)⑤。或因书名之故，学界以往多以此书为发明义理之作，而忽视了其所具有的重要史料价值。王氏于洪武年间与修《元史》，久居翰苑，故可充分利用宫廷藏书，《大事记续编》征引大量唐宋典籍，其中有相当一部分今已亡佚⑥。该书后唐同光二年(924)十二月"是岁契丹寇唐"条下有解题曰：

---

① 《宋会要辑稿》崇儒5之26，第2259页下栏。
② 晁公武：《郡斋读书志校证》卷7，第294页；陈振孙：《直斋书录解题》卷5，徐小蛮、顾美华点校，上海：上海古籍出版社，1987年，第139页。
③ 前人多以此二者为同书异名（如李锡厚：《〈虏廷杂记〉与契丹史学》，《史学史研究》1984年第4期，第58—62页），实际上忽略了赵至忠多次编纂、进呈的复杂过程。
④ 参见高宇：《〈契丹国志〉研究》，北京大学历史学系博士学位论文，2012年，第52—79页。
⑤ 参见《四库全书总目》卷47，史部编年类，北京：中华书局，影印浙江书局本，1965年，第429页中栏。
⑥ 详参苗润博：《〈大事记续编〉所见唐宋佚籍考》（待刊）。

"按《阴山杂录》：梁灭，阿保机（原注：本文作阿保谨）率兵直抵涿州，时幽州、安次、潞、三河、渔阳、怀柔、密云等县皆为所陷，俘其民而归，置州县以居之，不改中国州县之名。余见《通鉴》。"① 其中所引《阴山杂录》之记载，未见于其他现存宋元史籍，且其中特别注明阿保机之名，原书作"阿保谨"，正与宋人所述赵至忠所记名称完全一致②，足见王氏当亲见其书而非自他书转引。将此与上引《辽史·国语解》所记合而观之，知《阴山杂录》一书，不仅在元末明初尚存翰苑，且曾不止一次为史官所采撷。

《阴山杂录》之源流既已理清，现在回头来看《行营》之文本。其中"除拜官僚，止行堂帖权差，俟会议行在所取旨，出给诰敕"既与《国语解·堂帖》同源，自当亦出《阴山杂录》。更须留意的是，此句并非孤立的史料碎片，而是与上下文存在密切的语义关联。上引文末段皆围绕捺钵期间的政务运作展开，环环相扣，所谓"止行堂帖权差"正是指南面官系统除宰相等少数官员扈从捺钵外其余人等回中京居守时的权宜之计，而"俟会议行在所取旨，出给诰敕"则是针对下文五月、十月夏冬捺钵时南北臣僚会议集中处理政务而言。由此看来，整个《行营》文本的末段当皆出于《阴山杂录》。进一步细绎全篇可知，末段所述又与前文四时捺钵具体情况存在明显的对应关系。如文末称："每岁正月上旬，车驾启行……五月，纳凉行在所，南、北臣僚会议。十月，坐冬行在所，亦如之。"而前文分述四季时则曰："正月上旬起牙帐……四月中旬起牙帐，卜吉地为纳凉所，五月末旬、六月上旬至。居五旬。与北、南臣僚议国事，暇日游猎。七月中旬乃去。……坐冬，与北、南大臣会议国事，时出校猎讲武，兼受南宋及诸国礼贡。"所述时间节点、具体内容多相契合。由此判断，整个《营卫志·行营》所记契丹四时捺钵之主体框架盖皆由赵至忠《阴山杂录》化出。

---

① 王祎：《大事记续编》卷72，《四库提要著录丛书》影印明刻本，北京：北京出版社，2010年，史部第6册，第606页上栏。

② 《通鉴考异》引赵志忠《虏庭杂记》称"太祖讳亿，番名阿保谨"（卷266，开平元年五月，第8677页），欧阳修《归田录》卷2（李伟国点校，北京：中华书局，1981年，第22页）记阿保机译名之歧异时亦云："赵志忠者，本华人也，自幼陷虏，为人明敏，在虏中举进士，至显官。既而脱身归国，能述虏中君臣世次、山川风物甚详，又云：'阿保机虏人实谓之阿保谨。'"

循此思路，我们亦可对上引宋《两朝国史》所记捺钵文本与元修《辽史·营卫志》同中有异的关系做出合理解释。两者最初源头虽皆出于赵至忠，但具体取材却略有不同，此显与赵氏著作之创作、流传过程密切相关。宋《两朝国史》所据《仁宗实录》纂修之时，赵至忠著述尚未全部完成、进呈，故当时所据仅为赵氏前三次进书的成果（或即《虏廷杂记》），而元末史臣所据《阴山杂录》则应是神宗朝进书时赵氏扩充、整合之后的结果，故所述更为完备。

通过考索宋代文献残存的同源文本以及《辽史》本身的内证，我们可以判定，《营卫志·行营》源出赵至忠《阴山杂录》的内容大概包含以下文字：

> 皇帝正月上旬起牙帐，约六十日方至。天鹅未至，卓帐冰上，凿冰取鱼。冰泮，乃纵鹰鹘捕鹅雁。晨出暮归，从事弋猎……四月中旬起牙帐，卜吉地为纳凉所，五月末旬、六月上旬至。居五旬。与北、南臣僚议国事，暇日游猎。七月中旬乃去……七月中旬自纳凉处起牙帐，入山射鹿……每岁车驾至，皇族而下分布泺水侧。伺夜将半，鹿饮盐水，令猎人吹角效鹿鸣，既集而射之……坐冬，与北、南大臣会议国事，时出校猎讲武，兼受南宋及诸国礼贡……皇帝四时巡守，契丹大小内外臣僚并应役次人，及汉人宣徽院所管百司皆从。汉人枢密院、中书省唯摘宰相一员，枢密院都副承旨二员，令史十人，中书令史一人，御史台、大理寺选摘一人扈从。每岁正月上旬，车驾启行。宰相以下，还于中京居守，行遣汉人一切公事。除拜官僚，止行堂帖权差，俟会议行在所取旨，出给诰敕。文官县令、录事以下更不奏闻，听中书铨选；武官须奏闻。五月，纳凉行在所，南、北臣僚会议。十月，坐冬行在所，亦如之。

不难看出，《阴山杂录》事实上构成了《营卫志·行营》叙述的基本骨架，包括捺钵的时间、基本游猎内容及处理政务的方式等；所不同者仅在于具体捺钵的地点和游猎活动的细节，或可视为骨架上之血肉，这些内容即是下面两节所要讨论的问题。

二、具体地点 —— 陈大任《辽史·地理志》

元朝史官纂修《辽史·营卫志·行营》,既袭用赵至忠所记四时捺钵之主要框架,而每季捺钵之具体地点却又与赵氏所记全然不同。如赵至忠记春捺钵在挞鲁河,《辽史》作鸭子河泺;夏捺钵在炭山或上陉,《辽史》作"无常所,多在吐儿山";赵氏记秋捺钵为入山射鹿,《辽史》则作伏虎林;至于冬捺钵,赵氏所记地点未详,而《辽史》作广平淀。考《辽史》本纪、《游幸表》所记辽帝冬季活动地点,广平淀(又名中会川、藕丝淀等)成为主要坐冬地点,实已至辽兴宗朝(1031—1055)中期以后[①],重熙(1032—1055)前期即已归宋的赵至忠恐怕不会将此作为冬捺钵之要地。由此看来,元人所记具体捺钵地点当另有来源。将《行营》所见四时捺钵地集中在一起,有助于我们观察其史源所具有的某些共同文本特征:

春捺钵:曰鸭子河泺……鸭子河泺东西二十里,南北三十里,在长春州东北三十五里,四面皆沙埚,多榆柳杏林。

夏捺钵:无常所,多在吐儿山。道宗每岁先幸黑山,拜圣宗、兴宗陵,赏金莲,乃幸子河避暑。吐儿山在黑山东北三百里,近馒头山。黑山在庆州北十三里,上有池,池中有金莲。子河在吐儿山东北三百里。怀州西山有清凉殿,亦为行幸避暑之所。

秋捺钵:曰伏虎林……林在永州西北五十里。尝有虎据林,伤害居民畜牧。景宗领数骑猎焉,虎伏草际,战栗不敢仰视,上舍之,因号"伏虎林"。

冬捺钵:曰广平淀。在永州东南三十里,本名白马淀。东西二十余里,南北十余里。地甚坦夷,四望皆沙碛,木多榆柳。其地饶沙,冬月稍暖,牙帐多于此坐冬。

此段中提到的捺钵地依次为鸭子河、吐儿山、黑山、子河、清凉殿、伏虎林、广平淀,分属长春州、庆州、怀州、永州,皆在辽朝上京道境内,几乎每个地名都有相对于州城或其他捺钵地的方位及道里,且多有该地具体情况的简要

---

① 参见傅乐焕:《辽史游幸表证补》,《辽史丛考》,第107—158页。

介绍。从记载内容、文字风格及准确程度判断,史官纂修这部分文本所据直接史源很可能是某种辽金地志文献;如果考虑元末修史时所用文献的整体情况,我们很容易将目光聚焦于金人陈大任所著《辽史》之《地理志》。新近研究表明,陈大任《辽史·地理志》是元代官方文献系统所记辽代地理知识的共同文本来源,更构成了元修《辽史·地理志》的主体内容和叙述框架①。史官纂修《营卫志·行营》时所记辽代地理情况,亦最有可能出自该书,此可由以下二端发之。

其一,上引文本所记诸捺钵地之名称多数见于今本《辽史·地理志》。其中鸭子河见"上京临潢府"条下记所辖山川,又见"长春州"条"本鸭子河春猎之地"②;吐儿山亦见"上京临潢府"条,惟写作"兔儿山";黑山见于"庆州"条,同条下文有馒头山,亦与上引文合③;清凉殿见"怀州"条,"太宗崩,葬西山……有清凉殿,为行幸避暑之所"④,引文则称"怀州西山有清凉殿,亦为行幸避暑之所",呈现出明显的同源关系。

其二,陈大任《地理志》原本于所记各州境内具体地点、景观下多有简要解说,元人修今本《地理志》时,曾对陈《志》原文大加删节。成书于元代前期的《元一统志》述及辽代沿革曾大量征引陈《志》,就现存佚文看,其中多未言所据,然亦间有明注出处者,或称"契丹地志",或称"契丹地理志",皆指陈《志》。如《满洲源流考》引《元一统志》曰:"明王山在辽阳县东三十里。《契丹地志》云:'夫余王东明葬于此,因以为名。'"⑤按明王山之名,见于今本《辽史·地理志》"东京辽阳府"条所辖山川,然仅存此名,而未著得名之由。同书又引《元一统志》曰:"《契丹地理志》云:'浿水,即古泥河也。自东逆流数百里至辽阳,潴蓄不流,有蘩芋草生于泊中,故名蘩芋泊。'"⑥此条在今本《辽史·地理志》中作"浿水,亦曰泥河,又曰蘩芋泺,水

---

① 参见苗润博:《〈辽史〉探源》,北京:中华书局,2020年,第211—237页。
② 《辽史》卷37《地理志一》,第497、503页。
③ 《辽史》卷37《地理志一》,第502页。
④ 《辽史》卷37《地理志一》,第501页。
⑤ 阿桂、于敏中等:《钦定满洲源流考》卷14,《景印文渊阁四库全书》第499册,台北:台湾商务印书馆,1986年,第672页上栏。
⑥ 阿桂、于敏中等:《钦定满洲源流考》卷10,《景印文渊阁四库全书》第499册,第572页下栏。

多薍芋之草"①，节略之迹十分明显。其实，元明地志文献暗引陈氏《辽史·地理志》者达百余条，全面对比可以发现，元末史官修《地理志》时的确多有删汰。如今本《辽史·地理志》中京道总叙载该京著名山川时仅称"有七金山、马盂山、双山、松山、土河"，而《元一统志》佚文中则有如下解说：(1)"七金山，在大宁县北十五里。东西长十里，南北广五里。山有七峰，因名。辽时尝建三学寺于中。"(2)"马盂山，在大宁县西六十里。中有一峰，形类马盂，故云。"(3)"松山，在富庶县西五十里。南北长二十里，东西广五里。地多松，因名。"②此三条当主要出自陈大任《地理志》旧文，个别地名易之以元代称谓，如第一、二条之"大宁县"，辽时称"大定县"，而第三条之"富庶县"则因元代未改，保留了辽时旧称。将此三条与上引《营卫志·行营》关于捺钵地点的描述对比可知，记载重点与行文风格完全契合，显然同出一源③。

陈大任《辽史·地理志》曾于每处名胜下详记其道里远近、地域广狭及得名之由，而元末史官的删削工作却使得今本《地理志》在记述某府、州下所辖山川、地点时除少数附有具体解说外，大部分皆仅存其名，《营卫志·行营》所记各捺钵地详情不见于今本的原因正在于此。更有甚者，如子河、伏虎林、广平淀这三个地名，在今本中全无踪迹，亦当系元人删略所致。其中广平淀一条还能隐约找到被删节后留下的遗痕，上引冬捺钵条"广平淀，在永州东南三十里，本名白马淀……牙帐多于此坐冬"，《地理志》"永州"条称"冬月牙帐多驻此，谓之冬捺钵……又有高淀山、柳林淀，亦曰(白)马淀"④，对比可知，《地理志》所记"亦曰(白)马淀"原本当系对广平淀的解说，史官在仓促抄书时，删去广平淀之名，反存其别名，致使文义不相连属。

综上可知，《营卫志·行营》所记捺钵具体地点及相关解说当出自陈大任《辽史·地理志》"上京道"部分。陈《志》原文或有关于各地曾为捺钵场

---

① 《辽史》卷38《地理志二》，第519页。
② 孛兰肹等撰：《元一统志》卷2，赵万里校辑，北京：中华书局，1966年，第198、199页。
③ 《元一统志》佚文与《辽史·地理志》所记诸京山川名称相合（或与辽代建置相关）者，其解说内容每有"南北长(广)……里，东西广(长)……里"的表述，此类文字在《元一统志》其他部分并不多见，或系陈大任旧志的固定体例，上引《行营》鸭子河、广平淀两条正与此合。
④ 《辽史》卷37《地理志一》，第504页。其中"白"字，不见于诸本，乃校勘者所补。

所或辽帝行幸活动的描述，元朝史官将其分别嵌入赵至忠《阴山杂录》所述四时捺钵的总体框架之中，取代了赵氏原本所记之地。由于这些地点在陈大任原书中分散各处，元人在对其加以整合时亦不免露出拼接失当的痕迹，这一点在夏捺钵条中表现最为明显：开首称"无常所，多在吐儿山"，其下却先记道宗幸黑山赏金莲、又幸子河诸事，而后又次第记吐儿山、黑山、子河之方位，颇觉叙述混乱、逻辑不清。这些条目当皆出自陈《志》"庆州"之下，原本的排布顺序当为："黑山在庆州北十三里，上有池，池中有金莲"——"吐儿山在黑山东北三百里，近馒头山"——"子河在吐儿山东北三百里"——"道宗每岁先幸黑山，拜圣宗、兴宗陵，赏金莲，乃幸子河避暑"，如此则文义贯通，自然晓畅，今本的混乱局面当系元人仓促拼凑、未暇打磨所致。

三、细节描摹——宋人使辽语录

以上两种文本来源已足以覆盖《营卫志·行营》的绝大部分，但仍有两段记载在内容和文字风格上与此二者不合：

> 皇帝每至，侍御皆服墨绿色衣，各备连锤一柄，鹰食一器，刺鹅锥一枚，于泺周围相去各五七步排立。皇帝冠巾，衣时服，系玉束带，于上风望之。有鹅之处举旗，探骑驰报，远泊鸣鼓。鹅惊腾起，左右围骑皆举帜麾之。五坊擎进海东青鹘，拜授皇帝放之。鹘擒鹅坠，势力不加，排立近者，举锥刺鹅，取脑以饲鹘。救鹘人例赏银绢。皇帝得头鹅，荐庙，群臣各献酒果，举乐。更相酬酢，致贺语，皆插鹅毛于首以为乐。赐从人酒，遍散其毛。弋猎网钓，春尽乃还。

> 皇帝牙帐以枪为硬寨，用毛绳连系。每枪下黑毡伞一，以芘卫士风雪。枪外小毡帐一层，每帐五人，各执兵仗为禁围。南有省方殿，殿北约二里曰寿宁殿，皆木柱竹榱，以毡为盖，彩绘韬柱，锦为壁衣，加绯绣额。又以黄布绣龙为地障，窗、楣皆以毡为之，傅以黄油绢。基高尺余，两厢廊庑亦以毡盖，无门户。省方殿北有鹿皮帐，帐次北有八方公用殿。寿宁殿北有长春帐，卫以硬寨。官用契丹兵四千人，每日轮番千人祗直。禁围外卓枪为寨，夜则拔枪移卓御寝帐。周围拒马，外设铺，传铃宿卫。

这两段文字分别是对春、冬两季捺钵辽帝活动或居住场所的细致描摹,从文本内容和记述风格判断,最有可能出自宋人出使辽朝归国后所上语录或曰行程录。

关于辽朝春捺钵捕鹅的场景,《辽史》另有两处记载。一见于《地理志·南京道》"漷阴县"条:

> 漷阴县。本汉泉山之霍村镇。辽每季春,弋猎于延芳淀,居民成邑,就城故漷阴镇,后改为县。在京东南九十里。延芳淀方数百里,春时鹅鹜所聚,夏秋多菱芡。国主春猎,卫士皆衣墨绿,各持连锤、鹰食、刺鹅锥,列水次,相去五七步。上风击鼓,惊鹅稍离水面。国主亲放海东青鹘擒之。鹅坠,恐鹘力不胜,在列者以佩锥刺鹅,急取其脑饲鹘。得头鹅者,例赏银绢。国主、皇族、群臣各有分地。①

此段以"国主春猎"为界明显分为两部分,前者当出自陈大任《辽史·地理志》,而后者三次呼辽帝为"国主",是站在南朝本位对北族君长的蔑称,自然不会出自辽金文献系统,当系宋人之语。将此文本后半部分与前引《营卫志·行营》所记春捺钵详情加以对比,不难看出二者基本内容完全契合,具体文辞亦多一致,惟《营卫志》所记更为详明,而《地理志》则多有概括简省,当属同源异流。《营卫志》在引述时将"国主"改作"皇帝",颇显生硬,且行文未脱异域猎奇的色彩,终难掩其史源之痕迹。

第二条记载十分简短,以往不甚为人所注意,实则具有重要价值。《辽史·乐志·国乐》云:"春飞放杏埚,皇帝射获头鹅,荐庙燕饮,乐工数十人执小乐器侑酒。"② 按《辽史·乐志》乃元朝史官以中原乐志为主体框架,杂采旧史本纪、《辽朝杂礼》及南朝文献拼凑而成的二手文献,其中的具体条目都可各自溯清源头。将此条与上引《营卫志·行营》关于春捺钵"皇帝得头鹅,荐庙,群臣各献酒果,举乐"一语相比勘,二者情节一致、文辞相近而具体内容互有参差,可以看出明显的同源关系,《营卫志》所谓"举乐"即是对

---

① 《辽史》卷40《地理志》,第564页。
② 《辽史》卷54《乐志》,第980页。

《乐志》"乐工数十人执小乐器侑酒"的省略,其中的"皇帝"当皆由"国主"改换而来。换句话说,《营卫志》《地理志》《乐志》三者关于春捺钵的描述,很可能出自同一段宋人语录。

值得注意的是,关于同样一次捺钵活动的具体地点,《营卫志》记在上京道之鸭子河,《地理志》记在南京道之延芳淀,而《乐志》则在中京道之杏埚,三者相去甚远。仔细分析可知,《营卫志·行营》所记捺钵地采自陈大任旧史《地理志》,而所记情节却采自宋人语录,杂糅之迹十分明显;再核诸《辽史》本纪,以延芳淀为春捺钵始于圣宗统和七年(989),讫于统和二十年,凡六次,当时圣宗连年对宋作战,捺钵之地多在南境,在此期间,宋朝自然不会遣使辽朝,更不会留下关于此地春捺钵的详细描写,《地理志》所记亦难凭信。可见,《营卫》《地理》二志之文本实皆为元人拼合所致,反而是记载最为简单、直接的《乐志》保留了原始记载的面貌。按杏埚在辽似非显要之地,据《地理志》载,"太祖俘汉民居木叶山下,因建城以迁之,号杏埚新城",后改新州,又改武安州①。该地作为辽帝捺钵之所三见于本纪,分别在天显三年(928)十二月、应历四年(954)冬、开泰五年(1016)九月②,知其主要为辽中前期冬季避寒之地,《乐志》所记"春飞放杏埚"表明其亦尝于开春捕鹅,则辽帝岁末年初皆可能驻帐于此。由此看来,作为上述三志的共同源头,宋人所记捕天鹅之场景很可能只是对某次杏埚飞放的特定描写,但这样的生动记述到了元朝史官笔下则完全变成了另外一副模样,不仅被多次利用、对接于不同的捺钵地点,更被泛化为契丹春捺钵的一般形象,深刻地影响了后人的判断与认知。

关于冬捺钵的细部描写中,最明显的"他者"笔触在于称辽帝居所为"牙帐",此词是中原文献对北族汗廷的习惯性称谓,而在辽朝文献中则称"御帐""御寨"或"行帐"。相比春捺钵,这段描写在现存文献中暂难找到同源文本,不过仍有相关宋人使辽记载可资参照。真宗天禧四年(辽开泰九年,1020)冬,宋绶出使契丹,回朝后所上《虏中风俗》有云:"复渡土河,至木

---

① 《辽史》卷39《地理志三》,第483页。关于杏埚—武安州的建置沿革,争议颇多,最新研究参见葛华廷:《〈辽史·地理志〉"武安州"条释疑》,《辽金历史与考古》第9辑,北京:科学出版社,2018年,第125—133页。

② 《辽史》卷3《太宗纪上》,第32页;卷6《穆宗纪上》,第81页;卷15《圣宗纪六》,第195页。

叶山，本阿保机葬处，又云祭天地之所。东向设毡屋，署曰省方殿。无阶，以毡藉地，后有二大帐。次北又设毡屋，署曰庆寿殿。去山尚远。国主帐在毡屋西北，望之不见。"① 宋绶出使属宋辽通和初期，其所记为辽圣宗木叶山冬捺钵，其中"省方殿"与上引《营卫志·行营》同，"庆寿殿"则与"寿宁殿"名称相近，然宋氏"无阶，以毡藉地"的描写远比《营卫志》所记简陋，显非同一时期之情形。至哲宗元祐六年（辽大安七年，1091）彭汝砺使辽，作《广平甸诗》，其序曰："广平甸，谓庼地险，至此广大而平易云。初至单于行在，其门以芦箔为藩垣，上不去其花以为饰其上，谓之羊箔门。作山棚，以木为牌，左曰紫府洞，右曰桃源洞，总谓之蓬莱宫。殿曰省方殿，其左金冠紫袍而立者数百人，问之多酋豪，其右青紫而立者数十人。山棚之前作花槛，有桃杏杨柳之类，前谓丹墀，自丹墀十步谓之龙墀，殿皆设青花毡，其阶高二三尺，阔三寻，纵杀其半，由阶而登，谓之御座。"② 此亦有"省方殿"，而其余"羊箔门""紫府洞""桃源洞""蓬莱宫"、丹墀、龙墀云云，皆不见于《营卫志·行营》，装饰设置似较其更加繁复；时近辽末，彭氏所记广平甸冬捺钵情形已与金初上京仿辽制所建冒离捺钵颇相类似③。以上记载皆表明，辽帝冬捺钵营地恐非固定建筑，所谓宫、殿云云皆系毡帐，可随时移动、改更，这造成了不同时代宫殿的形制、榜题多有变化。由此言之，《营卫志》对冬捺钵的描写，与宋人相关记载在叙述风格、关注对象等方面完全一致，而其史源所处时代则当介于仁宗至哲宗之间。

综上所述，《辽史·营卫志·行营》所记春、冬两季捺钵细节的文本源头当为宋人使辽语录，然元人修史仓促，自无暇翻检诸书以求得此零散之资料，须有一相对集中、现成的史源供其利用。究竟是何来源，可结合《辽史》全

---

① 贾敬颜：《五代宋金元人边疆行记十三种疏证稿》，北京：中华书局，2004年，第116—117页。此本题作《契丹风俗》，乃袭四库馆改后之名。个别文字据《长编》卷97真宗天禧五年九月甲申条、马端临《文献通考》卷346《四裔考二十三·契丹中》（北京：中华书局，2011年，第9601页）校正。

② 彭汝砺：《鄱阳先生文集》卷8《广平甸诗序》，《宋集珍本丛刊》第24册，北京：线装书局，影印清抄本，2004年，第82页上栏。

③ 钟邦直：《宣和乙巳奉使金国行程录》（确庵、耐庵编，崔文印笺证：《靖康稗史笺证》，北京：中华书局，2010年，第39页）记金初上京之制云："其山棚左曰桃源洞，右曰紫极洞，中作大牌，题曰翠微宫……阶高四尺许，阶前土坛方阔数丈，名曰龙墀。"

书的总体情况作一推断。

自冯家昇《辽史源流考》首倡元修《辽史》的主要史源为辽耶律俨《皇朝实录》、金陈大任《辽史》及《契丹国志》三书以后[①]，所谓"《辽史》三源说"逐渐成为辽金史学界的共识[②]。现在看来，这一说法对于元朝史官当时所能引据资料来源的复杂性认识尚嫌不足。由于上述三者中原书尚存、可资比对者仅《契丹国志》一家，故研究者习惯于将此书视作《辽史》所见辽金文献以外史料的主要甚至唯一的来源。如此预设的弊端之一在于，面对《辽史》不见于《契丹国志》的部分，研究者会在有意无意间默认其为辽金旧史的原文，对其来源疏于考辨，从而忽略了其他可能作为元人修史依据的宋代文献。通过全面考索，我们发现，赵至忠《阴山杂录》、史愿《北辽遗事》（又名《亡辽录》）、《宋会要·蕃夷·辽》、宋朝前三部国史之《契丹传》与《契丹国志》共同构成了元修《辽史》南朝文献系统的主要来源，而前两者皆出归明人之手，自不载宋人使辽语录，故与本文此处所论最相关者当推官修《会要》与《国史》。作为宋代文献关于辽朝史事最为集中、权威的记载，此二书皆曾流传至元末而为修《辽史》者所利用，但现存状况却截然不同。《宋会要·蕃夷·辽》因被整体抄入《永乐大典》卷5257"辽"字韵下，故而相对完好地保留在《宋会要辑稿》之中[③]。经仔细比对，《辽史·地理志》明确称引薛映、王曾二人语录，直接的文本来源即为《宋会要》，但《营卫志·行营》春、冬捺钵两则记事却不见于《会要》，当另有来源。宋之国史亡佚久矣，今人端赖马端临、王应麟诸家援引方知其梗概。具体到《契丹传》，《文献通考·四裔考·契丹》宋代部分实即据《国史》本传节略而成[④]，将此与今本《辽史》对比可知，元人修志（如《兵卫志》等）曾征引宋《国史·契丹传》而未著出处，所引内容、文字又往往较《通考》节本加详。如此看来，宋朝所修三部《国史·契丹传》中可能包含诸多不见于现存其他文献的珍贵记载，也构成了元修《辽史》的

---

① 冯家昇：《辽史源流考与辽史初校》，《燕京学报》1933年第5期，收入氏著《辽史证误三种》，上海：中华书局，1959年，第1—334页。
② 对于此说最新的概括和总结，参见《点校本〈辽史〉修订前言》，第3—8页。
③ 参见孙昊：《〈宋会要·蕃夷·辽门〉研究》，《文史》2018年第2辑，第71—86页。
④ 参见前引顾宏义、郑明：《宋〈国史·契丹传〉考略》，《辽金史论集》第13辑，第160—163页。

重要来源,《营卫志·行营》两段"语录体"内容或即借此路径流传至今。

结语:《辽史》的文本问题与契丹捺钵研究的再出发

元修《辽史》是有关契丹王朝历史最基本、最权威的文献,不仅独自构成了当今学界有关契丹王朝历史的主体认知框架,也从根本上形塑了既往辽史研究的主要学术取径。然而,这部通常被奉为圭臬的核心文献本身却存在着系统性的缺陷。寻常纪传体正史虽多成于易代以后,但其主要依据的史源仍是所记对象当时或临近时代的官方记载,执笔史官的主要工作是对原有旧史加以删削、编排。与此通例不同,元末修史之时,上去辽亡已逾二百余年,所可凭据之辽金旧籍其实十分有限,且多有残阙,远不足以成一代之典;而为求表面光鲜、形式整完,特别是须与同时纂修的金宋二史协调一致,史官不得不临时拼凑、敷衍出诸多文字以充篇帙——这也是《辽史》与其他正史的一个重要区别。研究者倘对此不抱以足够的警惕,常常会在不经意间将元人新造的文本混同于辽人自身的看法甚或历史发展的真实。如此一来,不但在具体问题的开拓、局部史实的丰富方面被束住手脚,更容易在整体的认识层面为既有陈说所左右。所以就辽金史研究而言,追索《辽史》各具体部分(特别是勾勒一代之制的诸志)的史源,除了具备廓清文献基础、明确史料价值这样寻常文献学、史料学的题中应有之义外,或许还包括另一层意义,那就是对以往被奉为圭臬的文本加以层层剥离和批判,对现成的历史叙述与研究范式加以重审与反思。

通过以上三节的分析,我们基本厘清了《辽史·营卫志·行营》的文本来源和生成过程。这篇关于契丹捺钵制度的经典文献,实际上是元人杂糅三种不同系统、不同性质史料的结果:取赵至忠《阴山杂录》为主体框架,嵌入陈大任《辽史·地理志》所记具体捺钵地点,再引宋人使辽语录作为细节填充。如此拼凑而成的二手文献自然存在着诸多问题,也对后人认识契丹捺钵制度带来了困扰和阻碍。

其一,以《阴山杂录》作为主体框架隐含的问题。(一)赵至忠入宋在辽重熙十年(1041),故其所记主要为圣宗后期、兴宗初年之制,此个人片段记载是否可视作有辽一代之通制？（二）赵至忠自辽入宋，然究系汉人，其所理解的捺钵多大程度上可以等同于契丹人之认知？

其二，以陈大任《地理志》所记为主要捺钵地存在的问题。（一）元人所选捺钵地皆为辽后期之情况（兴宗、道宗朝），而赵至忠所记主要为辽中期即圣宗朝之制，二者似不可贸然对接。（二）元人在仓促之间仅翻检《地理志》上京道之记载，而未及其他四京，故重要捺钵地多有遗漏。（三）《辽史》本纪所见辽帝捺钵之所颇多，且从中可以看出一段时间内的临幸频率，绝大部分未得元人修志所采，而《地理志》只是针对一时一地之说明，以此作为辽帝常驻地，是否能够说明长时段的问题，值得怀疑。最典型的是吐儿山、伏虎林，在本纪中完全未见辽帝临幸之踪迹，史官以偶然记录为一代定制，实属贻误后人。

其三，元朝史官杂糅不同时代之文献，使得此篇志文的时间信息完全丧失，叙述线索出现混乱，难称一时之制，更非一代之制，对于了解契丹捺钵制度的形成、衍变更无助益。

其四，对于辽朝契丹人而言，离开上京之行帐即是捺钵，并不一定局限于某些特定地点，而金元时人所谓捺钵已趋于固定场所，性质已类似汉式行宫，元末修《辽史》所记契丹捺钵恐受到此后来观念之影响。

总体而言，元人所作《营卫志·行营》对契丹捺钵概念的理解颇有偏差，在时间、地点和内容三方面存在刻板化、简单化、片面化的情况。契丹人头脑中的捺钵是否一定按照农业社会之四时观念加以划分？辽朝捺钵地何时开始相对固定化，又存在怎样的分布规律？每季捺钵的活动内容是否截然区分？这些都是值得我们在弄清文本源流后重新思考的问题。目前看来，想要揭橥契丹捺钵制度的真相，必须突破或抛开元人所拼凑出的叙述框架，将《辽史》本纪、《游幸表》所记辽朝诸帝捺钵活动（源出辽金旧史的编年记录）与出土辽代汉文石刻及契丹字资料所记"行在""捺钵"结合起来，参考民族学、人类学关于游牧社会行国体制的前沿成果，重新加以全面系统的研究。循此轨辙，我们或许可以看到一幅更加丰富鲜活、与以往所知大不相同的历史图景。

本文原刊《中华文史论丛》2020年第1期，亦见《〈辽史〉探源》（北京：中华书局，2020年，第120—144页），收入本论集时又有所修订。

方镇为国：后唐建国史研究

闫建飞

王朝建国史历来是史籍记载的重点，也是中国古代史研究的核心问题之一。总体而言，中国古代王朝多以军事立国，但不同王朝的具体建国道路则有明显差异。就五代十国诸政权而言，后梁、后唐、秦岐、杨吴、马楚、前蜀、南汉、吴越、闽、燕等皆从唐末藩镇发展而来，藩镇体制影响到王朝政治、制度、人事的方方面面①，他们的建国道路可称之为"方镇为国"②。其中，后唐之建立历时四十年，相关记载颇为丰富，可以相对完整地呈现从河东藩镇

作者单位：湖南大学岳麓书院

① 如周藤吉之论述了五代中央和地方政府对节度使体制的继承关系；日野开三郎从职位和人事两方面比较了藩镇幕府与五代中央政府的相似性，指出后者实为藩镇幕府之扩大。周藤吉之：《五代節度使の支配體制——特に宋代職役との關聯に於いて》，原载《史学雑誌》第61卷第4、6号，1952年，收入氏著《宋代經濟史研究》，东京：东京大学出版社，1962年，第573—654页；日野开三郎：《五代史の基調》，《日野開三郎東洋史学論集》第2卷，京都：三一书房，1980年，第296—304页。

② "方镇为国"的类似说法，最早见于欧阳修："梁以宣武军建国"，《新五代史》卷27《康义诚传赞》，北京：中华书局，2015年，第338页。又见吕祖谦："朱全忠以方镇建国，遂以镇兵之制用之京师。"吕祖谦：《丽泽论说集录》卷9《门人所记杂说一》，黄灵庚、吴战垒主编：《吕祖谦全集》，杭州：浙江古籍出版社，2008年，第2册，第239页。

到后唐的演变过程,是"方镇为国"的典型代表之一。

关于后唐建国史,学界研究集中在三个方面:一是承继史籍记载,描述李存勖父子的对外扩张过程[①];二是关于沙陀部族的研究,集中于沙陀早期历史、汉化等问题[②];三是河东集团内部成员结构的研究,尤其是李氏父子假子问题[③]。至于建国过程中李氏父子如何控制辖下藩镇,学界研究并不多。该问题与其对外扩张成败密切相关,是后唐建国史的核心问题之一。

沙陀本为西域部族,后因吐蕃压迫,东迁归唐,部分部众后来被唐廷安置在代北地区。咸通十年(869),凭借镇压庞勋的功劳,沙陀首领朱邪赤心被唐懿宗赐名李国昌,系籍郑王房,获得大同军防御使的任命[④]。中和三年(883),李克用因"破黄巢,复长安,功第一"[⑤],被任命为河东节度使,成为唐末重要势力。此后经过李存勖父子数十年的血战,至天祐十九年(922)后唐建立前夕,李存勖基本占据河东、河北地区,拥有11节度、53州。具体情况如下(表1):

---

① 比较有代表性的如樊文礼:《唐末五代的代北集团》,北京:中国文联出版社,2000年;何灿浩:《唐末政治变化研究》,北京:中国文联出版社,2001年等。

② 有关沙陀部族的研究很多,无法枚举,代表论著有樊文礼:《唐末五代的代北集团》;森部豊:《ソグド人の東方活動と東ユーラシア世界の歴史的展開》,大阪:关西大学出版部,2010年;傅乐成:《沙陀之汉化》,收入氏著《汉唐史论集》,台北:联经出版事业公司,1977年,第319—338页;王义康:《沙陀汉化问题再评价》,《陕西师范大学学报(哲学社会科学版)》1995年第4期,第132—137页等。

③ 如毛汉光:《五代之政治延续与政权转移》,原载《"中央研究院"历史语言研究所集刊》第51本第2分,1980年,收入氏著《中国中古政治史论》,上海:上海书店出版社,2002年,第452—472页;黄淑雯:《李克用河东集团人物分析》,《淡江史学》第9期,1998年,第19—58页;栗原益男:《唐五代の仮父子的結合の性格——主として藩帥的支配権力との関連において》(原載《史學雜誌》第62卷第6号,1953年)、《唐末五代の仮父子的結合における姓名と年齢》(原載《東洋學報》第38卷第4号,1956年),均收入氏著《唐宋変革期の国家と社会》,东京:汲古书院,2014年,第159—222页;宇野春夫:《後唐の同姓集団》,《藤女子大学文学部紀要》第3号,1964年7月,第31—47页;谷川道雄:《北朝末~五代の義兄弟結合について》,《東洋史研究》第39卷第2号,1980年9月,第286—305页;罗亮:《姓甚名谁:后唐"同姓集团"考论》,《中华文史论丛》2018年第3期,第113—142页;等等。

④ 李国昌首任为大同军节度使还是防御使,史籍记载不同,岑仲勉、樊文礼均认为是防御使。岑仲勉:《隋唐史》,北京:中华书局,1982年,第550—551页注释11;樊文礼:《唐末五代的代北集团》,第79—80页。

⑤ 《资治通鉴》卷255《唐纪七十一》,僖宗中和三年五月,北京:中华书局,1956年,第8295页。

表 1 天祐十九年李存勖所辖州镇表 ①

节镇	节镇性质	属州	节镇	节镇性质	属州
河东	直辖镇	太原府及辽、石、汾、岚、沁、云、蔚、忻、代、宪、慈、隰、应、府 14 州	卢龙	直辖镇	幽、妫、檀、蓟、瀛、营、平、莫、涿、新、儒、武、顺 13 州
天雄	直辖镇	魏、博、澶、相、贝 5 州	成德	直辖镇	镇、冀、深、赵 4 州
安国	属镇	邢、洺、磁 3 州	横海	属镇	沧、景、德 3 州
振武	属镇	朔、麟、胜 3 州	安义	属镇	泽、潞 2 州
义武	附镇	易、定、祁 3 州	河中	附镇	河中 1 府
忠武	附镇	同州 1 州			

李存勖父子扩张过程中,辖下长期存在直辖镇、属镇、附镇三种藩镇(参图 1)。简言之,直辖镇即主帅李存勖父子为节度使的藩镇;属镇即其部将、子弟为节度使的藩镇;附镇系依附势力,其节度使并非李氏父子任命,境内事务亦很少受其干预②。王赓武注意到天祐十三年李存勖所统藩镇中,河东和魏博由其个人统辖,另有六个藩镇节度使由李氏父子委任,被这些藩镇包围起来的两个独立藩镇成德和义武,名义上也受其统治③。所言三种藩镇正为直辖镇、属镇和附镇。不过王赓武并未进一步申论。那么三种藩镇区别如何?这种区别控制政策在后唐建国过程中发挥着怎样的作用呢?

---

① 属州据闫建飞:《唐末五代宋初北方藩镇州郡化研究》附表《唐末五代宋初北方方镇军号支郡表》,北京大学博士论文,2017 年,第 242—286 页。

② 张国刚将唐后期藩镇分为河朔割据型、中原防遏型、边疆御边型、东南财源型四类。见张国刚:《唐代藩镇研究》(增订版),北京:中国人民大学出版社,2010 年,第 42—59 页。笔者之所以不采用这种分类,是因为张国刚讨论的是唐后期所有藩镇,故以藩镇与唐廷的关系为分类依据;笔者所论仅为李氏父子辖下藩镇,故以藩镇与李氏父子关系为分类依据。

③ Wang Gungwu, *Divided China: Preparing for Reunification 883-947*, New Jersey : World Scientific Pub. 2007, p.130.

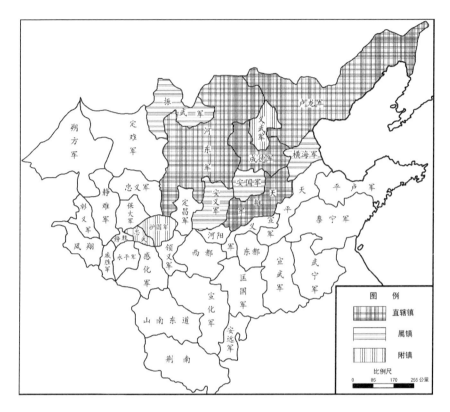

图 1 天祐十九年（922）李存勖势力图[①]

一、直辖镇

直辖镇即主帅为节度使的藩镇。李克用始终只领河东一镇，李存勖则先后兼领河东、魏博、卢龙、成德四镇节度使。四镇自唐以来便为强藩，实力雄厚，辖州众多，天祐十九年，四镇共 37 府州，占晋方州郡总数（53 府州）的 70%，远超属镇和附镇总和。通过兼领雄藩，李存勖掌握了晋方最广阔的地域、最强大的军事力量和最充足的财赋，既保证了对属镇和附镇的有效控制，也是其得以北击契丹、南灭后梁的关键因素。

---

① 底图据李晓杰:《中国行政区划通史・五代十国卷》附图 1-1《909 年后梁辖境政区示意图》（上海：复旦大学出版社，2014 年，第 20—21 页），由同济大学李竞扬先生改绘，谨致谢忱。

四镇军事力量由李存勖个人统辖，其他事务则交由"提举军府事""权知军府事"等负责，相当于节度留后。提举河东军府事的是张承业。"自庄宗在魏州垂十年，太原军国政事，一委承业，而积聚庾帑，收兵市马，招怀流散，劝课农桑，成是霸基者，承业之忠力也。"①天祐十九年，张承业病死，李存勖"命河东留守判官何瓒代知河东军府事"②。何瓒"天祐三年登进士第。谒庄宗于晋阳，一见受知，辟河东推官，渐转留守判官。张承业卒，代知军府。处事明敏，胥吏畏其清而服其能"③，知其进士出身，吏干强明，一直服务于河东幕府。

　　天祐十二年六月李存勖兼领魏博，以魏博节度判官司空颋"权军府事"④。司空颋为贝州清阳人，举进士不第，先后任魏博参军、馆驿巡官、掌书记等职，知其为出身本地、一直服务于魏博的落第士人⑤。不久司空颋被都虞候张裕诬陷"通书于梁"⑥被杀，代其任者为魏博节度判官王正言。王正言郓州人，一直服务于贺德伦幕府。梁末帝以贺德伦为魏博节度使，王正言随府为观察判官，司空颋死后，改节度判官、知军府事。王正言"小心端慎，与物无竞"，被孔谦评价为"操守有余，智力不足，若朝廷任使，庶几与人共事，若专制方隅，未见其可"⑦。当时魏州是李存勖大本营，各方人物汇聚，王正言"小心端慎，与物无竞"的性格，或许正是其能任职至同光元年（923）的重要原因。

　　天祐十五年十二月，卢龙节度使周德威战死。次年正月，李存勖以昭义节度使李嗣昭权知幽州军府事。三月又因"北边大镇，士马强锐"⑧，自己兼领，而以宦官李绍宏提举军府事。

　　天祐十九年九月，李存审攻取镇州，李存勖兼领成德，成为四镇节度，

---

① 《旧五代史》卷72《张承业传》，北京：中华书局，2015年，第1109页。
② 《资治通鉴》卷271《后梁纪六》，梁均王龙德二年十一月戊寅条，第8878页。
③ 《册府元龟》卷729《幕府部·辟署四》，北京：中华书局，1960年，影明刊本，第8678页。
④ 《新五代史》卷54《司空颋传》，北京：中华书局，2015年，第704页。
⑤ 《旧五代史》卷71《司空颋传》，第1095页；《新五代史》卷54《司空颋传》，第704页。
⑥ 《新五代史》卷54《司空颋传》，第704页。
⑦ 《旧五代史》卷69《王正言传》，第1067页。
⑧ 《资治通鉴》卷270《后梁纪五》，梁均王贞明五年三月胡注，第8843页。

随后"以魏博观察判官晋阳张宪兼镇冀观察判官,权镇州军府事"①。张宪出身军校世家,"喜儒学","弱冠尽通诸经,尤精《左传》"②。虽为文士,而"精于吏事,甚有能政"③,孔谦称其"才器兼济"④,是当时难得的兼具文学与吏干的人才。

李存勖委任的四镇负责人有宦官与文士两类。宦官张承业对李氏父子忠心耿耿,才能、器业杰出,深受器重;李绍宏为中门使,长期典机密,为李存勖亲信,也有一定军政才能:以宦官提举军府,体现了李存勖用人既考虑亲疏也重视才能的特点。而文士则不同。从其职位看,何瓒为河东留守判官,司空颋、王正言为魏博节度判官,张宪为魏博观察判官。胡三省言:"唐诸使之属,判官位次副使,尽总府事。"⑤留守、节度、观察判官是当时留守府、节度观察使府最重要的文职僚佐⑥。因此李存勖以他们提举军府,首先是从资序上考虑的。非李存勖亲信的司空颋、王正言能权魏博军府事,正源于此。相比之下,何瓒、张宪为庄宗旧人,吏干强明,才器兼济,比司空颋、王正言要称职得多。

值得注意的是,除了昭义节度使李嗣昭短暂权知幽州军府事外,李存勖并未委任其他武将代理使府事务。这并非李存勖重文轻武,而是由文臣、武将的职业素质决定的。唐自中叶以降,文武区隔日深,文人不习武事,武人不娴笔墨,成为常态⑦。对文臣尤其是文吏而言,处理钱谷、刑狱等民政事务是其所长,统兵作战则为其短;武将恰恰相反。在直辖镇军事力量由李存勖个人掌握的情况下,他所需要的是一位协助其处理民政事务的文臣留后,而

---

① 《资治通鉴》卷271《后梁纪六》,梁均王龙德二年十二月,第8878页。
② 《旧五代史》卷69《张宪传》,第1063页。
③ 《新五代史》卷28《张宪传》,第354页。
④ 《旧五代史》卷39《王正言传》,第1067页。
⑤ 《资治通鉴》卷216《唐纪三十二》,唐玄宗天宝六载十二月己巳条胡注,第6888页。
⑥ 严耕望:《唐代方镇使府僚佐考》,原载《新亚学报》第7卷第2期,1966年,收入氏著《严耕望史学论文集》,上海:上海古籍出版社,2009年,第414—419页。
⑦ 唐后期尽管部分士人仍有才兼文武的追求,但由于武技、战争经验等的缺乏,他们很难在军事上有所作为。参方震华:《才兼文武的追求——唐代后期士人的军事参与》,《台大历史学报》第50期,2012年12月,第1—31页。

非战场厮杀的赳赳武夫。与之类似,朱温建梁前直辖四镇中,同样以裴迪、谢瞳、韦震等文臣为留后①。宦官张承业、李绍宏除了长于民政外,还有一定军政才能,作为提举军府事更为合适。李存勖对四镇使府的任职者相当信任,张承业卒于任上,何瓒、王正言、李绍宏、张宪均任职至后唐建立。

后梁建立前,朱温在直辖四镇之上,设置了元帅府统辖四镇军事力量,由裴迪统辖其他事务,将四镇力量整合起来,为代唐建国提供了前提条件②。李存勖四镇则未见类似机构和人员设置,基本维持着四个相对独立完整的使府,但晋方的军需供给在魏博支度务使孔谦统筹之下,亦有一体化管理的趋势。

天祐十二年,李存勖趁魏博军乱,兼领魏博节度。"魏州孔目吏孔谦,勤敏多计数,善治簿书"③,李存勖以之为支度务使。胡三省言:"唐节镇多兼支度等使,至其末世,藩镇署官有为支计官者,有为支度务使者。"④孔谦作为魏博支度务使,职权范围主要为魏博镇。《孔谦及妻刘氏王氏合葬墓志》言:

> 公尽取魏之县邑户口、田亩、桑柘、人丁、牛车之籍帐,役使以力,征敛以平,强者不敢附势,弱者得以兼济。吁!兹时也,连岁大兵蹂躏,魏之四十三邑,其无民而额存者将十城,负疮痛而偷蚕垦者才三十余县。庄宗潜龙时,兼幽、镇与晋、魏,且四节度只取于邺民,余无所资,唯器械而已。⑤

从"庄宗潜龙时,兼幽、镇与晋、魏,且四节度只取于邺民"来看,李存勖虽兼领四镇,但军需供给主要依赖魏博六州。同光三年二月甲子朔庄宗诏言:"自朕南北举军,高低叶力,总六州之疆土,供万乘之征租。有飞刍挽粟之劳,

---

① 闫建飞:《方镇为国:后梁建国史研究》,《中山大学学报(社会科学版)》2019年第6期,第26页。
② 闫建飞:《方镇为国:后梁建国史研究》,《中山大学学报(社会科学版)》2019年第6期,第31—35页。
③ 《资治通鉴》卷269《后梁纪四》,梁均王贞明元年六月,第8791页。
④ 《资治通鉴》卷269《后梁纪四》,梁均王贞明元年六月胡三省注,第8791页。
⑤ 萧希甫:《孔谦及妻刘氏王氏合葬墓志》,录文见周阿根:《五代墓志汇考》68,合肥:黄山书社,2012年,第173页,标点小有改动;拓片见北京图书馆金石组编:《北京图书馆藏中国历代石刻拓本汇编》,郑州:中州古籍出版社,1989年,第36册,第32页。

有浚垒深沟之役。赋重而民无嗟怨,务繁而士竭忠勤。"① 亦可证明当时"供万乘之征租"的主要是魏博"六州之疆土"。河北、河东近十镇军队云集河上,军需供给却主要依赖魏博一镇,支度务使孔谦的压力可想而知。由此其"尽取魏之县邑户口、田亩、桑柘、人丁、牛车之籍帐,役使以力,征敛以平",几乎耗尽魏博之膏血,勉力支撑庄宗之霸业。

晋方军需主要来源于魏博镇,不过有证据表明,其他藩镇也需要向魏州霸府转输部分财赋,这亦由孔谦催征。《册府元龟》言:

> 初,庄宗初定魏博,选干吏以计兵赋,(孟)鹄为度支孔目官,掌邢洺钱谷司。明宗时为邢洺节度使,军赋三分之一属霸府,鹄于调弄之间,不至苛急,每事曲意承迎,上(明宗)心甚德之。而支度使孔谦专典军赋,而于藩镇征督苛急,明宗尝切齿。②

"军赋三分之一属霸府"说明李存勖属镇邢州安国军需要将三分之一的财赋转输到魏州李存勖霸府。孔谦对这部分财赋的严厉催督,招致安国军节度使李嗣源的切齿痛恨。这表明,孔谦的职权范围不仅包括魏博一镇,还包括李存勖属镇的上供部分。不过孔谦对魏博与李存勖属镇财赋的管理模式并不相同。对魏博财赋的征调已深入县一级;对属镇财赋则是通过使府。因此,孔谦对魏博财赋的控制比对属镇要严密得多,这也是孔谦能够最大限度地从魏博榨取财赋、支撑庄宗霸业的主要原因。

需要辨明的是,孟鹄担任的"度支孔目官"当作"支度孔目官"。盐铁、转运、度支三使,自唐后期由宰相分判。当时李存勖并未称帝建国、任命宰相,自然也无宰相分判的度支使。李存勖以孔谦为支度务使,孟鹄担任的支度孔目官,正是孔谦属官。其他属镇亦当有支度孔目官,孔谦对属镇上供财赋的掌握正是通过他们实现的。因此,后唐建国前的支度务使类似于中央财政机构,所负责的是晋方整体军需供应。支度务使孔谦在军需方面的统筹,支撑起晋方整个后勤供应,对李存勖霸业来说,可谓功不可没。

尽管四镇均由李存勖直辖,但其地位和角色并不完全相同。最初河东镇

---

① 《册府元龟》卷491《邦计部·蠲复三》,第5879页。同光三年,《册府元龟》误作二年。
② 《册府元龟》卷483《邦计部·选任》,第5777页。

是河东集团主镇,随着李存勖在河北的不断突破,尤其是天祐十二年占据魏博、与后梁对峙河上后,靠近梁晋对峙前线、军力强大、财赋众多的魏博取代河东成为晋方新的核心藩镇。梁晋对峙中,河东、魏博镇军也是与梁作战的主力,幽州镇始终面临比较强的契丹压力,成德镇直辖时间最短,二镇对梁晋争霸的影响并不能与河东、魏博相提并论。

四镇是李存勖控制的核心区域,但四镇管理人员却并非李存勖集团的核心决策层,四镇之上的李存勖霸府,才是真正的决策核心。因此,后唐建国后,尽管不少四镇僚佐成为朝廷重臣[1],但核心成员郭崇韬却是以中门使升任宰相兼枢密使的。正是在霸府的领导下,四镇、属镇、附镇凝聚起来,最终灭梁建唐。

二、属镇:李克用假子垄断下的节帅"终身制"与节镇"私有化"

直辖镇之外,李克用、李存勖控制的另一类藩镇是属镇。普通藩镇转变为属镇的标志是李氏父子委任的节度使上任。自中和三年(883)至同光元年(923),李氏父子先后控制过8个属镇(参表2)。

表2 李克用、李存勖属镇节帅表(883—923)[2]

节镇	节帅	时间	身份	结局
代北	李国昌	883—887	李克用父	卒于任,代北镇被废
昭义	李克修	883—890	李克用弟	卒于任
	李克恭	890	李克用弟	潞州军乱被杀
	康君立	890—894	河东大将	被李克用幽死
	薛志勤	894—898	河东大将	病死
	孟迁	899—901	原邢州节帅	被朱温攻击,投降
	李嗣昭	906—922	李克用假子	战死
	李继韬	922—923	李嗣昭之子	叛变被杀

---

[1] 《旧五代史》卷29《唐庄宗纪三》,第460页。
[2] 本表据吴廷燮《唐方镇年表》(北京:中华书局,1980年)、郁贤皓《唐刺史考全编》(合肥:安徽大学出版社,2000年)、朱玉龙《五代十国方镇年表》(北京:中华书局,1997年)制作。身份及结局参新、旧《五代史》各人本传。

（续表）

节镇	节帅	时间	身份	结局
邢洺/安国	安金俊	890	河东大将	战死
	安知建	890—891	河东大将	叛附朱温，被朱瑄所杀
	李存孝	891—894	李克用假子	叛附朱温，被杀
	马师素	894—898	河东大将	邢洺被朱温攻陷
	李存审	916	李克用假子	移镇横海
	李嗣源	916—923	李克用假子	移镇横海
振武	石善友	893—903	河东大将	兵乱被部将契苾让逐走
	李克宁	904—908	李克用弟	谋反被杀
	周德威	908—913	河东大将	移镇卢龙
	李嗣本	913—916	李克用假子	振武被契丹攻陷，入契丹
	李嗣恩	917—918	李克用假子	卒于任
	李存进	918—922	李克用假子	战死
	李存霸	923—924	李存勖同母弟	移镇昭义
卢龙	周德威	913—918	河东大将	战死
大同	李克宁	908	李克用弟	谋反被杀，大同军废
	贺德伦	915—916	后梁降将	未之任，为张承业所杀
	李存璋	916—922	李克用假子	卒于任，大同军废
天德	宋瑶	908—920	河东将领	天德军被契丹攻陷，宋瑶入契丹
横海	李存审	916—923	李克用假子	移镇卢龙

据上表，李克用时期（883—908）属镇13位节帅中，亲属6位（李国昌、克修、克恭、克宁、存孝、嗣昭），河东亲将6位（康君立、薛志勤、安金俊、安知建、马师素、石善友），他镇武将1位（孟迁）。可见子弟和亲将是李克用属镇节帅的主体，亲疏是其选任节帅的首要因素。这体现了河东集团相对保守的一面。在这种情况下，外来武将在河东集团很难立足，对李克用的向心力也有限。如李罕之，"自以功多于晋"，希望李克用能"与一小镇，使休兵养疾而后归老"，但"佗日，诸镇择守将，未尝及罕之，罕之心益怏怏"①，光化元年（898）趁潞州节帅薛志勤去世之际，袭取潞州，投降朱温。

与李克用时期相比，李存勖时期（908—923）属镇节帅选任更加保守。11名属镇节帅中，李克用假子7人（李嗣昭、嗣本、嗣恩、嗣源、存进、存璋、

---

① 《新五代史》卷42《李罕之传》，第519页。

存审),亲子 1 人(李存霸),亲将 2 人(周德威、宋瑶),自立者 1 人(李继韬)。李存勖时外来武将已不可能升任节帅,唯一任命的大同军节度使贺德伦在上任途中被张承业留在太原,后来被杀。冨田孔明列举的李存勖集团 21 名外来武将中,后唐建国前无一人为节度使,地位最高的原后梁保义军节度使阎宝和成德旧将符习均遥领天平军节度①。"宠冠诸将"的原幽州将元行钦,先后被李嗣源、李存勖收为假子,在后唐建国前,也只做到忻州刺史②。可见,尽管李存勖时期河东集团势力不断扩张,吸纳的外来武将也在增多,但外来武将的地位并未随之提高,在河东集团中相当边缘,甚至会遭到排挤、迫害。如周德威成为卢龙节度使以后,"忌幽州旧将有名者,往往杀之"③。

李存勖时期,不仅外来武将无法升任节度使,亲将担任的节帅也很少,李克用假子占据绝对优势。这使我们不得不关注李克用假子问题。

假子问题,古今中外皆有,唐五代尤其突出。栗原益男将唐五代的假子以唐玄宗朝、黄巢之乱为界分为三阶段,类型分为集团型和个人型两种,认为隋末唐初、安史之乱前后集团型假子居多,假子实际上为主帅个人亲卫队;唐末五代个人型假子显著增多④。"唐末宦官典兵者多养军中壮士为子以自强,由是诸将亦效之。"⑤唐末五代武将个人型假子中,最具代表性的是李克用和王建的假子⑥。

李克用有义儿军,李存进曾典"右厢义儿第一院军使"⑦,知义儿军分左右厢,厢下有院,建置完整。堀敏一已经辨明,并无义儿出身义儿军的证

---

① 冨田孔明:《五代の禁軍構成に關する一考察——李克用軍團の變遷について》,《東洋史苑》第 26・27 合并号,1986 年,第 95—98 页。
② 《旧五代史》卷 70《元行钦传》,第 1079—1080 页。
③ 《资治通鉴》卷 269《后梁纪四》,梁均王贞明三年二月,第 8813—8814 页。
④ 栗原益男:《唐五代の仮父子的結合の性格——主として藩帥の支配権力との関連において》,《唐宋変革期の国家と社会》,第 159—192 页。
⑤ 《资治通鉴》卷 267《后梁纪二》,梁太祖开平四年十一月,第 8727 页。
⑥ 王建假子参日野開三郎:《王建の前蜀建國と假子制》,收入《第一届国际唐代学术会议论文集》,台北:唐代研究学者联谊会出版,1989 年,第 725—747 页。
⑦ 吕梦奇:《后唐招讨使李存进墓碑》,见董诰等编:《全唐文》卷 840,北京:中华书局,1983 年,第 8835 页。

据①,可见义儿军并非义儿组成的军队,而是义儿掌管的军队,其实质为藩镇牙军。李克用假子为个人型。胡三省言李克用义儿百余人②,今可考者16人,其中6人曾典义儿军③。诸假子多为英勇善战、战功显赫的武将,李克用将其收为假子,希望通过这种"拟制家族关系"④加强与他们的联系;武将被收为假子,可以藉此进入河东集团核心,"立功名、位将相"。正如欧阳修所言,二者的结合是"因时之隙,以利合而相资者"⑤。李克用与其假子的关系非常密切,对诸假子"宠遇如真子"⑥、"衣服礼秩如嫡"⑦。假子与亲子的主要差别为假子无继承权⑧。

这种"拟制家族关系"以家长李克用为核心,但家长的权威和能力并不能完整传递到下一代。李克用去世后,嗣位的李存勖就遭到诸假子的强力挑战。诸假子"比之嗣王,年齿又长,部下各绾强兵,朝夕聚议,欲谋为乱。及帝(李存勖)绍统,或强项不拜,郁郁愤惋,托疾废事"⑨,李存颢、存实等甚至劝李克宁取而代之。不过出乎所有人意料的是,李存勖是一位比李克用更杰出的军事统帅。平定李克宁之乱后,李存勖迅速出兵救援潞州,取得夹寨大捷。五代兵戈扰乱,军事才能最为时人看重。李存勖夹寨之战以少胜多,大败梁军,不仅朱温大为震撼,感叹"生子当如李亚子,克用为不亡矣"⑩,也

---

① 堀敏一:《藩镇亲卫军的权力结构》,索介然译,收入刘俊文主编:《日本学者研究中国史论著选译》第4卷《六朝隋唐》,北京:中华书局,1992年,第619页。

② 《资治通鉴》卷266《后梁纪一》,梁太祖开平二年二月胡注,第8690页;卷279《后唐纪八》,唐潞王清泰元年三月胡注,第9107页。胡三省未言依据,今亦不详。

③ 李翔:《李克用义子问题考述》,《西南大学学报(社会科学版)》2014年第3期,第169—174页。典义儿军的六位义子是李嗣本、李存进、李存贤、李存璋、李存审、李建及。

④ 谷川道雄:《北朝末——五代の義兄弟結合について》,《東洋史研究》第39卷第2号,1980年,第299—302页;宇野春夫:《後唐の同姓集団》,《藤女子大学文学部紀要》第3号,1964年,第31—47页。

⑤ 《新五代史》卷36《义儿传序》,第433页。

⑥ 《资治通鉴》卷266《后梁纪一》,梁太祖开平二年二月,第8690页。

⑦ 《新五代史》卷14《李克宁传》,第176页。

⑧ 唐末五代有继承权的假子不在少数,朱温、王镕之假子均有,但李克用、王建之假子则否。

⑨ 《旧五代史》卷27《唐庄宗纪一》,第421页。诸假子多数仅比克用小数岁,长存勖一二十岁。栗原益男:《唐末五代の仮父子の結合における姓名と年齢》,《唐宋变革期の国家と社会》,第207页。

⑩ 《资治通鉴》卷266《后梁纪一》,梁太祖开平二年五月,第8695页。

使原来桀骜不驯的诸假子心服口服，再也无人敢挑战李存勖的领导地位。

尽管李存勖通过战功确立了自己的威望，压服了李克用诸假子，但他对这些在"家族关系"中与自己有些等夷色彩的兄长们并不完全信任；诸假子多拥重兵，亦容易引起其猜忌。如李嗣昭长期为昭义军节度使，"为人间构于庄宗，方有微隙"，幸好其僚佐任圜"奉使往来，常申理之，克成友于之道"①，李存勖恢复对嗣昭的信任。都总内外衙银枪效节帐前亲军的李建及"善于抚御，所得赏赐，皆分给部下，绝甘分少，颇洽军情。又累立战功，雄勇冠绝"，亦为宦官监军韦令图所构："建及以家财骤施，其趣向志意不小，不可令典衙兵。"李存勖猜忌之下，建及被外放为代州刺史，郁郁而终②。

李存勖对其父假子颇多猜忌，属镇节帅却几乎被他们垄断，这种局面形成的原因，要从内外两方面去寻找。从内部权力结构来说，诸假子"各绾强兵"的局面在李克用时代就已形成，存勖如要改变这种局面，必定要付出相当大的代价。从外部局势来看，存勖嗣位伊始，就面临着后梁、契丹的巨大军事压力，诸假子英勇善战，"部下各绾强兵"，是其能依赖的重要军事力量。要争取诸假子支持，就必须优先保障其利益，给予其节帅、刺史之位。后唐建立前，李存勖模仿其父开始收养骁将为假子，但其假子多为外来降将③，后唐建立前一直无法获得节钺。这表明以其父假子为节帅，大大限制了李存勖在属镇节帅选任上的自主权，他无法以自己更亲近的假子取代其父假子。不过，长期战争之下，克用假子日渐凋零，后唐建立时存者已无多。同光二年，卢龙节度使李存审因病求入觐，李存勖叹曰："吾创业故人，零落殆尽，其所存者惟存审耳！今又病笃，北方之事谁可代之？"④以李存贤代为节帅后，存贤当年亦病死幽州。此后，假子中活跃者只余李嗣源一人。李存勖时代其父假子问题最后竟以这样一种方式得以解决。

除了人选外，属镇节帅任期同样值得注意。观察李存勖父子的属镇节帅

---

① 《旧五代史》卷67《任圜传》，第1041页。
② 《旧五代史》卷65《李建及传》，第1005页。
③ 宇野春夫：《後唐の同姓集団》，《藤女子大学文学部紀要》第3号，第41—44页；罗亮：《姓甚名谁：后唐"同姓集团"考论》，《中华文史论丛》2018年第3期，第113—142页。
④ 《新五代史》卷36《李存贤传》，第444页。

表会发现,从中和三年(883)到天祐十九年(922)四十年中,只有周德威自振武移镇卢龙(913年)、李存审自安国移镇横海(916年)两例正常移代的情况。属镇节帅任期的结束要么是节帅战死、病死、叛变,要么是属镇被朱温或契丹攻陷。换言之,属镇节帅任期为终身制,典型如李嗣昭,镇昭义长达16年,直至战死。节度使终身制很容易导致节镇"私有化"。同光二年(924)郭崇韬辞宣武军节度之命时,庄宗言:"卿言忠荩,予忍夺卿土宇乎?"次日批答又指出:"岂可朕居亿兆之尊,俾卿无尺寸之地?卿虽坚让,朕意何安?"①这种将节镇视为节度使个人"土宇"的观念,正源于节镇的"私有化"。此言出自庄宗,表明节镇"私有化"是后唐统治集团的普遍观念。

节度使终身制和节镇"私有化"之下,节帅对属镇的财赋、兵马控制相当严密,长期任职也使节帅与当地的地方军人集团结合密切,不少属镇节帅手下都有一支令人生畏的牙军力量。天祐十九年,昭义军节度使李嗣昭战死镇州城下,临终前"悉以泽潞兵授〔节度〕判官任圜,使督诸军攻镇州",李存勖"命嗣昭诸子护丧归葬晋阳;其子继能不受命,帅父牙兵数千,自行营拥丧归潞州"②。嗣昭死前已将泽潞兵权交给任圜,继能却可以率数千牙兵归潞州,表明牙兵属嗣昭个人,死后由其子继承,任圜并无统辖权。同光二年,"故宣武军节度使李存审男彦超进其父牙兵八千七百人"③。李存审镇沧州七年(916—923),这支数量庞大的牙军应是其在沧州任上培育出来的。同光元年存审改镇幽州,次年又改宣武,未离任卒于幽州,牙军也就留在幽州。存审改镇宣武之时,李存贤已被命为幽州帅。从牙军由存审长子彦超进献而不是存贤掌管来看,牙军的控制权显然父死子继,落到彦超手中。不仅存贤无从过问,庄宗亦如是;彦超进献后,才由庄宗掌控。相比一般军队,牙军的私属性更强,牙军牙将私属于节帅甚至刺史,也是李存勖也认可的观念。天祐十二年,李存勖已定魏博,想要充实自己的亲军力量,"选骁健置之麾下"④,

---

① 《册府元龟》卷409《将帅部·退让》,第4868页。
② 《资治通鉴》卷271《后梁纪六》,梁均王龙德二年四月,第8875页。
③ 《旧五代史》卷32《唐庄宗纪六》,同光二年七月戊戌条,第500页。
④ 《旧五代史》卷70《元行钦传》,第1080页。

爱元行钦骁健,从代州刺史李嗣源求之,嗣源不得已献之……王(李存勖)复欲求(高)行周,重于发言,密使人以官禄唊之,行周辞曰:"代州养壮士,亦为大王耳,行周事代州,亦犹事大王也。代州脱行周兄弟于死,行周不忍负之。"乃止。①

存勖想要得到元行钦,需要从李嗣源处"求之";欲得到高行周,需要通过"密使人以官禄唊之"的方式,显然是因为元行钦、高行周私属于嗣源,存勖不能任意夺取。表面上"代州养壮士,亦为大王耳,行周事代州,亦犹事大王也",实际上骁将在嗣源还是存勖手中大不相同,否则存勖就不必处心积虑谋夺二人了。同时,这说明当时的"私有化"并不仅仅表现在节镇一层,州郡亦如此,刺史也有私属牙兵。只是由于州郡相关记载较少,隐而不彰罢了。

后唐建立后,李克用假子日渐凋零,新征服的河南地区也为节帅有序移代提供了空间。同光元年河南地区的18位后梁节度,到同光四年三月只剩6位②,取代他们的则是后唐将领,由此节帅终身制问题基本得到解决。这也提醒我们,节帅终身制与后唐建国前李氏父子控制的节镇数量较少密切相关。

三、附镇

直辖镇、属镇之外,李存勖父子势力范围中亦有附镇。附镇节帅除了刘仁恭外,均非李氏父子委任,而是由唐廷、朱梁任命或本镇产生。李氏父子附镇情况可通过下面两表进行观察(表3、表4)。

表3 李克用附镇表(885—901)

节镇	依附原因	结局	依附时间	依附时期节帅
河中	被关中藩镇和唐廷攻击,得李克用救援	被朱温攻击,成为朱温直辖镇	885—901	王重荣(880—887) 王重盈(887—895) 王珂(895—901)

---

① 《资治通鉴》卷269《后梁纪四》,梁均王贞明元年七月,第8794—8795页。
② 王赓武:《五代时期北方中国的权力结构》,胡耀飞、尹承译,上海:中西书局,2014年,第121—122页。

（续表）

节镇	依附原因	结局	依附时间	依附时期节帅
定州义武	被幽州、成德攻击，得李克用救援	被朱温攻击，成为朱温附镇	886—900	王处存（879—895）王郜（895—900）
镇州成德	被李克用攻击，被迫依附	同义武	893—900	王镕（883—921）
幽州卢龙	占领卢龙后，李克用以刘仁恭为节度使	叛李克用自立	895—897	刘仁恭（895—907）

表 4　李存勖附镇表（910—923）

节镇	依附原因	结局	依附时间	依附时期节帅
镇州成德	朱温欲变附镇为属镇，二镇向河东求援	张文礼依附后梁被平定，成为直辖镇	910—921	王镕（883—921）张文礼（921—922）
定州义武		王都北结契丹被平定，成为属镇	910—928	王处直（900—921）王都（921—929）
河中	朱友谦袭取同州，被后梁讨伐，向河东救援	朱友谦被杀，成为属镇	920—926	朱友谦（907—926）
同州忠武		朱令德移镇遂州，同州成为属镇	920—925	朱令德（920—925）

李克用附镇中义武、河中依附河东是因得到李克用救援，成德是遭李克用攻击而被迫依附；卢龙则是曾被李克用占领。从节帅委任权的角度来看，卢龙似当为属镇，但由于卢龙的独立性强，李克用的干预有限，将其视为附镇更为合适。与朱温努力变附镇为属镇、扩张领地不同，李克用满足于"构建以河东、昭义为核心，以河中、河朔为外围的势力范围，获取霸主地位"[1]，并无直接并吞河朔、河中的想法，占领卢龙后却授予降将刘仁恭正表明这一点。李克用对附镇的影响有限，附镇对克用的支援也少。四镇中，河中、义武多次得到河东救援，却从未出兵协助李克用作战；克用多次向卢龙征兵，刘仁恭则以种种借口推脱；景福二年（893），王镕"进币五十万，归粮二十万，请出兵助讨（李）存孝"[2]，是成德依附期间对河东的唯一一次军事支援。不能得附镇之力，是李克用与朱温争霸失败的重要原因。

李存勖附镇均是因被后梁攻击得到河东救援而依附的。相比克用时期，

---

[1] 何灿浩:《唐末政治变化研究》，第 137 页。
[2] 《新唐书》卷 211《王镕传》，北京：中华书局，1975 年，第 5964 页。

李存勖附镇成德、义武对河东的实际支持大大增加。天祐八年柏乡之战中，义武军节度使王处直"以兵五千从"，"其后晋北破燕，南取魏博，与梁战河上十余年，处直未尝不以兵从"①。柏乡之战后，成德节度使王镕"自是遣大将王德明率三十七都从庄宗征伐，收燕降魏，皆预其功"②。天祐十四年十二月，李存勖阅兵魏州，"成德军节度使王镕遣其将王德明帅镇冀步骑之师三万……义武军节度使王处直使其将帅易定之步骑万人"③参与，这是当时成德、义武能出动的最强武力。可见自依附河东起，成德、义武两镇就一直派遣主力部队随李存勖征战，对李存勖霸业起了重要作用。

附镇类似于羁縻区，严格来说并非李氏父子属地。李存勖自言"吾与赵王同盟讨贼，义犹骨肉"④，正说明这一点。附镇依附李存勖多是为了应对朱梁威胁，维持相对独立的地位，镇内高度自治。如王都镇义武，直到后唐建国后的同光年间，支郡祁、易二州刺史，依然可以"奏部下将校为之，不进户口，租赋自赡本军，天成初仍旧"⑤。当这种地位受到威胁时，附镇节帅的忠诚就变得难以保证。天祐十八年成德将张文礼杀节度使王镕，李存勖遣兵讨伐。义武军节度使王处直"以平日镇、定相为唇齿，恐镇亡而定孤"⑥，故不惜召契丹为晋患以解镇州围，引起军府多数人反对，王都遂趁机取而代之。天成三年（928），朝廷为防备契丹，"诸军多屯幽、易间"⑦，义武军节度王都怀疑朝廷要取消其独立地位，遂向契丹求援。次年定州城破，义武自治局面结束，河北最后一个附镇消失，后唐实现了对河北的有效控制。

与朱温积极变附镇为属镇不同，李克用父子对此似乎并不热心。河中节度使王珂赴太原娶亲时，李克用以李嗣昭"权典河中留后事"⑧，但并未趁机袭取河中；成德、义武也是叛变之后才被李存勖、李嗣源平定的。之所以如

---

① 《新五代史》卷39《王处直传》，第472页。
② 《旧五代史》卷54《王镕传》，第843页。
③ 《册府元龟》卷8《帝王部·创业四》，第87页。
④ 《资治通鉴》卷271《后梁纪六》，梁均王龙德元年七月，第8867页。
⑤ 《旧五代史》卷54《王都传》，第847页。
⑥ 《资治通鉴》卷271《后梁纪六》，梁均王龙德元年八月，第8868页。
⑦ 《旧五代史》卷54《王都传》，第847页。
⑧ 《旧五代史》卷52《李嗣昭传》，第809—810页。

此，可能与节镇私有化有关，当时节帅、刺史的牙兵牙将主帅尚不能任意与夺，何况节镇？不过，此仅为推测，更确切的解释尚待他日言说。

结　语

同光元年三月，横海节度使李存审改镇幽州；四月后唐建国，升魏州为东京兴唐府，太原为西京，镇州为北都，四镇及部分属镇、附镇僚佐纷纷加官晋爵，成为朝廷重臣[①]，后唐方镇为国的过程完成。李存勖由河东节度使称帝建国的过程，是方镇为国的典型代表之一。建国过程中，李存勖所统藩镇分为直辖镇、属镇、附镇三种。李存勖直接掌控直辖镇的军事力量，军府事务则由其信任的宦官或文臣提举，控制最为严密；属镇节帅主要由李克用假子、亲将出任，他们在率本镇军队从征之时，亦承担对霸府的财赋上供；附镇节帅则非李氏父子任命，镇内事务亦不受其干预，节帅可委任管内刺史以下所有官员，不进户口，不纳两税，不过成德、义武长期派主力从征，对李存勖霸业襄赞良多。可以看出，后唐建国前的河东集团，是由直辖镇、属镇、附镇构成的圈层结构。由内而外，李存勖的控制力递减。但这种圈层结构并非一成不变，李存勖时代其总体变化趋势是变附镇为属镇（河中、同州）或直辖镇（成德），或变属镇为直辖镇（幽州），其中转变为直辖镇的均为强藩，由此李存勖对辖下藩镇的控制不断强化，为后唐建立打下基础。

李克用时代，河东集团的核心是河东镇，其次是以河东镇为核心的河东道，最外层是依附的河北藩镇。在控制河东道的前提下，李克用的对外扩张主要表现为增加河北的附镇上。但由于附镇对河东支援有限，克用亦未积极变附镇为属镇或直辖镇，无法将所辖藩镇力量全部凝聚起来，导致在与朱温的竞争中，接连受挫。李存勖时代，随着在河北的不断突破，尤其是天祐十二年存勖兼领魏博后，河东集团核心从河东镇转移到魏博镇。李存勖的对外扩张以增加直辖镇和属镇为主，其个人兼领四个强藩，对内形成了对属镇和附镇的绝对优势，对外四镇成为北击契丹、南灭后梁的核心力量，最终成

[①]《旧五代史》卷29《唐庄宗纪三》，第459—460页。

功建立后唐。

如果我们将目光从李存勖身上移开,会发现主帅直辖多镇和直辖镇、属镇、附镇的区分在唐末五代并不罕见。就主帅直辖多镇而言,李存勖之外,后梁建立前,朱温身兼汴州宣武、滑州宣义、郓州天平、河中护国四镇节度使;天复二年(902)九月,李茂贞成为凤翔、邠州静难、洋州武定、利州昭武四镇节度使①;乾化二年(912)四月,马殷兼领潭州武安、鄂州武昌、桂州静江、容州宁远四镇节度使②。朱温、李茂贞势力中亦存在直辖镇、属镇、附镇的区分,其中朱温情况与李存勖最为相似③。可见后唐建国之路并非独一无二,方镇为国是五代十国政权建国的主要模式。

方镇为国的建国模式和直辖镇、属镇、附镇圈层结构的出现,与唐后期的藩镇格局和唐末群雄混战的形势密切相关。唐后期藩镇林立的情况下,唐廷为强化地方控制,努力削弱强藩,构建藩镇之间的均势和相互制衡。黄巢乱后,唐廷失去了对全国大多数区域的控制,强藩成为中央和地方政治的决定力量,由强藩局部统一、建立新政权,就成为必由之路,这是五代十国诸政权方镇为国的基本历史背景。但由于唐后期藩镇的均势和制衡格局仍然存在,单个强藩最初相对周边藩镇并无绝对优势。因此对强藩而言,要想扩大领地,一方面要努力消灭对手,增加直辖镇和属镇;另一方面则要让尽可能多的藩镇加入己方阵营,成为附镇。而在自己控制区内实行直辖镇、属镇的区分,则是由当时的政治军事形势决定的④。对于相对弱小的藩镇而言,依附强藩以应对其他势力的威胁,也是乱世中的生存之道。由此唐末就形成了多个由直辖镇、属镇、附镇组成的藩镇圈层结构,且附镇往往摇摆不定,处于不同势力的缓冲地带,典型如河北成德、义武镇在梁、晋之间多次摇摆。但当强藩力量足够强大,对附镇形成绝对优势后,变附镇为属镇或直辖镇以

---

① 《资治通鉴》卷263《唐纪七十九》,唐昭宗天复二年九月癸亥条,第8583页。
② 《资治通鉴》卷268《后梁纪三》,梁太祖乾化二年四月癸丑条,第8755页。
③ 李茂贞情况参王凤翔:《晚唐五代秦岐割据政权研究》,陕西师范大学博士学位论文,2007年,第38—40页;朱温情况参闫建飞:《方镇为国:后梁建国史研究》,《中山大学学报(社会科学版)》2019年第6期,第23—35页。
④ 参闫建飞:《方镇为国:后梁建国史研究》,《中山大学学报(社会科学版)》2019年第6期,第29—31页。

强化地方控制,就成为主帅的必然选择。也正是在这一过程中,唐后期割据自治的河朔藩镇渐次瓦解,重新成为中原王朝的核心区域①。因此,唐末五代方镇为国的过程,既是再造统一、建立新政权的过程,也是解决唐后期藩镇问题的过程。从这一角度观察唐末五代历史,会使我们获得新的认识。

---

① 后唐以降,王朝政权中的文臣武将,出身河北者最多。参毛汉光:《五代之政治延续与政权转移》,《中国中古政治史论》,第471—472页。

申状与宋代中枢政务运行

王化雨

两宋时期,官文书在政务运行中发挥着极大的作用。文书的流转、处理方式,体现出当时政治体制的特点。不同机构、人物的权力地位以及彼此间关系,往往也会在文书处理过程中得到反映。以某种官文书为切入点进行研究,可以使我们对宋代政治形成更多深入细致的了解。

由两府宰辅所构成的中枢决策群体,在宋代政治体制中具有不可取代的重要地位。处理政务时,中枢决策者主要是通过章奏与申状两类文书来获取信息、了解下情的。对于章奏,目前学界已经有了较为充分的研究[1],对于申状,既有研究却很少涉及[2],值得做更多讨论。

作者单位:四川师范大学历史文化与旅游学院

[1] 参见朱瑞熙:《中国政治制度通史·宋代》,白钢主编,北京:人民出版社,1996年;傅礼白:《宋代的章奏制度与政治决策》,《文史哲》2004年第4期;王化雨:《宋代君主与宰辅的政务信息处理过程:以章奏为例》,载邓小南、曹家齐、平田茂树主编:《文书·政令·信息沟通:以唐宋时期为主》,北京:北京大学出版社,2012年。

[2] 平田茂树《由书仪所见宋代的政治构造》一文,对申状略有涉及,载邓小南、曹家齐、平田茂树主编:《文书·政令·信息沟通:以唐宋时期为主》。

一、申状的基本情况

申状是中国古代下级向上级汇报公务所用的公文。唐代前期，百司有事向朝廷汇报，往往须"申尚书省"。中书门下体制确立之后，百司向中书门下呈报事宜，也常常使用申状①。两宋时期，随着社会经济的发展，中央集权程度的提高，中书门下（元丰改制后的三省）以及枢密院需要处理的事务大大增加，各级官员向两府呈递申状的情况愈发频繁。

宋代申状的体式，在司马光《书仪》中有详细记载：

> 申状式
>
> 某司 自申状，则具官封姓名。
>
> 某事云云。有事因，则前具其事，无所因，则便云右某。
>
> 右云云。谨具状申。如前列数事，则云右件状如前云云。某司谨状。取处分，则云伏候指挥。
>
>   年 月 日。具官封姓名，有连书官则以次列衔。状右内外官司向所统属并用此式，尚书省司上门下、中书省、枢密院，及台省寺监上三省、枢密院，省内诸司并诸路诸州上台省寺监并准此。②

南宋《庆元条法事类》卷16所列《申状式》，与之一般无二，说明《书仪》所载，为两宋通行体例。以《申状式》为基础，结合其他史料，我们可对宋代申状的基本情况形成比较全面了解。

宋代内外官员都有向两府上申状的权力，不过因级别、地位的差异，方式有所区别。尚书省所辖各部司、御史台、寺监等中央机构，路、州两级地方机构官员，可以直接向两府呈送申状，这在《申状式》中写得分明。其余机构官员不能直接申两府，只能申自己的直属上级，由后者代为向上申报。例如北宋后期，兖州奉符县欲改下辖建封院为道观。此事按惯例须三省裁断，但奉符县却不能直接申省，而只能申报兖州，希望代其"备申朝廷，改为道

---

① 参见吴丽娱：《试论"状"在唐代中央行政体系中的应用与传递》，《文史》2008年第1辑。
② 司马光：《书仪》卷1，《景印文渊阁四库全书》，台北：台湾商务印书馆，1986年，第142册，第461页。

观",而后"州司看详,委合改充前件洞天道观",遂以州的名义向尚书省发出了申状①。但若给直属上级的申状得不到回应,也可逐次越级申报,"诸官司以公事申所属而妄被沮驳及抑退者,听越次申请"②,直至申两府。《齐东野语》载:

> 宣和中,徐申干臣,自讳其名,知常州,一邑宰白事,言"已三状申府,未施行"。徐怒形于色,责之曰:"君为县宰,岂不知长吏名,乃作意相侮。"宰亦好犯上者,即大声曰:"今此事申府不报,便当申监司,否则申户部,申台,申省,申来申去,直待身死即休。"语罢,长揖而退。徐虽怒,然无以罪之。③

文中"申省",即是指申尚书都省,可见即便是级别很低的县官,也可以给尚书省宰辅上申状,但前提是之前已经逐次申报过州、路、部,且得不到回应。这种制度,既保证了朝廷与基层之间的交流不会被完全阻断,又使得宰辅机构的负担不致过重。当然,遇到特殊情况,朝廷也会允许各级官员都直接向宰执上申状,如崇宁二年(1103)十二月,"诏见行新法,如茶盐、香、市易、钱法、学校、边事文书,许直达尚书省"④。所谓"文书",明显包括申状在内。

按《申状式》所载,官员可以以所属机构,亦即"某司"的名义上申状,也可以以个人的名义"自申状"。两者在文献中,皆有不少例证。前者如南宋时沿海制置大使司和市舶司向三省汇报抚恤"倭人之偶为风水飘流者"事宜,是以"本司"名义上的申状⑤。后者则如《金佗稡编》所载的若干份岳飞

---

① 王昶编:《金石萃编》卷147《升元观敕》,《宋代石刻文献全编》第3册,北京:北京图书馆出版社,2004年,第454页。

② 谢深甫等编:《庆元条法事类》卷4,戴建国点校,收入杨一凡、田涛主编:《中国珍稀法律典籍续编》第1册,哈尔滨:黑龙江人民出版社,2002年,第42页。

③ 周密:《齐东野语》卷4,张茂鹏点校,北京:中华书局,1983年,第63—64页。

④ 陈均:《皇朝编年纲目备要》卷26,许沛藻、金圆、顾吉辰、孙菊园点校,北京:中华书局,2006年,第674页。

⑤ 吴潜:《措置海道备御申省状》,曾枣庄、刘琳主编:《全宋文》卷7774,上海:上海辞书出版社,合肥:安徽教育出版社,2006年,第337册,第229页。

申省状，多以"武功大夫昌州防御使通泰州镇抚使兼知泰州岳飞"①、"亲卫大夫建州观察使神武副军都统制权知潭州兼权荆湖东路安抚都总管岳飞"②开头，符合"自申状，则具官封姓名"的制度。在以某机构名义上申状时，申状必须由正副长官"连书"，但是"诸公事应连书，若执见不同者，听各具事状申"③，这有利于各级官员畅所欲言。

以某机构名义所上申状，往往涉及需要两府裁断的公务。按《申状式》规定，凡属这类"取处分"的申状，文末都需写明"伏候指挥"，实际有时也写作"伏候钧旨"④、"伏俟命之至"⑤，词语虽异，意思相同。而以个人名义所上申状，则多为官员向宰辅陈述对某事的个人意见，例如廖刚知漳州时所上《议盐法申省状》，即针对当时的禁榷之法，提出"尽行禁榷，官虽获厚利而盗贩者终不可止，徒使狱讼不得衰息而畏法之民长食贵盐耳。虽行之已数十年，谓之良法则不可也"⑥的看法。在这类申状结尾，一般可不写"伏候指挥"。通过不同类型的申状，宰执大臣可及时了解各方面情况，以及各级官员的看法，从而更为合理地制定政策。

宋代官员除了在申状正文中向两府阐述某事外，有时还会在其后附上"小帖子"，陈述其他相关情况。例如绍兴二年（1132），岳飞受枢密院命，领兵追击曹成，在进军途中，将行军次第以及探得的曹成、马友等人动向写成申状，"具申尚书省及枢密院"。申状正文之后，又附上两份"小帖子"，一是希望三省枢密院知会各地帅臣，协助自己完成对曹成的围堵；二则是希望三省枢密院先告知两广官员，使之应付军需，以及派一名"随军运使"，为自己措置钱粮⑦。这颇类似于臣僚在给皇帝的章奏后附上"贴黄"，使得申状可以

---

① 岳珂编，王曾瑜校注：《鄂国金佗稡编校注》卷17《乞淮东重难任使申省状》，北京：中华书局，1999年，第941页。
② 岳珂编：《鄂国金佗稡编校注》卷17《申审招安申省状》，第946页。
③ 《庆元条法事类》卷8，《中国珍稀法律典籍续编》第1册，第141页。
④ 程俱：《北山集》卷38《进灵台故事申省状》，《景印文渊阁四库全书》第1130册，第380页。
⑤ 黄震：《黄氏日抄》卷75《乞照户部元行折绢钱抱解申省状》，《景印文渊阁四库全书》第708册，第757页。
⑥ 廖刚：《高峰文集》卷5《议盐法申省状》，《景印文渊阁四库全书》第1142册，第366页。
⑦ 岳珂编：《鄂国金佗稡编校注》卷17《乞措置进兵入广申省状》，第947—948页。

涵盖更多的信息。

在不同情况下，官员可以单独给中书门下（元丰后的三省）或枢密院上申状，也可以同时申两府。皇祐二年（1050），朝廷规定"台谏官相率上殿，并先申中书取旨"①；熙宁九年（1076），规定开封府界提举保甲司每年十一月须具引呈人数"申枢密院"②，是单独给两府之一上申状的事例。而按北宋规定，南郊大礼前一季，大理寺约法断案，须"供状法申中书、枢密院"③，则是同时申两府的事例。元丰改中书门下为三省之后，官员遇事大都须"申尚书省"，现存文献中的"申省"，几乎都是指"申尚书省"。北宋自哲宗朝（1086—1100）开始，三省的界限逐渐淡化，至南宋建炎年间（1127—1130），最终基本实现了三省合一，但即便是由三省共同处理的申状，也须先由尚书省收接。例如《金佗续编》记孝宗时朝廷处理岳飞谥号事，此事的每一步处理，都是三省以"同奉圣旨"的名义共同进行的，而在处理过程中，礼部、太常寺等机构有事请示三省时，却皆"申尚书省"④。此外，南渡之后，随着三省与密院逐渐合一，官员有事"申三省枢密院"或"申尚书省并枢密院"的情况愈发普遍。

需要指出的是，按前引《申状式》规定，官员只能向尚书、中书省、枢密院等宰辅机构，而非宰辅个人上申状。李心传记"秦桧用事久，监司郡守以事达朝廷者，止申尚书省取指挥"⑤。当时各级官员慑于秦桧的威势，不敢奏，只能申，但也必须是"申尚书省"，而不是申秦桧本人。正因如此，官员有时不愿上申状，而宁愿将事宜用私人书信告知某个与自己关系密切的执政。如元符（1198—1100）时，孙路措置会州边事，当时宰辅群体中对西北边事的态度不尽一致，章惇最为支持孙路。若孙路用申状上报，很可能会遭到其余

---

① 李焘：《续资治通鉴长编》（以下简称《长编》）卷169，皇祐二年闰十一月己巳，北京：中华书局，2004年，第4070页。

② 《长编》卷273，熙宁九年三月壬午，第6697页。

③ 《长编》卷257，熙宁七年十月辛未，第6271页。

④ 岳珂编：《鄂国金佗续编校注》卷14《赐谥指挥》，第1334—1335页。

⑤ 李心传：《建炎以来系年要录》（以下简称《系年要录》）卷167，绍兴二十四年七月壬申，北京：中华书局，1988年，第2724页。

宰辅的阻扰，遂"既不奏，又不申密院，但只以私书白章惇"①。又如朱熹，他在给宰相留正的信中写道：

> 熹昨蒙圣恩，超迁职秩。恳辞不获，更被宠褒。又得窃食祠官之禄，以便私计而卒其旧业。公朝误恩，于熹以为厚矣。故熹前日奏记，盖尝略陈其说，以伸谢悃，意谓必蒙矜察。不意今者又被省札，乃复将有所使令。闻命惊惶，进退失据。至以家门患难之私，贱躯残朽之故，反复推较，则又皆有所未安者，已具申状禀札，一二条陈，以干公朝之听。顾犹有未敢尽其言者，而复以此私于下执事。②

朱熹在向宰辅秉陈事宜时，使用了两种不同的文书，一种是申状，其对象是"公朝"即三省。但是在申状中，有些话不便明说，所以还要使用第二种文书，即私人信札，将更多的东西告知留正本人。申状只能呈送给宰辅机构，而不能以宰辅个人为对象，充分体现出它所具有的"公文书"性质。

此外，两宋朝廷对申状还做了一些其他规定。例如若以某机构的名义上申状，必须"先具检，本司官画日书字，付司为案"③，即必须先写一份样稿，由长官签名并注上日期后存档。申状上，必须"印缝背"，即在背面钤上骑缝章，以此防止作伪④。申状上应"书实日"，若在外官员给两府上申状，还应"于状前贴出至京地里"⑤，以使朝廷可以判断邮传机构在传递申状时是否有延误。宋代官文书，依据涉及事宜机密与否，往往在封装方式上有"实封"（密封）与"通封"之分，申状亦然，赵升记载"沿边州郡，列日具干事人探报平安事宜，实封申尚书省、枢密院"⑥。即是某些机要申状须实封之例。这些规定，表明宋代文书制度已经发展得相当严密细致，也体现出宋廷一贯秉持的"防弊"原则。

---

① 《长编》卷513，元符二年七月戊辰，第12203页。
② 朱熹：《晦庵集》卷28《与留丞相札子》，《景印文渊阁四库全书》第1143册，第625页。
③ 《庆元条法事类》卷16，《中国珍稀法律典籍续编》第1册，第345页。
④ 《庆元条法事类》卷16，《中国珍稀法律典籍续编》第1册，第345页。
⑤ 《庆元条法事类》卷16，《中国珍稀法律典籍续编》第1册，第348页。
⑥ 赵升：《朝野类要》卷4，王瑞来点校，北京：中华书局，2007年，第88页。

附带指出，南宋文献中还可见一种名曰"申省札子"的文书。如《金佗稡编》所载岳飞《赴镇画一申省札子》①、《文忠集》所载周必大《乞避私讳申省札子》②等。这些"申省札子"，均是以尚书省等宰辅机构为呈送对象，文末往往也写有"伏候指挥""听候指挥"之类文字，与申状十分接近。在一些文集，如卫泾《后乐集》中，"申省札子"就被和"申状"归为一类③。以此推之，"申省札子"应是一种特殊的申状。宋代臣僚给皇帝上的章奏，有奏状与札子之分，一般臣僚用奏状，大两省以上高级官员用札子。然则官员在给宰辅机构上申状时，是否也会因某种具体情况的差异，而有"状"与"札子"之分？史无明文记载，从现存的"申省札子"中也看不出规律，只能留待他日细考。

二、"申"与"奏"的关系

前文提到，宋代臣僚在给朝廷汇报情况时，有章奏和申状两类文书可供使用。两者有何异同？在政务处理中分别具有怎样的功能？需要做进一步探讨。

从《书仪》《庆元条法事类》看，奏状、札子等章奏文书与申状在体式上有明显区别。例如章奏作者须称"臣"，文中须称"谨录奏闻""伏候敕旨"；申状作者则自称"某司"，文中曰"谨具状申""伏候指挥"④。这充分说明，两者所针对的对象不一样，章奏是直接呈递给皇帝的，而申状是呈递给上级官员的，并不以皇帝为预设的读者。

申状不以皇帝为呈递对象，意味着皇帝无法如阅读章奏那样直接读到申状，能否知晓申状内容，往往取决于收接申状的宰辅是否将之转呈给自己。换言之，宰辅在掌控申状信息方面，较皇帝有明显优势。一些权相往往采用迫使臣僚舍"奏"取"申"的方法来操控信息。前引秦桧事即是显例，又如

---

① 岳珂编：《鄂国金佗稡编校注》卷17，第942页。
② 周必大：《文忠集》卷122，《四部丛刊》本。
③ 卫泾：《后乐集》卷14，《景印文渊阁四库全书》第1169册，第656页。
④ 关于宋代奏状体式，可参司马光《书仪》卷1、《庆元条法事类》卷16。

南宋后期,"自故相(史弥远)钳制中外,事无大小,或用私书,或用申状,唯不得奏闻"①,也是典型事例。

正因如此,皇帝常对臣僚遇事不奏陈而只申宰辅怀有戒惕。在《庆元条法事类》所载之《文书令》中,有明确规定:

> 诸事应奏请者,皆为表状,不得辄申三省、枢密院。②

《庆元条法事类》虽为南宋中后期编撰的法典,但上述禁令,显然是两宋通行的原则。熙宁五年(1072),"上批:近中书画旨施行事,止用申状,或检正官取索到文字,此事体不便"③。当时官员遇事多以申状上中书门下,中书门下王安石等正副宰相也往往径据申状施行,遂使得神宗有被"壅蔽"之感。臣僚因遇事只"申"不"奏"而受到处罚的事例,在文献中也不时可见,例如南宋将领李显忠,就曾因向朝廷上"恢复之策"时"止用申状"而"落军职、降授平海军承宣使、提举台州崇道观,本州居住"④。从此事始末看,李显忠获罪,与他惹怒了宰相秦桧有直接关系,但"止用申状"毕竟是其被处分的公开罪名。

但是,纵然皇帝始终不放弃利用章奏来掌控信息,其个人经验、能力的局限,以及保证政务运行效率的需要,又使得他不可能要求臣僚将所有事情都直奏御前,而势必允许臣僚将很多事宜直接申报两府宰辅,由后者预作裁处。因此,宋廷不时会对哪些事宜当"奏"、哪些事宜当"申",做出区分。

事体之大小,很大程度上决定着其当"奏"抑或当"申"。如魏了翁曾指出,诸如"事关边防及四方水旱盗贼"等大事,臣僚应该进奏皇帝,而非申宰辅⑤。小事则不然。绍兴二年,高宗谓辅臣曰:"比来台谏论驳,多涉细事",秦桧等执政大臣曰:

---

① 魏了翁:《鹤山先生大全集》卷18《应诏封事》,《四部丛刊》本。
② 《庆元条法事类》卷16,《中国珍稀法律典籍续编》第1册,第344页。
③ 《长编》卷229,熙宁五年正月壬寅,第5572页。
④ 《系年要录》卷157,绍兴十八年五月癸未,第2557页。
⑤ 魏了翁:《鹤山先生大全集》卷18《应诏封事》。

陛下听言，臣下所以敢言，臣亦尝谓胡安国，凡有论驳，当务大体，若或细事，第可申朝廷改正。①

可见在时人看来，日常小事是不应奏皇帝、只当申宰执的。在实际运作中，若遇重大事务，宋廷往往会令各级官员直奏皇帝，而遇寻常事务，则多会令各级官员申报宰辅。如熙宁三年"诏开封府收京城内外贫寒、老疾、孤幼无依乞丐者，分送四福田院，额内人日给钱，候春暖，申中书罢"②，绍兴二十三年，规定诸州羁管之人，"如走失捉获人，即具名申尚书省别作行遣"③。又，现存宋人文集中，保存了不少章奏和申状，大体而言，也是章奏所言较紧要、申状所言较琐细。例如李纲《梁溪集》所载申状，大多涉及"乞存留回易酒库""乞将逃移灾伤人户见欠夏秋税特行住催"④等小事，而奏状、札子，则往往论述"御寇用兵"⑤等大事。

在同一类事务的处理中，官员往往可能遇到重要程度、复杂程度有异的不同情况。对此，朝廷也常常会做出孰当奏、孰当申的细致规定。如南宋初期，李椿年推行经界法，朝廷差官覆实，要求使者若发现地方官"先了而民无争讼，则申朝廷推赏"，但"如守令慢而不职，奏劾取旨"⑥。

应"申"抑或应"奏"，通常还与以下两种标准有关。一是"急速"与否。如神宗熙宁时，

> 上批："近中书画旨施行事，止用申状，或检正官取索到文字，此事体不便，可检会熙宁三年条约遵守。"先是，三年有诏，须急速公事方得用申状施行也。王安石白上："近缘河上事急速，所以只用申状行。且用申状施行，亦必得旨乃如此，即于事体未有所伤。……"⑦

---

① 《系年要录》卷56，绍兴二年七月己巳，第980页。
② 《长编》卷218，熙宁三年十二月甲子，第5296—5297页。
③ 《系年要录》卷164，绍兴二十三年四月辛巳，第2683页。
④ 李纲：《梁溪集》卷105，《景印文渊阁四库全书》第1126册，第285页。
⑤ 李纲：《梁溪集》卷42《论御寇用兵札子》，《景印文渊阁四库全书》第1125册，第858页。
⑥ 《系年要录》卷156，绍兴十七年正月己卯，第2523页。
⑦ 《长编》卷229，熙宁五年正月戊寅，第5572页。

可知至迟到熙宁三年，臣僚若有急速事报告朝廷，可以申而不奏。后元祐元年（1086），宋廷又下诏，允许"事小及急速者"，尚书省可用"批状行下"①。后文将会论及，"批状"是两宋宰辅处理申状的一种方式，"急速事"可用"批状"行下，自然意味着臣僚可将之直接申宰辅。

何以"急速公事"可用"申状"直接报告宰辅？这与宋代文书处理的程序有关。一般情况下，臣僚若上章奏，须先将之投到阁门司或进奏院，后两者再转通进银台司入禁中，入内后，或由皇帝亲阅，或经尚书内省处理，然后降出给宰辅，宰辅再持章奏"进呈取旨"，方可施行②。历经多个环节，耗时不少，如奏状在通进银台司一处，往往就会"住滞六日"③，同时也容易出错。相比之下，申状的处理流程较为简单：外地机构的申状传至进奏院，便可直接送往两府④；在京官员，则可携带申状径赴两府呈递，如德祐元年（1275），韩震便曾"具申状，亲携蜡书白（政事）堂"⑤，这有利于节省时间。此外，对于申状，宰辅可采用诸如"批状"等较为简便的方式（详后），也有利于提高处置"急速公事"的效率。

二是是否涉及"邪秽"。北宋时，刑部上言："文书应奏，有涉秽滥者，并略说事宜闻奏。其深涉秽滥，及毒药、厌魅、咒诅事状，悉随事申尚书省、枢密院。"皇帝"从之"⑥。这应是因为若直接将"邪秽"之事上达御前，有不敬之嫌。相关规定一直沿用至南宋，《庆元条法事类》中，依然规定事涉毒药、厌魅、诅咒者，"止申尚书省或枢密院"⑦。

需要指出，按制度如果臣僚向宰辅机构呈报的申状得不到回应，可再奏陈皇帝。《庆元条法事类》明确记载，诸官司有事"申尚书省或枢密院"，"不

---

① 《长编》卷358，元祐元年八月辛丑，第9387页。
② 参见王化雨前引文，以及李全德：《文书运行体制中的宋代通进银台司》，载邓小南主编：《政绩考察与信息渠道——以宋代为重心》，北京：北京大学出版社，2008年。
③ 徐松辑：《宋会要辑稿》职官2之39至40，北京：中华书局，1957年，第2391页。
④ 《宋史》卷161《职官志一》，北京：中华书局，1977年，第3781页。
⑤ 周密：《癸辛杂识》前集，吴企明点校，北京：中华书局，1988年，第52页。
⑥ 《长编》卷466，元祐六年九月癸丑，第11140页。
⑦ 《庆元条法事类》卷16，《中国珍稀法律典籍续编》第1册，第344页。

报者,具奏"①。这既可以为臣僚提供更多向朝廷进言的机会,也可防止宰辅阻断君臣之间的信息交流。

还应看到,在实际政务运行中,"奏"与"申"之间,未必总存在一条泾渭分明的界线:一方面,诸如"大事""小事""急速事"等概念,看似醒目,实则比较抽象,具体内涵不容易得到清晰界定。例如前引事例中,在胡安国等台谏看来属于应奏的大事,在高宗眼中,则仅属应申之细务。《庆元条法事类》等法典虽有不少硬性规定,覆盖面毕竟有限,制度始终存在弹性。

另一方面,随着中央集权的强化,社会经济的发展,两宋朝廷每日需要面对的事宜可谓千头万绪,各种事宜的重要程度、复杂程度,朝廷很难一一做出预判。因此,朝廷有时并不对某事究竟应"奏"抑或"申"做出十分明确的规定,而只是笼统要求下级官员"申奏",例如北宋元祐改役法时"敕内指挥:如有妨碍,并令(州县)具利害擘画申奏"②;南宋处理经界事宜时,也下令州县官若处置得当,允许监司"保明申奏朝廷量赏"③。这实际给予了下级官员一定的选择余地,使他们可以根据具体情况,自行决定是奏报皇帝抑或申报宰辅。文献中有一些具体事例,反映宋代臣僚某些时候可自行在"申""奏"中加以取舍。如周必大记,孝宗时郝政、岳甫二人发生矛盾,岳甫"有状申三省、枢密院,说政招军骚扰",郝政则径直向孝宗"奏辨",后两人均未被指为违制④。

某些事宜,宋廷允许臣僚在用章奏上报皇帝的同时,也用申状报知两府。例如淳熙二年(1175)十月,诏"两淮州军及帅臣、监司并驻扎御前诸军,应有事干边防军机文字紧切事宜","今后止得具奏,并申尚书省、枢密院"⑤。淳熙四年十二月,圣旨规定"令沿边帅臣、监司守臣、诸军主帅,应有边机事宜,除具奏外,只许实封申枢密院"⑥。这有助于宰辅能尽早知晓情况,及

---

① 《庆元条法事类》卷16,《中国珍稀法律典籍续编》第1册,第354页。
② 《长编》卷367,元祐元年二月丁亥,第8831页。
③ 《系年要录》卷174,绍兴二十四年八月戊辰,第2878页。
④ 《文忠集》卷146《奉诏录一》。
⑤ 《庆元条法事类》卷16,《中国珍稀法律典籍续编》第1册,第354页。
⑥ 谢深甫:《庆元条法事类》卷16,《中国珍稀法律典籍续编》第1册,第354页。

时与皇帝讨论，从而协助皇帝更为合理地做出决策。

很多官员为使自己所言之事能尽快得到朝廷回应，或者为扩大自己言论的影响，往往在向皇帝上章奏的同时，也用申状向宰辅传报情况，如元祐时台谏乞复张舜民言职，既以状奏上，又以状申三省①。此外，皇帝与上奏者的意见常常有分歧，某些在奏事者看来十分重要的章奏，在皇帝眼中，却属于难以施行的，因此不会予以"降出"，而是将之"留中"。遇到这种情况，上奏者常也会将章奏的内容别录一份，用申状送给宰辅，希望后者代自己向皇帝进言。如范纯仁在神宗时"所上章疏，语多激切。神宗悉不付外，纯仁尽录申中书"②。后哲宗时，王岩叟等人上章乞罢青苗法，"皆不蒙付外施行"，遂"以状申三省"③。蔡确母明氏上奏状讼蔡确事，高后留其奏状不出，明氏遂多次赴三省，以申状言其事于执政④。严格来说，以上做法都不符合"应奏者不得辄申两府"的原则，但是在两宋相对宽松的政治氛围影响下，这些人很少会因此受到严厉处罚。遇事既"奏"且"申"，可以说是两宋政治上的常见现象，宰辅常能与君主共享不少信息。

又，两宋时期，决策活动往往发端于臣僚章奏，其后续处理却必须借助申状，"申"与"奏"彼此互补、相辅相成。例如绍兴四年，宋廷在处理檀偕狱时，便"诏宣州奏檀偕杀人疑虑狱案，令刑部重别议断，申尚书省"⑤，即宣州先用章奏奏报皇帝，引起后者的关注，后者再命令刑部拟出具体的裁断方案，申报尚书省，由尚书省定夺所拟是否得当。再以赐岳飞谥号为例，对于此事的始末，《金佗续编》中一份文书有详细记录：

  尚书省送到太常寺状

   准尚书省札子

    吏礼部状

     准都省批送下权发遣江南东路转运副使颜度札子奏：

---

① 《长编》卷400，元祐二年五月壬子，第9738页。
② 《宋史》卷314《范纯仁传》，第10284页。
③ 《长编》卷384，元祐元年八月庚寅，第9363页。
④ 《长编》卷464，元祐六年八月辛亥，第11088—11089页。
⑤ 《系年要录》卷72，绍兴四年正月戊午，第1200页。

臣恭睹绍兴三十二年七月十三日圣旨："故岳飞起自行伍，不逾数年，位至将相。而能事上以忠，御众有法，屡立功效，不自矜夸。余烈遗风，至今未泯。去冬出戍，鄂渚之众，师行不扰，动有纪律。道路之人，归功于飞。飞虽坐事以殁，而太上皇帝念之不忘。今可仰承圣意，与追复元官，以礼改葬。"既而追复少保、武胜军节度使、万寿观使，葬以一品之礼，立庙鄂州，赐额"忠烈"。仰惟圣恩褒恤，足以增贲泉壤。独定谥一节未曾举行，欲望睿慈特下有司，议谥施行。

后批："送吏、礼部勘当，申尚书省"。

本部据太常寺申到，称检准乾道重修服制令节文，诸光禄大夫、节度使以上，本家不以葬前后录行状三本申所属，缴奏其文，并录事实。或本家不愿请谥者，取子孙状，以本寺勘会本官官品，依前项条令，合该定谥。今勘当，欲依本官所乞。候今降指挥，日下依前项条令施行。伏候指挥。

六月五日，三省同奉圣旨："令太常寺拟定，申尚书省。"

并检准淳熙三年四月十五日敕，三省同奉圣旨，今后王公及职事官三品以上法应得谥，并勋德节义，声实彰著，不以官品特命谥者，并先经有司议定，申中书门下省，具奏取旨。依旧制更不命词，止备坐所议给告，吏部牒本家照会。本寺今拟定，谥曰："忠愍"，危身奉上曰忠、使民悲伤曰愍，伏乞朝廷详酌指挥施行。

六月十八日，三省同奉圣旨："令太常寺别拟定，申尚书省。"

本寺今别拟定，谥曰："武穆"。折冲御侮曰武、布德执义曰穆，伏乞朝廷详酌指挥施行，伏候指挥。

九月八日，三省同奉圣旨："依"。①

---

① 岳珂编：《鄂国金佗续编校注》卷14《赐谥指挥》，第1334—1335页。

由上引文可知，该事处理过程分为以下几个步骤：

一、权发遣江南东路转运使颜度用札子奏报皇帝，指出岳飞生前官爵虽已经追复，并得到礼葬，但尚无谥号，希望皇帝能赐以谥号。孝宗阅读完这封札子后，指示尚书省将其送交吏部和礼部，并要求两部议定后，用申状将结论报告尚书省。

二、吏、礼二部向太常寺征询了相关规定，最后得出结论：可以按颜度所奏，给岳飞赐谥。并用申状报告了尚书省。尚书省在得到吏、礼部申状后，与中书门下省一起奏报孝宗（当时上奏取旨事，均由三省共同承担）。孝宗同意给谥，要求太常寺拟定具体的谥号，也用申状汇报尚书省。

三、太常寺拟谥号"忠愍"，用申状报尚书省。尚书省和其余两省一起将其奏报孝宗，孝宗认为所拟谥号不妥，要求太常寺重拟，并申报尚书省。太常寺重拟谥号"武穆"，申尚书省。三省再次将之上报孝宗，最终得到认可。

可以说，在这一事件中，章奏和申状都发挥了十分重要的功能。若无颜度的奏札，赐岳飞谥号不会被提上议事日程；而若无吏、礼二部给尚书省申状中的肯定意见，颜度奏札最终无法获得朝廷批准。颜度奏请获得首肯后，究竟赐何谥号，以及赐谥号的相关仪制等奏札中所不曾言及的事宜，也都是由太常寺以申状的形式汇报宰辅，再由后者转呈皇帝，最终得到落实的。两者可谓缺一不可。

综上，两宋时期，朝廷常常会颁布各种规定，对申状和奏状的行用范围加以厘清，但另一方面，在实际政务处理过程中，"申"与"奏"之间的界限却日渐模糊。君主独享的信息相对有限，君相共享的信息却日渐增多。从深层次上看，这反映出君主与宰辅的分工有所淡化，合作关系却有所加强。

三、宰辅机构对申状的处理

宰辅机构会以怎样的方式对申状加以处理？哪些人参与其中，分别发挥何种作用？这是本节要讨论的问题。以下按申状处理的各个环节分别论述。

（一）收接

多数情况下，申状需先由各级官员呈交给两府的附属部门。北宋前期，中书门下和枢密院所属诸房中，均有生事房，负责"承受分配""受付"各种"文字"①。申状应由两府生事房负责收接。

元丰改制后，中书门下被改为三省。按照规定，下级机构有事向三省提出申请，必须先申尚书省。尚书省负责收接申状的具体部门是开拆房。《宋会要》记，尚书省设有开拆房，"掌受付文书"②，而《长编》则记载"内外文字申（尚书）都省，开拆房受"③，均为明证。开拆房收接申状，最初由该房胥吏负责，后"有旨，轮都司一员受诸处文字"④，即轮流由一名都司郎官主管，但就情理而论，都司郎官应主要起监督作用，具体的收接仍当由胥吏经手。

某些时候，官员也会绕开生事房、开拆房，将申状当面呈交给某个宰辅。例如徽宗时，彭汝霖向"三省各申一照会状"，然后"纳（李）清臣于待漏院"。这简化了传递环节，有利于提高申状处理效率，同时也可使呈递者免遭胥吏刁难。但这种"私相授受"的做法也会给宰辅提供隐匿申状的机会，如李清臣在收接彭汝霖申状后，发现其中有对自己不利的内容，"得汝霖申状皆不以告同列，（曾）布及同列亦莫知其由"⑤。

（二）官吏预裁

两府收接申状后，通常会先交其下属官吏预作裁断。枢密院下设诸兵、吏、刑、枢机等房，负责协助长贰处理各类事务。按《宋会要》记载，诸房都有处理"申请"的职能，例如兵房负责"内外诸军申请事""激赏酒库应申请"⑥等；工房负责"御前军器所申请""诸军申请收买竹木"⑦等；枢机房掌"诸

---

① 《宋会要辑稿》职官 3 之 26，第 2410 页；6 之 16，第 2504 页。
② 《宋会要辑稿》职官 4 之 5，第 2439 页。
③ 《长编》卷 337，元丰六年七月辛酉，第 8124 页。
④ 《长编》卷 346，元丰七年六月丙戌条下小注，第 8314 页。
⑤ 岳珂：《愧郯录》卷 5，朗润点校，北京：中华书局，2016 年，第 66 页。
⑥ 《宋会要辑稿》职官 6 之 13，第 2503 页。
⑦ 《宋会要辑稿》职官 6 之 15、16，第 2504 页。

处申解到归正人并申解到奸细"①等。元丰改制以前，中书门下也设有堂后五房，分治各类细务，"生事房承受（文书），分配诸房行遣"②。由两府生事房所收接的申状，按内容被分配给诸房，由后者预加裁处，然后再呈交宰辅。两府每日需要处理的申状数量极多，宰辅不可能一一加以详细审读，诸房胥吏提供的裁断意见，可以有助于宰辅及时处置各类事宜，但另一方面，"堂吏擅中书事权，多为奸赃"③，诸房胥吏也由此获得了弄权机会。

元丰改制之后，枢密院制度未有太大变动。中书门下被一分为三，有司"申请"，须"尚书省议定"④。尚书省设有吏、户、礼、兵、刑、工六房"分掌六曹诸司所行之事"⑤，职能接近于改制前的堂后五房，但六房之上，新设左右司分别加以监管。左右司在申状处理中，有两方面职权：其一，将申状分付诸房。《宋会要》载：

> （范）子奇权（尚书）左司郎中，建言："天下事，六曹不得专者上尚书省，类非细务，必郎官元⑥阅受付，不当委开拆房吏。同僚异议，乃奏取决。"上（神宗）曰："子奇之言是矣，此岂吏可得专耶？"⑦

文中六曹"不得专"而必须"上尚书省"之事，必然主要是以申状为载体的。开拆房之"受"申状，已如前述，而所谓"付"，显然指将之分发给六房裁断。《长编》称，尚书省文字最初"止用（开拆房）吏人阅视分房"⑧，可为印证。由上文可知，官制施行之初，申状被尚书省开拆房收接后，便由该房胥吏径直分发给其余诸房处置，这与改制前中书生事房受申状，再交堂后五房行遣的处理流程基本一致。经过范子奇进奏，神宗裁断后，申状分发改

---

① 《宋会要辑稿》职官 6 之 16，第 2504 页。
② 《宋会要辑稿》职官 3 之 26，第 2410 页。
③ 《宋会要辑稿》职官 4 之 23，第 2448 页。
④ 《宋会要辑稿》职官 1 之 20，第 2339 页。
⑤ 《宋会要辑稿》职官 4 之 4，第 2438 页。
⑥ 按《长编》卷 346，元丰七年六月丙戌条，"元"当作"互"。但《长编》在记载范子奇上言的时间，以及上言时所任职务时有错误，当以《会要》为是。
⑦ 《宋会要辑稿》职官 4 之 20，第 2446 页。
⑧ 《长编》卷 346，元丰七年六月丙戌条下小注，第 8314 页。

由尚书都省左右司主管。《神宗正史·职官志》在叙述"都司左右司"职能时称:"凡文书至,注月日于牍背,付所隶房"①,《长编》称"内外文字申都省,开拆房受,左右司分定,印日发付(诸房)"②,都说明原属开拆房胥吏的"分房"之权,被转给了左右司郎官。

其二,在诸房的意见基础上,拟出决策草案。《神宗正史·职官志》称申状文书被左右司"付所隶房,讫",仍须由左右司"拟所判,赴仆射请笔"③。按元丰官制,左司治吏、户、礼房,右司治兵、刑、工房④,诸房初步裁处过的申状,按此分别交付左司或右司,再由该司郎官在诸房胥吏裁决意见的基础上,拟出处理草案,呈递给宰辅参考。左右司所经手的部分申状,需要对呈递申状者加以"引问"。改制之后直到南宋初期,这些呈递者都是在左右司检点完申状后,"赴都堂宰执引问"。乾道六年(1170),因左右司奏请,改为"委都司(即左右司)引问",然后再"分送诸房,取索圆备,经都司官书拟,讫,付宰执厅请笔"⑤。将"引问"之事交左右司负责,实际是强化了其在申状预裁中的职能。

元丰改制后,申状的预裁权在很大程度上转入了左右司郎官之手,宋廷显然是欲借此杜绝改制前胥吏弄权的弊端。作为文官士大夫,左右司郎官的素质在诸房胥吏之上,他们介入申状裁决,对于提高决策质量应有一定裨益,对于胥吏弄权舞弊现象也可有所抑制。但也要注意,即便有左右司郎官的介入,申状仍须经诸房胥吏之手,后者的作用始终是无法被替代的。申状数量极大,事实上不可能全由郎官亲自处理,以情理论,很多申状的预裁,可能还主要是由胥吏经手,郎官应仅仅发挥审核监督作用。此外,在某些时候,诸房胥吏也会违反制度,绕开都司,直接将申状等文书呈送宰辅签押。徽宗大观(1107—1110)、政和(1111—1118)时期,这一现象尤为突出⑥。

---

① 《宋会要辑稿》职官4之19,第2446页。
② 《长编》卷337,元丰六年七月辛酉,第8124页。
③ 《宋会要辑稿》职官4之19,第2446页。
④ 《宋会要辑稿》职官4之19,第2446页。
⑤ 《宋会要辑稿》职官4之25,第2449页。
⑥ 《宋史》卷161《职官志一》,第3790页。

(三)宰辅看详

宰辅机构下属官吏对申状进行初步处理后,必须交给正副宰相看详。元丰改制前,中书门下以同平章事为宰相、参知政事为副相。正副宰相各自有自己的办公厅,平时分厅治事①,处理包括申状在内的各种文书。

宰辅分厅时,诸房胥吏须持申状及自己的草拟意见,逐厅请示。《宋史》载真宗时,"密院有事送中书,亦违诏格,堂吏欣然呈(王)旦,旦令送还密院"②。时王旦为中书首相,从这条材料看,堂吏在得到文书后,是先持之付首相厅,由首相加以裁断的。枢密院与中书门下为平级机构,此事所涉文书,其体式定然不是申状,但与申状同为其他机构交付中书的政务文书,处理流程应不会有太大差别。又,熙宁变法时,神宗设中书检正官,监管堂后诸房,"(曾)布为都检正,故事白荆公即行。时冯当世、王禹玉并参政,或曰:'更当白二公',布曰:'丞相已定,何问彼为?'"③曾布遇事,首先付首相王安石厅请示,旁人对此亦无异议,只是指出在首相之外,当更请示副宰相。文中并未明言曾布请王安石处理的是何种文书,但就检正官的职能来看,他们所经手的文书,必然以申状为主。结合这些材料,我们可以推断,诸房官吏须先持申状付首相厅,由首相看详,然后再持之付其余诸厅宰执。首相资历深、威望重,一旦做出决断,其余宰辅纵有异议,往往也难以与之争衡。因此,制度上各位宰辅都有发言权,其实首相的看法,多能起主导作用。

元丰改制之后,负责处理申状的尚书省以左右仆射为长官,左右丞为副,"其非六曹所能决者,申都省委仆射、左右丞商量"④,仆射、丞皆有参与申状裁断的权力。据《宋会要》左右司"拟判"后,须向宰辅"请笔","事重者郎官亲呈,事轻则拟定,令本房请判笔"⑤,即一般事务左右司郎官根据诸房的汇报,拟出处理草案,再由各房吏人呈送给宰辅,而重要的申状文书,则需

---

① 中书门下宰辅分厅治事的情况,参见朱瑞熙:《中国政治制度通史·宋代》,北京:社会科学文献出版社,2011年,第112—119页。
② 《宋史》卷282《王旦传》,第9547页。
③ 邵伯温:《邵氏闻见录》卷13,李剑雄、刘德权点校,北京:中华书局,1983年,第144页。
④ 《宋会要辑稿》职官4之11,第2442页。
⑤ 《宋会要辑稿》职官4之20,第2446页。

郎官亲自呈送,向宰辅说明情况。从文献记载来看,宰辅在看详"事重"与"事轻"两类申状时,方式略有差别。

先看"事重者",即郎官亲呈的申状。改制后,左右仆射与左右丞在都省也分厅治事。《长编》载:

> 左右司郎官旧以执政分厅时,间见白事,日暮不遍,或事急速,又历造私第;议设有异,则往反传达,事多留壅。(刘)挚以问吏,吏对曰:"前时郎官愿如此。"挚乃白执政,请以都堂聚时禀事,可否面决,无传言留壅之弊。其例熟体细,房吏请笔如故事。皆曰:"诺。"自是事皆公决,上下便之;然他郎官不敢间见执政,执政私意亦无所授,阴不乐者甚众。挚罢去,郎官复分厅白事如故。①

从这段引文可知,郎官亲呈申状时,须遍历诸厅,分别与各位宰执商量。其间虽因刘挚的意见而一度改为"都堂聚时禀事",但很快又恢复原状。郎官赴诸厅亲呈申状的顺序,引文并未明言,《长编》曾曰,改制后三省官吏"日抱文书历诸厅白之,故长者得以专决"②,则也应如改制前诸房胥吏一样,首先赴首相左仆射厅。后刘挚犯事,神宗与众宰执商议如何对其加以处置,大多数宰执主张从轻发落,神宗亦认定其所犯过失为"事理轻",唯独左仆射王珪坚持改为"稍重"③。首相王珪对刘挚如此忌恨,也从一个侧面证明了分厅治事时,左仆射在处理申状等文书时具有的实权超过其同列,故刘挚所建议的"都堂聚时秉事",对左仆射王珪影响最大④。

再看申状之"事轻者"。《长编》载,元丰六年(1083),负责修缮西府的枢密院左知客周克诚欲"修葺厅堂",以申状上报尚书省,结果"止是(左右丞)蒲宗孟、王安礼签书,用尚书省印","不赴(左右仆射)王珪、蔡确书押"⑤。

---

① 《长编》卷334,元丰六年四月己巳,第8054页。
② 《长编》卷377,元祐元年五月丁巳,第9147页。
③ 《长编》卷334,元丰六年四月己巳,第8053页。
④ 参见张祎:《制诰敕札与北宋政令的颁行》,北京大学历史学系博士学位论文,2009年,第135—136页。
⑤ 《长编》卷337,元丰六年七月辛酉,第8124页。

后王安礼、蒲宗孟因未将申状交付仆射而受到了处罚。修葺厅堂，显然属于应由诸房胥吏而非左右司郎官呈送宰辅的"事轻者"。从此事可知，这类申状是先送交左右丞裁处，再由左右丞转交左右仆射。

南宋建炎之后，左右丞被废罢，其职事归于参知政事。《系年要录》载，参政翟汝文曾接受申状，"书字用印，直送省部"而"不关其长（即左仆射秦桧）"，后翟因"不关其长"而遭到了处罚[①]。这也说明南宋时，依然有部分申状是先交副宰相，然后再转给正宰相的。某些"事轻"申状先由副相看详，无疑有助于减轻正宰相的负担，使其可以集中精力处理重要事宜，同时，也未尝没有分权制衡的作用。

此外，元丰改制后，中书省在申状处理中，也负有一定职责。如后文将要述及，很多申状所述事宜，尚书省处理后尚不能立即付诸施行，而必须报送皇帝"取旨"。按元丰官制规定，取旨是中书省的职事，因此，尚书省裁断过的申状，必然要转交给中书省。中书省下设主事房，"掌行受发文书"[②]，经尚书省处理过的申状，应被转交给中书省主事房，由主事房负责收接登记并进行分发。分发的对象，是中书省辖下吏、户、礼、兵、刑、工六房，"内外臣僚官司申请无法式应取旨者，六房各视其名而行之"[③]，以此推之，中书省六房在接到尚书省裁断过的申状后，还会再次加以看详审核。中书省六房处理后，申状会按重要与否分为两类，较重要的须交中书省长贰，由后者上殿面奏或写成奏事札子上奏；不太重要的，则由六房胥吏拟为"熟状"，交中书省长贰签署后，进入禁中取旨（详后）。

改制之后，宰辅机构处理申状过程中的环节、层次明显增加，这有两个好处：其一，更多的机构、人员介入，可以减小出错的可能；其二，权力分散，有利于君主防范臣僚弄权。但弊端也十分明显：经行多处，效率必然低下。自元祐时期（1086—1094）开始，就不断有人对此提出批评，宋廷也意识到这一点，一方面，不断推进三省合一的进程以减少中间环节；另一方面，则

[①] 《系年要录》卷55，绍兴二年五月壬寅，第970页。
[②] 《宋史》卷161，《职官志一》，第3784页。
[③] 《宋史》卷161，《职官志一》，第3784页。

恢复了神宗朝被禁止的"批状"之制①,允许尚书省将部分申状在未经"取旨"的情况下付诸施行。这些措施,对于提高效率都有所裨益,不过并未从根本上解决问题。

又,元丰改制前,中书门下宰辅除分厅治事外,每日还会聚议,元祐之后三省宰执也形成了每日聚议的制度②。但除了前引《长编》所言,元丰六年曾短时间将申状由分厅处理改为聚厅处理外,在史料中很少见到宰辅聚厅商议申状的实例。《长编》认为,宰辅不愿意"聚厅"治事,主要是因为它不便于首相或个别强势者独断独行,贯彻私意。其言有一定道理。不过在笔者看来,之所以申状很少用"聚议"的方式处理,主要还是因为宋代宰辅每日需要处理的政务太多,聚议时间相对有限,故聚议时只能集中讨论章奏等更为重要的文书,而难以顾及申状。

至于枢密院宰辅看详申状的情况,现存文献太少,难以详细梳理。笔者估计,北宋时期应和元丰改制前的中书门下类似,南渡之后,三省长贰往往兼任枢密院正副长官,故枢密院宰辅看详申状的方式,或当类同于三省。

(四)取旨

熙宁时,王安石在向神宗解释中书只有遇急速事方"用申状施行"时称:"用申状施行,亦必得旨"③。可见宰执看详完申状,往往还需将处理意见向皇帝汇报,得到圣旨后,方可付诸施行。

宰辅"取旨"的方式,大体有三。据记载,元丰改制后,六曹诸司有事不能专决:

> 具状申都省,委仆射、左右丞商议,或上殿取旨,或头签札子奏闻,或入熟状。④

文中罗列的三种"取旨"方式,第一种属面奏,第二、三两种属用文书

---

① 《长编》卷385,元祐元年八月辛丑,第9387—9388页。
② 参见朱瑞熙:《中国政治制度通史·宋代》,第117—118页。
③ 《长编》卷229,熙宁五年正月壬寅,第5573页。
④ 《长编》卷383,元祐元年七月己卯,第9329页。

取旨。其实不独改制后如此，整个天水一朝，宰辅处理申状时的"取旨"方式皆莫能例外。

先看面奏取旨。北宋前期，每日皇帝视朝时，中书门下、枢密院分班上殿奏事，部分申状及宰执的处理意见，在分班奏事中被汇报给皇帝。元丰改制之初，三省分班奏事，中书省负责"取旨"，尚书省处理过的申状，若有需当面奏陈皇帝者，皆汇总到中书省，由中书相及中书侍郎持之面奏，其余宰辅不预。元祐之后，三省奏事制度由分班改为合班，三省所有长贰皆可参与申状的面奏取旨。此外，自哲宗朝开始，三省、枢密院合班奏事渐成定制，南渡之后，最终变为两府只合班、不分班。需面奏的申状，往往由两府长贰共同上殿取旨①。

利用上殿面奏的机会，宰执可就申状内情与皇帝作仔细探讨。如曾布记，元符（1098—1100）时，"泾原将安仑等申，利珣到西京身亡"。"上曰：'利珣方得一殿阁差遣便卒。'余云：'珣数自言，在陛下产阁祗应，在冯世宁、蓝从熙之右，及累曾令叔投状乞推恩。'上云：'诚是，首先在产阁祗应，若不死，必做押班都知。'余云：'只为元丰初便离太妃殿，故不豫随龙人数。然陛下既以其恩旧，可优与赒赠，及令入内省差人般取丧柩、家属还京师。'上曰：'甚好。'"②通过面对面讨论，君臣双方皆能了解更多情况，从而更加妥当地加以裁断。

面奏取旨时，往往有多名宰执在场，可以从不同角度提出各自的意见，甚至有时会形成争论。例如元符时，三省、枢密院合班进呈推勘官王克柔申状，曾布、蔡卞在御前作了一番争执，以致"卞颇怒"③。又如崇宁二年（1103），"钞法始行，一日，务官申入纳三百万缗。（蔡）京以进呈，上（徽宗）骇曰：'直有尔许耶？'左丞张商英曰：'此皆虚数。'京曰：'臣据有司申如此，今商英以为虚钱，乞各选郎官一员，视其虚实。'才下殿，即差官视之，果实有在库。翌日覆奏，商英自咎为人所误"④。宰辅之间的"异论相搅"，有利于皇帝全面获取与申状相关的信息，从而合理制定决策，更有助于防范某个宰辅壅蔽，

---

① 关于宋代两府奏事制度的变化，笔者将另文讨论。
② 曾布：《曾公遗录》卷7，程郁点校，郑州：大象出版社，2003年，第83—84页。
③ 曾布：《曾公遗录》卷7，第113页。
④ 陈均：《皇朝编年纲目备要》卷26，崇宁二年三月，第670页。

杜绝臣下弄权。

面奏取旨，固然有种种优点，但宋代每日视朝时间有限，皇帝与宰辅往往必须将主要时间用于讨论章奏，而非重要性相对较低的申状。因此，大多数申状只能被宰执以奏进文书的方式取旨。用文书取旨，又可分为两类情况。一是宰辅将申状内容及处理方案用奏事札子汇报皇帝。例如《庆元条法事类》载："淳熙六年五月二十七日枢密院札子奏：礼部申，契勘太祖庙讳上一字从'亡'从'王'，所有士民姓氏相犯者，改为'王氏'，政和间以民姓'王'为嫌，并改为'康氏'。今看详，欲依政和间已行事理施行。奉圣旨'依'"①，即是其例。两府的奏事札子属于较重要的上行文书，其内容比较详细，皇帝一般会仔细阅读，再写出裁决意见。

第二种情况，是"进熟状"。如前所述，申状所反映的大多属"庶务""小事"。而两宋宰辅在处理这类事宜时，常用的取旨文书，名曰"熟状"。沈括曰："本朝要事对禀，常事拟进，入画可，然后施行，谓之熟状。"②《长编》亦载，宰辅用"熟状"拟进的，主要是"中书细务"③。以此推之，宋代宰辅处理过的大多数申状，应是以"入熟状"的方式向皇帝取旨的。《金佗续编》载，绍兴时，岳飞下属参谋官李若愚申三省枢密院，称岳飞"丁母忧，乞别差官主管人马"，宰辅看详后，认为"大将丁忧，例合起复"，但"初八日歇泊假"，皇帝不视朝，遂于"初八日进熟状"④。此即宰辅处理申状时，用"进熟状"的方式向皇帝取旨之实例。

形式上，熟状须皇帝裁定画可，但由于所涉事体太小，皇帝一般不会加以留意，批示画可亦常常由尚书内省女官代劳。这一方面有助于减轻皇帝的政务负担，提高处理庶务的效率；另一方面，也常常给了一些宰辅"壅蔽"皇帝的机会。关于此点，文献多有记载，学者也有论述⑤。

---

① 《庆元条法事类》卷3，《中国珍稀法律典籍续编》第1册，第11—12页。
② 沈括：《梦溪笔谈》卷1，胡道静笺注，上海：上海古籍出版社，1987年，第85页。
③ 《长编》卷208，治平三年五月戊辰，第5053页。
④ 岳珂编：《鄂国金佗续编校注》卷29《乞起复》，第1639页。
⑤ 参见张祎：《制诰敕札与北宋政令的颁行》，第131—133页；以及王化雨：《两宋熟状考述》，《首都师范大学学报（社会科学版）》2015年第6期，第15—22页。

还需指出,熟状的实际撰写者,通常不是宰辅,而是两府胥吏。元丰改制前,申状由两府诸房胥吏加以预裁,而诸房胥吏的职责之一,就是"点检书写熟状,呈押进入"[①]。元丰改制后,根据三省分工,尚书省处理过的申状,还需汇总到中书省。中书省亦设有吏、户、礼、兵、刑、工诸房,各房一方面需要收接尚书省处理过的申状,另一方面,还需进行相应的"专写入进及进呈文书"[②]工作。此处"入进""进呈"之文书,以情理推之,定然不会是宰辅亲自撰写的奏事札子,而只能是熟状。《长编》载,元祐时范纯礼乞外补,事下三省"中书省吏房独进熟状"[③],可证改制后熟状是由中书省诸房撰写呈进的。

按照制度,诸房胥吏撰写熟状后,必须赴宰执处"呈押",方可进入禁中。宰执在签押之前,自然可对熟状加以审阅。但每日需朝廷处理的事宜数量极多,宰辅显然不可能对每一份熟状都仔细看详。北宋前期,李昉就曾指出,"命官判寺"之类的小事,"宰相必不经心,惟堂吏举近例使押字耳"[④],申状所涉之事,很多尚不如"命官判寺"重要。当诸房胥吏预裁完毕,写出熟状后,宰辅也定然不会加以措意。如此一来,很多申状的处理权,实际落入了诸房胥吏之手。

宋代宰辅在处理很多申状时,必须向皇帝奏报取旨,说明此时宰辅独立行使权力的空间受到了压缩,宰辅"皇帝秘书官化"的趋势越发明显[⑤],也反映出宋代君主对日常政务的介入程度有所加深,君主进一步走到了庶务处理的前台。君相双方在职能上的差异,相比前代有所减小。当然,名义上以"圣旨"为依据的裁决,实际未必就是皇帝个人意志的体现。若因为"取旨"的普遍存在,就认定宋代君主个人权力高度膨胀,是不甚确切的。

在取旨之后,两府宰执还需将申状的处理结果制成札子或敕牒,才能付外施行。关于这两种下行文书的情况,前人所述详备[⑥],笔者不赘。唯须指出

---

① 《宋会要辑稿》职官 3 之 22,第 2408 页。
② 《宋会要辑稿》职官 3 之 6,第 2400 页。
③ 《长编》卷 454,元祐六年正月丙戌,第 10889 页。
④ 《长编》卷 18,太平兴国二年四月乙卯,第 403 页。
⑤ 对此,宫崎市定等学者多有论述。
⑥ 参见张祎:《制诰敕札与北宋政令的颁行》,第 106—126 页。

一点,就现存宋代文献来看,两府处理申状,较多用札子,较少用敕牒。这应缘于申状往往涉及"小事"或"急速事",而札子体式较简便,且行下过程中可绕开门下省等封驳机构①,恰与之相适合。

四、关于批状

宰执处理申状,有时还会用一种名曰"批状"的特殊方式②。"批状"又曰"直批判指挥"③,沈括在《补笔谈》中有云:

> 前世风俗,卑者致书于所尊敬,尊者但批纸尾,答之曰:"反"。故人谓之批反,如官司批状、诏书批答之类。故书批多作敬空字,自谓不敢抗敌,但空纸尾以待批反耳。④

从这条记载来看,"批状"是指上级官员在下级所呈文书末尾的空白处写上批示,然后发给相关机构施行。当然,在公文往还中,宰辅机构不可能如回复私人书信那样,只是简单的批一个"反"字,而是必须写出具体意见,例如南宋时,尚书都省处理岳霖申请给还江州田宅事,批状指挥:"(江州)日下开具有无见管未卖房廊田产,如无,即具已卖过数目并买人姓名供申。"⑤又如淳祐七年(1247),发运和籴所申尚书都省,称其徐谓礼籴到米一万余硕,希望都省"特赐推行典赏",都省根据相关格法,"批下"吏部,指出徐谓礼"合转朝散郎",要求吏部据此"转官拟官"⑥。

两宋时期,需要经宰辅之手的"状",既包括申状,也包括奏状。目前文献所载的两宋宰辅批状,皆是批复申状。上引岳霖、徐谓礼事皆为例证,又如元丰时,枢密院左知客、勾当西府周克臣,以修葺厅堂事申尚书省,左右

---

① 李全德:《从堂帖到省札——略论唐宋时期宰相处理政务的文书之演变》《北京大学学报(哲学社会科学版)》2012年第2期,第113页。
② 关于宋代的"批状",可参见张祎:《诰告敕札与北宋的政令颁行》,第123—125页。
③ 《长编》卷383,元祐元年七月己卯,第9329页。
④ 沈括:《梦溪笔谈·补笔谈》卷3,第1014页。
⑤ 岳珂编:《鄂国金佗续编校注》卷13《吏部复田宅告示》,第1324页。
⑥ 包伟民、郑嘉励编:《武义徐谓礼文书》,北京:中华书局,2012年,第194—195页。

丞蒲宗孟、王安礼批"依所申"行下①；南宋时，程俱撰成《麟台故事》后，"具申尚书省"，要求"批状，(将该书)送通进司收接投进"②等，也都反映宰辅用"批状"处理申状。

元丰改制以前，中书门下、枢密院均可签发批状。改制之后，中书门下被分为三省，三省各自都有"批状"的权力，但中书、门下两省所批之状，只限于处理本省内部事宜，如元祐元年，中书舍人暂缺，中书省以批状令供职于中书后省的右司谏代理舍人职事③；后给事中空缺，门下省也以批状令隶属门下后省的左司谏王岩叟权给事中④。一般政务，由尚书省负责"批状"。例如前述元丰六年修缮西府事，周克臣向尚书省上申状，尚书左右丞蒲宗孟、王安礼擅作主张，批"依所申"，签署行下，而"不赴(左右仆射)王珪、蔡确书押"⑤。后来此事被人揭发，蒲宗孟"守本官知汝州"、王安礼"罚铜十斤"，王珪、蔡确因未能及时发现，也各"罚铜八斤"⑥，而不兼尚书省职事的中书、门下侍郎则不受任何处分，可见在处理有司事务时，"批状"是由尚书省宰辅全权负责签发的。后元祐元年：

> 尚书省言："减六曹迁柱事，……事小及急速者，止尚书省具圣旨札子或批状行下，讫，奏知，仍关门下、中书省照会。即碍条于事未便者，自当执奏。"从之。⑦

亦证在北宋后期，六部等政务机构的小事、急速事，是由尚书省负责批状的。今日在文献中所能看到的北宋后期以及南宋的批状，也大都是"都省批状"或"尚书省批状"。"批状"的内容由尚书省长贰负责拟定签署，而具体的发放，

---

① 《长编》卷337，元丰六年七月辛酉，第8124页。
② 程俱：《北山集》卷38《进麟台故事申省状》，《景印文渊阁四库全书》第1130册，第380页。
③ 《长编》卷389，元祐元年十月壬辰，第9464页。
④ 赵汝愚编：《宋朝诸臣奏议》卷56《上哲宗缴驳安焘除知枢密院》，北京大学中国古代史研究中心点校，上海：上海古籍出版社，1999年，第623页。
⑤ 《长编》卷337，元丰六年七月庚申，第8124页。
⑥ 《长编》卷338，元丰六年八月辛卯，第8148页。
⑦ 《长编》卷385，元祐元年八月辛丑，第9387—9388页。

则由开拆房办理①。

据史料记载,在神宗朝后期,批状曾一度被废止。元祐元年苏辙上奏,曰:"自行(元丰)官制,遂罢批状"②,从这句话看,似乎元丰五年改行三省制后,宋廷就废除了批状,但由上引王安礼、蒲宗孟事可知,截至元丰六年,尚书省依然在用"批状"指挥公事,且王、蒲二人之所以受处分,是因为没有遵循"批状"的正常程序,而非"批状"本身有误,所以神宗废止批状的时间绝不可能早于元丰六年。而由上引元祐元年诏书可知,至迟到这时,批状就已经得到了恢复。总之,终天水一朝,除了元丰、元祐间的短暂时段外,宰辅用批状处理申状的现象是始终存在的。

前文提到,宰辅用敕牒、札子下达处理申状的决定之前,或须面奏取旨,或须入奏事札子、熟状等文书取旨。而批状则不需——哪怕仅仅是形式上的——取旨。苏轼在上言诸路人户欠负事时说,此前的决策,系"尚书省八月三日批状指挥,依所申施行,即不曾别取圣旨"③;南宋初年,都省处理私盐事时,宰相吕颐浩"不复奏陈,径以批状行下"④,都是显证。祝总斌先生认为,"批状"体现出宋代宰辅具有"自行颁下文书之权"⑤,确有道理,不过严格来说,批状本身只是对申状的批复,并非是一种独立的文书。

正因批状不须"取旨",所以在不少臣僚看来,它的法律效力比不上敕牒等含有"圣旨"的文书。绍兴时,翰林学士兼权吏部尚书周麟之言:

> 臣闻《传》曰:"非天子不制度、不议礼、不考文。"窃见吏部续降申明条册,乃有顷年都省批状指挥参于其间。向之修法官有所畏忌,至与成法并立,条目不与成法同。今遂与成法并行,以理推之,诚为未允。望令诸选具绍兴二十五年以前批状指挥,令敕令所看详,可削则削,毋

---

① 《长编》卷337,元丰六年七月庚申,第8124页。
② 苏辙:《苏辙集》卷38《论三省事多留滞状》,陈宏天、高秀芳点校,北京:中华书局,1990年,第663页。
③ 苏轼:《苏轼文集》卷34,孔凡礼点校,北京:中华书局,1986年,第965页。
④ 《系年要录》卷66,绍兴三年六月辛丑,第1120页。
⑤ 祝总斌:《试论明代内阁的非宰相性质》,载氏著《中国古代政治制度研究》,西安:三秦出版社,2006年,第440页。

>令与三尺混淆。①

可见在当时人心中，批状非出自天子之意，故不宜被编入法令汇编。即便某些"批状"比较重要，必须编入法典，也不能径直沿用"批状"之名，如韩琦进《嘉祐编敕表》时称："批状合行编录者，悉改为宣敕。"②但另一方面，批状仍属朝廷正式下达的指挥，徽宗时，张商英称："蔡京自来专恣任意，不知都省批状便是条贯，入状请宝便是圣旨。"③言下之意，"批状"地位虽低于"圣旨"，但也具有很强的规范效力。南宋时，还有官员因"不信朝廷批状"而遭到了惩罚④。

宋廷之所以允许宰辅在不"取旨"的情况下，以批状处理一些事务，主要是出于提高行政效率的考虑。尤其是在三省制恢复之后，"批状"的存在，尤显得必要。如苏辙所言，"每有一事辄经三省，誊写之劳既以过倍，勘当既上，小有差误，重复施行，又经三省，循环往复，无由了绝"，反不如"执政批状，直付有司，故径而易行"⑤。此外，很多日常小事，皇帝根本不了解，即便宰辅"将上取旨"，皇帝也往往无法发表实质性意见，所以还不如干脆放手给宰辅。

若遇特殊情况，批状也有利于宰辅随机应变。嘉祐元年（1056），仁宗忽然中风，朝中气氛十分紧张，

>知开封府王素夜叩宫门，求见执政白事。文彦博曰："此际宫门何可夜开？"诘旦，素入白有禁卒告都虞候欲为变者，执政欲收捕按治，彦博曰："如此，则张皇惊众。"乃召殿前都指挥使许怀德问曰："都虞候某甲者，何如人？"怀德曰："在军职中最为谨良。"彦博曰："可保乎？"曰："可保。"彦博曰："然则此卒有怨于彼，诬之耳。当亟诛之以靖众。"众以为然。彦博乃请平章事刘沆判状尾，斩于军门。及上疾愈，沆谮彦博

---

① 《系年要录》卷185，绍兴三十年七月乙未，第3107页。
② 曾枣庄、刘琳主编：《全宋文》卷384，第39册，第56页。
③ 陈均：《皇朝编年纲目备要》卷27，大观四年二月，第698页。
④ 《系年要录》卷59，绍兴二年十月壬子，第1026页。
⑤ 苏辙：《苏辙集》卷38《论三省事多留滞状》，第663页。

于上曰:"陛下违豫时,彦博擅斩告反者。"彦博以沆判呈上,上意乃解。①

王素所上之"状",不是由阁门司或通进司进入,而是直接呈递给宰辅,应属于申状。以常理而言,"告反"之事,必须上奏皇帝,宰辅不得擅自处理,但当时仁宗已无法理事,宰辅只能用"判状尾"亦即批状的方式,尽快处置此事,以稳定人心。

不仅如此,由前引元祐诏令可知,尚书省在签发"批状"时,可以直接将之交付有司,而不必经中书省行词,也不必交门下省封驳。只需在行遣完毕后,知会两省。这样一来,用批状处理事宜,无疑较使用其他下行文书更为便捷,非常适合应对"急速事"的需要。

也必须看到,由于"批状"可不必取旨,故它为宰辅提供了绕开皇帝,独揽事权的便利。对此,宋代皇帝十分戒惕。神宗熙宁十年(1077),曾要求宰辅在用批状处理公事之前,必须"入奏","候印画出方得书押"②。元丰之后,更一度将"批状"废除,这些显然都是出于防范宰辅的目的。其他时期,宋廷对"批状"也做了非常严格的限制:

第一,限定批状的范围。北宋前期只有诸如"百官给假、有司请给器物之类"的"日生小事",宰辅可以用批状加以决断。另外,若"臣僚陈请兴革废置,朝廷未究本末,欲行堪当",宰辅可用"批状"的方式将申状下有司商议③。北宋后期,能够用"批状"处理的,也仅限于"事小及急速者"。

对于某些较重要事宜,皇帝会要求宰辅收接申状后必须取旨。如南宋时,"诏诸宪台,岁终检举州军有狱空并禁人少者,申省取旨"④;绍兴六年,"令江东、西、湖南帅臣监司,于旱伤州县,将奉行优劣各比较三两处,申省取旨赏罚"⑤;绍兴七年,"刑部尚书胡交修言,诸州县奏勘公事稽滞甚多,乞责罚。上曰:'大抵刑狱须当从宽。'乃命本部开具稽滞尤甚三五处,申省取旨"⑥。

---

① 司马光:《涑水记闻》卷5,邓广铭、张希清点校,北京:中华书局,1989年,第97页。
② 《长编》卷284,熙宁十年八月己丑,第6953页。
③ 《长编》卷373,元祐元年三月辛巳,第9034页。
④ 《宋史》卷200《刑法志二》,第4995页。
⑤ 《系年要录》卷107,绍兴六年十二月丁未,第1743页。
⑥ 《系年要录》卷112,绍兴七年七月戊子,第1821页。

既要"取旨",宰辅自然不能随意用批状处理。

第二,规定批状必须由尚书省正副宰相共同签署。如前引王、蒲事,尚书省长贰就是因为没有共同签署批状,而遭到了不同程度的处罚。南宋时,翟汝文为参政,曾在接受"词牒"后"书字用印直送省部,(宰相秦)桧不能平",后"右司谏方孟卿因奏汝文不顾大体,不循故事,批状直送省部,不关其长",结果使得翟汝文被罢①。这些事例都说明,宰执在批状时,必须与同僚共同签署,而不能自作主张,其实质是要让宰执互相监督,以防某人弄权。

第三,要求宰辅以批状处理完事务后,必须向皇帝汇报。如元祐诏书中,讲明了尚书省在下达"批状后",必须"奏知(皇帝)"。如此一来,皇帝不至于完全不明内情,若有必要,可以对宰辅所下指令予以审核。

第四,允许下级官员在得到不合理的批状后,执奏御前。相关事例不少,例如元祐时,高丽使臣请求购买《册府元龟》等书籍,事下礼部,尚书苏轼以为《册府元龟》等,属"河北榷场禁出之书,其法甚严","又以先帝遗旨不与","故申都省,止是乞赐详酌指挥",结果都省"批状送礼部,许卖"。苏轼接到"批状"后,以为不妥,遂直接向太皇太后上奏章,详细阐释其中利害,促使朝廷接受自己的看法②。这不仅可防止决策失误,也对宰辅有所制约。

在皇帝的戒惕与防范下,宰辅批状若有不当,便很可能会面临政治风险。如上引嘉祐事件中,文彦博就被政敌诬以"擅斩告反者",险些无法自明。因此,不少宰辅在用"批状"处理政事之时,都显得比较谨慎。"批状"不需取旨,但若所涉事宜比较敏感,宰辅还是会预先征求皇帝的同意,如元符时,

> 枢密院言:"梁从政申,元丰七年朝旨,亲事官教头拣中亲从官,依旧赴亲事官营充教头。诸营相去多远,往来作过不便,乞别选教头。"上曰:"此诚不便。"曾布曰:"虽是元丰七年指挥,乃因石得一申请,故从之尔。"上曰:"此是当改。"布展纸尾已拟定"元丰七年指挥更不施行",上曰:"甚善。"③

---

① 《系年要录》卷55,绍兴二年五月壬寅,第970页。
② 《长编》卷481,元祐八年二月辛亥,第11438—11440页。
③ 《长编》卷514,元符二年八月癸酉,第12210页。

"展纸尾拟定"显然是指在梁从政申状的末尾作批示,其实就是批状。梁从政所言,本身只是微不足道之事,却涉及元丰时的诏令,而在绍圣(1094—1098)、元符年间,元丰之法可谓极具敏感性,曾布就曾提到:"近岁奸憸之立朝者,多以元丰之法为不可改。一有议论及此,则指以为异,意欲以罗织善类,又或挟此以遂其私意。"① 若其擅以批状冲改元丰成法,极有可能会遭到政敌的攻击,因此预先请示皇帝,以规避风险。

当然,虽然皇帝有所防范,同时存在制度制约,却仍不能杜绝宰辅利用"批状"弄权。特别是某些权相当国时,其余宰执和士大夫往往不敢与之抗衡,"批状"便成为他们谋求私利的不二法门。例如南宋绍兴时期,"自(秦)桧专政,率用都堂批状,指挥行事"②。前文提到,秦桧专权时,下级官员慑于其威势,往往舍"奏"取"申"。在收到申状后,他再径直"批状"而不取旨,这就意味着在很多政事的处理上,皇帝其实被排除在外,决策权被秦桧所独揽。这一类现象未必是两宋政治史上的常态,但也不可忽视。

余 论

以上,笔者论述了申状与宋代中枢行政的关系。从申状的运行过程来看,两宋行政制度已经相当发达。举凡政务文书的行用范围、处理审批程序、不同机构人员的权限和彼此分工,往往都有十分明确的条法规范。这使得大多数事宜可以按照既定模式,有条不紊地得到处置。同时,上述制度虽然严密,但却并非僵硬,而是为身处其中的政治人物留下了一定的取舍余地,从而有利于应对瞬息万变的政情。这种兼具刚性与弹性的制度体系,是两宋中枢行政的根基,体现着宋代政治中理性因素的增长。

申状运行,也在一定程度上反映着宋代中枢体制中的权力配置方式。从形式上看,宋代与其余朝代并无二致,地位越高者,权力越大,权力结构呈倒金字塔状。但就具体的事务处理过程来看,不同人物所发挥的实际影响力,常常会随事宜的重要与否、对相关信息的掌握程度等因素,而出现大幅度变

---

① 《长编》卷514,元符二年八月癸酉,第12210页。

② 《宋史》卷199,《刑法志一》,第4965页。

化。甚至在一些时候,地位最低的胥吏,却发挥着最为重要的作用。可以说,宋代中枢体制中的权力配置方式,也与行政体制一样,是刚性与弹性并存,是比较复杂的。

还应指出,即便拥有高度发达的行政制度,宋代政务运行中,依旧存在不少的问题。就申状处理而言,有两大难题始终困扰着宋代君臣,一是如何提高效率,二则是如何防止相关官吏弄权舞弊。更为棘手的是,这两大难题常常纠缠在一起。要提高效率,就势必简化申状处理的环节,增加制度的灵活性,结果便会为政治人物留下更多的弄权空间。而要杜绝弄权,则必然要制定更多、更繁密的防弊之法,结果又必然对行政效率构成负面影响。终天水一朝,决策者不断尝试在这两者之间找到一个平衡点,却始终没有探索出从根本上解决问题的方法。从深层次上看,这种两难处境,或许与宋代中央集权程度过重,需要朝廷处理的事宜过多有关。

帖与宋代地方政务运作

刘 江

　　以官方文书的格式、内容及运作方式为切入点,考察相关政务的运行,是近年来宋代政治制度史研究的一个亮点。帖作为一种重要的下行公文,自唐代以来已在中央及地方机构中普遍用于指挥公事[①]。就宋代地方机构的帖文运作而言,学界已陆续对其中的若干问题展开研究[②],但我们对帖文的形态演变、使用场合、功能特点的认识仍有模糊之处,诸多细节有必要进一步厘清。

作者单位:上海师范大学人文学院历史系

① 参见雷闻:《唐代帖文的形态与运作》,《中国史研究》2010年第3期,第89—115页,后收入邓小南等主编:《文书·政令·信息沟通:以唐宋时期为主》,北京:北京大学出版社,2012年,第47—83页;李全德:《从堂帖到省札——略论唐宋时期宰相处理政务的文书之演变》,《北京大学学报(哲学社会科学版)》2012年第2期,第106—116页。

② 目前对宋代地方帖文的专门研究,集中在从文书流转的角度讨论地方行政体制、考释包含帖文的碑刻等方面。参见平田茂树:《宋代地方政治管见——札子、帖、牒、申状を手挂かりとして》,《东北大学东洋史论集》第11号,2007年,中译文《宋代地方政治管见——以札子、帖、牒、申状为线索》,收入氏著《宋代政治结构研究》,林松涛、朱刚等译,上海:上海古籍出版社,2010年,第334—359页;小林隆道:《宋代使帖「文書」の樣式と机能——蘇州玄妙観「天庆观尚书省劄并部符使帖」を事例に》,《史滴》第31号,2009年;谭景玉:《宋代乡村组织研究》第三章第一节《宋代乡村行政组织与县之间的政务运行》,济南:山东大学出版社,2010年,第157—159、166—168页。

研究宋代地方机构使用的公文帖,必须解决缺乏实物参照的难题。研究者除了尽力搜罗传世典籍的零散记载外,还应留意石刻材料中保存的帖文。有的石刻帖文格式相对完整、接近公文的原始面貌,为了解文书运作的"实态"提供了相当重要的资料[①]。目前所见形态相对完整的宋代帖文,多与地方政务有关。对这类帖文的考察,亦将有助于呈现宋代地方政务的基本面相。本文将在既有研究的基础上,结合典籍和石刻两类资料,讨论宋代帖的形态演变及其在地方机构中的行用,以期深化目前学界对宋代地方政务运作的认识。

一、帖的文书形态

文书形态指文书的类型、撰写格式、签署方式等特征。这些特征是各级机构公文运作的直接呈现。文书形态的变化,受到政务运作方式和官僚政治体制变迁的影响。因此,文书形态不仅是文书学研究的重要内容,也应构成政治制度史研究的关注对象。

(一)从石刻材料看北宋帖式

宋代公文帖整体上继承了唐帖的基本格式(如具备抬头、正文、签署等必要程序),但在两宋不同时期,帖在某些具体程序上呈现出细微的变化。这些细微变化,正是研究其文书形态不可忽视的关键问题。

先根据雷闻先生的研究,将唐代帖式迻录如下:

某司　帖　某司或某人。

某事或某人。

右件事或人。云云。月日典某帖。

具官姓名。

[①] 宋代常见史籍、文集保存的包括帖文在内的公文,往往只有正文内容,而省去了抬头、签署等格式,其完整性明显不如石刻材料中的公文。当然,公文经转录刻石,再经传拓、释录、刊印,乃至经过校点整理,必然与其原始面貌存在差距,我们在依据石刻材料讨论公文的文书形态等问题时,应充分考虑石刻材料"生成"的复杂情况,筛选接近公文原始面貌的资料。

雷闻指出，这件帖式主要反映唐前期的格式，晚唐时期的帖文，有的已经标出年号，而在实际行用中，有的帖文会省略收文机构或文末小吏签名①。

由于传世典籍中缺乏北宋时期"帖式"的直接记载，有必要结合石刻资料中的北宋帖文实例考察其文书形态。这类帖文的内容虽然主要集中在赐额、赐号等宗教事务，但仍可从其抬头、签署等环节概括文书形态的整体特征。总体而言，北宋时期的帖文延续晚唐的格式，如大多在抬头同时书写发文和收文机构（个别帖文则省略收文机构），年号、日期俱全。但在实际政务运行中，不同层级地方机构使用的帖文，其签署格式呈现出更为复杂的面貌。例如，县、州、军、府使用的帖，文末签署即不尽相同②。

县帖的签署相对简略。《八琼室金石补正》中收录了一件题为《保宁等寺牒并使县帖》的碑刻录文③，内容涉及宋太宗太平兴国三年（978）京兆府兴平县内寺院的赐额事务。此碑刻由中书门下发给京兆府的敕牒、京兆府发给兴平县的帖文以及兴平县下发给清梵寺（后赐额"保宁寺"）的帖文三件公文组成。现将兴平县下发的帖文部分节录如下：

  县　帖保宁之寺：
  （正文略）
  太平兴国三年
  六月二十日帖
  守主簿权知县事　彭

这件帖文的抬头保留了唐代帖文"某司帖某司"的格式，末尾日期标示方式是"年月日帖"，最后无吏人签署，仅有"守主簿权知县事"者书其姓氏"彭"的签署痕迹。

---

① 雷闻：《唐代帖文的形态与运作》，邓小南等主编：《文书·政令·信息沟通：以唐宋时期为主》，第76—78页。

② 石刻材料中所见北宋路级机构帖文较少，且文字多残缺不全，故此处对帖文形态的讨论，以州县为重点，路级机构行帖的情况留待后文再论。

③ 陆增祥：《八琼室金石补正》卷89，国家图书馆善本金石组编：《宋代石刻文献全编（一）》，北京：北京图书馆出版社，2003年，第104页。

又,《金石萃编》收录了一件《寿圣禅院敕牒》①,内容涉及宋神宗熙宁元年(1068)朝廷对河南府偃师县泗州院赐额"寿圣院"事务,由中书门下发给河南府的敕牒及偃师县发给寿圣院的帖文(其中引用了河南府下发给偃师县的帖文内容)组成。节录其中县帖部分如下:

> 偃师县帖　寿圣院:
> (正文略)
> 熙宁元年四月初三日帖
> 　　将仕郎、守县尉兼主簿事张
> 　　尚书屯田员外郎、知偃师县事刘

以上两份县帖,签署者依次为主簿、知县,而对于一些县,往往存在一官身兼数职的情况。这确实反映了当时县级行政组织设置的"实况",但也应注意,县衙中大量的日常行政事务,主要由公吏承办,而他们的行政操作并未如实反映在县帖的签署环节。

州级帖文的签署程序则相对规范完整,除长贰外,幕职、诸曹官甚至吏员都会在帖上签署,但不同等级的州发出的帖文,格式存在差别。《八琼室金石补正》收录了一件《宁国寺牒碑并阴》②,这件碑刻的两面均刻有宋真宗大中祥符三、四年间(1010—1011)中书门下发给梓州的敕牒以及梓州下发给中江县宁国寺(原称"福会寺")的"东川帖"(按,时梓州军额为"剑南东川节度"),内容涉及朝廷对梓州地区27座寺院的赐额事务。碑刻阴阳两面的文字不尽相同,但"东川帖"则基本一致,现将文字、格式保存更完好的碑阳"东川帖"迻录如下:

1. 东川帖:二月十日准大 中 祥符三年十二月　日
2. 中 书门下牒奉

---

① 王昶:《金石萃编》卷137,《宋代石刻文献全编(三)》,第286页。
② 陆增祥:《八琼室金石补正》卷88,《宋代石刻文献全编(一)》,第90—92页;《金石苑》亦收录此石刻,题为《宋敕赐宁国寺牒》,参见刘喜海:《金石苑》,《宋代石刻文献全编(二)》,第1055页。该碑拓片现藏北京大学图书馆,题为"赐宁国寺牒",典藏号:A15522、A15523。

3. 敕改福会寺额者。

4. 右具如前，事须翻录、头连，帖

5. 宁国寺，限到日仰一准

6. 敕命指挥施行者。大中祥符四年二月二十日　帖

7. 观察推官李

8. 节度推官曹

9. 秘书丞、同判军州兼管内劝农事刘

10. 东染院使、潮州刺史、知军州兼管内劝农事水丘

这件帖文抬头"东川帖"，仅书发文机构而不书收文机构的情况在北宋帖文中并不常见。第7—8行按职务由低到高，依次为观察推官和节度推官签署，第9—10行分别为梓州同判、知州签署①，说明这件帖文由幕职官与长贰共同签署发出。

在宋代，与州同级的政区还有军，一般等同于"下州"。《山右石刻丛编》中收录了一件题为《寿圣寺牒》的碑刻材料②，内容涉及宋神宗熙宁元年（1068）朝廷对河东路平定军乐平县石马村一座寺院的赐额事务，包括中书门下颁发的敕牒及平定军下发的帖文。因未见拓片存世，碑刻上的行文格式已无法完全复原，但《山右石刻丛编》录文保存了一定的行款格式，可资参考。现将帖文部分迻录如下：

1. 军帖内翻录敕黄头连，仰依给寺收管照会者。

2. 熙 宁 元年五月三日帖

3. 太原王允济书

4. 签书判官厅公事鲜于

5. 知军事蒋

帖文说明誊录了敕牒并粘连在前，并下发给寿圣寺。与"东川帖"相比，这件帖文的签署环节较简略。"太原王允济"应是军司负责抄写这件帖文的吏

---

① 按，此碑立石在天圣元年（1023），时"通判"因避刘太后父刘通讳而改为"同判"。
② 胡聘之：《山右石刻丛编》卷14，《宋代石刻文献全编（一）》，第681—682页。

人,之后仅有幕职官一人和知军的签署。这恐怕并不是平定军的特殊情况,而与宋代军司属官的设置有关。一般而言,知军的属官因"军小事简不备置,非繁剧而不领县务者量减官属",故知平定军的属官仅"签书判官厅公事"一人签署①。

府比州的级别更高,行政组织更庞大,府帖的签署程序也更完备。《金石续编》收录了一件《昭化寺帖》②,包含了宋徽宗崇宁二年(1103)太原府发给辖下寿阳县昭化禅院的帖文,内容涉及朝廷对该院李长者赐号及允许该院每逢圣节进奉功德疏等事务。为便于讨论,先将太原府帖节录如下:

1. 太原府　　　　帖寿阳县方山昭化禅院
（正文为誊录礼部符的内容,略）
2. 司功案勘同 手分王俊（押）马宣（押）张温（押）郝□（押）元庆（押）押司官韩□（押）
　　　勾押官祁年（押）孔目官杨志（押）李元（押）□孔官侯智（押）

3. 右帖寿阳县方山昭化禅院,仰详上项
4. 尚书礼部符内
5. 敕命指挥施行。崇宁贰年玖月初三日帖
6. 　权河东节度推官石（差出）　权太原府观察判官郑（押）
7. 　宣义郎、监在府税务、权节推张（押）　承事郎、签书河东节度判官厅事王（押）
8. 　朝散郎、通判太原军府事蔡（差出）　朝奉大夫、通判太原军府事陈（押）
9. 　龙图阁学士、朝奉大夫、知太原军府事范（押检）
10. 　皇兄、河东·山南西道节度使、守太师、开府仪同三司、太原牧兼兴原牧、陈王（在京）

---

① 如军在"边要之地,或户口繁多",同州一样也设置通判。徐松辑:《宋会要辑稿》职官47之1,刘琳、刁忠民、舒大刚、尹波等校点,上海:上海古籍出版社,2014年,第4265页。

② 陆耀遹:《金石续编》卷17,《宋代石刻文献全编(三)》,第678页。国家图书馆藏此石刻拓片,编号:各地1169、各地1170。胡聘之《山右石刻丛编》亦收此碑,但录文不如《金石续编》完整。

引文第 1 行表明这件帖直接发给寿阳县方山昭化禅院。从拓片可见,"太原府"三字较大,应该如实反映了帖文原貌。

第 2 行"司功案勘同"及其后部分(拓片显示为双行细书),是太原府机构内部行政作业的一个环节。北宋时期,仅开封府曾一度置功曹参军与法曹参军事通掌检法,未见其他州府置司功案或相关建制的明确记载①。这件石刻中的"司功案",作为太原府中的专门办事部门,可能是唐代司功参军之遗制②。"司功案勘同"等文字,说明太原府收到礼部符后,由司功案誊录一份并与原件比对无异,再签署验证。第 3—5 行是太原府在誊录礼部符后对昭化禅院的指挥文字,但内容相对简单,仅注明按礼部符内"敕命指挥"执行。

帖文中官吏的签署,为考察太原府衙内部行政运作尤其是公吏的实际职责提供了直接材料。"司功案勘同"后,依次有"手分"五人、"押司官"一人、"勾押官"一人、"孔目官"二人、"□孔官"一人(按,似为"都孔官")的签署,这些都是州级官府的主要人吏③。他们在"司功案"内负责具体事务、行遣文字,吏员姓名后都书一"押"字,这是将公文刻石时的转写方式,在府帖原件上应有画押的原始笔迹。

第 6—7 行四名幕职官属,分两列签署。这件石刻,应该如实反映了纸本帖文的签署情况,这四位官员按照职务品级由低到高、自右至左、由上到下依次签署,体现幕职官"裨赞郡政,总理主案文移"④的职责。

---

① 按,《文献通考》卷 47《职官考·官制总序》载:"蔡京当国……首更开封守臣为尹牧,由是府分六曹,县分六案。"考《宋史》卷 166《职官志》及卷 20《徽宗本纪》,崇宁三年(1104)蔡京奏请开封府分士、户、仪、兵、刑、工六曹,崇宁四年(1105)令州县仿尚书六曹分六案,大观二年(1108)令州郡仿开封府"分曹置掾",以上更制晚于本件帖文的下发时间,"司功案"的设置可能有更早的制度来源。

② 据《唐六典》记载,京兆、河南、太原三府置功曹参军事,上州、中州置司功参军事,"功曹、司功参军掌官吏考课、假使、选举、祭祀、祯祥、道佛、学校、表疏、书启、医药、陈设之事"。参见李林甫等撰:《唐六典》卷 30,陈仲夫点校,北京:中华书局,1992 年,第 748 页。又,《通典》记载,功曹参军与司功参军区别为"府曰功曹""州为司功"。参见杜佑:《通典》卷 33《职官·州郡下·总论僚佐》,王文锦等点校,北京:中华书局,1988 年,第 910 页。

③ 参见苗书梅:《宋代州级公吏制度研究》,《河南大学学报(社会科学版)》2004 年第 6 期,第 101—108 页。

④ 《宋史》卷 167《职官志七》,北京:中华书局,1985 年,第 3975 页。

第 8—9 行分别是太原府长贰的签押。宋代曾有规定,并州(即太原府)等大郡许置通判两员①,因此第 8 行有两名通判的签署。第 9 行知太原府范某,据《山右石刻丛编》对该帖的考订,应为范镗②。其后书"押检"二字,"检"在宋代公文制度中具有存本之意,在某些情况下,长官只签署公文存本,而用于下发的大量文本则由吏人代书,意在维护长官权威的同时又减轻其工作负担③。此处的"押检",或可说明太原府衙制作帖文时,范镗只在存本上签押,但在正式下发帖文上,由吏员代书官衔和姓氏,并注明"押检"二字。

第 10 行是太原府之节镇长官河东节度使的签署。据《山右石刻丛编》按语,"皇兄""陈王"为赵俨。宋神宗朝以后,亲王除节度使皆兼两镇,故系衔中称"河东·山南西道节度使",而两节度名义上也是其治所太原府和兴元府的长官,故系衔中有"太原牧兼兴元牧"。又,"节度使、守太师、开府仪同三司",即所谓"使相"。亲王节度使通常并不赴镇,因此在系衔后小字书"在京"为注。

通过对太原府帖签署环节的剖析,我们得以了解府衙内部文书制作的大致流程和方式。在帖文的制作中,司功案吏人的抄录与校对,实际上是非常关键的环节。甚至可以认为,这一操作结束后,帖文制作已基本完成,只需更高级的官员签署即可。帖文的签押,除上述吏人外,还涉及幕职官、太原府长贰和节度使。显然,其中一些官员并不亲自签署,但帖文上仍然系其名衔并注"差出""押检""在京"等信息,将这些官员依次"纳入"公文运转的流程。这种签署方式不仅在形式上保证了公文运转流程的"阶段性"完整,而且在文书形态上显著体现了地方官员的等级秩序及其职责所在。

宋代州府在正副长官之下,置幕职、诸曹官为僚佐,而石刻材料所见涉及赐额事务的州府帖文,结尾签署者基本为长贰与幕职官。日僧成寻《参天台五台山记》存有宋神宗熙宁五年(1072)六月至闰七月间台州分别发给国

---

① 《宋会要辑稿》职官 47 之 58,第 4296 页。
② 胡聘之:《山右石刻丛编》卷 16,新文丰出版公司编辑部编:《石刻史料新编》第 1 辑第 20 册,影印光绪二十七年刻本,台北:新文丰出版公司,1977 年,第 15306 页。
③ 参见拙作《宋朝公文的"检"与"书检"》,《北京大学学报(哲学社会科学版)》2012 年第 2 期,第 129—139 页。

清寺及成寻的三道帖文，抬头分别为"州帖国清寺""台州（牒）〔帖〕日本国僧成寻等""台州帖大日本国僧成寻"，文书签署除了长贰与幕职官，还包括诸曹官①。兹节引第三件帖文为例：

> 台州帖　大日本国僧成寻
> （中略）
> 右具如前。上件实支官钱一百九十八索九百六十文省，州已出给正勾帖军资库，仰于见管官钱数内，据数支给，付日本国僧成寻等一行请领，沿路盘缠使用外，事须帖日本国赐紫僧成寻等一行人，准此照会，赴军资库，据数请领，上领官钱起发及沿路盘缠使用。如更要钱及所须物件，即请计会，管伴郑崇班申报经过州军请领。
> 　　　　熙宁五年闰七月廿四日帖
> 　　　　　　守司户参军　马
> 　　　　　　守录事参　军
> 　　　　　　军事推官　孔
> 　　　　　　军事判官　刘
> 　　　　　　大理寺丞、监城下税务、权推官　刘仕衡
> 　　　　　　大理寺丞、知临海县事、权判官通判　季暄
> 　　　　　　尚书屯田郎中、通判军州兼劝农事　安保衡
> 　　　　　　光禄少卿、知军州事兼劝农使　钱暄

郑庆寰对这件帖文的考释指出，因需从州军资库中支取官钱给予成寻等，故负责相关事务的司户参军及录事参军列名签署②。这说明，根据帖文涉及事务性质不同，末尾签署的具体官员也相应发生变化，也提示我们应进一步关注州府内部公文运作的复杂情况。

通过对前文的考释，我们得以了解北宋地方公文帖在文书形态上的丰富

---

① 成寻著，王丽萍校点：《新校参天台五台山记》卷2、卷3，上海：上海古籍出版社，2009年，第95—97、151—152、176—179页。三件帖文抬头发文与收文机构俱全，符合北宋帖文的一般格式。

② 郑庆寰：《体制内外：宋代幕职官形成述论》，中国人民大学历史系博士学位论文，2013年，第151页。

面貌。概言之,文书抬头中除了发文机构,绝大多数仍保存收文机构,文末签署体式根据发帖机构的层级高低以及事务性质不同亦有繁简之别。

(二)南宋《庆元条法事类》中的帖式

《庆元条法事类》卷 16 收录了一份"帖式",从行政法规层面规范了公文帖的书写格式,是目前所见仅有的一件宋代公文帖式,也常被研究帖文的学者引用[①]。其文如下:

> 某司
> 某事云云。
> 右帖某处云云。如前列数事,则云"右件云云"。年月　日帖
> 具官姓　书字
> 　　　　　　州下属县不行符者,皆用此式。余上司于所辖应行者准此。

这件帖式制定的具体时间难以考订,但其样式明显与前引北宋帖文不完全一致。仔细比对,可以发现若干值得注意的细部特征。首先,"帖式"抬头仅保留发文机构,而在正文之后以"右帖某处"的形式标注收文机构,避免了大部分北宋帖文在抬头与正文结束后均书写收文机构的重复之举,简化了文书形制;其次,"右帖某处云云",末尾"年月　日帖",这与北宋时期帖文的书写程序是一致的;此外,值得注意的是,"具官姓　书字"的签署方式与北宋的帖文格式也不同。不同之处在于"具官"系衔的具体书写方式,《庆元条法事类》同卷"符式"中"具官"下特别注明"止书差遣,帖式准此",可见"帖式"试图要简化北宋时期帖文列出官员完整系衔的签署方式。另外,"帖式"签署特别强调"书字"(应即押字),作用应是更进一步明确文书责任人,加强公文的权威性与真实性,这与前引太原府下发给昭化禅院的帖文所反映的签署方式是一致的[②]。

[①] 谢深甫等编:《庆元条法事类》卷 16《文书门一》,戴建国点校,收入杨一凡、田涛主编:《中国珍稀法律典籍续编》第 1 册,哈尔滨:黑龙江人民出版社,2002 年,第 349—350 页。

[②] 通常情况下,刻石者将文书转录上石,或石刻文献过录原石文字时,押字的情况并不完全能如实反映。多数石刻略去押字原形,或代书一"押"字。关于押字的讨论,详见虞云国:《宋元押字摭谈》,《中国典籍与文化》2008 年第 3 期,第 92—95 页。

这件帖式的种种细部特征，保留了北宋帖文书写的部分格式，是对既有公文体式的认定，同时，这种特征也体现了朝廷推动公文书写程序走向简化、规范化的探求。但根据南宋后期的一些石刻材料，帖文的实际书写程序仅在局部遵循了"帖式"，文书简化与规范化的进程似乎十分漫长而曲折。仅以《江苏省通志稿》收录的《朝旨蠲免天庆观道正司科敷度牒省札部符使帖》为例[①]，这件"组合式"的公文内含南宋理宗端平元年（1234）平江府军府及通判厅分别发给天庆观（即玄妙观）道正司的两道帖文。根据拓片及录文，将帖文的抬头及签署部分节录如下：

1. 军府
（正文略）
右给帖天庆观道正司，仰照会。
端平元年五月（按，原碑此处有"平江府印"）日帖

儒林郎、平江府观察推官万（差出）
承直郎、平江军节度推官叶
承议郎、佥书平江军节度判官厅公事赵
朝散郎、特添差通判平江军府事赵
朝散大夫、通判平江军府事张
中大夫、秘阁修撰、两浙西路提点刑狱事兼知平江府赵

2. 通判军府事
（正文略）
右今帖天庆观道正司
端平元年六月（按，原碑此处有官印，但字迹模糊）日帖

使 东厅判府张郎中

---

① 缪荃孙等纂：《（民国）江苏省通志稿》，《宋代石刻文献全编（二）》，第353—358页。北京大学图书馆藏此碑拓片，编号：24409、10347。原碑现存于苏州玄妙观（原名天庆观）大殿东侧，但笔者实地考察发现，碑身嵌入墙体，边缘字迹已模糊，颇难辨认。

从文书形态上看，两件帖文分别以军府和通判厅的名义发出，并保留了官印的痕迹，这使得我们对宋代州帖的行用主体以及文书样式有了更细致的认识①。此外，两件帖文抬头只保留发文机构，收文机构移至正文之后，并以"右帖某某"的形式注明，符合《庆元条法事类》"帖式"的规定，但与之不同的是文末官员的签署方式。第一件帖虽然"具官姓　押字"俱全，但"具官"仍延续北宋帖文完整系衔的形式，并未"止书差遣"。第二件帖的签署依次书"使"和"东厅判府张郎中"，此为"使帖"文书特殊的签署形式，与常见的帖文形态有别②。可见《庆元条法事类》中的"帖式"，在实际的政务运作中并未完全起到规范帖文书写程序的作用。

尽管朝廷试图规范帖文书写格式，但宋代帖文的实际书写形态特别是签署环节仍然保持繁复的面貌，这是地方官府的组织结构、官员身份与职责在文书行政上的落实，也是宋代地方行政的特色③。不同层级的地方机构使用的帖文，由于内容不一，具体负责官吏不同，签署格式即不尽相同。当然，其中仍有一定规律可循，如帖文的签署环节往往根据发帖机构的层级高低呈现或繁或简的面貌，即发帖机构层级越低，官员签署相对简单；层级越高，签署相对完整，甚至还体现吏人的行政操作。这也提示研究者，对于文献中保存的公文格式，固然要善加利用，以此作为考察文书形态的出发点，但对这类规范化的"公式"在研究中的价值应有足够的认识，还需要结合文书内容等材料考察相关政务的运作方式。

---

① 这一制度其来有自，唐代州帖即分为都督衙帖和诸曹帖两种类型。参见雷闻：《唐代帖文的形态与运作》，邓小南等主编：《文书·政令·信息沟通：以唐宋时期为主》，第65页。

② 这类帖文，可能源自唐代以来节度使、观察使等下发的"使帖"，沿用至北宋，其形态以"使帖某某"为抬头，南宋时期这一形态发生变化，以签署环节的"使"字大书为特征。详见小林隆道：《宋代使帖「文書」の様式と機能——蘇州玄妙観「天慶観尚書省箚并部符使帖」を事例に》，《史滴》第31号，2009年。关于"使帖"文书形态的变迁机制，仍有进一步研究的空间。

③ 曹家齐先生研究《参天台五台山记》中所录熙宁年间杭州、台州的地方公文，指出州府行政具有"多位官员参与一项事务办理并依次签押文书"的特征。参见曹家齐：《北宋熙宁间地方行政一瞥——以杭、台二州对日僧成寻之接待为中心的考察》，《江西社会科学》2010年第4期，第129—140页，后收入氏著《宋代的交通与政治》，北京：中华书局，2017年，第323—347页。

二、帖与宋代地方日常政务

石刻材料中的帖文,大多用于转发朝廷对地方寺院、僧人的赐额、赐号敕牒等命令。实际上,传世典籍和石刻文献的记载显示,帖的行用范围十分广泛。与唐代类似,"出帖"在宋代仍然是地方官府处理日常政务的主要手段①。

(一)帖的行用机制

从文书的适用场合、授受关系等方面来看,两宋时期帖的行用机制较为稳定。《金石苑》收录了一件题为"宋石堂院帖"的碑文②,内容涉及宋太宗太平兴国五、六年间(980—981)西川路绵州魏城县(今四川绵阳东北魏城镇)石堂院的管理事务,包含了转运司、州、县下发的帖文。虽然这是一件北宋早期的石刻,但其丰富的内容集中揭示了帖在整个宋代地方日常政务处理中的行用特点,以此似可一窥全豹。

参照拓片和《金石苑》的录文,将全文转录如下:

1. 西川路转运司帖石堂院
2. 当司奉
3. 敕,相度存留封闭寺院。今据绵州魏城县状申:石堂院
4. 见管屋舍共一十间,功德佛像全,元住僧绍明等。据耆
5. 保雍珏等情〔愿〕保委,乞开启住持。如后
6. 稍有奸幸,甘当连坐者。
7. 　右件院当司相度合与存留,事须帖僧绍明等。仰
8. 　仍旧开院住持,扫洒焚修,无致奸滥者。太平兴
9. 　国六年正月二十日　帖
10. □□□□□□□□□□□□□□□□□□□□□

---

① 谭景玉的研究揭示县帖承担了处理诉讼、催税、均敷茶引、维护社会治安等多种功能,参见氏著《宋代乡村组织研究》,第158—159页。实际上,这些功能都是围绕地方日常政务展开的。

② 刘喜海:《金石苑》,《宋代石刻文献全编(二)》,第1053页。该碑在清朝时位于绵州东六十里岷峨岭后高凉洞石堂院,北京大学图书馆藏此碑拓片,编号:A15177。

11. 副使行右拾遗聂

12. □□□□□□□□□□

13. 　魏城县帖 并 记

14. 　准州帖：监准　转运衙牒：奉

15. 敕，朝指所有管逐处封闭寺院，仰差专人下县，与逐

16. 县令、尉相度村院据处侧近人户有无，及贰佰家堪住

17. 存留，即责取地分耆保邻人情愿保委僧人住持，委

18. 是公当，别无欺狂。具帐申报如后。

19. 　右具如前。其石堂院，县司同与专人相度，并得耆保

20. 　邻人情愿保委结罪文状管系，事须给帖。依准

21. 　上命指挥，归院住持，仍勤（勒？）耆、保交割元封闭数目家

22. 　事讫，共状申报，切待管系。即归院后，不得踰滥违致

23. 　有所闻，罪归有处，同不容恕。太平兴国五年十二

24. 　月十日

这件碑刻分为两部分：由第1—12行组成的第一部分，是太平兴国六年（981）西川转运司发出的帖文；由第13—24行组成的第二部分，是太平兴国五年魏城县发出的帖文，其中又征引了绵州的帖文。下面据两件帖文发出日期先后，分别予以考释。

首先分析《魏城县帖》。录文第13行注明这件公文为魏城县下发的帖，其后或有"记"，但未见其文。第14行开头为"准州帖"，其后又言"监准（即"检准"之意）转运衙牒"，牒文中又称"奉敕朝指（旨）"行事（尚未见与此内容相关的诏敕全文存世），说明敕命由朝廷下发至转运司后，再由转运司以牒的形式将敕命下发至州，继而下县。根据州帖的引述，转运衙牒的内容，是根据朝廷敕旨，"仰差专人下县，与逐县令、尉相度"考察辖区内关闭的寺院，对于周围"人户"至两百户者，即予以保留，但须相应地区的"耆保"（耆长、保长）、"邻人"为住持该寺的僧人提供担保，并将相关情况"具帐申报"。

第19—24行是县帖的内容。在这件帖文下发之前，县司已经与专人调查了石堂院的事务，并得到了"耆保邻人情愿保委结罪文状"，该院得以存留，

因而"事须给帖"。帖文指挥的主要内容，即令僧人"归院主持"，吩咐耆、保与其交割原来封存的寺院财产，事毕后"供状申报"，同时对僧人今后的行为提出告诫。从中我们也可推测，石堂院之前似已关闭，相关财产由基层组织保管。

再分析《西川路转运司帖》①。第2—6行简要交代了该事件的本末。帖文中首先注明"相度存留寺院"之事为朝廷敕命所示，后引述魏城县申状的内容。申状中汇报了石堂院的房屋、佛像及僧人情况，并指出当地耆保雍珏等人作保，申请该院重新开启。这与魏城县帖中提到"并得耆保邻人情愿保委结罪文状"并要求石堂院"仍勤（勒？）耆保交割元封闭数目家事讫，共状申报，切待管系"的记载是对应的，说明石堂院受到县帖后，按要求将相关情况呈报县司，县司又以魏城县的名义上申状给四川转运司。所谓"切待管系"，是指石堂院开启与否必须得到转运司的批准。第7—8行是帖文的裁决内容。转运司同意"仍旧开院住持"，令其"扫洒焚修，无致奸滥"，并将帖文直接发给石堂院僧绍明等人，发文日期为太平兴国六年（981）正月二十日。据魏城县及西川转运司的发帖日期推算，石堂院"合与存留"之事，历经月余方告结束。第10—12行是转运司官员的签署，但此处文字阙损，仅存"副使、行右拾遗聂"②。

根据上文考释，可将石堂院帖涉及的事务运作流程中的文书往来转化为下图（图1）：

---

① 宋初平蜀战争结束后，宋在后蜀四十六州（包括绵州）的基础上设置西川路。开宝六年（973）又分峡路。太平兴国二年（977）二月，西川又分为东、西两路，各置转运使、副，即本帖标题中所谓"西川路转运司"。参见李昌宪：《中国行政区划通史（宋西夏卷）》，上海：复旦大学出版社，2007年，第78—79页。

② 按《续资治通鉴长编》（以下简称《长编》）记载，太平兴国五年七月时，西川路转运使为聂泳。同书又载，太平兴国七年八月，四川地区有"转运副使、右补阙聂咏"，应与石刻中的"副使、行右拾遗聂"为同一人。参见《长编》卷21，太平兴国五年七月己酉条，北京：中华书局，2004年点校本，第477页；《长编》卷23，太平兴国七年八月戊寅条，第526页。

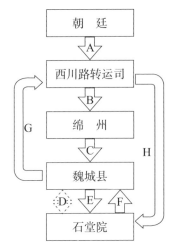

图 1 《宋石堂院帖》公文往来示意图

以下对图示略作说明：

  A 敕：朝廷降敕，令西川路转运司等地方机构处理寺院存留封闭事务。

  B 牒：转运使衙牒，将敕命的内容下发到州。这样看来，至少在当时转运司应属监察机构（而非正式行政层级），尽管可以指挥地方公务，却非诸州的直接"统摄"上司。

  C 帖：绵州帖，将上述公文的内容下发到魏城县。

  D 县司同与专人下石堂院，调查周围的住户等情况，并得到基层耆长、保长及寺院邻近之人对僧人的保委结罪文状。尚不能确定"专人"来自州司还是转运司，故以虚线双向箭头表示。

  E 帖：县司出帖给石堂院即"魏城县贴"。

  F 申状：耆长、保长与僧人交割寺院财产完毕后，具状向县司申报。这段信息可从转运司帖的引述得到印证。

  G 申状：魏城县司收到"共状申报"F 后，向转运司申报。

  H 帖：转运司收到魏城县状 G 后，给石堂院发帖开院。

转运司、州、县官府对"相度"石堂院存留事务的办理，经过了布置任务（A—B—C）、开展调查（D—E）、验收合格（F—G）、批准开院（H）四个主要环节，各环节之间环环相扣。由此可见，大部分调查、验证工作实际由县级官员与上级派遣的专人负责执行。

根据上文的考释，我们得以了解转运司、州、县官府"相度"石堂院存留事务的处理流程。在这一系列政务运作流程中，帖的行用相当灵活，州发文到县、转运司和县发文到石堂院，使用的都是帖，说明帖的使用范围并不受地方官府行政层级的严格制约。此外，魏城县司直接参与和负责勘验石堂院的存留情况，其下发的帖文，处理的事务最具体；而绵州帖仅转发朝廷和转运司的命令，转运司帖则决定批准开院。这些帖文的内容表明，不同层级机构使用的帖，涉及政务性质有别，代表的权威不尽相同，直接体现了各机构在政务处理流程中实际承担的职能。

除宗教组织外，地方官府亦可行帖管理其他民间组织的人事安排。《名公书判清明集》收录了一件涉及地方建立曹公先生祠的公文，其中提到，"建立曹公先生祠堂，及本县给帖，补曹先生侄光弼充游义斋谕，岁时奉祀事"①。又，朱熹知南康军时，曾撰《南康军请洞学堂长帖》②，其文如下：

> 谨按《国朝会要》，修复白鹿洞书院，已差补职事学生入洞管干讫。今按《江南野史》，本洞旧制，洞主之外，更有堂长名目。今睹学录杨日新年德老成，在洞供职，纪纲庶事，表率生徒，绩效可观，合行敦请，须至给帖者。
>
> 右给帖付贡士杨日新，准此充白鹿洞书院堂长职事。
>
> 淳熙七年九月日帖

斋谕及书院堂长，本是民间组织的负责人，但又在地方官府的管理之下。这类人员的任免，不必经朝廷的敕命指挥，地方官府行帖处理即可。

对于无须经朝廷敕令任命的基层军队长官，地方机构亦可直接出帖管理。北宋熙宁九年（1076）四月，茂州蕃部侵扰，知成都府、成都府·利州路都钤辖蔡延庆多方筹措应对。蔡延庆在四月末上奏称，"臣累牒保、霸州领所部兵策应"而"霸州不来"。同年八月，成都府、利州路安抚司言："知霸

---

① 中国社会科学院历史研究所宋辽金元史研究室点校：《名公书判清明集》卷1《官吏门·奖拂》，北京：中华书局，1987年，第18页。

② 朱熹：《晦庵先生朱文公别集》卷9，朱杰人等主编：《朱子全书》第25册，上海：上海古籍出版社，合肥：安徽教育出版社，2002年，第4999页。引文已调整文书格式，与点校本不尽相同。

州董永锡疾病,乞以牌印付长子孝忠,本司已依例给帖,令权管勾。"① 霸州是成都府路威州所领羁縻州之一,安抚司对其官员的任免具有权宜处分的权力,故"给帖"令董孝忠权管勾霸州事务。

又据《长编》记载,宋哲宗元祐七年(1092)八月朝廷下诏:

> 河东、陕西弓箭手,自今应排转、承袭、承替、补职付身文字,除十将以下从经略司一面给帖外,余悉令兵部勘当,上枢密院。都虞候以上降宣,指挥使以下降朝旨,令经略司给牒。②

这条诏令涉及"弓箭手"组织内部的迁补等事务,"十将"以下,经略司可自行给帖处置;其他层级者则须经兵部"勘当",再由枢密院定夺。

通常认为,帖是一种下行公文,在具有"统摄关系"的机构间行用。经过上文的讨论,我们可进一步补充完善此认识:宋代地方官府行帖指挥公事,并不严格受统属关系的制约。也就是说,帖文"自上而下"运行的方式相当灵活,既可在地方行政层级中逐级下达,也可越级发送,甚至传达到民间组织和个人。

(二)帖与文书勾追

一般而言,地方官府的文书行政有按部就班的处理程序。据李元弼《作邑自箴》记载,县收到"上司帖、牒,逐司置一牌,长尺许,前刻曰'某司帖牒',后贴纸一幅,逐一自书,了即勾押,当挂目前"③。下级官府对上司帖、牒的处理,采取自"置牌"分类到"了即勾押"的程序化操作方式,但这种规范有序的文书作业,并不能等同于文书行政的有效运行。下级在执行政务的过程中,难免发生响应不及时、拖延迟滞的情况。因此,上级官府往往需要反复督责催促。

邓小南先生指出,在宋代地方行政中,以行移文书等方式进行勾集追呼

---

① 《长编》卷277,熙宁九年八月甲午条,第6776页。
② 《长编》卷476,元祐七年八月己巳条,第11346—11347页。引文与点校本句读略有不同。
③ 李元弼:《作邑自箴》卷2,张亦冰点校,《宋代官箴书五种》,北京:中华书局,2019年,第14页。

是一项主要的督催手段①。前引敕牒碑刻的文书内容即显示,宋代地方官府在出帖转发上级公文时,除了誊录原文,往往会附加催办督促相关事务的批示。另外,从文献记载可见,地方官府督办下级事务的"文书勾追",行帖是一种常见的手段。南宋赵升《朝野类要》载,官府行移中有"官帖子",主要用于"上司寻常追呼下司吏属,只以片纸书所呼叫因依,差走吏勾集"②,正是利用帖便于行用的特征。这类用于勾追事务的帖文,其行用机制,与前文由石刻材料观察到的帖文特点是一致的。但其具体面貌如何,尚无实物资料为证。目前只能通过文献记载,考述这类帖文在文书勾追中的作用。

司马光《涑水记闻》记载:

> (种世衡)尝知武功县,用刑严峻,……人亦服其威信,或有追呼,不使人执帖下乡村,但以片纸榜县门,云:"追某人,期某日诣县庭。"其亲识见之,惊惧走告之,皆如期而至。③

司马光记载此事,恐怕是为了凸出种世衡特有的施政风格及吏干手段,而我们注意到,官府派人"执帖下乡村",应是地方行政中常见的"追呼"方式。北宋熙宁年间施行保甲法后,曾罢耆长、户长、壮丁,以罢耆、壮钱招募承帖人,其职责是"主承受本保文字"④。承帖人除了承接、传递包括帖在内的诸多地方文书,还承担勾追的职责。如宋神宗元丰六年(1083),河北提举保甲司曾上奏,"乞应合系本县于本都保追呼公事,止责承帖人计会追呼,毋令亲身勾当及管解赴县"⑤。对于那些勾追刑讼案犯的帖文,为保密起见,官府会将帖文等相关文书纳入匣中,作专案处理。《名公书判清明集》所载判词中,即有"断讫,并入匣,帖通城县追黄汉龙赴司,拆案勘断","匣帖弋阳,追上

---

① 邓小南:《南宋地方行政中的文书勾追——从"匣"谈起》,《张广达先生八十华诞祝寿论文集》,台北:新文丰出版股份有限公司,2010年,第469—502页,后收入氏著《宋代历史探求:邓小南自选集》,北京:首都师范大学出版社,2015年,第308—339页。
② 赵升:《朝野类要》卷4,王瑞来点校,北京:中华书局,2007年,第85页。
③ 司马光:《涑水记闻》卷9,邓广铭、张希清点校,北京:中华书局,1989年,第170页。
④ 《长编》卷263,熙宁八年闰四月乙巳条,第6436页。
⑤ 《长编》卷332,元丰六年正月乙未条,第8001页。

方千七勘问"等记载①。

行帖勾追，代表的是上级施加催督的重重压力，在这种情况下，下级官府催逼百姓交纳赋税或者调查刑狱案件，往往只得以强制的方式粗暴执行。《长编》记载，至道三年（997）李应机知咸平县时，开封府尹赵恒（即宋真宗）"遣散从以帖下县，有所追捕，散从恃王势，欢呼于县庭"。对于有恃无恐的散从，李应机怒曰："汝所事者王也，我所事者王之父也，父之人可以笞子之人，汝乃敢如此！"并杖之二十②。此处开封府下发给咸平县的帖，即用于"追捕"之类的勾追事务。这类事务给地方带来的侵扰，恐怕不仅是"散从恃王势"造成的特殊情况，更是宋代地方行政中的痼疾。

《国朝二百家名贤文萃》收录了著者题为"徂徕先生"（石介）的《择守令》一文，其中下篇概括了州县蛮横操作"赋敛征役"的情景：

> 郡守、县令不贤，则一尺之赋，倍取犹不已；十钱之敛，百钱犹不足；一人之役，五人犹不充，此所以咨嗟而怨生也。当时，郡县吏操符帖下村，要（腰）带刀，手执棒，张气使酒，往来闾里中，咄辱老人，呵禁妇女。③

这段文字勾勒出州县赋役催征时吏人强取豪夺、张扬跋扈的形象。"郡县吏操符帖下村"，说明此类事务的督办以符帖公文为依据，而吏人行为不端，即会滋扰乡里。正如陆游《夜闻蟋蟀》诗云："布谷布谷解劝耕，蟋蟀蟋蟀能促织。州符县帖无已时，劝耕促织知何益？"④

实际上，不少基层官员清醒地认识到行帖勾追给民间带来的侵扰，不过，也只能以调整勾追方式来尝试纠正这类行政弊端。《作邑自箴》收录了一则知县约束耆长、壮丁的榜文，其中即规定"受县帖勾人，凡两名已上，须约定日时同共出头，即不得先后勾追"⑤。同书又载，县司在"夏秋税起催"前须

---

① 中国社会科学院历史研究所宋辽金元史研究室点校：《名公书判清明集》卷7《双立母命之子与同宗之子·提举判》、卷14《禁约贩生口》，第223、550页。
② 《长编》卷41，至道三年四月甲辰条，第864页。
③ 佚名编：《新刊国朝二百家名贤文萃》卷32，《续修四库全书》影印国图藏宋庆元三年书隐斋刻本，上海：上海古籍出版社，2002年，第1652册，第583页。
④ 陆游著，钱仲联校注：《剑南诗稿校注》卷21，上海：上海古籍出版社，1985年，第1621页。
⑤ 李元弼：《作邑自箴》卷7，第44页。

出一《知县事榜》,其中特别强调:

> 税物终须要纳,若候官中勾追,已是过时,猝难办集,转见费力。县司今来除给帖付户长外,更不别差人下乡催促,恐生搔扰。①

在催缴赋税的压力下,这类局部的改进恐怕终究于事无补。朱熹知潭州时,曾撰《约束榜》,对于追索事务的日程时限也有明确的应对和措置,其文云:

> 词状、帖、牒下外诸县者,索案除程一日,追人除程两日。五人以上,去县百里以上者,除程三日。案官酌定日限,案吏朱批某月某日限满。申展者,都厅先次类聚呈押。一日者不展,两日者许一展,三日者许再展。再展而不到者,都厅指定帖某、巡、尉差人追呼,呈押行下。②

榜文中对不同性质的政务规定了办理时限,甚至对宽限日期也有明确规定。万不得已之时,仍得出帖派专人亲自督办。

基层官员行文书勾追公事,催驱百姓,而与此同时,他们自身也是上级"勾追"的对象,承担层层下压的追讨任务。胡太初《昼帘绪论·催科篇》记载:

> 今之作县者,莫不以催科为先务,而其弊有不胜言者。最是乡胥走弄,簿籍漫漶。不惟驱督不登,县受郡之责;抑亦逼抑过甚,民受官之害。③

行移督责,对身处上下之间的基层官员而言,无疑苦不堪言。刘克庄在《祁阳县》诗中生动地描绘了这种心态:

> 入境少人烟,寒江碧际天。小留因买石,久立待呼船。
> 笛起渔汀上,鸥飞县郭前。若无州帖至,令尹即神仙。④

可以想见,由帖承载的文书勾追,长期成为地方官员难以摆脱的行政压力。

总体而言,行帖是宋代地方官府下达政令的重要手段,用于处理日常行

---

① 李元弼:《作邑自箴》卷8,第50页。
② 朱熹:《晦庵先生朱文公文集》卷100,第4630页。
③ 胡太初:《昼帘绪论·催科篇》,闫建飞点校,《宋代官箴书五种》,第181页。
④ 刘克庄:《后村先生大全集》卷5,《四部丛刊初编》影旧钞本,叶14b。

政中繁简不一、急缓各异的种种细务。行用范围广、运行便捷的帖文,虽然适于及时处理诸多事务,但就其承担的文书勾追的实施效果而言,政务运作的实态,显然不是一纸帖文所能完全反映的。

三、结语

归纳全文讨论,宋代帖文的书写、制作及相关政务处理的方式,体现了文书行政的发达,不可否认具有理性行政的色彩。帖的文书形态承载了宋代官僚制度的特色,具有灵活便利的特征,在地方行政特别是日常政务中展现了极大的适应性,这也说明等级明确的行政体制内部依然存在适度的韧性空间。我们也看到,行帖勾追所代表的督责手段未能对既有行政体制"执行难"的弊病带来实质性改变,甚至逐渐沦为新的"文具"。主事者除了调整督责方式,或不断发明新的督责手段,似乎别无良方[①]。在集权体制的笼罩之下,地方行政运作中渗透着"尊奉"与"唯上"的气息,面对上级行政逼迫的层层下压,本该起到督责事务办理、提高政务运作效率的"文书勾追",不仅难以有效起到催驱督办的作用,反而进一步恶化了地方行政的困局。

另外,结合既有研究和本文论述,我们观察到,唐宋时期的帖文在形态和行用等诸多方面都极具延续性。以文书行政为切入口,突破王朝断代的限制,从较长时段探讨中国古代日常政务的运作方式,应是一种新的研究可能性。

修订后记:

本文原刊《文史》2019年第2辑。此次修订,恢复发表时删去的部分内容,补充了数则资料,部分征引文献的版本采用了较新较好的整理成果,并参考论文集审稿人意见调整了相关表述,但全文基本观点并未改动。又,根据论文集要求,调整了注释体例。

[①] 参见邓小南:《南宋地方行政中的文书勾追——从"匣"谈起》"余语",《宋代历史探求:邓小南自选集》,第337—339页。

宋代官印行用考

周 佳

一、问题的提出

文书是宋代政务运行的重要载体,而官印是官文书的重要组成部分。宋代官印事务由尚书省礼部掌管[①],南宋绍熙元年(1190),礼部侍郎李巘上疏建议朝廷整顿州县官印使用情况,他在奏疏中说:"文书有印,以示信防奸,给毁悉经省部,具有条制"[②],这句话概括了官印在当时的两个主要政治功能:一是在官文书上钤盖官印,作为鉴定文书真伪的重要凭信;二是官印一律由中央授予和销毁,以保证政令一出于政府,权力统归于中央。

宋代官印使用广泛,在行政运作中十分重要,但是学界相关研究却较为薄弱。据笔者所见,目前主要集中在以下三个方面:一是发表在各种文物、

作者单位:浙江大学古籍研究所

① 《宋史》卷116《职官志三》云:"礼部……若印记、图书、表疏之事皆掌焉";"印记则关礼部"。北京:中华书局,1977年,第3851、3862页。

② 《文献通考》卷115《王礼考十》,北京:中华书局,2011年,第3543页。

考古类期刊上的考古报告，重在介绍各地出土宋代官印的形制、印文，并利用文献对印文进行简单考释，这类报告一般篇幅较短，以资料介绍为主。二是鉴于两宋官印研究在书画鉴藏史上具有重要的断代意义①，艺术史学者会利用存世书画上的宋代官印来考订书画的年代归属及其流传真实性，这方面研究以王裕民、彭慧萍为代表②。三是对宋代官印制度的研究，以曾广庆、片冈一忠、高慧为代表。曾广庆较早对宋代官印的等级、形制、分期、铸造管理机构、管理制度等整体情况予以概述③。其后日本学者片冈一忠对两宋官印的种类、形制、制作、授予、使用、销毁、随葬、惩罚等情况进行较全面的梳理，并收录宋代官印钤图33幅④，该文几乎涵盖宋代官印管理制度的各个方面，但深入性略显不足。高慧的新近研究重点是收集到传世及出土宋代官印钤图168幅，并利用文献对其进行分类考订⑤。

可以看到，学界对宋代官印的研究，目前主要集中在资料介绍、年代考订、书画鉴定等文物考古和艺术史研究领域。至于官印制度的研究，不仅起步较晚，成果较少，而且大体止步于条文梳理和印文考订层面，与其他断代尤其秦汉至隋唐官印研究相比，对制度框架下宋代官印实际使用情况的考察尤其欠缺。

学界对宋代官印制度研究不足，其原因是多方面的。首先是材料的缺乏。中国古代官印遗存主要有两类：一是印章实物；二是印痕，包括简牍上的封泥和纸帛上的印钤两种⑥。近代以前，印章研究主要由金石学家或篆刻家完

---

① 彭慧萍：《存世书画作品所钤宋代"尚书省印"考》，《文物》2008年第11期，第77—93页。
② 王裕民：《快雪时晴帖钤印的新发现——宋代官印研究一》，《故宫文物月刊》第15卷第3期，1997年，第110—117页；《试论平安何如奉橘帖上的"平海军节度使之印"——宋代官印研究二》，《故宫文物月刊》第15卷第4期，1997年，第76—83页；《宋朝三省官印初探——宋代官印研究三》，《故宫文物月刊》第15卷第5期，1997年，第70—85页。彭慧萍：《两宋宫廷书画储藏制度之变：以秘阁为核心的鉴藏机制研究》，《故宫博物院院刊》2005年第1期，第12—40页；《存世书画作品所钤宋代"尚书省印"考》，《文物》2008年第11期，第77—93页；《两宋"尚书省印"之研究回顾暨五项商榷》，《故宫博物院院刊》2009年第1期，第44—59页。
③ 曾广庆：《宋代官印制度略论》，《中原文物》2000年第5期，第52—58、62页。
④ 片冈一忠：《五代、宋时代の官印制度》，《历史人类》第36号，2008年3月，第204—131页。
⑤ 高慧：《宋代官印研究》，西北大学硕士学位论文，2010年。
⑥ 程义：《唐代官印的初步研究》，《考古与文物》2003年第1期，第75—82页。

成，受"印宗秦汉"观念影响，当时除秦汉以外的印章研究均不受重视。从清代中期开始，才陆续有学者著录隋唐官印①。清末民初，罗振玉有感于"收隋唐以来官印者至罕"而编《隋唐以来官印集存》，其中收宋代官印印钤48幅②。但是此后"印宗秦汉"的局面并未改观，直到20世纪30年代，金石学家王献唐仍称当时"宋元印集，今多不传，有亦寥寥数十钮，不敷分代"③。1949年后，各地陆续出土的宋代官印时有报告，但是与秦汉至隋唐官印和封泥集中、成批的考古发现相比，出土的宋代官印均呈零散、个别状态，尚无法拉动宋代官印研究的系统、深入开展。

其次是文书研究议题的带动不足。官印主要用于官文书的封检和钤盖，简牍、敦煌和吐鲁番文书的集中出土，为秦汉至隋唐文书研究提供了大量实物，简牍上的封泥和文书上的印钤，也为这一时期官印实际使用情况的研究提供了丰富样本。相对而言，保存至今的宋代公文书原件很少，宋代文书研究近十几年才开始兴起，起步较晚，遑论文书中官印这一细节的研究。

最后，也是最主要的一点，是宋代官印研究一直受到"宋承唐制"框架的束缚。据笔者所见，王献唐在20世纪30年代最早提出，中国古代官印体制分为秦汉、隋唐两大系统。隋唐官印为前后变革之总枢，其主要变化在于：官印用法由简牍封检变成纸张钤印，相应地，官印体积不断增大，印文由阴文改用阳文；官府正印从官名印变成官署印，官印不再由官员随身佩戴，而由本机构历任官吏沿袭使用④。隋唐官印体制形成后，"宋因唐制……自后元明至今，体制相承"⑤。此后学界踵继此说，遂成定论，通史类论著和断代研究均详唐而略宋，凡涉及宋代官印制度，多用"宋承唐制"简单带过，不复深究。

宋代官印是否沿袭唐制而无太大变化？恐不尽然。以下笔者选取4组不同行政级别的唐宋官印印钤作一对比。（见图1至图4。图片出处附文末）

---

① 程义：《二十世纪隋唐官印研究的回顾与展望》，《中国国家博物馆馆刊》2006年第3期，第73—80页。

② 罗振玉：《隋唐以来官印集存》，1916年，京都大学文学研究科图书馆藏。

③ 王献唐：《古印字体例释》，氏著《五镫精舍印话》，济南：齐鲁书社，1985年，第332页。

④ 王献唐：《官印大小之变迁》《补汉印字数例》《官名官署印制之变迁》，氏著《五镫精舍印话》，第156、330—331、388—420页。

⑤ 王献唐：《官名官署印制之变迁》，氏著《五镫精舍印话》，第409页。

图 1-1　唐"中书省之印"　　图 1-2　宋"中书门下之印"

图 2-1　唐"沙州节度使印"　　图 2-2　宋"岳阳军节度使之印"

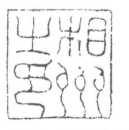 

图 3-1　唐"相州之印"　　图 3-2　宋"临安府印"

图 4-1　唐"会稽县印"　　图 4-2　宋"平定县印"

说明：本文限于页面篇幅，印钤插图均缩小，不是原始尺寸。

对比上述四组唐宋印钤，可以直观感受到：与唐印相比，宋印边框加粗，字体改小篆为屈曲叠篆，笔画变粗并布满印面。这种视觉效果上的变化，一方面增强了统治者的威严神秘感[①]，另一方面在实用性上也更加充实、稳定、耐用。图 1-1 和图 1-2 因为同属中央决策机构，印文及边框的粗细区别尚不明显。图 3-2 因为临安府是南宋首都，地位较高且政务繁冗，所以临安府印边框和文字尤粗有其特殊原因。但总体来讲，宋代官印印面这种"加粗、繁复"的变化趋势是存在的。北宋后期官员张舜民已经注意到这一点，他在笔记《画墁录》中说道：

> 唐印文如丝发，今印文如箸。开封府、三司印又尤麄，犹且岁易，以此可见事之繁简也。[②]

南宋学者周煇在《清波杂志》中也提到这个现象：

> 顷见唐人官告，印文细如丝发，本朝印文麄厚。漫洇迟速虽（按：校注本注释云"虽"字疑"唯"字之误）系官府事之繁简。旧传唯三司、开封为省府，事最繁剧，所用印岁一易。今学士院印乃景德年铸，在京百司所用无如此久者。[③]

张舜民和周煇认为，宋代官印印文比唐印加粗的原因，是宋代官府日常政务量增多，官方文书、凭证之类相应增加，官印使用更加频繁，所以要求印文更加经久耐用。由印的更新速度也能看出诸司政务繁剧程度：三司、开封府事务最繁，每年均需更换官印；学士院事务较少，其官印磨损较小，因此可以从北宋真宗朝一直使用到南宋。

唐末五代至宋初的制度变化，导致官印使用范围扩大，至宋代史料中，开始大量出现与官印有关的词汇，如：印纸、印历、印状、印榜、印契、印钞、印札子；白钞、白状、白帖子；打印、送印；印押圆备、签印已圆，等等。除了官府文书需要用印之外，北宋开始，朝廷还非常提倡在民间建立契约关系，这些契约需经官府认证并盖上官印后才能生效，将来出现纠纷，官府就凭印

[①] 参见萧高洪：《官印用篆及其演化的文化考察》，《江西社会科学》1989 年第 S5 期，第 41—44 页。

[②] 张舜民：《画墁录》，《全宋笔记》第 2 编第 1 册，郑州：大象出版社，2006 年，第 215 页。

[③] 周煇撰，刘永翔校注：《清波杂志校注》卷 1 "印文"条，北京：中华书局，1994 年，第 26 页。

契判决。《名公书判清明集》记录了大量南宋民事案件的判词，其中大多数案件的判定依据就是盖有官印的契约文书。正如其中一例判词所言："即非经官印押文字，官司何以信凭？"① 这些史料记载反映出，随着宋代中央集权和地方统治力度的加强，以及文书行政比重的提高，相应地，官印的使用范围扩展，使用频率提高，使用方式更加多样。与此同时，宋代朝廷对官印的管理也更加严格，"凡伪造印记再犯皆不至死者，亦从绞刑"②，即入死罪。即使大赦天下，犯"伪造符印"罪者也往往与"十恶"并列，不在赦免之列，必须"论如律"即按律处死③。

上述现象提醒我们注意：尽管宋代官印在形制上从属于"隋唐印制"，但是由于制度环境和政治现状的改变，官印的实际使用情况已发生较大变化。因此，研究宋代官印，不能仅仅孤立地讨论官印形制本身，而应该将它还原到具体政务环境中去考察其实际使用情况。

有鉴于此，本文将制度条文与政务实例相结合，来考察宋代官印在当时如何被使用，以及为何这样使用。具体讨论涉及"以官署印为主"、知印权、节度使印三个小问题。

二、何谓"以官署印为主"和"知印权"

自王献唐提出"前此（按隋唐以前）以官名印为正印，其无正秩者始刻官署印。唐宋以后，以官署印为正印，其无官署者始刻官名印"④ 之后，"先秦两汉以官名印为主，官署印为辅。隋唐以后以官署印为主，官名印为辅"

---

① 《名公书判清明集》卷5《物业垂尽卖人故作交加判》，北京：中华书局，1987年，第153页。
② 李焘：《续资治通鉴长编》（以下简称《长编》）卷217，熙宁三年十一月戊申条，北京：中华书局，2004年，第5280页。
③ 据笔者所见，北宋自真宗时开始经常"大赦天下""赦天下系囚"，但诏书中往往注明"惟十恶、劫杀、谋杀、故杀、斗杀、盗官物、伪造符印、官典犯赃，论如律"，或"除十恶、已杀人、官典犯赃、盗官物、持仗放火、伪造符印外，咸除之"字样。此条一直沿用至南宋后期。
④ 王献唐：《官名官署印制之变迁》，《五镫精舍印话》，第388页。

这一观点基本成为学界定论①。所谓秦汉印制以官名印为主，主要是说：当时二百石以上长吏由国家统一除授，并颁官名印以佩戴使用，印方寸，又称"通官印"；百石以下少吏由各官署自行辟除，非国家任命，故无专授官名印，各个官署所有百石以下少吏只能共同使用一枚官署印，大小为通官印的一半（长方形），又称"半通印"②。所谓隋唐印制以官署印为主，主要是说：隋唐以后凡有官府正式组织者，均以官署印为正印；各僚属或临时差遣而无官署者，给官名印③。

宋代官印按等级分：一曰"宝"，专称君主玺印，材质用玉或金；二曰"印"，是各官署、官员所用印，三省、枢密院用银，六部以下用铜，主要以印面尺寸大小区分等级；三曰"记"或"朱记"，材质也用铜，尺寸略小于"印"，一般颁给僚属、地方职司、诸军将校等使用。另外，宋代规定"寺观及士庶之家所用私记，今后并方一寸，雕木为文，不得私铸"④，将官印和民间用印在材质、尺寸上做出明确区分。

宋代官印按印文内容分，主要有三类：一曰"官署印"，如"中书门下之印""临安府印""估马司印"等；一曰"官名印"，如"河西节度使之印""提举太史局印""建炎谏官之印"等；一曰专用职能印，如"尚书吏部告身之印""礼部贡举之印""礼部名表之印""西和州宕昌买马之印"等。

从来源上讲，宋代所有官印均须向中央礼部申请铸造颁赐，这表示所有权力均来自中央。从数量上讲，一则两宋始终存在大量使职差遣，或是临时，或无常设官署，只能授官名印；二则从现存实物和印钤看，僚属和军中将校所用基本都是官名印。因此，宋代官名印的总数未必少于官署印，等级也未必低于官署印（如"节度使印"）。那么，宋代以官署印为主、为正印，这句话应该作何理解呢？

一般来说，宋代凡新设一机构，必"建局置印"即颁授相应的官署印；

---

① 参见叶其峰：《战国官署印——兼谈古玺印的定义》，王人聪、游学华编：《中国古玺印学国际研讨会论文集》，第15—30页。

② 参见汪桂海：《汉印制度杂考》，《历史研究》1997年第3期，第82—91页。

③ 参见王献唐：《官名官署印制之变迁》，《五镫精舍印话》，第414—415页。

④ 《宋史》卷154《舆服志六》，大中祥符五年，第3591页。

若机构撤销,官署印也同时缴纳礼部。官署印名义上由中央颁授,但手续上需要新设机构先向中央打报告申请,申请奏状上一般要说明申请官印的印文及其用途。孝宗乾道二年(1166),为编修实录而在国史院下新设实录院,负责官员洪迈在奏状中写道:

> 行移文字以实录院为名,就用国史院(记印)〔印记〕。①

因为实录院隶属于国史院,修实录的官员也直接以国史院现有官员充任,所以洪迈认为没有必要新铸官署印,实录院的"行移文字"直接钤盖国史院印即可。

宋代文书在形成、流转过程中产生不同的文书形态,有"检",有"行移文字"。"检"是本机构留档备查的公文存本;"行移文字"是正式发送给其他机构的公文正本,是已经签发的正式文件,具有法定效力②。"行移文字"必须"印押圆备,方得给发"③,即文字内容审核无误后,长官及相关僚属依次系衔签押,最后钤盖发文机构的官印,才能发出。钤盖官印是"行移文字"发出前的最后一道关卡,宋代规定"诸官文书印年月日及印封","若官文书脱误者,咨长官改正,其事理要切处皆用印"④,即文书行文中涉及年月日、修改、紧要文字以及封口处,都要钤盖官印。中央重要部门的日常文书收发量较大,还会专门委派官吏负责"对读印押""点对印押"⑤,即在公文发出前、收到后,检验其中的签押、官印是否完整、真实、正确。可以说,宋代常设机构用于发布命令、裁决政务的"行移文字",必须要钤盖官印才具有效力,而这枚官印,就是本机构的官署印。

据《宋会要辑稿》记载,仁宗天圣六年(1028)下诏规范都进奏院事宜,

---

① 徐松辑:《宋会要辑稿》职官18之66,刘琳、刁忠民、舒大刚、尹波等校点,上海:上海古籍出版社,2014年,第3517页。

② 参见刘江:《宋朝公文的"检"与"书检"》,《北京大学学报(哲学社会科学版)》2012年第3期,第129—139页。

③ 《宋会要辑稿》职官1之64,第2972页。

④ 《庆元条法事类》卷16《文书门一·文书·令·文书令》,戴建国点校,收入杨一凡、田涛主编:《中国珍稀法律典籍续编》第1册,哈尔滨:黑龙江人民出版社,2002年,第345页。

⑤ 《宋会要辑稿》职官3之22,第3038页;10之33,第3296页。

其中专门强调：

> 其进奏官合用随身朱记，只令于本院内行使，不得将出外取用。①

都进奏院总领天下文书邮递，进奏官职任较重，所以每人单独授给官印（即"随身朱记"）一枚，但仅限于本机构内部使用，"不得将出外取用"既指空间上不能携带出本机构使用，也意味着这枚官印的权限仅限于这名进奏官个人。另据《却扫编》记载：

> 熙宁三年（1070），乃复以皇城使、端州团练使李绶充副都承旨……未几，又请铸印。诏止许印在院文字，不得别用。以"枢密承旨司印"为文。②

枢密院承旨司是枢密院下属办事机构，掌理枢密院诸房公事③。李绶担任枢密院副都承旨后，可能因为事务繁杂，用印频繁，所以申请专门铸造了一枚"枢密承旨司印"用于处理日常政务。但是，朝廷特别申明，这枚官印只能用于钤盖枢密院内部文书，不能用于"行移文字"，即没有对外发布命令的权力。

上面两则事例反映了宋代的一个普遍情况：对于常设机构来说，只有"官署总印"才能用于正式对外发布的"行移文字"，才具有发布命令、裁决政务的效力。机构僚属个人使用的"官名印"和机构内各子部门使用的"子司印"④，都不具备这个效力。当然，有两种情况除外：一是临时差遣，事毕即罢，时间较短，比如临时派往国外的使者、接待外国使者的国信使和接伴使、三年一次的知贡举等，一般由负责官员向礼部临时借用一枚"奉使之印"，任务完成后交还礼部⑤。在差遣过程中如需发行移文书，就钤盖这枚"奉使之印"。比如孝宗淳熙七年（1180），权礼部侍郎齐庆胄被委派"皇子魏王护葬官"这

---

① 《宋会要辑稿》职官 2 之 46，第 3014 页。
② 徐度：《却扫编》卷下，《全宋笔记》第 3 编第 10 册，郑洲：大象出版社，2008 年，第 168 页。
③ 参见龚延明：《宋代官制辞典》"枢密院承旨司"条，第 106 页。
④ 机构内各子部门使用的官印，从印文讲，也是"官署印"，但是为了与本机构官署总印相区别，本文暂称之为"子司印"。
⑤ 《庆元条法事类》卷 5《职制门二·奉使·敕·职制敕》，《中国珍稀法律典籍续编》第 1 册，第 46 页。

一临时差遣,他接受任务后,立刻上奏请示相关事宜,其中就提到"所有随行申发行移文字"需要向"礼部关系奉使印一颗行使"①。又如真宗大中祥符元年(1008),为举行封禅,任命宰执王旦、王钦若、冯拯、陈尧叟、赵安仁分别为大礼使、礼仪使、仪仗使、卤簿使、桥道顿递使,因为这是重大典礼,所以没有借用礼部奉使印,专门铸造"封禅五使印及经度制置使印给之"②,又因为是临时差遣,没有常设机构,所以授予的是官名印。再如徽宗政和八年(1118)下诏:

> 诏诸路漕臣提举神霄玉清万寿宫,铸造铜印一面给付,以"提举某路神霄玉清万寿宫印"为文。③

徽宗时,全国盛行修建神霄玉清万寿宫,多以路、州级长官兼管④。负责官员各有其本职工作和所属机构,本来不需要为宫观官一职专门铸造官印,朝廷为增重其事,特别颁赐官印,但这些宫观官是兼职,没有机构,所以只能授予官名印。另一种情况是,虽然设有临时机构,但隶属于某常设机构,或临时机构任务完成就撤销,存在时间很短,铸印需要成本和时间,此时没有必要专门铸造一枚官署印,如有行移文书,一般就借用上级常设机构或临近机构的官署印。比如前文所举孝宗乾道八年(1172),为编修实录而在国史院下临时设立实录院,"行移文字以实录院为名,就用国史院(记印)〔印记〕"⑤。遇到上述情况,一般行移文书就只能用奉使印、官名印,或者借用上级主管部门的官署印。

至此可以看到,所谓宋代以官署印为主、为正印,主要是指:对常设、稳定的官僚机构来说,行移文书必须钤盖本机构的官署印(是官署总印,而非子司印)才具备法定效力,才能发出。即所谓"长吏亲阅用印,方得行使"⑥。

---

① 《中兴礼书》卷291《凶礼》"魏惠宪王"条,浙江大学图书馆藏清抄本。
② 《宋会要辑稿》礼22之3至4,第1112页。
③ 《宋会要辑稿》礼5之6,第566页。
④ 龚延明:《宋代官制辞典》"神霄玉清万寿宫使"条,第611页。
⑤ 《宋会要辑稿》职官18之66,第3517页。
⑥ 李心传:《建炎以来系年要录》卷159,绍兴十九年六月甲戌条,上海:上海古籍出版社,1992年,第2588页。

这就意味着,这枚官署印代表了本机构最高权力,即最终审核权、政务裁决权、命令发布权。相应地,宋代官员"知印权"中的"印",主要就是指这枚官署总印。

原则上讲,只有长官才有"知印权",即经过长官的最终审核、签押后,文书才能钤盖本机构的官署总印,然后发出。在这个意义上,也可以说,长官掌握着本部门最终的命令审核权、裁决权、发布权。有些重要机构的重要僚属,朝廷也会配给相应的官名印,但僚属的官名印在印文、行政等级、权力范围上受到限制,必须和长官所"知"的官署总印有所区别。

《宋会要辑稿》记载了神宗时的一道诏令:

> (熙宁)五年(1072)四月二十一日,诏铸诸路走马承受铜朱记,所有奉使印即拘收送纳。诸路走马承受旧例皆曰"某路都总管司承受公事",居是职者恶有所隶属,去"总管司"字,冀擅其权,因循已久。至是,上命正其名,仍铸朱记给之。①

宋初在地方设"都部署司",总管本路军马,英宗时改名"都总管司",为本路马步军都总管治所,其长官掌大帅统军实权②。同时,君主在内侍和三班使臣以上武臣中,选派亲信充任"走马承受公事"差遣,负责监察本路将帅、人事、军情等,每年一次赴京直达奏事,如有边境急报,则不时上闻,相当于君主耳目,所以位卑而权重③。因为是差遣,又是君主直接委任的使者,经常要向君主上奏章汇报,为方便考虑,专门给各路"走马承受公事"配备了一枚"奉使之印"。"走马承受公事"的全称是"某路都总管司承受公事",在行政等级上隶属于本路"都总管司"。按道理讲,官衔、官印、职权三者必须是一致、匹配的,但是"奉使之印"印文特殊,仅凭印文不好断定权限,所以"走马承受公事"们就钻了这个空子,在称官衔时去掉"某路都总管司"几个字,这样可以不受"都总管司"管辖,以君主直派使者的名义干涉本路军事。神宗将"奉使之印"全部收回,重新铸造"诸路走马承受铜朱记",印文从"印"

---

① 《宋会要辑稿》职官41之123至124,第4063页。
② 龚延明:《宋代官制辞典》"马步军都总管""都总管司"条,第442—443页。
③ 龚延明:《宋代官制辞典》"都总管司走马承受公事"条,第444页。

降为"朱记"。按照宋代制度,僚属所用官名印曰"记"或"朱记"。这样一来,印文和官衔全称匹配,明确显示出"走马承受公事"隶属于本路"都总管司",而非独立特派差遣,这枚"朱记"只能用于钤盖"走马承受公事"个人奏章,不能用于"都总管司"行移文书。官印的改换,保证了本路"都总管司"用于发布指挥、裁决军务的命令文书,只有钤印"都总管司"印才有效,军事指挥大权集中掌握在"都总管司"长官手中,走马承受公事只能奏报公事,不能干预边防军政。

《长编》记载了更早的、发生在太祖开宝八年(975)的一件事:

> 初,右谏议大夫段思恭知扬州,朝廷方欲经略江南,命思恭兼缘江巡检,出则委通判以州务。而思恭常挈印及鼓角金钲等自随,驿书自京师至者,辄令赍诣其所,事多稽缓。通判、右赞善大夫李苕不能堪,遂相与告讦。付有司鞫之,思恭词不直,丁巳,责思恭为太常少卿,苕为大理寺丞。①

段思恭是扬州知州,掌扬州州印。当时北宋为吞并南唐,命段思恭兼任"缘江巡检",要定期离开州衙外出巡视。巡视期间,朝廷准其将扬州州务委托给通判李苕处理,按照道理,扬州州印也应该一并移交李苕,但段思恭不肯放权,随身携带州印,这样一来,李苕处理完政务后,还要将文书送到段思恭处钤盖州印,才能发出,导致扬州政务"事多稽缓",尤其与中央之间的文书往来严重拖延。通判李苕向中央申诉,二人均受责罚。

李苕身为通判有没有自己的官印可用呢?史料没有记载,但南宋嘉定十二年(1219)的一则记载可以说明问题:

> (嘉定十二年)四月六日,通判雷州石应孙放罢。以守臣偶遭论罢,应孙不候省札及上司公文,遂用通判印记权领州事;纵悍仆干预郡事,贿赂公行。从广西诸司请也。②

雷州通判石应孙被朝廷罢免,与他贪污受贿、纵容手下有关,但还有一个重

---

① 《长编》卷16,开宝八年二月丁巳条,第335页。
② 《宋会要辑稿》职官75之21,第5083页。

要原因是他未经朝廷允许而擅自"用通判印记权领州事"。北宋前期（李苕）与南宋中期（石应孙）的通判，身份地位不同，在此不能简单类比。但石应孙一事能够反映出，即使通判有自己的官名印，也不能用来代替知州行使权力。只有知州掌握的本州州印，才具有本州裁决政务、发布命令的权力。

上述事例均反映出，对于宋代常设机构来说，僚属官印不能用于以本机构名义发布命令的文书，只有长官掌握的官署总印才有这个权限。"知印权"在很大程度上，意味着掌握了本机构的最终审核权、政务裁决权、命令发布权。正因如此，开宝六年（973），太祖"诏参知政事与宰相赵普分知印、押班奏事"[1]之举，才会被认为意在分宰相之权。

"知印权"如此重要，以至于早在唐代，就有人把"某机构长官"直接称之为"知某机构印"。比较早的一个例子，是中唐诗人姚合曾出任某县县令，他在诗中写道："今朝知县印，梦里百忧生。"把"县令"直接等同于"知县印"[2]。魏延福在北宋太祖朝曾以泽州端氏县主簿权知县事，这段仕途在其墓志铭中被写作"守泽州端氏县主簿，三年主印"[3]。这种认知会影响到官衔的表述方式。比如《正德袁州府志》中收录有一篇南宋咸淳六年（1270）的碑刻文字，内容是度宗颁告各地的一篇《牧民训》，袁州官府将该文刻石立于衙署仪门处。在《牧民训》之前，有一段袁州长官萧安之写的跋文，也被一并刻录，跋文末尾题"朝散郎（寄禄官）、添差通判袁州军州（职事官）、兼管内劝农营田事（兼职）、赐绯鱼袋（章服）、暂护州印臣萧安之百拜恭书"[4]。萧安之的身份比较尴尬，他不是知州，而是以添差通判身份代理州务，所以他在署衔中特意加上"暂护州印"四个字，意在说明：他实际掌管州印，虽无知州之名，但有知州之实。刻石立碑是一件很郑重的事，碑刻将传之久远，所以其行文必定是严肃谨慎的。我们虽然不能仅根据这一事例就认为，"知印权"

---

[1] 《宋史》卷3，《太祖本纪三》，第40页。

[2] 顾炎武著，黄汝成集释：《日知录集释》卷9"知县"条，上海：上海古籍出版社，1985年，第537页。

[3] 魏用：《大宋故儒林郎守河中府猗氏县主簿魏府君墓志铭》，四川大学古籍整理研究所编：《全宋文》第7册，成都：巴蜀书社，1990年，第84页。原始出处：国家图书馆藏拓片，墓志3709。

[4] 《正德袁州府志》卷10《牧民训》，《天一阁藏明代方志选刊》(37)，上海：上海书店出版社，1982年。

在当时已经成为一种"官衔",但是,"知印权"可以被列入结衔并正式、公开地刻上石碑,说明这种表述方式在当时是被承认和接受的。

对于一名宋代官员来说,朝廷授予职务时会颁发任命文书(告身、敕牒),但是,真正上任时间是以"到任交割"为准,"交割官印"正是其中最重要的手续之一,在日后的磨勘考核中,任职后"第一考"也是从"到任交割"这一天开始算起的①。《宋会要辑稿》记载了北宋名臣文彦博的一件事:

> 元丰三年(1080),除太尉、判河南文彦博至河南,未交印,先就第庙坐,以见监司;既交府事,见监司、府官如例程。或以问彦博,彦博曰:"吾未视府事,三公见庶僚也;即交印,河南尹见监司矣。"②

又南宋淳熙十五年(1188),朝廷任命朱熹为兵部郎官,兵部郎官掌管兵部"四司郎官厅印记",但是朱熹上疏推辞,并坚决不肯进行官印交割手续,此举被认为是"拒违君命"而遭到弹劾。同僚叶适上疏替朱熹申辩,其中就说道:"所有郎官印记,(朱)熹既未供职,岂可受乎!"③文彦博和朱熹的事例反映出,在宋人观念中,官员(尤其是机构长官)即使已经拿到任命文书,也要等交割完毕、拿到官印后,才算真正上任。宋代史料中有许多类似"交印视事""解印归田"的表述,并非完全出自典故,也是有现实依据的。

宋代常设机构用于裁决政务、发布命令的行移文书,必须钤盖本机构的官署总印才能发出,这枚官印例由本机构长官掌握,是长官行使最终审核、政务裁决、命令发布权力时的工具和凭证,在长官到任、离任时进行交割。在这个意义上,可以说,官印的交割意味着职权的移交,各机构官署总印的交割更是意味着实际统治权力的转移,朝廷对此十分重视。宋代中央集权程度加强,表现在官印制度上就是"给毁悉经省部"④,即所有官印,无论级别

---

① 参见周佳:《南宋基层文官履历文书考释——以浙江武义县南宋徐谓礼出土文书为例》,《文史》2013年第4辑,第163—180页。

② 《宋会要辑稿》职官1之2,第2934页。

③ 叶适:《叶适集》卷2《辩兵部郎官朱元晦状》,刘公纯、王孝鱼、李哲夫点校,北京:中华书局,1961年,第17页。

④ 《文献通考》卷115《王礼考十》,第3543页。

高低，都必须向中央申请，由中央批准然后铸造、颁授。这表明，地方各级政府的统治权力都是由中央政府直接授予的，中央直接掌控地方，各地方政府长官直接向中央负责。

唐五代以来，铸造、颁授官印就被视为是"天子之权"。《旧五代史》记载，五代后梁开平二年（908）"两浙钱镠奏请重铸换诸州新印"①。当时钱镠虽已在吴越称王建国，但仍奉中原后梁为正朔，所以他想铸造新官印授予其统辖的各州，名义上仍然要向后梁申请。北宋前期统一战争过程中，凡吞并一个政权，必收缴其原有全部印、牌，然后重新以宋朝政府名义铸造新官印颁授，以显示宋朝对当地的统治权。两宋时期，对"官印一律由中央授予"这一点执行比较严格。南宋绍兴四年（1134），知枢密院事张浚被弹劾罢免，其中最重的一条"罪状"是：之前张浚在任川陕宣抚处置使期间，"新复州郡，乞铸印，（张）浚以便宜先给，而后闻于上"，这种行为被认为是"拟尚方而刻印""跋扈不臣之迹"②。当时朝廷南渡，正值战争动荡、风雨飘摇之际，官印大量散失，为安抚各地新收复州县，同时防止有人以旧官印伪冒使用，中央需要重新铸造新官印颁赐，但是南宋朝廷立足未稳，机构不全，没有能力大量铸造这些官印，所以暂时允许地方自己铸造，但在程序上，仍然需要地方先向中央打报告申请，经中央批准后再自行铸造，这样在名义上，所有官印仍然是由南宋中央授权颁赐的。川陕一带与南宋朝廷之间交通不便，张浚考虑到"请于朝廷，往返动经岁，恐失事机"，于是"用便宜指挥铸以给之，然后以闻"③，即先铸造、颁授了官印，然后再向朝廷请示批准。这种权宜之计在当时人看来，侵夺了"天子之权"，是非常不合适的。

两宋时期，不仅是官印的铸造和授予，官印交割也必须经过朝廷批准。

---

① 《旧五代史》卷4《梁太祖本纪四》，北京：中华书局，1976年，第63—64页。
② 《建炎以来系年要录》卷74，绍兴四年三月丁卯条，第1225页。
③ 朱熹：《朱子文集》卷95上《少师保信军节度使魏国公致仕赠太保张公行状上》，陈俊民校编，台北：德富文教基金会，2000年，第4603页。

唐末五代，中央政权衰落，经常出现地方州印自行交割的情况①，朝廷对这些地区统治权力的控制比较薄弱。宋代对官印交割的管理非常严格，"必得命而后交印"②。以州印为例，南宋淳熙元年(1174)诏令规定：

> 诸州军守臣罢黜，指挥到日，即将州印交与以次官，不得匿旨逗留。如违，仰监司及御史台觉察闻奏。③

这条诏令应当能体现两宋时期的普遍做法：即知州在收到调任文书的当天，就要把州印移交给次官(一般是通判)，不能再行使知州权力。比如朱熹在《辞免秘阁修撰状》中写道：

> 熹昨蒙圣恩，权发遣漳州事，在任陈乞奉祠，今月二十七日准尚书省札子，奉圣旨："依淳熙十六年(1189)正月二十三日指挥，除秘阁修撰，差主管南京鸿庆宫，任便居住。"熹已于当日望阙谢恩，将本州牌印职事，交割次官通判军州事高伉管干讫。④

朱熹时任漳州行政长官，这封上疏是要推辞新授"秘阁修撰"官衔的，任命文书已下，他可以推辞不接受新官衔，但是现任"权发遣漳州事"的职权必须立刻停止，所以他拿到文书当天就将州印、印牌一起移交给了本州通判高伉。

可是对于通判高伉来说，他也必须接到上级命令后，才能接收代管印、牌。南宋官员黄榦在《乞起离状》中就提到：他时任州郡长官，因为身患重病，向朝廷申请免除现任职务，拿到朝廷批准文书(省札)后，当日便将牌、印移交给次官"佥判刘宣教"，但这位签书判官刘某因为"(黄)榦所授省札亦

---

① 例如《旧五代史》卷82《晋少帝本纪二》记载："(天福八年)十一月……庚子，单州军事判官赵岳奏，刺史杨承祚初夜开门出城，称为母病，往青州宁亲，于孔目官齐琪处留下牌印，臣已行用权知州事。"(第1083页)同书卷134《杨行密传》记载："(杨行密)杀都将，自权州兵，郡将即以符印付之而去，朝廷因正授行密庐州刺史。"(第1779页)类似事件，在唐末五代史料中较常见。

② 黄淮、杨士奇编：《历代名臣奏议》卷198徐元杰奏疏，台北：台湾学生书局，1964年，第2617页上。

③ 《宋会要辑稿》职官47之39，第4287页。

④ 《朱子文集》卷23《辞免秘阁修撰状一》，第843页。

无交割与以次官明文,再三不肯接受"①。黄榦只好再向朝廷打报告,请朝廷再发明文,准许他将牌、印移交给金判刘某。这位金判刘某之所以如此谨慎,是因为按照宋代制度,"辄受牌印者,减罪人(即知官印者)一等"②。这在之前是有过先例的,比如北宋仁宗朝,襄州知州贾黯因为父亲突发重病,赶去探望,将州印委托次官通判胡揆临时代为保管。此事遭到御史弹劾,贾黯固然被降职处分,通判胡揆也被认为有"不待命而承领州事"③的过失之罪。

另外,如果地方长官身兼数任,同时掌握数枚官印的话,每一枚官印都要分开交割。例如"江南东路安抚大使、兼知建康府"李光在到任谢表中就说:"臣已于闰月十一日到江南东路界首交割安抚使司牌印,二十一日到建康府交割本府职事讫。"④"江南东路安抚制置大使兼知建康府"张守在到任谢表也说道:"臣已于今月二十六日到本路界交割安抚使印,二十九日交割府印讫。"⑤ 是为两例。

从上述州印移交事例中可以看出,宋代官印交割管理严格,每一枚官印都要分别交割清楚,官印移交双方都必须先得到朝廷明文指示,否则,不仅长官属于"仓皇解印,不忠之罪莫甚"⑥,随便接收官印的次官也会被减一等量罪。两宋之交,战乱频仍,中央朝廷四处迁徙,地方州府也面临沦陷的危险。据笔者所见史料,在这样动荡的局势下,城破前夕或危难之际,当然也有知州将州印移交给僚属,但还是有不少知州,无论逃离还是赴难,始终选择随身携带州印。南宋初期,陆续收复部分失地,如前文所举张浚被弹劾事例所显示,对新收复州府长官的任命以及州印的授予,名义上还是要经过中央批准。比如史料记载建炎二年(1128)三月:

> 是月,石壕尉李彦仙复陕州……吏行文书,请州印章,彦仙曰:"吾以尉守此,第用吾印,吾敢佩太守印章耶?"事闻,即以彦仙知陕州、兼

---

① 黄榦:《勉斋集》卷30《乞起离第二状》,《景印文渊阁四库全书》第1168册,第340页。
② 《长编》卷108,天圣七年五月辛巳条,第2514页。
③ 《长编》卷186,嘉祐二年八月乙巳条,第4486页。
④ 李光:《庄简集》卷13《谢知建康府到任表》,《景印文渊阁四库全书》第1128册,第568页。
⑤ 张守:《毘陵集》卷6《谢除知建康府到任表》,《丛书集成初编》本,第93页。
⑥ 《宋会要辑稿》职官75之21,第5083页。

安抚司事。①

在当时情况下,要表明陕州已被收复,就需要以陕州名义发布文书,并盖上宋朝政府颁授的陕州州印。李彦仙事实上已经执掌陕州政务,但他尚未被朝廷正式任命为"陕州知州",就不能"知州印",所以选择以原有"石壕尉"旧印代行"陕州州印"之权。这种"循规蹈矩"的做法,表明了李彦仙坚决尊奉南宋朝廷为中央的态度,所以南宋朝廷特授他"知陕州、兼安抚司事"一职。

两宋朝廷对于官印——尤其是各级行政机构官署总印的铸造、授予方面管理严格,宋代官员在官印交割方面也十分谨慎。其原因,归根结底,是因为官印是实际统治权力的行使凭证。官署总印尤其代表了本机构的政务裁决和命令发布大权,是本机构最高权力的象征。因此,宋代"以官署印为主、为正印"和机构长官"知印权"中的"印",主要就是指常设机构的这枚官署总印。

长官有"知印权",是出于"权力集中"考虑,但是大权在握,会不会导致一人独裁专断呢?"权力制衡"也是制度设计需要考虑的。宋代授予各机构和地方州府的官署总印,一般包括官印和一副印牌,官印由长官执掌,印牌交由专门官吏保管,凡需用印,"牌入印出、印入牌出"。中央重要部门还专门设有"印司""官印房""印簿",选择资历高、无过犯的吏人专门负责"监印""使印",每次用印都要记录在案,以备查验。另外,在文书签署上也有要求,朱熹在一封发给州县的牒文中曾说:

> 恭惟朝廷设官分职,等级分明,大小相维,各有承属。盖以一人之智,不能遍周众事,所以建立司存,使相总摄⋯⋯文字并须先经职官,次诣通判,方得呈知州,取押用印行下。又准淳熙令,诸县丞簿尉,并日赴长官厅或都厅签书当日文书。谓应行出者。窃详立法之意,盖欲一县之官同管一县之事,庶得商量详审,与决公事,不至留滞,民无冤枉。而比年以来,此法不举,所谓过厅者,不过茶汤相揖而退。其于县之财赋狱讼,

---

① 《建炎以来系年要录》卷14,建炎二年三月末条,第305页。

> 知县既不谋之佐官，佐官亦不请于知县，大率一出于知县一人、十数胥吏之手而已……今请诸县知佐详照条法，逐日聚厅议事，应受接词诉，理断公事，催督财赋，并要公共商量，签押圆备，然后施行。①

这份牒文应是朱熹任漳州知州时所发，牒文中提到，朝廷制度要求各州长官和僚属每天"聚厅议事"，"公共商量"。各州裁处政务、发布命令的每一份文书，都要具体负责官吏、通判依次签署，最后呈给知州签押，钤盖州印，然后才能发布施行。州县僚属虽然没有"知印"之权，但有文书签押的权力和义务，政务裁决过程中的"公共商量"，最后通过文书末尾的依次签押来体现。文书必须同时具备签押和钤印才具有法定效力，钤印体现了文书的信用、权威以及长官的"权力集中"；签押则体现了"权力制衡"和"集体商议"这一面。另一方面，也要注意到：朱熹在牒文中强调制度规定，恰恰是因为当地政务并没有按照这套制度来操作，而操作才是当时实际存在的政务常态。

一封行移文书如果在官员签押上有缺漏，即使钤印发出，接收机构检查到文书格式不完整，也不能执行。元丰六年（1083）"枢密院吏周克诚申乞修葺左右丞两位厅堂"，因为是小事，为图方便快速，尚书省左、右丞蒲宗孟、王安礼批状、签署、钤尚书省印后，直接发到工部。工部拿到批文，先要检验，发现两个问题：一是"不候押，先印发"，即缺少尚书省仆射的签字；二是"无付受格式"即没有按"经（都省）开拆房行下"这个规范路径发文。此事遭到御史弹劾，相关官吏都受到处罚②。在这件事中，未经长官签字而擅自钤盖官署印发文，是违规行为，这保障的是长官的"知印"权。但是同样道理，僚属的签署同样是文书格式中必不可少的部分。"签押圆备"是对权力"集中"和"制衡"的综合考虑。进一步的研究，需要将文书中的钤印和签押结合起来考察，这涉及另一大问题，本文不拟展开。

---

① 《朱子文集》卷100《州县官牒》，第4855—4856页。
② 《长编》卷337，元丰六年七月辛酉条，第8124页；卷338，元丰六年八月辛卯条，第8148页。《宋会要辑稿》职官66之24至25，第4838页。

三、节度使印

宋代虽以官署印为主,但如前所述,由于使职差遣的存在,官名印也为数不少。其中节度使印比较特殊,有必要专门予以介绍。

据《文献通考》记载:

> 宋因唐制,诸司皆用铜印……诸王、节度、观察使、州、府、军、监、县印,皆有铜牌,其长七寸五分,诸王广一寸九分,余广一寸八分。诸王、节度、观察使牌涂以金,刻文云"牌出印入,印出牌入"。①

北宋真宗咸平六年(1003),判礼部盛玄在奏疏中说:

> 今礼部给印不独百司,应节度、观察、防御、团练、刺〔史〕已上并给随身牌印一副。②

南宋孝宗乾道元年(1165),中书门下省上奏时也说:

> 所有宗室若臣僚除授正任团练使已上应给赐牌印者,止合本部一面拟申,篆文铸造讫,依自来条例给赐。③

综合上面三条引文,宋代除"百司"之外,有资格授予个人"印、牌"的对象仅限于诸王和正任团练使以上(包括正任节度使、节度观察留后④、观察使、防御使、团练使一共5级)。

又据《旧唐书·职官志》记载:

> (唐)天宝中,缘边御戎之地,置八节度使。受命之日,赐之旌节,谓之节度使,得以专制军事。⑤

---

① 《文献通考》卷115《王礼考十》,第3531页。
② 《宋会要辑稿》职官13之1,第3369页。
③ 《宋会要辑稿》职官1之56,第2968页。
④ 北宋徽宗政和七年(1117)改为承宣使。参见龚延明《宋代官制辞典》"节度观察留后"条,北京:中华书局,1997年,第579页。
⑤ 《旧唐书》卷44《职官三》,北京:中华书局,1975年,第1922页。

至南宋徐度《却扫编》云：

> 本朝既削方镇之权，节度使不必赴镇，但为武官之秩，间以宠文臣之勋旧……至宗室戚里，又止于奉朝请，无复职掌，而告廷赐节铸印之礼，犹踵故事，至于今循之不革。①

《朱子语类》中也说道：

> 节度印，古者所以置旌节以为仪卫，而重其权。②

综上来看，宋代以官员个人身份而有资格获得"印、牌"的，仅限于诸王和正任团练使以上，其中，唯有节度使沿袭唐代做法，可以在"受命之日，赐之旌节"。换言之，宋代能够同时满足"授旌节、牌、印"条件的官员就是指节度使，这与节度使的地位有关。

宋代节度使地位崇高，"恩数与执政同"③，不列入常调磨勘，一般只能由君主特授予文武勋旧大臣（曾任宰执官）及宗室、外戚中地位高贵者，以示尊宠。所以"节度使"一职在宋代较难获得，属于"贵品"，获此头衔的人数十分有限④，朝廷特赐其"旌节、牌、印"是表示荣宠之意。

虽然宋代沿袭唐代，仍有"凡节度使在本镇，兵仗则节度掌书记、推官署状，用节度使印"⑤的说法，但是实际上，北宋尤其真宗朝以后，正任官（即正任节度使、节度观察留后、观察使、防御使、团练使、刺史一共6阶）并不实任其职，节度使不赴本镇，仅仅作为武臣官阶，起到"寓禄秩、叙位著"⑥的作用。所以和其他诸司官印不同，随着宋代"节度使"的阶官化，宋代"节度使印"原有的本镇军政事务处理功能也基本丧失，不会影响到实际政务运行。在这个意义上，可以说，宋代的节度使印完全由节度使个人持有。

---

① 徐度：《却扫编》卷上，《全宋笔记》第3编第10册，郑州：大象出版社，2008年，第120页。
② 黎靖德编：《朱子语类》卷128，王星贤点校，北京：中华书局，1986年，第3075页。
③ 《宋史》卷166《职官志六》，第3946页。
④ 龚延明：《宋代官制辞典》"正任官""节度使"条，第577页。
⑤ 《长编》卷87，大中祥符九年七月甲寅条，第2000页。
⑥ 《宋史》卷161《职官志一》，第3768页。另，上述阶官化过程，详见闫建飞：《从遥领到遥郡：试论宋代遥郡序列的形成》，《国学研究》第38卷，北京：北京大学出版社，2016年，第119—139页。

《长编》记载了发生在神宗即位初期的一件事：

> （宗子赵允良）始授泰宁军节度，嫌赐印小，私召少府监篆文官张班等入宫，与钱帛，更铸大印。久之，（张）班事发系开封，狱具，上不欲致法，薄责（张）班等，余置不问。①

宋代对官印的铸造和管理有严格要求，铸印、授印被视为"天子之权"，僭越者例当严惩。赵允良私下请托改铸官印尺寸，却并未受到惩处，一方面固然是君主出于优容宗室的宽待；另一方面则是因为，在当时"防范宗室"的国策下，宗子坐食俸禄而不任事，加上节度使阶官化，所以这枚泰宁军节度使印并不用于本镇实际军务处理，赵允良的行为也不会对国家行政造成影响。

了解到宋代节度使印的这个特点以后，我们就可以解释下面这个现象：宋代从太宗朝开始，就三令五申"不准官印私用"②，但是经常有宋代高级官员在私人收藏的图书、书画上钤盖"某节度使印"。例如北宋宰相富弼授"镇海军节度使"，其家藏书籍的首页多钤有镇海军节度使印③。今北京故宫藏杨凝式《神仙起居法》、台北故宫博物院藏王羲之《快雪时晴帖》、日本东京书道博物馆藏颜真卿《自书告身》上均钤有"永兴军节度使之印"，因为这几幅作品曾为南宋"永兴军节度使"韩侂胄所收藏④。台北故宫博物院藏王羲之《平安何如奉橘帖》卷尾有"平海军节度使之印"，曾是仁宗亲舅之子、驸马李玮

---

① 《长编》卷209，治平四年三月乙亥条，第5084页。
② 钱若水修：《宋太宗实录》卷32云："应中外官，私发故旧书题，不得用官印记，违者罪之。"燕永成点校，兰州：甘肃人民出版社，2005年，第69页。
③ 黄伯思：《东观余论》卷下"跋元和姓纂"条言："卷首有镇海军节度使印，盖富韩公家旧本也。"《全宋笔记》第3编第4册，第111页。
④ 王裕民：《快雪时晴帖钤印的新发现——宋代官印研究一》，《故宫文物月刊》第15卷第3期，1997年，第110—117页。

的私人藏品①。宋代这种"官印私用"的做法，在唐代就有②，固然有官员自矜风雅情趣的意味，但其中以节度使印居多，应当与"宋代节度使印归节度使个人持有、并且基本不用于本镇军务"的这个时代特点有很大关系。

从官制上讲，宋代的武阶系统分为正任、遥郡、横行、诸司使副、使臣五等。正任是武阶中最高等级，非特旨不迁，节度使、防御使都属于正任，尤其节度使是正任中最高一级。自北宋尤其真宗朝以后，节度使等正任官衔已经阶官化，仅仅起到标志武臣品级和俸禄级别的作用。节度使不赴本镇，官员带"节度使"官衔者，另有差遣（职事官）才是其真正职务所在。如此一来，节度使印原本在唐五代具有的"处理本镇军务"功能自然也就消失了。

但是，对官员个人来说，这枚节度使印仍然有用。首先，汉代二百石以上官员由中央赐印绶，随身佩戴，一则使用，二则表明身份等级。隋朝以后，由于印制变化，官员不再随身佩戴印绶，其外在身份等级主要通过章服来体现③。在这种背景下，即使正任官衔均已阶官化，北宋朝廷仍然令"所有宗室若臣僚除授正任团练使已上应给赐牌印"④，表达的是对于"正任团练使以上"即高级武臣的一种礼遇。这种礼遇虽不涉及实际权力，但彰显了官员在官僚集团中的身份地位，并不是毫无意义的。

其次，节度使印在官员个人章奏中仍然可以使用。《长编》记载了北宋真宗大中祥符九年（1016）的一件事：

> 上览河西节度使、知许州石普奏状用许州观察使印，以问宰臣。王旦曰："节度州有三印，节度印随本使，使阙，则纳有司。观察印则州长吏用之。州印昼则付录事掌用，暮则纳于长吏。凡节度使在本镇，兵仗

---

① 王裕民：《试论平安何如奉橘帖上的"平海军节度使之印"——宋代官印研究二》，《故宫文物月刊》第 15 卷第 4 期，1997 年，第 76—83 页

② 例如洪迈：《容斋随笔·三笔》卷 6 "李卫公辋川图跋"条记载："先公（按：李吉甫）凡更三十六镇，故所藏书画多用方镇印记。"（孔凡礼点校，北京：中华书局，2005 年，第 497 页）叶梦得《避暑录话》卷上记载："相国邹平段公（按：段文昌）家藏图书，并用所历方镇印记。"（《全宋笔记》第 2 编第 10 册，郑州：大象出版社，2006 年，第 228 页）

③ 参见王献唐：《官名官署印制之变迁》，《五镫精舍印话》，第 388—407 页。

④ 《宋会要辑稿》职官 1 之 56，第 2968 页。

则节度掌书记、推官署状,用节度使印。田赋则观察判官、支使、推官署状,用观察使印。符刺属县,则本使判署,用州印。故命帅必曰某军节度、某州管内观察等使、某州刺史。言军则专制其军兵,言管内则总察其风俗,言刺史则莅其州事。石普独署奏章,当用河西节度使印也。"①

南宋宝庆二年(1226),曹彦约为理宗经筵侍讲时,专门提及此事并阐发道:

> 唐节度使置于高宗永徽年中,观察使置于肃宗乾元年中,其时不同,亦各铸印。节度使所以御军,观察使所以问俗。刺史者……领汉太守之职。其后节度使必兼观察处置使,又兼刺史,故有藩镇权重之敝。本朝损其兵权,改刺史为知州……至于建节,犹必曰"使持节某州军州、某州刺史、某镇节度、某州管内观察处置等使"。政和降制,乃始不带持节。②

我们先解释官衔,再解释官印。唐五代在授予节度使时,其结衔全称包括"使持节某州军州、某州刺史、某镇节度、某州管内观察处置等使"四个部分,相应地,唐五代节度使握有三枚官印——节度使印、观察使印、州印③,集三种权力于一身。其中,节度使印"随本使"即归节度使个人,即使节度使不赴本镇,这枚官印也跟着节度使走;州印则一直留在节镇治所州,用于处理本州政务。观察使印的情况稍微复杂一些,其对应官衔是"某州管内观察处置等使","某州管内"意即节镇治所州、连同节镇内各支郡一起,都在此观察使印管辖范围内,换言之,这枚观察使印的权力行使范围,在唐五代基本涵盖整个节镇。但是,宋初取消了节镇支郡,地方所有州府全部直接隶属于中央,如此一来,虽然宋代依然沿用唐五代"某州管内观察处置等使"这一官衔名称,但这枚观察使印的行使范围缩小到原节镇治所州境内,只能和本州州印一样留在本州,仅供处理本州政务使用。

---

① 《长编》卷87,大中祥符九年七月甲寅条,第1999—2000页。
② 曹彦约:《经幄管见》卷3,《景印文渊阁四库全书》,台北:台湾商务印书馆,1986年,第686册,第55页。
③ 参见龚延明:《宋代官制辞典》"节度使三印"条,第578页。

前引《长编》所记"石普奏状"事发生在真宗朝,引文中的"河西节度使、知许州石普",其对应的完整结衔应该包括"使持节凉州诸军事、凉州刺史、河西节度、凉州管内观察处置等使、知许州"①。其中,按照唐五代以来惯例,"河西节度使"一衔不会单独授予,一定是连着"使持节凉州诸军事、凉州刺史、凉州管内观察处置等使"一起打包授予,但是,其中只有"河西节度使"这个官衔是有意义的,它是石普的本官阶即品级。至于"使持节凉州诸军事、凉州刺史、凉州管内观察处置等使"这几个官衔,在北宋节度使阶官化的情况下,已经不具有任何实际意义,仅仅是沿袭"节度使官衔打包授予"的惯例而已,正因如此,《长编》中只省称为"河西节度使"而没有必要提及"使持节凉州诸军事、凉州刺史、凉州管内观察处置等使"这几个官衔。但是无论如何,石普有"河西节度使"的武阶官衔,所以石普手中有一枚"河西节度使之印",这枚官印归石普个人所有,与他是否赴镇没有任何关系②。同时,"知许州"是石普的差遣即实际职务,所以石普作为许州行政长官,握有一枚"许州之印",用于处理许州政务。另外,许州是节度州,原本是忠武军节度治所③,出于制度沿袭,许州还留有一枚"观察使印"可供知州石普使用。

所以,石普身为"河西节度使、知许州",同时掌握着三枚官印:河西节度使印、许州州印、许州观察使印。北宋自太祖、太宗朝起,要求地方州府在上奏中央的奏章上,必须有知州、通判等官员的联合署名,以保证奏章内容已经本州长官和僚属集体商议,而非长官个人独见④。所以,面对真宗的疑问,宰相王旦明确表示"石普独署奏章,当用河西节度使印",意思是说:如

---

① "河西节度使"的完整结衔,可参照《宋大诏令集》卷98《夏守赟加恩制》:"护卫忠果雄勇功臣、侍卫亲军马军副都指挥使、河西节度、凉州管内观察处置等使、金紫光禄大夫、检校司徒、使持节凉州诸军事、凉州刺史、兼御史大夫、上柱国、琅琊郡开国公、食邑三千四百户、食实封四百户夏守赟。"北京:中华书局,1962年,第360页。

② 宋代尤其真宗朝开始,节度使阶官化,基本不可能赴本镇。另外,河西节度治所在凉州(《旧唐书》卷38《地理志一》云"河西节度使治,在凉州",第1386页),该地区不在北宋统治区域内,但宋代惯例"凡初除节度使必先历境外"(王应麟:《玉海》卷19《地理》"宋朝节镇"条,上海:上海书店,1987年,第370页)。

③ 《宋史》卷85《地理志一》:"颍昌府,次府,许昌郡,忠武军节度。本许州。"第2115页。

④ 《宋大诏令集》卷190《诫约同僚联署奏牍诏》,第697页。

果石普以"许州知州"身份上奏中央,汇报许州政务,奏章上应该还有许州僚属的联合署名,那么根据政务内容不同,在"许州观察使印"和"许州州印"二者之中选择一枚使用,是可以的;但是,现在石普上呈的是"独署奏章",即奏章是石普以个人名义上呈的,奏章内容或者与许州政务无关,或者只是石普对政务的个人意见,这时就不能用"许州观察使印"或"许州州印",而只能用"河西节度使印"。这则事例说明:尽管"河西节度使"已成武阶、失去实际职任,但是"河西节度使印"仍然是有实际用处的,这个用处就是,石普能够以个人身份上奏中央,而不必非要依托许州官府的名义。

宋代要求在京和地方官员上疏中央时,奏状上须盖有官印。据史料记载,真宗景德四年(1007)曾下诏:

> 外任官司臣僚实封、通封奏状,并令简节事宜,于奏状前贴出。其封皮并内引单子上亦更略书贴事宜,<u>用印</u>,方得入递。①

此诏要求地方官员在上呈中央的奏状封面上,必须钤盖官印,才准许通进。至天禧二年(1018)又下诏强调:

> 中外申奏文字有不贴事宜、脱"臣"、<u>漏印</u>、字数差错,于文无害,但不如式者,一次违犯,特与免罪,委进奏院置簿记录。再犯即依元敕案问干系官吏。②

据该条引文所言,奏状"漏印"虽然不影响文字内容,但不符合文书格式,所以第二次违规就要接受处罚。仁宗即位初年,专门下诏重申这项制度:

> 仁宗乾兴元年(1022)十一月,诏都进奏院告报诸州府军监:"自今所奏文字凡系实封者,并令依常式封书毕,更用纸折角重封,准前题字,及两折角处并令<u>用印</u>,无印者细书名字。候到阙,令都进奏院监官躬亲点检,无(折)〔拆〕动,即依例进纳。或有损动者,具收接人姓名以闻。"③

---

① 《宋会要辑稿》仪制7之20,第2431页。
② 《宋会要辑稿》仪制7之20,第2431—2432页。
③ 《宋会要辑稿》职官2之46,第3014页。

天圣八年（1030），御史中丞、权判吏部流内铨王随又建议：

> 在京文武臣僚奏举幕职、州县官充京官，奏状多无印记，难辨真伪。欲乞今后应举官并用旧条，<u>奏状须印</u>。如勾当处无印，即于不系刑狱、钱谷司牒借使印，及于奏状年月边贴黄，明言使某处印。其贴黄亦须用印讫，方许于阁门投进，所贵久远有凭。①

综合这两条史料，可以看到：至北宋中期，无论在京还是地方文武官员，凡上疏中央，其奏状封面上必须钤有官印，这已经成为一项稳定的制度。即使官员以个人名义"奏举某人改京官"的奏状，也要盖上官印。如果上疏官员所在处没有官印可用，可以向邻近官署临时借用"刑狱、钱谷"以外的官印使用。奏状封面上钤盖官印的作用主要有两点：一是确保奏状（尤其事涉机密的实封奏状）在呈递过程中未经"拆动"；二是辨别真伪，"久远有凭"。这项规定，在英宗即位后再次被重申②。南宋建立后仍然沿袭这一制度，绍兴三年（1133），高宗因地震而下诏向行在官员求直言时，就专门提到"行在职事及厘务官上书，并实封，用公文印记"③。

正如北宋官员所总结的："臣僚所进文字，并须用印；无印表状，须与外封一手书写。"④虽然"无印表状"可以在封面上用官员亲笔署名来代替，但一般来说，奏状盖上官印才能顺利通进。南宋宁宗时，吴泳被任命为温州知州，他在赴任途中听说温州今年遭遇大灾，正闹饥荒，便立刻上疏朝廷请求减免温州今年的赋税，但是当时他途经处州，尚未抵达温州境内，还没有拿到温州州印，所以只能"借处州印具申省"⑤。这种权宜之计在当时是被允许的，《朱子语类》就记载：

---

① 《宋会要辑稿》选举 27 之 25，第 5782 页。
② 《宋会要辑稿》职官 2 之 28，第 3004 页。
③ 《建炎以来系年要录》卷 68，绍兴三年九月丁巳条，第 1146 页。
④ 《宋会要辑稿》仪制 7 之 23，第 2435 页。
⑤ 吴泳：《鹤林集》卷 23《与马光祖互奏状》，《景印文渊阁四库全书》第 1176 册，第 220 页。另参见《宋史》卷 423《吴泳传》，第 12627 页。

> 问:"奏状还借用县印否?"曰:"岂惟县印?县尉印亦可借。盖是专达与给纳官司及有兵刑处,朝廷皆给印。今之官司合用印处,缘兵火散失,多用旧印。要去朝廷请印,又须要钱,所以官司且只苟简过了。"①

南宋前期,由于战争,官印遗失损毁严重,所以官员奏状和政府公文都允许借用临近官署的官印。但是,这也意味着,官员奏状必须有官印才能上呈。

南宋初年,朝廷任命李纲为宰相,"御史中丞颜岐遣人投文字,封以御史台印,乃论公(按李纲)不当为相章疏"②。台官在弹劾奏疏封面上钤盖"御史台印",这是符合常规的做法,颜岐身为御史中丞,是御史台长官,掌握御史台印,要用印并不困难。但僚属上疏用印,就未必那么容易。魏了翁在徐瑄墓志铭中记载了这样一件事:

> 会胡梦昱应诏言事,例借印长官,或怖公(按徐瑄)勿与,公曰:"吾位亚卿,无能建明,而又沮同僚之言乎?"③

当时徐瑄任大理寺少卿,是大理寺长官,掌握大理寺印。胡梦昱是大理评事,他在理宗即位后"应诏言事",所上奏疏内容是"言济王不当废"④,这与大理寺政务没有关系,完全是胡梦昱的个人行为,但是按照制度,这封仅代表个人意见的奏疏封面上,仍然要盖上胡梦昱所在官署(大理寺)的官印,才能进呈。可是用印需经长官徐瑄的同意,而胡梦昱的奏状内容牵涉到理宗即位背后的高层政治斗争隐秘,所以同僚担心长官徐瑄不肯盖印。事实证明,这种担心是对的,胡梦昱不久便因上疏触怒君主而被夺官流放,其长官徐瑄也被牵连罢黜。

宋代为防止信息壅蔽,鼓励官员上疏言事。但是上述制度和事例反映出:官员奏状,无论是关于本职公务,还是个人越职言事,原则上都要在奏章封

---

① 《朱子语类》卷106,第2640页。
② 李纲:《李纲全集》附录二《李纲行状中》,王瑞明点校,长沙:岳麓书社,2004年,第1717页。
③ 魏了翁:《鹤山集》卷86《大理少卿赠集英殿修撰徐公墓志铭》,《景印文渊阁四库全书》第1173册,第307页。
④ 佚名撰,王瑞来笺证:《宋季三朝政要笺证》卷1,宝庆元年春正月壬戌朔条,北京:中华书局,2010年,第3页。

面上钤盖本人所在官署的官印,才能通进。僚属个人上奏用印,就得经本部门长官同意。宋代本官(寄禄官)和差遣(职事官)分离,前者是官员品级,后者是官员实际职任。一般来说,如果一个官员在某个阶段暂时没有差遣(职事官),他就没有所属机构,也就没有官印可用。前引朱熹所说"借用他印"的前提,也只是官员所在机构官印在战争中遗失后的权宜之计。因此,基本上可以认为:宋代官员向中央上奏的前提条件之一,是这名官员需要有差遣(职事官)。因为在没有差遣(职事官)的情况下,很难借用到其他官署的官印。

在这样的制度背景下,再回头去看前文石普一事,可以看到"(石)普独署奏章,当用河西节度使印"这句话的另一层意义:这枚节度使印赋予石普一种权力,即使他没有任何实际职务,没有所属机构,只要他还拥有"河西节度使"这个官衔、身份,手中还握有"河西节度使之印",那么,他就仍然能够以个人名义上疏中央,甚至直达君主。即使他有"知许州"的实际职务,依然可以不必借助"许州之印"和"许州观察使印",而直接以"河西节度使"的个人身份上奏言事。宋代节度使很难获得,需经君主特赐,在官僚集团中,一般只授予文武重臣(武臣功勋卓著者、文臣勋旧且曾任宰执者)。综上来看,从道理上讲,节度使即使赋闲在家或致仕,仍能以此"节度使"身份、用这枚"节度使印"与朝廷和君主进行直接的信息沟通,这应该是宋代赋予这些为数不多的勋旧重臣的一项特权和恩遇。

四、结论

官印在宋代使用广泛、普遍、频繁,正因如此,宋代官员习以为常,日用而不知。另外,自隋唐官印体制形成后,唐末、五代至两宋时期,官印的具体使用方式仍是不断发生变化的,这是一种长时期、缓慢、各地区不同步的变化,当时的人们不一定能够敏锐感知到。所以,宋代关于官印使用的文献记载比较零散,被有意记录下来的也多是违规、特例。尽管如此,我们仍然可以充分利用现有史料进行考察。

宋代所有官印,名义上都必须由中央政府颁授,官印交割也必须经过朝廷批准。这象征着一切权力来自中央,保证各级统治权力均由中央直接授予,是维护大一统中央集权的手段之一。其中，各常设机构的官署总印尤其重要，例由机构长官执掌，代表了本机构政令的最终审核、裁决、发布权。在保证长官权力集中的同时，僚属在每件政务中各负其责、集体商议，这直接体现为文书最后的"印押"部分。"印押圆备"是对集权和制衡的综合考虑结果。另外，无论在京还是地方官员，凡上疏中央，其奏状封面上必须钤有官印，起到内容保密、辨别真伪的作用。

以往对官印的研究，主要以金石学、考古学、美术史领域的学者居多，他们比较注意物质、视觉层面的变化。所以，以往学界论及秦汉至隋唐时期的官印体制及其使用方式变化这一问题时，较为重视物质环境层面的原因。比如，邢义田在研究简牍文书押字时指出：自秦汉以来，政务运行主要依靠文书，秦汉时期的文书形态是简牍。在简牍时代，主官是否在发出的文书上亲笔签名并不么重要，属吏代为签押反而是常态。保证文书真实性和权威性的方式主要在于官印，官印由长官随身佩戴并亲自使用。文书载体从简牍进入纸张时代以后，这个情况逐渐发生变化，签押和钤印的方式、作用逐渐有了和今天较为相近的意义[①]。

而从制度史角度看，从秦汉到隋唐，官署印逐渐取代官名印的主体地位，这与行政机构形成并取代长官而成为国家政务运行主体这一制度变化，也有密切关系。楼劲曾指出这样一个现象：唐代以前的《职官志》或《百官志》，都是以长官为纲来决策，长官即代表机构；到了《旧唐书·职官志》和《新唐书·百官志》，变成以机构为纲来决策，机构开始具有法律地位并日渐行政化[②]。

那么，综合考虑上述来自不同领域的研究意见，考察从秦汉到隋唐再到明清官印体制及其使用方式的变化，我们既要考虑物质环境变化的原因（如文书载体从简牍变成纸张等），也要考虑政治制度变化的原因（如机构的独立和行政化、权力结构的变化等）。在这个漫长的历史过程中，宋代官印在公文签署中的使用方式有何变化？这种变化的具体原因是什么？对当时的

---

① 邢义田：《汉至三国公文书中的签署》，《文史》2012年第3辑，第163—198页。
② 楼劲：《从"以官存司"到"以司存官"——〈百官志〉体例与汉唐行政体制变迁研究之一》，载2019年5月华东师范大学《社会史视野下的魏晋制度变迁工作坊会议论文集》。

实际政务运行和权力结构有何实际影响？这些是需要再进一步深入讨论的问题，当留待另外撰文研究。

图片出处：

说明：以下如出处中有该印面原始尺寸，则注明；若无，则不注明。

图 1-1　唐"中书省之印"：罗福颐主编《故宫博物院藏古玺印选》，北京：文物出版社，1982 年，第 109 页。

图 1-2　宋"中书门下之印"（印面长 7.5 厘米，宽 7 厘米）：董学增、高素心《"中书门下之印"小考》，《文物》1984 年第 9 期，第 77—78 页。

图 2-1　唐"沙州节度使印"（印面边长 5.7 厘米 × 5.8 厘米）：片冈一忠《中国官印制度研究》，东京：东方书店，2008 年，第 443 页，61 号印钤。原始出处：[日] 森安孝夫《河西帰义军节度使の朱印とその编年》，《内陆アジア言语の研究》XV，2000 年，第 1—121 页。

图 2-2　宋"岳阳军节度使之印"（背刻"绍熙二年文思院铸"）：罗振玉《隋唐官印集存》，第 11 页右上。

图 3-1　唐"相州之印"：《中国玺印篆刻全集》第一册，上海：上海书画出版社，1999 年，第 144 页，964 号印钤。

图 3-2　宋"临安府印"：高慧《宋代官印研究》，西北大学硕士学位论文，2010 年，第 62 页，22 号印钤。原始出处：罗振玉《隋唐以来官印集存补遗》，第 125 页。

图 4-1　唐"会稽县印"，《中国玺印篆刻全集》第一册，上海：上海书画出版社，1999 年，第 146 页，970 号印钤。

图 4-2　宋"平定县印"（背刻"熙宁三年少府监重铸"）：高慧《宋代官印研究》，西北大学硕士学位论文，2010 年，第 67 页，51 号印钤。原始出处：《上海博物馆藏印选》，上海：上海书店出版社，1979 年，第 123 页。

本文的写作、修订，得到闫建飞、张卫忠、陈文龙诸位同仁的大力指正，谨致谢忱！

本文原刊于日本《东方学报》第 92 册（2017 年）。收入本论集时，重作删订。

宋代文官的冠服等级
——兼谈公服制度中侍从身份的凸显

任 石

冠服具有标志身份、区分等级的重要功能,这一功用在强调等级秩序的官僚群体身上,往往会得到更充分的体现。在宋代,官员的服饰类别,主要包含祭服、朝服与公服,三者各自适用于不同的出席场合,等级层次越低,实用性越强。其中,祭服多用冕服,主要用于配合祭祀大礼;朝服、公服与朝会活动的联系更为紧密,也是本文的关注对象。一般而言,官员陪从祭祀或正元、冬至大朝会时穿着朝服,日常朝见及出入官衙时则着公服[1]。关于宋

作者单位:上海师范大学人文学院古籍所

[1] 据江少虞《宋朝事实类苑》卷25《官职仪制·赐袄公服》:"文武升朝官,遇郊庙展礼,诸大朝会并朝服,常朝、起居并公服。"上海:上海古籍出版社,1981年,第313页。引用时标点有改动。

代冠服制度的研究，学界已有一定的积累[①]。不过，区别于专门性的服饰制度研究，本文的讨论重点，并不在服饰形制、纹饰的演变本身，而是尝试透过宋代冠服体系的安排，探索暗含在其背后官僚等级秩序的构建方式，以勾勒其内在的逻辑层次。

需要指出的是，所谓"冠服"，实际上是一种"组合型"的制度，由服色、鱼袋、革带、履、笏等多种要素搭配、组合而成，对这些要素作等级区分的原则，既有所区别，又要协调彼此，以确保其统一性。在唐代，上述冠服要素的颜色、质地、纹饰的等级差异，与散官、职事官品的联系更为紧密[②]；但入宋以后，散官的功能仅限于影响服色，职事官也逐渐抽离职掌，演变为"寓禄秩、序位著"的本官，此时的本官阶序"官与品轻重不相准"[③]，出现了官高品卑、品高官卑的现象，致使官品作为公共等级标尺的作用愈渐丧失；另一方面，宋初又将一部分实有职事而不系官品的差遣职任纳入到等级体系之中，这些变化，一定程度上改变了宋代官僚队伍的身份构成。其后，文官的

[①] 相关研究成果主要包括：沈从文：《中国古代服饰研究》，香港：商务印书馆，1981年；周锡保：《中国古代服饰史》，北京：中国戏剧出版社，1984年；孙机：《中国古舆服论丛》，北京：文物出版社，2001年；王雪莉：《宋代服饰制度研究》，杭州：杭州出版社，2007年；阎步克：《服周之冕：六冕礼制的兴衰变异》，北京：中华书局，2009年；阎步克：《分等分类视角中的汉、唐冠服体制变迁》，《史学月刊》，2008年第2期，第29—41页；刘复生：《宋代"衣服变古"及其时代特征——兼论"服妖"现象的社会意义》，《中国史研究》1998年第2期，第85—93页；黄正建：《唐后期车服制度的变化——以文宗朝王涯奏文为中心》，收入《中晚唐社会与政治研究》，北京：中国社会科学出版社，2006年，第370—380页；陈文龙：《论唐宋时期的"赐绯紫"》，《北大史学》第17辑，2012年，第31—56页；王艳：《宋代的章服赏赐》，《史学月刊》2012年第5期，第53—62页。

[②] 据王溥《唐会要》卷31《舆服上·章服品第》载："上元元年八月二十一日敕：'……文武三品已上服紫，金玉带十三銙；四品服深绯，金带十一銙；五品服浅绯，金带十銙；六品服深绿，七品服浅绿，并银带九銙；八品服深青，九品服浅青，并鍮石带九銙。'"（北京：中华书局，1955年，第569页）另据《旧唐书》卷45《舆服志》载："久视元年十月，职事三品已上龟袋，宜用金饰，四品用银饰，五品用铜饰。"（北京：中华书局，1975年，第1954页）

[③] 在本官阶序之中，中书、门下两省及御史台、尚书省的等级地位要明显高于同品诸司职事官。参见赵冬梅：《北宋前期"官与品轻重不相准"含义试释》，《北大史学》第11辑，2005年，第219—231页；陈文龙：《北宋本官形成述论——唐后期至北宋前期官僚品位结构研究》第3章"官与品轻重不相准"，北京大学博士学位论文，2011年。

身份要素呈现"一体多元"①的发展趋向,形成了三个跨越序列、层次区隔的"复合性"身份等级——宰执②、侍从③、庶官。应该说,多元的标志身份要素的出现,对此前以官品为基础的等级安排方式构成了颇为剧烈的冲击。

为应对这一问题,宋廷重新定立了一套等级排序方式——杂压(合班之制),对本官、职名、差遣、环卫官、武阶、班官等能够标志身份、参与排班的各类官职,进行单向、统一的排序,作为衡量班位高下的基本依据。杂压构成的原则,是以无权责的本官阶为基盘,其他各类官职通过参比本官的相对位次,逐一被编入到合班之制当中,藉此搭建起阶官与实职之间更为直接的等级联系。在宋代的班位制度中,杂压得到了相当充分的利用④,事实上,突破类别与层级界限的杂压,贯穿整个两宋时期,与官品长期共存,其实际的功用远不局限于排定朝臣的班位,在宋代诸多侧重礼仪性的等级安排中,包括冠服制度,杂压时常或隐或显地发挥着作用⑤。不过,与班位有所不同,冠服制度中杂压对官品体系的冲击还不够彻底,杂压没有全然占据主导地位,更确切地说,官品与杂压二者呈现出各有分工,甚至是相互补充的发展态势。

阎步克先生曾提出"冠服体制"这一概念,用以指代王朝各色冠服与各种服饰元素总体上呈现出的分等分类样式及其与官阶品位的配合方式,并指出:"宋朝的冠服体制,上承隋唐而继续'一元化',继续强化的是'级别分等'和'场合分等'。"⑥即相比于"分类",宋代的冠服安排更加注重"分等"。应该说,这一概括性认识颇具启示性,不过,就宋代冠服制度的实际发展情形

---

① 一体多元,指一位官员的系衔中往往包含着多个身份要素(如本官、职名、差遣),而多元的身份要素可能分别从属于不同的身份等级。

② 宰执以二府成员为主体。

③ 侍从的范畴跨越了多个序列,在北宋前期,主要包括本官两省给舍·谏议以上、带待制以上职名及两制;元丰以后,调整为职事官谏议大夫或权侍郎以上、职名待制以上及寄禄官太中大夫以上官员。参见张祎:《宋代侍从官的范围及其相关概念》,《国学研究》第34卷,2014年,第83—107页。

④ 参见拙文:《分层安排:北宋元丰改制前文官班位初探》,《中国史研究》2018年第2期,第157—174页。

⑤ 如轮对班次、集议坐次、封赠、牒试范围等。

⑥ 阎步克:《分等分类视角中的汉、唐冠服体制变迁》,《史学月刊》2008年第2期,第29—30页。

而言,仍有推进一步的可能。笔者以为,在宋代朝服制度中,淡化类别的趋向已颇为明显;而与之相对,在公服制度中,类别并未"全然"淡化,区分类别的方式发生了一定的改变,分类的功能更多是由服饰上的佩件来承担。

一、朝服等级:从"重官品"到"重官位"

宋代的朝服,又称"具服",这一服等主要用于正元、冬至、五月朔大朝会及部分陪从祭祀的礼仪场合。由于朝服通常为"朱衣朱裳",服色相对统一,故而等级高下的区分重点体现在"冠"之上。在北宋前期,朝服的梁冠分作五梁、三梁、两梁三个等级。

根据《宋史·舆服志四》的记载,在宋初,穿着朝服的官员范围一般在升朝官以上,而朝服上梁冠的等级区分主要取决于本官的官品(参见表1)。不过,由于本官阶序"官与品轻重不相准",三省、御史台官的等级地位要明显高于同品的诸司职事官,因而梁冠不得不采用"台省压诸司"的安排模式(与建隆三年合班仪的基本结构趋于一致[①]),打破了原有的官品秩序。

表1 宋初朝服等级[②]

梁冠等级	服饰搭配	官职(官品)
进贤 五梁冠	涂金银花额,犀、玳瑁簪导,立笔。绯罗袍,白花罗中单,绯罗裙,绯罗蔽膝,并皂缥襈,白罗大带,白罗方心曲领,玉剑、佩,银革带,晕锦绶,二玉环,白绫袜,皂皮履	一品、二品 (中书门下冠加笼巾貂蝉)
进贤 三梁冠	犀角簪导,无中单,银剑、佩,狮子锦绶,银环,余同五梁冠	诸司三品、御史台四品、两省五品 (御史大夫、中丞冠有獬豸角)
进贤 两梁冠	犀角簪导,铜剑、佩,练鹊锦绶,铜环,余同三梁冠	四品、五品 (六品以下无剑、佩、绶;御史冠有獬豸角)

---

① 徐松辑:《宋会要辑稿》仪制3之1、2,建隆三年"合班仪",北京:中华书局影印本,1957年,第1872页。

② 表1据《宋史》卷152《舆服志四·诸臣服上》(第3550页)所载内容制成。

自此之后，不局限于本官一个序列，差遣、职名、武阶、环卫官、班官等其他不系品秩的各类官职，也相继被纳入到等级体系之中，随置随入，顺次相压，到仁宗一朝，作为新的等级衡量标尺的杂压（合班之制）渐趋定型①。为适应这一变化，康定二年（1041），宋廷对朝服的等级安排做了相应的调整（见表2）。

表2 康定二年朝服等级②

梁冠等级	官职（兼用官品与杂压）
五梁冠	①品官：一品、二品 ②阁门仪制（**宰相、亲王、使相、枢密、参政、宣徽**）： 宰臣，亲王，使相，枢密使，知枢密院事，参知政事，枢密副使，同知枢密院事，宣徽南北院使，签书枢密院事（并在东宫三师之上） （宰臣、使相加笼巾貂蝉）
三梁冠	①品官：诸司三品、御史台四品以上、两省五品以上、尚书省四品以上 ②阁门仪制（诸学士、**待制**、两制、三司、**武臣正任、横行**）： 节度使，文明殿学士，资政殿大学士，三司使，翰林学士承旨，翰林学士，资政殿学士，端明殿学士，翰林侍读、侍讲学士，龙图阁学士，枢密直学士，龙图、天章阁直学士（次中书侍郎）；节度观察留后（次诸行侍郎）；知制诰，龙图、天章阁待制，观察使（次中书舍人）；内客省使（次太府卿）；客省使（次将作监）；引进使，防御、团练、三司副使（次左右庶子） （御史中丞冠獬豸）
两梁冠	①品官：诸司四品・五品、尚书省五品、升朝官六品以下 ②阁门仪制（**武臣正任、横行**）： 四方馆使（次七寺少卿）；诸州刺史（次太子仆）；东西上阁门使（次司天少监）；客省、引进、阁门副使（次诸行员外郎） （诸司五品、六品去剑、佩、绶；御史则冠獬豸）

康定年间，朝服等级的安排方式，既非单一地依据官品，也非纯粹地依据杂压，而是将"官品"与"杂压"二者进行更有效的配合。具体的操作原则是，以本官的官品为基础，保留了"台省压诸司"的基本格局：其中，（1）一品、二品归入五梁冠；（2）诸司三品、御史台四品以上、两省五品以上、尚

---

① 《宋会要辑稿》仪制3之16—19，景祐四年"合班杂座仪"，第1879—1881页。
② 表2据《宋史》卷152《舆服志四·诸臣服上》，第3551—3553页。

书省四品以上,归入三梁冠;(3)诸司四品·五品、尚书省五品、升朝官六品以下,归入两梁冠。这一框架确定之后,其他有资格穿着朝服而没有官品的各类官职(差遣、职名、武臣正任、横行等),再进一步根据杂压之中这些官职与本官的位次关系(如殿阁学士、直学士"次中书侍郎",待制"次中书舍人"),来判定其所归属的梁冠等级。由此可知,一方面,这一时期的杂压能够在一定程度弥补官品在冠服安排中效用的不足;另一方面,单向、混合排序的杂压也没有完全替代官品的作用,二者应是各有分工。

同时,如果我们转换一下视角,不拘泥于单一的官职,而是关注官职的组合方式,则能够发现,仁宗时期梁冠等级的划定与宋代"复合性"的身份等级之间也存在着某种联系。首先,等级最高的"五梁冠",往往是以居于上层的宰执群体为主。其次,等级居中的"三梁冠",包含着本官给舍·谏议以上、待制以上职名、两制以上差遣,这一范畴,也大致与元丰改制以前侍从的基本范围重合。不过,比较特殊的是,不属于侍从官的诸司三品官(卿监、东宫官)也纳入到三梁冠这一等级之中,而上述"歧出"的部分,无疑是受到了官品因素的影响。这也正意味着,此时的朝服等级,本质上是在官品与杂压之间寻求一种"折中"。最后,处于最低一个等级的"两梁冠",则是以庶官群体为主。

其后,神宗元丰二年(1079),在推行官制改革之前,也对朝服制度做了较大的调整(见表3)。此时的调整,主要集中在三个方面:一是梁冠的等级层次趋于繁密,由三等演变为七等;二是朝服等级区分的原则,由糅合官品与杂压两套排序方式、相互配合,变为单一侧重杂压;三是扩充了穿着朝服的官员范围,一部分京官、内侍官、管军(元丰五年新增)等也包括在其中。

表3 元丰二年朝服等级[①]

梁冠等级	官职(杂压)
七梁冠 貂蝉笼巾 天下乐晕锦绶	宰相、亲王、使相、三师、三公

---

① 表3据《宋史》卷152《舆服志四·诸臣服上》,第3554—3556页。

（续表）

梁冠等级	官职（杂压）
七梁冠 杂花晕锦绶	枢密使、知枢密院至太子太保
六梁冠 方胜宜男锦绶	左右仆射至龙图、天章、宝文阁直学士
五梁冠 翠毛锦绶	左右散骑常侍至殿中、少府、将作监
四梁冠 簇四雕锦绶	客省使至诸行郎中 厢都军、都指挥使、都虞候等（元丰五年增入）
三梁冠 黄狮子锦绶	皇城以下至诸卫率府率 军都指挥使、都虞候（元丰五年增入）
二梁冠 方胜练鹊锦绶	入内、内侍省内东西头供奉官、殿头，三班使臣，陪位京官 （自内常侍以上冠服各从本等，寄资者如本官） 指挥使、副指挥使（元丰五年增入）

涉及朝服等级安排的原则更明确地向杂压一侧靠近的缘由，《宋史·舆服志四》之中有一段十分重要的记载。元丰二年（1079），详定朝会仪注所言：

> 隋、唐冠服皆以品为定，盖其时官与品轻重相准故也。今之令式，尚或用品，虽因袭旧文，然以官言之，颇为舛谬。概举一二，则太子中允、赞善大夫与御史中丞同品，太常博士品卑于诸寺丞，太子中舍品高于起居郎，内常侍才比内殿崇班，而在尚书诸司郎中之上，是品不可用也。若以差遣，则有官卑而任要剧者，有官品高而处之冗散者，有一官而兼领数局者，有徒以官奉朝请者，有分局莅职特出于一时随事立名者，是差遣又不可用也。以此言之，用品及差遣定冠绶之制，则未为允当。伏请以官为定，庶名实相副，轻重有准，仍乞分官为七等，冠绶亦如之。①

可见，碍于"官与品轻重不相准"的问题，官职的品级高下（包括品官及视品）与实际的地位之间时常存在一定的差距，此时，冠服的等级区分已无法集中地系结在官品之上；另一方面，宋代大量存在的差遣职任，尽管实有职

---

① 《宋史》卷152《舆服志四·诸臣服上》，第3554—3555页。

掌,却具有很强的"不稳定性"——或与阶官之间存在着等级差距,或为闲职,或一人身兼数职,或为临时差遣,同样难以作为朝服等级的衡量标准。在矛盾日益凸显的情形之下,宋廷开始选择一种新的解决办法——舍弃官品,统一"以官为定"。笔者初步推断,此处所谓"名实相副,轻重有准"的"官",并不仅仅指"阶官",当中也包含一部分的"差遣职任",实际上是对纳入等级体系、能够标志身份的各类官职的统称①。这些官职往往纳入了杂压,位次关系相对明确,它们在杂压之中的官位次序,成为了判定其朝服等级的重要依据。推究其根源,相比于旧有的官品体系,"官位"(即杂压中的位次)与各类官职在等级秩序中的实际地位要更为吻合。

重新以杂压的位次为依据来排定朝服等级之后,此前三等梁冠与宰执、侍从、庶官三个身份等级大致"重合"的局面也遭到打破;新的七等梁冠制度进一步冲破了类别与层级的界限,因而各个等级官员范围的划分往往是以"某官职至某官职"的方式进行表述。此时,承袭了仁宗康定年间官职类别混杂的排序模式,同时,宰执与侍从、侍从与庶官之间的界限也愈渐模糊,总体上,宰执主要在第二等级之上,侍从则多在第四等级之上。

徽宗政和年间(1111—1118),在修定礼典《政和五礼新仪》期间,议礼局也曾进呈群臣朝服之制:

表4 政和时期朝服等级②

梁冠等级	官职(杂压)
七梁冠 貂蝉笼巾	三公,左辅,右弼,三少,太宰,少宰,亲王,开府仪同三司
七梁冠	执政官,东宫三师
六梁冠	**杂压"直学士"以上** 直学士以上;东宫三少,御史大夫、中丞,六曹尚书、侍郎,殿中监,大司成,散骑常侍;特进,金紫、银青光禄大夫,光禄大夫;太尉,节度使;左右金吾卫、左右卫上将军

---

① 有必要指出的是,这里的"官"与《宋史·职官志》总序提及的"文武官"范畴基本一致。参见《宋史》卷161《职官志一》,第3769—3770页。
② 表4据《宋史》卷152《舆服志四·诸臣服上》,第3556—3557页。

(续表)

梁冠等级	官职（杂压）
五梁冠	**杂压"国子祭酒"以上** 太子宾客、詹事、给事中、中书舍人、谏议大夫、九寺卿、大司乐、秘书监、殿中少监、国子祭酒；待制；宣奉、正奉、通奉、通议、太中、中大夫、中奉、中散大夫 上将军；节度观察留后、观察使；通侍大夫；枢密都承旨
四梁冠	**杂压"武功大夫以下"之上** 九寺少卿、大晟典乐、秘书少监、国子、辟雍司业、少府、将作、军器监、都水使者、起居舍人、侍御史、太子左右庶子、少詹事、谕德、尚书左右司郎中、员外，六曹诸司郎中；朝议、奉直、朝请、朝散、朝奉大夫 防御、团练使、刺史、大将军；正侍、中侍、中亮、中卫、拱卫、左武、右武大夫；驸马都尉；带遥郡武功大夫以下；枢密副都承旨
三梁冠	**杂压"太史局五官正"以上** 殿中侍御史、监察御史、司谏、正言、尚书六曹员外郎、少府、将作、军器少监、太子侍读、侍讲、中舍、舍人、亲王府翊善、侍读、侍讲、九寺、秘书、殿中监、辟雍丞、大晟乐令、两赤县令、大理正、司直、评事、著作郎、秘书郎、著作佐郎、太常、宗学、国子、辟雍博士、太史局令、正、丞、五官正；朝请、朝散、朝奉、承议、奉议、通直郎 中亮、中卫、拱卫、左武、右武郎；诸卫将军，卫率府率 武功、武德、武显、武节、武略、武经、武义、武翼大夫、武翼郎；医职翰林医正以上；外符宝郎，内符宝郎 阁门通事舍人；敦武郎，修武郎
二梁冠	在京职事官；阁门祗候，看班祗候；率府副率；升辇辂立侍内臣

与元丰二年的情况有所不同，政和年间已经过了元丰官制改革，寄禄品阶恢复效用，职事官也再度注入了职掌。不过，值得注意的是，此时梁冠的等级区分与元丰二年在结构与原则上变化并不明显。首先，朝服等级依旧分作七等，各类官职混合排序，以杂压位次为衡量的依据；其次，"宰执"这一等级仍维持在第二等"七梁冠"以上，"侍从"[①]等级也大致保留在第四等"五梁冠"以上。宋廷南渡以后，朝服基本上承袭了北宋后期的梁冠制度[②]。

---

① 元丰以后，侍从官为职事官谏议大夫以上、带待制以上贴职及寄禄官太中大夫以上官员。
② 参见《宋史》卷152《舆服志四·诸臣服上》，第3557—3558页。

综括前述内容，宋代的朝服等级，实则经历了由"重官品"到"兼用官品与杂压"再到"以杂压为序"的发展历程；在这一过程中，排定等级的原则相当明确地由"官品"向"官位"一侧倾斜。尽管期间曾经历神宗朝的官制改革，"以阶易官"，却也难以扭转这一发展趋势。究其原因，官制改革没有从根本上改变官与差遣的分离，也未能改变宋代官员"复合性"的身份构成。相对于着重在一个纵列之内排定等级高下的"官品"，"杂压"得以跨越多个序列，突破类别与层级的界限，在"官与品轻重不相准"的阶官以及不系官品、具有不稳定性的差遣职任之间，建立起更直接、更稳定的等级联系，从而使朝服的等级划分，兼顾了阶官与实职双重的因素，与官员的实际地位更为契合。

事实上，在宋代官员的等级待遇中，班位是较早地将排序的原则由官品移向杂压的一类；而相对地，朝服则是长期在官品与杂压两套体系之间"徘徊"，采用以官品为基本框架、其他官职借助杂压来判定等级的安排方式，直到元丰时才得以扭转，略嫌迟缓、滞后，敏感度不及班位。另外，不可忽略的一点是，杂压作用的凸显，意味着在朝服制度中对官员类别的区分（文臣、武臣、内臣）已趋向"淡化"，而划分等级的色彩日益"浓厚"。

二、公服等级：紫袍、金鱼、金带向侍从倾斜

宋代的公服谓之常服，又称"从省服"，为官员日常朝见及出入官衙办公时的着装，其基本形制为"曲领大袖，下施横襕，束以革带，幞头，乌皮靴"[①]。相比于礼制等级较高的朝服，公服的穿着频率更高，公服上各类要素（服色、鱼袋、革带、履、笏等）的等级区分也趋向细密，不同要素区分等级的原则往往有所不同，因而"组合"的意味也更加浓厚。那么，如何将这些要素统一起来，不致造成同一官员身上等级秩序的混乱，乃至不与班位的高下发生冲突，成为一个值得探讨的问题。

---

① 《宋史》卷153《舆服志五·诸臣服下》，第3561页。

(一)服色:侍从"赐绯紫"

关于服色,陈文龙在《论唐宋时期的"赐绯紫"》一文中指出,北宋前期继承唐代后期的制度,官员服色依散官,分作绿、绯、紫三等,赐绯紫与年劳的结合是宋代赐服的重要特点。赐服使得官员服色与散官发生偏离,同时也缩小了官服等级与官员实际地位的差距,使得服色依散官制度得以维持[①]。这一认识,较之以往"北宋前期服色依职事官品"的观点已有推进。对此,笔者希望补充的一点是,宋代的赐绯紫与当时复合性的身份等级——"侍从"之间,也存在着相当密切的联系,元丰改制前后一直是如此。

《梦溪笔谈·补笔谈》卷1载:

> 故事,初授从官给谏,未衣紫者,告谢日面赐金紫。何圣从在陕西就任除待制,仍旧衣绯,后因朝阙,值大宴,殿上独圣从衣绯,仁宗问所以,中筵起,乃赐金紫,遂服以就坐。近岁许冲元除知制诰,犹着绿,告谢日,面赐银绯;后数日别因对,方赐金紫。[②]

根据此段记载,在北宋前期,给事中、谏议大夫(本官)、知制诰(差遣)都属于侍从官的范畴,侍从官一般享有告谢之日面赐章服(紫金鱼袋、绯银鱼袋)的特权。然而,何郯的情况比较特殊,在外就任时除授侍从官,未得以上殿面赐金紫,而依旧服绯。直到其回京赴大宴的时候,终究出现了差失。这里需要先厘清一下,宋代臣僚的大宴座次一般分为三个等级层次,距离御座的空间位置也是由近及远:(1)坐于殿上:宰执、侍从(包括尚书·丞郎·给谏·舍人、诸学士·待制、三司使·御史大夫·御史中丞·知制诰)[③]、武臣正任、管军、宗室;(2)坐于朵殿:其他四品以上官员、郎中、知杂御史等;(3)分于

---

① 参见陈文龙:《论唐宋时期的"赐绯紫"》,《北大史学》第17辑,2012年,第31—56页。
② 沈括撰,胡道静校注:《新校正梦溪笔谈·补笔谈》卷1,北京:中华书局,1957年,第283页。引用时标点有改动。
③ 大宴时,侍从官的座次安排大致为:"学士座殿上,与仆射同行;知制诰亦座殿上,与尚书、丞郎同行。"到曲宴时,不属于侍从官的三司副使也坐于殿上,座次"在知制诰之后,重行异位"。参见《宋会要辑稿》仪制8之5,第1969页。

两庑:余下的升朝官等。① 按照规定,何郯的座位显然应在殿上,并且邻近诸位侍从官。但颇为尴尬的是,就坐于殿上的其他官员皆是服紫,唯独未得以赐服的何郯依旧服绯,于是仁宗当即决定赐金紫,令何郯服之就坐。又神宗熙宁年间(1068—1077),许将除授知制诰时犹服绿,未得银绯章服。期间王安石曾追问宋敏求:"知制诰有着绿者否?"宋答云:"先公(宋绶)除知制诰,赐银绯。"② 遂赐许将银绯,不久后又得赐金紫。也就是说,借助赐服的制度,侍从官大多可以达到服紫的程度。

再来观察元丰改制以后的情形。此时,区分服色的原则发生了较大的改变,统一由寄禄官的品级来决定服色,品级的界限也由先前的"三品、五品、九品"改为"四品、六品、九品"(见表5)。如果转换一下视角,将"四品"这一分割线与身份等级联系起来,能够发现,元丰以后界定侍从官范畴的几条基准线:(1)寄禄官"太中大夫"③,(2)职事官"谏议大夫"④、"权侍郎"⑤,(3)贴职"待制"⑥,都属于四品官,或为正四品,或为从四品。这也意味着,寄禄官等级达到侍从以上的官员,已具备了服紫的资格。但更重要的是,宋代侍从官的范畴往往跨越了多个序列,那么,其他寄禄官等级偏低、职事官及贴职纳入侍从行列的官员应当如何安排?对此,宋廷通常采用的处理方式,是尽可能遵循"从高"原则,将侍从群体的等级待遇大致上"拉齐"。元丰五

---

① 《宋史》卷113《礼志十六·嘉礼四》,第2683—2684页。
② 吕希哲:《吕氏杂记》卷上,《全宋笔记》第一编第十册,郑州:大象出版社,2003年,第276页。
③ 孙逢吉:《职官分纪》卷48:"(元祐官品令)太中大夫,从四品",《景印文渊阁四库全书》,台北:台湾商务印书馆,1986年,第923册,第856页下;谢深甫:《庆元条法事类》卷4《职制门一》:"太中大夫……从四品",戴建国点校,收入杨一凡、田涛主编:《中国珍稀法律典籍续编》第1册,哈尔滨:黑龙江人民出版社,2002年,第18页。
④ 《职官分纪》卷6:"(元祐官品令)左、右谏议大夫,从四品",《景印文渊阁四库全书》第923册,第150页上;《庆元条法事类》卷4《职制门一》:"左、右谏议大夫……从四品",《中国珍稀法律典籍续编》第1册,第18页。
⑤ 《宋会要辑稿》职官16之25:"元祐二年,初置权侍郎,从四品",第2734页上;《庆元条法事类》卷4《职制门一》:"权六曹侍郎……从四品",《中国珍稀法律典籍续编》第1册,第18页。
⑥ 《职官分纪》卷15:(元祐官品令)龙图阁、天章阁、宝文阁待制,从四品,《景印文渊阁四库全书》第923册,第364页下、365页下、366页上;《庆元条法事类》卷4《职制门一》:"待制……从四品",《中国珍稀法律典籍续编》第1册,第18页。

年(1082)四月,诏:"六曹尚书依翰林学士例,六曹侍郎、给事中依直学士例,朝谢日不以行、守、试,并赐服佩鱼;罢职除他官日,不带行。"① 六曹侍郎、给事中、学士、直学士,都在侍从的范围之内,这一措置,正是通过赐服的方式,有效提升了阶秩偏低的侍从官的服色等级。同时,诏旨中也强调,此处的赐服是附丽于职任之上的特别待遇,等到罢职以后(退出侍从行列),服色还要复旧。

表5 服色、鱼袋、笏等级

北宋前期(散官)	元丰以后(寄禄官)	服色	鱼袋	笏
三品以上	四品以上	紫	金鱼袋	象笏
五品以上	六品以上	绯	银鱼袋	
七品以上	九品以上	绿	不佩鱼	木笏
(九品以上)		(青)		

南宋时期,自庶官除授侍从官而特许赐章服,逐渐成为定制。据《宋史·舆服志五》载:

> 中兴,仍元丰之制,四品以上紫,六品以上绯,九品以上绿。服绯、紫者必佩鱼,谓之章服。非官至本品,不以假人。若官卑而职高,则特许者有三:自庶官迁六部侍郎,自庶官为待制,或出奉使者是也。②

元丰以后,服色应由寄禄官品来决定,这里提到的"官卑而职高"(寄禄官等级低于职事官、差遣)而允许赐服的三种情形中,除"出使"之外,前两者指代的都是由庶官迈入侍从序列的情况,其中,权侍郎③、待制分别是侍从官中最低一等的职事官与贴职。可见,侍从身份与赐服的结合已愈加紧密,并逐渐成为影响服色的重要因素之一。

这里有必要厘清赐服与借服的区别,以及"服章入衔"问题。服色"凡

---

① 《宋会要辑稿》舆服4之30,第1808页下。
② 《宋史》卷153《舆服志五·诸臣服下》,第3563页。
③ 《宋会要辑稿》仪制3之45、46:"(建炎)四年六月三十日,诏:'自庶官除侍郎,依旧例带权字……如遇服绯绿,依待制告谢日改赐章服'",第1894页。

言赐者,谓于官品未合服而特赐也"①,不同于正服,赐服要入衔②,在告身上也有所呈现。借服③,监司、知州、通判等外任官④许借服色,任满还朝,服色依旧⑤,借服也入衔。按照旧制,借服不佩有鱼袋,故系衔上称"借紫""借绯"⑥。到政和元年(1111),兵部侍郎王诏上奏:

> 今监司、守倅等并许借服色,而不许佩鱼,即是有服而无章,殆与吏无别。乞今后应借绯紫臣僚并许随服色佩鱼,仍各许入衔,候回日依旧服色。⑦

为了达到增重身份的目的,避免地方长官的公服形制("有服而无章")与吏人区别不明显,自此之后,借绯紫也准许佩鱼,且以所借佩的鱼袋入官衔。这也决定着,在佩饰的等级区分趋于"消弭"的情况下,赐服与借服的区隔,需要依赖官衔称谓的差异得以维系。这时,差别主要体现在赐色、借色("服")上。南渡以后,进一步拉开了官衔上鱼袋("章")的差距:赐服佩鱼,鱼袋入衔;借服也佩鱼,但鱼袋已不入官衔。不过,这样的处理方式,也带来了"名实不副"的问题。举例来说,侍从之中包含"横金"这一等级(详见后文),赐金带而没有鱼袋,全衔却要称"赐紫金鱼袋";相对地,实际佩有金鱼袋的借紫,反而未得以入衔。岳珂指出,这是源于"掌故散讹之失",称"名实有无,

---

① 叶梦得:《石林燕语》卷3,侯忠义点校,北京:中华书局,1984年,第34页。在北宋前期,指散官低于所赐服色的品级;元丰以后,指寄禄官未达到所赐服色的品级(职事官、差遣)。

② 赐服入衔,正服不入官衔:"虽特赐而寄禄未至本品,则带赐鱼在衔内,寄禄官已至本品则不入衔。"朱彧:《萍洲可谈》卷1《寄禄官服色佩鱼之制》,李伟国点校,北京:中华书局,2007年,第113页。

③ 借服中除"借绯紫"外,也包括"隔借""带借":"凡知州军、通判、提点刑狱、转运判官、知三京赤县皆借绯,知州、提点刑狱自服绯者,仍借紫;转运使副、知节镇州虽不服绯,亦借紫,谓之'隔借';自节镇、转运副使改授列郡,亦借紫,谓之'带借'。"参见徐度:《却扫编》卷上,《丛书集成初编》本,北京:中华书局,1985年,第50—51页。

④ 借服之外,外任官也有赐服,"有赐色者仍称赐色"。参见朱彧:《萍洲可谈》卷1《寄禄官服色佩鱼之制》,第113页。

⑤ 实际上也有例外的情况,若监司置局在辇下,到阙即许服所借服色。参见《容斋随笔·三笔》卷5《绯紫假服》,第481页。

⑥ 徐度:《却扫编》卷上,第50页。

⑦ 《宋会要辑稿》舆服6之21,第1836页上。

于是舛矣"①。

此外,公服的要素之一——履(韡)与服色的等级划定方式也存在一定的相关性。宋代的履为文武官通用之制,对类别的区分已趋于淡化,但更强调等级。履的装饰,包括绚(履上饰)、繶(饰底)、纯(缘)、綦(履带)四个层次,四者的颜色、数量往往要与服色保持一致。其中,"服绿者饰以绿,服绯、紫者饰亦如之",服绯紫者(六品以上)占有佩饰之四,服绿者(七品以下)仅占佩饰之三或之二②。(见表6)

表6 文官履的等级

履(随服色饰以紫绯绿)	官职等级	服色(元丰以后)
绚、繶、纯、綦	朝奉大夫(从六品)以上	绯紫(六品以上)
绚、纯、綦	朝请郎(正七品)以下	绿(七品以下)
绚、綦	宣教郎以下	

(二)鱼袋:凸显"士类"

鱼袋是公服之中重要的佩件之一,也是章服的一个组成部分。宋代的鱼袋,在具备区分等级高下这一功能的同时,一定程度上也承担起标志官员类别的重责。其形制"以金银饰为鱼形,公服则系于带而垂于后"③。宋初草创,官仪未备,太宗"垂意右文,弥文浸举,章服稽古,以为后则"④,自雍熙南郊大赦以后,群臣普遍开始佩鱼袋。其中规定,"服紫者饰以金,服绯者饰以银"⑤,京朝官与选人赐绯紫者也准许佩鱼。与之相对,亲王、武官⑥、内职、将校皆不佩鱼⑦。可以看出,一方面,鱼袋与服色等级(绯紫)直接挂钩,分

---

① 岳珂:《愧郯录》卷4《服章入衔》,朗润点校,北京:中华书局,2016年,第51页。
② 《宋史》卷153《舆服志五·诸臣服下》,第3569页。
③ 《宋史》卷153《舆服志五·诸臣服下》,第3568页。
④ 岳珂:《愧郯录》卷4《鱼袋》,第46页。
⑤ 岳珂:《愧郯录》卷4《鱼袋》,第46页。
⑥ 此处的"武官",应是指唐武职事官,参见赵冬梅:《文武之间:北宋武选官研究》,北京:北京大学出版社,2010年,第11页。
⑦ 李焘:《续资治通鉴长编》(以下简称《长编》)卷25,雍熙元年十一月丁卯条,北京:中华书局,2004年,第589页。

为金、银两个等次；另一方面，鱼袋又倾向于将文官之外其他类别的官员（亲王、武选官、军职、环卫官、伎术官等）排斥在外，带有某种"专属"士人的意味。

然而在实际的运作中，其他类别的官员逾越旧规佩鱼的现象却时有出现。大中祥符六年（1013）五月，诏曰："伎术官见佩鱼袋者，特许仍旧，自今未至升朝官赐绯紫者，不赐鱼袋。"① 这一诏令，明确对伎术官佩鱼进行了限制。不过，这里也保留了一个"模糊地带"，即兼有伎术官与升朝官"双重"身份，优先升朝官，赐绯紫者允许佩鱼。事实上，这类比较特殊的安排方式，在朝参制度中也曾出现过。熙宁四年（1071）十二月十八日，诏："诸伎术官除带升朝官及诸司使副各随所带官赴朝会起居外，余依供（俸）〔奉〕官例，并（令）令朔望并北朝人使见辞紫宸殿缀班起居。"② 与其他伎术官不同的是，伎术官带有升朝官或诸司使副者，可以忽略其伎术官的身份，优先以所带升朝官、诸司使副身份赴朝会起居。仁宗时期，保留"模糊地带"的弊端也逐渐显露出来。天圣二年（1024）十月十四日，

> 翰林待诏、太子中舍同正王文度因勒碑，赐紫章服，以旧佩银色，请佩金鱼。帝曰："先朝不许伎术人辄佩鱼，以别士类，不令混淆，宜却其请。"③

王文度属于前文提及的兼有升朝官（太子中舍）与伎术官（翰林待诏）双重身份的情况，赐绯紫者准许佩鱼。不同于以往的是，已服绯、佩银鱼的王文度因功再得赐紫，故而请求改佩金鱼。这一要求当即遭到了太后的拒绝，其中的缘由在于，佩鱼意图凸显的是士人的身份，特别是等级最高的金紫章服，带有升朝官的伎术官，本质上仍属于伎术官。然而在其后，伎术官佩鱼的现象，并没有全然杜绝。如景祐初年，因仁宗的病情有所好转，又特赐翰林医官许希绯衣、银鱼袋④。宝元二年（1039）闰十二月，直史馆苏绅更是对伎术官佩鱼等问题提出了质疑："朝廷中有执技之人与丞郎清望同佩金鱼，内侍

---

① 《宋会要辑稿》职官 36 之 111，第 3127 页上。
② 《宋会要辑稿》仪制 2 之 17，第 1867 页上。
③ 《宋会要辑稿》舆服 6 之 20，第 1835 页下。
④ 《长编》卷 115，景祐元年九月戊子条，第 2698 页。

班行与学士同服金带,岂朝廷待贤才加礼遇之意?"① 足见佩鱼制度之中渗透着凸显、优待士人群体的观念。

与限制伎术官佩鱼形成鲜明对照的是,侍从官换武职以后,竟将文官公服上的佩件鱼袋"嫁接"在武服之上。天圣五年(1027)八月,陈尧咨与执政大臣不和,遭到了谤言,被迫以翰林学士兼龙图阁学士(侍从官)换宿州观察使②。其时,陈尧咨颇不情愿,在太后面前自陈道:"臣本儒生,少习俎豆,今荷圣恩,易以武弁,愿佩金鱼以示优异。"③ 为了表示抚慰,太后特诏允从,而武弁佩鱼也始于陈尧咨④。这当然属于特例⑤,但也在一定程度上反映出,鱼袋不仅仅是公服之上的一个佩件,更可以成为士人身份的一种象征。这一点,从堂后官佩鱼的规定中也可窥见。吏员本不具有佩鱼袋的资格,但皇祐二年(1050)五月曾规定,作为中书属吏、职任特殊的堂后官之中,由士人选授至提点五房者,则允许佩鱼⑥。换言之,拥有"士人"的身份,是促成一部分堂后官获得佩鱼机会的关键。

神宗时期,鱼袋与差遣职任之间产生了更为直接的联系,不局限于与服色挂钩。元丰二年(1079)五月二十六日,蒲宗孟除授翰林学士,神宗曰:"学士职清地近,非它官比,而官仪未宠,自今宜加佩鱼。"⑦ 由此开始,翰林学士佩鱼成为定制。元丰改制以后,进一步扩大了佩鱼的官职范围,且鱼袋与革带也形成不同的组合形式,标志身份等级的功能愈加强化,这一内容将在"革带"部分详细论述,于此暂不涉及;同时,区别于文臣,武臣、内侍不佩有鱼袋,

---

① 《长编》卷125,宝元二年闰十二月,第2951页。
② 《长编》卷105,天圣五年八月丙戌条,第2445—2446页。
③ 王闢之:《渑水燕谈录》卷5《官制》,吕友仁点校,北京:中华书局,1981年,第62页。
④ 林駉:《古今源流至论·别集》卷7《章服(论古今章服异同)》,《景印文渊阁四库全书》第942册,第601页上。
⑤ 事实上,不局限于冠服制度,换武之后的陈尧咨在班位上也得到了一定的优待。据《宋会要辑稿》仪制3之13:"(天圣五年)八月二十六日,诏宿州观察使、知大名府陈尧咨每契丹使经过,其座次权在丞郎之上。尧咨自翰林学士、工部侍郎特换观察使故也。"(淳化以后,翰林学士的班位在丞郎之上。)第1878页上。
⑥ 《宋会要辑稿》职官3之24,第2409页下。
⑦ 《宋史》卷153《舆服志五·诸臣服下》,第3568页。

即使服色为紫,也不佩鱼①,这正是为避免伎术官佩鱼一类情况的再度出现。

(三)革带:侍从以上多系金带

革带,也是宋代公服上的佩件之一,其质地为革,带上装饰有玉、金、银、犀、铜、铁、角、石、墨玉等,用以标志官员身份等级的高下。宋初,士庶所服革带未有定制。太宗太平兴国七年(982)正月,重新定立革带的等级(见表7):

表7 太平兴国七年系带等级②

革带	官职
玉带	三品以上
金带	四品
金涂银带	五品、六品
银带	七品以上并未常参官,并内职、武官
黑银带	八品、九品
铁角带	流外官、工商、士人、庶人

从上述规定来看,这一时期文武官员服带的等级原则与官品、官员类别等因素密切相关。其中,三品以上服玉带,四品服金带,五品、六品服金涂带,七品官、内职、诸军将校服银带,八品以下服黑银带。同时,革带与服色也存在一定的联系。金带一般要系在紫袍之上,若未达到这一等级,则需要赐服。如真宗天禧(1017—1021)时,李咨为知制诰,尚衣绯袍,因其与宰相寇准关系不和,自请出知荆南,其后又召为翰林学士,学士本应赐金带,但按照惯例,所赐金带"不可加于绯衣",于是赐紫衣③。又如元丰(1078—1085)时,王震除授给事中,例赐金带,因王震服绯,并赐三品服④。服绿者系金带,更属罕见,唯见一例。靖康元年(1126),赵子㵒知宁陵县,徽宗逊位后,过亳州烧香,道由其邑,赐其金带,而当时赵子㵒仍服绿,故而特许

---

① 《宋史》卷153《舆服志五·诸臣服下》,第3562页。
② 表7据王栐《燕翼诒谋录》卷1相关内容制成,诚刚点校,北京:中华书局,1981年,第7—8页。
③ 宋敏求:《春明退朝录》卷下,诚刚点校,北京:中华书局,1980年,第40页。
④ 《长编》卷322,元丰五年正月辛亥条注文,第7772页。

系于绿袍之上①。

事实上，除官品、官员类别、服色等因素之外，复合性的身份等级也是决定革带等级的一个重要因素。在端拱年间（988—989），太宗下诏制作瑞草地毬路文方团胯带，副以金鱼袋，又称"笏头带"，用以赐二府臣僚②。随后，笏头带也成为"前任宰相"的一种身份象征，宰相罢政以后，依旧服笏头带。不过，与宰相有所不同的是，执政罢任后，一般只服金御仙花带③；直到徽宗大观（1107—1110）以后，才准许前执政服毬文带。如淳熙七年（1180）三月，新除知明州范成大赴阙奏事，系黑带，但因曾任参知政事，诏旨令其系上旧赐笏头金带④。

不同于宰执群体，侍从的情况要复杂得多。在北宋前期，一部分侍从官新除授时被赐予金御仙花带，不佩鱼，又称作"横金"⑤。这主要包括（权）三司使、大学士、学士、直学士、御史中丞⑥，是以侍从之中的"内职"为主，三省官皆不在其中。而待制、知制诰也只系皂鞓犀带，副以金鱼袋，待制迁至直学士，始赐金带。因而，朝中有为待制十年不迁者，作诗句云："鬓边今日白，腰下几时黄？"⑦诗中所言"腰下黄"，正是指横金。

另一方面，元丰以前，相对于文臣群体，在制度的规定上，武选官、伎术官系金带的情形并不多见，且不佩有鱼袋。一般来说，在金带以下，包含金涂带、金束带、金涂束带、银带、犀带等多个等次，每一等又会分作不同的类型⑧。其中，（1）宰相、执政、前任宰相、使相、部分侍从官，系金带；（2）正任、横行、诸司使副出使地方，充任路分或一州总管、钤辖、沿边知州、安抚

---

① 赵彦卫：《云麓漫钞》卷7，傅根清点校，北京：中华书局，1996年，第116页。
② 《宋史》153《舆服志五·诸臣服下》，第3565—3566页。
③ 宋敏求：《春明退朝录》卷下，第40页。
④ 《宋会要辑稿》舆服4之31，第1809页上。
⑤ 徐度：《却扫编》卷上："旧制，执政以上始服毬文带，佩鱼；侍从之臣止服遇仙带，世谓之横金。"第48—49页。
⑥ 《宋会要辑稿》舆服5之28，第1823页下。
⑦ 吴处厚：《青箱杂记》卷9，李裕民点校，中华书局，1985年，第99页。
⑧ 如金带六种（毬路、御仙花、荔枝），金涂带九种（宝瓶），金束带八种（荔枝），金涂束带四种（双鹿），犀带二种（牯、牸）等。

使等差遣时,系金束带;(3)文臣换武臣,御前军班换前班,诸司使副至大使臣,系金涂带;(4)小使臣系金束带或金涂束带;(5)身为吏员的堂后官系金涂带,等级上与诸司副使、大使臣相当;(6)伎术官的等级要低于武选官,仅系银带(见表8)。

表 8 熙宁至元丰改制前文武臣僚系带等级[①]

	革带、鱼袋	官职
新除恩庆	金筅头二十五两带,金鱼袋	宰相、执政官,使相、节度使、宫观使、观文殿大学士曾任宰相者
	金御仙花带	武臣(使相)
	金御仙花二十两带	三司使、诸学士、御史中丞
	牯犀带,金鱼袋	知制诰、待制
出使	金御仙花二十五两束带	见任中书、枢密使,曾任宰相并使相、节度使
	金御仙花二十两束带	①宣徽使、曾任中书·枢密院,充诸路都总管、安抚 ②正任、横行、班官,充诸路路分、一州总管、钤辖、沿边知州军、安抚
	金御仙花十五两束带	①诸司使充诸路路分、一州总管、钤辖、沿边知州军、安抚 ②横行、诸司副使、内侍省押班,充诸路、沿边路分钤辖
其他情况	涂金银宝瓶十五两带(金涂带)	文臣换武臣
	涂金银带	御前军班换前班
	宝瓶二十两	诸司使
	宝瓶十五两	诸司副使至崇班
	荔枝十两(金束带)	供奉官至殿直
	双鹿八两(金涂束带)	奉职、借职
	涂金银宝瓶十五两带	堂后官
	银带	伎术官服紫、绿[②]

---

① 表8据《宋会要辑稿》舆服5之28、29(第1823页下、1824页上)及《愧郯录》卷12《文武服带之制》相关内容制成(第151—155页)。

② 伎术官的服色、系带制度有别于文官(紫服金带),非有御赐,虽服紫、绿、皆给银带。

表 9　元丰五年宰执、侍从系带等级①

革带、鱼袋	官职
金毬文方团带,佩鱼(笏头)	宰执:三师三公、宰相、执政、开府仪同三司、节度使尝任宰相者、观文殿大学士以上
金御仙花带,佩鱼(重金)	侍从:①御史大夫、六曹尚书、翰林学士以上及资政殿学士特班翰林学士上者
金御仙花带,不佩鱼(横金)	②直学士、六曹侍郎、散骑常侍、御史中丞

官制改革以后,侍从官服金带的范围逐渐扩大,等级也趋向繁密,并且与鱼袋相互搭配。此时,基于革带与鱼袋组合方式的不同,侍从官形成了"重金"与"横金"两个等级层次,御史大夫、六曹尚书、翰林学士公服之上的佩件得以增重。故而苏轼在《谢翰林学士表》中云:"宝带重金,佩元丰之新渥。"② 元祐二年(1087)七月,置权侍郎,用以除授资浅者(未历两省及待制以上职者),"仍不赐金带"③;元祐三年闰十二月,又置权尚书。而哲宗元符仪制令之中,明确将权尚书、权侍郎排斥在重金、横金的行列之外。同时规定,"因任职事官经赐金带者,虽后任不该赐,亦许服"④,实际上是将"金带"视作官员身份标志的一部分。但另一方面,元丰以后针对侍从官系带的安排,也带来了一个新的问题,即"横金"以下的这部分侍从官,与庶官之间的等级区隔不够明显。徽宗大观年间,霍端友为中书舍人,服黑带,佩金鱼。一日上殿奏事,徽宗见其带问道:"何以无别于庶官?"端友奏曰:"非金玉无用红鞓者。"⑤ 随后,徽宗诏令中书舍人、谏议大夫、待制、殿中少监许服红鞓犀带,不佩鱼⑥。由此开始,侍从官系带便明确地区分为三个等级:(1)翰林学士以上,重金;(2)给事中以上,横金;(3)中书舍人以下,红鞓犀带,不佩鱼。

南宋时期,系带等级上大致承袭了北宋旧制,笏头带主要赐予宰执群体,

---

① 表 9 内容可参见《长编》卷 322,元丰五年正月辛亥条,第 7772 页;另《愧郯录》卷 12《文武服带之制》,第 151—155 页。

② 叶梦得:《石林燕语》卷 5,第 68 页。

③ 《长编》卷 403,元祐二年七月癸丑条,第 9801 页。

④ 《宋史》卷 153《舆服志五·诸臣服下》,第 3567 页。

⑤ 王栐:《燕翼诒谋录》卷 1,第 7 页。

⑥ 《宋史》卷 153《舆服志五·诸臣服下》,第 3567 页。

以二府臣僚为主，也包括使相、前任宰臣；侍从官依旧分作三个等级：学士以上重金，给事以上横金，舍人以下红鞓犀带。不过，当中也发生了一些细微的变化。首先，侍从官佩鱼的范围有所扩大，系红鞓犀带这一等级，也开始佩有鱼袋；其次，将资浅的权侍郎也纳入到红鞓犀带的范畴之内，等级低于处在横金一等的正侍郎①。

值得注意的是，基于朝廷的推恩，群臣之中以年劳②、侍从身份、事功及其他因素获得赐服者愈渐增多，造成了"朝班之内衣紫、朱者极多，着绿者甚少"③的特殊局面。南宋时，甚至演变为在"服紫袍"这一个等级之中，仅就文官群体而言，就足足囊括了宰执、侍从、庶官三个身份等级，系带的类别更是细致地区分为六个等次。洪迈在《容斋随笔》中详细记载了这一情况（见表10）：

表10　南宋时期服紫袍文官系带等级④

等级	革带、鱼袋	官职
第一等	金毬文方团带，佩鱼（笏头）	宰执：宰相、执政官
第二等	金御仙花带，佩鱼（重金）	侍从：①翰林学士以上、正尚书（杂压"翰林学士"以上）
第三等	金御仙花带，不佩鱼（横金）	②权尚书、御史中丞、殿阁学士、直学士、侍郎、给事中（杂压"给事中"以上）
第四等	红鞓黑犀带，佩鱼	③中书舍人、谏议大夫、待制、权侍郎（杂压"权侍郎"以上）
第五等	荔枝五子，不佩鱼	庶官：未至侍从而特赐带者
第六等	黑角带，佩金鱼	其他庶僚

据此可知，宰执、侍从、庶官之间系带、佩鱼的等级区隔已相当清晰。

---

① 《宋史》卷153《舆服志五·诸臣服下》，第3567页。
② 王艳《宋代的章服赏赐》一文中，注意到了宋代官员以年劳改转服色的年限，呈现逐渐缩短的发展趋向。《史学月刊》2012年第5期，第54页。
③ 《长编》卷396，元祐二年三月戊辰条，第9654页。
④ 洪迈：《容斋随笔·四笔》卷12《仕宦捷疾》，孔凡礼点校，北京：中华书局，2005年，第776—777页。

原则上，"笏头"专属于宰执；在侍从官之中，按照杂压的次序分作三个等级，除"横金"一等之外，其他皆佩有鱼袋，并将资浅的权尚书纳入了横金的范畴；侍从以下庶官，又分为两类，一类系黑角带，佩金鱼，另一类特赐荔枝五子，不佩鱼。事实上，在恩赐趋于泛滥，章服、金带皆有所"贬值"的情况之下，标志官员身份的功能已不再局限于公服之上的某一个要素，而是将服色、系带、鱼袋三者相互搭配，形成不同形式的组合，各自对应着不同的等级群体。在穿着公服的场合下，除二府宰执之外，侍从无疑是最受瞩目、也最为"抢眼"的一个群体。服色、系带、鱼袋之中等级最高的衣紫袍、系金带、佩金鱼，纷纷有意识地向侍从群体"倾斜"，侍从这一身份在公服制度中得到了充分的凸显。

同时，由于"侍从"日益发展成为一种重要的身份标志，臣僚不只是在进入侍从时获得了赐章服、易带的优待，在等级下调乃至退出侍从行列以后，也能够保留一部分的特权。孝宗乾道八年（1172）八月十九日，

> 诏："左谏议大夫姚宪元系六曹侍郎，已赐金带，可令依旧系赴朝参等。今后准此。"①

当侍从官的等级由高一等走向低一等时，朝廷更倾向于为其保留已被赐予的某些等级待遇。具体来说，六曹侍郎服"横金"，谏议大夫服"红鞓黑犀带"，诏令姚宪依旧系金带赴朝参，恰恰是保留先前的待遇，给予其一定程度的尊重，用以缓解等级下调所带来的心理落差，更有效地调动官员的积极性。淳熙十年（1183）十月，

> 诏："权侍郎以上罢任不带职名，许服红鞓排方黑犀带。"②

"权侍郎以上"，属于侍从官的范畴。实际上，在官制改革以后，官员退出侍从的情形要更为常见，寄禄官太中大夫以下的职事官在罢任之后，若是未能获得待制以上贴职，即意味着退出侍从的行列。诏旨针对这一情形，做出了相对特殊的安排，即允许退出侍从的官员服"红鞓排方黑犀带"，为其保留

---

① 《宋会要辑稿》舆服 4 之 31，第 1809 页上。
② 《宋会要辑稿》舆服 4 之 31，第 1809 页上。

本应属于侍从的一部分待遇。当然,有必要指出的是,"前任侍从"与"现任侍从"之间也存在一定的差距,因而,这类官员系带的等级属于侍从之中的最低一等,并没有达到系金带的程度。

此外,除服色及公服上的佩件之外,"狨毛为座""出入重戴"也是以宰执、侍从官为主体的两项等级待遇。关于"狨座",《萍洲可谈》之中有一段详细的记载:

> 狨座,文臣两制、武臣节度使以上许用,每岁九月乘,至三月彻,无定日,视宰相乘则皆乘,彻亦如之。狨似大猴,生川中,其脊毛最长,色如黄金,取而缝之,数十片成一座,价直钱百千。背用紫绮,缘以簇四金雕法锦,其制度无殊别。政和中,有久次卿监者,以必迁两制,预置狨座,得躁进之目,坐此斥罢。或云,狨毛以藉衣不皱。……故事:使虽非两制,亦乘狨张繖,金带金鱼,重将命也。①

臣僚坐骑之上的鞍褥材质专用价值不菲的狨毛,既起到了保暖的作用,又能够防止官服出现褶皱,这是赋予侍从以上官员的一项特权②。基于此,尚且处在庶官这一等级的卿监官,便迫不及待地预置狨座,难免会被视作"躁进""僭越",故而遭到了罢免。这段文字中,还透露出一个重要的内容:非侍从官若被赐予了乘狨、张繖③、金带、金鱼,则往往是传递着会受到重用的信号,因为上述几项待遇主要针对的是侍从官。所谓"重戴",即古大裁帽之遗制,本为野夫岩叟之服④。据《石林燕语》卷3载:

> 本朝淳化初,又命公卿皆服之(按:裁帽)。既有繖,又服帽,故谓之"重戴"。自祥符后始禁,惟亲王、宗室得打繖。其后通及宰相、枢密、

---

① 朱彧:《萍洲可谈》卷1《狨座》,第116页。

② 孝宗乾道九年十二月规定:"诸狨毛座职事官权六曹侍郎、寄禄官太中大夫以上及学士、待制或经恩赐者,许乘。三衙或节度使曾任执政官者准此。"参见《宋会要辑稿》舆服4之8、9,第1797页下、1798页上。

③ 宋初,京城内唯独亲王用繖;太宗太平兴国中,宰相、枢密使始用之,其后近臣及内命妇出入皆用;真宗大中祥符五年,诏令除宗室外,其余悉禁;次年,复许二府臣僚用繖,京城外则庶官通用。参见《宋会要辑稿》舆服6之26,第1838页下。

④ 《长编》卷32,淳化二年六月丁亥条,第717页。

参政，则重戴之名有别矣。①

易言之，太宗时期的重戴，原是指打繖、服帽两项的叠加；到真宗大中祥符时，由于京城内亲王、二府以外的臣僚都被禁止打繖，而后，重戴的涵义逐渐演变为幞头（亦名折上巾）之上又加以帽②。与狨座颇为接近的是，重戴的范围也是以侍从官为主③。罗大经在《鹤林玉露》中解释道："至本朝都大梁，地势平旷，每风起，则尘沙扑面，故侍从跨马，许重戴以障尘。"④ 在北宋，官员一般要骑马赴早朝，令侍从官重戴，能够起到挡沙障尘的作用。此外，仁宗庆历年间（1041—1048），还曾要求大两省、待制以上官员（侍从）及三司副使、知杂御史出入时执丝鞭⑤。如此一来，紫袍、金带、狨座、重戴、丝鞭等多重的礼遇，相继叠加在"职亲地近""朝夕论思"的侍从官身上，无论是朝见君主，抑或是出入衙门，在众多官僚之中都相当的引人瞩目，颇具"存在感"，这无疑达到了凸显其尊崇身份与特殊地位的目的。

三、结论

总体来看，在朝服制度中，强化分等、淡化类别的趋向颇为显著；公服制度中，服色重在"分等"，佩件则是兼顾了"分类"与"分等"，服色、鱼袋、革带三者逐渐形成了一些相对固定的组合方式（如（1）章服：紫金鱼袋，绯银鱼袋；（2）笏头、重金：紫金鱼袋系金带；（3）横金：服紫系金带）。不过，区分类别的功能有时也会遭到破坏，如伎术官、宦官等赐服、佩鱼等。事实上，宋代的朝班打破了既有的官品秩序，排班的场所又是以内朝殿为主，身份各

---

① 叶梦得：《石林燕语》卷3，第43页。
② 《宋史》卷153《舆服志五·诸臣服下》："所谓重戴者，盖折上巾又加以帽焉。"第3570页。
③ 实际上，两宋"重戴"的官员范围，与侍从官并非全然重合。宋初，"御史台皆重戴，余官或戴否"；淳化年间，宰相、学士、御史台、北省官、尚书省五品以上皆重戴，"枢密、三司使副则不"；南宋以后，"御史、两制、知贡举官、新进士上三人"重戴。杨亿口述，黄鉴笔录，宋庠整理：《杨文公谈苑》"重戴"条，上海：上海古籍出版社，1993年，第21页；《宋史》卷153《舆服志五·诸臣服下》，第3570页。
④ 罗大经：《鹤林玉露·丙编》卷6《风水》，王瑞来点校，北京：中华书局，1983年，第345页。
⑤ 《宋会要辑稿》仪制5之13、14，第1922页。

异的官员往往需要交错、混合排序。由于公服之上佩件的差异对仪式的整体效果影响不大,借助佩件区分类别的管理方式,有利于实现队列的齐整、统一,避免各类官员交叉排班时造成着装的杂乱无章。

宋代冠服的等级安排相对烦琐、细密,但绝非"混乱"无章法,随着官僚队伍日趋庞大,礼遇得以增重,等级在下的官员相继突破了原有的等级界限,获得高过自身等级的待遇,当这种情况发展为一种常态,导致冠服制度中标志身份的工具趋于"贬值",此时,则需要不断地"加码",实际上,侍从身上的佩件越来越集中,等级区分趋向繁密,恐怕也与这一变化有关。

本文原刊《文史》2019年第4辑,收入本论集时有修订。

10—13世纪中日交流中的僧商合作与"宗教—商业网络"*

李怡文

自公元839年日本最后一个遣唐使团离开中国,直到明朝初年日本前幕府将军足利义满主动与明朝通好,在将近六个世纪中,中国与日本之间没有保持官方层面上的外交关系,朝贡贸易也长期中断。但这官方外交缺失的六个世纪,却给予了更多群体以机会,在历史舞台上发挥一己之长。在公元10世纪至13世纪这一时期,往来于中国与日本之间的群体主要是海商与僧侣。他们长期往返于两地之间,不仅仅完成了物品的流通,同时也促成着信息、知识的传递,乃至新的网络与秩序的形成。这一时期中日之间的贸易,多由中国出身的海商承担,而部分海商,又在该时期内逐渐开始在日本定居,与日本的在地势力,特别是寺院、神社,产生了密切的联系,甚至积极参与宗

作者单位:香港城市大学中文及历史学系

* 本研究受到日本住友财团日本关联研究项目(No.188024)、香港研究资助局杰出青年学者计划(CityU 21603719)及香港城市大学研究经费支持。

教网络的建构①。而这一时期见于记载的渡海的僧侣，多是日本僧侣前往中国求法、巡礼。这些僧侣在渡海求法过程中，常依靠海商协助，但他们同时也为海商提供了宝贵的资源，成为构筑这一时期中日之间商业网络的重要一环。

佛教与商业之间的关系，学界长期以来由不同侧面进行过讨论：主要包括商人及商业网络在佛教传播中发挥的作用②，及佛教寺院本身的经济活动③。本文的讨论将关注海商与僧侣这两个群体如何利用彼此的资源并联合构建中日之间交流网络这一过程，同时特别侧重于商人如何主动建立并利用自己的宗教联系，以在海外贸易中获取更多利益及更大优势。宗教与贸易之间的关系是受到欧美经济史研究者，特别是研究地中海贸易的学者长期关注的一个议题④。相较于更受关注的伊斯兰商人、犹太商人乃至中亚的粟特商人等群体，佛教在中古时期的东亚贸易中的作用仍有进一步探讨的余地⑤。本文将说明，在佛教利用商业网络的基础上，商人也同样、甚至更为积极地利用

---

① 关于两宋时期中日贸易的承担群体问题，早先的代表性观点由森克己提出，其认为当时在史料中的"日本商人"是日本出身的商人，并且"日本商人"与宋朝商人存在竞争关系。这一观点近年已被榎本涉的研究所修正，即史料中的"日本商人"实际绝大多数为长期居住在日本的宋商，而这里的"日本"实际指商船的来源地，而非商人的出身地。见榎本涉：《東アジア海域と日中交流——九~十四世紀》，东京：吉川弘文馆，2007年，第62—64页。

② 关于佛教早期在印度传播时与商人联系的代表作可参见季羡林：《商人与佛教》，氏著《禅与文化》，北京：中国言实出版社，2006年，第113—202页；关于中印交流中佛教与商业的互动，代表作可参见 Tansen Sen, *Buddhism, Diplomacy and Trade: the Realignment of India–China Relations, 600–1400*, Lanham: Rowman & Littlefield Publishers, 2015。

③ 与本文所涉时段相关的代表作可参见谢和耐：《中国5—10世纪的寺院经济》，耿昇译，上海：上海古籍出版社，2004年；游彪：《宋代寺院经济史稿》，保定：河北大学出版社，2003年。

④ 代表作参见 Francesca Trivellato, *The Familiarity of Strangers: the Sephardic Diaspora, Livorno, and Cross-Cultural Trade in the Early Modern Period*, New Haven: Yale University Press, 2009; Jessica L. Goldberg, *Trade and Institutions in the Medieval Mediterranean: The Geniza Merchants and their Business World*, Cambridge: Cambridge University Press, 2012。

⑤ 代表作参见 John W. Chaffee, *The Muslim Merchants of Premodern China: the History of a Maritime Asian Trade Diaspora, 750–1400*, Cambridge: Cambridge University Press, 2018；[法]魏义天：《粟特商人史》，王睿译，桂林：广西师范大学出版社，2012年。关于东亚海域交流中僧侣与海商的互动，参见榎本涉：《僧侶と海商たちの東シナ海》，东京：讲谈社，2010年。

佛教网络为自己服务①。

由于史料所限，我们可见的关于僧侣的记载远较商人的记载更为丰富，而关于商人的信息又通常比较碎片化。本文除了利用考古资料以考察当时海商的商业、居住及信仰生活外，又因为这一时期许多关于商人的记载来自于佛教文献，本文特在第三节专门考察佛教文献中的商人形象并探讨书写模式及其背后的意义。在本文所涉时期，有一位居日宋商谢国明，关于他的记载远较同时期其他商人丰富，并且来源多样。本文第四节将专门讨论这位宋商和主要由他出资建立的、位于九州博多的禅宗寺院承天寺。通过对宋商谢国明这一个案的"深描"，本文力图展示当时中日之间僧侣与商人的合作在某些时候不仅仅停留于表面，而是甚至可以达到身份的融合，而这种融合也更进一步体现并促进商人所在的贸易网络与僧侣所在的佛教网络的融合。

本文着眼于 10 至 13 世纪，即中国历史上的两宋时期、日本历史上的平安后期到镰仓幕府中期，主要由于这一时期是中日之间海商与僧侣合作发展、贸易网络与宗教网络融合的一个关键时期②。这一时期，中日间官方外交停滞这一事实逐渐明朗，同时中国海商获得了在日本长期居住的机会，并且是禅宗由中国向日本传播的一个关键时期，诸多因素叠加，促成了中日之间新型网络的形成。本文的讨论截止于 13 世纪 70 年代，主要由于随后忽必烈两次出兵日本对中日间的交流在短期内有剧烈影响。不过值得指出的是，本文讨论所呈现出的贸易网络与宗教网络融合这一趋势，在 14 世纪乃至 15 世纪初日明朝贡贸易恢复后，都依然明显，并在中日交往中发挥着极其重要的作用。

---

① 在本文所涉时段，在日本"佛教"与"神道教"之间的界限并不如近现代时期一般分明。日本中古神道信仰从佛教中借用了许多概念，而中古佛教文献中也包含大量的关于神祇信仰的记录。当时在佛寺境域中存在神社，或者佛教信众同时崇拜神道系统下的神祇，都是很常见的事。所以，在本文中亦会见到佛教信众向"佛神"祈愿，或者个别神社存在于佛教网络中。关于日本中古时期的佛教与神道教关系，详见 Anna Andreeva, *Assembling Shinto: Buddhist Approaches to Kami Worship in Medieval Japan,* Cambridge, MA: Harvard University Asia Center, 2017.

② 关于辽金政权与日本直接交往的记载非常有限，并且与宋日交流呈现出不同面貌，故本文在此暂不一并讨论。

一、10—11世纪时海商与僧侣间的合作

自公元9世纪后半期起,由于外交使节的暂停,在中日海域之间频繁来往的群体主要就是海商与僧侣。而这两个群体在诸多方面互相帮衬,各取所需。

在隋唐时期,日本仍定期向中国派遣使团时,僧侣是使团的固定成员。许多在日本佛教史上举足轻重的僧侣,比如空海(774—835)和最澄(767—822),都曾作为遣唐使的成员入中国学习佛法①。而因留下《入唐求法巡礼行记》而为学者所熟知的日僧圆仁(794—864),也是随日本的遣唐使团入唐。中日间官方使团的停止,对于僧侣而言,重要影响之一是失去了作为使团成员而往返两国的这一稳定途径。在中日官方交流中止前,已因中日之间愈加兴盛的贸易而频繁往来两国之间的海商,则恰可提供对于有意远行的僧侣至关重要的帮助。圆仁在唐九年(838—847),期间还经历了会昌法难。当他有机会离开中国时,就是搭乘海商的船。也正是由于与僧侣的合作,通常情况下不多见于史料记载的海商个体,也留下了姓名。更有的海商,多次搭载不同的僧侣,也因此在多处史料中留下痕迹。比如一位名为李延孝的海商,曾在858年载日僧圆珍归国,865年载日僧宗叡返日,还在877年载日僧智聪试图归国,但因风暴漂回温州,最后智聪乘别船回国②。

在本文所涉及的时期,往来两国间的僧侣大部分是日本僧人,而海商大多是中国出身的海商。这一情况到14世纪,特别是日本寺院直接派船进行贸易活动后,产生改变,不过已超出本文的论述时段③。目前可见史料中,只要有记载僧侣具体渡海方式,几乎无一例外均是乘载商船。比如现有相关史料最为丰富的两名北宋时期的入宋僧,奝然(938—1016)与成寻(1011—1081),均有明确记载是乘坐商船入宋。曾在984年受到宋太宗接见的奝然,

---

① Robert Borgen, "The Japanese Mission to China, 801–806," *Monumenta Nipponica* 37 (1982), pp. 1–28.

② 榎本涉:《東アジア海域と日中交流——九～十四世紀》,第30—31页。

③ 关于"寺社造营船"的代表性研究,可见村井章介:《寺社造营料唐船を見直す—貿易、文化交流、沈舟》,村井章介编:《港町と海域世界》,东京:青木书店,2005年。

于 983 年乘吴越商客陈仁爽的船入宋，又于 986 年乘台州商客郑仁德的船返日①。而 1072 年入宋的成寻则留下了非常详尽的日记《参天台五台山记》，记录下了他的乘船经过乃至"船费"："延久四年（1072）三月十五日乙未寅时，于肥前国松浦郡壁嶋，乘唐人船，一船头曾聚，字曾三郎，南雄州人；二船头吴铸，字吴十郎，福州人；三船头郑庆，字郑三郎，泉州人。三人同心，令乘船也。船头等皆悦给物，密密相构也。志与物，米五十斛、绢百匹、褂二重、沙金四小两、上纸百帖、铁百廷、水银百八十两等也。"②成寻同七名弟子一行八人，交完船费，等待顺风出海的几日，只要海边有人来，就需要藏进船舱。"辰时，依西风吹，不出船，在壁嶋西南浦。……海边人来时，诸僧皆隐入一室内，闭户绝音，此间辛苦，不可宣尽。"③由成寻的记载可知，此处海商曾聚等人，搭载成寻其实并非是简单的举手之劳，而是要承担相当的风险的④。这种在一定风险下的合作，加上当时出海远行本身安全上的不确定性，想必会在很大程度上拉近乘船僧侣与海商的距离。

海商对僧侣的帮助不仅仅是提供往返交通工具，在一些情况下，海商还会接受僧侣的委托，为其购买经书或传递与佛法相关的著作。在 986 年，日僧源信特意来到九州，联系当时正在日本的海商周文德，希望他可以帮忙，将源信所著《往生要集》及其师傅良源所著《观音赞》带到中国的天台山国清寺⑤。周文德依源信要求将书带到了国清寺，还向源信回信一封，告知其结果："唯大师选择《往生要集》三卷，捧持诣天台国清寺附入既毕。"并还提到源信的《往生要集》施入国清寺后，为国清寺带来很大收益："结缘男

---

① 郝祥满：《奝然与宋初的中日佛法交流》，北京：商务印书馆，2012 年，第 333—334 页。

② 成寻著，王丽萍校点：《新校参天台五台山记》，上海：上海古籍出版社，2009 年，第 1 页。

③ 成寻：《新校参天台五台山记》，第 2 页。

④ 针对成寻及其同行者需隐蔽于船舱内部的缘由，有学者认为是缘于成寻没有得到日本官方许可赴宋。不过 Robert Borgen 的研究指出，成寻由于随身带有日本朝廷的供养物，基本应该已获得了官方的默许。此处藏匿主要由于九州当时局势动荡，怕遭到当地势力抢劫随行财物。参见 Robert Borgen, "Jojin's Travels from Center to Center (with Some Periphery in between)," in Mikael Adolphson, Edward Kamens, and Stacie Matsumoto eds., *Heian Japan: Centers and Peripheries*, Honolulu: University of Hawai'i Press, pp.384–413。

⑤ 源信：《往生要集》卷末附文，《大正藏》第 84 册，第 2682 页。

女弟子五百余人,各各发虔心,投舍净财,施入于国清寺,忽饰造五十间廊屋……"①不过周文德回信中提到的《往生要集》的影响,恐怕很有夸大之嫌。成寻于 1072 年在太平兴国寺(位于今河南浚县)停留时,特意关注了关于《往生要集》流传一事。他将源信行状及其他与源信相关的记载拿给文慧大师智普,但得到的消息却是"始自国清寺,诸州诸寺《往生要集》不留布由闻之。大略婺州请纳不留布欤? 于日本所闻,全以相违"②。周文德在给源信的回信中,言辞非常谦恭,并自称"大宋国弟子",可见其本身也很可能是佛教信徒。而源信会专程委托一名海商送自己的著作去指定寺院,也可表明当时海商与中日寺院来往频繁这一点,似在佛门范围内颇广为人知。除此之外,海商还会传递给僧侣一些重要的信息,从而影响僧侣所做的决定。后文将详述不少僧侣都曾提到自己渡海的因缘及消息传递来源于海商。

海商在为僧侣提供诸方面帮助的同时,也会由此获利。上文提到的成寻的例子,很明显,海商在运送僧侣时可以收取为数不菲的"旅费"。同时,值得注意的是,成寻一行人准备的旅费,并不是一种单一的形式,而是包含了水银和纸等各种各样的物品。而这些物品实际也是在中国畅销的日本货品。所以,在某种程度上,还可以认为僧侣们甚至在协助海商们准备部分货物。

海商从与僧侣的联系中可获得的益处,远不止这些旅费。在远洋航海技术高度发达之前,由于航海的巨大风险,很多海商都信仰佛教,而搭载僧侣也可以为他们高风险的航程增加精神寄托。渡海前往中国的僧侣日记中多有关于海上航行的危险及船上众人应对的记载。圆仁的日记在开篇由日本渡唐的部分就写到,在船只离开九州博多附近岛屿、驶入大洋时,"大使始画观音菩萨,请益、留学法师等,相共读经誓祈。"而四日后,当船遇到风浪时,"舳舻将破……船上一众,凭归佛神,莫不誓祈"③。成寻的日记中也有类似记载。

---

① 源信:《往生要集》卷末附文,《大正藏》第 84 册,第 2682。
② 成寻:《新校参天台五台山记》,第 340 页。
③ 圆仁著,白化文、李鼎霞、许德楠校注:《入唐求法巡礼行记校注》,石家庄:花山文艺出版社,1992 年,第 3、5 页;关于大使画观音菩萨一事,另可见 Valerie Hansen, "The Devotional Use of Buddhist Art in Ennin's Diary," *Orientations* 45.3 (2014), p. 78。

在成寻所乘的船出航第三日时,由于风向不顺,船人开始祈求佑护。"廿一日,风吹如故,雨气不散。辰时,仿佛见日光,即知方角,知风不改。午时,天晴,少有乾风。船人骚动,祈神卜之,艮风出来。予心中不动,念五台山文殊并一万菩萨、天台石桥五百罗汉,念诵数万遍。戌时,始念不动尊咒一万遍。丑时,六千遍了,有吉梦。寅时,一万遍满了,有好梦。廿二日天晴,艮风大吹,唐人为悦,中心思之,万遍咒力也。"① 此外,如下文将提及,在博多港附近,还有众多为航海安全祈福的寺院,以满足海商和僧侣在渡海前祈福的需要。

不过,对海商而言,还有在精神寄托外更重要的利益。这些海商长期往来于没有官方联系的两国之间,在诸多方面受到制约或不确定因素影响,所以能与两国的上层人士建立联系是许多海商所寻求的。而日本的僧侣,特别是身处知名寺院、有志远游的僧侣,很多本就出身于日本的贵族阶层,与日本的当权者和各级官员有着千丝万缕的联系。海商们通过与僧侣的合作,得以借助僧侣的人际网络,为自己的贸易活动提供便利。1003 年入宋的日僧寂照,在宋朝生活了超过三十年,直到宋仁宗景祐元年(1034)示寂于杭州。寂照在中国生活期间,与很多宋朝文人、官员都保持了很好的关系,丁谓还曾分自己的俸禄给他,并赠予寂照自己所珍爱的水瓶②。寂照身在中国时,与日本长期保持了书信往来,而为其传递书信的均是出身中国的海商。并且,寂照所委托的海商,确实在贸易中利用了与寂照的关系,取得了利益。

在 1005 年,海商曾令文受寂照所托,带了寂照的信给日本当时的实权掌握者藤原道长。不过日本当时对外国海商来航有"年纪制"的规定,即海商的每次来航之间需间隔一定年数。目前学界对间隔的具体年数仍未达成一致,从三年至十年以上不等③。曾令文当时因违反了年纪制,理应被遣回,但在藤原道长与其他几位官员商议后,以宫殿不久前失火,损失了不少唐物为由,特别批准曾令文可以进行此次贸易。而曾令文也献上茶碗、苏木、书

---

① 成寻:《新校参天台五台山记》,第 6—7 页。
② 杨亿:《杨文公谈苑》卷 1,上海:上海古籍出版社,1993 年,第 12 页。
③ 渡边诚:《平安时代贸易管理制度史の研究》,京都:思文阁,2012 年,第 246—265 页。笔者倾向于赞同渡边氏的观点,即依"年纪制"规定,外商每次来航日本之间应间隔超过十年以上。

籍等礼物给藤原道长，以示谢意①。考虑到往返中日之间的成本及担负的巨大航海风险，曾令文这一次之所以明知违反"年纪制"仍冒险前往，恐怕与他同时兼有寂照的信使这一身份有关。另一位海商周文裔曾分别于1012与1013年为寂照带信件去日本。作为寂照的信使，周文裔在九州受到了热情的招待。1013年，周文裔在将寂照的信交给藤原道长的同时，还献上了孔雀作为礼物，无疑是在利用为寂照送信这一机会，主动建立与藤原道长的关系②。

对于宋海商而言，日本的贵族与掌权者，既可以通过各种相关法规的制定与施行而影响他们的贸易行为，如往来贸易的频度、在日本逗留的时间等，同时，这些群体也是海商的主要贸易对象。在日本平安时期（794—1185），理论上朝廷对于进口唐物有先买权。虽然不断有富家大户企图在朝廷唐物使购买之前提前选择心仪物品，影响政策的执行力度，但海商们在这一时期主要需面对的买家就是朝中贵族③。前文提到的曾令文，在1001年时还曾就货币兑换比例几次上书京都朝廷，力图为自己争取最大利益④。从海商们不得不应付的种种局面亦可见，有机会与日本权贵建立良好的关系对海商具有巨大的吸引力。

二、博多"唐房"：定居日本的宋商及其信仰生活

海商与僧侣的合作进一步发展，与日方对海外贸易管理逐渐松弛有着密不可分的关系。直到11世纪中叶，理论上讲，当外国海商到达日本后，应入住在筑紫（现福冈市）的鸿胪馆。鸿胪馆在7世纪时本是接待外交使节的场所，在9世纪之后主要接待商客，隶属当时九州的政治中心大宰府管辖。鸿胪馆在1047年失火，之后没有重建的记载，可能也成为日方对外商管理放

---

① 竹内理三编：《大宰府·太宰府天满宫史料》卷4，东京：吉川弘文馆，1968年，第375—376页。
② 竹内理三编：《大宰府·太宰府天满宫史料》卷4，第420页。
③ 《类聚三代格》，东京：吉川弘文馆，1998年，第571—572页。
④ 竹内理三编：《大宰府·太宰府天满宫史料》卷4，第286、289页；渡边诚：《平安时代贸易管理制度史の研究》，第136—140页。

松的一个契机①。Bruce L. Batten 利用平安时期的类书《朝野群载》中收录的宋海商上给大宰府官员的诉状，有力地证明了至少到 1100 年，大宰府对于来往九州的外国商客仍可施行一定的控制②。但进入 12 世纪后，大宰府对外商控制的信息，便不再见于记录，而此正恰与博多地区"唐房"（也作"唐坊"，字面含义即唐人聚居的里坊）出现的时间相吻合。伴随着日本官方对外来商客管控逐渐松弛，许多来自中国的海商开始定居日本，也得以与在日本的僧侣、寺院等势力发展出更为紧密的关系。

关于博多地区宋商聚居地"唐房"的存在，已有学者通过史料及考古发现进行证明。现有研究指出，目前已见关于"唐房"最早的记录，出现在日本永久四年（1116），提到了一位被称为"龚三郎"的船头居住在"筑前国博多津唐房"。滋贺县西教寺藏《两卷疏知礼记》卷上的奥书有如下记载："永久四年五月十一日、筑前国薄多津唐房大山船龚三郎船头房、以有智山明光房唐本移书毕。"③这里的"大山"和"有智山"均指位于大宰府的有智山寺。该寺当时为比叡山延历寺的末寺，同时积极参与对宋朝的海外贸易。可见，在"唐房"成立的最初，定居于日本的这些宋商，就与当地寺院有着密不可分的关系。万志英（Richard von Glahn）指出，由于当时太宰府贸易管理职能减退，宋商需要找寻强有力的贸易伙伴，因此多与知名寺院这种"权门"合作④。

三块现存宁波天一阁博物馆的宋代石碑，也肯定了 12 世纪后博多宋人

---

① Andrew Cobbing, *Kyushu: Gateway to Japan: A Concise History*, Folkestone: Global Oriental, 2009, p. 95. 赵莹波认为 1047 年失火的可能是指定宋商客入住的另一旅馆，而非鸿胪馆，而鸿胪馆本身在 10 世纪后就不再发挥作用。参见赵莹波：《唐宋元东亚关系研究》，上海：上海社会科学院出版社，2016 年，第 4—7 页。

② Bruce L. Batten, "An Open and Shut Case? Thoughts on Late Heian Foreign Trade," in Gordon M. Berger, Andrew Edmund Goble, Lorraine F. Harrington, and G. Cameron Hurst III eds., *Currents in Medieval Japanese History: Essays in Honor of Jeffrey P. Mass*, Los Angeles: Figueroa Press, 2009, p.303.

③ 转引自榎本涉：《〈荣西入唐缘起〉からみた博多》，《中世都市研究》第 11 辑，东京：新人物往来社，2005 年，第 91 页。

④ Richard von Glahn, "The Ningbo-Hakata Merchant Network and the Reorientation of East Asian Maritime Trade, 1150–1350," *Harvard Journal of Asiatic Studies* 74.2 (2014), pp. 268–273.

聚居地的存在，以及这些海商与佛教的密切联系[①]。这三块石碑是乾道三年（1167）四月由居住在日本的宋人舍钱为寺院修砌"礼拜路"奉献功德的刻石。三块石刻被认为石质、形制、书体、刻工等均十分相近，所以是同一时间的刻石。石刻上所写的捐献者信息，均提到日本国居住，分别是："日本国太宰府博多津居住弟子丁□""日本国太宰府居住弟子张宁"与"建州普城县寄日本国孝男张公忞"[②]。三块石刻透露出的信息很明确，其一，当时已有在日本长期居住的宋人群体，他们所写的自己的主要居住地已是日本；其二，这些宋人在定居日本后依然保持着与中国密切的关系。林士民与顾文璧在研究中特别指出，刻石所署的月份四月，恰是通常日本舶船趁汛期来航到达明州港的时段[③]。这些已定居日本的宋商，在回国贸易时，积极维护发展自己在中国、特别是港口区域的联系，主动参与寺院的建设。同时，通过其愿文可见，这三人应均为佛教信众。

而"唐房"所在的具体位置，根据考古发掘，目前推测在现今栉田神社到冷泉公园东侧区域[④]。在这一区域发掘出大量宋代陶瓷碎片，很多陶瓷背面还有纲首（即商船货物负责人）姓氏或姓名，如"丁纲""林纲"等，以区分货物归属。日本学者对发掘出的陶瓷碎片进行了整理，其中可见不同姓氏至少80个，名字62个，以及35个姓氏与"纲首"一词的混搭组合。有的常见姓氏如"王"出现至少80次，而非十分常见姓氏如"庄"，也有出现22次[⑤]。这种情况表明，即使这些留下痕迹的"纲首"中，有人只是频繁往来中日之间而非定居，当时长居日本的宋商也应已具备一定规模。在推测的"唐房"

[①] 这三块石碑最早由顾文璧、林士民在《文物》上撰文介绍分析，见顾文璧、林士民：《宁波现存日本国太宰府博多津华侨刻石之研究》，《文物》1985年第7期，第26—31页。此后中、日、英文研究都有提到。

[②] 顾文璧、林士民：《宁波现存日本国太宰府博多津华侨刻石之研究》，《文物》1985年第7期，第26—27页。

[③] 顾文璧、林士民：《宁波现存日本国太宰府博多津华侨刻石之研究》，《文物》1985年第7期，第29—30页。

[④] 大庭康时、佐伯弘次、菅波正人、田上勇一郎编：《中世都市博多を掘る》，福冈：海鸟社，2008年，第33—34页。

[⑤] 大庭康时、佐伯弘次、菅波正人、田上勇一郎编：《中世都市博多を掘る》，第99页。

区域中，建筑结构遗存显示仍为日式建筑，但有很多中国式生活器具出土①。有学者根据考古信息呈现出的"唐房"中的生活方式推断，当时宋人与日本人通婚的情况应不少见。值得一提的是，宋朝海商与日本人的通婚早在"唐房"出现之前就已存在。比如前文提到的寂照的信使周文裔，他本人便娶了日本女子，其子周良史也跟随他长期往返中日之间。1027年，周良史以"思母愁绪"为名，请求"通籍"，而这一要求也获得了批准②。和周文裔合作的副纲首章承辅也与日本女性结婚。章承辅的二儿子章仁昶继承父业，继续做海商。1028年章承辅在日本去世，章仁昶返回日本。由于章仁昶前一年刚刚离开日本，按理不合规矩，但鉴于情况特殊，被大宰府申报朝廷后得到逗留的批准。不过即使在这种情况下，朝廷议事时尚需专门强调章仁昶"无随身物"，只有一些绫锦作为献给朝廷的礼物③。周良史与章仁昶的经历，无不说明在11世纪初期，日本官方对来航的宋商管理仍十分严格，也侧面反映出了当时应还不具备形成"唐房"的条件。"唐房"出现后，也有更多中国海商及其后代与日本人通婚的情况见于记载。本文第四节将进一步讨论中国海商对联姻策略的利用。

同时，值得指出的是，当时定居日本的宋人，甚至在信仰生活上也接受了日本的影响。自11世纪开始，在佛教末法思想的影响下，日本佛教信众开始建造"经冢"。他们将写经放进青铜制或者陶瓷制的经筒中，然后将经筒与其他献纳品——通常包括铜镜、小刀、小瓷盒等——一起埋入地下④。由于日本佛教信众普遍认为末法时代于1052年开始，建造经冢在11至13世纪达到一个顶峰。目前的考古发掘显示，经冢最为集中的区域就是九州北部以及京都一代的畿内地区。类似的经冢在中国并未被发现，可以视为是日

---

① 大庭康时、佐伯弘次、菅波正人、田上勇一郎编:《中世都市博多を掘る》，第34页。
② 竹内理三编:《大宰府•太宰府天満宮史料》卷5，第47页。关于周文裔、周良史父子的情况，另可参见薛豹、游彪:《赴日宋朝海商初探——以宁海周氏为中心》，《浙江学刊》2012年第4期，第25—33页。
③ 竹内理三编:《大宰府•太宰府天満宮史料》卷5，第51页。
④ 関秀夫:《経塚の諸相とその展開》，东京:雄山阁，1990年，第154页;九州国立博物馆编:《未来への贈り物:中国泰山石経と净土教美術》，东京:读卖新闻本社，2007年，第126—139页。

本独特的信仰活动①。不过,考古证据体现出,宋人及其后裔在日本同样积极参与了经冢的营造。在距离"唐房"不远处就有经冢被发掘。因经冢通常被建于山上,"唐房"附近发现的经冢很可能与居于此的宋人相关。此外,还有不少经冢中发掘出的祈愿文留有宋人姓名,如一篇于 1125 年刻在经筒上的愿文,提到"宋人冯荣""庄纲"和"王七房"②。这些考古信息使我们得以管窥这些居日宋商及其后裔的信仰生活的一些侧面。可以确信的是,佛教在这些宋商的日常生活中占有重要的一席之地。居日宋商不仅像前文提到的"龚三郎"一样,与博多附近的寺院有着紧密联系,同时还积极接受了一些日本特有的佛教相关仪式,努力融入当地的信众群体。

现今日本学者对于"唐房"研究的争论主要集中在于 12、13 世纪时是否仅有博多一地存在中国出身的海商聚居的"唐房"。支持博多的"唐房"在 14 世纪前为日本独一无二的区域的代表学者是山内晋次③;而以柳原敏昭、服部英雄为代表的学者,通过现今的地名存留及考古发现,认为九州岛的其他区域,特别是九州岛南部、今鹿儿岛地区,在十二三世纪也存在"唐房"④。山内晋次通过考古遗存中出土的贸易陶瓷数量、特别是作为商品外部容器的大型陶瓷罐数量,以及博多以外"唐房"的史料记载缺失和对地名的时代考量,指出现有的资料还未能支持博多以外的地区存在"唐房",九州岛南部很可能只是一个中国货物的中转地。山内晋次的论证中还提到的非常重要的一点是,要成为一个有外国商人长期聚居的国际港口,其腹地条件至关重要,需要有便利的集散交通与消费群体。而这些条件当时只有博多具备⑤。笔者在博多"唐房"的独特性上这一点,支持山内晋次的观点。同时,笔者认为,

---

① Yiwen Li, "Chinese Objects Recovered from Sutra Mounds in Japan, 1000–1300," in Patricia Buckley Ebrey and Shih-shan Susan Huang eds., *Visual and Material Cultures in Middle Period China*, Leiden: Brill, 2017, pp. 285, 290.

② 大庭康时、佐伯弘次、菅波正人、田上勇一郎编:《中世都市博多を掘る》,第 236 页。

③ 山内晋次:《日宋贸易とトウボウをめぐる觉书》,中岛乐章、伊藤幸司编:《宁波と博多》,东京:汲古书院,2013 年,第 5—36 页。

④ 服部英雄:《旦過と唐房》,《中世都市研究》第 10 辑,东京:新人物往来社,2004 年,第 21—36 页;柳原敏昭:《中世日本の周縁と東アジア》,东京:吉川弘文馆,2011 年,第 125—159 页。

⑤ 山内晋次:《日宋贸易とトウボウをめぐる觉书》,第 20 页。

当时海商群体与僧侣、寺院进一步合作的需求也是促成博多"唐房"发展兴盛的一个关键。当时博多及其周边、大宰府区域有与海外贸易密切联系的寺社,如前文提到的有智山寺和下文将提到的宗像大社。笔者认为,博多"唐房"与周围的寺社恰形成了一种互相支撑的关系。下面一节将详述僧侣及寺院如何把定居在博多的宋商视为合作伙伴。

三、佛教文献中的博多商人形象:僧商合作的新发展

考古发现提供的信息展示了在十二三世纪居住在博多的宋商生活的部分侧面。我们对他们参与的贸易活动及信仰生活得以有粗略的了解。而由于商人群体本身留下的书写记录十分有限,他们与僧侣的互动大多是由僧侣的记录呈现。在博多"唐房"出现后,值得注意的是,在佛教文献中,居住在博多的海商被赋予了新的角色。他们被描绘成为佛教、特别是禅宗传播到日本的重要一环。

日本佛教临济宗的创始人明庵荣西(1141—1215)两次渡海入宋学习佛法,据记载与在博多居住的宋人有密不可分的关系。荣西先于1168年第一次渡宋,在天台山万年寺与明州阿育王寺学习后,同年九月返回日本。其后又在1187年再度入宋,本来意图经宋前往印度,发现无法成行后,又留在天台山万年寺,修行五年,直到1191年才返回日本。荣西在第二次由宋朝返日之后开始在各地大力宣扬禅宗,先于1195年在博多建立禅寺圣福寺。后因获得京都朝廷支持,得以于1202年在京都建立禅寺建仁寺,禅宗临济宗得以进一步发扬扩大[①]。

对于荣西入唐前在九州特别是博多的经历,榎本涉就现藏于东京大学史料编纂所、基于京都建仁寺两足院本的写本《荣西入唐缘起》进行了专门研究。《入唐缘起》中记载:"其年(仁安二年,1167)冬十二月三日,辞父母赴镇西,诣宇佐宫七日、遇元三。诣肥后阿素岳。此处是八大龙王所居也。二七日修练祈渡海无难、一一得胜利。二月八日达博多唐房,未庸船解

---

① 荣西:《兴禅护国论》序,《大正藏》第2543,第10页。

缆之前，安乐寺、天神、灶门、法满、筥崎、香椎、住吉、如是灵社无不经历，一一得渡海之感应，即四月三日解缆，同十八日放洋，廿四日就明州之津。"①由此段记载可见，在博多津附近有众多与航海安全相关的寺院、神社，与之前的遣唐使及入宋僧相似，荣西在出海前也先到各个寺社祈愿。虽然《入唐缘起》中仅提到荣西到达"博多唐房"，但荣西于约1198年完成的《兴禅护国论》中记述自己的入宋经过时，没有提及游历寺社，倒是对在"唐房"的经历透露了更多信息。"予日本仁安三年（1168）戊子春，有渡海之志。到镇西博多津。二月遇两朝通事李德昭。闻传言，有禅宗弘宋朝。四月渡海到大宋明州……"② 这里向荣西传递宋朝禅宗兴盛这一信息的李德昭，被称为"两朝通事"，应指其为在日宋之间往来的人提供翻译。居住在博多、又能获取宋朝新近消息的"通事"，基本可确定也是同时从事海上贸易的。并且，荣西在《兴禅护国论》中，还赋予了李德昭更多的角色。荣西在论述印度梵僧在"中华见行，欲令信行人入佛法大海之中"的事迹时，选取了四则，而第一则记载就是李德昭所言。"西天事传言有四：一昔镇西筑前州博多津，两朝通事李德昭，八十岁之时语曰：余昔二十有余岁，于东京见梵僧，下着单裙上披袈裟，冬苦寒而不着余衣。"③ 这里很明显地，荣西着重强调了李德昭对自己入宋、学习禅宗起了重要的影响，并用李德昭在宋朝的见闻在日本传播禅宗佛法。

不仅如此，在《兴禅护国论》末尾所附、号称"荣西自记"的一篇短文《未来记》中，宋朝海商的作用再次被强调。《未来记》中写道：

> 镇西博外津张国安，来语曰：大宋乾道九年癸巳七月到临安府，诣灵隐寺，亲见堂头和尚佛海禅师，升座说法，为国安示曰：我灭度后二十年，法周沙界，所谓日出往西，往西必入西山；潮涌还东，还东决渐东海。然者东渐佛法不到日域哉。因兹有东海上人，西来可传禅宗，决不虚也。你归乡怎么说矣。我今见你，你又见我。我明年正月十三日

---

① 转引自榎本涉：《〈荣西入唐缘起〉からみた博多》，《中世都市研究》第11辑，第93页。
② 荣西：《兴禅护国论》卷中，第10页。
③ 荣西：《兴禅护国论》卷下，第15页。

当避世,你再来唯闻名忆今日事乎。我宿因多幸,见你为说日本佛法弘通事,你记勿忘。国安辞归乡,又明年四月渡海,到寺问师安否,即果然如去年示,正月十三日安然迁化。[1]

这段不长的记载有诸多值得探讨之处。首先,此记载与史实多有抵牾。灵隐寺的佛海禅师,即瞎堂慧远,示寂于1176年,而非《未来记》中所写的乾道九年之次年,即1174年[2]。并且,佛海禅师座下曾有日本僧人求法。日僧觉阿曾于乾道七年(1171)同自己的法弟金庆一起航海到中国,在灵隐寺佛海禅师座下学习一年有余,回到日本后还曾遣人送降魔杵、数珠等礼物给佛海,1182年觉阿成为比叡山住持时还遣人送消息给佛海禅师,可惜其时佛海已经圆寂[3]。所以佛海禅师在乾道九年对张国安说"然者东渐佛法不到日域哉"这一记载,也颇为不合理。由此可见,这篇短文《未来记》,多半是为了宣扬禅宗的附会之作。因荣西第二次入宋学习禅宗之时,佛海禅师早已去世,故托借此种佛海禅师可以"追思未来"的故事,来凸显荣西渡海传法的正当性与重要性,并且仿照故事中对未来的预见,作者以"予去世之后五十年,此宗最可兴矣"作结尾[4]。

这样一个故事特意赋予了"镇西博外津张国安"重要角色。在记述中,称张国安回日本为"归乡",可见其也应为定居在博多的宋人。这里的张国安,与前文提到的李德昭,均居住在"镇西博多津",很大可能即为上一节论述的"唐房"。而在荣西的记述中,他们和中国寺院的密切联系,也与之前海商帮助僧侣购买经书、传递著作的合作举动一脉相承。无独有偶,与此相类的叙事不止一次出现。在上文提到的曾在佛海禅师座下学习的觉阿,据记载,他渡海入宋的原因便是由于其在二十九岁时听到由杭州到日本的海商提起中国禅宗十分兴盛[5]。

---

[1] 荣西:《兴禅护国论》卷下末附,第17页。
[2] 释明河:《补续高僧传》卷10《宋瞎堂慧远禅师传》,《续修四库全书》,上海:上海古籍出版社,2002年,第1283册,第141—142页。
[3] 释正受:《嘉泰普灯录》卷20《觉阿上人》,上海:上海古籍出版社,2014年,第539—540页。
[4] 荣西:《兴禅护国论》卷下末附,第17页。
[5] 释正受:《嘉泰普灯录》卷20《觉阿上人》,第539页。

12世纪后半期,在禅宗从中国传向日本的重要时期,僧侣传记及相关佛教文献中反复强调中国出身的海商的作用,似可看作是一种叙事模式,正如佛教在印度传播早期,诸多佛经都赋予了商人重要角色,比如释迦牟尼初成佛时就遇到了两个商人①。所以,这种突出海商作用的叙事模式下,重要的并非个别商人的具体行为,因为这些商人个体很大程度上代表着定居于博多的海商群体。而这种叙事模式,恰体现出12世纪后半期、"唐房"出现后,日本求法僧侣和居日中国海商之间超过以往的、高度合作状态。这时的博多"唐房",不仅仅是中日海外贸易网络中至关重要的枢纽,同时也在东亚佛教网络中具有不可忽视的地位。

四、13世纪中日间的"宗教—商业网络":
以博多承天寺与海商谢国明为中心

虽然通过前文叙述已可见,许多中国出身的海商在进入12世纪后逐渐在日本定居,并与当地势力——特别是有意与中国往来的僧侣建立越来越密切的联系。但对于当时的海商个体,史料中的记载都颇为有限与片面,很难获得对某一海商多方面的、比较细致深入的了解。比较幸运的是,在13世纪一位长居博多、名为谢国明的大海商,因为与著名日僧圆尔辨圆(1202—1280)关系密切,在圆尔的年谱中有关于他的多处记载。并且,更为可贵的是,谢国明也出现在圆尔与其他僧侣的通信中。信件可提供的信息,不仅在一定程度上摆脱了僧侣传记等佛教文献可能套用的叙述模式,并且可以与传记中的信息相印证。同时由于谢国明在日本拥有田产,他也出现在几件与田产相关的文书中。围绕谢国明的相对丰富的材料,提供了一个难得的机会来近距离考察当时僧侣与海商之间的互动②。下文的分析论述将揭示,海商与僧侣

---

① 季羡林:《商人与佛教》,第114—119页。
② 关于谢国明的情况,中文著述中较详尽者包括:赵莹波所著《宋日贸易研究:以在日宋商为中心》(新北市:花木兰文化出版社,2016年)一书中第七章《"在日宋商"群像》第二节《谢国明》;李广志:《南宋海商谢国明与中国文化在日本的传播》,《宁波大学学报(人文科学版)》2018年第6期,第69—75页。不过以上著述在对谢国明如何利用宗教网络为海上贸易服务等方面,还有进一步探讨的空间。

是如何借助彼此的关系网络为自己服务，同时贸易网络与宗教网络是如何融合的。

谢国明据载是临安府人，生年不详。虽然作于江户后期天保四年（1833）的《谢国明之碑》称其卒于弘安三年（1280），"春秋八十有八"，但在建长四年（1252）与五年间，同在九州北部的宗像大社就博多以北的离岛小吕岛的所属，与谢国明的妻子进行了诉讼。在建长五年五月三日的《筑前宗像神社文书》中，已明确写到"谢国明遗迹""遗领"及"后家尼"（即指谢国明遗孀，其时已出家为尼），可见其时谢国明已逝世①。

目前史籍中对于谢国明较早期的活动记述见于铁牛圆心（1254—1326）所作《东福开山圣一国师年谱》。《东福开山圣一国师年谱》（以下简称《圣一国师年谱》）是对京都东福寺首任住持圆尔辨圆（1202—1280）的生平记述，圆尔辨圆曾入宋在佛鉴禅师无准师范（1179—1249）座下学习六年。据年谱记载，圆尔在嘉禄二年（1226）时就有渡宋学习的志向，在天福元年（1233），圆尔三十二岁时，他告别师长与母亲，前往博多，住在圆觉寺。不过圆尔在博多等待渡宋机会时，陷入了纠纷。"有智山义学，厌恶禅宗，加谤于师，且拟致害。纲首谢太郎国明知之，日夜卫护，俾师居栉田私宅。"② 这里把圆尔陷入纠纷的原因归结为佛教的宗派之争，不过此纠纷并未到此为止，后文也将进一步论述此纠纷也并非仅出于宗教原因。谢国明初次登场，身份为"纲首"。由谢国明当时已有能力保护圆尔这一点来看，他在博多已有相当的势力。《圣一国师年谱》中提到谢国明私宅位于"栉田"，那里也恰是有大量陶瓷碎片出土、推断为当年"唐房"所在地的区域。谢国明主动介入一起至少是名义上的宗教纷争，也多少表明了他当时支持禅宗的立场。圆尔虽然1233年已到博多，但直到两年后的嘉祯元年（1235）四月才乘船入宋。其间两年时间，想必与在关键时刻卫护他的海商谢国明会有密切的交流，而由

---

① 竹内理三编：《镰仓遗文》第10卷第7458号《毛利家所藏笔阵》，东京：东京堂，1972年，第323页；竹内理三编：《镰仓遗文》第10卷第7551号《筑前宗像神社文书》，第359页。《谢国明之碑》的录文可参见李广志：《南宋海商谢国明与中国文化在日本的传播》，《宁波大学学报（人文科学版）》2018年第6期，第69—70页。

② 铁牛圆心：《东福开山圣一国师年谱》，《大日本佛教全书》第95册，第131页．

此建立的联系，在日后实际上也产生了重要影响。

圆尔入宋后，在临安径山寺无准师范禅师座下学习，直到仁治二年（宋淳祐元年，1241）五月才由庆元港出海归国①。圆尔所乘的船于七月份到达博多，受到了诸多纲首的欢迎、款待，纲首们还邀请他开堂讲法。有一位被称为张四纲的纲首甚至为圆尔绘了肖像，并向其求赞语②。圆尔虽离开博多六年，但这一番入宋经历似使得他与定居在博多的海商们关系更加紧密。而且看起来许多海商对于禅宗也颇有兴趣。圆尔刚回到博多，就经名为湛慧的僧侣邀请，在大宰府刚刚建好的崇福寺开堂讲法。无准师范在次年给圆尔所去的信中就称圆尔为"日本国大宰府崇福尔长老"。不过圆尔居于崇福寺时间并不长，因为在圆尔归国第二年的秋天，"谢国明于博多东偏创承天寺，寺成，请师为第一世"③。圆尔不但欣然接受邀请，并请无准师范为新建成的承天禅寺书写匾额。无准师范不仅亲自书写了"承天禅寺"及诸堂额，还在附信中写道："所言大字一一写去，又恐寺大而字小，不知可用否。如不可用，后便寄声，又当书去矣。"④此处可见，无准师范对于承天寺这座主要由海商出资兴建的寺院不仅支持，而且颇为尊重，甚至写下"又恐寺大而字小"这种十分谦逊的话。谢国明作为一名中国出身、长居日本的海商，通过在博多捐资建立禅宗寺院，加入了以圆尔和无准师范为中心的、连接中日的宗教网络。

这一连接了中日之间的佛寺、僧侣与海商的网络，同时也承载着传递贸易信息乃至商品货物的功能。《圣一国师年谱》中记载，1242这一年，恰逢径山寺失火，无准师范在给圆尔的信中写道："山中虽复罹火厄，日来亦有成就之渐，无劳远念。正续但欠佛殿，亦一面经营矣，恐欲知之。"⑤无准师范所写的信颇为含蓄，但圆尔已开始由此帮助师范与谢国明建立联系，既协助昔日的师傅解决山门修复的燃眉之急，又为自己现在的大檀越找寻更多的贸

---

① 圆尔辨圆在径山学习的更多细节，还可参见陈小法、江静：《径山文化与中日交流》，上海：上海辞书出版社，2009年，第99—109页。

② 铁牛圆心：《东福开山圣一国师年谱》，第134页。

③ 铁牛圆心：《东福开山圣一国师年谱》，第135页。

④ 田山方南编：《禅林墨蹟》，东京：禅林墨迹刊行会，1955年，第11页；铁牛圆心：《东福开山圣一国师年谱》，第135页。

⑤ 田山方南编：《禅林墨蹟》，第11页；铁牛圆心：《东福开山圣一国师年谱》，第134页。

易机会。关于这件事的后续,《圣一国师年谱》中记叙颇为简略,仅提到"师闻径山有灾,劝谢国明化千板赠之。佛鉴答书曰:又荷远念,山门兴复重大,特化千板为助,良感道义"①。

谢国明向径山寺运送木材一事,在《圣一国师年谱》中被描绘为礼物馈赠之举,但这实际上是一次涉及多方参与的贸易行为。由于无准师范寄给圆尔的信大多得到了很好的保存,同时该事件的另一参与者——当时总揽径山寺庶务的监寺德敷给圆尔的去信也被保存,所以我们现在仍得以一窥这次谢国明向径山寺寄送板材事件的大致情形②。根据信上的信息拼凑可知,谢国明与圆尔委托海商共运送了一千片木板给径山寺,以支援寺院重建。这一千片木板至少由三艘船运往庆元。其中三百三十片顺利到达庆元,一百四十片尚不知所踪,而其余五百三十片所载的船因遇风浪,未能入港庆元,而是在当时没有设立市舶司的华亭(现今上海)停泊③。径山寺与相关海商为了取回这五百三十片木材,颇费了一番周折,而期间涉及的借贷程序恰恰凸显出了这次木材运送的贸易行为本质。此番周折,在无准师范的信中简略带过:"此舟幸得泊华亭,又以朝廷以为内地不许抽解,维持一年,方得遂意。"④但德敷在几乎同时写给圆尔的信中,则详细说明了为取回这艘停泊在华亭的船所费代价,特别指出"用通人情钱三万缗",而这三万缗又是"德敷于府第借贷济用"⑤。但德敷帮助海商们取回船所借的这"人情钱三万缗",海商们在要离开中国返回日本时却又无力偿还。"临解缆之时,又无此项可还。诸人具来面诉,

---

① 铁牛圆心:《东福开山圣一国师年谱》,第135页。
② 关于此事件的先行研究可参见西尾贤隆:《德敷の墨蹟》,《日本歴史》Vol.659 (2003),第84—92页;榎本涉:《板渡の墨蹟と日宋貿易》,四日市康博编:《モノから見た海域アジア史:モンゴル—宋元時代のアジアと日本の交流》,福冈:九州大学出版社,2008年,第39—69页。对于该事件的一些关键解读,笔者与西尾氏和榎本氏有所不同。详见下文注释。
③ 《板渡の墨蹟》,现藏于东京国立博物馆,TB—1174。也可见田山方南编:《禅林墨蹟》,第9—10页。
④ 《板渡の墨蹟》,东京国立博物馆,TB—1174;田山方南编:《禅林墨蹟》,第9—10页。
⑤ 《德敷の墨蹟》,现藏于东京国立博物馆,TB—1638。西尾贤隆将此三万缗解读为宋朝征收的关税;而榎本涉指出由于当时宋朝禁止铜钱外流,并不可能收铜钱作为关税,而认为这三万缗是一千片木板的价钱。

作合同、文约、借起（即"借契"），来年夏信船至送还。"① 这时就有人建议"板木抵折"，这一建议恰好证明了这些板木实为商品，而非礼物。只有在径山寺需要为板木付款而尚未付（或付清）时，才可能让海商用"板木抵折"这德敷以径山寺的名义代替海商所借的三万缗"人情钱"。德敷给圆尔写这封信的主要意图，实际上就是告知圆尔关于这份"人情钱"的曲折，"更望誓言于谢纲使及诸公之前，力主其事，库来岁无爽此约，免使德敷为负逋之人。"

同时，值得一提的是，在十二三世纪的中日贸易中，木材本身就是日本向中国输出的重要商品之一。斯波义信在《宋代商业史研究》中有论述，由于中国本土所产的木材在从砍伐运至地方市场的过程中被层层课税，反而是日本运来的木材更物美价廉②。前文提到的荣西，从中国返回日本后也运送了木材帮助建立明州天童寺的千佛阁③。只不过关于荣西运送木材的记载有限，尚无法确定当时是贸易行为还是馈赠行为。

从德敷信中可知，虽然这次谢国明未亲身赴宋，但这次运送板木的海商应是受谢国明委托或派遣，所以德敷会请圆尔与谢国明敦促、监督海商欠款来年归还一事。谢国明刚创立承天禅寺，便经圆尔介绍，得到机会与南宋五山之首径山寺展开贸易。当时的径山寺不仅有宋孝宗的赐额"兴圣万寿禅寺"，而且还享有种种经济上的优待："免诸州场务商税，并平江府和义庄除纳正税外，非时科敷，悉蒙蠲免，皆异恩也。"④ 在南宋时期，寺院——特别是享有一定资源的知名寺院——参与海外贸易并非罕见⑤。对于任何海商来说，径山寺都会是非常理想的贸易伙伴，而谢国明得以顺利地与径山寺建立联系，与他在宗教上的投入——特别是他和圆尔的关系密不可分。

谢国明选择出资创立承天寺，主动加入中日佛教网络，除了宗教上的兴

---

① 《德敷の墨蹟》，东京国立博物馆，TB—1638。笔者特别感谢岩井茂树先生及鲁西奇先生对解读墨迹原文提出的宝贵意见。墨迹录文也可参见广渡正利编：《博多承天寺史补遗》，东京：文献出版，1990年，第47—50页。笔者在一些字词辨认及句读方面，与该录文略有不同。

② 斯波义信：《宋代商业史研究》，东京：风间书房，1989年，第213—215页。

③ 楼钥：《攻媿集》卷57《天童山千佛阁记》，《丛书集成初编》本，第501页。

④ 曹勋：《松隐集》卷30《径山续画罗汉记》，《景印文渊阁四库全书》，台北：台湾商务印书馆，1986年，第1129册，第13页。

⑤ 可参见游彪：《宋代寺院经济史稿》，第195页。

趣以及精神寄托的需求外，很可能更大程度上是出于在贸易竞争中获得更多优势的一种考虑。在前文提到的在圆尔渡宋前曾意欲加害圆尔的有智山寺，在圆尔归来后，仍未罢休。"宰府有智山寺，即关西讲肆，其徒嫉师（指圆尔）禅化，欲闻于朝，以毁承天新寺。"①虽然《圣一国师年谱》中呈现的有智山寺与圆尔的纠纷，无论在圆尔渡宋前或返日后，似乎都只是源于圆尔推行禅宗，但实际上背后隐藏的是更为直接的经济利益冲突。上一节提到的 1116 年关于博多"唐房"最早记录中的宋人海商就是隶属于有智山寺。可见有智山寺很早就开始与宋海商合作，参与海外贸易。在建保六年（1218），隶属于有智山寺的博多船头张光安，被博多附近的笞崎宫的人杀害。有智山寺的本寺是位于京都以北的著名寺院延历寺，而笞崎宫是在京都附近的石清水八幡宫的分支。这桩发生在博多的案件，实际上是有智山寺、笞崎宫同其背后的延历寺、石清水八幡宫围绕对宋贸易的角力而导致的②。而谢国明在几年前主动介入圆尔与有智山寺的纠纷，后又创立承天寺，使自己得以加入以圆尔和无准师范为中心的禅宗网络，实际上也为自己在贸易竞争中找到了同盟与靠山。有智山寺对承天寺的攻击并没有达到预期的效果，最后的结局是"朝廷不许，乃敕升承天、崇福二刹，以为官寺。有智山众议乃寝"③。

值得关注的是，在无准师范、圆尔和谢国明等人之间传递的信件中，除了讨论运送的一千片木板的处置事宜，各封信中也都对佛法或者佛法的传播多有提及。比如在 1245 年无准师范写给圆尔的信中，他在简述板木的状况后，又写到"日本教律甚盛而禅宗未振"，进而鼓励圆尔在日本竭力推行禅宗④。而前文提到的德敷写给圆尔的信中也特别写到"谢纲使书中亦露一机"，赞扬了谢国明对佛法的理解与领悟，同时也可见谢国明本人也与径山寺有直接书信往来，只可惜现已不存⑤。谢国明与无准师范的合作与友谊在板渡事件后

---

① 铁牛圆心：《东福开山圣一国师年谱》，第 135 页。
② 赵莹波：《宋日贸易研究：以在日宋商为中心》，第 100—102 页；Richard von Glahn, "The Ningbo-Hakata Merchant Network and the Reorientation of East Asian Maritime Trade, 1150-1350," pp. 276–277.
③ 铁牛圆心：《东福开山圣一国师年谱》，第 135 页。
④ 田山方南编：《禅林墨蹟》，第 9—10 页。
⑤ 《德敷の墨蹟》，东京国立博物馆，TB—1638。

也一直持续。1248年，无准师范病重时，亲自直接写信给谢国明，送给谢国明两幅宣城虎图，并遗憾地提到他们恐怕无缘再得面见①。从信中字句及所赠礼物可知，谢国明和无准师范很可能当面见过。无准师范从来没有到访过日本，那么就应是谢国明在回到中国时前去拜访过无准师范，就像那些前文中提到的、前去灵隐寺拜访佛海禅师的博多商人们一样。而谢国明与无准师范也很可能交换过对艺术的看法，故无准师范在临终前特意挑选了两幅宣城虎图送给谢国明。

1248年同年，谢国明的承天寺失火。虽然当时圆尔已经离开承天寺，移居东福寺，但他听闻承天寺失火后，还是返回了博多探望谢国明。《圣一国师年谱》中记载"谢国明喜师至，一日之中，创殿堂十八宇"②。虽然一天之内完成十八间殿堂的重建显然是夸张，不过大约承天寺在此次失火后的重建也是颇为迅速，在一定程度上反映了谢国明当时的财力和资源仍然十分雄厚，而圆尔为此事特意赶回博多也体现了其与谢国明之间牢固的关系纽带。

关于谢国明最后的记录就是在1252与1253年中，谢国明的遗孀与宗像大宫司就小吕岛的归属问题展开诉讼。小吕岛是距离博多港不远的一个周长不足四公里的离岛。虽然谢国明在世时曾经掌控小吕岛，但在谢国明去世后，位于博多"唐房"以北大约40公里的宗像大社的宫司为争夺小吕岛提起诉讼。通过诉讼记录可知，当时在九州的裁决是判定小吕岛归属宗像大宫司③。这场诉讼背后实际上依然是不同的海商与当地势力结合而成的集团之间的角力。宗像大社由于位于海边，且靠近日本通往朝鲜半岛及中国的航路，自古以来就在东亚海域交流中发挥着重要的作用，在文献记载与考古遗存上均有体现。在11世纪前期，宗像大社的宫司家族宗像氏就积极参与对宋贸易，同时频繁将对宋贸易中获得的如沉香、苏芳、唐绫等物品送给京都朝廷中的当权者④。前文提到的海商周文裔也曾通过宗像家族的人，向京都朝廷递送过

---

① 広渡正利编：《博多承天寺史补遗》，第31页。
② 铁牛圆心：《东福开山圣一国师年谱》，第137页。
③ 宗像神社复兴期成会编：《宗像神社史》下卷，东京：精兴社，1961年，第827页。
④ 宗像神社复兴期成会编：《宗像神社史》下卷，第825—826页。

礼物①。在 13 世纪中期，据现有记录可知，至少有两代宗像大宫司娶了中国出身的女子为妻。大宫司氏实的妻子据记载为王氏，其子氏忠娶妻张氏。同时宗像大社还保留有宋朝舶载而来的阿弥陀经石，经石上还追刻有宗像氏国（氏实子，氏忠兄）及张氏名②。虽然关于与宗像氏联姻的王氏、张氏家族的相关记载不及谢国明的记载丰富，但他们同样体现出了出身中国的海商得以长期居留日本之后，经营日本的在地关系的策略。在男性仍多从事海商这一职业的同时，这些海商家族积极与九州当地的权门联姻，特别是把女性嫁入与海外贸易相关的家族。谢国明刚刚去世，而他的家族就要面临来自其他海商家族与寺社联盟的挑战，由这一点来看，谢国明通过建立禅宗寺院努力为自己寻找同盟，也是应对时局之举。

这些难得保存下来的信件向我们展示了师范和圆尔等禅僧在与信奉佛教的海商谢国明交往中的实际样貌。我们可以看到，这同一群人在同一组信件中，既在讨论货品的运达、借贷关系的处置，又在讨论佛法的传播、对典籍的理解。他们之间的横跨中日的网络，最初是基于师范与圆尔的师徒关系形成的宗教联系，而当谢国明和他出资建立的承天寺加入后，这一网络由于开始传递货品与贸易信息，承载了贸易网络的功能，但它作为宗教网络的功能并没有减弱，而是实现了贸易网络与宗教网络的融合。

五、结语

10—13 世纪的三百多年间，中国和日本一直保持着无官方朝贡、但持续有民间贸易、宗教文化交流的状态。在这段时间里，在中日双方交流中担任了主要角色的海商与僧侣之间的合作愈发紧密。在遣唐使终结不久后的 10 世纪与 11 世纪，海商与僧侣间的合作主要体现在僧侣依靠海商渡海，获取经书、物品及相关信息；而海商由帮助僧侣获得一定的经济报酬与精神支持，同时更重要的是，海商得以接触到僧侣们所拥有的、连接社会上层及当权者的人际网络。

---

① 宗像神社复兴期成会编：《宗像神社史》下卷，第 826 页。
② 宗像神社复兴期成会编：《宗像神社史》下卷，第 828 页。

进入 12 世纪，由于日本对海外贸易及来航商人管理的逐渐松弛，一些中国出身的海商得以在日本定居，在日本当时对中国贸易最重要的港口博多湾附近形成了中国海商聚居地"唐房"。当中国海商定居日本后，他们更加努力经营与在地势力的关系；而寺社出于对渡航中国巡礼求法与海外贸易的需求，与海商的合作也更为紧密，甚至把海商视为在日本一同传播佛法的伙伴。定居日本的中国海商，很多信仰佛教，有能力及实力者，如谢国明，甚至自己出资建立寺院。亦有海商家族积极与当地寺社掌权家族联姻，共享资源。到 13 世纪中叶，仅博多一地就已可见中国海商与当地寺社结成不同集团，彼此间的竞争亦颇为激烈。

"宗教—贸易网络"的出现，是中日两国官方外交长期缺失的环境下，僧侣与海商密切合作的产物。皈依佛教并长期支持、捐资佛教事业的海商，通常都非常有意识地主动利用已加入的宗教网络为贸易服务，但同时他们对佛法本身也有颇为浓厚的兴趣。他们对佛法的兴趣与虔信，获得了僧侣及寺院的接纳，而他们往来中日之间的贸易航线，也成为了传播佛法与佛教典籍的路线。无论从参与的人员身份，还是网络承载、传递的内容来看，当时中日之间宗教网络与贸易网络已在相当程度上重叠、融合，形成了"宗教—贸易网络"，维持、促进着中日两国间的交流融通。进入 14 世纪后，东亚海域中开始出现由日本寺社主导、以赚取"寺社造营料"为名而派往中国的贸易船只。其中早期的几艘造营船，比如著名的新安沉船，就是由圆尔为开山的东福寺派出，这大概也可视为之前 13 世纪的网络的延续。

北宋京畿地区洪涝的协同治理

梁建国

我国是洪涝灾害频繁的国家,洪涝治理关乎百姓安全与民生福祉。欲研究中国历史上的洪涝治理,北宋京畿地区是极好的个案[①]。这里地势低平,河流泥沙容易沉积,严峻的洪涝灾害威胁到京城的安危、王朝的存亡。北宋政府采取了一系列措施,积累了丰富的经验和教训,值得系统总结和反思。

长期以来,中国历史上的洪涝问题备受学术界的关注,涉及水利史、环境史、城市史以及制度史等诸多领域,积累了相当丰厚的研究成果,其中不

作者单位:厦门大学历史系

① 本文所讨论的京畿地区,是以都城开封为中心的范围相对稳定而区划名称屡经变动的区域。宋真宗景德(1004—1007)年间设置了开封府界提点司,京畿管理出现了开封府界特别路区;宋仁宗皇祐(1049—1054)年间曾一度改开封府界特别路区为京畿路;宋神宗朝设开封府界提举常平司、提举保甲司等机构;宋徽宗朝时而置京畿路,时而恢复开封府界特别路区。相关成果可参见贾玉英:《唐宋京畿管理制度变迁初探》,《中州学刊》2007年第6期;贾玉英:《宋代京畿制度变迁论略》,《宋史研究论丛》第9辑,保定:河北大学出版社,2008年;贾玉英:《特别路区——宋代开封府界制度考》,《中国史研究》2009年第1期。

乏精当之作①。具体到宋代,以往的研究多侧重于农田水利和黄河水患的治理,而对于城市水利的研究则相对薄弱,特别是京畿地区洪涝的协同治理还缺乏深入研究,只是在探讨其他问题时略有涉及,且多是正面肯定,而对于治理过程的弊端和教训则认识不足,因而尚存在较多的拓展空间②。相关的制度史研究主要集中于都水监等个别机构③,实际上还有多种机构和职官曾在洪涝治理中发挥过重要作用,遗憾的是尚未引起足够的关注。近年来,史学界倡导走向"活"的制度史,强调从现实出发,注重发展变迁、注重相互关系④。具体到洪涝治理这一课题,相关机构和职官的变迁过程以及相互关系同样值得关注。

北宋京畿地区的洪涝治理是自上而下的行政行为,体现着朝廷和各级政府应对突发自然灾害的组织动员能力。在传统中国的中央集权政治体制中,中央与地方之间搜集、传递、处理信息的方式,对于政令运行具有重要意义。政令信息在不同机构和职官之间能否顺畅传达,直接决定着洪涝治理的效果。基于以上考虑,本文拟通过考察北宋京畿地区洪涝治理的相关机构和职官的置废变迁,探讨其相互之间的协作关系,进而管窥传统中国政府的专项治理与行政区划的关系。

一、北宋前期:京畿地区协同治理的萌芽

开国之初,宋廷对于洪涝治理采用地方长吏与中央定期遣使兴役相结合

---

① 晏雪平:《二十世纪八十年代以来中国水利史研究综述》,《农业考古》2009年第1期;森田明:《中国水利史研究的近况及新动向》,《山西大学学报(哲学社会科学版)》2011年第3期;王大伟:《近三十年来中国水利史研究综述——基于CNKI的文献计量分析》,《浙江档案》2014年第2期。

② 王琳珂:《宋代水利史研究的回顾与思考》,《华北水利水电大学学报(社会科学版)》2017年第1期;王战扬:《20世纪以来宋代水利史研究述评》,《云南社会科学》2017年第4期。

③ 郑成龙:《北宋都水监研究》,广西师范大学硕士学位论文,2011年;毛韶华:《北宋的河务与都水监》,中国人民大学硕士学位论文,2013年;牛楠:《北宋都水监与治水体制研究》,安徽师范大学硕士学位论文,2014年。

④ 邓小南主编:《政绩考察与信息渠道——以宋代为重心》,北京:北京大学出版社,2008年;邓小南、曹家齐、平田茂树主编:《文书·政令·信息沟通:以唐宋时期为主》,北京:北京大学出版社,2012年。

的管理体制,这与黄河等治水事务类似①。一方面,在地方上与水利相关的事务由州县长吏负责,沿河诸州长吏兼本州河堤使,通判或判官任河堤判官,负责河堤的日常维护②。比如建隆三年(962),诏:"缘汴河州县长吏,常以春首课民夹岸植榆柳,以固堤防。"③关于州县官吏的这一职能在以往的研究中多有涉及,兹不赘述。而京城突发洪涝灾害时,知开封府也参与疏浚沟河,抗洪抢险。咸平五年(1002),"京师霖雨,沟洫壅,惠民河溢,泛道路,坏庐舍,知开封府寇准治丁冈古河泄导之"④。

另一方面,中央定期派遣专使到地方掌管具体治水事务,其中最常见的是每年正月"分遣使者发畿县及近郡丁夫数万治河隄"⑤。至于所遣使者,主要可分为武将、宦官及阁门官员等类型。

其一是武将。宋初,朝廷主要是差遣武将主持比较大的水利工程。比如陈承昭,奉宋太祖之命"督治惠民、五丈二河以通漕运,都人利之"。建隆四年春,"大发近甸丁壮数万,修畿内河堤,命承昭董其役"⑥。

其二是宦官。澶渊之盟以后,宋朝进入和平建设时期,洪涝治理也随之提上日程。相关的诏令大都由宋真宗直接发布,并派遣宦官予以监督,这既显示出君主对于洪涝治理的高度重视,也暴露出专职治水机构或官员的缺位。《宋史·河渠志》载:真宗景德三年(1006),"分遣入内内侍八人,督京城内外坊里开浚沟渠。先是,京都每岁春浚沟渎,而势家豪族,有不即施工者。帝闻之,遣使分视,自是不复有稽迟者,以至雨潦暴集,无所壅遏,都人赖之"⑦。入内内侍虽然品阶不高,但作为君主身边的亲信和特使,直接代表着君主的权威和意旨,因而他们督察沟渠开浚,即使势家豪族也不敢违抗。如

---

① 宋初的治水事务主要集中于黄河河堤的修筑,其中有关宦官参与治水事务,可参见丁义珏:《北宋前期的宦官——立足于制度史的考察》,北京大学博士学位论文,2013年,第125—129页。
② 李焘:《续资治通鉴长编》(以下简称《长编》)卷8,乾德五年正月辛卯条,第186页;徐松辑:《宋会要辑稿》方域14之1、2,刘琳、刁忠民、舒大刚、尹波等校点,上海:上海古籍出版社,2014年。
③ 《宋史》卷93《河渠志三》,北京:中华书局,1985年,第2317页。
④ 《宋史》卷94《河渠志四》,第2337页。
⑤ 《长编》卷8,乾德五年正月戊戌条,第186页。
⑥ 《宋史》卷261《陈承昭传》,第9034页。
⑦ 《宋史》卷94《河渠志四·京畿沟洫》,第2343页。

果说宦官主要负责与朝廷沟通、筹划以及监督,那么具体施工则是由将作监东西八作司掌管。天禧元年(1017),入内押班周怀政言:"顺天门、开远门外汴河西积水,浸营舍、道路,欲望规度疏入汴。"诏内侍雷允恭督八作司治之。当然,八作司"掌京城内外缮修事务"①,其工作内容包括但不限于维护灾害中受损的房屋、道路等城市设施。

其三是阁门官员。宋真宗朝是北宋各项制度过渡和定型的时期,具体到京城治水管理的制度化,其中一项重要举措是启用阁门官员。大中祥符二年(1009),"诏阁门祗候康宗元与中使、军头各一人,领水匠经度京城积水及补塞诸河"②。阁门祗候隶属阁门司,以内廷诸司及三班使臣充阁门祗候,称阁职,为武臣清要之选。宋代阁门司掌礼宾赞引,扼守皇帝与百官之间信息通进的要路,是直接服务于最高权力的内廷机构③。中使,即宫中派出的使者,多指宦官。军头应是马步军都军头、马军都军头、步军都军头等皇宫禁卫侍奉人员的总称。

宋太宗朝,有臣僚开始意识到京城积水问题的治理离不开京畿地区诸州县的配合。《宋史·河渠志》载:

> 至道二年三月,内殿崇班阎光泽、国子博士邢用之上言:"请开白沟,自京师抵彭城吕梁口,凡六百里,以通长淮之漕。"诏发诸州丁夫数万治之,以光泽护其役。议者非之。会宋州通判王矩上表,极陈其不可,且言:"用之田园在襄邑,岁苦水潦,私幸渠成。"遂罢其役。④

这一建言未被落实,固然是由于宋州通判王矩的阻挠,但更重要的则是这项工程需要调动数个州县协作完成,具有相当的难度。至宋真宗时期,朝廷愈发意识到区域协同治理的必要性,景德三年遂设置提点开封府界诸县镇公事,简称开封府界提点,俗称提点府界公事,"掌察畿内县镇刑狱、盗贼、场

---

① 参《宋会要辑稿》职官30之7;《宋史》卷165《职官志·将作监》,第3919页。
② 《宋会要辑稿》方域16之28至33《白沟河》,第9603—9606页。
③ 赵冬梅:《试论宋代的阁门官员》,《中国史研究》2004年第4期;赵冬梅:《试论通进视角中的唐宋阁门司》,《历史研究》2008年第3期。
④ 《宋史》卷94《河渠志四·白沟河》,第2342页。

务、河渠之事"①。《宋会要辑稿·职官》四三之一载,此官"以朝官以上充,掌提辖诸县刑狱、兵民、贼盗、仓场库务,兼管勾沟洫河道之事。勾押官一人,典七人"。可见,开封府界提点与知开封府判然有别。知开封府掌管京城内诸事,而府界提点则统管京城周边地区的刑狱、治安、经济乃至田亩河渠诸事,可以说是与开封府尹分工管理王畿之事。朝廷设置提点开封府界诸县镇公事,显然是便于对京畿地区相关事务进行一体化管理,不过,其真正发挥作用则要迟至宋仁宗时期。

宋真宗朝的洪涝治理重心开始扩展到京城之外,与京畿乃至周边州县协同共治,主要表现为三种模式:

一是朝廷派遣近臣督视或负责。大中祥符元年(1008),尉氏县惠民河决,"遣使督视完塞"②。大中祥符三年,"遣供备库使谢德权治沟洫,导太一宫积水抵陈留界,入亳州涡河"③。

二是君主派遣转运司督察州县。宋真宗时,开始令转运司到京东诸州视察水利设施。大中祥符二年,"以京东积水,令转运司分视诸州积水及理隄防。时使臣自东来,询其事,云近河洼下处尚有水浸田,故诏督之"④。水利工程的兴修通常涉及数个州县,协调下辖诸州县的事务也是各路转运使的职责之一⑤。

三是州县长官上言治水方略,朝廷认可并落实。大中祥符二年,陈州言:"州地洿下,苦积潦,岁有水患,请自许州长葛县浚减水河及补枣村旧河,以入蔡河。"⑥朝廷有时候还会先遣使实地视察,然后再做定夺。大中祥符九年,"知许州石普请于大流堰穿渠,置二斗门,引沙河以漕京师。遣使按视。四月,诏遣中使至惠民河,规画置坝子,以通舟运"⑦。

以上三种模式在灾情信息的上传途径和行政流程上虽有不同,但均由朝

---

① 《宋史》卷167《职官志》,第3971页。
② 《宋史》卷94《河渠志四·蔡河》,第2337页。
③ 《宋史》卷94《河渠志四·京畿沟洫》,第2343页。
④ 《宋会要辑稿》方域16之28至33《白沟河》,第9603—9606页。
⑤ 戴扬本:《北宋转运使考述》,上海:上海古籍出版社,2007年。
⑥ 《宋史》卷94《河渠志四·蔡河》,第2337页。
⑦ 《宋史》卷94《河渠志四·蔡河》,第2337页。

廷乃至君主参与主导，反映出统治者对洪涝治理的高度重视。由于专门的治水机构和官员尚未设置，北宋前期的洪涝治理呈现出鲜明的人治色彩。君主虽非事必躬亲，但活跃在治水前线的武将、内侍及阁门官员等亲信实际上直接代表着君主的意志。

二、北宋中期：京畿地区协同治理的探索

北宋中期，君主对于洪涝治理的介入有所减少，内侍宦官也逐渐退出，而阁门官员承担起上下沟通的职责。同时，朝廷意识到专职治理的必要性，遂设置同提点开封府界诸县镇公事、提举在京诸司库务等差遣，协同八作司负责洪涝治理。在治理过程中，灾情信息的逐级上报、决策命令的下达执行，涉及不同的机构和人员。这些行政主体之间如何分工、沟通、协调与合作，成为制度设计者需要应对的重要议题。具体来说，京畿地区的洪涝治理主要包括朝廷、阁门官员、州县长吏等三个环节，而阁门官员居于政令传递的枢纽。

朝廷首先是派遣阁门官员与八作司前去实地调查。天圣元年（1023），"遣内殿承制、阁门祗候刘永崇等与八作司分诣八厢治水口，凡权豪邸第覆压占庇，填阏不通，开封府察举之"[①]。天圣年间，宋仁宗年幼，刘太后当政，阁门祗候成为君主可以倚重的角色，他们在水患治理中的作为是直接代表着君主的意志，传达着朝廷的声音。张君平是由谢德权荐举而擢为阁门祗候，管勾汴口。他对汴河的治理屡有建言，均得到采纳[②]。不过，阁门祗候毕竟不是地方长官，故而张君平被任命为同提点开封府界县镇公事[③]。这种差遣官的设置将专项治理与行政区划相杂糅，体现出务实便宜的执政理念。天圣二年，同提点开封府界诸县镇公事张君平言："南京、陈、许、徐、宿、亳、曹、单、蔡、颍等州，古沟洫与畿内相接，岁久不治，故京师数罹水患，请委官疏凿之"[④]，

---

① 《长编》卷101，仁宗天圣元年八月，第2332页。
② 《宋会要辑稿》方域16之29《白沟河》，第9606页。
③ 《宋史》卷326《张君平传》，第10525页。
④ 《长编》卷102，天圣二年三月己丑条，第2352页。

朝廷诏令他"往诸州,同长吏规度,渐次开治,务为悠久之利"①。显然,畿内及近畿诸州的事务还需要州长吏的配合,这项工程完工后,朝廷"遂诏畿内及近畿州县长吏,皆兼管勾沟洫河道"②。比照上引《宋会要辑稿》的记载,这里的畿内及近畿州县包括开封、应天府及陈、许、亳、宿、颍、蔡州等地。宋廷将畿内乃至近畿州县纳入统筹考虑的范围,标志着洪涝治理进入一个新的阶段。

京城的洪涝问题与府界诸州县息息相关,知州、同判、令、佐等地方官是治水事务的主要成员,对他们加强督励是水患治理的重要保障。天圣二年,张君平建言:"府界逐州甚有古沟洫可以疏决,望自今后逐县界沟洫河道,如令、佐能多方设法,劝谕部民开浚深快,值雨别无积潦,显著劳绩,替日委批历具状保明闻奏,令佐与免选,家便注官,京朝官家便优与差遣,知州、同判劝课催督,亦量劳绩旌赏。"③京畿地区的沟河治理涉及朝廷、开封府及州县等多个层级,而其中开封府界提点的角色最为关键,其开展工作需要得到朝廷的准许,并要对朝廷负责;向下要督查州县长吏,再由县令、佐劝谕百姓疏浚。

天圣二年七月,张君平等言:"准敕按视开封府界至南京、宿、亳诸州沟河形势,疏决利害凡八事。"④其内容主要是围绕沟河排水事务,既有对于民户的行为约束和权利保障,也有针对官吏的奖惩措施,其目的是为了推动治涝工作以保证本区排水管理事务的顺利开展。这是宋代治水史上里程碑式的排水法规,很快被朝廷采纳并颁布执行。这项法规自颁布伊始,即从京畿向周边地区推广。十一月,张君平等"奉诏相度府界、南京、陈、许、颍、蔡、宿、亳等处积水潆潦民田,开畎沟河",完工之后,张君平奏"请本州县长吏并兼沟洫河道事","又以左侍禁李守忠专管勾沟洫河道司"⑤,明确指定相关机构和人员来专门负责沟河事务。天圣四年五月,张君平言:"其单州知州、

---

① 《宋会要辑稿》方域16之29《白沟河》,第9606页。
② 《宋史》卷326《张君平传》,第10525页。
③ 《宋会要辑稿》方域16之28至33《白沟河》,第9603—9606页。
④ 《宋史》卷94《河渠志四·京畿沟洫》,第2343—2344页。
⑤ 《长编》卷103,仁宗天圣三年二月,第2377、2378页。

同判、令、佐等，欲依南京例，并带开治沟河。"① 明道二年（1033），"使知州、通判及属县令佐并带开治沟洫河道事"②。类似诏令尚多，兹不赘举。

从灾情上报到敕令执行的一系列环节，朝廷、枢密院、八作司、开封府界提点等都有参与。天圣四年秋七月，"汴水大涨，众汹汹忧京城"，"乃用枢密院奏，敕八作司决陈留隄及城西贾陂冈地泄之于护龙河"。枢密院负有保卫京城安全的职责，首先是由枢密院将灾情上奏朝廷，再敕令八作司实施泄洪任务。洪水消退之后，朝廷"命开封府界提点张君平调卒复治其堤防"③。由于泄洪区涉及畿内诸县，堤防的修复需由开封府界提点征调各州县的役卒来共同完成。

京城内的沟河则是由开封府负责治理，遇到具体问题要上报朝廷并提出针对性建议。天圣四年，开封府言："点检新旧城内东西八作司地分沟渠，有八字九口二百五十三所，多是居人秽恶填塞，阻滞水势。乞委厢界巡检人察视，不令填塞盖闇。"④ 此后，对于治水工程的检查巡视不再由君主临时指派宦官承担，而是由开封府委托厢界巡检人承担。这年，"汴水溢，决陈留堤，又决京城西贾陂入护龙河，以杀其势"⑤。这次水势虽然凶猛，但治理得法，洪水被挡在城外，并未出现民户伤亡等重大灾情。

在京畿地区的沟河施工中，还遇到各县工役的调用和指挥问题。宋仁宗年间还设置了"提点开封府诸县镇事、管勾沟洫河道"，这既体现出朝廷对于开封府界沟河治理的重视，更反映出其所面临的专项治理与行政区划的矛盾，因而需要配置兼具行政区划与治水事权的差遣官。天圣六年，屯田员外郎、提点开封府诸县镇事、管勾沟洫河道张嵩言："缘府界沟洫河道并系紧急，合行开修，如只役本县人夫，拖延岁月"，因而奖励县官劝诱其他县的人夫⑥。由于府界沟洫河道工程紧急，仅依靠本县内的人夫不能如期完工，虽然

---

① 《宋会要辑稿》方域16之28至33《白沟河》，第9604页。
② 《长编》卷113，明道二年冬十月，第2639页。
③ 《长编》卷104，天圣四年秋七月己丑条，第2412页。
④ 《宋会要辑稿》方域16之28至33《白沟河》，第9605页。
⑤ 《宋史》卷61《五行志十四·水上》，第1325页。
⑥ 《宋会要辑稿》方域16之31《白沟河》，第9605页。

朝廷意识到州县长吏、令佐在地方沟渠治理中的重要性,并多次下诏敦促,乃至奖励,但实际执行效果并不理想。

宋仁宗朝还设置有提举在京诸司库务,管辖机构包括东西八作司。沟河开浚是先由提举在京诸司库务建言,朝廷再责令东西八作司监官与开封府士曹参军共同完成。庆历五年(1045),提举在京诸司库务宋祁等言:"近差东西八作司监官及开封府士曹参军张谷等同相度城濠沟河通流积水,看详擘画事理,稍得利便。缘京畿阔远,藉沟渠发泄水势流通,方免积聚。乞特下开封府施行。"①京城的泄洪需要京畿诸县的配合,但提举在京诸司库务的管辖范围只限于京城,因而需要开封府出面,每年"差人开浚沟洫"。这样又难免扰民,皇祐三年(1051)遂下诏:"开封府诸县岁差人开浚沟洫,颇以为扰,自今有堙塞之处,听所在人户自开浚,而官为检视之。"②

皇祐三年,朝廷还在三司之下设置河渠司,掌黄河与汴河等河堤功料事务③。九月,"又诏三司河渠司,每年一开浚之"④。三司还负责水患的灾后重建。至和三年(1056),判太常寺欧阳修上《论水入太社札子》云:"臣所领太常寺累得郊社勾当人状申,为雨水淹浸太社、太稷坛四面,及屋宇墙壁摧塌,乞行修整。寻曾具状申奏,及累牒三司,至今未见有人兴功整缉。"⑤由于三司的不作为,两制、台阁常参官、两省台谏官纷纷议论。嘉祐二年(1057)五月,朝廷诏:"京城内外沟河,令三司委当职官吏躬亲巡觑,修整开畎,须隄岸坚固,雨水通快,无复阻滞,别致疏虞。"⑥从中可见治理流程的迂回和行政效率的低下。太常寺收到郊社勾当人的状申,"具状申奏,及累牒三司"⑦,但三司置之不理。后来在各路大臣与言官的舆论压力下,朝廷出面诏令三司委派当职官吏参与救灾。

---

① 《宋会要辑稿》方域 16 之 31《白沟河》,第 9605 页。
② 《宋会要辑稿》方域 16 之 31《白沟河》,第 9605 页。
③ 孙逢吉:《职官分纪》卷 13,北京:中华书局,1988 年影印本。
④ 《宋会要辑稿》方域 17 之 12,第 9590 页。
⑤ 欧阳修:《欧阳修全集》卷 110《论水入太社札子》,李逸安点校,北京:中华书局,2001 年,第 1665 页。
⑥ 《宋会要辑稿》方域 16 之 28 至 33,第 9605 页。
⑦ 《欧阳修全集》卷 110《论水入太社札子》,第 1665 页。

北宋中期黄河水患日趋严重，由于河渠司没有大的作为，嘉祐三年遂被废罢。与此同时，都水监被重新设置，不过其工作重心并不在开封府界，而主要集中于黄河，京城内外的沟渠治理仍然不力。正如治平二年（1065）吕诲所言："今都城之内沟渠遏塞，郊封之外畎浍堙塞，水道决溢，蔡河断流，市无薪刍，人艰食用，此非水官之职耶？"龙图阁直学士、判都水监韩贽也因"都城内外沟洫久不治"而被贬出京城，知河南府①。对于都水监的缺位，日本学者青山定雄的解释是，京畿地区汴、索等水是北宋漕运要道，关乎国家命脉，各运河发运司在运河的运输和修治方面居于主导地位，所以都水监很难插手②。不过，对于京畿地区的洪涝治理，从史料中并未看到有关运河发运司的记载。

自神宗朝开始，都水监开始涉足畿内诸县的沟河治理。熙宁二年（1069），朝廷"诏都水监差官沟畎开封府界积水，〔以〕填塞道路，虑妨百姓输纳"③。这明确表明都水监要负责疏导开封府界积水。不过，都水监并无调遣民役的权力，还需要乞请朝廷令府界提点司与县官共同协作。熙宁元年，都水监言：

> 今年畿内诸县沟河，各役人夫开淘，十分才及二三。若次年只留本县人夫，尚须二三年可以讫役。缘逐县沟河至多，须预委官检定紧慢、的确工料，以备兴工。欲乞令府界提点司于三月初选官三员，与逐县官同共检定合开沟河紧慢次第、工料，据本县合差夫数，以五分夫役十分工，依年分专委逐县知县都押开淘，仍令提点司遍行点检。④

可见，京城洪涝治理有多方参与，都水监与府界提点司、知县互有分工。都水监负责宏观的形势分析与筹划，知县负责差派夫役施工，府界提点司主要负责点检。所谓点检，是确定沟河开浚的工期进度、工料和用工人数，并对施工状态适时进行检查和监督，以便早期发现隐患，及时加以维护，使沟河保持其常规的功能。除了府界提点司，三司也要委派官员一同前去实地调查、

---

① 《长编》卷206，治平二年九月，第5001页。
② 青山定雄：《发达的宋代内河运输》，《中国史研究动态》1981年第5期。
③ 《宋会要辑稿》方域16之32《白沟河》，第9605页。
④ 《宋会要辑稿》方域16之32《白沟河》，第9605页；《宋史》卷94《京畿沟洫》略同，第2344页。

检视。熙宁六年，"帝以人情不安，尝下都水分析，并诏三司同府界提点官往视"①。类似例子甚多，兹不赘举。总之，对于开封府界的河渠修造和维护，三司、都水监、府界提点官与知县各方共同参与，并有明确分工。

熙宁八年以后，三司开始淡出治水事务，转运司取而代之。熙宁八年二月，同管勾外都水监丞程昉等言："采买材木遥远，清汴闸欲作二三年修，仍选知河事臣僚再按视措置。"朝廷遂"诏开封府界提点司、京西北路转运司计工料以闻"②。开封府界提点司与路转运司负责治水物资的供应，此类情况还有不少。比如元丰元年（1078）六月，"诏都水监应河埽物料，于合应副路转运及开封府界提点司，取三年中一中数为额，委逐司管认应副钱物，关本监计置"③。同年八月，"赐度僧牒六百付都水监，分给开封府界提点及河北转运司鬻卖，豫买修河物料，以其半市梢草还诸埽"④。

元丰四年，开封府界提点司的治所被下诏徙于白马县，提举司被徙于管城县，这是因为"两司之官，名曰外任，而治所在城中，不务管职赴功，惟以请谒奔兢为事"⑤。不过，府界提点司仍参与京城外城壕的开挖。元丰六年，提举京城所言："先准朝旨：发夫开新城外壕，候兴役，令开封府界提点司与提举京城所官同提举。"⑥这项工程调集了多个部门，除府界提点司与提举京城所之外，还有侍卫亲军步军司和开封府。元丰八年，"府界提点范峋、步军副都指挥使苗授、开封府推官王同老，坐京城西壁等壕河有开浅亏功，擅令人出备夫钱，等第罚金"⑦。

此外，还有一些与沟河治理相关的差遣和临时机构，均带有因事而设的特点。比如熙宁四年，程义路被任命为安吉县主簿，"同相度检计开封府界沟河"⑧。再如开封府界沟河司，随着工程的完成，熙宁九年被废罢，"以其事

---

① 《宋史》卷92《河渠志三·汴河上》，第2324页。
② 《长编》卷260，熙宁八年二月，第6347页。
③ 《长编》卷290，元丰元年六月己未条，第7089页。
④ 《长编》卷291，元丰元年八月，第7122页。
⑤ 《长编》卷312，元丰四年夏四月甲申条，第7572页。
⑥ 《长编》卷339，元丰六年九月，第8166页。
⑦ 《长编》卷356，元丰八年五月，第8516页。
⑧ 《长编》卷223，神宗熙宁四年五月，第5418页。

隶都水监"①。

由上可见，北宋中期以来，开封府界辖区内的协同治理更加密切，出现了多种专职的差遣和机构，在实践中屡经置废。三司、转运司等财政机构也先后参与其中。都水监在宋神宗时期开始涉足畿内诸县的沟河治理，并与府界提点司、三司等部门分工协作。

三、北宋后期：京畿与其他路的联动治理

关于宋哲宗时期的洪涝治理，值得注意的是开封府界提刑司的设置。元祐元年（1086）二月，开封府界提点司言："准朝旨相度祥符县雾泽陂，乞令人户依旧断佃，柜水应副广济河行运。"②这是有关开封府界提点司参与治水的最后一条史料，之后再看不到有关记载。元祐初年，在废除府界提举常平司的背景下，为防范府界提点官大权独揽、侵占常平钱物，朝廷设置开封府界提刑司作为京畿地区专门的司法、监察机构，其中修造河渠、治理水患也是其重要职责③。

由于洪涝灾害往往会跨越行政区划的边界，所以开封府界提刑司的长官需要兼有其他路分的管辖权才便于统筹治理。元祐四年六月，开封府大雨，造成水患，朝廷"差府界提刑罗适计会京西、淮南，按行水利"。知陈州胡宗愈请求开凿古八丈沟，分决蔡河之水，"由颍、寿界直入于淮，则沙河之水虽甚汹涌，不能雍遏"。胡宗愈意识到，由于府界辖区的行政壁垒，府界提刑罗适难以调动其他路所辖州县，因而上奏朝廷请求诏令罗适"仍兼提举淮南，四路接连，合治水利"④。

开封府界诸县的治水举措可能暂时缓解了当地的排水问题，但这种头痛医头、脚痛医脚的方式只是转嫁了危机，造成下游其他区域的灾患。史载，"先是，开封诸县多水患，吏不究本末，决其陂泽，注之惠民河，河不能胜，则陈

---

① 《长编》卷275，熙宁九年五月壬申条，第6731页。
② 《长编》卷366，元祐元年二月，第8780页。
③ 王晓龙：《宋代开封府提刑司考论》，《河南大学学报（社会科学版）》2008年第3期。
④ 《长编》卷429，元祐四年六月乙丑条，第10376页。

亦多水。至是又将凿邓艾沟,与颍河并,且凿黄堆注之于淮,议者多欲从之"①。由于河渠治理涉及上下游的联动,在开封府界提刑司之外,诸路提刑司也被要求参与。元祐八年,京畿、京东西、淮南、河北诸路大水。绍圣元年(1094),京畿、曹、濮、陈、蔡等州发生水灾②。七月十二日,殿中侍御史郭知章建言:"缘往年府界提刑罗适开畎府界诸县积水,引而委之于京东,而京东河道未有措置,故水无所归。望选监司,令疏浚京东河道。"朝廷遂"诏令本路提刑司审按,如有积水,即具合如何开畎闻奏"③。实际上,诸路提刑司兼提举河渠公事早就有先例。宋仁宗嘉祐四年(1059),朝廷曾诏令:"诸路提点刑狱朝臣、使臣并带兼提举河渠公事。"④

由于多方的不懈努力,这些年京畿地区虽然屡遭大水,但并未见到灾民伤亡的记载。相对于京畿地区,地方州县数量众多,范围更广,河渠治理难度也更大。由于相关政策的全面落实很难一蹴而就,实际效果并不尽如人意。元符元年(1098),河北、京东等路大水。二年六月,陕西、京西、河北大水,河溢,流漂人民、庐舍⑤。

哲宗朝前期,开封府界提点刑狱司在修造河渠、治理水患等方面都发挥了重要作用,为保证都城的泄洪安全做出了贡献。但是,随着宋哲宗亲政,着手恢复宋神宗时各项政策,废除元祐时的政令,府界提刑司也被殃及。开封府界提点刑狱司在设立将近九年之后,终被废除。绍圣元年(1094)闰四月,朝廷下诏:"元祐罢提举官,遂于府界置提刑司,今提举官已复,提刑司可罢。"⑥

有学者认为,开封府界提点刑狱司被废之后,其职能被开封府界提点司、

---

① 《长编》卷469,元祐七年春正月丁未条,第11205页。
② 《文献通考》卷297《物异考三·水灾》,北京:中华书局,2011年,第8092页。
③ 《宋会要辑稿》方域17之11,第9616页。
④ 王晓龙:《论宋代提点刑狱司在地方"三农"事务中的作用》(《中国经济史研究》2010年第1期)指出,哲宗朝以前开封府界提点司的职能与诸路提刑司职能有相似之处,此时两者或可称为"同官而异名";但在宋哲宗元祐初年创立"开封府界提刑司"之后记载的"府界提刑司"与"府界提点诸县镇"是两个机构,不能混为一谈。
⑤ 《文献通考》卷297《物异考三·水灾》,第8092页。
⑥ 《宋会要辑稿》职官43之7,第4114页。

府界提举司分割①。但是，从这一时期的相关史料中并未见到开封府界提点司、府界提举司的出现，主导京畿河道治理事宜的是都水监。崇宁元年（1102）二月，都水监言："惠民河都大提举赵思复状，惠民河地分见役人兵兴修签河次下硬堰，今已毕功，欲乞今后遇有盗决堤堰，许诸色人等告官，仍乞立定支赏钱一百贯文。"②大观元年（1107）夏，"京畿大水，诏工部都水监疏导，至于八角镇"③。

除了都水监，转运司也有参与开封府界的水患治理，这伴随着行政区划的一系列调整。先是开封府界提点刑狱司改为京畿路提点刑狱司，后又并入转运司。崇宁四年正月，改开封府界为京畿路④，同月，诏："京畿路改置转运使、提点刑狱官"，恢复了京畿路的提点刑狱司。次年十一月，"并京畿提刑入转运司"⑤。关于转运司治水，史籍中多有记载。大观元年七月，诏："自京至八角镇，积水妨行旅。转运司选官疏导，修治桥梁，毋使病涉。"⑥十二月，"开潩河入蔡河，从京畿都转运使吴择仁之请也"⑦。政和元年（1111）十月，"诏差水官同京畿监司视蔡河隄防及淤浅者，来春并工治之"⑧。但是，毕竟转运司的主要职责在财政、监察等方面，朝廷另设置差遣"提举措置修治都城内外积水所"⑨，这显然是为了明确和强化行政区范围内的专门职责。这类以行政区为事务范围的专职差遣屡废屡置，正说明行政区治理是治水事务无法绕开的必要举措。

北宋末年，转运司开始淡出，由都水监全面接管京城的洪涝治理事宜。宣和元年（1119）五月大雨，"诏都水使者决西城索河隄杀其势"⑩。靖康年间

---

① 王晓龙：《宋代开封府界提刑司考论》，《河南大学学报（社会科学版）》2008年第3期。
② 《宋会要辑稿》方域16之25，第9601—9602页。
③ 《宋史》卷61《五行一上·水上》，第1328页。
④ 《宋史》卷85《地理一》，第2106页。徽、钦两朝京畿路一直存在，其辖区基本以旧时开封府界地区为主，有时设立辅郡，辖区扩到周边路部分州县。
⑤ 《宋史》卷20《徽宗本纪二》，第373页。
⑥ 《宋史》卷94《京畿沟洫》，第2344页。
⑦ 《宋史》卷94《蔡河》，第2338页。
⑧ 《宋史》卷94《蔡河》，第2338页。
⑨ 《宋会要辑稿》方域16之32，第9606页。
⑩ 《文献通考》卷297《物异考三·水灾》，第8093页。

（1126—1127），"汴河上流为盗所决者数处，决口有至百步者，塞久不合，干涸月余，纲运不通，南京及京师皆乏粮。责都水使者措置，凡二十余日而水复旧，纲运沓来，两京粮始足。又择使臣八员为沿汴巡检，每两员各将兵五百人，自洛口至西水门，分地防察决溢云"①。都水使者为都水监长官，其全称为都水监使者，"掌中外川泽、河渠、津梁、堤堰疏凿浚治之事"②。也是因为汴河在这一时期淤塞严重，都水监之下还设置都大提举汴河堤岸司，简称都提举司，主管入汴河航运、征收课利及堤岸保护等一应公事。宣和元年七月，都提举司言："近因野水冲荡沿汴堤岸，及河道淤浅，若止役河清，功力不胜，望俟农隙顾夫开修。"③

综上，时至北宋后期，京畿地区的洪涝治理出现两个新的变化：一是开封府界提点司的废罢和开封府界提刑司的设置，二是京畿地区加强与周边诸路的协同联动。

结　语

洪涝灾害受自然气候和环境地理等多重因素的影响，具有突发性和周期性。北宋政府通过积极的行政干预试图控制灾害所造成的损失，京畿地区的洪涝治理涉及多种官职和机构，往往跨越不同的行政区划，由此可以管窥传统中国政府治理的一些共性问题。

传统的政府治理形态，是基于行政区划的刚性约束而产生的行政区行政模式，是以行政命令的方式，对本地区社会公共事务进行的垄断管理④。相对于其他的日常行政事务，北宋京畿地区的洪涝治理具有一定的代表性，其实际运作一般要经由君主或朝廷、开封府、州县等多个层级的联动协作。宋初，缘于专职治水机构和官员的缺位，主要通过选派值得信赖的武将、宦官及阁

---

① 《宋史》卷94《河渠志四》，第2335页。
② 《宋史》卷165《都水监》，第3921页。
③ 《宋史》卷94《河渠志四》，第2335页。
④ 参见杨爱平、陈瑞莲：《从"行政区行政"到"区域公共管理"——政府治理形态嬗变的一种比较分析》，《江西社会科学》2004年第11期。

门官员等皇帝亲信人员参与治水事务。从决策过程来看,这种君主授权的近臣治理模式体现出人治的特点,其优点是决策者与执行者之间的信息传递比较便捷,行政效率更高。当然,其实施效果很大程度上有赖于君主的权威和近臣的素质,因而难以长期持续。

自宋真宗朝以后,逐渐走向设官分职的制度化模式,先后有多个机构和职官参与过京畿地区的洪涝治理。作为专项事务,洪涝治理的开展需要依托于相应的机构,其中最简捷的一种情形是基于既有的行政区划,将洪涝治理的职责划归相应的行政机构。由于洪涝灾害往往超出固有行政辖区的边界,宋廷因地制宜地设置了跨越行政区划的专职机构或差遣,以实现协同治理。

最后应当指出,学界以往对于北宋开封水患治理的正面肯定过多。实际上,北宋朝廷虽然在洪涝治理的实践中不断探索并积累了一些经验,但相关治水机构与职官屡经置废,并未形成一种稳定的治理机制。从实际效果来看,确实取得了一些阶段性的成效,但直到北宋末年,京畿地区依然面临着严峻的水患压力。

基金项目:厦门大学校长基金(中央高校基本科研业务费项目)"北宋京畿地区洪涝治理研究",项目编号20720181073;北京大学中国古代史研究中心教育部重点研究基地重大项目"7—16世纪的信息沟通与国家秩序",项目批准号17JJD770001。

本文原刊《厦门大学学报》2019年第1期,收入本论集时有修订。

北宋财政决策体制中三司、宰执职权关系探析
——兼论三司的"有司""使职"二重性

张亦冰

引　言

对于北宋三司、二府宰执的关系,学者往往聚讼纷纭[①]:或以为北宋君主设立三司,系为分化相权以加强自身集权,故三司总国计而宰相不知钱谷[②];

作者单位:中国人民大学历史学院

[①] 相关研究的具体论点与得失,参张亦冰:《北宋三司研究述评》,《唐宋历史评论》第3辑,北京:社会科学文献出版社,2017年,第311—313页。此处仅择要列出学者及论著名称,不再就其观点逐一赘述。

[②] 如钱穆、漆侠、邓广铭、张家驹等均持相似论点,认为三司、枢密院分化宰相事权,反映了宋初设官互为牵制、加强君主专制集权的特点。参钱穆:《论宋代相权》,宋史座谈会编:《宋史研究集》第1辑,台北:编译馆,1958年,第456—457页;季子涯(漆侠):《赵匡胤和赵宋专制主义中央集权制度的发展》,《历史教学》1954年12月号,第16页,收入氏著《求实集》,天津:天津人民出版社,1982年;邓广铭:《论赵匡胤》,原载《新建设》1957年第5期,收入氏著《邓广铭学术论著自选集》,北京:首都师范大学出版社,1994年,第68页;张家驹:《赵匡胤论》,《历史研究》1958年第6期,第42页。

或以为宰执财权不弱于三司,及至北宋中叶,财权更已集中于宰执①。上述研究,通过大量史事爬梳,丰富了我们对于三司、宰执复杂关系的认识,但亦存在深化余地。具体说来,其研究思路主要在权力强弱、分权集权等视角下展开,关照君相权力关系以及君主集权的实践形式、程度;但具体讨论往往纠结于所谓"中书主民""三司主财"等职能类型分工,对于"权力"的实际内涵缺乏界定,至于所谓"强弱""大小",其标准亦难统一,故难以有效比较,反陷入二元对立,影响了讨论的深入。

相比之下,脱离上述比较分析框架,切实考察各行政主体的职权关系、互动机制,以及作为国家最高权力中心的君主,其旨意如何影响三司政务运作,或更有助于理解北宋国家机器中三司、宰执的具体角色;更进一步,对于我们理解中国帝制后期中枢权力结构的演变,也十分重要②。欲达此目的,须深入分析时人的"说法"与"做法"、制度参与者"经验之谈",以及政务运行的具体场景。基于此,本文首先将考察北宋君臣言论,力图理解政务处理中,三司作为"有司"之内涵;其次将着眼于政务流程,考察三司不经宰相,直接奉行君主诏旨之方式,思考其作为"使职"参与决策之特点;在此基础上,本文尝试就三司上述两方面特点,及其同宰执职权关系的形成、演进过程略作讨论。

一、作为"有司"的三司

中国古代典籍所见"有司",就其广义言之,系国家设官分职之统称。在此意义下,宋代一切官司及其所属人员,包括中书门下、枢密院、三司在内,

---

① 王瑞来:《论宋代相权》,《历史研究》1985年第2期,第111页。此外,如张其凡、傅礼白亦从不同角度,得出相似观点(张其凡:《三司·台谏·中书事权——宋初中书事权再探》,《暨南学报(哲学社会科学版)》1987年第3期,第48—49页;傅礼白:《北宋三司使的性质与相权问题》,《山东大学学报(哲学社会科学版)》1991年第1期,第79页)。

② 黄纯艳注意到立法、决策过程中,三司与君主、宰执关系的复杂面相,并尝试对不同层面权力加以区分,指出宰相政治地位高于三司,同时对三司人事任免也有权干预,但在财政方面,宰相不具备制度化立法权。黄氏的研究,突破了财权大小比较的简单思路,对笔者启发颇大(氏著《宋代财政史》,昆明:云南大学出版社,2013年,第54—65页)。此外,宫崎圣明曾着眼于茶盐等权利决策,分析北宋真宗、仁宗二朝,面对军粮筹措与转输问题,中书门下如何建立起对三司的统摄关系(氏著《北宋の中書と三司の統接関係について》,《史朋》34号,2002年3月,第1—11页)。

均属"有司"范畴。但在宋人话语中,狭义的"有司"往往排除宰执在外,甚至相互对立。如北宋之三司,即被时人视作与朝廷宰执相对之"有司"。

太宗至道二年(996)七月,太常博士、直史馆陈靖曾建议遣使劝农垦田,新立田制,以开天下旷土地利,并"条上兴创功利",拟出了具体实施方案。太宗对此颇感兴趣,不但召见陈靖,还特与宰相吕端商议其可行性,吕端称"靖所立田制,多改旧法,又大费赍用,望以其状付有司详议"。此事宰相吕端不亲自详议,而交付有司,可见宰相被排除于所言"有司"之外,并与之相对。此后,宋太宗从吕端言,命"盐铁使陈恕等,于逐部择判官一人通知农田利害者,与靖同议其事"①。当时三司正由三使分掌,故吕端所言之"有司",即指盐铁、度支、户部三司②。除了宰相以三司为"有司",三司长官本人也将自身机构定位为"有司"。就在陈靖进奏一个月后,太宗有感于三司子司繁多,出纳程序复杂,吏人易于作弊,曾命时任盐铁使的陈恕设法减省机构。陈恕准诏上奏,陈述各子司不可废之理由,当论及提点司时,谓"提点司是中旨特置,提振三司废怠之事,固非有司敢得拟议也"③,是亦目三司为"有司"。北宋臣僚乃至三司长官谓三司为宰执相对之"有司",尚有数例,且分见于各时期,兹不备举。

不但臣僚如此,北宋君主亦以"有司"称三司,并与朝廷宰执对举。咸平六年(1003)十二月,因改元肆赦,宰执议蠲放欠负,有臣僚认为"蠲放逋债,减除率敛,其数颇多,三司必以恩泽太滥、亏损国计为言"。真宗对此评论:"非理害民之事,朝廷决不可行。吝于出纳,固有司职也,要当使斯人实受上赐",此处真宗所谓"有司"即为三司④。综上所述,至少在北宋,不论君主抑或宰臣、三司长官等臣僚,对于将三司定性为与朝廷宰执相对之"有司",并无异议。

北宋前期君臣以三司为"有司",反映了其对三司在国家决策体制中角

---

① 李焘:《续资治通鉴长编》(以下简称《长编》)卷39,至道二年秋七月庚申,北京:中华书局,2004年,第846页。

② 《宋会要辑稿》载此事,径作"应须下三司议",亦可作为"三司"即"有司"之证明(徐松辑:《宋会要辑稿》职官42之1,刘琳、刁忠民、舒大刚、尹波等校点,上海:上海古籍出版社,2014年,第4071页)。

③ 《长编》卷39,至道二年闰七月辛未,第850页。

④ 《长编》卷54,咸平六年十二月癸未,第1221页。

色的何种认识？这需要对时人语境中的"有司"内涵加以辨析。在熙宁元年（1068）所上《论责任有司札子》中，郑獬曾细致描述当时君主、二府、有司在日常行政中的一般分工状况，认为"群有司之事则取决二府，二府之事则取决陛下"①，换言之，"有司"对于日常政务之处置，并无独立裁决权，必须每事上报二府决断，自身仅得奉命执行。此外，郑獬认为理想的行政分工，应当为"天子者，宜以安危大计责二府，以庶事废置责群有司……于群有司之事不得取决二府，据理以行。行之而害于事，则有司受责"②，二府、有司除了职权差异，其职能分工层次亦有差别：有司掌"庶事废置"，二府负责"安危大计"，后者对前者监督责成。要之，宰执与有司的分野，既体现在决策、执行的职权差别，也体现为职能分工的层次差异。

综上，从职权关系角度看，二府宰执掌决策大政，三司则为具体执行机构，后者须奉行前者指挥，并为其决策提供参考。但三司行政指令不止出于宰执，亦多来自君主。因此，三司是否必须奉行宰执指挥，其有无不经宰执转达或审核，直接奉行君主诏旨的制度化渠道，乃是理解三司、宰执职权关系的重要切入点。根据北宋君臣前述"说法"，则三司作为"有司"，当以奉行宰执指挥为务；但若回归政务实际决策、执行机制，则情况并非如此简单。

二、财政决策中三司的"使职"特点

在北宋中枢权力格局中，君主既是决策的推动者，也是最终裁断者；就财政决策而言，如黄纯艳所论，北宋君主在财政立法、政策调整、赋税倚阁蠲免方面具有最终裁决权③。倘三司如二府宰执一般，与君主间存在直接信息交流、谋议及取旨出令渠道，那么其对财政决策的影响，甚至可能超越宰执。

景德三年（1006）二月，真宗诏修太祖、太宗两朝国史，命"中书、枢密

---

① 郑獬：《郧溪集》卷13《论责任有司札子》，《宋集珍本丛刊》第15册，北京：线装书局，2004年，影印清翰林院钞本，第三叶，第119页。据《历代名臣奏议》所载，称其作于熙宁元年，时郑獬为翰林学士。黄淮、杨士奇编：《历代名臣奏议》卷136《用人》，台北：台湾学生书局，1963年，影印明永乐内府刊本，第三叶，第1801页。

② 郑獬：《郧溪集》卷13《论责任有司札子》，第三叶，第119页。

③ 黄纯艳：《宋代财政史》，第55页。

院、三司检两朝宣敕圣旨文字进内"①。这提示我们，三司与二府在承受君主诏令时居于独特地位。二府系与君主共同谋议决策之中枢机构，敕、宣由其下发，修史时自应检索相关文字；但三司并非君主诏令发出机构，却须检索"宣敕圣旨文字"，说明有相当数量的圣旨不经宰执直接发往三司。接下来，笔者拟分析三司取旨的主要途径及特点，并将其同二府宰执及其他官司加以比较，以考察三司在财政决策体系中的地位。

（一）三司取旨奉行的途径

三司取旨的方式可分两类，其一为进奏取旨，三司可向君主表达自身立场与意见，对于推动决策具有较强主动性；其二为承受内廷所下旨意并加以处置，三司作用相对被动。二者并非截然对立，而是密切衔接：三司主动进奏，须经君主批复方可行遣政务；而三司被动承受旨意，亦可就相关问题进奏决策。

就进奏取旨而言，除了通常的进奏章疏，三司与君主互动较多者为参加御前会议，面奏取旨。北宋的御前会议暨各类"听政"活动，是国家最高决策场合，其间君主与奏事大臣直接议政，传达自身意见，并就部分政务做出裁决。其中垂拱（长春）殿②听政基本每一到二日即可举行一次，频率最高③。而三司与二府地位相似，是少数可每次参加垂拱殿听政的官司，史载"国朝之制，垂拱殿受朝，先宰臣升殿奏事，次枢密使，次三司，次开封府，次审刑院，次群臣，以次升殿。（大两省以上领务京师，若有公事，许时请对。自余授使出入事功者欲面奏事，先听进止）"④，其奏对班次得到制度保证。甚至节假日常朝奏对班次有所调整，三司也能保持其进奏频率，如大中祥符三年（1010），阁门请求减少朔望日垂拱殿常朝奏对官员数量，建议"除三司、开封府、审刑院外，自余升殿奏事官，非有急切，并须次日"，朝廷"从之"⑤。甚至当政局非常时期，诸司奏对往往暂时中止，但三司仍能保持其在面奏中

---

① 《长编》卷62，景德三年二月辛巳，第1387页。
② 按，明道元年（1032）改长春殿为垂拱殿，本文均以垂拱殿名之。
③ 太宗朝，即已确立每日垂拱殿常朝之制，真宗、仁宗两朝，其举行时间在"每日"与"只日"间屡有反复。
④ 《宋会要辑稿》仪制1之1，第2297页。
⑤ 《长编》卷73，大中祥符三年二月己亥，第1656页。

的特殊地位①。

相比之下，其余财务管理机构人员，如转运司长官、京师诸司库务监官等，惟辞见、请对、轮对时，方能获得面奏机会。其与君主交流政务渠道相当有限，甚至多须依赖三司进奏，以便君主了解本司相关情况。大中祥符八年七月，提举库务官蓝继宗进奏："准诏，每到库务点检不便事件，合行条约改更，并与三司同议以闻，自后皆依诏施行。切缘有至不便事，及三司元规画不当，失于拘检官物者，更难与三司议，望许臣等上殿敷奏。若常程不便事，即与三司同议。"②这一建议为朝廷采纳。由此可看出，除非事由特殊，或三司谋划不妥，提举诸司库务均须与三司同议后进奏，自身难以独立上殿面奏。

除面奏频率较高，三司每次面奏所获得的时间也相对充分。据王化雨研究，宋廷对每日视朝的总班次和总班数有所限制，但一般不限定各班奏事的时间。这一做法本身基于信息通进的灵活、合理性考虑，但也导致班次靠前者用时过多，班次靠后者常常无充足奏事时间，或被隔至次日③。作为每日仅次于二府进奏的三司官员，虽然无法染指二府大臣进奏时间，但相比于其他臣僚，其自身进奏时间，还是较有保障且相对充裕的。嘉祐三年（1058）十二月，负责排定常朝班次的阁门，曾建议调整部分臣僚的奏对次序："近例，上殿班除三司、开封府、台谏官遇进辰牌不隔外，其余并次日上殿。或更有三司、开封府并官高者臣僚，亦于辰牌隔下臣僚后引，于理未便。欲乞今后未进辰牌，依旧例引外，其辰牌隔下者，如至三次，得旨许令特上者，即于自来不隔班之后引。"④所谓"进辰牌"，指君主垂拱殿视朝在辰时结束，阁门须于此时加以提

---

① 如乾兴元年（1022）二月，仁宗即位之初，在丁谓等臣僚主持下，确立了刘太后垂帘听政体制下的面奏制度：除军国大事可临时召对臣僚，若为日常政务，仅五日一御承明殿，与二府大臣议政事，此前垂拱殿日朝听政不再举行（《长编》卷99，乾兴元年七月甲午，第2295页）。如此一来，部分原本具有稳定面奏权的官司，无法维持原先奏对频次。但至次年（天圣元年，1023）五月，因政务处理的需要，即诏"承明殿垂帘日，许三司、开封府、御史台与属官一员同奏事"（《长编》卷100，天圣元年五月，第2322页），恢复了三司的面奏权。

② 《宋会要辑稿》职官27之43，第3732页。

③ 王化雨：《宋代视朝活动探研：以时间和班次为中心》，姜锡东主编：《宋史研究论丛》第14辑，保定：河北大学出版社，2013年，第4页。

④ 《宋会要辑稿》仪制6之13，第2408页。

醒,排班在此之后的官员,即须隔入次日进奏。而在嘉祐三年之前,三司即不受"进辰牌"制度的约束,即使二府奏对时间颇长,三司也能保证当日面奏的机会。而此番阁门进奏为朝廷接受后,三司面奏的班次,更被调整至前日被隔下官员之前,其面奏的优先权与奏对时间的充分性进一步得到保证。

进奏取旨之外,三司尚通过内廷所下内批、内降及传宣奉行君主旨意。所谓内批,指经君主亲览批下,或由尚书内省代为批出,降二府诸司行遣的文书指令①。据宋廷淳化元年(990)诏,臣僚"所上书疏及面奏事"②,在君主批准后,须"政事送中书,机事送枢密院,财货送三司",经其审阅覆奏方可颁行③。对于批下奏状,宋廷要求二府、三司疾速行遣,不得稽滞。淳化四年,宋廷命奏状转发机构——银台司登记奏状事宜与处置完毕回报时间,并于中书、枢密院、三司"各置急慢公事板簿"④,据此监督二府、三司对批下奏状的处置程限。由此可知,君主经银台司下达批示的主要对象即为二府、三司,这凸显了后者在"有司"中的独特地位。

三司不经二府直接据内批指挥政务,其合法性体现于下达文书指令中。内廷批下臣僚通进章奏或面奏札子,其中一般均言"奉圣旨,依所奏施行"云云。如庆历四年(1044)欧阳修任河北都转运按察使时,曾收到三司牒文,要求放散河北两地供输衙前人户之衙前役。欧阳修在对此表示异议之奏状中,曾转录三司牒文,内中先引臣僚奏状:"乞朝廷指挥,内有界河北两地供输衙前两地人户,全放归农,只令输纳税赋",随后称"奉圣旨,依所奏施行"⑤,说明三司行牒都转运司,乃是奉君主内批指挥。

至于所谓内降、传宣,则指君主不经外朝草诏程序,直接经由宦官下达二府诸司的指示。如苏舜钦于康定元年(1040)监在京楼店务,曾在十一月二十一日进奏,称"臣昨于十月二十三日内侍省牒,奉圣旨,下务支借小宅

---

① 邓小南:《掩映之间:宋代尚书内省管窥》,氏著《朗润学史丛稿》,北京:中华书局,2010年,第234—235页;原载《汉学研究》第27卷第2期,2009年6月。
② 《宋会要辑稿》仪制7之19,第2429页。
③ 《长编》卷31,淳化元年十二月,第708页。
④ 《宋会要辑稿》职官2之37,第3008页。
⑤ 欧阳修:《欧阳修全集》卷118《河北奉使奏草卷下·乞不免两地供输人役》,李逸安点校,北京:中华书局,2001年,第1807页。

一所与司天监杨可久"。大约一个月后（十一月十八日），复"准三司牒传宣旨，指射舍屋三十间以来，与医官副使柳尧卿居止者"①。二者均为"内降"指挥支借宅第舍屋于特定人员，前者经内侍省直牒楼店务，后者则系先降于三司，再由三司行帖指挥店宅务，其牒文分别写明"奉圣旨""传宣旨"；至于其区别，可能一者仅凭文书，一者为文书、口传结合。

（二）三司取旨奉行的特点

进奏取旨与承受君主内批、内降，是北宋各机构奉行旨意的一般形式。但三司取旨奉行，具有同二府宰执相似的特点，与其他"有司"有所不同，本文将其归纳为与君主关系的"直达"性。这一特点首先体现在取旨层面。因垂拱殿奏对频率稳定且时间相对充足，三司官员可藉由进奏取旨的机会，在宰执及其他官司不在场情况下，直接同君主交流互动，进而影响决策结果。三司通过御前会议有效影响君主决策的典型案例，当属大中祥符元年（1008）三司使丁谓与真宗论封禅开支事。当时，真宗与宰臣王旦等反复讨论封禅与否，顾虑支费问题，遂"以经费问权三司使丁谓"；因丁谓称"大计"有余，真宗遂决定封禅，并诏丁谓"计度泰山路粮草"②。真宗立意封禅，与当时的实际政局与政治文化背景密不可分，显非丁谓一语所能左右，但其最终下定决心，或与丁谓进奏财计不无关系。

关于丁谓说服真宗的具体细节，在《丁晋公谈录》中有极为生动的记载③，能大体反映三司长官奏对中回应与说服君主的情形④。真宗的疑虑主要集中于钱粮调拨与支给的困难，二人的讨论则涉及随驾军队粮草供给，沿途

---

① 苏舜钦：《苏舜钦集》卷16《论宣借宅事》（康定元年十一月二十一日上），沈文倬校点，上海：上海古籍出版社，1981年，第135—136页；苏舜钦：《上仁宗论无功不当赐第》，赵汝愚编：《宋朝诸臣奏议》卷100，北京大学中国中古史研究中心校点整理，上海：上海古籍出版社，1999年，第1077页。按，《苏舜钦集》中"牒传宣旨"，校勘所据诸本同，《宋朝诸臣奏议》作"帖传圣旨"。

② 《长编》卷68，大中祥符元年四月，第1531页。

③ 《丁晋公谈录》为潘慎修之子潘汝士所录，据杨倩描等考证，潘汝士的仕宦时间，主要在真宗朝中后期，恰为丁谓权势鼎盛之际（杨倩描、徐立群：《点校说明》，潘汝士：《丁晋公谈录》，北京：中华书局，2012年，第4页），其所录丁谓上述事迹，具体细节未必皆实，对于丁谓才具之描述亦不免夸张。

④ 此次君臣议事场景，虽未可断言为前述垂拱殿视朝，但根据丁谓奏对次于"两地大臣"，与垂拱殿奏对次序一致，故可能性很大。

官民"蒸馏"进献以及军队钱物支赐等方面。如军队钱物支赐，真宗担心沿途州军难以预备数量多达"五、七万贯"之钱物，而随行运输难度很大；对此，丁谓提出便钱支付之法，置"随驾便钱司"，支给兵士便钱头子而非现钱，可由其家人在驻地请领，真宗得以释然。至于百姓"蒸馏"进献、回赐方式，则为真宗及宰执思虑未及，而丁谓已就进献内容、数量登记，不同人员进献地点，以及回赐钱物来源、数量等问题拟订详细应对方案。据《谈录》，真宗"甚喜"丁谓奏对，并立刻将方案告知宰执，"遂定东封"；此后在实际操作过程中，上述方案也收到实效，"圣驾往回，略无阙误"①。这虽不免对丁谓功业之溢美，但总的来说，丁谓在封禅之议尚未完全形成之际，即已全面考虑可能遇到的财计问题，提出具体切实的解决方案，并在面奏时向真宗充分阐述，这对于"封禅"政策最终形成应当确有助力。

"直达"性同样体现在奉行层面。如前所述，各部门进奏取旨，必须"下中书、枢密院、三司，以其事申覆，然后颁行"②；而二府、三司"奏事得旨"，只需"即日覆奏"即可直接行遣，不须经由其他官司③。所谓"覆奏"，主要为确认君主命令，较少涉及决策内容调整④。在天圣元年（1023）十月前，对于内廷批下部分臣僚"改更事件"奏状，三司甚至"不复奏禀，直下诸路"⑤。至于内降、传宣，起初二府、三司均不须覆奏⑥，随着宦官外戚等请托增多，以内降除官及传宣取索官物日趋频繁，宋廷方于天禧四年（1020）十二月规定二府"自今内臣传旨处分公事，并须覆奏"⑦，至明道二年（1033）四月进一步诏命三司、开封府于上殿时覆奏取旨⑧。

三司取旨行下，不须经由宰执覆奏，充分体现在熙宁七年（1074）三司

---

① 潘汝士：《丁晋公谈录》，第 14—15 页。
② 《宋会要辑稿》仪制 7 之 19，第 2429 页。
③ 《长编》卷 65，景德四年闰五月癸巳，第 1461 页。
④ 丁义珏：《北宋覆奏制度述论》，《中华文史论丛》2013 年第 4 期，第 129 页。
⑤ 《宋会要辑稿》仪制 7 之 21，第 2432 页。
⑥ 关于北宋前期覆奏制度范围的扩大与运作机制形成，参丁义珏：《北宋覆奏制度述论》，《中华文史论丛》2013 年第 4 期，第 119—128 页。
⑦ 《长编》卷 96，天禧四年十二月乙酉，第 2228 页。
⑧ 《宋会要辑稿》仪制 6 之 8，第 2405 页。

使曾布与吕惠卿"根究市易事"中。由于曾布怀疑提举市易务吕嘉问命吏人藏匿更改案牍文帐,故进奏请求"出牓以厚赏募告者",经神宗批准并用御宝,曾布遂"牓嘉问所居"。王安石自吕惠卿处得知此事,并为其怂恿,有心袒护吕嘉问,故"欲夜收张榜",虽终因榜上有御宝而罢,但仍指责曾布"承内降当申中书覆奏取旨,乃擅出榜",欲治其罪,曾布则坚称:"三司奏请御批,例不覆奏",自身"无罪"①。由此观之,各有司承受内降,必须申宰执覆奏取旨,但三司不在其列,不须经中书覆奏即可执行。

综上所述,三司作为"有司",理应奉行二府指挥,但在中央财政决策中,其角色同诸司差异颇大而与二府相仿,具体表现为取旨奉行过程中同君主关系的"直达"性:一方面,三司参与垂拱殿听政频率较高,班次仅次二府,可获得较为充分机会,向君主直接阐明自身意见,影响其决策并奉行诏旨;另一方面,就执行而言,三司与二府只需即时覆奏便可行遣政务,不必关报他司,体现出取旨与奉行的密切衔接。相比之下,如开封府、审刑院等机构,虽能定期参与垂拱殿听政,相较一般官司具有稳定的面奏取旨渠道,但二者取旨后必须下二府覆奏方得施行,这与三司有所不同②。北宋三司取旨奉行,可不经宰执"直达"君主,此点与唐中叶由君主派遣并直接对其负责的各类使职颇为相似,因此本文以"使职"定义三司在决策中的上述角色。接下来需要思考的是,北宋财政决策中,三司兼具"有司""使职"二重角色的现象何以形成,又何以在北宋长期维持?其间有无变化?

---

① 《长编》卷251,熙宁七年三月乙丑,第6140页。
② 北宋开封府对于刑狱"小事则专决,大事则禀奏"(《宋史》卷166《职官志》,第3491页),具有直接取旨权,与三司颇为相似。而其形成,则与唐中后期京兆府刑狱多"具状申奏",君主权力介入增多有关(金珍:《付京兆府杖杀——唐后期杖杀的活用与京兆府的角色》,中国政法大学法律古籍整理研究所编:《中国古代法律文献研究》第十三辑,北京:社会科学文献出版社,2019年12月,第202页)。至于审刑院,则系淳化二年(991)宋太宗为加强对大理寺、刑部断狱之监管而设(《长编》卷32,淳化二年八月己卯,第719页);相比之下,三司系直接继承前代制度而来,其与君主的直属关系,反映出五代宋初藩镇立国过程中,藩镇体制的长期影响,不完全是宋廷基于统治需要进行的创制。要之,部分有司与君主直接沟通、参与决策,在北宋长期维持,均与维持多元信息搜集渠道、出令途径之意图有关,但其各自生成过程差异颇大。

三、三司、宰执职权关系的形成与演进

北宋财政决策中,三司既作为"有司"听命宰执,又可不经宰执直接取旨奉行,具有"使职"特点。三司"有司""使职"二重性的生成,或源自五代藩镇使职机构[①]。唐后期,财政三使一度由宰相兼领,成为宰相统属下的财政使职机构[②]。但五代中央财政使职,不论建昌宫使、租庸使抑或三司使,就统属关系而言,均不隶于当时权力萎缩的宰相,宰相也极少身兼财政使职;就政务决策、执行流程而言,此类财政使职,多直接听命于君主及崇政使、枢密使等中枢"内职"[③]。但在此期间,中央计司的"有司"的性质并未消失,对于两税折纳、税额增加之类大事,其不得直接施行,而须进奏并奉行中书门下决策指令[④]。

相比五代君主多以崇政使、枢密使等内臣使职为中枢决策主要辅助者,北宋初期,宰相在政务决策中的重要性有所提高[⑤]。但三司直达君主的"内职"机构色彩仍长期维持,并直接体现在长官身份等方面:北宋建隆至淳化年间(960—994),多以与君主人际关系亲近的"故旧僚属"充任三司长官[⑥],宋初

[①] 关于五代中央理财机构设置沿革、职掌演进及其与北宋三司关系,参陈明光:《五代财政中枢管理体制演变考论》,《中华文史论丛》2010年第3期,第101—136页;张亦冰:《北宋三司财务行政体制研究》,北京大学历史学系博士学位论文,2017年,第17—39页。

[②] 吴丽娱:《论唐代财政三司的形成发展及其与中央集权制的关系》,《中华文史论丛》1986年第1期,第188—199页。

[③] 五代三司多奉"宣"执行政务。如薛居正:《旧五代史》卷146《食货志》:"(天福)七年十二月,宣旨下三司,应有往来盐货,悉税之,过税每斤七文,住税每斤十文。"又同书同卷载:"周显德三年十月,宣三司指挥诸道州府,今后夏税以六月一日起征,秋税至十月一日起征,永为定制。"北京:中华书局,2015年,第2272页。

[④] 如后唐明宗同光三年(925)下令两税折科调整,须租庸司进奏,中书门下决议,王钦若等编:《册府元龟》卷488《邦计部·赋税》,周勋初等校订,南京:凤凰出版社,2006年,第5538—5539页。

[⑤] 张其凡:《宋初政治探研》,广州:暨南大学出版社,1995年,第44页。关于五代宋初三司直属君主,与宰相鼎立的论说,另参见城光威:《宋初の三司について:宋初政権の一側面》,《集刊东洋学》86号,2001年,第26页。

[⑥] 关于太祖朝三司长官人选的身份与背后政治考量的系统论述,参范学辉:《三司使与宋初政治》,姜锡东、李华瑞主编:《宋史研究论丛》第6辑,保定:河北大学出版社,2005年,第19—50页。关于太祖朝至真宗朝三司长官身份变化的量化分析,以及君主"故旧僚属"所占比例较高的论断,参谢婷:《北宋前期三司组织机构和长官出身研究》,北京大学硕士学位论文,2013年,第30—32页;张小平:《陈恕年谱》,陕西师范大学硕士学位论文,2005年,第8页。

朝仪班会中,三司系统官员,也多列于内职班位①。由此观之,北宋三司兼具"使职""有司"二重性质,应当系继承五代中央计司之"遗产"。

在元丰五年(1082)三司被废前,其在中枢决策中的二重性质,至少在制度层面始终维持,但具体运作方式并非一成不变。一方面,三司进奏取旨的形式、内容有所调整。在宋太祖、太宗二朝,君主往往事无巨细均躬亲独断,三司奏对内容也相当广泛,上至税则调整、钱物调度,下至户婚财产分割,相当琐细庞杂,如太祖曾就废材使用之事切责三司使②,太宗则对污损布料再利用直接向三司官员下达指示③。三司面对各类政务是否奏对,君主是否过问并下达诏旨,主要取决于互动双方尤其是君主的主观意图,缺乏一定标准。但随着庶务日多,君主负担过重,必须对三司进奏内容加以分类,以实现政务分流④。咸平四年(1001),宋廷下诏"诸司非言要切事不得上殿"⑤;大中祥符三年(1010)二月,规定进一步具体化,三司"不得将有条事件再具札子,上殿取旨。若实有不便,乞行改正者,具状以闻"⑥。如此则三司面奏取旨的政务范围大为缩小,对于"有条"政务,即使条法不便需要调整,亦须通过文书进奏,其形式与诸"有司"并无差别。

另一方面,三司取旨奉行中的"直达"特点也发生变化。自太宗后期,君主多命二府宰执参与乃至主导财政决策,以使谋议更为审慎,所下政令更为合理⑦。至道元年(995),太宗命三司"起请擘画钱谷刑政利害文字",不得直接取旨行下,须由中书、枢密院"检详前后条贯,同共进呈"君主方可施行⑧,此后,其又令中书参校三司孔目官李溥条列三司钱谷利害诸事⑨。宰执

---

① 任石:《北宋朝会仪制研究——以文臣身份等级为中心》,北京大学博士学位论文,2016年,第79—80页。
② 周密:《齐东野语》卷1《梓人抡材》,张茂鹏点校,北京:中华书局,1983年,第13页。
③ 《长编》卷34,淳化四年二月戊子,第746页。
④ 其具体过程,参周佳:《北宋中央日常政务运行研究》,北京:中华书局,2015年,第119—124页。
⑤ 《宋会要辑稿》仪制6之3,第2402页。
⑥ 《宋会要辑稿》仪制6之5,第2403页。
⑦ 周佳:《北宋中央日常政务运行研究》,第119—124页。
⑧ 《宋会要辑稿》职官2之42,第3011页。
⑨ 《长编》卷37,至道元年五月己未,第814页。

参与三司决策,也为诸多臣僚主张。康定元年(1040),右正言孙沔建议,三司奏钱谷政务"如系制度大事,即下两制、尚书省集议,委中书门下更加省察,然后施行",以示朝廷决策"谨重之意"①;除了"钱谷利害"之大政,张方平甚至主张君主内降指挥三司的诸般"细务",亦须先"传宣中书、枢密院",二府再札下三司执行。其目的亦在于加强政令的合理性与权威性,使得"令出惟行","上下得体",从而维持君主"权纲"②。

根据上述史事,自太宗后期,三司取旨奉行中的"直达"性有所削弱,二府宰执更多介入财政决策过程,对三司处置方案加以斟酌审核,并协助君主做出裁断。如此一来,三司本可直接取旨奉行的政务,必须经由宰执裁断并奉行其指挥,其"使职"色彩逐渐淡化,而"有司"性质渐趋突出。这一变化,在仁宗朝已相当明显,如宫崎圣明所论,在茶盐榷利改法决策中,二府往往主导决策,组织集议③。当时的三司长官,也对此有所议论。皇祐二年(1050),时任三司长官田况上仁宗《会计录》④,在其序文中,强调国计不充虽三司"计臣"之责,但"必欲酌祖宗之旧,参制浮冗,以裕斯民,则系乎岩廊之论,非有司之事也"⑤,言下之意,制度废置、调整之决断,并非三司职权,须依靠"岩廊"宰执方可完成。此外,英宗治平四年(1067)闰三月,曾长期担任三司长官的张方平向新即位之神宗奏论国计时,对三司与二府的关系,做出如下阐述:"至于议有系于军国之体,事有关于安危之机,其根本在于中书、枢密院,非有司可得而预也。今夫赋敛必降敕,支给必降宣,是祖宗规条,二府共司邦计之出入也。"⑥此处的"敕"与"宣",分别为中书门下、枢密院下达行政指令之文书,而所谓"赋敛"与"支给"必降敕、宣,亦即收支两方面制度决

---

① 孙沔:《乞诏令先定议而后行奏》,《宋朝诸臣奏议》卷22《君道门》,第208页。
② 《长编》卷160,庆历七年二月丙辰,第3863页。
③ 宫崎圣明:《北宋の中书と三司の统接关系について》,《史朋》34号,第11页。
④ 《皇祐会计录》进上时间,参王应麟:《玉海》卷185《食货》,南京:江苏古籍出版社,1987年,影印光绪九年浙江书局刊本,第十九叶,第3391页。
⑤ 田况:《皇祐会计录序》,吕祖谦编:《宋文鉴》卷87,齐治平点校,北京:中华书局,1992年,第1233页。
⑥ 《长编》卷209,治平四年闰三月丙午,第5090—5091页。参张方平:《乐全先生文集》卷24《论国计事》,《宋集珍本丛刊》第5册,北京:线装书局,2004年,影印宋刻本,第二叶,第515页。

策与"军国之体""安危之机"密切相关,须由二府出令,三司奉行。作为三司长官,田况与张方平的论述,既指出三司作为"有司"与宰执的分工层次差异,更强调了二者职权关系的差别。

三司"有司"色彩的增强,主要基于宋廷决策合理化需要,但与此同时,三司在奏对与取旨中的"直达"性仍得到制度保证,其在决策中的"使职"特点并未消失。嘉祐元年(1056),仁宗一度"不豫",难以长时间听政,遂下诏"惟二府得奏事",至当年七月,"始引对近臣",命三司、开封府、台谏官、审刑院"复上殿奏事,仍日引一班"①,三司仍是除二府外,最早恢复面奏权的官司。事实上,北宋中期许多财政决策,均依托三司面奏取旨完成,如庆历初三司使张方平追述祖宗故事,建议仁宗以手诏形式停罢正在进行的河北榷盐之议②,皇祐间三司使田况建议仁宗收回撤毁金明池御座舰之成命③,均属此类。这一特点之所以能长期持续,应与北宋前期君主权力运作方式相关。如前所述,宋太宗至仁宗三朝,君主独断政务范围有所缩小,分流了相当部分政务处置权,但这不意味着裁决权的削弱,其在决策出令过程中仍力图保持主导地位。而这种主导性,很大程度上表现为君主对政令下达渠道与对象的机动选择权。从这个意义上看,君主保持三司兼具"有司""使职"特性,即能根据不同事由与目的,或将政务直下三司或二府商议、执行,或下二府商议后转达三司处理,从而实现对决策进程与结果的掌控。此外,在政务决策过程中,三司与二府的关系颇为微妙:虽然三司多根据二府指示参议政务,君主也将三司奏议下二府定夺,但对三司与二府宰执直接沟通政务往往加以限制。如熙宁十年(1077)六月,侍御史知杂事蔡确攻评权三司使沈括,即称其就改役法事,与宰臣吴充私下沟通,"以白札子诣吴充陈说免役事,谓可变法令,轻役依旧轮差",终使沈括罢职④。"于执政处阴献其说"被作为问罪

---

① 《宋会要辑稿》仪制6之12,第2407页。
② 王巩:《文定张公乐全先生行状》,张方平:《乐全先生文集》附录,第792页。苏轼:《苏轼文集》卷17《张文定公墓志》,孔凡礼点校,北京:中华书局,1986年,第448页,其自述所作墓志,本诸王巩《行状》。
③ 田况:《皇祐会计录序》,《宋文鉴》卷87,第1332页。
④ 《长编》卷283,熙宁十年六月丁巳,第6934页。

依据,这也从另一侧面反映出,在政务决策执行过程中,君主面对不同行政主体,力图维持以自身为中心的单线联系。

余　论

在国家财政管理中,北宋三司兼具奉行宰执指令之"有司"与直达君主之"使职"的双重特点。就宰执与三司关系而言,在职能层次分工方面,前者负责军国大政,后者处理财计庶务;在职权关系分工方面,前者居于决策主导地位,后者多须奉行指挥。从这个意义上看,三司显然不能归入中枢最高决策层的行列。但就与君主关系而言,三司同二府宰执一样,在财政决策中可不经由他司直接进奏君主,取旨行下,这种"直达"性与其他有司差异颇大。

三司之所以具有"有司""使职"二重性质,当因其由直属君主的五代财政使职机构演进而来。此类计司与中书门下、枢密院并无从属关系,在政务处置中也直接对君主负责。随着决策过程谨慎化、合理化需要,北宋君主倾向于在自身同三司间实现政务分流,并将二府宰执更多纳入决策进程,使其参与商度三司奏议,进而指挥三司执行。伴随着宰执在决策中主导性的增强,三司的"使职"色彩有所消减而"有司"性质更为明显。但与此同时,北宋君主仍力图依托多元进奏与出令途径,以维系其在信息搜集与决策中的主导地位;三司面奏取旨中的"直达"特点长期维持,其"有司""使职"二重性也未消失。

因三司可直达君主,取旨奉行,在北宋财政决策中,其与宰执往往针对同一政务分别下达指令。如庆历四年(1044)九月,参知政事贾昌朝奏请,各州折变科率供军物资,"虽有宣敕及三司移文而于民不便者,亦以闻"[①]。可见州军所奉折科之命,一为朝廷宣敕,一为三司公文。通常情况下,二者传达指令构成补充关系。如欧阳修于庆历四年任河北都转运按察使时,就放散河北两地供输衙前人户之衙前役一事,曾先后收到中书札子与三司牒文:前

---

① 《长编》卷152,庆历四年九月壬申,第3701页。

者针对知保州刘涣奏议,命指挥都转运司勘会具体情况,研究实施方案;后者则为仁宗直接指挥三司,令其行牒都转运司,将界河以北两地供输人户差役全免,放散归农①。

但三司兼具"有司""使职"二重特点,也导致财政决策中其与宰执互动、沟通不尽顺畅。至和二年(1055)知谏院范镇言:"中书主民,枢密院主兵,三司主财,各不相知……中书视民之困,而不知使枢密减兵、三司宽财以救民困者,制国用之职不在中书"②,正反映了三司与宰执的职能分工与职权关系并未合理整合:一方面,二府居于决策地位,且负责财政收支增减等军国大计,但其并未配置专门理财机构、人员,难以充分掌握、利用决策所必需的财政信息;另一方面,主"国计"之三司,虽具备财政信息搜集、分析能力,但其作为"有司",却并不统属于宰执,不但较少主动协助决策,更可不经宰执直接取旨行下。换言之,作为决策者,宰相相较三司,其理财权、能存在错位,这在相当程度上影响了财政决策的合理性。熙宁年间王安石设立中书检正官,提升中书行政能力,并主导三司编敕与文帐审核③,某种意义上即为理顺三司、中书间的权能关系。对于这些问题,笔者将另文详述,此不赘言。

本文原题作《北宋三司与宰相职权关系新探》,发表于《史学月刊》2019年第1期,收入本论集时有修改、扩写。

---

① 欧阳修:《欧阳修全集》卷118《河北奉使奏草卷下·乞不免两地供输人役》,第1807页。
② 《长编》卷179,至和二年四月丙辰,第4332—4333页。
③ 关于熙宁整顿三司的具体讨论,参古丽巍:《变革下的日常——北宋熙宁时期的理政之道》,《文史》2016年第3辑,第216—223页。

制度与数据之间：宋元明之际两税的去货币化进程
——以温州乐清为例

刘光临

经济变迁与财政制度的演化是经济史研究的核心问题，宋史研究中的"王安石变法"以及明史学者讨论的"一条鞭法"都代表了这类核心问题而得到广泛关注，其研究成果汗牛充栋，大都揭示了当时经济的市场化与财政的货币化。但具体而言，不仅这两场变革在时间上相差了四五百年，其背景和路径也有很大差异。宋代财政货币化直接原因是因为募兵制的兴起所导致的经费开支压力，财政危机如影随身，而宋代君臣的解决之道是求助于以榷卖为核心的间接税税收制度。"一条鞭法"却是在货币经济兴起之际，地方官民逐步改罢里甲、将丁役并入税粮并采用白银作为纳赋的主要手段，专卖制度并未在其间发挥重要作用。相比较而言，对于这两个重大事件之间的过渡时期，也就是从南宋淳熙、绍熙时期（1174—1194）至明代正德朝（1506—1521）所谓宋元明之际国家与社会诸领域变迁（Song-Yuan-Ming Transition，1190—1521）却长期被学者忽视，也因而不利于发展一种跨朝代的宏观视野

作者单位：香港岭南大学历史系

来观察、比较并解释上述两种变革的历史差异。

就农业税收的角度而言，宋明国家财政则有较多的共同特征，这主要是因为自唐代德宗朝（780—805）推行两税法，履亩而征的土地税成为农业税的核心，其货币化程度如何及其几个世纪内如何演变也是宋明经济史研究者一直关注的对象。如需回答这一问题，则前述过渡时期更为重要，因为明代中后期赋税改革，其实质是对明初洪武型实物财政的反动而从人丁为本的徭役制转为以土地税为基础的制度。而自南宋中期到明代洪武朝（1368—1398）两税去货币化、全面确立丁身为本的赋役体系，农业税的内容及在税收中的地位就颇值得研究者留心。围绕着农业税收的货币化程度这一线索，我们可以进一步探究地方政府究竟如何认定农户家庭收入、以何种方式来收取农业税以及该方式与市场关系为何等问题，以期发现更多事实来说明经济变迁与财政制度演化之间的关系。本文即试图利用现存温州乐清县志来复原从南宋淳熙（1174—1189）至明代隆庆（1567—1572）、万历（1573—1620）"一条鞭法"推行为止乐清县的税收结构的长期变化趋势，以验证在这400多年，特别是南宋灭亡至明代永乐朝（1403—1424）期间，浙江县级政府税收中是否与劳役制兴起相伴随而存在一种明显的去货币化趋势。

一

宋明方志中包含有大量财政数据。传统记载中内容最丰富者莫过于行政制度，其中围绕制度推行也留下了众多财政数据。所以中国官僚制度之发达及其运行之效率，皆有其数字化特色。史家往往以官制、敕令等史料为典型，经济史研究者又对于作为历史背景的制度理解不够深入，所以如何挖掘运用传统史料中的数字资源还是一个有待解决且有挑战性的任务。浙江现存宋元明方志的数量和质量领先于全国，温州地区却不如人意。永乐《乐清县志》（以下简称"永乐志"）是目前不多见的明初志书，但编纂粗糙，对于前代制度和数据往往疏于收集而一概声称"无考"。早于该志纂修的南宋淳熙志和元大德志仅存序文，无资可征。现存弘治《温州府志》较多利用了宋元府志的数据,唯因成志仓促,对于前代户口和田赋数据未加收录[①]。作者因参加《温州通史》的编纂工作,因缘而获石印本隆庆《乐清县志》(以下简称"隆庆志"),系由当地名士侯一元纂修、隆庆六年(1572)刊刻[②],甫经翻阅,即发现有宋元时期赋税记载,当系侯一元修志时抄录自前代志书,故登录于下而略加考证:

户口

宋淳熙(八年？)　　户二万四千五百八十二。口四万一千七百一十六。

元至元二十七年　　户二万八百一十。内北人户三十八。口一十万六千七百二十四。又有儒户、医户、怯怜户、捕户、站户、匠户、铺兵户、灶户、军户、弓手户。

皇明

洪武二十四年　　户三万五千一百三十。口一十三万二千四百六十八。

永乐十年　　户三万四千六百六十七。口一十一万四千七百八十七。

成化十三年　　割县东二乡约户四千有奇、口万八千有奇隶太平。十八年,本县户存留约二万有奇,口约八万有奇。

正德七年　　户一万七千四百一十八。口七万五千四百三十七。

嘉靖四十一年　　户一万七千三百四十六。口七万五千三百十一。

隆庆六年　　户一万七千三百□十。口七万五千□百□十。

田土

宋淳熙　　田四千六百□十顷(按:约46万亩)。

元大德□年(按:应为七年)　　田四千一百七十六顷六十二亩,内:僧道田、水马站、铺兵田不纳税粮(按:计算得751顷22亩),实(纳税粮)田三千四百二十五顷四十亩,内:官田二十七顷七十七亩九分八毫,民田三千三百五十二顷六十六亩四分五厘,地一顷二十六亩八分三厘,山田十二顷五十八亩二分三厘三毫,

---

[①] 王瓒、蔡芳编纂:《弘治温州府志》,胡珠生校注,上海:上海社会科学院出版社,2006年。

[②] 关于侯一元的生平及学术贡献,参见侯一元:《侯一元集》,陈瑞赞编校,合肥:黄山书社,2008年,前言,第1—37页。

沙涂篷地二顷八十亩，官房舍二十二间。

八年　　新收官山三顷，一十四（都官）地九亩三分，民田一顷三十六亩九分。十二都官山二亩五分，三十二都官山六亩三分，三十三都官山一顷。

皇明

洪武二十四年　　官民田地山池五千四百八十三顷一十九亩八分七厘三毫七丝六忽（按：以上与永乐志同，约55万亩），又沙水茶山六十八处。内：田四千二百八十九顷三十二亩一厘四毫六丝一忽（按：约43万亩），地一千六十一顷六十八亩一分八厘八毫三丝二忽，山一百三十一顷四十四亩三分一厘二毫五丝一忽，茶山四十五处，地（按：应为池，见下文）七十五亩三分五厘八毫三丝二忽，沙水二十三处（按：以上各条均与永乐志同）。

永乐十年　　官民田、地、山、池五千四百九十七顷九十六亩八分六厘一毫九丝三忽，又沙水、茶山、水碓九十四处。内：田四千二百九十四顷九十八亩四分二厘三毫五丝五忽，地一千六十九顷九十四亩六分一厘三毫三丝三忽，山一百三十二顷二十四亩四分九厘七毫九丝九忽，茶山六十八处，沙水二十五处，水碓一处，官房屋五百一十七间一十九厦一十三舍，官牛二十八头（按：以上各条均与永乐志同）。

成化十三年　　割县东二乡官民田地山池约一千十顷有奇、沙水七处、官房五十五间有奇隶太平。

十八年　　本县[缺文]。

正德七年　　官田地山池三百五十四顷三十九亩八分五厘。民田地山池四千一百五十一顷二十七亩五分五厘。

嘉靖四十一年　　官民田地山池共四千五百一顷九十二亩三分九厘四毫六丝八忽，内：田三千七百三十九顷零，地六百四十六顷一十八亩一分二厘，山一百一十六顷零，池六十七亩四分二厘。①

---

① 侯一元纂修：隆庆《乐清县志》卷3《财用》，民国七年（1918）乐清石印本，第1页b—第2页b。以下所引隆庆志均为同一版本，不再标注。

以上隆庆志中关于温州府乐清县从南宋淳熙（1174—1189）到明代嘉靖（1522—1566）年间户口和田土的简单报告，大致验证了学术界关于宋元明时期人口和土地登记的研究结论。就户口而言，南宋人口数据中口、户比例为1.70∶1，而此后的元代一户平均规模为5.13口，明代洪武二十四年（1391）则为3.77口，南宋口户比例显然过低。正如何忠礼所言，南宋某些方志户籍登记的"口"应该是男丁[①]，这里也应如是解。最直接的证据就是至元二十七年（1290）的户数和口数，因为这时南宋刚刚被元朝征服，所列数据是根据旧有南宋官府资料汇总而成，结果其户数接近而口数遽然翻番不止，显然是官方统计口径已经从男丁扩大至全部家庭成员。

值得注意的是明洪武二十四年乐清每户口数却不足4人，而这一问题也是闽浙沿海州县的通例。据曹树基的研究，福建洪武时期各府登记的户口数，其比例也多在户均3—4口，其中二十四年全省和分府登记的口数都要比此前十年登记的口数少[②]。嘉靖《浙江通志》载浙江洪武二十四年户数为2 138 225，口数10 487 567，每户平均4.9口，但杭州、严州、绍兴、嘉兴、湖州、台州和宁波等地户均都不足或刚到4口，而温州则为3.4口。户均超过4口的地区有衢州（4.4口）、处州（4.8口）和金华（5口）[③]。

现代学者一向认为洪武时期的户口登记质量最为可靠，何以浙江和福建地区有此重大差异？曹树基对此未加解释，我则推断东南沿海地区户均规模在洪武后期变小，很可能与这一时期朱元璋以备倭为名而推行的军备动员有关。洪武初期明政府就已在东南沿海地区强化控制而推行海禁，据《明实录》记载，洪武四年（1371）十二月丙戌，"诏吴王左相、靖海侯吴祯籍方国珍所部温、台、庆元三府军士，及兰秀山无田粮之民尝充船户者，凡十一万一千七百三十人，隶各卫为军，仍禁濒海民不得私出海"[④]。洪武二十

[①] 何忠礼列举了两浙路的严州、婺州，见何忠礼：《科举与宋代社会》，北京：商务印书馆，2006年，第355页。

[②] 曹树基：《中国人口史·明时期》，上海：复旦大学出版社，2000年，第131—137页。

[③] 曹树基：《中国人口史·明时期》，第137—141页。

[④] 《明实录·太祖实录》卷70，洪武四年十二月丙戌，台北：历史语言研究所，1984年影印本，第2册，第1299页。

年(1387),朱元璋命信国公汤和在浙闽沿海巡视,筑城设卫,乐清的盘石卫城和蒲岐寨城就是此时奉令而筑。朱元璋的浙闽海防政策包括了禁海、徙民、修城、设置烽堠、调兵、巡海及造船等各项政策和任务,颇为系统而不断强化,都离不开大规模兴发劳役。不管军役还是民役均以一家男丁多寡为准,而一家不足又以数家凑足,这必然导致沿海州县百姓以瞒报男丁为逃役手段,也因而造成户均口数的萎缩。

乐清从南宋淳熙至明代洪武年间的户口变动也可以放在浙东地区乃至东南沿海地区加以考察。《宋史·地理志》所载崇宁元年(1102)温州户数 119 640,淳熙八年(1181)增长到 170 035,而嘉熙二年(1238)达到 200 000,是为 13 世纪登记户数的顶点,至元二十七年(1290)回落到 187 403①。《浙江通志》将淳熙温州府户口系于八年,则我推断乐清县志的淳熙户数也应是这年。乐清人口变动虽不一定和温州府户口的趋势一致,后者却有参考价值:13 世纪乐清人口也该经历显著增长。乐清洪武二十四年户数达 35 130,比之至元二十七年又增加了 14 320 户。朱元璋的势力在至正二十五年(1365)控制乐清②,到洪武二十四年不过 26 年,这一户数其实反映的是元代控制南方的 70 多年里人口的快速增长,而元明之际温州虽处于方国珍和朱元璋争夺的区域,历经战火,但是人口并未大量流失,当然也与洪武朝户籍登记的措施严格有关。

学者们也提到与户口登记有关的具体制度在宋元之际发生巨大变化,即从宋朝允许迁徙自由和择业自由的主客户和乡村-坊郭制度转变到元明职业世袭、不准自由迁徙的诸色户计制度,这一点在隆庆志里面也有反映。南宋淳熙户口极其简单,未报告主、客户之分类数字,而元代则明白提及北人有 38 类户,具体分类则有儒户、医户、怯怜户、捕户、站户、匠户、铺兵户、灶户、军户、弓手户等。统治中原的北方游牧政权如金、元,皆容许奴隶的合法存

---

① 吴松弟:《南宋人口史》,上海:上海古籍出版社,2008 年,第 98 页。
② 《太祖实录》卷 17 载:"(乙巳六月)壬子,参军胡深克温之乐清,擒方国珍镇抚周清、万户张汉臣、总管朱善等,械送建康。命释之,发戍常州。……深字仲渊,处之龙泉人。……壬寅(1362),授浙东行中书省左右司郎中,总制处州军民事。甲辰(1364),领兵攻破方明善,复平阳、里安二县。"参见《明实录·太祖实录》卷 17,乙巳年六月,第 1 册,第 229—231 页。

在，而上文中怯怜户原是蒙古语"家生奴"的意思，后专指皇室、贵族的私属人口。元代特意设置怯怜口民匠都督府、怯怜口诸色人匠都总管府等进行管理，从事匠作、打捕猎鹰、侍御等工作①。上文中提及38户北人，未详其身份。元朝军队征服南宋时曾经掳掠人口为奴，元代士兵也会将原有驱口携带至驻扎地，而元代官府曾在温州设立官营作坊，不过以上种种可能因为史料缺乏就无法考证何者为实。其他如儒户、医户、捕户、站户、匠户、铺兵户、灶户、军户、弓手户都是诸色户计的分类，这说明了元代温州户口登记的内容因为劳役制度的引入而发生了重大变化，当然这一制度的严格推行却是在明初里甲制的基础上才得以实现的。

隆庆志中关于田、地、山、池的土地分类，其实也是始于南宋时期的土地登记，只是该志对于淳熙时情况记载过简，所以并不明显。元代大德七年（1303）登记中刻意区分了纳税粮田和不纳税粮田，后者包括了僧道田、水马站、铺兵田，也同时报告有27顷多官田。不纳税粮田计算所得约751顷之多，占全部田亩的18%，这也是诸色户计制度下寺院和世袭职业服役者所应该享受的免税规定。值得一提的是从南宋淳熙至明代洪武，乐清登记的田亩面积一直稳定在40多万亩，而其中元大德稍次之，洪武朝又稍次之。据何炳棣的研究，南方地区的官方垦田数字，皆源于南宋绍兴年间（1131—1162）李椿年倡议和领导的土地经界。在江浙许多地区，这一丈量结果往往是整个宋元明清时期的最高纪录②。洪武以后，乐清户口和耕地数字一路下滑，部分原因是因成化十三年（1477）割让东二乡给邻县而带来的田亩和户口减少，也导致一小部分税粮转移。嘉靖四十一年（1562）的田亩面积是3 739顷，是洪武时的87%，成化所割田亩或可解释这其中的缩减，却仍不能说明近两个世纪中何以乐清官方登记的耕作面积没有随实际人口增长而增加。该年登记人口17 346户，更仅仅是洪武朝的49%，已经失去实际意义——这也是许多明史研究者的共识。需要补充的是，尽管南宋士人时论虽多指摘经界的不彻底，以为失败，但从南宋以后的数据看，则宋代地方官员的行政效率还

---

① 周良霄、顾菊英:《元代史》，上海：上海人民出版社，1993年，第559页。
② 何炳棣:《中国古今土地数字的考释和评价》，北京：中国社会科学出版社，1988年，第9、50—56页。

是明清时期难以逾越的一道高峰。

二

以上是对隆庆志户口、田土记载的摘录和考证,本节转入对赋税的分析。这其实是本文的核心,首先仍照旧节录有关内容如下:

赋税

宋淳熙　夏税:折钱绢一千七十匹,计钱七千四百九十贯文;绸八百二十八匹,计钱五千七百九十六贯文;绵二百九十三两,计钱□百一十七贯二百文。

每贯一陌(按:此系误刊,当作十陌),每陌铜钱百文,每百钱准小会子一贯,纽计绸绢每匹七贯,准会子七十贯,绵每两钱四百文,准会子四贯,银每两钱十贯,准会子百贯。

秋粮:粳米九千三百石有奇(按:折合 6 231 明石)。①

按:以上丝织品折算顺序是实物—铜钱—会子,也是当时流行的官方做法,依照这一折算公式,则上述各种名目即可统一折成会子或者白银如下:

1 070 匹绢—7 490 贯铜钱—74 900 贯小会子(或 749 两白银)

828 匹绸—5 796 贯铜钱—57 960 贯小会子(或 579.6 两白银)

293 两绵—117 贯 200 文铜钱—1 172 贯小会子(或 11 两 9 钱白银)

以上合计 13 403.2 贯铜钱,或 134 032 贯小会子,或 1 340 两白银。但是令人疑惑的是,会子的价格竟如此低廉,1 贯铜钱居然值会子 10 贯,以致完全与当时众多官方记载不符,而白银折算铜钱的价格是"银每两钱十贯",也贵得匪夷所思。我怀疑这里价格折算是后来者抄写时不慎混入或者漏掉某些内容,绝非孝宗淳熙朝的物价水平。如进一步扩大时间范围,吴泳《鹤林集》中一篇奏议提供了一些线索,可帮助我们认定此种价格折算的时代。

吴泳于南宋嘉熙三年(1239)秋任温州太守,到任不久即遭逢旱灾,并

---

① 隆庆《乐清县志》卷3《财用》,第 3 页 a。按 1 宋石 =0.67 明石,1 元石 =0.95 明石。下同。

被浙东提举马光祖弹劾，于是起而反击，向朝廷上状声辩无辜，救灾有功。这篇《与马光祖互奏状》列举了不少当地经济数据，吴泳在该状中自言"济民四万六千有奇，粜户十一万有奇，放夏税一十二万有奇，放秋苗二万八千有奇"，夏税12万当是指货币单位譬如钱贯，而蠲免秋苗28 000石，都是就全府而言。吴泳还一一申说：

> 一、光祖疏谓，又于管下科粜，高下其手，付之鹜行，使得甘心渔猎，粜价翔踊，民不聊生。本州苗额四万九千，去秋收二万八千，岁支七万四千，除放外系欠四万余石支遣，本州接续措置外，尚欠两月之粮，今岁稍熟，南北不稔，未免就寺院亩头上敷籴，系以市价偿之，自无一毫侵扰，目今米价每升正是四十见钱（按：即1石4贯钱文），比之台、处诸州，米价最下，岂得谓之翔踊。

> 一、光祖疏谓，近者谓朝廷更易新楮，泳自张黄榜外，无一毫措置，人心疑愕，市肆昼闭，十七界会子直不满八十，视东浙诸郡独低，本司移文取会，并无回报。本州自黄榜初下，臣遂唤上诸行民户，与之开说，人心元无疑惑，市肆交易如故，又多方措置，分隅称提，具申朝廷，乞添拨十八界会，以备兑换十七界会。旧用九十，今已长作百三十，乃浙东诸郡之所无，亦已具施行次第申尚书省。①

南宋发行十八届会子（新会）时，旧会十七届会子的市值也难免受到冲击，状中谈及当时米价约是1石米4贯铜钱，而十七届会子1贯约值铜钱90—130文，正和隆庆志文中会子1贯值铜钱百文相符。此时已经是南宋晚期，与孝宗淳熙朝相距半个世纪。理宗嘉熙朝以后，十七、十八界会子并行，十七届旧会和新发行十八界会子之兑换价格定为5:1②，所以旧会因为价值贬减亦被称为"小会"。我以为隆庆志正是将孝宗淳熙朝和理宗时期的事情混在一起，才有前引志文的困惑费解之处。如果可以这样理解，则志文中的"小会子"就是旧会，民间亦云"小会"。如当时徐鹿卿上言即称堪以再使用的

---

① 吴泳：《鹤林集》卷23《与司马祖互奏状》，《景印文渊阁四库全书》，台北：台湾商务印书馆，1986年，第1176册，第221—222页。

② 汪圣铎：《两宋货币史》，北京：社会科学文献出版社，2003年，第696—698页。

旧楮（十七界会子）为"小会"：

> 两月以来，江西旧楮收拾几尽，价增至百九十矣，新亦与之俱增。此浮盐之功，而大丞相救内弊第一事也。楮于是可扶持矣，存旧所以扶新，减旧所以扶旧。旧于何而减？曰：当取十七界腐烂甚者，揉而为纸，而存其坚完者以当小会。迟之数月，二百之价可以次增，旧之增即新之增也。①

吴泳状中谈及温州称提会子的措施，包括了知州亲自开说"诸行民户"及"分隅称提"，这均是就城市商业而言，诸行民户应是城中商铺无疑，而"隅"也是南宋府州县城的一种行政组织或区划。宋代城市分隅多与救火有关，南宋时大的州郡府城设立有专业消防组织，即所谓的火隅官和潜火士兵，这在学者中也是共识，惟学者们对其普及程度及对城市管理体制的影响估计不一②，从温州数据来看隅的功能显然也超越了救火而涵括了经济管理的事项。叶适曾经描述过会子在地方流通情形，"大都市肆，四方所集，不复有金钱之用，尽以楮相贸易，担囊而趋，胜一夫之力，辄为钱数百万，行旅之至于都者，皆轻出他货以售楮，天下阴阳折阅，不可胜计"③，这进一步说明会子流通特别集中于府城这一地方中心市场。

宋代的夏税包括了农户多种收入来源，而其征收以户等制度为基础、以产钱或税钱为纽算杠杆，至南宋时期已经高度货币化。而秋苗征收以实物为内容，基本上是履亩而征。故吴泳在状中言及救灾时免去两税负担，也是夏税和秋苗并提，不过夏税蠲免12万贯文应该是就会子单位而言。由于会子面值变化不甚稳定，淳熙年间两税的研究，宜以铜钱为计量单位。我在这里仍需根据淳熙时的时价将夏税的货币收入转换成实物，易于和秋苗比较并只取贯铜钱数目作计量。根据梁庚尧的研究，浙东地区的米价，在淳熙年间正

---

① 徐鹿卿：《清正存稿》卷5《上庙堂论楮盐书》，《景印文渊阁四库全书》第1178册，第911页。此条资料蒙中国人民大学教师张亦冰提供，特此感谢。
② 参见包伟民：《宋代城市研究》，北京：中华书局，2014年，书中第二章有关南宋坊郭厢司以及隅制和救火组织之关系的讨论；白寿彝总主编、陈振主编：《中国通史》第7卷《五代辽宋夏金时期（上）》第五章《城市和镇市》，上海：上海人民出版社，1999年，第700页。
③ 叶适：《叶适集·水心别集》卷2《财计中》，刘公纯等点校，第3册，第660页。

值低落,大约米 1 宋石值钱 1 500 文,而灾歉时期则至少翻番甚或三倍①。如按平价换算,则上述 13 403 贯铜钱可以购买 8 935 石大米(折合 5986 明石)。也就是说,以米折算,南宋淳熙时乐清县夏税和秋苗的贡献在伯仲之间,这也可视为南宋地方两税构成的通例之一。

　　(续上)元大德七年　　夏税:中统钞三百一十三锭三十九两一钱二分三厘,内灶户钞十五锭十五两六钱七分,于运司工本钱内准除。已上税钞,十贯准银一两,三百一十三锭当银一千五百六十八两有奇。②

按:中统钞是元代纸币的计价标准钞,最初是中统钞 2 贯值银 1 两,其后逐步贬值,到延祐七年(1320),中统钞 25 贯才值银 1 两,之后三四年间,更跌落到 40 贯值银 1 两。志文所记时间为大德七年(1303),根据宫泽知之对中统钞价值变动的研究,第一次至元币制时期(1287—1309)中统钞 10 贯折合银 1 两(即钞 1 锭等于银 5 两),恰和文中折算标准一致③。

　　(续上)秋粮:粳米五千三百石九升八合六勺(按:折合 5 035 明石),内:官田米五百五十三石六斗八升四勺,民田米四千四百九十一石一斗九升四合八勺,灶户米二百五十五石二斗二升三合四勺。

　　八年新收官山地租,该中统钞一十四两,民田夏税,该钞五两四钱,秋粮粳米一石八斗七升。④

元军征服南宋以后,并未继承南宋的夏税制度,而是征收户钞,以满足宗室分封的财政需求。至元二十年(1283)正月,"敕诸王、公主、驸马得江南分地者,于一万户田租中输钞百锭,准中原五户丝数"⑤。依据陈高华的研究,户钞是在税粮中扣除的,具体做法是于"今岁合纳系官税粮内","照依彼中米价,扣算石斗,折收宝钞",并不是在税粮以外另加的,所以这里不再

---

① 梁庚尧:《南宋的农村经济》,北京:新星出版社,2006 年,第 239 页。
② 隆庆《乐清县志》卷 3《财用》,第 3 页 a。
③ 宫泽知之:《元朝の財政と鈔》,《佛教大学历史学部论集》第 2 号,2012 年 3 月,第 53 页。
④ 隆庆《乐清县志》卷 3《财用》,第 3 页 a。
⑤ 《元史》卷 12《世祖纪九》,北京:中华书局,1976 年,第 249 页。

讨论①。而夏税一开始只在江东和浙西征收,其余地方要到元成宗元贞二年(1296)才开始征收:

> 成宗元贞二年,始定征江南夏税之制。于是秋税止命输租,夏税则输以木绵布绢丝绵等物。其所输之数,视粮以为差。粮一石或输钞三贯、二贯、一贯,或一贯五百文、一贯七百文。输三贯者,若江浙省婺州等路、江西省龙兴等路是已。输二贯者,若福建省泉州等五路是已。输一贯五百文者,若江浙省绍兴路、福建省漳州等五路是已。皆因其地利之宜,人民之众,酌其中数而取之。其折输之物,各随时估之高下以为直,独湖广则异于是。②

从上文可见,元代南方虽有夏税之名,却是依照原有税粮额按比例纳钞或纺织品,和原来南宋夏税系统比已是面目皆非,不仅其对两税总量的贡献大打折扣,而且其征收方法也是以粮为则,不再对应农户多样化的收入来源,这也开启了以秋粮为中心的两税体制的确立。

上述税粮数字如果和南宋淳熙两税(主要是秋苗额)比,能否印证元史记载中江浙税粮的确立原则呢?夏税原则上并无统一标准,"因其地利之宜,人民之众,酌其中数而取之",《元史·食货志》就提及了至少5种比例,而与温州接壤、同属江浙行省的婺州为1石粮输钞3贯,海路相近的绍兴路为1石粮输钞1.5贯。对此我们需要验证夏税钞在乐清税粮中的比例及其是如何设立的。首先,和5 300元石秋粮粳米相比,313锭39两中统钞又能购买多少大米?大德年间浙江沿海地区的米价,平常为10贯中统钞可购米1石,而饥馑之时就跃升至30贯以上③。如据日本学者杉村勇所刊布的元代中期浙东地区的公牍,则1石粳米的一般价格约为中统钞20两(20贯)。所以313锭39两中统钞,1锭等于50贯,也就是15 689贯中统钞,以10—20贯1元石价格计,可以购买784—1 568.9元石米;这相当于以实物形式所收的5

---

① 陈高华、史卫民:《中国经济通史(元代经济卷)》,北京:中国社会科学出版社,2007年,第606—607页。
② 《元史》卷93《食货一》,第2359页。
③ 李春园:《元代的物价和税收制度研究》,复旦大学博士学位论文,2014年,第32页。

300石粳米的14.8%—29.6%。将这两个数字加总则得6 084—6 868.9石粳米，如果取其平均值即是6 476石。如果考虑前述18%不纳税粮田亩会减少对应的税粮，则又会得到7 897石粳米（即7 502明石）。这才是按照元代江浙地区税粮征收原则所恢复的最大数量。这个数字与南宋秋苗额5 880明石比，还多出1 922明石，即多出32.7%，好像并不支持《元史·食货志》的说法。

不过我们也还要考虑官、民田的区分，元代乐清官田2 777亩，纳税粮553石，每亩平均纳粮2斗；纳粮民田335 266亩，纳米4 491石（即4 266明石），每亩平均0.13斗。民田纳粮加上折钞而来的784—1 568.9石米（取其中数值为1 176石），合计约5 667石，与南宋秋苗额5 880明石极其接近。所以如果计算的起点是元代纳粮民田而再与南宋秋苗额比较，则前述元代江南夏税的原则依然成立。纳中统钞15 689贯，如果对应的是这5 667石粮，则大约就是1石出钞2.5贯（2.768贯），介于绍兴与婺州之间。

唐宋变革以来的南方土地税演变趋势是在秋粮之外重新发展出各种名目的附加税，最后又以夏税名目加以整合而基本货币化。在许多地区就实际纳税负担而言，夏税都与秋苗两足而立。考虑到乐清百姓不再负担类似南宋夏税的科目（实际上被取消）——这正是元朝在征服南宋后推行的"德政"——则不啻是一次重大减税，元代可算得上一个赋税极轻的时代，而与即将取而代之的明朝比，则又不仅是薄赋，更是轻徭。

（续上）皇明　　洪武二十四年

夏税：麦三千二百一十三石五斗四升四合八勺，税钞二百五十七锭三贯八百一十四文（1 288.814贯）；

秋粮：米一万一千三百三十四石六合八勺，租麦四十三石九斗五升八合四勺，租豆四十一石六斗三升三合四勺，租钞四百二十五锭二贯四百七十一文（2 127.417贯），盐米九千七百三十一石七升。①

按：以上各条均与永乐志同。夏秋米、麦等合计24 322.6石，钞3 416贯。明代洪武八年（1375）推行宝钞，规定宝钞1贯文等于米1石，或铜钱1 000

---

① 隆庆《乐清县志》卷3《财用》，第3页a—第3页b。

文或白银 1 两,但宝钞的价格却因朝廷无节制的发行而很快贬值,至正统朝(1436—1449)已无重要意义。但在洪武朝(1368—1398)和永乐朝(1403—1424)初期还值得考虑,如研究明初乐清一地农户实际纳税负担就要纳入计算:洪武二十三年宝钞 1 贯在江浙只能值钱 250 文,到洪武二十七年又贬值到 160 文。具体到宝钞、白银和大米的换算,洪武三十年白银 1 两值大米 4 石或宝钞 2 锭(10 贯)①。以此计算,上述 3 416 贯钞即相当于 1 366.4 石米;米、钞收入合计则为 25 689 石米。

> (续上)永乐十年　　夏税:麦三千七十五石八斗八升五合,税钞三百五十九锭二十八文。
>
> 秋粮:米一万五千六百八十九石四斗三升四合,租麦四十二石九斗五升八合四勺,租豆四十一石六斗三升三合四勺,钞五百九十三锭四贯五百八十五文,盐米八千六百五十九石六斗七升二合五勺。②

以上夏秋米、麦合计 27 467.9 石,钞 4 764 贯。不过永乐五年规定税粮折纳宝钞时可以 30 贯抵 1 石米③,所以上述钞入也仅相当于 159 石米,价值大为缩水。合计钞、米收入为 27 627 石米。

> (续上)成化十三年　　割县东二乡夏税麦四百二十六石六斗五升五合、秋米(一?)千二百九十石八斗五合三勺、地税钞二百一十六锭二贯三十七文隶太平……
>
> 正德七年　　夏税:麦二千六百八十二石三斗七升三合,税钞一千六百二贯二十六文。
>
> 秋粮:米一万二千四百六十三石一斗七升四合,租麦三十石五斗九升二合,租豆二十九石六斗三升二合,钞一千九百三十四贯七百十七文。④

---

① 彭信威:《中国货币史》,上海:上海人民出版社,2007 年,第 491—492 页。
② 隆庆《乐清县志》卷 3《财用》,第 3 页 b。
③ 彭信威:《中国货币史》,第 492 页。
④ 隆庆《乐清县志》卷 3《财用》,第 3 页 b。

按温州进入 16 世纪以后社会经济进一步恢复,洪武型实物财政虽然仍有保留,内容却有所简化。以乐清正德七年(1512)为例:以上夏秋米、麦合计 15 176.1 石,钞 3 536 贯。这与永乐朝两税收入合计 27 627 石米比已经大大减少,即使考虑到成化十三年(1477)因为设立太平县而将县东二乡割走所造成的赋税转移,乐清县 16 世纪初的两税总额还是比明初减少了 40% 之多。

> 嘉靖四十一年　　夏税:麦二千六百七十九石八斗一升二合六勺,税钞三百一□锭四贯一百二十文,租钞一百一十八锭四贯一十二文,折银三两一钱九分一厘二毫。
>
> 秋粮:米正耗共一万一千四百九十一石九斗六升五合四勺。税钞九十四锭二百一十四文,租钞二百五十六锭一贯六文,儒学租钞二十七锭一贯四百五十九文,折银三两八钱六分三厘一毫。租麦三十石五斗九升二合,豆二十九石六斗三升二合,盐粮米无闰二千三百八十石三斗七升零,有闰加预备米一百九十八石三斗六升四合,内除颜料米二百三十三石三斗三升二合,折银一百三十九两九钱九分九厘。预备米折银九十九两一钱八分。起运外余实在米二千一百四十七石三升零。①

按:以上夏秋米、麦合计 16 547.8 石,钞折银 246 两,如果以当时平价 1 石米值银 0.49 两计②,合计可达 17 049.8 石米。

> (续上)隆庆六年　　夏税麦、税钞、租钞、秋粮米正耗、税钞、租钞、儒学租钞、租麦、豆、盐粮米、预备米、颜料米,已上大约俱与嘉靖四十一年相同。③

按以上正德七年(1512)至隆庆六年(1572)的两税,尤其是秋粮,持续缩减,但大致维持在 1 万石以上;而户口食盐米则从洪武朝的 9 731 石减少

---

① 隆庆《乐清县志》卷 3《财用》,第 3 页 b—第 4 页 a。
② 吴承明:《16 世纪与 17 世纪的中国市场》,收入《吴承明集》,北京:中国社会科学出版社,2002 年,第 153 页。
③ 隆庆《乐清县志》卷 3《财用》,第 4 页 a。

至嘉靖朝的 2 380 石,是两税科目中变动最大者。隆庆《乐清县志》分别记录了正德七年、嘉靖四十一年和隆庆六年的两税总额,将其与府志所载弘治十六年(1503)数据互相对照,就可以发现 16 世纪乐清的两税总额始终维系在 15 000 石上下,并未因人口增加和耕地开辟而有实质调整;因为同一时期人口持续增长,我们可以推断乐清户均税负在明代中后期会有显著下降。此外,明朝农村因为徭役纳银而推动的税粮改革在隆庆、万历年间也进入高潮,隆庆志编纂者就在赋役一节具体报告了包括里甲、均徭、三办等各项支出有 7 583 两,加上驿传 1 036 两,随粮摊派的兵饷和民壮有 5 024 两,总计白银 13 643 两。因为这一故事明史研究者耳熟能详,所以我就不再一一区分,仅简单估略一下因劳役白银化所带来的收入对乐清税收规模和结构的影响。

  隆庆年间乐清的夏秋两税科目与嘉靖四十一年相同,总额应在 17 000 石左右,如以时价每石米 0.52 两白银计算①,折换成白银达 8 840 两,不及役法改革所带来的白银收入的 2/3。就税收结构来看,因为明代地方税基本上就是两税,所以上述比例确实反映了 16 世纪后期江浙地方税收货币化的程度。这一比例比之南宋淳熙年间的两税货币化比例仍然高出不少,反映了晚明税收货币化的成功。不过,不同于"一条鞭法"后以土地税为主体的税制,南宋地方税收结构还有很重要一部分是来自非农业生产部门的流通税,主要包括了榷卖、商税等,并不以农民或者田亩为征收的直接对象,所以全面比较宋明地方税收也必须将这一差异纳入考虑。

三

隆庆志有"课程"一节,载录如下:

  课程 额征

    宋 自李宪经使熙河始有经制司钱,建中靖国后取顾役钱附益之,阖郡计一十五万六千五十四贯,外又有坊场正名钱、宽剩钱、酒息钱。

---

① 吴承明:《16 世纪与 17 世纪的中国市场》,《吴承明集》,第 153 页。

绍兴五年以酒务、商算、头子、牙契等钱充该司军需。①

以上志文并非南宋淳熙乐清县的课额，而是对宋代温州府榷卖等演变的简要介绍，可能是侯一元自宋元方志抄来，因为现存内容完整的府志最早是明朝弘治《温州府志》，并无宋元税收记录。内容近乎一致的记载也见于嘉靖《太平县志》，而所谓"阖郡计一十五万六千五十四贯"则最早见于嘉定《赤城志》经总制钱的记载，由此可以判断本条内容其实抄自《赤城志》，与温州无关②。查阅《宋会要辑稿》，我们可以得到温州北宋熙宁时期有关商税和榷卖收入的几项数字：

《宋会要辑稿·食货·商税》载：

> 温州　旧在城及瑞安、永安、平阳县、前仓、柳市镇六务，岁二万二千一百四贯。熙宁十年，在城：二万五千三百九十一贯六文；瑞安场：六千二百八十七贯；永安场：四千七百三贯九百九十九文；平阳场：二千四十一贯二百三十四文；前仓场：一千五百一十二贯一百三十文；乐清场：二千四十九贯七百九十四文。③（以上合计 41 985 贯 163 文）

《宋会要辑稿·食货》19"酒曲杂录"载：

> 温州　旧在城及永安、乐清、平阳、瑞安县、柳市、前仓镇七务，岁五万七百四十八贯。熙宁十年，祖额六万八千五百二十六贯五十二文，买扑一万二千七百八十三贯三百八十三文。④（合计 68 526 贯 52 文）

《宋会要辑稿·食货》22"盐法五"载：

> 温州　在城：一万六千九百八十九贯九十文；永安场：三千一百四十一贯九百九十三文；瑞安场：一千九百三十二贯五百八十三文；平阳场：

---

① 隆庆《乐清县志》卷3《财用》，第9页a—第9页b。
② 嘉靖《太平县志》卷3《食货志·田赋》"历代课程"，第15页a—第15页b；嘉定《赤城志》，《宋元方志丛刊》第七册，北京：中华书局，1990年，卷16《财赋门》"上供"，第7412页。
③ 徐松辑：《宋会要辑稿》食货16之8，刘琳、刁忠民、舒大刚、尹波等校点，上海：上海古籍出版社，2014年，第6326页。
④ 《宋会要辑稿》食货19之13，第6407页。

二千六百六十九贯三百七十一文；前仓场：二千二百五十二贯二百七十文；乐清场：二千一百五十五贯八百二十九文。（合计 29 141 贯 136 文）[1]

根据《宋会要辑稿》有关记载，熙宁十年商税、榷酒和榷盐三项收入之和就是 139 652 贯，其中乐清县在熙宁十年商税收入为 2 049 贯，榷盐收入为 2 155 贯，只是酒税仅有全府数值 68 526 贯。酒税属于以城市消费为基础的专卖收入，乡镇地区会采用买扑的形式且回报低。如果假设温州府城贡献一半的酒税收入，剩余 34 000 贯由其余六务均分，则乐清可得 5 000 贯左右。总之，乐清上述三项目收入不会超过 1 万贯。南宋时期温州由于远离战争，接近首都临安，且时值海外贸易兴盛，城市扩张，市场繁荣，理论上讲以市场为对象的间接税也有更大的增长空间，但是乐清只是一个县级行政单位，在温州区域市场里不享有核心城市的优势，所以很难判定其真实状况。保守起见，我这里仍然以北宋中期数字作为比较依据。这一收入和淳熙夏税货币收入接近，构成乐清间接税、夏税和秋苗三足鼎立的格局。由于前两者均是货币化税种，所以整体而言，乐清地方税的货币化程度也在 60% 以上。

（续隆庆志课程）元　酒醋课每岁九十三定三十六两二钱，逐月解府。大德七年，税务课岁解中统钱四十六锭一十九两。[2]（以上合计中统钞 140 锭 5 两）

元代间接税的情形较为复杂且反复。从税种来讲，酒榷被合并为酒醋课，后者本是蒙古国时期窝阔台在华北推行的，"其课额验民户多寡定之"，类似人头税但又有官办榷酒机构专司卖酒[3]。忽必烈开始允许"散办"，即居民私自酿造然后赴务投税。根据陈高华的研究，至元年间（1271—1294）元朝在南方各地区所行酒课方法反复不定，但是在"13 世纪末陆陆续续由榷沽向散办转变"[4]，而散办之下，许多地方如徽州、湖广、松江府上海县、昌国州等地，

---

[1] 《宋会要辑稿》食货 22 之 6，第 6472 页。
[2] 隆庆《乐清县志》卷 3《财用》，第 9 页 b。
[3] 陈高华解释为"按居民多少规定各地酒醋务的上缴税额"，见陈高华、史卫民：《中国经济通史（元代经济卷）》，第 656 页。
[4] 陈高华、史卫民：《中国经济通史（元代经济卷）》，第 663—664 页。

干脆将酒课按地亩或田粮摊派，已非消费税之本义，不过城镇中造酒发卖则必须赴务投税。上述酒醋课需"逐月解府"，似乎属城中酒务所收，否则按田或随粮摊派，必定一年才有一次上解。税务课岁解中统钱（钞）46锭19两，应是指收到的商税——元代商税因为只纳住税，所以直接和城市人口规模及人均消费水平有关，乐清作为县城不可能有繁荣商业，而大德七年（1303）温州府城商税在2 000锭以上①，两者之间差距逾40倍以上，也是难以解释的地方。以上课程两项科目，合计岁入中统钞140锭5贯，连夏税钞的一半也不到。

元朝部分继承了南宋间接税的有关制度，不过均根据其此前殖民统治北方汉地的经验加以修正，所以往往有榷卖之名而内容大异，其主要趋势还是尽量简化南宋政府原有的严密监管框架而做到人简事轻，实际管理也由行省和州县负责②，至于实际课额的降低反而不是其关心所在——在元朝大部分时间，政府的钞入主要是用于宫廷消费和贵族岁赐，以及北部边疆地区的军政支出和灾荒救济，没有像宋朝生死存亡系于榷卖收入之一线的巨大财政压力，因而整个官僚体系并无增长货币税收的强烈企图。以茶、盐、酒为内容的专卖虽在维系，但是一旦遭遇困难和反对，行省和地方的官员就倾向于将其课额缩减再临时摊派至百姓，或干脆和田赋合并，仅余名目而已，这种倾向为明代政府在洪武朝极大压缩间接税地位并将之去货币化指引了方向。

（续上）皇明　　农桑丝六百八十一两，折绢三十四匹，该银二十四两五钱。官吏市民盐钞本色一千八百六十八锭，该银一十两六钱七分八厘，折色铜钱一万八千六百八十七文，该银二十六两六钱九分。蜡茶银一百三十七两七钱。马价银三百七十八两，课钞三百四十三锭三贯，该银三两四钱三分七厘，闰加银一钱七分九厘。铺行办。酒醋课钞三百二十一锭。茶课米准收钞三十一锭一贯六百六十五文。窑灶课钞八十二锭八百文。磨油榨课钞八十二锭二贯一百二十七文。房地赁钞

---

① 陈高华等点校：《元典章》，北京：中华书局，2011年，第336页。原文作"三千定"，点校者根据同章内容改正，今从。

② 李治安：《元代行省制度》，北京：中华书局，2011年，第64—66页。

六十六锭四贯七百六十文，门摊课钞五十一锭二百文，牛租钞三十一锭二贯。

　　各色课程：钞四千五百四十三锭一贯二百四十七文。桐油八千二百二十九斤七两二钱。黄麻七百九十一斤四两五钱。盐四千三百四十六引七十八斤一十二两。①

（下略）

元朝的课程，特别是诸色或各色课程，是指税粮、科差以外的各种税收，主要有盐税、茶税、酒醋课、商税、市舶税等②。明朝继承了元朝税收的分类实践，而本志编纂者干脆将宋代酒务、商算、头子、牙契等钱也列入课程范畴，这无疑是应用元明时代的税收原则来解读南宋财税制度。按上述明代课程数额未系时间，参阅永乐《乐清县志》可以判定这些数据就是永乐十年（1412）的课程内容。永乐志因为是当时人写当时事，此部分纪录更为权威。按照永乐志的记载，各色课程下的"四千五百四十三锭一贯二百四十七文"就是课程总数，其下具体科目又分为本县课程、本县税课局所收、河泊所所收以及盐场盐课司岁办四类并各有定额可参见附录。此处盐钞数字即户口食盐钞数，但从折银来看已经是明代中期以后，惟本色云云系明初定额。户口食盐钞是食盐法的一种，也是按丁口配给食盐，与实际食盐流通无关。明代在全国范围内正式推行户口食盐钞法，是在永乐二年（1404），按照一户大、小口数目征收宝钞，支付官盐，但后来也流于形式，仅仅收钞而不再支盐。户口食盐法则洪武时期已经在许多地区出现，而其直接源头又是在元代③。新近的元史研究已经指出，"（元代）盐司在浙东地区普遍推行食盐法"，温州路永嘉县据宋濂记载就"计民口赋之"④。而前述洪武二十四年秋粮科目中的户口盐米也是例证，其数量巨大，必然是包括了全部农户。不清楚的是元代在温州

---

① 隆庆《乐清县志》卷3《课程》，第9页b。
② 陈高华、史卫民：《中国经济通史（元代经济卷）》，第615页。
③ 郭正忠主编：《中国盐业史（古代编）》，北京：人民出版社，1999年，第612—615页。
④ 张国旺：《元代榷盐与社会》，天津：天津古籍出版社，2009年，第240页。永康事例见宋濂：《宋景濂未刻集》卷下《元故朝列大夫同知婺州路总管府事致仕赵侯神道碑铭》，《景印文渊阁四库全书》第1224册，第596页。

究竟何时开始又是以何种形式"计民口赋之",是否也是按亩征米所以为洪武朝继承?宋濂活动于元明之际,其所记载也是元末之事,当时成效如何还需要研究。

户口食盐米与户口食盐钞分别推行于洪武朝和永乐朝,其名目接近,但是效用不同,而明政府也并未因新税之推行而取消旧税,实则是加税。盐米对于增加两税的作用明显,而盐钞由于推行目的是为了提振宝钞的面值,而其后宝钞贬值之势没有停止,所以对农户而言并未带来特别的负担。像官吏市民盐钞仅本色1 868锭就是很大一笔收入,但这笔收入和农桑丝、蜡茶银、马价银等后来都一齐折银计算,合计折银约176两,也不算苛重。马价银也是明初永乐朝所添增的,最早是调拣浙江一带富户养马,据嘉靖《永嘉县志》记载:

> 先是永乐间,陕西、河南、湖广荒歉,驲马无措,暂借浙中人户丁粮,近上之家,编为马驲,势既难于亲当,则出银就彼雇募,其雇役之人,岁来需□,不胜扰害。正德二年,浙江巡按御史车梁奏革马头,于丁田内均派,征银解府,转解布政司交纳,听彼驲上司差官领回,雇役应当,遂以为常。①

又据嘉靖《温州府志》,所谓陕西、河南、湖广驲马是指,"陕西潼关等六驿、湖广阳逻等七驿、河南鼎湖驿,上马共四十九匹,每匹马价工食草料银四十二两;下马共四十五匹,每匹马价工食草料银三十五两三钱三分",总计银约3 648两,"通解布政司候各省支领"②。可见马价银是因为温州养马困难而无法推行,才在正德二年(1507)改为在丁田内均派,征银解府,转解布政司交纳,再转回原驿马所在的陕西、河南和湖广雇役当差。其中永嘉县马价银通计2 669两2钱4分,比乐清县前记378两高出很多,而在嘉靖时期此项在永嘉县也是按实数以银征收。

永乐朝国家印钞和用钞都在扩张,隆庆志中提及课程诸项科目也是永乐

---

① 嘉靖《永嘉县志》卷3《食货志》,明嘉靖四十五年刻本,第44页a。
② 嘉靖《温州府志》卷3《食货志·贡赋 岁敛》,明嘉靖刻本,第8页a。

朝大力推行钞法的例证。钞法推行也导致原有课程以锭计的钞入大增,如酒醋课钞、茶课米准收钞、窑灶课钞、碓磨油榨课钞、房地赁钞、门摊课钞、牛租钞皆属于本县课程,合计钞 666 锭 1 贯 552 文。商税钞、鱼课钞、门摊课钞和契本工墨钞本属于县税课司征收,合计钞 1 210 锭 4 贯 930 文。河泊所征收的鱼课钞 2 670 锭和鱼油准收桐油 8 229 斤,以及翎骠准收黄麻 781 斤。永乐朝钞法无节制的膨胀直接导致宝钞面值一落千丈,到 15 世纪后期民间甚至极少用钞,国家纸币信用崩溃而任由民间市场选择铜钱或白银等交易手段。如果把包括盐钞、"各色课程"在内的永乐朝各项钞入合计约 6 420 锭(约 32 055 贯),而再以弘治年间(1488—1505)本色钞 1 贯折色为 2 文铜钱计算,上述 14 世纪初的 3 万多贯钞在九十年后仅值 64 000 文铜钱,也就是 90 多两白银。我们进一步将课程各项折银收入合计,总额也不过区区 266 两[①]。

将其结合来看并与宋代比较,我们还可以看出宋明榷盐体制的根本不同:对于宋制来讲,所谓榷卖即是官商合作,利用垄断地位在流通领域获得特别丰厚的利润和税收,其基础仍是市场机制;而明代榷盐,实则是用人头配给的方式取代市场机制。明史研究者当然明白这一点,故只有在研究开中法,特别是弘治、成化朝盐法改革之后的变化,才会指出其与宋代入中法有类似之处。

四

通过对隆庆志有关章节的考证,乐清县宋元明之际户口、田亩登记和税收政策以及相关数据之间的关系已经得到阐释,从南宋到明初两税的去货币化过程也由是而得以展现。至此,我就可以探讨本文最后一个问题,即这样一个去货币化过程中,究竟给乐清民众带来什么影响?两税的实际负担是否有重要变化?

我在前文中已经尝试将各个时期的两税各科目折算成大米,并加以汇

---

① 弘治《温州府志》卷7《课程·乐清县并所属额办课程》云:"钱钞:七千四百二十五锭二贯九百二十四文,本色钞三千七百一十二锭三贯九百六十二文,兼收铜钱文三万七千一百二十八文。"此处钱钞比率约为 1 锭钞等于 10 文钱(或 1 贯钞等于 2 文钱)。

总。从以上的考据可以看出，明初（洪武二十四年和永乐四年）的两税总额均是最高的，洪武二十四年的两税折算为米合计 25 689 石，是淳熙时期秋苗额的 4 倍多，也是其两税总额的 2 倍[①]。明初的户口登记、里甲制和粮长制，不仅为劳役制的全面复兴提供了基础，也保证了两税数额的巨大增长。如果更深入地比较，需要计算户均和亩均两税负担的变化。洪武时期户数达 35130，比之淳熙时期增长了 43%，如此幅度的增长仍然不足以抵消两税增长的幅度。从亩均税收负担看，宋元明之际，乐清田亩面积长期稳定在 40 万亩以上，而淳熙时期达 46 万亩，为最高纪录；故明代洪武朝的亩均两税税负担应是南宋淳熙时期的 2 倍多，更是元代的 4 倍。

明初温州重赋既然是事实，明朝政府又是采用何种手段得以实现呢？我们首先要回顾温州重赋的历史背景。朱元璋军队占领温州犹在其击败张士诚、占领江南以前，包括温州在内的浙东三府也和此前占领的金华府一样，成为其军事征服的供应基地，增税和派役就是当时战时财政政策的重要内容，而这些因战事而来的临时加派应该在洪武朝成为正式税收的一部分。据《国初事迹》，朱元璋占领金华时，"宣谕百姓：'我兵足而食不足，欲加倍借粮，候克浙江，乃依旧科征。'"[②] 处州地方势力胡深向朱元璋投降后，奉命回家乡招兵守御，"（胡）深为军储不足，于丽水等七县大户内征科银两以给军，民苦之。有言其弊于太祖，太祖曰：'胡深未可与之较也。'"[③] 似乎不甚赞同胡深所为，而前述金华加赋，也载朱氏"后擒张士诚，以加倍粮免之，惟僧、道不免"。但是朱氏态度诡秘，像对金华民众发誓"依旧科征"云云，不太信实。明代基本继承了元代统治下的疆域，因为战乱而人口又有减少，但是明代立国后全国两税总额竟然是元代高峰时的近 2.7 倍[④]，可见战时军需殷急而致的加赋并没有在战后的和平年代取消。嘉靖《永嘉县志》记载了洪武初年永

---

① 前文中淳熙时期秋苗额折合 6 231 明石，夏税折合 5 986 明石，两税总额折合 12 217 明石。
② 刘辰：《国初事迹》，明泰氏绣石书堂钞本，第 20 页 b。
③ 刘辰：《国初事迹》，第 33 页 b。
④ 元文宗天历二年（1329）天下岁入粮数为 10 960 053 石，明洪武二十六年（1393）全国岁入粮数为 29 442 350 石，见梁方仲：《中国历代户口、田地、田赋统计》，上海：上海人民出版社，1980 年，第 304、346 页。

嘉县增派田赋的事情：

> 梁瑀，字与玉，直隶凤阳人，洪武十一年任。修举废坠，日不暇给。时民间田多匿赋，军需且殷，馈饷不给，常自浙西海运以足之，军民交病。既而有令核民田，瑀乃履亩占数，编号画图，以正经界，由是税额有加，馈饷亦裕，海运乃罢，兵民便之。①

根据上述记载，洪武十一年（1378）担任永嘉县令的梁瑀就奉命核实民田，增加税额来满足当地驻军的需求。这里提及的"军需"是指在府城驻扎的温州卫，也是当时温州唯一的军卫，故而其粮馈需要由永嘉负责，而在核田前数额不足部分就勒令县民从杭、嘉、湖一带经海路搬运。从财政角度看，赋税增长不外乎科则（即税率）的加重和税名（即税种）的增添，下面就从这两个角度探讨温州重赋现象得以形成的技术手段。官田是提高税率的重要手段，像明初江南重税政策早已经是现代学者反复讨论过的议题，其中官田的大量增加是形成重税的主要原因。朱元璋为惩戒原张士诚势力以及打击地主、商人，将上述人群及家属强制迁徙外地，并将其家庭所拥有的土地充公为官田，而继续耕种这些土地的农民就要向国家同样纳租而非如普通纳税，官田所纳往往是民田税则的4—8倍。在苏州府和松江府，官田占当地耕地比例都超过了2/3，所以这两地的两税总额都呈现出火箭式的增长，是南宋时期当地农民税负的十几倍。浙东地区因曾被方国珍盘据，也被朱元璋视为匪区，宁波、台州和温州三府因受政治牵连和诬陷而被谪放的家庭也比比皆是，其房产和土地也必然被纳入官产。元代大德七年（1303）温州乐清县官田有2 777亩，占政府登记的田亩数额0.7%，但是官田所纳秋粮粳米553石多，占该县全部秋粮米数额的1/10——但这不仅由于官田科则重，还因为元代乐清秋粮总数颇低。当时许多田亩不纳税，而纳税民田平均两税税率又低。如果明代温州官田数额能够达到登记土地面积的1/3，则官田所纳就会毫无疑问地成为重赋的主要基础，只是明代温州官田数额能够达到这个比例吗？

---

① 嘉靖《永嘉县志》卷5《秩官志·宦迹·皇明》，第15页b。

明初官田数额已经于籍无考，弘治《温州府志》载有当时的分县官民田地资料（整理后见表1），温州府所属五县官、民田合计 2 276 578 亩，其中民田 2 158 579 亩，占全部耕地的 95%，官田 117 999 亩，仅占 5%。再以乐清为例，官田 28 972 亩，是元代的 10 倍，但也才占全部登记耕地 373 469 亩的 8%，由于我们没有明代乐清县官田两税税额，就无法计算其占两税总额的比例，但是 8% 的官民田土比例还是过低。就温州府言之，如果假设这 5% 的全府官田所纳两税税率是民田税率的 4—5 倍，则其所额外贡献的仍不及明代新增两税总量的 20%，所以通过没入私人土地而设立官田的政策不足以实现大量增加赋税的目的。这里我们可以简单试算一下：

表1　明代温州府所属五县官民田数额（亩）

分县	永嘉	瑞安	乐清	平阳	泰顺	全府
官田	27 519	32 021	28 972	25 793	3 694	117 999
民田	630 831	411 587	344 497	687 837	83 827	2 158 579
合计	658 350	443 608	373 469	713 630	87 521	2 276 578

洪武二十四年秋粮米 11 334 石，平摊在 2 276 578 亩官民田，则平均每亩纳秋粮米 0.005 石（即 0.5 升）；如假设官田所纳两税税率是民田税率的 4 倍，官田平均每亩纳秋粮米 1.7 升，那么 117 999 亩官田合计当纳秋粮米 2 006 石。这个推算出的数字，刚占已纳秋粮总数的 18% 左右。所以固然有增税之效，却不足以全面解释明初重赋现象。

从增添税种的角度看，明代温州的两税涉及夏税麦、夏税钞、秋粮米、租麦和豆、租钞和户口盐粮米六种，其中夏税钞、租麦和豆、租钞这四项因为数额微小，可忽略不计。这种税制不仅以实物交纳为主体，而且将麦子种植和农户食盐两项均纳入其中，增添了新的税种。麦子在南方地区的种植在唐宋变革之际开始加速，而且南宋时期政府为鼓励农户播种小麦，特意对稻田上间种的小麦免税，所以麦收会成为农户特别是佃户的专门收入。元代的两税税额亟轻，税种简单，也不会将小麦纳入，对小麦种植征税就是明代洪武朝新辟税种。温州地区麦种范围有限，南宋《永宁编》云当地"不宜粟麦而粳稻足",而弘治府志编者认为小麦是在山溪之乡涸稻田和稻、豆轮种,种"粟则绝无仅有"①。前述 3 214 石的夏税麦,相当于秋粮米数额的 28%,比重不低,则夏税麦在温州又是如何征收得呢？根据弘治府志,温州所属五县均需交纳夏税麦,其中泰顺夏税麦 757 石,秋粮米 1834 石,前者为后者的 41%；而瑞安县夏税麦 4 235 石,秋粮米 21 236 石,前者只是后者的 20%,这足证集中于山区旱地的种麦区确实纳麦份额多。但是永嘉和平阳两县夏税麦和秋粮米之比也在 30%（大约 1∶3）②,这又说明夏税麦是在大部分地区普遍征收的。万历时人姜准谈及此事：

> 吾郡旧额,率田十亩以三亩为陆田,输麦税。民苦麦税之重,造版籍时,莫肯收陆田者,讼聚弗决。何公（按：何文渊）疏请均陆田之税与水田等。民赖其利以至于今。③

按照姜准的解释,明初政府不管农户实际耕种情况,径直按 30% 的比例将各县耕地的一部分定为陆田以输麦税,这个比例和前述永嘉、平阳两县夏税麦和秋粮米之比接近；但是麦税在洪武年间是否就真是如此粗率而定,尚待更权威资料。最新发现的何文渊《东园遗稿》提供了我们想找的线索,在该书前面有何氏门生、时任礼部右侍郎章纶于何文渊去世时所写行状,而正是在这篇行状里面,章纶述及此事："旧额,田十亩以三亩为陆田,俾输麦税,其后田有买卖而民畏麦税之重,造版籍时,莫肯收陆田者。"④ 与姜准所言一致,可见《岐海琐谈》所载的这段史料正是引自行状。明初夏税米正是以这种极为粗糙的方法加派至各县,而同为水田纳税时却适用不同科则,导致土地交易时各种诡避和纠纷。宣德朝（1426—1435）时何文渊任知府时奏请朝廷将水、"旱"田科则均一,原来"十亩以三亩为陆田",推测起来全府 2 158 579 亩民田中当初会有近 65 万亩被定为"陆（旱）田",如今何氏一律均一扒平,对于

---

① 王赞、蔡芳编纂：《弘治温州府志》卷 7《土产》,胡珠生校注,第 114 页。
② 以上夏税米数字,见王赞、蔡芳编纂：《弘治温州府志》卷 7《版籍》,第 125—127 页。
③ 姜准：《岐海琐谈》卷 3,蔡克骄点校,上海：上海社会科学院出版社,2002 年,第 38 页。
④ 章纶：《明故荣禄大夫太子太保兼礼部尚书何公行状》,何文渊：《东园遗稿》首卷,日本内阁文库本。

原来耕种陆田的农户不誉德音,但是他的这项改革并未减少原征数额,只是将夏税麦的负担均摊到全府各县每亩土地之上,不致有畸轻畸重的差别。

洪武二十四年乐清户口盐粮米达 9 731 石,占该县两税中实物所征 24 322.6 石的 40% 左右,接近秋粮米数额而超出了夏税麦。乐清当时登记户口有 35 130 户,平均每户每年为此纳米约 2.8 斗,这在一个濒海产盐的县份实在是非同小可。以此为例,我们可以推知明初户口盐粮米应该对温州重赋的形成贡献最大。户口食盐法作为居民食盐分配的基本制度,在明朝统治的第一个世纪里在全国推行,对于其基本形态和后来的崩溃,学者已有很多研究。我在这里只是分析其在洪武、永乐时期对温州民众的影响。户口食盐法是一种官收、官卖、官销体制,具体做法就是政府将征收来的盐,"运到州县,按户派散,计口征收钞、米",由此征收的钞米就是户口食盐钞、米,上引志文中的户口盐粮米就是户口食盐米的另外一种叫法。明代户口食盐法继承元代的做法,但是因为有里甲制度作为基础,所以推行之初还是有效率的。实际上隆庆《乐清县志》完全未载元代盐钞、米,估计即使有征也数量不多,而户口盐粮米在洪武、永乐时期的数额则一直是整个明代的高峰。宣德六年(1431)温州知府何文渊上奏朝廷说,截至宣德三年永嘉一县应纳而未纳的盐粮米即达 34 000 多石,要求准许老百姓折纳布、绢、钞来完纳拖欠盐粮,并获得批准[①]。洪武、永乐朝的高压政治在宣德朝以后开始松懈,何文渊的补偏救弊就是这一转变实现的关键。上述计算说明政府运用折纳钱银手段减税、最终使得课程对于地方税收聊无意义,这也是明代宣德朝以后税制改革的便民特色,而操其觚者仍是何文渊。前述章纶为何文渊所写行状曾记述此事:

> 郡所属四县税课司、河泊所,旧征银钞,既而禁用金银,商税止输钞。旧课不除,每岁役于官者买银输之,民多破产。公以税银例禁,请自今银课亦皆收钞,朝廷从之,是后无输银之苦。[②]

---

① 《明实录·宣宗实录》卷 80,宣德六年六月甲辰,第 12 册,第 1853 页。
② 章纶:《明故荣禄大夫太子太保兼礼部尚书何公行状》,何文渊:《东园遗稿》首卷,日本内阁文库本。

章纶将此事归功于何文渊是正确的，但是他将税改定义为银课收钞却又不甚准确，还需要在这里做进一步的厘析。洪武朝商税一开始征收钱、钞，洪武十九年（1386）各地设立税课司、河泊所，订立课程，而朱元璋在发行大明宝钞以后发现江南民间喜用金银交易，钞法阻滞，于是下令禁用金银，企图维护宝钞的地位。因此"商税止输钞"，但是这显然又和"每岁役于官者买银输之，民多破产"矛盾：既然商税输钞，民间为何又要买银输之呢？须知由于明朝政府的无限制发行政策，宝钞一路贬值，到正统元年（1436）银一两可当钞千余贯。幸运的是《明宣宗实录》记录了宣德六年何文渊上奏内容：

> 宣德六年六月甲辰，浙江温州府知府何文渊言："洪武中，商税并三十税一，十七年以前只收钞及铜钱。十九年于府设税课司，诸县设税课局及河泊所，收商税钱钞，著为定例。若便于起解者，解本色；路远费重者，许变卖金钱。金每两价钞六锭，银每两价钞一锭。至二十四年，本府所属共收钞七百二十八锭四贯，易银七百八两八钱送纳。其后岁办遂以为例。近虽禁使银，而商税、鱼课仍征银，巡栏网户，陪纳甚艰，乞自今年始，仍援洪武十九年以前事例纳钞，庶为民便。"又奏："永嘉县，宣德三年以前，欠盐粮三万四千四百八十九石有奇，小民贫难，乞折纳布、绢、钞。"俱从之。①

　　我们从何文渊的奏疏发现，洪武十九年"收商税钱钞，著为定例"，其中一条是所谓轻赍，也就是距离京城遥远的地方，可以将钞转卖为金银上纳——这本是便民措施，不过当时规定黄金一两易钞六锭，而白银一两易钞一锭。洪武二十四年（1391）温州府所属共收钞 728 锭 4 贯，易银 708 两 8 钱送纳，此后上述纳银数目被视为岁办定额，必须完成，而与此同时一两白银可以兑换的宝钞数额从规定的银一两易钞一锭，一路攀升到几百到一千倍，由是成为民众极重负担。何文渊巧妙地援引洪武朝纳钞旧例，反其道而行之，要求重新以洪武朝宝钞数目来计算实际税负，而在宝钞已经严重贬值

---

① 《明实录·宣宗实录》卷 80，宣德六年六月甲辰，第 12 册，第 1853—1854 页。

的情况下,以此逻辑而重新计算,民众税负就一扫而空,而所谓课程收入也近乎不存。何氏开创的援例纳钞办法在被朝廷接受以后,很快就在温州以外的其他州府流行,实际上导致了一场全国性的减税运动,也因此在研究明代商税和课程收入时,何氏宣德六年所上奏议就成为极其重要的资料。就具体规则而言,何氏折纳逻辑一旦被政府接受,就可以反复申用,先是以洪武宝钞旧额复位课程,然后再以钞/银或钞/钱时价确定一半或者全部的课程负担。像前引隆庆志官吏市民盐钞既有本色 1 868 锭,又有折色铜钱 18 687 文,就非明初食盐钞旧额,而是将其中一半按照 1 锭宝钞约值 10 文折钱,然后又各自按市价将这两部分折换成白银 10 两 6 钱 7 分 8 厘(银 1 两易 175 锭或者 875 贯钞)和白银 26 两 6 钱 9 分,合计约 37 两。这样一律折银的做法在明代中后期普遍流行,而在宣德、正统、成化和弘治时期,也常常将其中一半按市价折钱,并不一定折银。如弘治《温州府志》卷 7 将各县课程就简单记录为折钱和纳钞两部分:

乐清县并所属额办课程
钱钞:七千四百二十五锭二贯九百二十四文。
本色钞:三千七百一十二锭三贯九百六十二文,兼收铜钱三万七千一百二十八文。①

这里 7 425 锭或 37 12 贯涵盖了乐清县全部课程,稍高于前述估算的永乐十年 6 420 锭课程收入,并进一步将 7 425 锭中半分为本色钞和折色钱两部分,其中宝钞 1 锭等于铜钱 10 文——与隆庆志所载钞钱折换率是一致的。到 16 世纪,我们在嘉靖十六年(1537)张璁编纂的《温州府志》也同样发现,全府包括田赋和课程各项(志中作"岁征")都将本来实物税额折色后简单记录为纳钞和折钱两部分,像其中"盐粮钞三万六千二百四十锭一贯五十文,起运京库、存留府库各一半;桑丝二千四百四十有五两二钱四分六厘,折绢一百二十二匹一丈一尺七寸八分零丝二两六钱二分;课程钞七万八十九锭一百九十六文,本色钞三万五千一百七十锭四贯五十九文,铜

---

① 王赞、蔡芳编纂:《弘治温州府志》卷 7《课程》,第 128 页。

钱三十五万一千八百一十七文"①。

以上我以乐清县为例解释了何文渊援引洪武朝纳钞旧例所带来的效果，我们不妨再回视整个温州府课程收入的变化。弘治《温州府志》卷 7 载弘治时期温州府课程内容：

> 本府额办课程：
>
> 钞：七万八十九锭一百九十六文。本色钞：三万五千四十四锭二贯六百一文，兼收铜钱三十五万四百四十五文。鱼课：米二千六百二十一石九斗九升八勺。铁荒：铁五万九千五百八十三斤五两四钱。
>
> 本府税课司额办课程：
>
> 钞：二万六千九百六十六锭一贯三百四十文。本色钞：一万三千四百八十三锭六百七十文，兼收铜钱一十三万四千八百三十一文。
>
> 本府河泊所额办鱼课：
>
> 钞：五千一百四锭二贯五百六十文。本色钞：二千五百五十二锭一贯二百八十文，兼收铜钱二万五千五百二十三文。②

以上各项以钞计算者有三项，合计达 102 159 锭，征收时钱钞各半，按钞 1 锭等于钱 10 文兼收铜钱，合计铜钱达 510 799 文，约合白银 700 多两。而按照何文渊宣德六年上奏，当时仅商税"钞七百二十八锭四贯，易银七百八两八钱送纳"，也就是钞 1 锭约等于银 1 两来计，两相对照，何文渊改革所带来的减税效果何其明显。

洪武实物财政脱胎于元末动荡时期的战时军需体制，其有效运行以严密的里甲为基础，以广泛组织的劳役为根本，虽然这套体制目的在于限制人民自由和打压市场发展，令其画地为牢，但是由于其形式过于粗暴简单，所以就长期而言，洪武财政体制的运作往往因为地方社会成员被动抵制或积极反抗而效率低下，越来越不能够有效汲取经济和人力资源，甚至会走向制度的反面而为某些地方精英所利用以达成其自私目的，温州永嘉场在明代的崛起

---

① 嘉靖《温州府志》卷 3《岁征》，第 1 页 b。
② 王赞、蔡芳编纂：《弘治温州府志》卷 7《课程》，第 127—128 页。

很好地说明了这种国家—社会关系的长期走向是如何在当地精英家族精心塑造下完成的[①]。我们这里仍然将注意力集中在财政制度本身的变化,也就是明代政府的税收能力在宣德朝以后是如何一步步走向衰落的。从地方志保存的资料来看,有明一代温州的人口和耕地数字都保持不变,甚至略微下降。万历《温州府志》记载洪武二十四年(1391)温州府有户 178 599,是有明一代最高纪录,其后一路下跌,到弘治十年(1497)有户 104 978,而至万历十年(1582)年也才有户 109 922,此后就简单记载"户口同前"。就耕地资料而言,温州全府在洪武二十四年登记在册的田、地、山、塘、荡等一共有 2 678 778 亩,弘治十七年(1504)为 2 674 561 亩,而至万历十年也仍为 2 607 732 亩,此后就简单记载"田地等项同前"[②]。朱元璋创立的明代财政体系是以人口和田土作为纳税服役的基础,对于户籍和田土申报皆有具体规定,即每三年造册,十年大造,将重新申报的人口和田地数字记入黄册。从洪武二十四年到万历十年近两百年间,温州官方掌握的人口、田土资料不是下降就是保持基本不变,这就意味着温州两税总额也必然停滞或下降。明代人口研究者早已经指出,明代洪武朝以后,随着里甲制度的衰落,包括黄册在内的户籍申报已经严重不实,仅仅作为财政意义上的资料,也就是一地的征发赋役原额而反复抄录,勉强维持。

我在前面已经以乐清为例推断,温州明初重赋,而明代中后期由于人口、田土数据不实,原有税额勉强维持甚或减少,当地户均税负会有显著下降。这种趋势在温州官方文献中也可以找到佐证。弘治府志记载永嘉县令文林,"时田赋缺额以千计,乃丈量漏落及新涂涨地以足其数",他用新涂涨地来弥补旧额完全是拆东墙补西墙式做法,但是这也说明政府并不在意真实耕地变动情况,只要维持旧额即可。文林在成化(1465—1487)年间出任永嘉知县,弘治朝又出任温州知府,"敏察刚果,应变若转丸,击豪强,恤穷困",被列入《名宦传》[③],他整顿田粮的方法颇具有代表性。万历府志编纂者就总结说,

---

① 参见方坚铭:《"永嘉场"地域文化研究——以明代永嘉场为考察中心》,杭州:浙江大学出版社,2012年。
② 万历《温州府志》卷5《食货志·田土》,明万历三十二年刻本,第5页b。
③ 王瓒、蔡芳编纂:《弘治温州府志》卷8《名宦》,第176页。

温州五县田地山塘，虽然规定每十年大造黄册，但是"递滋遗落，失额无算"，另一方面民户流失，田土抛荒，而官方簿记仍列名不除，"民间虚田又比屋有之，为弊日甚矣"①。

五

财政史研究最能揭示国家能力的长期变动趋势，宋元明之际两税课目由以户等为征收基础的货币化内容向以丁身为本的实物型转移，内容复杂而包含了诸多线索，也必然会在国家与社会诸关系方面引起某些变动②。由于现存温州宋元时期官方资料的缺乏，我们还难以将上述财政制度的变迁与地方政治生活和社会阶层具体联系起来。幸运的是，在已有的宋元方志零碎记载中，我还是找到了一些例证可资演绎。

《永乐大典方志辑佚》中《温州府志·仓廪》：

> 平定仓，在路治（按：元代改温州府为温州路）西北偏。即旧有仓。至元二十六年，李总管朵儿赤重建，改名平定……皇朝温州府平定仓即旧平定仓。洪武元年冬，汤守逊重辟静居寺之东址曰南仓，旧仓曰北仓，设官二员。五年，以民间田多上户为粮长，本府官提调出纳。③

《永乐大典方志辑佚》中《温州志·仓廪》：

> 常平仓，在州仓后。汉耿寿昌奏令郡邑立常平仓，民便之。唐太宗复置，粟藏九年，米藏五年。下湿之地，粟藏五年，米藏三年。以旧易新。

---

① 万历《温州府志》卷5《食货志·田土》，第9页a。

② 宋元明转型时期两税制度的变化线索，一是税收内容由货币化到去货币化，二是从依赖市场机制到实施人头配给制，三是从户等制转为丁身制，三者颇有关联，需要具体分析；本文主要是通过温州乐清的例证来分析第一条线索的演进，关于后面两条线索，可参见我以前发表的文章：《岭南州府宋元明之际两税征收的比较研究——以连州、广州、潮州、惠州为例》，《北大史学》第17卷，北京：北京大学出版社，2012年，第68—105页；刘光临、刘红铃：《嘉靖朝抗倭战争和一条鞭法的展开》，《明清论丛》第12辑，北京：紫禁城出版社，2012年，第113—148页。

③ 《温州府志》，马蓉、陈抗、钟文、栾贵明、张忱石点校：《永乐大典方志辑佚》，北京：中华书局，2004年，第682页。

宋太宗颁置，以省仓南廊敖为常平仓。绍兴间，赵守不群，异其门南出别揭额，贮米二万四千斛。元至大二年，给常平本钞，本路以平定仓东北二带为之。今废。①

上引《永乐大典》所存两目，不见于弘治府志，则必然是源于明初所修志书。其中平定仓在明初已成仅有的官仓，主要是收储民户所纳的税粮，由各乡粮长组织缴纳，官员"提调出纳"。而南宋时期在地方财政运作中发挥重要作用的常平仓，元代名义上加以维系，还给与常平钞本，但实际效率不容乐观，而明初干脆废止。常平仓的兴废更能说明宋元明之际地方公共财源的变化。宋代包括州郡岁计在内的地方财政制度，现代学者亦有深入研究②。宋代军事上的募兵制度根本不同于元明时期的世袭军户和屯田制度，州府财政也要赡养地方士兵以及寨兵、弓手等，所以南宋地方财政预算规模及其官署机构设置也一定会较之元明时期去货币化的实物财政发达。粮仓和两税的征集有直接关系，而州县仓储的发达与否也预示着地方处置钱粮的法定权力大小。南宋地方官仓有苗米仓或省仓和都仓、赡军或大军仓、学仓、常平仓、平籴仓等名目，其具体内容和实际操作也不一；其中常平仓是地方典型的"备用非常"之财③。上条记载云绍兴时期，重建常平仓而其储存米粮有 12 000 宋石。前引吴泳的疏状，自云"放田赋一十五万，而民犹以为未仁，籴军储六十六万，而兵犹以为不给"④，已经辨析，都是就货币而言，而非 15 万或 66 万石粮食，但因此钱数而籴得军储也必然不在少数，也需要仓库存屯，故南宋地方财政之规模与仓储之发达还是有稽可征。

本文原刊《历史文献研究》总第 38 期（2017 年），此次又对明代部分有所增补，并对文中多处疏忽谬误予以纠正，敬请读者留意。

---

① 《温州志》，《永乐大典方志辑佚》，第 693 页。
② 包伟民：《宋代地方财政制度》，上海：上海古籍出版社，2001 年，第 50—75 页。
③ 包伟民：《宋代地方财政制度》，第 56 页。
④ 吴泳：《鹤林集》卷 24《知温州丐祠申省状》，《景印文渊阁四库全书》第 1776 册，第 241 页。

北宋前期的知县
——兼谈北宋选人七阶中的第六阶

张卫忠

一、北宋前期知县的四种类型

唐宋时期，以县令之外的他官掌县令事称为"知某县事"或"知县令事"，亦简称"知县"。唐宋的知县在身份属性上又有不同，赵彦卫《云麓漫钞》云："唐制：县令阙，佐官摄令曰知县事，李翱《任工部志文》云'摄富平尉知县事'是也。今差京官曰知县，差选人曰令，与唐异矣。"[①] 据此，则唐代以州县佐官摄县令事称知县[②]，而宋代则是京官掌县令事称知县（此说法并不准确，辨析见后文）。唐代州县佐官在县令阙的情况下摄事，属于临时性的、个

作者单位：西南民族大学旅游与历史文化学院
① 赵彦卫：《云麓漫钞》卷10，傅根清点校，北京：中华书局，1996年，第177页。
② 唐代的知县除了赵彦卫所说县佐官摄县令事外，还有州佐官摄县令事。具体例子可参见下条注释。

案性的,并未形成制度①。但宋代以县令之外的他官知县事却是普遍性、制度性的。

关于宋代知县的定义,因为元丰官制改革以及崇宁、政和改选人寄禄官阶的原因,北宋前期②和后期有些变动。生长于元丰官制改革之后的宋人因为习熟于当时之制度,而对改制前的制度忽于探究,所以导致现存各种记载不一。《宋会要辑稿》引《哲宗正史·职官志》谓"若京朝、幕官则为知县事"③,说的是哲宗时期的情形。谈钥谓"建隆三年,始以出(京)朝官知县事。近制,从政郎以下为令,从事郎以上为知县事",又说"国初,始命朝官知

---

① 唐代知县比较少见,也无制度性的规定,笔者所检索到的四例确实都为州县佐官摄县令事,如例1,吕温诗有赠"道州宏道县主簿知县三年"者(吕温:《吕衡州文集》卷1《道州宏道县主簿知县三年颇著廉慎秩满县阙申使请留将赴衡州题其厅事》,《四部丛刊》本)。例2,大中六年有"权知(奉先)县事主簿张行之"(王溥:《唐会要》卷17,北京:中华书局,1955年,第356页。按:此段原文为"六年四月,下诏曰:'景陵神门,盗伤威法物,其贼既抵极法,官吏等须有惩责。宗正卿及陵令县丞,已从别敕处分。京兆尹邦畿不能肃清封部,责帅之义,其何以逃?宜罚两月俸料。'其日贬宗正卿李文举为睦州刺史,陵令吴阅为岳州司马,奉先县令裴让为随州司马,权知县事主簿张行之为邠州司户,陵丞李咸停见任,仍殿三选,所由节级等科责"。高承《事物纪原》将其理解为"裴让权知县事",并将其作为唐代知县之始,龚延明先生《宋代官制辞典》"知某县事"条的解释沿用了高承的看法,笔者的理解与高承和龚先生不同,特此指出。高承和龚先生应该是理解成"奉先县令裴让为随州司马权知县事",但据《旧唐书》(《旧唐书》卷18下《宣宗本纪》,北京:中华书局,1975年,第630页)和《册府元龟》(王钦若等:《册府元龟》卷153《帝王部·明罚二》,周勋初等校订,南京:凤凰出版社,2006年,第1716页)记载,此次裴让所贬都只是"随州司马",所以笔者认为"权知县事"应从下,即当时权知县事的是主簿张行之。且吕温卒于元和六年,其文集中的知县肯定早于大中六年,大中六年知县不能作为唐代知县之始)。例3,裴克谅以前镇国军判官权知华阴县令(白居易:《白居易全集》卷54《裴克谅权知华阴县令制》,丁如明、聂世美校点,上海:上海古籍出版社,1999年,第751页)。例4,戴卢"自乾符五年主簿兼知县事"(崔致远:《桂苑笔耕集》卷12《戴卢》,《四部丛刊》本)。五代虽有赵彦卫《云麓漫钞》卷3《练湖碑》"知丹阳县镇县公事"吕延祯一例知县,但据《(嘉定)镇江志》(《宋元方志丛刊》本)卷6所载碑铭,吕延祯仍自称"丹阳令",所以其正官应仍为县令。

② 从官制方面看,元丰官制改革可以作为北宋前后期划分的标志。但元丰官制改革又非一举完成的,而是在几年时间内逐步展开的,主要可以分为元丰三年(1080)"以阶易官"和元丰五年"官复其职"两步。具体到本文,因为涉及试衔,所以以元丰三年九月颁布《以阶易官寄禄新格》,实现"以阶易官",试衔随之废罢为划分北宋前后期的标志。

③ 徐松辑:《宋会要辑稿》职官48之29,刘琳、刁忠民、舒大刚、尹波等校点,上海:上海古籍出版社,2014年,第4326页。

县事。近制，以京官以上注，选人亦破格注授。从政郎以下曰县令"①，都指寄禄阶从政郎以上掌县令事称知县，所谓"近制"乃是指崇宁选人改寄禄阶之后的情形。赵彦卫所云"今差京官曰知县，差选人曰令"亦非北宋前期的情况。

而当代学者在谈到宋代知县时，亦往往根据宋人对于元丰官制改革之后的叙述，将知县理解为京朝官掌县事②，有些会加上三班使臣③。

然则北宋前期，宋代知县究竟包括哪些人呢？《宋会要辑稿》引《两朝国史志》谓"令（县令）参用京官或试衔、幕职及三班使臣，皆谓之知县事"④。

《咸淳毗陵志》引《三朝国史·职官志》载"建隆中，始以朝官知县，其后参用京官或试衔、幕职及二（三）班"⑤。此处《三朝国史》指太祖、太宗、真宗《三朝国史》⑥，所记为北宋前期情形。

《宋朝事实》亦谓"建隆初，始以朝官为知县。其后参用京官或试衔、幕职、三班为之"⑦。这些对北宋前期知县的叙述都指出，北宋前期知县分四大类：京朝官知县、三班使臣知县、幕职官知县、试衔知县⑧。下面将分别探讨他们的演变过程。

（一）以京朝官知县事的制度形成于北宋初年⑨。京朝官知县的系衔一般

---

① 谈钥：《嘉泰吴兴志》卷7，《宋元方志丛刊》第5册，北京：中华书局，1990年，第4719页下、4720页下。
② 龚延明：《宋代官制辞典》，北京：中华书局，1997年，第553页。
③ 朱瑞熙、张其凡：《中国政治制度通史·宋代》，北京：中国社会科学出版社，1996年，第298页。
④ 《宋会要辑稿》职官48之25，第4321页。宋代所修《两朝国史》有两种，一种为太祖、太宗两朝，一种为仁宗、英宗两朝。此处所引《两朝国史志》中提到县丞，而据《宋史》卷167《职官七》载"县丞：初不置，天圣中因苏耆请，开封两县始各置丞一员，在簿、尉之上，仍于有出身幕职、令录内选"，第3977页。所以此处《两朝国史》应系后者。
⑤ 史能之：《咸淳毗陵志》卷10"秩官"，《宋元方志丛刊》第3册，第3032页下。
⑥ 蔡崇榜：《宋代修史制度研究》，台北：文津出版社，1991年，第117页。
⑦ 李攸：《宋朝事实》卷9，《丛书集成初编》本。
⑧ 朝官知县作为宋初中央集权的一个典型措施，学界早有讨论，可参见邓小南：《宋代文官选任制度诸层面》，石家庄：河北教育出版社，1993年，第18—19页。而在太祖朝之后较少看到朝官知县的例子，这应该和知县制度的逐渐定型有关。相较于京官、三班使臣、幕职官、试衔，阶次较高的朝官在太祖朝之后逐渐退出了知县的行列。
⑨ 邓小南：《宋代文官选任制度诸层面》，第18页。

为"文散官+本官+知某县事"。如大中祥符四年(1011)《蓝田县文宣王庙记》中孙穆之的系衔是"将仕郎、守秘书省著作佐郎、知县事"①,庆历四年(1044)《朝城孔子庙记》中田临的系衔是"承奉郎、守秘书省著作佐郎、知县事"②,其中"守秘书省著作佐郎"是京官。

(二)以三班使臣知县具体始于何年,并不像京朝官知县一样可考。然黄休复《茅亭客话》提到太平兴国五年(980)"殿前承旨、兵马监押、知县事陈覃"③在绵州罗江县的事迹,说明此前已有了三班使臣知县。真宗咸平四年(1001)五月乙酉,有诏"三班自今差使臣知县,勿以先为诸州牙吏及富民受职者充"④,则表明此时三班使臣知县已比较普遍。三班知县之所以多被忽略,乃是因为后来对武臣知县进行了较多限制,武臣知县的情况逐渐减少。据《宋史·职官七》记载:"初建炎多差武臣,绍兴诏专用文臣,然沿边溪洞处,仍许武臣指射。"⑤因三班官所知县多有戍兵,所以三班使臣知县的系衔一般是"三班官+知某县事+兵马监押",如皇祐元年(1049)《北岳庙碑》后有署衔"左班殿直、知曲阳县事、兼兵马监押"⑥。

(三)以幕职官知县,最迟不晚于真宗朝。如天禧四年(1020)四月丙申之前,孙昌即以镇海节度推官知临淄⑦。到天圣元年(1023)十二月十二日,中书门下言:"近年诸处甚有大县,户口极多、公事不少,阙官勾当。审官院少得京朝官差充知县,深为未便。欲今后于引见职事官内,拣选历任中公过稍少者,于中书引验,相度年甲精神,取旨降敕,令带本官知大县,仍就多

---

① 王昶:《金石萃编》卷129,北京:中国书店影印本,1985年。
② 毕沅:《山左金石志》卷16,《石刻史料新编》第1辑,台北:新文丰出版公司,1977年,第14619页。
③ 黄休复:《茅亭客话》卷1《车辙迹》,《景印文渊阁四库全书》,台北:台湾商务印书馆,1986年,第1042册,第918页。
④ 李焘:《续资治通鉴长编》(以下简称《长编》)卷48,咸平四年五月乙酉条,北京:中华书局,2004年,第1060页。
⑤ 《宋史》卷167《职官七》,北京:中华书局,1977年,第3977页。
⑥ 北京图书馆金石组编:《北京图书馆藏中国历代石刻拓本汇编》第38册,郑州:中州古籍出版社,1997年,第126页。
⑦ 《长编》卷95,天禧四年四月丙申条,第2188页。

支与俸给。"① 这一请求获得批准。所谓"职事官"正是幕职官,他们带着本来的幕职官知县,正属于幕职官知县。有了这一制度规定,此后幕职官知县应该才多了起来。

幕职官知县的系衔一般是"幕职官+文散官+试衔+知某县事"②。如《宋舒氏家妇李夫人墓志铭》书者王森的系衔是"陇州防御推官、将仕郎、试秘书省校书郎、知同州冯翊县事"③,文彦若在墓志铭中的系衔是"故奉宁军节度推官、承奉郎、试大理评事、知乾州奉天县事"④。

(四)试衔知县最初出现于太宗朝。太平兴国八年六月:

> 戊申,以进士王世则等十八人送中书门下,特授大理评事、知令录事,余送流内铨,并授判、司、簿、尉。未几,世则等移通判诸州,为簿、尉者改试大理评事、知令录,明年郊礼毕,迁守大理评事。⑤

"为簿、尉者改试大理评事、知令录",可见在太平兴国八年之后即出现了以试衔知县令者,即试衔知县。但他们并不是释褐即授的官,而是先经历了判、司、簿、尉的阶段。

景德二年(1005)二月十四日"诏以(李)迪为将作监丞,第二人夏侯麟、第三人李谘为大理评事,并通判诸州。第一等并九经第一人试秘书省校书郎、知县。第二等已下判、司、簿、尉"⑥,则是科举释褐即为试衔知县。

在嘉祐三年(1058)之前,给通过科举人授试衔知县并未形成制度,有些年份便没有授试衔知县,而试衔知县被授予哪些人也不固定。但嘉祐三年闰十二月十一日仁宗下诏:

> 自今制科入三等、进士第一人及第,并除大理评事、签书两使幕职

---

① 《宋会要辑稿》职官48之25,第4322页。
② 宋代在乾德二年(964)已确立了幕职官搭配试衔官的制度,关于其搭配情况及北宋前期试衔制度可以参考张卫忠:《北宋前期试衔研究》,《中国史研究》2013年第1期,第111—121页。
③ 《北京图书馆藏中国历代石刻拓本汇编》第39册,第112页。
④ 《北京图书馆藏中国历代石刻拓本汇编》第38册,第133页。
⑤ 《长编》卷24,太平兴国八年六月戊申条,第547页。
⑥ 《宋会要辑稿》选举2之5,第5266页。

官厅公事或知县，代还升通判，再任满，与试馆职。制科入四等、进士第二、第三人，并除两使幕职官，代还改次第京官，送审官院。制科入四等次、进士第四、第五人，并除试衔知县，任满，送流内铨与两使职官。锁厅人比类取旨。①

这次定制的目的是要定常科、制科高等授官条制，于高第人擢用稍加裁损，而试衔知县的授予对象也固定下来。但英宗之后，已不见科举通过者直接授试衔知县的记载。

从现存史料来看的话，试衔知县多数授给科举通过者。但至和二年（1055）八月庚寅"诏流内铨，臣僚陈乞子孙当得试衔知县者，自今并与权注初等幕职官，仍著为令"②，可知此前试衔知县也可以被授予一些恩荫出身的官员子弟。

试衔知县的系衔一般是"文散官+试衔+知某县事"。如大中祥符三年（1010）五月十五日所刻《大宋重刊有唐旌儒庙碑并序》中张绰的系衔是"将仕郎、试秘书省校书郎、知京兆府昭应县事"③，庆历四年七月所刻《重修镇国寺记》中赵同的系衔是"将仕郎、试秘书省校书郎、知县事"④。一般史籍中列举试衔知县官衔时常把其中的文散官省略，如刘挚是嘉祐四年进士第四人，这一年"第四人刘挚、第五人章惇并试衔知县"⑤，而《名臣碑传琬琰集》中对其试衔知县的记载为"嘉祐中，礼部奏名第一。中甲科，调试秘书省校书郎、知冀州南宫县"⑥。

元丰官制改革废除了试衔官，从此试衔知县退出了知县的范畴。崇宁二年（1103）改选人寄禄阶名后，知县的定义又发生了变化，寄禄阶从事郎以上掌县令事称知县，以下则称县令。而武选官在政和新定官阶后，其掌县令

---

① 《宋会要辑稿》选举3之36，第5304页。
② 《长编》卷180，至和二年八月庚寅条，第4364页。
③ 王昶：《金石萃编》卷129《大宋重刊有唐旌儒庙碑并序》。
④ 胡聘之：《山右石刻丛编》卷13《重修镇国寺记》，《石刻史料新编》第1辑，第15222页。
⑤ 《宋会要辑稿》选举2之9，第5269页。
⑥ 杜大珪：《名臣碑传琬琰集》下卷13《刘右丞挚传》，赵铁寒主编：《宋史资料萃编》，台北：文海出版社，1969年。

事有称知县，也有称县令的，具体区分因和本文主旨无关，且留待他文讨论。

二、北宋前期四类知县和县令的本官阶次关系

厘清了这四类知县的演变和系衔之后，再来看他们在本官阶次[①]上与县令[②]的关系。这四类知县都是以他官掌县令事，他们和县令的职事基本相同，所不同的是他们的本官阶次。京朝官知县、三班官知县、幕职官知县，其本官分别是京朝官、三班官、幕职官，京朝官、幕职官在本官阶次上都高于县令。三班官属于武选官，本官阶次难以和文官系统直接比对，但从李昌宪先生所复原的元丰以前几种北宋合班之制来看，三班官都在县令之上[③]，合班之制体现的主要是官衔阶次，所以三班官在本官阶次上也在县令之上。而试衔知县之试衔在北宋前期的本官序列中并无确切的位子，我们只能通过具体的例子来看其和县令的阶次关系。

真宗时，郎简"进士及第，补试秘书省校书郎、知宁国县，徙福清令"[④]。张锡"大中祥符元年甲科，试秘书省校书郎、知南昌县，迁萍乡令"[⑤]。这些人都是在真宗时期由试衔知县迁为县令，应可判定在阶次上，县令高于试衔知县。而这种阶次最晚在真宗时期已经形成[⑥]。

试衔知县在阶次上又高于判、司、簿、尉，这点在太宗太平兴国八年六

[①] 北宋前期文官系统官和差遣分离现象比较突出，本官一般指文官"寓禄秩，叙位著"的官衔，但实际上武选官系统也常用"本官"这一概念表示和文官同样功能的官衔，如曹玮以西头供奉官同知渭州，《宋史》称其"以本官同知渭州"（《宋史》卷258《曹玮传》，第8994页），所以本文所谓"本官"包含文官和武选官系统。本官有其品级，但本文所谓"本官阶次"和本官品级又有差异，主要强调本官阶迁转中的顺序高低，比如选人七阶的本官品虽有比京官低级还高的现象，但京官在整个本官阶迁转中高于选人则是不争的事实。

[②] 宋代县令有赤县令、畿县令、诸县令之分，前两者在官僚系统中地位较高，本文所讨论的县令主要是诸县令。

[③] 李昌宪：《宋朝官品令与合班之制复原研究》，上海：上海古籍出版社，2013年。

[④] 《宋史》卷299《郎简传》，第9926页。

[⑤] 欧阳修撰，洪本健校笺：《欧阳修诗文集校笺·居士集》卷30《翰林侍读学士右谏议大夫赠工部侍郎张公墓志铭并序》，上海：上海古籍出版社，2018年，第800页。

[⑥] 北宋前期官制突出的特点是官和差遣分离，此处迁转虽然更多属于差遣资序，但在选人层次，官和差遣的分离相对要小得多，所以此处只能用这种迁转的顺序来判定阶次的高低。

月对新进士的授官中即可看出。当时一部分进士先被授判、司、簿、尉,不久改试大理评事、知令录。又如陈尧佐"进士及第,历魏县、中牟尉,为《海喻》一篇,人奇其志。以试秘书省校书郎知朝邑县,会其兄尧叟使陕西,发中人方保吉罪,保吉怨之,诬尧佐以事,降本县主簿"①,由县尉升试衔知县,又由试衔知县降为县主簿。

三、北宋选人七阶中的第六阶

北宋文官选人分为七阶,关于七阶的前后名称变化,各种史料记载并不相同,大致可分为三类。《宋会要辑稿·职官》的记载为:

> (崇宁)二年九月二十五日,刑部尚书邓洵武言:"吏部选人自节、察判官以至簿尉凡七等……留守、节、察判官为承直郎;掌书记、支使、防·团判官为儒林郎;留守、节·察推官、军事判官为文林郎;防、团、军事推官为从事郎;录事参军、县令为通仕郎;知录事参军、知县令为登仕郎;军巡判官、司理、司法、司户、簿、尉为将仕郎。"②

《宋史·选举四》对此的表述为:

> 凡选人阶官为七等:其一曰三京府判官、留守判官、节度·观察判官,即后来承直郎。其二曰节度掌书记、观察支使、防御·团练判官,即后来儒林郎。其三曰军事判官、京府留守·节度·观察推官,即后来文林郎。其四曰防御·团练·军事推官、军·监判官,即后来从事郎。其五曰县令、录事参军,即后来从政郎。其六曰试衔县令、知录事,即后来修职郎。其七曰三京军巡判官、司理·户曹·司户·法曹·司法参军、主簿、县尉,即后来迪功郎。③

《云麓漫钞》的记载则是:

---

① 《宋史》卷284《陈尧佐传》,第9582页。
② 《宋会要辑稿》职官56之25,第4541页。引用时标点有调整,将此说明。
③ 《宋史》卷158《选举四》,第3694页。

> 选人有七阶：留守判官至观察判官为一等，今承直郎；节度掌书记、观察支使为一等，今儒林郎；防御·团练·军事判官、京府至观察推官为一等，今文林郎；防御、团练、军事推官为一等，今从事郎；县令、录事参军为一等，今从政郎；试衔知县、知录事为一等，今修职郎；军巡判官、司户等参军、主簿、尉为一等，今迪功郎。①

以上引三类代表性史料为例，我们也可以发现七阶的记载多少都有些差异，金中枢先生的《北宋选人七阶试释》②和龚延明先生的《〈宋史·职官志〉北宋前期选人寄禄官阶考正》③都对七阶的准确名称和演变做过讨论，纠正了不少史料记载和学界认识的误差，但对第六阶的认识和判断与笔者不同。在选人七阶中，第六阶比较特殊，是宋代新出现的一个低级官僚阶次。在上引史料中，第六阶在崇宁选人改寄禄阶之前或被称为知录事参军、知县令，或是试衔县令、知录事（参军），或是试衔知县、知录事（参军）。究竟哪一种才是这一阶次的准确名称呢？或者说这一阶次的名称在崇宁选人改寄禄阶之前是否有变化呢？这一阶次还包括知录事参军，但为方便讨论，下面对知录事参军暂不涉及。

首先，来看试衔县令。试衔县令乃是带试衔的正任县令。如慈州（今山西吉县）宁乡县《荀息庙碑》有建隆三年（962）"将仕郎、试大理评事、守县令"韩文哲的系衔④。蒋文怿太平兴国三年吴越钱氏纳土之后任常熟县令，其系衔为"朝奉郎、试大理司直、行常熟县令、兼监察御史"。所以把试衔县令当作低于县令的第六阶显属错误。

而通过上一小节的考证，我们知道试衔知县恰好在阶次上高于判、司、簿、尉而低于县令，所以试衔知县、知录事参军可以作为选人第六阶。但试衔在元丰三年（1080）九月即被废罢，所以试衔知县、知录事参军只能是元丰三年《以阶易官寄禄新格》颁布之前选人第六阶的名称。那么，这之后至

---

① 赵彦卫：《云麓漫钞》卷4，第61页。引用时标点有改动。
② 金中枢：《北宋选人七阶试释》，《宋史研究集》第9辑，1977年，第269—276页。
③ 龚延明：《〈宋史·职官志〉北宋前期选人寄禄官阶考正》，《文史》2019年第4辑，第277—281页。
④ 胡聘之：《山右石刻丛编》卷11《荀息庙碑》，《石刻史料新编》第1辑第20册，第15168页。

崇宁二年改选人寄禄阶之前选人第六阶的准确名称应该是什么呢？

上引《宋会要辑稿·职官》关于选人七阶的内容为崇宁二年邓洵武要求改选人寄禄阶的奏文。作为当时重要官员，其在奏文中明言当时选人第六阶为知录事参军、知县令，准确性难以置疑。而且《宋史·职官志》①《文献通考·职官考》②《梁溪漫志》③都明确记载崇宁二年选人改寄禄阶前第六阶是知录事参军、知县令。所以在元丰三年至崇宁二年之间，选人第六阶的名称应该是知录事参军、知县令。

然而，知录事参军、知县令（知令录）作为选人第六阶的名称在元丰三年之前的史料中也屡见不鲜。如《长编》所载熙宁五年文武换官法④、元丰元年酬奖等第⑤，以及张方平《乐全集》所载《准敕保举知县县令》⑥等。知录事参军、知县令究竟是什么意思、什么样的官呢？北宋前期的知录事参军至少有三种类型，京朝官知录事参军、幕职官知录事参军、试衔知录事参军⑦，这三类只有试衔知录事参军符合选人第六阶，前两类的阶次由所带的京朝官、幕职官来标识，显然在阶次上高于选人第六阶，所以将知录事参军作为北宋前期选人第六阶至少是不准确的。"知县令"一词虽然在北宋前期史料中比较常见，但笔者尚未见到宋代官衔中有知某县令的例子，倒是在一些史料中，我们可以发现知县令和试衔知县有着紧密的关系，甚至可以相互替代。如熙宁二年（1069）所定宗室换官法中，右班殿直愿换文官者与试衔知县⑧；熙宁五年所定文武换官法中，和右班殿直对换的则是知令录⑨。所以有理由推测，北宋前期知令录准确的所指是试衔知县和试衔知录事参军，知令录只是一个

---

① 《宋史》卷169《职官志九》，第4054页。
② 马端临：《文献通考》卷64《职官考一八》，上海师范大学古籍研究所、华东师范大学古籍研究所点校，北京：中华书局，2011年，第1931页。
③ 费衮：《梁溪漫志》卷2《文武官制》，金园校点，上海：上海古籍出版社，1985年，第13页。
④ 《长编》卷231，熙宁五年三月戊戌条，第5617页。
⑤ 《长编》卷290，元丰元年七月丁酉条，第7102页。
⑥ 张方平：《乐全集》卷30《准敕保举知县县令》，《景印文渊阁四库全书》第1104册，第330页。
⑦ 和北宋前期知县不同的是，笔者未见到以三班官知录事参军的例子。
⑧ 《文献通考》卷259《帝系考十》，第7061页。
⑨ 《长编》卷231，熙宁五年三月戊戌条，第5617页。

一般性的统称。元丰三年虽废试衔，但由试衔知县和试衔知录事参军形成的选人第六阶作为一个阶次却保存了下来，只是因为不再带试衔，只能称知县令、知录事参军了①。

根据以上考证，试将北宋选人七阶的名称与演变图示如下：

北宋选人七阶图

	北宋前期	元丰三年	崇宁二年	政和六年
两使职官	三京府、留守、节度、观察判官	同前	承直郎	承直郎
	节度掌书记、观察支使、防御·团练判官	同前	儒林郎	儒林郎
	三京府·留守·节度·观察推官、军事判官	同前	文林郎	文林郎
初等职官	防御·团练·军事推官、军·监判官	同前	从事郎	从事郎
令录	县令、录事参军	同前	通仕郎	从政郎
	试衔知县、试衔知录事参军（或统称知令录）	知县令、知录事参军	登仕郎	修职郎
判司簿尉	三京军巡判官、司理·司户·司法·户曹·法曹参军、县主簿、县尉	同前	将仕郎	迪功郎

基金项目：国家社科基金重大项目"《宋会要》的复原、校勘与研究"（项目批准号：14ZDB033）阶段性成果。

---

① 此处的知县令、知录事参军不能按知录事参军的三种类型和知县事的四种类型理解。龚延明先生《〈宋史·职官志〉北宋前期选人寄禄官阶考正》认为《宋史·职官志九》"元丰寄禄格"所载"旧官"选人七阶第六阶"知录事参军、知县令"不正确，便是考虑到知录事参军、知县令都有京朝官身份者，故而在阶次上不能低于第五阶录事参军和县令，并根据《宋史·选举志》所载选人七阶，将其纠正为试衔知录事参军、知县令。在元丰三年之前选人第六阶准确所指应为试衔知录事参军、知县令（笔者认为知县更为准确）这一点上，笔者与龚先生观点一致，但龚先生可能忽略了元丰三年到崇宁二年之间由于试衔废除，第六阶的名称在当时确为知录事参军、知县令的情况。

北宋前期制度中的"交错任用"与"宫朝相制"：以群牧司为例

丁义珏

制度史视野下的北宋前期，是指赵宋王朝建立至神宗元丰官制改革之前（960—1080）。其中，太祖至真宗朝是宋制基本奠定时期。这一时期的制度建设，以往多以"事为之防，曲为之制"概括其核心精神[①]。仍需追问的是：这一精神下有哪些更具体的指导方针？

宋初承唐后期以来的使职体制[②]，在五代基盘上重建与全国性政权匹配

作者单位：苏州大学社会学院历史系

[①] 原话取自宋太宗即位大赦诏书（见李焘：《续资治通鉴长编》<以下简称《长编》> 卷17，开宝九年十月乙卯条，北京：中华书局，2004年，第382页）。邓广铭在《宋朝的家法和政治改革运动》中指出，这八个字概括了宋太祖在位时期政治、经济、军事的各项措施的微妙精神，而这种精神也被宋太宗、真宗继承和发展。见《邓广铭治史丛稿》，北京：北京大学出版社，1997年，第125—130页。

[②] 此处"使职体制"是刘后滨提出的概念。唐前期国家政事的枢纽是尚书省。尚书省在安史之乱后职权大见坠落。（参见严耕望：《论唐代尚书省之职权与地位》，原刊《历史语言研究所集刊》第24本，后收入《严耕望史学论文集》，上海：上海古籍出版社，2009年，第261—338页）然如何定义唐代中后期的制度体系，学界一直未有明论。刘后滨指出，唐代中后期的中枢体制不再是"三省制"，而是"中书门下体制"；中央行政不是"尚书六部制"而是"使职行政体制"（参见刘后滨：《唐后期使职行政体制的确立及其在唐宋制度变迁中的意义》，《中国人民大学学报》2005年第6期）。

的国家机器。以往研究多关注外朝官僚体系的完备,实际上内廷制度也在这一时期快速发育。宋初政治上惩唐后期宦官专权之弊,制度却已承"南衙北司"内外两个官僚系统并立的格局。随着内外官僚体系的同步发展,至真宗时期,在两套班子之间如何分权,以及构建怎样的宫朝关系成为一个现实的制度问题①。宋廷采取的是一套务实、细密的新方案。这套方案未见于君主诏令与士大夫们的议论,却被充分贯彻、影响广泛。简言之,即在重要的事务机构中实行文官、武臣与宦官的"交错任用",进而实现宫—朝两套官僚班子的相互配合与维制。

本文以马政为例,先简要概括唐代马政变迁与其面对的制度难题,再分析宋代群牧司内部"交错任用"之实态,在唐宋比较的视角下观察"宫朝相制"在北宋前期的实现及如何化解了唐以来的制度难题。

一、唐代马政机构变迁

马匹,不仅是交通工具,也是传统帝国的军事物资、仪仗用具。马匹的饲养、购买与使用在空间上是分离的。这一点在唐前期尤明显,马匹的饲养与购买主要在地方,而用马的机构则遍及中央与地方、宫廷与外朝。马政事务直接触碰到唐前期行政结构的痛点。

唐初行政体系,可概括为三省六部—九寺五监,看起来十分整齐。至于省部与寺监间的关系,严耕望先生认为尚书六部是九寺五监的上级,六部"上承君相之制命,制为政令,颁下于寺监,促其施行"②。但这大概只是制度原则,实际运作中,六部与寺监的权责分工并不易辨明。如兵部下的驾部司"掌邦国之舆辇、车乘,及天下之传、驿、厩、牧官私马·牛·杂畜之簿籍,辨其出

---

① 一般来说,宦官、女官、侍卫、侍从及宫廷供奉因亲侍于君父之前,成为特定职类,是具有"私人性"的宫廷官。朝廷官承担国家行政,具有"公共性"。本文所谈的"宫朝关系",主要包括宫廷官参与外朝事务的程度,宫廷官与朝廷官之间的关系等。有关"宫—朝"问题的讨论可参看阎步克:《中国古代官阶制度引论》第十一章,北京:北京大学出版社,2010年,第421—429页。

② 严耕望:《论唐代尚书省之职权与地位》,《严耕望史学论文集》,第262—263页。

入阑逸之政令,司其名数"①;太仆寺又"掌邦国厩牧、车舆之政令"②。此外,殿中省尚乘局"掌内外闲厩之马"③。东宫还有太子仆寺④。在制度设计上就显得重复、界限不清。王世平就认为,这就是当时制度存在的问题,也是后来马政使职早早出现的一个原因⑤。

唐初因统一战争和防备突厥的需要,如何迅速扩大养马规模是紧要问题。李锦绣等人的研究将唐初马政开端上推至武德(618—626)初年。唐初沿袭隋代制度,牧马赤岸泽。唐太宗即位后任用"明敏六闲"的粟特人,将马场迁往陇右⑥。张万岁贞观十五年(641)始勾当群牧,经三代人,历四十年,终于将唐代马匹的生产规模推到顶峰。张万岁最初以太仆少卿勾当群牧,外派至陇右主管牧马⑦。后"检校陇右诸牧监使"之号逐渐与太仆寺分离⑧,且任使的亲信大臣、高级将领、亲王及宰相越来越多,地位高于太仆寺,由政治中枢直接领导⑨。

武后至开元时期,负责马匹接收、管理、调配的闲厩使出现,且地位不断提高⑩。至开元中叶,闲厩使终于成为单一的最高马政首长,即连马匹生产也由其统一管理⑪。闲厩使崛起的基础在于掌握了玄武门外禁军所乘的仗外闲厩马。唐前期宫廷政变频仍,禁军规模不断扩大,闲厩马的重要性也就日

---

① 李林甫等撰:《唐六典》卷5,陈仲夫点校,北京:中华书局,1992年,第162—163页。
② 《唐六典》卷17,第478页。
③ 《唐六典》卷11,第330页
④ 《唐六典》卷27,第701—703页。
⑤ 马俊民、王世平:《唐代马政》,西安:西北大学出版社,1995年,第10—11页。
⑥ 李锦绣:《史诃耽与唐初马政——固原出土史诃耽墓志研究之二》,余太山主编:《欧亚学刊》第2辑,北京:中华书局,2008年,第261—276页;《以"数纪为名"与"以土地为名"——唐代前期诸牧监名号考》,中国社会科学院历史所隋唐宋辽金元研究室编:《隋唐宋辽金元史论丛》第1辑,北京:紫禁城出版社,2011年,第127—142页。关于唐初粟特人与马政还可参看山下将司:《唐の監牧制と中国在住ソグド人の牧馬》,《東洋史研究》第66卷第4号等。
⑦ 王溥:《唐会要》卷66,北京:中华书局,1955年,第1145页。当时除陇右外,还有夏州监牧体系。
⑧ 《唐会要》卷66,第1145—1147页。
⑨ 马俊民、王世平:《唐代马政》,第12—13页。
⑩ 《唐会要》卷65,闲厩使条,第1128页。
⑪ 马俊民、王世平:《唐代马政》,第26页。

渐突出。李锦绣指出,随着禁军的扩大,武后在禁中玄武门外设立飞龙厩,为所有禁军马匹系饲之地。开元时,左右飞、左右万四闲,正能与北门四军对应①。闲厩使地位被不断抬高,并由君主亲信为之②。

综上,武后至玄宗开元间是君主收束马政控制权的时期。收束的途径有三:其一,令都城闲厩更靠近君主;其二,抬高都城马匹管理与调用者——闲厩使之地位;其三,以亲信充闲厩使。随后,宦官作为"亲信"之一,越来越多任闲厩使,如彭礼盈、乐子昂、李辅国等。而武后"以中官为飞龙使"③,更埋下唐后期宦官专马政之伏笔。

唐后期,由宦官充任的飞龙使之地位又超过了闲厩使,成为京城所有官马的调度者④。安史之乱后西北牧场丧失,主管京城官马的飞龙使就相当于全国马政首长。唐后期使职体系内,相当一部分使职由宦官充任,形成一个以宦官为主体的内诸司系统。他们与以朝臣为主体的官僚体系并峙,成"南衙北司"之格局⑤。宦官不仅掌握了中央军事力量,而且连带马政、军器物资与后勤等部门都归入"北司"系统。飞龙使位仅在枢密使之下而已⑥。唐晚期还另设小马坊使。

回顾唐代马政的变迁,约有三个明显的趋势:第一,通过专设使职,统领分属于兵部之驾部司、九寺之太仆寺与殿中省之尚乘局的马政事务;第二,使职地位不断提高,并由皇帝亲信出任,最终转移至内诸司体系;第三,都

---

① 参见李锦绣:《唐代制度史略论稿》,北京:中国政法大学出版社,1998年,第310—316页。
② 《唐会要》卷65,闲厩使条,所载充使之人有:"袁忠臣、冉任、田归道、翟无言,又宗晋卿、武崇训、贺兰爽、张涉、虢王邕、孙佺、平王隆基、宋王成器、新兴王晋、崔日知、王毛仲、皇甫忠、姜皎、王晊、杨崇庆、来曜、牛仙客、李元佑、韦衢、章仇兼琼、安禄山、吕崇贲、李辅国、彭礼盈、乐子昂、韦谦光、常休明、崔宣、张献恭、李齐运。"第1128页。
③ 《新唐书》卷47《百官志二》,北京:中华书局,1975年,第1217页。
④ 唐长孺:《唐代的内诸司使及其演变》,收入氏著《山居存稿》,北京:中华书局,2011年,第259页。
⑤ 唐长孺指出:"唐代南、北衙对立为中叶以后政局的关键性问题之一,为世所共知。唐代宦官专横,不仅中尉掌握了禁军,枢密使盗窃政柄,而且还具有一个由宦官指挥的内诸司行政系统。北衙的诸司使分署细密,组织庞大,与南衙以宰相为首的行政系统相互对立。"《唐代的内诸司使及其演变》,《山居存稿》,第252页。
⑥ 宁志新:《隋唐使职制度研究(农牧工商编)》,北京:中华书局,2005年,第169页。

城马匹逐渐向禁中收拢。从这三个趋势透露出唐王朝意识到全国马政不适合分散管理，希望集中起来；同时又担心权力旁落，就将其向宫廷收束。收束与集中却培育出过度膨胀的宦官系统，造成了"南衙北司"的局面。这就出现了一对矛盾，即客观上马政需要统筹集中且直辖于君主的必要性、迫切性，与管理权旁落于宦官系统的风险之间的矛盾。而这一问题却在北宋初基本化解。这背后的制度逻辑是什么呢？

二、五代及宋初的马政机构

飞龙使和小马坊两使一直存留至后唐长兴元年（930）。当时"分飞龙院为左右，以小马坊为右飞龙院"①。入宋后，"太祖承前代之制，初置左、右飞龙二院，以左、右飞龙二使领之"②。故两飞龙院也是宋初最主要的马政机构。又据《长编》记载：

> 国初，但有左、右飞龙二院，以左、右飞龙使各二人分掌之。时诸州监牧多废，官失其守，国马无复孳息。太祖始置养马二务，又兴葺旧马务四，以为放牧之地，分遣中使诣边州岁市马。自是，闲厩之马始备。③

宋初"诸州监牧多废"，宋太祖在京城建飞龙院牧马。其地点可能在东京城的北郊④。太祖又自"边州岁市马"。马政主要领导机构是左右飞龙院，长官是左右飞龙使。左右飞龙使常由宦官出任⑤。而且，太祖边州市马，派遣的是中使，更可以推知宋初马政在皇帝直属领导之下，管理者主要是宦官。所以，与唐后期的情况类似，宋初马政基本由宦官系统打理。

---

① 王溥：《五代会要》卷12，上海：上海古籍出版社，1978年，第208页。
② 《宋史》卷198《兵志》，北京：中华书局，1985年，第4928页。
③ 《长编》卷21，太平兴国五年正月壬午条，第471页。
④ 据徐松辑：《宋会要辑稿》礼9之1，乾德六年九月，太祖曾出猎北郊，并"幸飞龙院，赐侍臣饮"。刘琳、刁忠民、舒大刚、尹波等校点，上海：上海古籍出版社，2014年，第657页。
⑤ 参见《长编》卷12，开宝四年十一月壬戌条，第274页。飞龙使也有被遣出外作战者，这说明飞龙使和其他唐代诸司使一样，正经历着阶官化的过程。（可参看《长编》卷20，太平兴国四年三月丙申条，第447页）但这不妨碍飞龙院作为马政实权机构的地位。

宋太宗太平兴国四年（979）平定北汉，"得汾晋、燕蓟之马四万二千余疋，内皂充牣，始分置诸州牧养之。"①马政迎来重大扩展。太平兴国五年，宋太宗"于景阳门外新作四厩，名曰天驷监，左右各二，以左右飞龙使为左右天厩使，闲厩使为崇仪使"②。雍熙二年（985），左右天厩院又改称左右骐骥院③。景阳门是东京城外城墙的北门之一，位于次东的位置④。景阳门外的左右骐骥院是新作，相比于太祖时的飞龙院，相对位置更近了。

马政的快速扩展，是在宋太宗本人的主导下进行的。除了逐渐出现使臣、诸司使副等武选官的身影，马政主要由宦官担纲实务的格局当并没有改变。群牧司成立之后，左右骐骥院的长官也是由"诸司使、副及内侍充"⑤，因此，太宗时主持骐骥院的应该也是宦官与武选官。如太平兴国五年许州监牧一案，处置了殿直李谔、内侍梁守忠等人⑥。

要之，宋初太祖、太宗两代君主在马政方面与唐太宗的作为一样，首先是扩大马匹的生产规模。其次，都城厩牧的主要地点设于北门之外。与唐代不同，北宋并没有在禁中设厩牧的记录。笔者推测，这恐怕是因为宫城空间有限，未必是主观上不愿意。事实上，同为储存军事物资的军器库和内弓箭库正是在宫城内，离皇帝活动中心崇政殿不远。最后，宋太祖与宋太宗基本没有改变唐后期以来由宦官管理马政的局面。

三、群牧司的成立与"交错任用"的实现

宋真宗即位后，继续加强马政管理。至景德二年（1005），"改诸州牧龙

---

① 《宋史》卷198《兵志》，第4929页。
② 《长编》卷21，太平兴国五年正月壬午条，第471页。
③ 钱若水修，范学辉校注：《宋太宗皇帝实录校注》卷34，雍熙二年十月丙辰条，北京：中华书局，2012年，第399页。
④ 参见《宋会要辑稿》方域1之2，第9265页。
⑤ 《文献通考》卷56《职官考》，北京：中华书局，2011年，第2885页。
⑥ 《长编》卷21，太平兴国五年二月甲子条："诸州马多死。殿直李谔坐监牧许州，盗官蒭二百五十石，马死者千五百匹，械系送阙下。甲子，并内侍梁守忠及主吏三人悉斩于市。"第472页。

坊悉为监",共计有十四处,真宗分别赐名、铸印①。但真宗最重要的措置,是在咸平三年(1000)成立群牧司。群牧司从成立至元丰五年(1082)被神宗废罢为止,一直是全国马政的最高管理机构。群牧司是经宋真宗精心设计的,以下分论之。

首先,随着马政规模的扩大,事务泛及中央及地方,建立一个能统领全国马政的机构势在必行。这与唐初遇到的情况完全相同。

其次,若设群牧司,其隶属关系该如何摆放?唐代后期,飞龙使与枢密使同属内诸司系统。枢密使的地位在飞龙使之上。但枢密使后来走出内廷,朝最高军政机构的方向发展②。到北宋前期,枢密院已和中书门下对掌文武大政,并称"二府"。无论从历史渊源还是现实职能来看,新成立的群牧司从属于枢密院都顺理成章。按《宋史》的说法,枢密院"掌军国机务、兵防、边备、戎马之政令"③,明确包含了马政。但群牧司成立之前的骐骥院等机构却看不出与枢密院有直接的从属关系。这恐怕不是资料缺乏带来的印象。李全德也曾指出,枢密院军政职能边界的明确可能也要到真宗时期④。初设的群牧司直接向皇帝负责,只是重要的政令会经过枢密院的讨论。景德二年(1005)后,枢密使副兼任群牧制置使,群牧司才名义上受枢密院节制。

最后也是最重要的,新设的群牧司该继续由宦官系统管理还是推向外朝呢?宋真宗的解决方案非常独特。他在群牧司内部增设层级,实行文官与内臣及近密武官的"交错任用"。表面上群牧司被推向外朝,实际却由内外两个官僚群体共同管理。据《长编》卷47:

> 始置群牧司,命枢密直学士陈尧叟为制置使。马政旧皆骐骥两院监官专之,于是内外厩牧之事,自骐骥院而下,悉听命于群牧司也。⑤

陈尧叟出生在曾是后蜀统治区的阆中(今四川阆中),端拱二年(989)举进

---

① 《宋史》卷198《兵志》,第4928页。
② 李全德:《唐宋变革期枢密院研究》,北京:国家图书馆出版社,2009年,第129页。
③ 《宋史》卷115《职官志》,第3797页。
④ 李全德:《唐宋变革期枢密院研究》,第294页。
⑤ 《长编》卷47,咸平三年九月庚寅条,第1025页。

士第一①,深得宋太宗赏识。且陈尧叟"奏对明辨,多任知数",历任广西转运使、度支判官等职,是个实干派。咸平三年入为枢密直学士,次年即同知枢密院事,离科举入仕仅仅十二年②。可以说,他是典型的由宋太宗着意提拔起来的文臣精英。

据《文献通考》卷160《兵考·马政》:

> (咸平)三年,置制置群牧使,以内臣勾当制置群牧司,京朝官为判官。③

制置群牧司是凌驾于骐骥院之上的机构,下设三个职位,分别是制置群牧使、勾当制置群牧司、制置群牧判官。陈尧叟的正式官称即"制置群牧使"④。景德二年(1005)七月"制置群牧使去制置之号,但为群牧使"⑤。首任勾当制置群牧司则是宦官刘承珪(后改名刘承规)⑥。刘承珪历宋太宗和真宗两朝,都因出众的吏干而受倚重。刘承珪自太宗雍熙(984—987)年间就开始监内藏库⑦,相当于皇帝的财务总管⑧。他是宦官系统吏干派的代表人物。制置群牧判官由京朝官担任。但首任群牧判官是谁还不清楚。现存最早记录,是景德元年寇准的女婿王曙担任此职⑨。可见,这三个职位一开始就分别由文官、宦官和文官出任。人员也极文官和宦官系统的一时之选。这样,就形成了一个上下分层、内外交错的人员结构。此后,职位的具体官名有过不少变动,但

---

① 《宋会要辑稿》选举1之4,第5248页。
② 《宋史》卷284《陈尧叟传》,第9584—9588页。
③ 《文献通考》卷160《兵考》,第4779页。《宋史》卷189《兵志》,"制置群牧使"误作"群牧使"(第4928页)。
④ 《长编》卷47,咸平三年十月乙卯条,第1028页。
⑤ 《长编》卷60,景德二年七月己酉条,第1349页。
⑥ 《宋史》卷466《刘承规传》,第13608页。
⑦ 《宋史》卷466《刘承规传》,第13608页。
⑧ 据《宋会要辑稿》食货51之1:"(内藏库)太宗太平兴国三年十月置……以诸司使副、内侍置为监官,或置都监,别有内侍一人点检。"(第7141页)则监内藏库即为内藏库的长官。
⑨ 王曙咸平四年四月中制科,其后知定海县,回京任群牧判官。推测其任职至少在咸平末。参见《宋史》卷286《王曙传》,第9632页;《长编》卷48,咸平四年四月辛未条,第1058页;《长编》卷58,景德元年十月癸未条,第1274页。

这个结构却被一直坚持了下来。下节将进一步论述之。

宋真宗还听取陈尧叟的意见，凡有监牧的州，都让知州、通判参与到马政管理中来。据《长编》卷47，咸平三年十月乙卯条记载：

> 制置群牧使陈尧叟请令诸州有牧监处，知州、通判并兼管内群牧事，从之。①

陈尧叟的建议，等于让以外朝文官为主的地方行政系统直接参与到地方监牧事务中去。强至曾为大名府通判李君撰写墓志，其完整官衔为：

> 朝奉郎、尚书司门员外郎、通判大名府、兼北京留守司畿内河堤劝农及群牧事、上柱国、赐绯鱼袋②

在有监牧的地方（大名府有大名监），知州与通判兼"群牧事"是入衔的。陈尧叟的建议是落实了的。六年四月，宋廷又"令河北转运使副兼群牧事"③。

监牧与地方行政的关系需稍作解说。监牧与地方亲民官类似于今天常说的"条"和"块"的关系。地方各监牧有边界明确的牧场，拥有一定自主权，并直属于中央的群牧司。群牧司本要求内外厩牧"月供马籍"④，马的数字更是"旬奏月比"⑤，草地则每个季度"具帐付群牧司管系"⑥。咸平六年之后，路级、州级地方长官有权直接监督地方监牧。兼监牧事的知州、通判每个季度往牧监"点检诸般官物"⑦。马匹的生驹、马死之数也成为知州、通判们的政绩考核内容⑧。但县级地方官无权过问监牧事。监官、吏人和兵士等犯了法，

---

① 《长编》卷47，咸平三年十月乙卯条，第1028页。
② 强至：《祠部集》卷35，《景印文渊阁四库全书》，台北：台湾商务印书馆，1986年，第1091册，第393页。
③ 《宋会要辑稿》职官23之6，第3647页。
④ 《宋会要辑稿》兵21之1，大中祥符元年六月条，第9049页。
⑤ 《长编》卷72，大中祥符二年九月戊辰条，第1634页。
⑥ 《宋会要辑稿》兵21之25，大中祥符二年三月群牧制置司上言，第9061页。
⑦ 《宋会要辑稿》兵21之7，第9052页。
⑧ 《宋史》卷198《兵志》，第4931页。

县官也不能直接惩治,直到英宗时期方有改观①。

北宋前期马政规模虽不能与唐前期相提并论,但面临相似的制度问题,即随着马政事务的扩展,该建立一个怎样的总领机构?所不同的是,宋初马政本就在宦官管理之下,具体问题变成选择继续使用宦官还是将机构推给外朝?宋真宗给出的解决方法是:将其从内诸司系统释出,置于外朝官僚体系之中。中低层不变,但高层设总领机关,并分层设职,同时引入内外两个官僚系统的成员,交错任用。再利用地方行政系统配合监督在地监牧。

交错任用的实现,对于宫朝关系的调整有重要意义。宦官系统自成一系,代表皇帝或者说内廷系统,文官代表外朝。武官中部分有皇帝近密私人的属性,介于两者之间。所以北宋前期人分宫朝、事有内外的格局没有变化,可新的机构却将他们涵纳其中,使他们既协同共事又彼此制衡。笔者称之为"宫朝相制"。相对于唐代,这是一种更为成熟与细密的平衡术。

四、群牧司官职与人员结构的定型:"交错任用"原则的细化

宋真宗新设群牧司,精心布局,以"交错任用"实现"宫朝相制"。这不仅是从咸平三年的制度安排中得到的简单印象。从此后群牧司制度的数次变化中我们依然能够品读出真宗的用心。《文献通考》卷56《职官考》有群牧司机构设置与职能的记载:

> 宋有群牧司制置使(景德四年置)、使、副使、都监、判官。
> 制置使一人,以枢密使、副为之。(明道二年罢,未几复置。)
> 使一人,以两省以上充。(使旧一员。皇祐初,以翰林学士、吏部郎中梁适为同群牧使。时彭乘已为使,适员外置也。)
> 副使一人,以内侍都知充。
> 都监二人,以诸司使充。

---

① 据《长编》卷230,治平元年十一月己卯条记载:"屯田员外郎、知襄邑县范纯仁为江东转运判官。襄邑有牧地,卫士纵马暴民田,纯仁取一人杖之。牧地初不隶县,有诏劾纯仁。纯仁言兵须农以养,恤兵当先恤农,朝廷是之,释不问,且听牧地隶县,自纯仁始。"第4923页。

> 判官二人，以京朝官充。
>
> 掌内外厩牧之事，周知国马之政，而察其登耗。
>
> 凡受宣诏、文牒，则以时下于院、监。大事则制置使同签，小事则专遣其副使。都监不备置，判官、都监每岁更出诸州巡坊监，点印国马之蕃息者。①

综合群牧司制度演变的进程，可以推知这段文字反映的是宋仁宗景祐二年（1035）以后的情况。下文将结合群牧司制度定型过程，进一步阐述其内部结构。

第一，有学者将制置群牧使、群牧制置使、群牧使三者混淆②。实际上，制置群牧使是群牧使的前身，两者是前后相继的关系。在景德四年（1007）八月之前，它们都是群牧司的长官。首任"制置群牧使"陈尧叟是以枢密直学士的身份兼任的。但他任职仅仅半年就由枢密直学士升任同知枢密院事③，在群牧司的兼差也同时被罢④。继之兼任制置群牧使的是知制诰薛映⑤。又据《东都事略》的记载，薛映"景德初以右谏议大夫知杭州"⑥。虽不排除带使出知杭州的可能，但基本可以确定他在景德初年罢"制置群牧使"之衔。之后，据《长编》卷60：

> 改勾当制置群牧司事为群牧副使，以内侍左班副都知阎承翰为之。制置群牧使去制置之号，但为群牧使。⑦

则制置群牧使在景德二年七月正式改名为群牧使。紧接着的第二天，就有"群

---

① 《文献通考》卷56《职官考》，第1646页。
② 如李之亮：《京朝官通考》，成都：巴蜀书社，2003年，第757页。
③ 《长编》卷48，咸平四年三月辛卯条，第1054页。
④ 《宋史》卷284《陈尧叟传》："始置（制置群牧）使，即以（陈）尧叟为之，及掌枢密，即罢其任。"第9586页。
⑤ 《宋会要辑稿》职官33之5，第3647页。又据《长编》卷48，咸平四年三月辛卯条："礼部郎中薛映、兵部员外郎梁鼎、左司谏杨亿并为知制诰。"第1054页。
⑥ 王称：《东都事略》卷45《薛映传》，《景印文渊阁四库全书》第382册，第287页。
⑦ 《长编》卷60，景德二年七月己酉条，第1349页。

牧使赵安仁"为地方监牧由牧龙坊改名为监的上奏①。故赵安仁很可能是薛映的直接继任者。赵安仁此时是以翰林学士兼群牧使②。此后,群牧使多以枢密直学士或翰林学士兼。故《文献通考·职官考》言:"使一人,以两省以上充。"唯一的例外是天禧四年(1020)八月任群牧使的杨崇勋③。关于这一任命的背景下文再展开。群牧使在群牧司中长官的地位,被景德四年设立的群牧制置使所取代。群牧使一职的重要性也有所降低。至有知制诰带群牧使之职出知外州一年以上者④。显然,他们不在中央参与具体工作了。

第二,群牧制置使是在群牧使之上新设的职位,此后也成为了群牧司的最高长官。群牧制置使的设立时间,《宰辅编年录》记为景德三年⑤。今从《长编》与《宋会要辑稿》的记载,定为景德四年八月。据《长编》卷66:

> 自罢兵之后,议者颇以国马烦耗,岁费缣缯,虽市得尤众,而损失亦多。知枢密院事陈尧叟独谓:"群牧之设,国家巨防,今愚浅之说以马为不急之务,则士卒亦当遣而还农也。"作《群牧议》以献,勒石大名监。置群牧制置使,命尧叟兼之。尧叟初为群牧使,及掌枢密,即罢其任。于是,内侍副都知阎承翰为都监。尧叟自陈职居近密,而与承翰联事,合避物议。上曰:"国马,戎事之本,宜得大臣总领,不可避也。"尧叟寻以本司事多,请但署检,其帖牒委使副、判官印署施行,从之。寻又增置判官一员。⑥

---

① 《长编》卷60,景德二年七月庚戌条,第1349页。

② 赵安仁以知制诰为翰林学士,在景德元年七月(《长编》卷56,景德元年七月乙酉条,第1242页);景德三年二月,以翰林学士知制诰入为参知政事(《长编》卷62,景德三年二月己亥条,第1390页)。

③ 参见《长编》卷95,天禧四年二月己酉条,第1283—1284页。

④ 《长编》卷81,大中祥符六年九月壬寅条记载:"知荆南府朱巽罚铜二十斤;荆湖北路转运使梅询削一任,通判襄州。坐擅发驿马与知广州邵晔子,令省亲疾而马死故也。先是,巽以知制诰兼群牧使,出守藩郡,兼领如故,于是始解使职。自是不复有外任兼领者矣。"第1847页。

⑤ 徐自明著,王瑞来校补:《宋宰辅编年录校补》卷3,景德三年二月,"尧叟自刑部侍郎、签书枢密院事迁兵部侍郎除(知枢密院事),仍兼群牧制置使"。北京:中华书局,1986年,第105页。

⑥ 《长编》卷66,景德四年八月乙巳条,第1479—1480页。

澶渊之盟后宋辽罢兵,真宗顺势缩减牧监规模。又设群牧制置使一职,由枢密院长官之一的陈尧叟兼任。尽管陈尧叟请求只"署检",不问细务。但作为长官,他在群牧司"多立条约",且"军马之籍,悉能周记"①,无论名义上还是实际事务中,都是核心人物。大中祥符七年(1014)六月,王钦若与枢密副使马知节争执,双双去职。陈尧叟同时罢枢密使,也就卸任群牧制置使之职。但仅仅五天之后,真宗就下诏:"复以户部尚书陈尧叟为群牧制置使。"②枢密使可因政争而罢,群牧制置使却必得陈尧叟任之,其对于群牧司的不可或缺可见一斑。陈尧叟复枢密使之任在次年四月。这中间大半年的时间,他实际上专任群牧制置使。九年八月,陈尧叟因足疾请罢枢密出外,才同时解除群牧制置使之任。即便从景德四年八月开始算,陈尧叟掌管群牧司也有整整九年时间。

陈尧叟解枢密使之后,王钦若曾以枢密使短暂兼任群牧制置使。此时,枢密院有曹利用、任中正和张旻(后改名为张耆)三名枢密副使,都是群牧制置使的潜在人选。相对来说,曹利用资历更深,他大中祥符七年七月即为枢密副使,其余两人是大中祥符九年开始担任。又,三人中只有任中正是文官出身。曹利用与张旻虽同是武官出身,但背景迥异。曹利用因定立澶渊之盟的功劳才逐步升迁,张旻则是真宗的潜邸心腹。刘太后入宫前寄宿张旻家中,故张旻也是她最信任的人之一。宋真宗最后选择了曹利用。与群牧使固定由文臣担任不同,真宗对群牧制置使的设定,就是借助枢密院长贰的位望统领之。(参见表1)曹利用天禧元年(1017)九月同知枢密院事,并兼群牧制置使。然而,曹利用或许没有想到,这个任命却成为他在日后与内廷关系恶化并最终贬死的伏笔之一。此事下节再展开。

---

① 《宋史》卷284《陈尧叟传》,第9586—9587页。
② 《长编》卷83,大中祥符七年七月庚寅条,第1888页。

表 1　真宗朝群牧司的长官

官名	官名	姓名	就任	离任	身份	出处
	制置群牧使	陈尧叟	咸平三年（1000）九月	咸平四年三月	枢密直学士兼	《长编》卷47；《职官分纪》
	制置群牧使	薛映	咸平四年三月	景德初，至迟景德二年七月	知制诰兼	《宋史》卷305《薛映传》；《东都事略》卷45《薛映传》
	群牧使	赵安仁	景德二年（1005）七月	景德三年二月	翰林学士兼	《长编》卷60
群牧制置使		陈尧叟	景德四年八月	大中祥符七年（1014）	知枢密院事	《宋会要辑稿》职官23之5
群牧制置使		陈尧叟	大中祥符七年七月		专任	《长编》卷83
群牧制置使		陈尧叟	大中祥符八年四月	大中祥符九年八月	枢密使兼	《宋宰辅编年录》卷3
群牧制置使		王钦若	大中祥符九年	天禧元年（1017）	枢密使兼	夏竦《文庄集》卷28《赠太师中书令冀国王公行状》
群牧制置使		曹利用	天禧元年九月	天圣七年（1029）正月	同知枢密院事兼	《宋宰辅编年录》卷3

第三，群牧副使的前身是勾当群牧制置司。首任勾当群牧制置司刘承规于景德二年与戚纶担纲新成立的提举诸司库务①。或因此，勾当群牧制置司一职改由内侍左班副都知阎承翰兼任②。同年，官职名称改为"群牧副使"，与"群牧使"相呼应③。但在《长编》卷66，景德四年八月乙巳条中有"内侍副都知阎承翰为都监"的记载。由于阎承翰景德二年已为"群牧副使"，降为都监

---

① 《宋会要辑稿》职官27之41，第3731页。
② 《宋史》卷466《阎承翰传》，第13608页。
③ 《长编》卷60，景德二年七月己酉条："改勾当制置群牧司事为群牧副使，以内侍左班副都知阎承翰为之。制置群牧使去制置之号，但为群牧使。"第1349页。

的可能较小,故笔者怀疑此处有误记。又据《长编》卷76:

> 群牧副使阎承翰与勾当估马司赵守伦虽素为姻家,又联职任,然不相得,遂各讼诉,并付御史台鞫问。承翰坐擅用公钱,当赎金三十斤;守伦坐违制移估马司,当免所居官,典吏当杖脊。乙酉,诏宽其罚,承翰赎金十斤,守伦赎二十斤,典吏亦降从杖。群牧都监张继能、判官陈越而下并释罪,制置使陈尧叟特免按问。所用公钱悉蠲之。①

同在群牧司任职的阎承翰、赵守伦和张继能三人均是宦官。除了上文提及可能误记的材料以外,这是群牧都监出现的最早记录。我们至少可以认定,至迟在大中祥符四年六月,由宦官出任的群牧都监一职已经出现了。此一职务主要由宦官担任。直至熙宁十年(1077)正月,神宗规定群牧副使与都监互置②,两者渐为趋同。

第四,群牧判官一职较为稳定,自群牧司设立后一直由文臣担任。

综上,群牧司上层职位的结构可见下表(表2):

表2 北宋前期群牧司职位

	文官/武官（枢密使副兼）	文官为主（枢密直学士或翰林学士兼）	宦官/武官	宦官为主	文官
咸平三年九月		制置群牧使	勾当制置群牧司事		群牧判官
景德二年七月		群牧使	群牧副使		群牧判官
景德四年八月	群牧制置使	群牧使		群牧都监（疑为群牧副使）	群牧判官

---

① 《长编》卷76,大中祥符四年六月乙酉条,第1729页。
② 《长编》卷280,熙宁十年正月庚午条,第6853页。

（续表）

	文官/武官（枢密使副兼）	文官为主（枢密直学士或翰林学士兼）	宦官/武官	宦官为主	文官
大中祥符四年六月	群牧制置使	群牧使	群牧副使	群牧都监	群牧判官
明道二年五月		群牧使	群牧副使	群牧都监	群牧判官
景祐二年十月	群牧制置使	群牧使	群牧副使	群牧都监	群牧判官
熙宁十年正月	群牧制置使	群牧使	群牧副使与群牧都监互置		群牧判官

由上表可见，群牧司的分层设职与"交错任用"原则之贯彻一目了然。陈尧叟在景德四年一度推脱枢密院事多，于群牧司事只署检，"其帖牒委使副、判官印署施行"①，则群牧使、副使与判官诸职亦绝非挂名，日常文书需各自印署。也正因为这样，群牧司的运作需得内廷与外朝官僚协同共事与相互掣肘。每一次马匹的调用，都需经这一过程，无论宫廷还是外朝的任何势力，独占这一资源的难度都大为增加。这就实现了"宫朝相制"的效果。

五、从刘太后主政时期群牧司人事看"宫朝相制"的实现

"交错任用"的用意在于平衡。宫廷与外朝两系官僚同时在一个机构共事，绝对的稳定是不可能的。然而，二者的牵制，以"交错任用"实现"宫朝相制"就是皇权安全感的来源。刘太后主政时期的群牧司的人事变动正好能说明这种效果。

天禧四年（1020）真宗病情加剧之后，内廷主要由刘太后裁断政务。从此时至明道二年（1033）去世为止，她都是王朝实际上的主政者。但仁宗亲政后，士大夫对她有激烈的抨击。景祐元年（1034）知制诰李淑就说："天禧后，庄献密助内治，以讫顾命。至于陛下继统，十年之间，政出房闼，内侍放纵，

---

① 《长编》卷66，景德四年八月乙巳条，第1479页。

邪路滋萌。"① "内侍放纵",是指责刘太后过分信用宦官。而"邪路滋萌"是指用人方式不公导致官风败坏,集中表现在外朝士人也开始孜孜营求"内降"得官②。而在成立并不算久的群牧司内,围绕各职位的人选映射出宫朝间的紧张关系。

上文提到,首任群牧制置使陈尧叟大中祥符九年去职,王钦若暂代。天禧元年,真宗在三个备选之中选择了曹利用兼任群牧制置使。曾长期兼任群牧副使的阎承翰则于大中祥符七年去世③,同年杨崇勋接替他担任群牧副使④。杨崇勋虽然是武官出身,但与真宗的近密关系不在宦官阎承翰之下。他的就任,延续了真宗对这一职位的设计要求。天禧四年,他甚至破格升任本由文臣出任的群牧使。这样一来,群牧司自制置群牧使以下,只有群牧判官作为外朝文臣在职了。但因曹利用性格"悍梗少通",又自恃功劳,对宦官们不留情面。因此,真宗末期日趋活跃的内廷宦官反在群牧司内遭到更多弹压。天禧二年八月,群牧都监张继能私自调用皇城司亲事卒调查群牧司吏员左宗,而起因是曹利用否决了他调动亲信进入群牧司的提议⑤。在受刘太后命戒敕尚御药罗崇勋时,"(利用)去(罗)崇勋冠帻,诟斥良久"⑥。曹利用对宦官群体不留情面,双方矛盾日深。

后曹利用罢枢密使,被贬途中为宦官威逼致死。导火索是其侄赵州兵马监押曹汭之狱。若仔细推敲,曹汭被告发的过程与张继能调用亲事卒伺查左

---

① 《长编》卷114,景祐元年二月乙未条,第2663页。
② 关于内降问题的研究可参见丁义珏:《论北宋仁宗朝的"内降":制度、政治与叙事》,(台湾)《汉学研究》第30卷第4期,2012年12月。
③ 《宋史》卷486《阎承翰传》,第13611—13612页。
④ 宋祁:《景文集》卷61《杨太尉行状》,《景印文渊阁四库全书》第1088册,第592页。
⑤ 据《长编》卷42,天禧二年八月乙卯条:"先是(张)继能主往来国信,有国信司吏陈诚者,颇巧黠,继能欲援置群牧司。而诚先隶群牧,坐事停职。至是,群牧吏左宗抉其宿负,白制置使曹利用,故诚不遂所求。继能怒宗之沮己,密遣亲事卒侦宗。会宗弟元丧妻,宗尝为假教骏军校马送葬。及还,元抵饮肆与酒保相殴,系府中,而假马事未发。诚即白继能,请属府并劾之。(乐)黄目时知府,受继能属,狱未具,为群牧副使杨崇勋所发,故黄目等并坐责。继能自陈不愿外任,得掌瑞圣园。"第2124页。
⑥ 《宋史》卷290《曹利用传》,第9708页。

宗借机陷害十分类似①。而宦官敢于构陷曹利用,实因利用因人事权得罪了刘太后。《长编》卷107:

> 初,太后临朝,威震天下。中人与贵戚稍能轩轾为祸福,而(曹)利用以勋旧自居,不恤也。凡内降恩,力持不予,左右多怨。太后亦严惮利用,称侍中而不名。利用奏事帘前,或以指抓击带鞓,左右指以示太后曰:"利用在先帝时,何敢而耶!"太后颔之。利用奏抑内降恩,或屡却而复下,则有黾勉从之者。久之,人测知其然,或绐白太后曰:"蒙恩得内降,虽屡却于枢密院,今利用之家媪阴诺臣请,其必可得矣。"下之而验。太后始疑其私,颇衔怒。②

我们从材料中不能看到究竟因为哪些职位、任命谁而引发了矛盾。但结合曹利用被罢职前后的蛛丝马迹,双方矛盾的焦点正是群牧判官一职。曹利用担任群牧制置使十二年时间里(1017—1029),至少直接推荐了三人担任群牧判官。如李昉之孙李昭述,"群牧制置使曹利用荐为群牧判官"③;司马光的父亲司马池"枢密使曹利用奏为群牧判官"④;韩琦之兄韩琚,天圣四年(1026)因曹利用推荐而任群牧判官⑤。曹利用被罢一个月后,韩琚被外放,理由是"琚,利用所荐也"⑥。当月刘太后就下令:"群牧制置使自今不得举判官,须朝廷差人。"张耆天圣三年已为枢密使,此时则接替曹利用兼任群牧制置使⑦。张耆即是张旻。刘太后终于在这个职位上安排了自己最重要的亲信。

杨崇勋之后,我们无法确知群牧使任上是否有人,且是否是文臣。故张

---

① 据《宋史》卷290《曹利用传》记载:"会从子(曹)汭为赵州兵马监押,而州民赵德崇诣阙告汭不法事。奏上,(罗)崇勋请往按治,遂穷探其狱。汭坐被酒衣黄衣,令人呼万岁,杖死。"第9708页。
② 《长编》卷107,天圣七年正月癸卯条,第2491—2492页。
③ 《宋史》卷265《李昭述传》,第9143页。
④ 《宋史》卷298《司马池传》,第9903—9904页。
⑤ 韩琦:《安阳集》卷46《三兄司封行状》:"曹公利用稔闻乡人之论,心善之,会群牧判官缺,荐公堪其任。"《景印文渊阁四库全书》第1089册,第498页。
⑥ 《长编》卷107,天圣七年二月甲戌条,第2497页。
⑦ 《宋宰辅编年录校补》卷4,第176页。

着兼任群牧制置使之后，群牧司就面临着可能被内廷宦官或近密武臣全面掌控的局面。但真宗"交错任用"的旧制仍在，群牧判官一职仍由文臣出任。据《长编》107：

> 初，群牧判官阙，以内降求之者凡十数人，执政患之，相与谋曰："得孤寒中有声望才节可服人者与之，则中旨可塞矣。"乃以（庞）籍姓名进，诏遂用籍。①

贬死曹利用后，刘太后要求群牧判官由"朝廷差人"，又频有"内降"求之②，给外朝宰辅很大压力，但客观上也给宰辅机会去选一个敢于担当的文官担任群牧判官。吕夷简等人选择的庞籍不仅得到了刘太后的批准，而且不负众望，在转对时慷慨陈词，历数群牧司、枢密院在纵容包庇宗室、外戚和宦官等方面的不正之风③。

但另一位群牧判官司马池就因奉法为公，在与内廷的对抗中被贬出外。同据《长编》卷107：

> 内侍皇甫继明等三人给事太后阁，兼领估马，自言估马有羡利，乞迁官。事下群牧司，阅实，无羡利。继明方用事，自制置使以下皆欲附会为奏，池独不可。吏拜曰："三中贵人不可忤也。"池不听。继明等怒甚。会除开封推官，敕至阁门，为继明党所沮罢，乃以屯田员外郎出知耀州。④

---

① 《长编》卷107，天圣七年三月癸未条，第2505页。

② 此处的"内降"当指有人自后宫、宦官等渠道请托于刘后，刘后又下内批于宰辅。"内降"的相关研究可参见丁义珏：《论北宋仁宗朝的"内降"：制度、政治与叙事》，（台湾）《汉学研究》第30卷第4期，2012年12月。

③ 《长编》卷107，天圣七年三月癸卯条记载：群牧判官庞籍因转对言："旧制，不以国马假臣下，重武备也。枢密院以带甲马二借内侍杨怀敏，群牧覆奏，乃赐一马。三日而复借之，数日而复罢。枢密掌机命，反复如此。平时百官奏事上前，不自批章，止得送中书、枢密院，盖防偏僭，以启倖门。近岁传宣内降，寖多于旧，臣恐法度自是隳也。往者王世融以公主子殴府吏，法当赎金，特停任。近作坊料物库主吏，宫掖之亲，盗三物，辄自逃，三司捕未获，遽罢追究。今日圣断乃异于昔，臣窃惑焉。又祥符令检吏稍严，胥吏相率空县而去，令坐罢免。若是姑息者获安，而清强者沮矣。"第2504—2505页。

④ 《长编》卷107，天圣七年三月癸未条，第2505页。

估马司设立于咸平元年(998),"凡市马,掌辨其良驽,平其直,以分给诸监"①,一直由宦官主持②。群牧司成立后,估马司成为它的下属机构。此时群牧制置使是张耆,与皇甫继明沆瀣一气,唯有司马池作为判官不肯为奏才让他们的欺罔邀功没有得逞。

综上,通过梳理刘太后当政时期群牧司的人事变动,我们可以看到"交错任用"的特点。在机构内部,分层设置与交错任用显然会增加行政手续、牺牲行政效率,但客观上却使得宫朝两系官僚对每一次马匹调用都能相互监督或掣肘。两个官僚系统协同任事中,任何一方权势的过分发展,都会引起另一方的抵制甚至反弹。君主本意就是让机构始终处于这种张力之中,换取他对这个机构的最终控制权。无论是外朝代表曹利用的跋扈也好,内廷代表张耆附和宦官集团也罢,唯有作为仲裁者的君主,同时被两边寻求支持,很容易在机构内直接贯彻自己的意志。

六 余论:"交错任用"的展开与"宫朝相制"的意义

钱穆先生说中国古代的政治制度,宋是"最没有建树的一环",宋之于唐"有形势推迁,而无制度建立"③。北宋前期的制度,是唐后期和五代以来不断调整的结果,最后呈现出的面貌的确没有唐前期三省六部一九寺五监体系那样整齐。但是否如钱穆言只是"形势推迁"而已呢?宋史学界虽用"事为之防,曲为之制""防弊之政"来概括宋初的制度精神,也只是"形势推迁"的另一种表现。实际上,宋制蕴含的核心原则与技术手段仍有挖掘与归纳的必要。

通过回溯唐代马政,再分析群牧司的制度设计,我们会发现其中包含着清晰的理路。群牧司的机构设置与人事配比,是一种典型的"交错任用",而且明显将这套人事结构作为一种对唐中期以来宫朝关系的最终解决方案。而从马政机构的发展过程和最终效果来看,通过"交错任用"以"宫朝相制",

---

① 《宋史》卷198《兵志》,第4928页。
② 《文献通考》卷56《职官考》,第1646页。
③ 钱穆:《中国历代政治得失》,北京:生活·读书·新知三联书店,2001年,第74页。

也确实解决了唐初以来的制度难题：既需要一个能集中统一领导的马政机构，又要防止它被外朝或内廷势力掌控而威胁皇权。事实上真宗的这一套做法在其他事务机构，以及地方领兵、河政等许多方面铺展开来[①]。事务机构，除了群牧司较为典型以外，又如：

> 掌小使臣选任的三班院，长官由两制以上文臣、诸司使以上武官充任；[②]
>
> 掌宗室与宗庙祭祀的宗正寺，判寺由宗室两制以上充，主簿一员以京官充，下有太庙、后庙宫闱令以入内内侍充，陵台令以京朝官知永安县、诸陵副使和都监由宦官充任；[③]
>
> 掌供帐帷幄的仪鸾司，真宗时勾当官五员，由京朝官、诸司使副及内侍充；[④]
>
> 掌牛羊猪饲养与宰杀的牛羊司，以京朝官、诸司使副及三班三人监；[⑤]
>
> 掌内外修缮的东西八作司勾当官由京朝官、诸司使副及内侍充；[⑥]
>
> 掌管外交总务的鸿胪寺的判寺虽由朝官出任，但掌辽国聘介的主管往来国信所则由宦官负责，礼宾院由阁门祗候以上的武臣及三班小使臣、内侍二人监。[⑦]

除了各类事务机构，北宋每年出使辽国的使团，正使为文官，副使为武官，分别由中书、枢密院选派，而其他人员则由宦官掌管的国信所选差。

"交错任用"在北宋前期被广泛运用当无疑问，但在不同类别机构中如何展开仍需更细致的研究说明。

有意思的是，尽管"交错任用"运用广泛，但宋代君主从没有进行过阐述，宋代的士大夫群体常会对具体的人事安排提出公开反对，但没有人对这种用

[①] 可参见丁义珏：《北宋前期的宦官：立足于制度史的考察》，北京大学博士学位论文，2013年。
[②] 参见《宋会要辑稿》职官11之57，第3344页。
[③] 参见《宋会要辑稿》职官20之1引《两朝国史志》，第3563页。
[④] 参见《宋会要辑稿》职官22之5，第3617页。
[⑤] 参见《宋会要辑稿》职官21之10，第3610页。
[⑥] 参见《宋会要辑稿》职官30之7，第3794页。
[⑦] 参见《宋会要辑稿》职官25之6，第3684页。

人模式提出过异议。这本身也是个有趣的政治文化议题。虽然没有直接的政治思想的阐述和讨论资料,但从实际的制度调整中,我们可以看到以宋真宗为代表的北宋统治者所吸收的唐代后期的政治教训,并不是宦官不该被用于外事,而是不能在宫廷与外朝两个官僚体系中过分依靠其一。尽最大可能维持两套系统的分立,却又在具体事务中将他们打散,彼此监督与制衡,达成"宫朝相制"的结果,以使作为中间裁判者的皇权获得最大程度的伸张。客观地说,北宋前期的制度设置之细致与精密达到传统中央集权帝制国家的新高度。

本文原刊《中国史研究》2019年第2期,收入本论集时结合同仁评阅意见修订。

何以"有为"?
——论北宋神宗朝"大有为"之政

古丽巍

北宋元丰八年(1085)三月,在位十九年的神宗(1068—1085在位)在福宁殿去世①。哲宗即位后,元祐元年(1086),命宰臣提举编修神宗皇帝《实录》,以吏部侍郎陆佃等为修撰官,元祐六年三月进呈,是为《神宗实录》②。陆佃曾为《神宗皇帝实录》作序,总结了神宗一生的文治武功:

> 嗟乎!天不少延,不及宣究骏功伟业,以竟一代之能事。然在位十有九载,积精会神,兴为建立,所以作人经世之略,亦足以度越汉唐、

作者单位:华中师范大学历史文化学院

① 李焘:《续资治通鉴长编》(以下简称《长编》)卷353,元丰八年三月戊戌,北京:中华书局,2004年,第8456页。

② 《长编》卷365,元祐元年二月乙丑条,第8755页;《长编》卷456,元祐六年三月癸亥条,第10918页。关于《神宗实录》先后几次修订,参见蔡崇榜:《宋代修史制度研究》,台北:文津出版社,1991年,第82—98页。

追迹三代矣。……然则庙号称"神",姑徇天人之意尔。①

神宗勇于更革时弊,改制创新,是宋代颇有作为的皇帝,以"神"为庙讳,是因仿效《尚书》所称尧德:"曰'乃圣乃神,乃武乃文'。盖圣神所以立道,文武所以立事也"②,反映了时人对这位皇帝以三代为理想,一生致力于骏功伟业的敬意,即使在元祐时期,对神宗的评价也没有因元祐的政治倾向而受到贬抑③。综观神宗在位十九年,即位之初便意欲"有为",此后偕同他在不同历史阶段所选择的官僚群体,从现实政治状况出发,在政治、制度、学校、礼文、军事等方面多有兴建,一步步更革时弊,改造国家机器,努力建设行之有效的运行机制,以成一代之良法,重新树立了宋朝的形象,向着他"大有为"的政治理想迈进。

这些更革充满争议,也未能全部完成,但却使国家的政治面貌发生了明显改变,受到时人"皆有法度"④的肯定;神宗个人的施政方式,也对此后政局产生了深远的影响。由此,集中思考神宗个人在政事中作用的变化,以及这一变化对推进国家政务运行的重要意义成为必然。以往对神宗朝政治史的研究,议题主要集中在两方面,熙宁以变法为主,元丰以改制为主,而作为皇帝的神宗往往隐而不显⑤。事实上,如果缺乏神宗有为进取的精神和持续不断的推动,神宗朝的政治改革很有可能如庆历新政一般惨淡收场,皇帝的

---

① 陆佃:《陶山集》卷11《神宗皇帝实录叙论》,《景印文渊阁四库全书》,台北:台湾商务印书馆,1986年,第1117册,第143页上。

② 司义组整理:《宋大诏令集》卷8《帝统八·神宗谥议》,北京:中华书局,2009年,第35—37页。

③ 参见梁思乐:《北宋后期党争与史学——以神宗评价及哲宗继位问题为中心》,文章认为"宋朝君臣常以'祖宗家法'为号召,而神宗驾崩之后,亦成为赵宋王朝列祖列宗之一,可以是后世君主取法的对象";"元祐史臣可以将王安石定位为奸臣,却不能斥责神宗为昏君,只能避重就轻,以称颂神宗的德行为主,而回避他推行新法的问题。对于新党而言,此举无异于否定新法的成绩,故绍圣史官便指责旧党未能直书神宗的功德,进而重新为神宗作评价"。"十至十三世纪中国史国际学术研讨会暨中国宋史研究会第十七届年会"第七组"熙丰印象"会议论文集,2016年,第222—234页。

④ 陆佃:《陶山集》卷11《神宗皇帝实录叙论》,《景印文渊阁四库全书》第1117册,第142页上。

⑤ 元丰改制的研究有张复华:《北宋中期以后之官制改革》(台北:文史哲出版社,1992年),龚延明及日本学者熊本崇、宫崎圣明等人亦有论著。学界专文研究宋神宗者较少,可参看东一夫:《宋神宗论》,《东京学艺大学纪要》(日本)18,1966年,第116—124页;叶坦:《大变法——宋神宗与十一世纪的改革运动》,北京:三联书店,1996年;仲伟民:《宋神宗》,长春:吉林文史出版社,1997年。

主导，某种程度上使元丰之政构成了对熙宁之政的反思与延伸，二者互为表里。因此，集中观察宋神宗施政理念及方式，有利于我们更加透彻地发掘神宗朝在整个北宋中后期政治中的意义，理解北宋后期历史。

一、"有为"之政的提出

北宋立国百年，至神宗熙宁初年，承平既久，"累世因循末俗之弊"[①]滋生了各种政治、社会问题，朝中弥散着因循疲沓、苟且度日的萎靡气氛。神宗即位之初"将欲有为于天下"[②]，表现出积极解决这些政治社会问题，努力突破既往"因循"政治氛围的姿态。

不过，"有为"非神宗朝君臣首创，此前仁宗朝已有臣僚有此呼声，不同时期北宋君臣对朝政"有为"的认识有差别，却也有着相当程度上的延续。仁宗庆历年间（1041—1048），是臣僚敦请皇帝"有为"比较集中的时期。知谏院蔡襄在庆历三年面临与西夏元昊征战带来的军事压力，痛感当时朝政"处置未得其方，因循不究其弊"，国家将帅不才、士卒畏懦、民力困穷、国帑空虚，不得不接受元昊傲慢乞和的现状，上书仁宗，要求皇帝"必大有为然后振起"[③]，改变国力委顿的现状。当时蔡襄等人希望皇帝"大有为"，振举朝政，很大程度上是在边境军事压力激增的情况下，朝廷应对乏力，凸显出了内政之失，才意图改善现状而提出的政治设想。

在外部压力下希望皇帝振起有为，这一想法在当时颇有代表性。右正言、知制诰田况曾向仁宗奏陈"政体"问题，从中可得见其对朝政的认识：

> （田）况尝面奏事，论及政体，帝颇以好名为非，意在遵守故常。况退而著论上之。其略曰："名者由实而生，非徒好而自至也。尧、舜、三代之君，非好名者，而鸿烈休德倬若日月，不能纤晦者，有实美而然也。

[①] 王安石：《临川先生文集》卷41《本朝百年无事札子》，《四部丛刊》初编本。

[②] 杨仲良：《续资治通鉴长编纪事本末》（以下简称《长编纪事本末》）卷100《绍述》，绍圣元年七月壬戌，引蔡京语。北京：北京图书馆出版社，影印宛委别藏本，2003年，第3192页。

[③] 蔡襄：《端明集》卷20《乞不许西贼称吾祖》，《景印文渊阁四库全书》第1090册，第496页；元昊称"吾祖"，事见《长编》卷142，庆历三年七月癸巳条，第3408—3409页。

设若谦弱自守,不为恢闳睿明之事,则名从而晦矣,虽欲好之,岂可得耶?方今政令宽弛,百职不修,二敌炽结,凌慢中国。朝廷恫矜下民横罹杀掠,竭沥膏血,以资缮备,而未免侵轶之忧。故屈就讲和,为翕张予夺之术。自非君臣朝夕耻愤,大有为以遏后虞,则愈可忧矣。陛下若恐好名而不为,则非臣之所敢知也。……今皆非之而不为,则天下何所望乎?……"①

此奏在《长编》中系于庆历三年(1043)八月,具体上奏时间应在此之前。田况著有《好名》《朋党》二论,从《长编》此段引文内容上看,应取自《好名》。田况曾被陕西经略安抚使夏竦辟为陕西经略判官、参都总管军事,其后"又言所以治边者十四事",得到仁宗赏识。随后还朝为右正言、判三司理欠凭由司。此时枢密副使韩琦为陕西宣抚使出巡边地,以右正言、知制诰田况为陕西宣抚副使,"每事议而后行"②。后官至三司使、枢密使副。可知田况对边事、财政颇为熟悉,对内政亦有自得之见,堪称综合型人才。这一时期宋廷所面临的内外困境田况感触很深:若欲改变这样的局面,就要不惮浮名而有所作为③。

当时仁宗"意在遵守故常",对振举朝政颇不以为然,认为"有为"无外乎是"好名"之举。然而当时朝中有识之士如田况者则忧心忡忡,朝廷"政令宽弛,百职不修"的现状,在受到西、北二敌威胁时就显得尤为突出。即使元昊纳款,宋廷与西夏讲和,在田况看来本是"屈就"应急之策,若真正想改变宋廷与西夏军事力量对比关系,根本在于君臣知耻而后勇,更革时弊,"大有为"以增强国力,在有实力的基础上"以遏后虞"。如果因"恐好名而不为",更是因噎废食。田况的认识与蔡襄等人颇有共同之处,均是在宋廷对外战事不力中看到内政不修给宋廷统治带来的危机,希望通过促使皇帝"有为"改变现状。现实的压迫以及士大夫这种要求皇帝"有为"进行变革的呼声,一定程度上的确对仁宗产生了影响。庆历四年(1044),范仲淹等人

---

① 《长编》卷142,庆历三年八月戊戌条,第3416—3417页。
② 《长编》卷142,庆历三年八月丙申条,第3415页。刘成国:《王安石年谱长编》卷2,北京:中华书局,2018年,第68、124—125、135页。
③ 参见王安石:《临川先生文集》卷91《太子太傅致仕田公墓志铭》;曾巩:《隆平集》卷11《田况传》,王瑞来点校,北京:中华书局,2012年,第330页。

在仁宗的要求下，高倡"约前代帝王之道，求今朝祖宗之烈"①，以先圣、祖宗为旗帜发起政治改革运动。或许也正是因为皇帝内心中更"意在遵守故常"，当庆历新政遇到阻碍，"朋党"之说泛起时，仁宗对新政疑虑不已，终致新政失败。昙花一现的"有为"一定程度上触动了改革的机关，《十事疏》推出的新政除"修武备"外"皆以诏书画一颁下"②，甚至还推出了一些《十事疏》以外的新政，然而大多数新政随着庆历新政落幕而寥落收场，即使新政中少数几项如州县立学、官员职田、厚农桑等措施得以保留，但现实中大多数积弊没能得到有效处理，一直成为朝廷上下的隐忧③，困扰着其后帝王和有识之士。

继仁宗而立的英宗被认为是"自有性气要改作"④的皇帝，说明英宗有着某些与仁宗不同的政治意图，但其即位之初，英宗却以"临朝恭默"示人，这一态度当然是出于对现实政治状况的考虑，然而英宗从"恭默"到"改作"，前后的转变何以能发生非常耐人寻味。起初，皇帝的"恭默"促使臣下不断敦请皇帝振作政事，整顿积弊：

> 今陛下即位以来，奉承先帝遗制，以日易月，变服从吉，山陵既备，升祔成礼，四海之人，拭目而望，洗耳而听，以谓陛下将大有为，亲用威柄，兴举庶政，以强王道。⑤

据内容推测，此奏时间应在英宗亲政不久，不会晚于治平元年（1064）。陈舜

---

① 范仲淹：《答手诏条陈十事》《再进前所陈十事》，范能濬编，薛正兴校点：《范仲淹全集·范文正公政府奏议》卷上《治体》，具体改革设想亦见此处，南京：凤凰出版社，2004年，第473—486、487—488页。

② 《宋史》卷314《范仲淹传》，北京：中华书局，1974年，第10274页。

③ 方健：《范仲淹评传》，南京：南京大学出版社，2011年，第222—288页。

④ 黎靖德编：《朱子语类》卷130《本朝四·自熙宁至靖康用人》，王星贤点校，北京：中华书局，2004年，第3095页。

⑤ 陈舜俞：《都官集》卷4《上英宗皇帝书（三）》，《景印文渊阁四库全书》第1096册，第444页。仁宗崩于嘉祐八年三月辛未（《长编》卷198，第4792页），嘉祐八年五月英宗亲政，时已除丧，十月，葬仁宗于永昭陵（陈均编：《皇朝编年纲目备要》卷16，许沛藻等点校，北京：中华书局，第377、379页），嘉祐八年十一月仁宗山陵祔庙毕（《宋大诏令集》卷139《典礼·仁宗祔庙毕曲赦两京德音》，第497页），此奏时间应不晚于治平元年。

俞曾于庆历六年(1046)中进士,又于嘉祐四年(1059)八月策制科入等,授秘书省著作佐郎、签书忠正军节度判官公事①。虽官资尚浅,而连上三书,亦可见英宗服丧之后如何施政,上下臣僚具瞩目而待。不过,英宗朝臣僚要求皇帝"有为"的目标很大程度是"亲用权柄,兴举庶政",即亲自掌握国家大权,控御臣下,解决内政的问题,加强王朝的统治力量,其意特有所指。

英宗朝令人瞩目的内政纷争之一即是"濮议",从治平元年五月宰相韩琦、参政欧阳修等奏请尊濮安懿王为皇考始,至治平三年正月尊"濮安懿王"为"濮安懿皇"止②,濮议纷争几乎贯穿了英宗朝始末。韩琦、欧阳修等均认为应尊英宗生父濮王为"皇考",而与朝廷台谏官贾黯、吕诲、范纯仁、司马光、吕大防及翰林学士王珪、范镇等人要求称濮王为"皇伯"的观点形成对峙③。仁宗与英宗父子情分甚浅,在不得不立英宗为皇嗣时纠结不已④,从濮议之发生及其所产生的政治影响上看,也透露出英宗"为仁宗后志意不专"⑤,在宗法血缘方面,英宗内心对仁宗宗父身份的认同并不坚定,而隐藏在这一认同之下的,是英宗意欲有所改变的政治设想。这多少有负先帝的态度,没有引来群臣一边倒的声讨,濮议中各执一词的双方反而用不同方式在事实上强化了英宗继承仁宗后掌控朝政的权威性。

就韩琦、欧阳修一方而言,他们本是仁宗朝旧臣,韩琦自嘉祐三年(1058)

---

① 龚延明、祖慧撰:《宋登科记考》卷4,南京:江苏教育出版社,2005年,第214、270页;《长编》卷190,嘉祐四年八月乙亥,第4583页。
② 《长编纪事本末》卷55《英宗皇帝·濮议》,第1759—1789页。
③ 濮议所反映的政治分歧及士大夫群体之争十分复杂,非本文讨论重点,此不赘述。相关研究,主要有程光裕:《北宋台谏之争与濮议》,《宋史研究集》第2辑,台北:编译馆中华丛书编审委员会,1983年,第213—234页;刘子健:《欧阳修的治学与从政》,台北:新文丰出版公司,1984年,第234—238页;小林义广:《『濮议』小考》,《东海大学纪要·文学部》54,第31—48页,1990年;张钰翰:《北宋中期士大夫集团的分化:以濮议为中心》,《宋史研究论丛》第14辑,上海:上海人民出版社,2013年,第19—41页; Xiaobin Ji: *Politics and Conservatism in Northern Song China: The Career and Thought of Sima Guang(A.D. 1019–1086)*, Hong Kong: The Chinese University Press, 2005。
④ 孙升:《孙公谈圃》卷中,《百川学海·戊集下》,"仁庙皇嗣未立"条。江天健:《北宋英宗濮议之剖析》,《宋史研究集》第28辑,台北:编译馆,1998年,第29—63页。
⑤ 司马光:《上英宗乞留吕诲等》,北京大学中国中古史研究中心点校整理:《宋朝诸臣奏议》卷90,上海:上海古籍出版社,1999年,第973—974页。

六月底拜相,欧阳修于嘉祐六年闰八月自枢密副使改任参知政事,韩琦、曾公亮、欧阳修等这一宰执组合自此一致延续到治平四年三月,欧阳修罢知亳州,九月韩琦亦罢政判相州①,此时英宗已经去世,神宗已于同年一月即位②。即整个英宗在位期间,韩琦作为仁宗朝宰相没有按照惯例在担任山陵使后与先帝共进退,而是继续留在继任皇帝英宗的政府中。宰执人选的延续,一定程度上调和了如太后垂帘、英宗以濮王为皇考等与英宗继统相关的敏感矛盾,客观上保证了朝野从仁宗到英宗过渡的稳定性,前朝重臣鼎力支持也显示出对英宗为仁宗朝继体之君权威性的认可。而问题的有趣之处在于,坚持认为英宗对濮王"出于天性""缘于人情"③,以"出继之子,于所继、所生皆称父母"④为说,赞成英宗以濮王为皇考的这几位宰执重臣,恰恰是仁宗朝旧臣。换言之,也正是由于韩琦等人对英宗的拥立⑤,甚至是他和欧阳修对濮王身份的认定,从而获得了英宗的认可,得以继续留任宰执,为人所侧目。不过,韩琦、欧阳修等人一直十分强调英宗"受命先帝,躬承圣统"⑥。这意味着在以韩琦为首的仁宗朝旧臣眼中,即使英宗尊濮王为皇考,也不会对他是先帝指定继承人这一身份有何负面影响,英宗承嗣仁宗的地位无可撼动。

韩琦等人"希合上意"⑦,把仁宗和濮王均欲尊为英宗"皇考"的处理方式,顾及了皇帝的个人感受,尽量弱化英宗对仁宗的抵触情绪,同时也努力调和太后与英宗的关系,事实上有利于新王朝政治的展开,显示了宰相韩琦等人作为政治家圆滑的政治手腕。然而这种处理敏感政治问题的灵活性却并不为众臣僚所赞赏,几乎立即引发司马光、吕诲等台谏官的普遍反对。这批反对者并未从英宗个人情感及心理舒适感出发,而把意见主要集中在强调英宗

---

① 梁天锡编著:《宋宰相表新编》,台北:编译馆,1996年,第84—89页。
② 《长编》卷209,治平四年正月丁巳条,第5073页。
③ 《长编》卷201,治平元年五月癸亥条,第4872页。
④ 韩琦等:《上英宗请集三省御史台官再议》,《宋朝诸臣奏议》卷89,第959页。
⑤ 徐自明著,王瑞来校补:《宋宰辅编年录校补》卷6,治平元年闰五月戊辰,宰相韩琦拜相制。北京:中华书局,1986年,第347页。
⑥ 欧阳修:《欧阳修全集》卷122,《濮议》卷3《中书请议濮王典礼奏状》,李逸安点校,北京:中华书局,2001年,第1861页。
⑦ 《长编》卷207,治平三年正月戊辰,吕诲语,第5024页。

为仁宗继子得以入继大统的"大义"上,如:

> 今陛下亲为仁宗之子,以承大业。
>
> 陛下鳞跃藩邸,入继大统,南面尊临,皆先帝之德也。
>
> 仁宗皇帝……遂于往岁下明诏,以陛下为皇子,嗣承顾命。①

这类不断强调英宗为仁宗之嗣子的言辞本身就说明了英宗虽被立为仁宗后,但两代之间确实存在隔阂的事实。显然,这些臣僚无法容忍英宗"继体之义不一"②,以濮王为"皇考",甚至是称濮王为"亲",极力要求确保"仁宗—英宗"这一统治继承次序的唯一性,试图以"大义"跨越隔阂。这一态度与仁宗在嘉祐八年刚刚暴崩于福宁殿时对英宗身份存在疑虑、朝中危机暗伏的记载形成微妙的对照③。濮议固然在朝野中造成了皇帝与臣僚、臣僚与臣僚之间的对立,然而我们也同样看到,这群激烈反对英宗追尊濮王、令英宗十分反感的臣僚,其作为实际上却也是极大地巩固了英宗以入继之子嗣位仁宗的权威地位,这一点不容置疑④。

濮议之争的双方在巩固英宗地位、强化其政治权威上殊途同归,英宗也因此得以彻底站稳了脚跟。这是英宗从"恭默"的观望态度转向"有为"而"改作"的重要基础,也是英宗掌控政局的底气所在。于臣下而言,这样的君主也是众望之所归。随着宰相韩琦等人在濮议之争中渐趋上风,日益"专权",臣僚在朝政主导权问题上对宰执的质疑也日益激烈,使得臣僚不断敦请英宗"有为"。前引陈舜俞上书英宗,请皇帝"早揽权纲,亲制威柄,谨用驭臣之术,

---

① 司马光:《上英宗乞行礼官所奏典故》,吕诲:《上英宗论不当罢集议乞别降诏以王珪等议为定》,赵瞻:《上英宗论不当罢集议乞别降诏以王珪等议为定》,《宋朝诸臣奏议》卷89,第964、962、963页。

② 吕诲等:《上英宗乞罢称亲》,《宋朝诸臣奏议》卷90,第971页。

③ 朱熹:《三朝名臣言行录》卷1,"英宗初立,外六班有谋变者",《四部丛刊》初编本;《长编》卷198,嘉祐八年四月壬申,小注引蔡惇《夔州直笔》、司马光《日记》、韩琦《家传》、《邵氏闻见录》等对仁宗暴崩后曹皇后和宰臣的反应及皇子是否入内等问题进行考辨。虽未能得出确切的结论,但也可窥见当时英宗以宗子入继为统,暗藏着很多不稳定因素。第4792—4794页。

④ 冀小斌也认为,司马光等在濮议中与欧阳修、韩琦的对峙加强了英宗的权威。具体论述参见 Xiaobin Ji, "Sima Guang and Puyi," in *Politics and Conservatism in Northern Song China: The Career and Thought of Sima Guang (A.D. 1019–1086),* Chapter 5, pp. 94–109。

发明求治之心",这一呼声在当时颇有共鸣者。治平二年(1065)十二月:

> 侍御史知杂事吕诲复申前议,乞早正濮安懿王崇奉之礼。……
> 遂劾韩琦曰:"……臣所虑者,朝廷居安之久,是陛下大有为之时,不宜持循,当务更化,琦之用,恐未足以救天下之安危。方今士论沸腾,人心愤郁,得不揽威福之在手,戒履霜之积微?"①

吕诲这段话有相当丰富的内涵。"乞早正濮安懿王崇奉之礼",希望濮议尽快有一个收束,把施政重点放到"有为"上来。所谓"居安之久""不宜持循",暗示英宗的施政不应仅是顺承仁宗朝的既定局面,而应"更化",革除时弊,兴举政事,走一条"有为"的新路。为何要"有为"?这里还有一层意思与劝英宗"亲用威柄"类似,劝诫英宗"揽威福之在手",敦促英宗及早亲掌大局。借用"履霜坚冰至"之典,矛头所向还是韩琦的"专权",希望通过皇帝亲揽政柄,杜绝权臣把持朝政,防微杜渐,消患于未萌,把施政的重点放在"更化"朝政上,"大有为"以解决仁宗朝以来存在的危机。

英宗并未摒弃韩琦等宰执,而是降黜了这些反对者,但认为国家社会中存在的问题需皇帝"有为"予以解决,却可谓是君臣不谋而合的共识。那么,英宗是否"有为"了呢?《宋史·英宗本纪》赞语中有这样一段话或可帮助我们在一定程度上理解英宗朝"有为"的状况:

> 及其临政……虽以疾疢不克大有所为,然使百世之下,钦仰高风,咏叹至德,何其盛也!②

赞语肯定了英宗欲"大有所为"之心,也看到其心为形役,病体不支而终究没有做出一番成就。这段赞语不能单纯地视为谀辞,对英宗曾有心"大有所为"的评价并非全无实据,英宗在亲政之初,确曾忧心忡忡地问执政:

---

① 《长编》卷206,治平二年十二月甲辰条,第5010—5013页。
② 《宋史》卷13《英宗纪》,第261页。此处引文省略"每有裁决,皆出群臣意表"等语,这一表述颇有深意,正可窥见他的身份与官僚群体,特别对韩琦等人的特别之处,因非本文主旨所在,不予多言。

积弊甚众，何以裁救？①

现实的政治困境也是促成英宗"有为"之心的重要因素。从英宗一朝实际施政上看，他确实对前朝遗留问题有了不少新的举措，略述如下。

治平元年（1064）九月，英宗下诏恢复武举，目的是选拔"素习韬略，颇娴义训之士，缓急驱策，可以折冲"之材②，对禁军的校阅、训练也重视起来③。面对来自西夏和兵冗的双重压力，治平元年十一月，英宗下诏继河北、河东后，在陕西诸州军简拣百姓刺为义勇，作为正规军的后备力量，意图增强边备的同时解决正军兵冗问题，可惜义勇作为备用正军的效果有限，"其后十年，义勇运粮戍边率以为常"④。治平三年八月，英宗"欲去冗官之弊"而改革磨勘之法⑤。这些举措，在当时引起不小的争议，也未能真正解决实际问题，但其中一些措施为神宗朝所继承，如缩减官府开支，推行民兵团甲以加强边备，对西夏积极备战等。

本纪赞语中称英宗"百世之下，钦仰高风，咏叹至德，何其盛也"，对于在位不足四年的英宗而言，委实过于浮夸，但如把英宗意欲"大有所为"这一治国思路延长到神宗朝，这一评价从一个侧面说明了英宗承前启后，开启了神宗的"大有为"时代，就恐非无的放矢了。

综观仁宗、英宗两朝，无论是内政还是对外战事，均积弊已久，亟待解决，与此同时，朝廷要求君主"有为"呼声日益强烈。两位君主虽有不同程度"有为"的努力，然而这一呼声经历仁宗、英宗两朝始终未能有实质性的推进，最终都不了了之。不过，与仁宗最终放弃"有为"相比较，无论是出于个人情感、政治较量还是当时实际的政治困境，英宗对时政的态度都表现得颇为积极，试图成就一番不同于仁宗朝的政治面貌。

---

① 《长编》卷 201，治平元年五月辛亥条，第 4868 页。
② 《长编》卷 202，治平元年九月丁卯条，第 4902—4903 页。
③ 《长编》卷 203，治平元年十月庚子条，第 4911 页。
④ 《长编》卷 203，治平元年十一月乙亥条，第 4914—4922 页。
⑤ 《长编纪事本末》卷 56《英宗皇帝·去冗官》，第 1813—1819 页。

二、神宗朝"大有为"之政的形成

英宗以继子入承皇位,随着其政治权威日益得到朝野上下的肯定,他也从一个一开始得知自己即位便反走惊呼"某不敢为!某不敢为!"①表现得谦退谨慎甚至小心翼翼得夸张的过继之君,变成一个"自有性气要改作"、意欲有为的帝王,他试图解决仁宗朝以来的积弊,施政有异于仁宗朝,某种程度上显示出对仁宗及其统治的"逆反"。然天不假年,濮议之争刚刚消弭不久,夏人入寇之警再次传来。虽然英宗采用韩琦的意见对西夏进行了强硬的反击,迫使西夏在一个月后上表谢罪,"一如(韩琦)所料",暂时稳住了西夏,但此时英宗已然"卧疾"②。这位意图改作却英年早逝的君主,既无力彻底更革时政积弊,也无法彻底改变宋廷与西夏力量的对比关系。"英宗皇帝享祚日浅,未究施设,奄弃万国。神宗皇帝以圣神不世出之资,慨然大有为于天下……凡政令法度,有未当于理、不便于时者,莫不革而新之"③,朱熹亦称"神宗继之,性气越紧,尤欲更新之"④。可以说,神宗延续了英宗"有为"思想,并开始全面付诸实践。

神宗于治平四年正月即位,时年十九岁⑤,伴随其父经历了从宗子到皇子再到皇帝的过程,也经历了濮议等政治纷争。虽然早已无须面对当年英宗继统时的尴尬,但他接手的这个国家,仁、英以来内外交困的局面却越发严重。国家财政匮乏的问题已经刻不容缓,尤其是军费,英宗治平初军费开支就已经超过国家财政开支的半数以上,加之冗官和祭祀等花费,治平年间,国家财政已经入不敷出,政府不得不用尽前朝敛财之术增加收入,甚至有了涸泽而渔的倾向⑥,英宗时期应对冗官、冗兵的政策效果微乎其微。对外而言,契丹给宋朝带来的亡国威胁远大于西夏,而西夏给宋朝造成的国防压力又甚于

---

① 《长编》卷198,嘉祐八年四月壬申条,第4792页。
② 《长编》卷208,治平三年十一月己巳条,第5068、5067页。
③ 《宋大诏令集》卷138《令议仁宗神宗庙制诏(元符三年九月乙亥)》,第491页。
④ 《朱子语类》卷130《自熙宁至靖康用人》,第3095页。
⑤ 神宗"庆历八年四月戊寅生于濮王宫",见《宋史》卷14《神宗一》,第263页。
⑥ 汪圣铎:《两宋财政史》,北京:中华书局,1995年,第2—42页。

契丹①,若是二者联合,有可能给宋廷带来更为巨大的政治军事威胁。神宗即位初,继承了乃父的"性气",也继承了其"改作"的愿望,颇有抱负,留心边务,"问北边事条目甚悉"②,欲将"改作"的志向付诸实践。

面对困境,神宗"慨然兴大有为之志,思欲问西北二境罪"③,对内则"欲革积弊"④。内外相较,仁宗朝对西夏战事的软弱,其父英宗卧病期间西夏的威胁,神宗即位之初密令种谔取绥州夺横山,最后却迫于枢密使文彦博和言官的压力而放弃⑤,都刺激着神宗在即位之初便倾向于对外战争,这一举措显然是英宗朝"有为"思路的延续。不过神宗的格局却绝不止停留在对西夏、辽朝取得防御性胜利,他"知祖宗志吞幽蓟、灵武",其"意在用武开边,复中国旧地,以成盖世之功",恢复"汉唐旧疆"⑥。若神宗实现这一政治理想,意味着他将从真宗澶渊之盟以后宋廷的对外困局中突围出来⑦,甚至可以超越真、仁,完成太祖、太宗遗志,"奋然将雪数世之耻"⑧,重新树立宋廷在国际秩序中的领导地位⑨。然而内政的弊端,尤其财政的匮乏,使神宗的有为之

---

① 李华瑞:《北宋朝野人士对西夏的看法》,《安徽师范大学学报(人文社会科学版)》1997年第4期,第497—504页。

② 彭百川:《太平治迹统类》卷12《神宗圣政》,熙宁元年四月壬寅,北京:文物出版社,1992年,影印《适园丛书》本。

③ 蔡絛:《铁围山丛谈》卷1,冯惠民、沈锡麟点校,北京:中华书局,1997年,第7页。

④ 王称:《东都事略》卷92《孙觉传》,台北:"中央"图书馆影印本,1991年,第1417页。

⑤ 《太平治迹统类》卷15《神宗经制西夏》。关于"绥州事件"的经过及其后续发展,参见朱义群:《宋神宗即位初期政治研究(1067—1070)》,首都师范大学硕士学位论文,2011年,第13—17页。

⑥ 《宋史》卷16《神宗三》赞语,第314页。赵翼著,王树民校证:《廿二史札记校证》卷26"王安石之得君",北京:中华书局,2013年,第561页。黄纯艳:《"汉唐旧疆"话语下的宋神宗开边》认为:复"汉唐旧疆"之说,是太祖、太宗"华夷一统"失败后退而求其次的对外"话语",为辽所据之燕云之地,为夏所据之灵、夏、横山地区皆在其中。《历史研究》2016年第1期,第24—39页。

⑦ 澶渊之盟的宋辽关系及其对宋廷带来意识形态上的改变,参见陶晋生:《宋辽关系史研究》第一章《宋辽关系的背景》(第7—20页)、第五章《北宋朝野人士对契丹的看法》(第103—136页),台北:联经出版事业公司,1983年;葛兆光:《宅兹中国》第一章《"中国"意识在宋代的凸显——关于近世民族主义思想的一个远源》,北京:中华书局,2014年,第39—65页。柳立言:《宋辽澶渊之盟新探》,《宋史研究集》第23辑,台北:编译馆,1996年,第71—190页。

⑧ 前揭《宋史》卷16《神宗三》赞语。

⑨ 这一目标所涉及的对边境的"建设",神宗朝显然并非仅注目西北方面。此问题涉及更广,需另撰专文。

图深受掣肘,所谓"积财练兵,志在刷耻"①,正是点出了神宗"有为"之政中内政与外事之间的关联,从此也可看出对外用兵雪耻的渴望,却也越发凸显了财政的不足。值得注意的是,此时神宗对朝政的目标已经日益明确,却尚未寻找到如何实践的道路;前文所引为后人所称的"大有为",亦尚未被明确提出来。

即使有了内外目标,即位之初神宗却颇有"不能畅言之隐"②,在内政和边事方面所遇到的来自宰辅的阻碍,使他意识到若想要实现内外目标,首先要着手解决的问题就是他的宰执人等是否能够配合他格弊雪耻而有所作为的理想。其实,神宗朝官僚士大夫同样不乏要求皇帝"有为"的呼声,构成仁宗、英宗两朝臣僚敦请君主"有为"的延续,不过这次是君主主动把"有为"提到日程上来。此时神宗迫切需要解决的问题,不仅要尽快掌控朝政,而且需选择与自己政治目标相契合、能为他所信用的执政官僚。神宗即位伊始,宰执人选从韩琦、曾公亮到富弼,颇有波折,富弼虽主张"阜安宇内为先","二十年未可言用兵"③,但他恰好也是非常欣赏王安石的元老重臣④,神宗以富弼为相,符合一些重臣的期待,也为王安石进入政治核心铺平了道路。神宗随即召翰林学士王安石越次入对,咨询治道何以为先,这是王安石的首次入对⑤,神宗希望借助富弼的威望和王安石的才能,为即将展开的"变法"创造一个良好的开局⑥。

至熙宁元年(1068)八月,神宗在迩英殿讲读后与王安石再次进行了一番单独的长谈,以政事相咨访⑦,君臣二人一拍即合,据绍圣所修《神宗实录》载:

---

① 《宋史》卷334《林广传》,第10739页。
② 王夫之:《宋论》卷6,舒士彦点校,北京:中华书局,1964年,第118页。
③ 彭百川:《太平治迹统类》卷12《神宗圣政》。
④ 朱弁:《曲洧旧闻》卷2:"富公叹曰:'人果难知。某凡三次荐安石,谓其才可以大用,不意今日乃如此。'"孔凡礼点校,北京:中华书局,2002年,第110页;《宋史》卷318《张方平传》:"盖(富)弼素亦善安石云。"第10359页。
⑤ 《长编纪事本末》卷59《王安石事迹上》,熙宁元年四月乙巳,第1908页。
⑥ 朱义群:《宋神宗即位初期政治研究(1067—1070)》,第19—25、75—77页。
⑦ 李裕民校注:《司马光日记校注》卷2《迩英奏对录》,北京:中国社会科学出版社,1994年,第128—133页。

> （神宗）自初嗣服，慨然思以其所学远者大者措之于天下，见历世之弊，欲变通之。患流俗蒙蔽，以在位之臣无足与计者，一见王安石，即知其可用，遂任以政。①

神宗已下定决心倚用王安石，熙宁二年二月，在任命富弼为首相的第二日，便以王安石为参知政事②。果然，王安石认为朝政应"以变风俗、立法度为先"，劝神宗"大有为之时，正在今日"③。在此，王安石把神宗之"意欲"以"大有为"概括出来，一语道破，"大有为"成为王安石因应神宗"历世之弊，欲变通之"、思以所学"措之于天下"的政治理想而提出的政治口号。

那么，王安石因神宗之理想而提出"大有为"，则"大有为"是否应归属王安石？我们可以看到，熙宁施政的主导者无疑是王安石，但若无君主的支持，君臣之间的分歧，很可能使熙宁新法与庆历新政的结果相似，因失去君主护持而失败。可以说这一时期神宗与王安石之"大有为"理念是有共识的，熙宁政治经济改革是君臣二人在此共识基础上的具体措施。正如学者研究所示，王安石改革所秉承"先王之政"的观念"本身所包含的尊君思想，自然使王安石不可能有任何摆脱或逾越神宗的念头，新政的实施，一切均须禀明神宗，获其首肯"，"依靠皇帝的权力，……进行从上到下的改革"④。除王安石外，神宗初期，当时名士监察御史里行程颢也希望皇帝"师圣人之言，法先王之治"，能够"大有为"⑤。司马光等人也有类似的意见。这是士大夫不满于现实政治状况而发出的呼声，表达了有识之士共同的政治追求。君臣的政治理念能够达成此种共识，也是此前仁、英两朝所未有的状况。是以神宗

---

① 《长编》卷353，元丰八年三月戊戌注文，第8458页。
② 《宋宰辅编年录校补》卷7，第379、382页。
③ 王安石：《临川先生文集》卷44《答手诏封还乞罢政事表札子》；卷41《本朝百年无事札子》。
④ 张元：《从王安石的先王观念看他与宋神宗的关系》，《宋史研究集》第23辑，第278页；漆侠：《王安石变法》，上海：上海人民出版社，1959年，第93页。
⑤ 程颢、程颐：《二程集·河南程氏文集》卷1《论王霸札子》，王孝鱼点校，北京：中华书局，1981年，第451—452页。此书上言的时间为熙宁二年程颢任监察御史里行之时，据池生春、诸星杓编：《明道先生年谱》卷2："熙宁二年八月，以吕公著荐，授太子中允、权监察御史里行"，张尚英校点，载吴洪泽、尹波主编：《宋人年谱丛刊》，成都：四川大学出版社，2003年，第2452页。程颢的札子应在八月以后进呈，较王安石稍晚。

朝的"大有为"之政，无法仅归因于熙宁年间王安石一人的政治理念和施政理想；而此后"将欲有为于天下""慨然大有为于天下""当大有为之时"①，以及《宋史·神宗本纪》赞语将神宗的施政理想概括为将"大有为"，应也是基于上述原因。"大有为"成为后来君臣概括神宗一生功绩、追慕先帝的重要语词。

若"大有为"不能仅归之于王安石，则君臣之"大有为"是否等同？君臣二人是如何展开"合作"的？此时的"大有为"，被提升到"法先王之治"的高度，王安石对"大有为"的理念已超越了本朝"祖宗"的维度，学者研究及前文所述均表明，神宗与王安石君臣二人对如何"大有为"的整体理解并不完全一致。对于神宗而言，即位初年的政治取向倾向于对外战争，以恢复"汉唐旧疆"为先导，建立比美唐太宗的武功②。但很快神宗就发现，内政不修，财用匮乏，是进行对外征伐严重的障碍。熙宁元年（1068）三月，神宗对文彦博说：

> 当今理财最为急务，养兵备边，府库不可不丰，大臣共宜留意节用。③

说明神宗在召见王安石首对之前，已经意识到理财是军事征伐的基础，把实现"大有为"理想的步骤从"开边"暂时转向了"理财"，以理财为当下最为紧迫的政务。对王安石而言，早在仁宗朝，已经初现其对有为之政的理念，在与友人的信中称"古者一道德以同天下之俗，士之有为于世也，人无异论"，反对"流俗"④。

---

① 三句引文分别语出前引《长编纪事本末》卷100《绍述》；前引元符三年《令议仁宗神宗庙制诏》；《宋大诏令集》卷181《约束谨守常平之法诏（宣和元年七月九日）》，第657页。
② 东一夫：《王安石新法の研究》，东京：风间书房，1970年，第105页。关于王安石的先王观念参见前揭张元：《从王安石的先王观念看他与宋神宗的关系》；贞观之治在宋代治国理想中的变化和意义，参见方震华：《唐宋政论论述中的贞观之治——治国典范的讨论》（《台大历史学报》第40期，2007年，第19—55页），此文也指出君臣对治国典范的不同构想也是导致神宗与王安石摩擦的重要因素之一（第41页）。不过，熙宁期间二者理念经过调整，基本趋于一致，详见下文。
③ 佚名：《宋史全文》卷11，汪圣铎点校，熙宁元年三月癸酉，北京：中华书局，2016年，第638页。
④ 刘成国：《王安石年谱长编》卷3《答王深父书二》，嘉祐三年，"抨击流俗因循，官吏苟简"，第443页。

熙宁元年的两次入对，表明要以"择术为先"、以"尧舜为法"，"变风俗、立法度"、追复三代之治①，是其政治改革之目标，而非理财。不过，王安石出任参知政事后，"置条（理）〔例〕以讲求理财之术"②，条例司独立于中书之外，由王安石等直接提领。他为相不久，更是明确提出时政主要问题在于：

> 人材未练、财用未足、风俗未变、政令未行。③

可见人才备、财用足，变风俗、立法度，然后先王之政即可实现，这是王安石施政的逻辑次序。因此，王安石已经把培养人才与理财足用作为"变风俗、立法度"、实现先王之政的重要前提条件，成为其执政首要的核心关注点④。有学者甚至认为"神宗倾向于学习唐太宗，速成富国强兵之效，而王安石志在取法尧舜，驯至风俗法度之美……神宗承诺学习先王之道，应是王安石愿意留下辅政的重要条件"⑤。相当于神宗把自己"有为"的长远目标暂时搁置，当神宗与王安石的"大有为"的思路均确立以"理财"为出发点后，君臣二人"大有为"目标在初期才达成了一定程度上的共识⑥。

至于神宗与王安石各自在"大有为"之政的远期目标方面，为了适应对

---

① 洪业、聂崇岐等编纂：《琬琰集删存》卷3《王荆公安石传》，上海：上海古籍出版社，1990年，第370页；王安石：《临川先生文集》卷44《答手诏封还乞罢政事表札子》。
② 《长编纪事本末》卷66《三司条例司》，熙宁二年二月甲子条，第2130页。关于宋神宗即位初年，神宗与王安石的政治设想，二人分别转向"理财"的思想变化轨迹，亦参朱义群：《宋神宗即位初期政治研究（1067—1070）》，第38—63页。
③ 《长编》卷221，熙宁四年三月癸卯条，第5385页。
④ 刘子健认为王安石深信推行新政，也就是同时发现人才，训练人才；以人才，立制度，改风俗。参见《王安石、曾布与北宋晚期官僚的类型》，载氏著：《两宋史研究汇编》，台北：联经出版事业股份有限公司，2002年，第117—142页。
⑤ 《琬琰集删存》卷3《王荆公安石传》；朱义群：《宋神宗即位初期政治研究（1067—1070）》，第45页。
⑥ 永瑢等撰：《四库全书总目》卷122《湛渊静语》："其载倪思论司马光'疑孟'一条，谓王安石援孟子'大有为'之说，欲神宗师尊之，故光著此书明其未可尽信。其说为从来所未及。案，晁公武《读书志》称王安石喜《孟子》，自为之解，其子雱与其门人许允成皆有注释。盖以前《孟子》皆入儒家，至宋乃尊为经。元丰末遂追封邹国公，建庙邹县，亦安石所为，则谓光疑孟实由安石异议相激而成，不为无见，必以为但因'大有为'二语，则似又出于牵合，非确论也。"北京：中华书局，2003年，第1050页。本文更倾向认为尽管终极目标不尽相同，"大有为"仍可看作是君臣二人共同的努力方向。

方,也均有一定程度的调和。神宗称"待朕自选得人,但恐迟",听凭王安石以制置三司条例司为另起机构,推行新法并汲引变法人才①;在王安石开陈尧舜所为时,神宗也表示"可悉意辅朕,同济此道",也算是默认了王安石关于先王之政的理念。王安石的调整,在于其对边事的处理。原本处理边事非其长项,自称"臣于边事未尝更历"②,但仍主动申请亲往边地,以便熟习。虽未能成行,但王安石委任他所信用的王韶经营熙河等处,称"边事难遥度,想公自有定计,意所及,尝试言之"③,予以充分的信任,自己只提供一些参考意见。不过,从《临川集》中保留的几封与王韶的通信来看,王安石对边事的宏观掌控仍然很强④。尽管如此,内政与边事相较,王安石仍以内政为重心:

> 财用不足、人材未有足赖者,于边事姑务静重而已。若能静重以待边事,则夷狄未能为患,于是可以修内政。内政已成,人材足用,财力富强,则为之无不可者。
> 西夏未宁,不害圣政,民力困敝实可忧。⑤

这并非王安石对神宗的劝慰之语,颇能代表王安石对待内政与边事的态度,即认为内政已成之后,则边事自然而然水到渠成。但他也未曾放弃对边事的高度关注,曾对神宗说:

> 今秉常方弱,正合经营,夷狄之功虽不足贪,然陛下欲大有为,则方夷狄可以兼制之时,不可失,不宜为人所坏。⑥

---

① 徐松辑:《宋会要辑稿》职官5之8至9,刘琳、刁忠民、舒大刚、尹波等校点,上海:上海古籍出版社,2014年,第3124—3125页。古丽巍:《变革下的日常:北宋熙宁时期的理政之道》,《文史》2016年第3辑,第209—234页。
② 《长编纪事本末》卷84《神宗皇帝》,熙宁三年九月乙未,第2729页。
③ 蔡上翔:《王荆公年谱考略》卷18,熙宁六年正月,上海:上海人民出版社,1959年,第242—243页。
④ 王安石:《临川先生文集》卷73《与王子醇书四》。
⑤ 《长编》卷221,熙宁四年三月戊子条,第5370页;庚寅条,第5373页。
⑥ 《长编》卷229,熙宁五年正月己亥条,第5571页。

这显然也是照顾到了神宗对边事的渴求,接受神宗希望在边事上"大有为"的设想,尽可能照顾到边地的变动。经过这番近期目标与宏远目标的调试,君臣二人携手展开"大有为"之政。

王安石罢相后,元丰之政未明确是否以"先王之治"为目标,但新法在神宗手中继续推行。元丰时期引人注目的举措即是元丰改制与用兵西夏,尤其是后者,明显是熙宁对夏用兵政策的延续,体现的是神宗"大有为"之政理念的实践。而前者则较为复杂,史称神宗元丰改制以《唐六典》所载唐代典制为蓝本,显然这仍是以唐前期之制为治国范本,不过我们也注意到,元丰三年(1080)八月,神宗在《改官制诏》中称:

> 朕嘉成周以事建官,以爵制禄,小大详要,莫不有叙;分职率属,万事条理。监于二代,为备且隆;逮于末流,道与时降。因致驳杂,无取法焉。惟是宇文造周,旁资硕辅,准古创制,义为可观。国家受命百年,四海承德,岂兹官政,尚愧前闻。今将推本制作董正之原,若稽祖述宪章之意,参酌损益趋时之宜。①

诏书中,不难体会神宗对成周之制详要有叙、"万事条理"的神往,官制改革"董正之原"的理想所归,但在实际操作上仍以《唐六典》为直接取法的范本②,二者之间的关系,周制之意义在于提供"祖述宪章之意",唐制则为"趋时之宜",是现实政治种种顾虑之下,直接参考损益的蓝本③。这也许出自神宗的高自标置心理,但也可以观察到某种程度上,神宗在官制改革中加入了对"先王之治"的考量,以之为改制之理论背景。

综观元丰年间政治举措,整齐内政仍是施政的重要方面。"若稽古昔,协礼文、正法度,以庠序造士,以经术取人,以法理核吏,以水土理财,以舍

---

① 《宋大诏令集》卷162《改官制诏》,第616页。
② 《长编》卷307,元丰三年八月乙巳注文:"《职官志》篇首云熙宁末,上欲正官名,始命馆阁校《唐六典》,元丰三年,以摹本赐群臣,遂下此诏云云。"第7462页。
③ 关于成周之制、北周之制、唐制之间制度关系,经典之作参见陈寅恪:《隋唐制度渊源略论稿·职官》,北京:三联书店,2001年,第91—110页;吴宗国主编:《盛唐政治制度研究》绪论,上海:上海辞书出版社,2003年,第1—15页。

役息民，以考试任子，以六典正官，以品式驭用，以清议驭俗，罢兼并、抑末作"，这篇谥议综述了神宗的成就，认为至宋受命以来复张先王之道的努力，到了神宗得以"全安盛大"。因此，神宗的功业不仅是继承"祖宗之积累德业"，而且把此前"天下之治，几近三代"成就推向新高度①。这一表述使我们意识到，王安石"变风俗、立法度"追复三代的政治理想在神宗元丰之政中也同样有所体现，尤其是神宗对西、北军事没有取得完全成功的前提下，含纳王安石之"大有为"中高远的政治理想为己有，显得尤为重要，元丰之政，整体而言，是在熙宁之政基础上的调整和拓展。

由上述可知，神宗即位之初，继承英宗"有为"思想，并开始全面付诸实践，初以整顿边事来振举国事为目标，然而由于在征伐过程中遇到财政困境，神宗经由王安石相辅，调整了"有为"的步骤，明确提出"大有为"之政作为自己的施政理念。但君相二人终极目标有所不同，王安石以行先王之政为"大有为"之指归，即对王安石而言，"有为"意味着通过"变风俗、立法度"来追求"先王之治"，而祖宗则"不足法"②；而对于神宗而言，"复汉唐旧疆"为终极目标，整齐内政，并非突破"祖宗之法"，而是要在祖宗留下的制度基盘上进行调整③。然而由于君相二人需共同面对熙宁之时财政匮乏、人才不足用的问题，熙宁期间君相二人均把"大有为"的重点逐渐转移到理财等内政方面，希望通过诸项施政，"百度齐而万事理"，使国家管理"皆有法度"，有章可循④。而对外，神宗的计划是通过对西夏的征服来断辽右臂，继而能够恢复幽燕，最终完成太祖遗志，二者相辅相成。元丰之政更是吸纳了王安石一些"大有为"的主张，神宗"大有为"的理想随着时局的发展，逐渐清晰明确：在积极于内政的同时兼制边事，当内政渐定而后集中力量振举边事。内外之

---

① 此段引文均引自前揭《神宗谥议》(《宋大诏令集》卷8，第36页，时间为元丰八年七月丁巳，见《长编》卷358，第8574页)，对神宗功业的记述与陆佃《神宗皇帝实录叙论》几同，亦以"追述三代"为辞。

② 《长编纪事本末》卷59《王安石事迹（上）》，第1919—1920页；邓广铭：《北宋政治改革家王安石》，《邓广铭全集》第1卷，石家庄：河北教育出版社，2005年，第76—80页。

③ 如元丰制度调整没有改变"二府"体制的制度基盘，三省分割了中书门下的权力，在对枢密院职能和文书运行方式进行一定调整的情况下，保留了枢密院。

④ 陆佃：《陶山集》卷11《神宗皇帝实录叙论》，《景印文渊阁四库全书》第1117册，第142页。

政共同构成了神宗朝"大有为"之政的基本内容,只不过不同时期,侧重有所不同。可以说,无论是内政还是对外格局,神宗均有一定程度不同于北宋前期相对保守的"防弊"为主的执政理念,而是把前代先王"盛世"作为其治国施政的内外标准。

三、共治与独断:"大有为"之政的实践

不同的历史阶段,熙宁与元丰,"大有为"的施政方式不尽相同。神宗即位之初对如何施政尚未得要领,依靠王安石共同推进"大有为"之政,这就体现为君相二人的"共治"。不过,神宗虽然倚赖王安石"共治",二人"大有为"的目标也在一定程度上达成一致,但君相间仍存在分歧,即如前所述,二者"大有为"的终极目标不同。元丰之政,在王安石罢相后,神宗"揽纲柄而自为之",政务处理更多以皇帝"独断"的方式来完成。有臣僚认为元丰之政"益加励精"[1],成就更大。神宗"独断"这种统治方式,亦受到继体之君的效法与追慕[2]。

无论是神宗与王安石君相"共治",还是神宗"独断",似乎与我们所习知的宋代"与士大夫共治天下"的治国理念有所矛盾。关于宋代皇帝与士大夫共治天下,余英时先生认为这是宋代政治文化中的一大特色,而宋代士大夫政治地位的提升与神宗任用王安石变法有极为密切的关系,王安石秉政更加深了士大夫与皇帝同治天下的概念,熙宁三年(1070)神宗正式接受了"共定国是"的观念,此后,"国是"成为两宋发展的一条主脉[3]。这样的论断,的

---

[1] 陆佃:《陶山集》卷11《神宗皇帝实录叙论》,《景印文渊阁四库全书》第1117册,第141页下、第142页上。

[2] 《廿二史札记校证》卷26"王安石之得君"条称:"王安石以新法害天下,引用奸邪,更张法令,驯至靖康之难。人皆咎安石为祸首,而不知实根柢于神宗之有雄心也。帝自命大有为之才,尝欲克复燕云,恢张先烈。"(第561页)观察到了君相二人中神宗乃是根本具有主导性的一方。而"人皆咎安石为祸首",显然并非宋人没有认识到这一点,乃有更为复杂的因素,不便贬损先帝,也不乏南宋人反思北宋亡国归罪之下的结果。

[3] 余英时:《朱熹的历史世界——宋代士大夫政治文化的研究》,北京:生活·读书·新知三联书店,2004年,第222—230页。

确揭示了两宋发展的一条重要线索。然而,我们也注意到,作为皇帝与士大夫"共治"重要时期的熙宁,无论是新法的推行者,还是新法的批评者,均有要求神宗"独断"的呼声。从表面上看,"共治"与"独断"无疑是一组相反的概念。那么,二者是否构成矛盾?这两种说法究竟有着怎样的政治涵义?在当时国家政治中的作用如何?如果熙宁"独断"是成立的,其与元丰"独断"又有什么区别与联系?要明了这些问题,首先我们要问的是,不同时期的"共治"和"独断"是在何种情况下提出来的。

熙宁二年三月,王安石出任参知政事,开始寻找"更张"政事的途径,君臣二人首先把目光放在作为"政事之本"的中书上。王安石与神宗商议设置编修中书条例所,整顿中书之务,以此为契机,拔擢新法人才。六月,君臣间为此进行了一番对话,奠定了君臣日后施政的一些基本原则,这些原则包括:以中书为政事之本,置属修例进行变法革新;选择"不为流俗所蔽"之士进入中书等[①]。不过,还需强调一项原则,是关于君臣二人在推行政务中建立的关系:

> (王)安石曰:"……恐须陛下独断,乃能有为。"上曰:"待朕自选得人,但恐迟。"安石曰:"此事诚不可迟,然亦不可疾。若不知王体、识国论、可与变流俗之人,则与不修条例无异,此所以不可疾也。然今非无人材,要须陛下留意考择,恐亦不可迟也。"[②]

王安石在为神宗提出具体的施政建议后,引导神宗采用不同以往的治事方式:通过皇帝"独断",在既有政治状态下打开局面,推行"大有为"之政。"独断"不仅仅是政治操作层面上采用的手段,更是在精神层面上希望皇帝所采用的治事态度——以坚定的变法革新决心,突破前行的阻碍。

此时的神宗虽有高远的政治抱负,尚缺乏实际政治操作的经验,尚未形成如何逐步改革国家政治的具体方案。神宗对此亦有自知之明,因此他对王安石说"待朕自选得人,但恐迟",对自行"择人"不具备足够的信心,实际

---

① 参见古丽巍:《变革下的日常:北宋熙宁时期的理政之道》,《文史》2016 年第 3 辑。
② 《宋会要辑稿》职官 5 之 8 至 9,神宗熙宁二年六月十四日,第 3124 页。

上是要委任于王安石。熙宁二年五月，神宗曾向王安石表示："朕与卿相知，如高宗、傅说，亦岂须他人为助！"①不仅如此，其他政治施设，神宗也需倚赖王安石——措置。在这期间，君相权力相结合相对紧密，具有一定程度的排他性：

> 翰林学士、端明殿学士、礼部郎中、权御史中丞冯京为右谏议大夫、枢密副使。上尝谓王安石曰："京似平稳。"安石曰："京烛理不明，若鼓以流俗，即不能自守。"……又曰："'去邪勿疑。'陛下赫然独断，发中诏暴其所奏，明其不知邪正是非，必挠国政，而罢黜之，则内外自知服矣。……"②

冯京与王安石政见不合，在熙宁时期任枢密副使，神宗本来是希望其成为"异论相搅"的存在。但这一安排在王安石对政务的强势主导下，多少流于形式。对于熙宁新政的反对者，王安石基于神宗对自己的倚信，在自己获取皇帝鼎力支持的前提下，皇帝"独断"就转变成君相权力相结合，二位一体共同"独断"。王安石正式拜相后，在编修中书条例所及制置三司条例司基础上，正式设置了协助其主持新法的重要职官——检正中书五房公事③，吸纳了不少"新进"之人为中书检正官，逐渐形成了指挥政务的特殊制度通道，并开始全面整顿国家政务，加强机构职能。

要言之，就神宗与王安石而言，是君臣"共治"；襄助王安石推行新法的官员，成为君臣二人共治的外延。但对于其他不赞成新法，或者对新法持保留态度的士大夫而言，王安石促成皇帝"独断"，以皇帝的意旨为号召，力排反对者的干扰，最大程度上指挥调度朝政按照君相的意志运转，无疑保证了君相二人"共治"、大力推进新政的局面。这实质上是通过"独断"之说，调动皇权对政务运作的优势，以保证其"共治"。只不过这种"共治"的形态、范围只局限于神宗与王安石君相两人，仅把中书检正官作为二人"共治"的外延与助力。

---

① 《长编纪事本末》卷58《吕诲劾王安石》，第1889页。
② 《长编》卷213，熙宁三年七月壬辰条，第5167页。
③ 《长编》卷215，熙宁三年九月戊子条，第5230页。

对王安石力主神宗"独断"会对国家政治产生何种影响,时人不乏持怀疑态度者。熙宁二年八月,苏轼为国子监考试官,有见于"自王安石得政,每赞上以独断,上专信任之"的状况,对考生提出如下试题:

> 晋武平吴,以独断而克;苻坚伐晋,以独断而亡。齐威专任管仲而霸,燕哙专任子之而灭。事同而功异,何也?①

这四个典故,分别代表了四种"独断"的情形,可分为两类:一是皇帝不倚赖任何辅臣,自行独断;一是皇帝专门信用一人,共同"独断"。这两类情况,均有成功有失败,令考生分析孰是孰非。在苏轼看来,熙宁以来所行新法"皆不与治同道"②,反对新法的同时,对任何不与多数士大夫合作而独断理政的施政方式均深表怀疑。

不过,尽管有苏轼这样的疑虑,熙宁臣僚中要求皇帝"独断"理政的,不仅是王安石一人,前文提及的程颢也赞成此点。熙宁二年八月,权监察御史里行程颢就如何治理天下向神宗进言:

> 或谓:人君举动,不可不慎;易于更张,则为害大矣。臣独以为不然。所谓更张者,顾理所当耳。其动皆稽古质义而行,则为慎莫大焉。岂若因循苟简,卒致败乱者哉?自古以来,何尝有师圣人之言,法先王之治,将大有为而返成祸患者乎?愿陛下奋天锡之勇智,体乾纲而独断,霈然不疑,则万世幸甚。③

程颢同样认为应该"更张"国家现状,以为再"因循苟简"难免招致祸乱,希望人主"体乾纲而独断",施行"大有为"之政,必须以果断的政治手腕,雷厉风行地改革国家政治积弊。程颢认同人主"独断"理政对达成政治理想的积极作用,强调人主"独断"而达成"大有为"之治,但是必须以"师圣人之言,法先王之治"为前提,这与王安石的主张存在共性。

呼吁神宗"独断"的官僚士大夫甚至不乏那些反对新法的批评者。熙宁

---

① 《长编纪事本末》卷62《苏轼诗狱》,熙宁三年三月壬子纪事,第2043页。
② 苏轼:《苏轼文集》卷25《再上皇帝书》,孔凡礼点校,北京:中华书局,1986年,第749页。
③ 《二程集·河南程氏文集》卷1《论王霸札子》,第451—452页。

三年三月，右正言孙觉上书，支持因反对青苗法而被罢免的司马光与范镇，敦请神宗"采群论之所长，奋乾纲之独断，稍复常平之旧法，悉罢提举之庶官"①。同月，左正言李常也上书提出类似看法，希望神宗能够充分认识到新法弊端，抛开王安石，皇帝自己"决以独断"，"别讲治道"②，同样要求皇帝"独断"理政，但本质上却与王安石所持观点有极大区别，孙觉和李常所称之"独断"，是直接针对神宗与王安石共治而言的，希望以神宗个人独断来拆解君相二人的共治。

持不同政见者均呼吁神宗独断，一定程度上说明熙宁时期的士大夫群体发生了重大分裂。这一特殊时期皇帝与士大夫整体意义上的"共治"被君相"独断"所取代，只不过支撑"独断"的底蕴，是君相之"共治"。神宗与王安石君相"共治"是"独断"建立的基础，当"共治"发生动摇时，皇帝"独断"会成为宰相施政的障碍，甚至变成针对相权的威柄。如熙宁四年七月，在处理东明县民上诉助役钱之事时，神宗下令详加调查，而王安石则试图遮掩，遂有朝臣上言称皇帝"独断之善政，而中书皆格而不下"，提醒神宗要"收还威柄"③。熙宁末，神宗不再信用宰相王安石的执政主张，此前君臣相得、"共治"天下的基础不复存在，王安石不得不黯然离任，神宗与王安石共治来"独断"理政局面结束。

即使在共治之时，君相难免因施政手法、权力分割等问题产生嫌隙，当嫌隙扩大到一定程度，就会导致二人共治局面结束。即便是君相共治局面的终结，也不等于君臣二人的关系就此对立起来。在王安石罢相后，神宗无论对王安石本人，还是新法批评者，始终拿捏着控御的力度，对于闲处江宁的王安石也多加眷顾。王安石罢任之初，先后派遣王安石弟王安上为提点江南东路刑狱，与王安石关系紧密的吕嘉问知江宁府④，元丰年间曾委任王安石弟

---

① 孙觉：《上神宗论罢司马光枢密范镇封驳司不当》，《宋朝诸臣奏议》卷 111，第 1214—1215 页。
② 李常：《上神宗论青苗》，《宋朝诸臣奏议》卷 113，第 1229 页。
③ 刘挚：《上神宗分析曾布札子（系第二状）》，《宋朝诸臣奏议》卷 116，第 1266—1267 页。
④ 《长编》卷 285，熙宁十年十月戊子，"上以安上兄安石方居闲，特诏安上治江宁"，第 6975 页；十月戊戌条，第 6981 页；卷 518，元符二年十一月庚辰条，"（王）安石平生交游多暌乖，独与（吕）嘉问始终（曾布语）"，第 12330 页。

王安礼相继为尚书右丞、左丞,后以安礼出知江宁府①,意欲保全王安石的同时也确保了当时政治局势的平稳、均衡。作为政治家,无论是神宗还是王安石,均有着高远的政治理想,希望为宋朝统治带来新的面貌。但在具体施政过程中,理想与现实之间无法等同而论。君臣二人之间的关系,随着政治形势的变化而发生转变,由君相共治走向神宗"独断",个中因素颇为复杂,并不是简单地切换。

熙宁九年(1076)十月,王安石再次罢相,彻底离开中央,熙宁末元丰初,神宗着力于转换宰相人选类型,以吴充为同中书门下平章事、监修国史,王珪为次相,元绛参知政事;冯京知枢密院事,王韶为枢密副使,曾孝宽签书枢密院事②。这一宰执人选的组合有革有因,选择辅相人选的很重要的标准在于这些人基本能秉承神宗的意旨。神宗又相继调整中书检正官地位、台谏官与宰相关系,促成了不同于熙宁时期的以皇帝为政务主导的政治局面,力图在贯彻新法路线的同时,在朝中融合更多不同政见者,使时政能够在一种包容、平衡的政治氛围中继续推进③。神宗吸收了与王安石"共治"时的政治经验,在元丰时期确立的"独断"理政的治事方式,与熙宁时王安石主张之"独断"有很大不同,力图体现"主威独运"在政治生活中的作用。

神宗确立了自己对国家政事的掌控之后,领导宰执共同处理国家大政,不过皇帝不再要求宰相"坐而论道",国家大政方针的制定与实施多施以"独断",政府及其下的国家官僚机构,均成为贯彻皇帝大政方针的辅助机构,促使宰相类型由主导国家政治活动的政治家转变为协助皇帝主持日常政务的政务官。皇帝与士大夫在治理国家中的角色再次发生改变。

在国家政治生活中,宰相的职能和角色转变以后,相应地也带来宰相地位的变化。元丰时期,在时人的感觉中,神宗对宰相并不加礼重:

---

① 《长编》卷325,元丰五年四月甲戌条,第7827页;卷347,元丰七年七月甲寅条,第8327页。

② 《宋宰辅编年录校补》卷8,熙宁九年十二月丙午,吴充、王珪并相,第468页;熙宁八年十二月壬寅,元绛参知政事,曾孝宽签书枢密院事,第460页;熙宁九年十二月丙午,冯京知枢密院事,第470页;王韶枢密副使任期是熙宁七年十二月丁卯(第442页)至熙宁十年二月己亥(第472页)。

③ 参见古丽巍:《宋神宗元丰之政的形成及展开》第二章"元丰政治局面的形成",北京大学历史系博士学位论文,2011年,第59—100页,其中所分析的五起狱案分别是相州狱案、何琬案、陈世儒案、太学案和乌台诗案。

> 帝虽以次叙相(王)珪、(蔡)确,然不加礼重。屡因微失罚金,每罚辄门谢。宰相罚金门谢,前此未有,人皆耻之。①

从这条史料来看,神宗对宰相,是一种高高在上的姿态,宰相有些微不中绳之处,便不留情面地予以处罚,动辄"罚金门谢",没有给予应有的礼遇,宰相王珪甚至有"三旨宰相"之称②,这与熙宁年间君相关系形成鲜明对比。彼时,神宗和宰相王安石论事发生争执时,"上辄改容,为之欣纳"③,元丰时期,屈己欣纳的谦逊君主转而成为一个乾纲独断、赏罚分明的严毅帝王。这种变化,正是伴随着神宗从君相"共治"到君主"独断"的转变一并而来的。

对于内政,元丰中期神宗进行了官制改革。在熙宁末、元丰初一系列前期制度调试准备的基础上,在大范围内进行了综合性的制度调整。通过改制,把新法事务与日常政务整合到一个制度体系之内,使国家政务按照程序进行运作和管理。元丰新制,在机构设置上建立了新的权力制衡机制,从体制上保证人主"独断"理政的局面;国家决策与行政各有所司,新制大为扩充了负责国家行政指挥、措置的尚书省,使国家行政可以依照制度规定的程序运转。由于元丰新制下政务处理程序化的特征颇为显著,使官员附丽于职位所代表的角色,尽可能减少政府人事更迭给国家政务运转带来的冲击。经过这样的综合性调整,改变了北宋以来官制"芜杂"的状况,使国家政治制度呈现出整齐的风貌。

元丰时期,神宗对国家政务的主导性,全面贯彻在对内政务与对外战事的处理中,后者体现得尤为明显。随着国力在增强,神宗"慨然有取山后之志"④,把收复幽燕故土明确作为此后施政要点,认为如果对西夏能取得军事胜利,则对辽朝可以形成包围之势。元丰四年(1081)四月,西夏国内在皇

---

① 《宋史》卷471《蔡确传》,第13699—13700页。
② 《宋史》卷312《王珪传》,第10243页。"三旨宰相"之说,并不能说明王珪对政事毫无主见,而更意在说明元丰时期君相关系中君主对政事的主导性。
③ 陆佃:《陶山集》卷11《神宗皇帝实录叙论》,《景印文渊阁四库全书》第1117册,第141页。
④ 王铚:《默记》卷中,朱杰人点校,北京:中华书局,1981年,第20页。

位继承问题上发生内讧,秉常失位被囚①,神宗认为"夏有衅不取,则为辽人所有,不可失也"②,认为这是伐夏难得的契机,但也有朝臣并不看好此次征伐。六月,在争论是否出兵西夏以及灵州之役领军出征的将帅人选上,神宗与知枢密院事孙固意见出现分歧:

> 上初议西讨,知枢密院孙固曰:"举兵易,解祸难。"前后论之甚切。上意既决,固曰:"必不得已,请声其罪,薄伐之,分裂其地,使其酋长自守。"上笑曰:"此真郦生之说。"时执政有请直渡河者,上意益坚,固曰:"然则孰为陛下任此者?"上曰:"吾以属李宪。"固曰:"伐国大事,而使宦者为之,士大夫孰肯为用?"上不悦,固请去,不许。③

孙固反对出兵,认为一旦出兵,随之而来的就不仅仅是举兵的问题,产生的一系列后果难以预测,神宗则意志坚决地要举兵征伐;孙固退而言其次,建议即使出兵征伐,也要出师有名,且不可大动干戈,也遭到神宗的否定;孙固再退让一步,坚持慎重地选择合适人选为领兵将帅,而神宗对此早有主张,意欲以宦者李宪统领大军,孙固难以认同,令神宗十分不快。从两人的对话中,可了解神宗在此问题上寸步不让地"独断",但这"独断"非是完全放弃与宰执讨论国家政务,而是在讨论与决策中占据了绝对领导权,断以己志。

神宗"独断",同样体现在对西夏战事的指挥上。元丰四年七月,宋朝以陕西、河东路所在五路大军,从三个方向,向西夏灵州发起进攻,宋朝与西夏展开空前规模的正面军事交锋。出征西夏的最高军事指挥长官,神宗最终拟定了李宪、高遵裕、王中正三人,宦者占了两人。这样的人选有其特殊意义,王中正在九月从麟州出发时,即号称"臣中正代皇帝亲征"④;李宪八月在熙河路准备进军时,神宗诏示李宪:"苟有以激发众心,皆可便宜从事,

---

① 王称:《东都事略》卷61《种世衡传附种谔传》称:"鄜延路副都总管(种)谔上言:'秉常为其母梁氏所囚。'"(第926页)记载与《长编》有异,《长编》卷312,元丰四年四月壬申条载,秉常为梁太后及宰相梁乙埋所杀(第7566页)。《宋史》卷486《夏国传下》、卷16《神宗纪三》与《东都事略》同。

② 《宋史》卷341《孙固传》,第10875页。

③ 《长编》卷313,元丰四年六月甲申条,第7596页。

④ 《长编》卷316,元丰四年九月丙午,是日,王中正发麟州,祃祭祝辞所云。第7651页。

朝廷惟务灭贼,其它固无爱惜。"① 他们具有代天子出征的意味,拥有相当大的军事自主权,由于身份的关系,也非常便于神宗指挥调度。

灵夏之役,最高一级的统帅为王中正、高遵裕、李宪②,但实际上各路各有独立指挥者,无论是统帅还是各路大军的直接指挥者,均要遵从神宗控御③。在这场战事中,神宗还采取了手诏或内批直接指挥的方式处理西夏事务,史称:

> 每边奏至,(神宗)处画常中机会,号令诸将,多下手札,词协事称,皆粲然可观。④

神宗"号令诸将,多下手札",直接指挥军事,号令所及各级将领应不在少数;"皆粲然可观",或有夸大,但也可见神宗对边地军事机务的干涉,应不乏可取之处。手诏指挥,不仅是西夏战事指挥中突出的特色,也代表了神宗对一些重大事务的处理方式:可以不依赖现有制度层级的运转,采用特殊的人选,以特殊的方式处理政务。这种处理办法不乏前朝"将从中御"的用心,却又有所不同,更加灵活,对于政治、军事经验较为丰富的君主,手诏指挥有可能提高施政效率,改善以往宋军在边地作战中军事指挥迂缓的问题,但对素乏军事经验的神宗,也许并未能如愿达到预期的效果。战事在开始取得胜利之后,随即陷入困境,显然调度不灵。神宗重用中人、外戚,避开枢密院的反对意见,这与太宗"将从中御"有所不同⑤,更体现了神宗独断理政的特点。这一特点与神宗手诏指挥政务,构成元丰政务运行的一大特色。

综观元丰时期的施政,一方面,元丰改制后新的行政体系已然形成,神宗及其官僚群体在这套制度基础上展开日常政务。另一方面,神宗处理国家

---

① 《长编》卷315,元丰四年八月己卯条,第7634页。
② 《长编》卷315,元丰四年八月辛酉:"所有秦凤一路,已有指挥,俾尔兼总节制,可便宜施行。军中所须,已命有司一一应副。"第7621页。
③ 《长编》卷314,元丰四年七月庚寅手诏,第7601页。
④ 陆佃:《陶山集》卷11《神宗皇帝实录叙论》,《景印文渊阁四库全书》第1117册,第141—142页。
⑤ 范学辉:《"将从中御"始于宋太祖考》,《安徽师范大学学报(人文社会科学版)》2006年第1期,第20—23页。但神宗对这一做法做了很大改造,或称"居中御外"更为合适。

行政手段日益娴熟;在以宰相为首的常规行政系统以外,以手诏指挥政务,大为便宜了皇帝对国家事务的管理,体现了皇帝掌控国家政务的能力,对元丰新制下政务运转迂缓的问题,起到了重要的缓冲作用。神宗通过内政与外事的努力,越来越接近他的政治理想,可惜这些政治措施在实际运行中,出现了不少弊端,给他的理想蒙上了阴影。

对于宋神宗去世的原因,或归之为永乐城之败,史载"迨闻永乐之败,神宗当宁恸哭,循致不豫"①。永乐之败为元丰四年九月以来的宋夏灵州之役画上了一个句号,虽不至于完全结束对西北的经营,但显然使神宗自熙宁以来经营西夏的努力最终付诸流水②。西夏战事的最终失利,是与神宗采用手诏、私人的战事指挥方式直接相关的,由此导致对外扩张受挫或"循致不豫",更多的应是神宗意识到无法实现理想所产生的彻骨悲哀③。

神宗刚一去世,政治上就有了极大反弹,并不仅仅是因为主政者改变的原因,这与神宗在位时期,没能很好消解新政引发的经济、政治矛盾有直接关系。熙宁君臣"共治",以君权为相权保障,运用特殊政务运行管道推行新法,但推行新法过程中产生了很多实际问题,既包括各项新法本身,也包括新法推行方式带来的问题,而当时对这些问题的解决力度十分有限。在新法批评者的压力下,为坚持推行新法,王安石往往通过人事调整来解决矛盾,却很少涉及问题本身的解决。进入元丰以后,朝中自上而下,均有"天下大法已定,内外晏然"④的认知,随着元丰政治重心的转变,新法虽然继续得以

---

① 《宋史》卷471《章惇传》,第13709—13714页。方震华考证了神宗生病的记录,认为没有证据显示永乐之败与神宗健康转差有因果关系,史料中神宗因永乐之败而去世的记述,应是反战派为与西夏和谈提供合理性的说辞;研究还指出,北宋战争纪事多强调己方损失,而忽略军事成果,这与反战论的盛行有关。参见氏著《战争与政争的纠葛——北宋永乐城之役的纪事》,《汉学研究》第29卷第3期,2011年,第125—154页。

② 汤开建:《熙丰时期宋夏横山之争的三份重要文献》,氏著:《唐宋元间西北史地丛稿》,上海:商务印书馆,2013年,第317—334页。

③ 关于元丰年间宋神宗对用兵的态度,并非"厌兵""深悔用兵",而是矢志不移希望恢复汉唐旧疆。参见李华瑞:《宋夏关系史》第三章,石家庄:河北人民出版社,1998年,第67—103页;凌晞:《关于宋神宗元丰用兵的几点辨析》,李伟国、顾宏义主编:《裴汝诚教授八秩寿庆论文集》,北京:中华书局,2011年,第381—387页。

④ 李清臣:《吴正宪公充墓志铭》,《琬琰集删存》卷2,第215—220页;《长编》卷356,元丰八年五月庚戌条注引鲜于绰《传信记》,第8518页。

推行，但其自身存在的问题大多被搁置下来，始终未能得到有效根治。

需要提及的是，神宗的"独断"并非是绝对的皇帝一人专断，士大夫在政治生活中的意见依然发挥作用。史载：

> 神宗时，陕西用兵失利，内批出令斩一漕臣。明日，宰相蔡确曰："祖宗以来，未尝杀士人。臣等不欲自陛下始。"上沉吟久之，曰："可与刺面配远恶处。"门下侍郎章惇曰："如此，即不若杀之。"上曰："何故？"曰："士可杀，不可辱。"上声色俱厉曰："快意事便做不得一件！"惇曰："如此快意事，不做得也好！"①

这段引文，有研究者曾用以说明北宋有"不杀士大夫"的祖宗之法，并在神宗时期成为一种约定俗成的风气②，此外，也可以丰富我们对神宗"独断"的理解。神宗的"独断"不是完全排除士大夫意见参与的专断，而是更多地体现为神宗对政治时局走势的领导力、掌控力、在政治决策中的主导性，日常政务处理中，神宗的意见也并非是被完全贯彻的。换言之，神宗对政事的"独断"是建立在宋代政治基本底色基础上的，也受到当时士大夫政治的影响和制约。

在元丰时期神宗"独断"理政的局面下，主观上，神宗希望新时期的政治组合中，能"新旧人两用"，但却遭到蔡确、王珪等人的抵制③。元丰初期的宰执吴充与元绛，均未能久在其位④。尽管神宗对司马光个人也非常敬重，屡次试图召其还朝，但终神宗之世，司马光一直居于西京，未能再度入朝⑤。元丰七年（1084）正月，神宗有意起复因乌台诗案而被贬逐的苏轼，中书蔡确、

---

① 侯延庆：《退斋笔录》，陶宗仪：《说郛三种》卷48，上海：上海古籍出版社，影印涵芬楼本，1988年。周佳在《北宋中央日常政务运行研究》第七章"文书行政（下）：内批和御笔手诏"中指出，神宗朝内批相较于仁宗朝，数量增多，从"特赐恩泽"成为"政务指挥"，相当数量的内批可直接发到地方有司，执行效力更强，但仍需覆奏，北京：中华书局，2015年，第421—427页。覆奏制度，参见丁义珏：《北宋覆奏制度述论》，《中华文史论丛》2013年第4期，第199—392页。

② 刘浦江：《祖宗之法：再论宋太祖誓约及誓碑》，《文史》2010年第2辑，第145—158页。

③ 王称：《东都事略》卷80《王珪传》，第1226页。

④ 徐自明：《宋宰辅编年录校补》卷8，第468—470，481页。

⑤ 王称：《东都事略》卷87下《司马光传》，第1338页。

张璪受命之后,却"命格不下",最后神宗以手诏徙苏轼于汝州①。这些事情使我们意识到,一方面,以神宗"独断"之势,在某些问题上也无法完全突破士大夫集体意见的反对,士大夫对朝政存在深层次的影响力;另一方面,这些人事矛盾的存在说明尽管神宗本人试图维持朝政的"平衡",避免出现极端的政治风气,但这并不代表实际存在的政治分歧得到解决,反而因为神宗强势的主导,很多问题被压制下来,成为"地下潜流",一旦有合适的契机,就会汹涌而出。

结　语

北宋神宗一朝能展开大规模的变法革新绝非偶然,随着宋朝立国以来内政、军事、外交等问题错综交织,纷纭变化,变革早有伏脉,希望突破内外现实困境、努力"有为"的呼声日益强烈。尤其是英宗,出于个人情感、政治较量及当时实际的政治困境等各方面的需要,改作而有为,使这个在位短暂的君主成为承前启后的角色。如果说此前"有为"尚停留在一种政治姿态或是意图振举的政治话语状态,神宗朝的"大有为",这一政治理念经由王安石之口被明确提出,有了相对更为清晰的政治目标和理念,在熙宁和元丰的政治实践中逐渐清晰明确。熙宁之初,"大有为"之于神宗和王安石为代表的士大夫,其所期待之内涵并不完全相同,即在"复汉唐旧疆"与"法先王之治"这一更加高远层面上的政治理想之间有所差别。其后王安石与其他士大夫渐行渐远,而君相二人在熙宁期间对政事的主张却日趋一致。元丰之政在熙宁之政基础上,在内政和边事方面有了更多的调整和拓展,终于促成了北宋神宗朝"大有为"的时代变革。

在"大有为"的政治实践过程中,推行变革措施,突破阻力,经历了一个神宗与王安石"共治"来独断到皇帝己身"独断"的统治方式的转变,使得神宗朝呈现出与此前"士大夫共治天下"不同的政治气象。神宗朝的变革解决了部分旧问题,突破了以往北宋政治中"因循"的一面,其施政、施政方式及留下的政治问题在此后政治生活中一直发挥着重要的影响。徽宗曾

---

① 《长编》卷348,元丰七年正月辛酉条引李丙《丁未录》,第8228—8229页。

称"朕惟神宗皇帝蕴英睿不世出之资,当大有为之时,修饬百度,措治三王之上,所以加惠海内甚渥",表示要"祗遹先猷","继其志、述其事"①,继述神宗所施设之新法。对于徽宗的作为,当时臣僚曾有过"崇宁元年,上总览庶政,慨然欲大有为,将跻斯世,咸底于道"的议论②。可见,徽宗朝的施政以承继神宗以来的"大有为"之志为号召,施政手法上,徽宗"总揽庶政",也有仿照神宗独断理政的痕迹。

神宗在位时期成为宋代政治史上的一个重要转折点,深刻影响了北宋中后期政治制度发展的走势,其后很多政治上的纷争、制度上的调整、人事结构的重组,追根溯源,都可以在神宗朝找到因由。然而旧问题虽然得到部分缓解,却也滋生了许多新的政治问题。神宗朝时间短而兴建众,对既有政治格局冲击很大,许多兴建未能进行到底,"元丰之政"展开以后,没有得到充分的收束、整合。正因为如此,一旦神宗对于朝政的强势"独断"随其辞世而消失,北宋的政治局面再度走向纷争将无可避免。如党争等问题与神宗朝努力推行"大有为"之政所引发的政治分裂和动荡息息相关,一直持续到北宋末年。也正因如此,"大有为"成为剖析当时的政治理念及施行方式的线索和语汇,展现了宋代政治及政治文化的多样性③。

基金项目:国家社会科学基金后期资助项目"北宋神宗朝政治革新研究"(项目编号:15FZS038)、北京大学中国古代史研究中心教育部重点研究基地重大项目"7—16世纪的信息沟通与国家秩序"(项目编号:17JJD770001)、华中师范大学人文社会科学青年学术创新团队建设项目"七世纪以降空间视域中的国家与地方"(项目编号:CCNU19TD011)、华中师范大学中央高校基本科研业务费资助项目(项目编号:CCNU19HQ023)阶段性成果。

---

① 《宋大诏令集》卷181《约束谨守常平之法诏》,宣和元年七月,第657页。
② 薛昂:《徽宗赐辟雍诏后序》,曾枣庄、刘琳等编:《全宋文》卷2710,上海:上海辞书出版社,2006年,第125册,第276页。
③ 因篇幅所限,关于"有为"与"因循"在北宋政治中后期交错起伏,造成此期政治取向的纷争,甚至对"祖宗之法"的一些突破,拟另撰专文予以讨论。

继志、国是与党祸：北宋哲宗朝"绍述"论分析

朱义群

序　言

北宋哲宗朝统治的绍圣（1094—1098）、元符（1098—1100）时期，被称为"绍述"时期；"绍述"的字面意思等同于"继述""继志述事"，意即继承先人遗志、恢宏扩大之。在帝制时代，"绍述"被认为是践行儒家孝道最重要的表现；而具体到绍符年间，则有着特定且复杂的内涵。一方面，哲宗的"绍述"并不是要"继述"所有"先帝"的"圣政"，而特指对乃父即神宗之政的尊崇及奉行。神宗去世后的元祐（1086—1094）年间，由于垂帘听政的太皇太后高氏起用司马光等旧党主政，导致熙丰新法的遽然变更，历史上称为"元祐更化"，故哲宗亲政以后毅然召回新党实行"绍述"，不仅是他的政治选择，也意味政治路线上的"拨乱反正"。另一方面，哲宗的"绍述"不只是一句政治宣传口号，而有着实际的内容和具体的行动。在短短六七年间，朝廷不仅

作者单位：福建师范大学社会历史学院

大致恢复了神宗熙宁(1068—1077)、元丰(1078—1085)时期的诸项"新法",而且在开拓西北边疆方面完成了神宗未竟之业。虽然开边带来一些消极影响,部分抵消了恢复"新法"的成效,但不可否认"绍述"总体上取得了很大的成功。职是之故,在其后的整个徽宗时代,"绍述"作为一项基本国策,继续得到贯彻和施行。

然而在北宋末年及其后的整个南宋时期,"绍述"之说逐渐被人们放弃、告别,乃至成为一种与政治报复、党同伐异等意涵相关联的讽刺性话语;时至今日,研究者亦很少肯定"绍述",往往将之视为哲宗、新党报复旧党的借口以及大臣专政擅权的手段①。其中的原因或许在于:绍符年间执政的新党严酷打击元祐旧党的做法,发展到徽宗时代各地建立臭名昭著的"元祐党籍碑",造成了政治上的分裂及许多士大夫的痛苦;宋室南渡以后,政治形势彻底翻转,人们将北宋亡国之责归咎于新党的专制政策。在此背景下,"绍述"之被否定实属必然。

从一定的层面说,以往学界对于"绍述"的认识有着坚固的史实基础,因而是正确的。但仅从政治报复论的视角看待"绍述",并不能彰显"绍述"的全部内涵。如果比较绍符和元祐两个时期,当政者打击政敌的思路及其后果是不一样的。元祐中虽出现新党的宰相蔡确贬死岭南的罕见情形,但旧党的主要目的并不是想要将新党全都置于死地,而是运用传统"君子/小人"之说,要使"君子居于内,小人居于外"②。而到了绍符时期,复起的新党一面宣称继述神宗遗志,一面却积极全面打击旧党,甚至企图将之全部摧毁,最终酿成严重的党祸。为什么绍圣以后党争变得如此残酷?"绍述"何以会走向硬性的威权?传统的解释并不能给出特别合理的答案。

十余年前,余英时《朱熹的历史世界》一书指出,熙宁变法时期王安石

---

① 相关研究参考王菡:《宋哲宗》,长春:吉林文史出版社,1997年,第96—180页;罗家祥:《朋党之争与北宋政治》,武汉:华中师范大学出版社,2002年,第180—212页;汪天顺:《章惇研究》,河北大学博士学位论文,2002年,第61—71页;杨小敏:《蔡京、蔡卞与北宋晚期政局研究》,北京:中国社会科学出版社,2012年,第69—76页;涂美云:《北宋党争与文祸、学禁之关系研究》,台北:万卷楼图书公司,2012年,第242—251页。

② 罗家祥:《朋党之争与北宋政治》,第192页。

提出的"国是"之说,绍圣中被蔡卞引入哲宗的朝政,出现所谓的"以绍述为国是",于是新党打压旧党便有了合法的依据①。这一颇具原创性的论述予笔者以启发。本文在既有研究基础上,重新审视绍符时期的政治过程,探究"绍述"在其时政治情境中的内涵流变及运作方式,进一步深化对北宋晚期政治史的认识。

一、"绍述"说最初的内涵

(一)彰显继志之孝

元丰八年(1085)三月宋神宗去世后,臣僚面临如何对待神宗及熙丰之政的问题,在当时主要有两种可能的选择,一种是新党提出的坚守神宗之政的要求,一种则是旧党要求的变更熙丰政事的主张。由于垂帘听政的太皇太后高氏素来不喜熙丰之政,因此在整个元祐时代,旧党提出的"更化"主张获得采用。然而元祐八年(1093)九月高氏去世、哲宗亲政后,形势发生逆转,部分臣僚观测时政风旨,渐向哲宗进"继述""绍述"之说。如礼部侍郎杨畏上言:"神宗皇帝更法立制以垂万世,乞赐讲求,以成继述之道"②;殿中侍御史来之邵"乞先逐(吕)大防以破大臣朋党,因疏神宗所简〔拔〕之人章惇、安焘、吕惠卿等,以备进用"③。这些臣僚本身与熙丰之政保持着一定距离,但绍述之论却由他们发起、推动,侧面反映元祐之政的"失道"④。事实上,哲宗亲政以后,士大夫中主张继承先帝遗志的声浪渐起,出现"修复元丰故事,

---

① 余英时:《朱熹的历史世界》,北京:生活·读书·新知三联书店,2004年,第250—267页。余先生的观点引起学者较多关注,但目前宋史学界似未做出充分、深入的回应,李华瑞《宋神宗与王安石共定"国是"考辩》(《文史哲》2008年第1期,第73—78页)一文是目前为数不多的专门讨论"国是"问题的作品,然其主旨乃就"国是"的一些具体论点与余先生商榷。

② 杨仲良:《续资治通鉴长编纪事本末》(简称《长编纪事本末》)卷100《逐元祐党上》,元祐八年十一月庚寅条,北京:北京图书馆出版社,2003年影印本,第3213页。

③ 《长编纪事本末》卷99《朋党》,绍圣元年三月乙亥条,第3176页。

④ 方诚峰:《北宋晚期的政治体制与政治文化》,北京:北京大学出版社,2015年,第91—101页。

士大夫争献所闻"①的景况,因此"绍述"一时成为朝臣的共同要求。然而,绍圣初期的"绍述"论述主要反映哲宗君臣继述神宗遗志的愿望,具有较为多元、包容的内涵。

如元祐九年(绍圣元年)二月,哲宗以李清臣为中书侍郎,邓润甫(温伯)为尚书左丞,史称"清臣首倡绍述,温伯和之"②。此年三月,李清臣为哲宗起草御试策问,首先表达"思述先志"的理想,接着批评元祐政事的紊乱,最后提出"可则因,否则革,惟当之为贵,夫亦何必焉"的主张。一方面显示"欲复熙宁、元丰故事之意",另一方面表达随时因革、归于至治的设想③。又据《宋史·邓润甫传》:"绍圣初,哲宗亲政,润甫首陈武王能广文王之声,成王能嗣文、武之道,以开绍述,遂拜尚书左丞。章惇议重谪吕大防、刘挚,润甫不以为然。"④李、邓二人皆以"孝道"为说,以寄寓其回向神宗之政的政见。不过,李清臣强调因革损益,邓润甫反对重谪元祐宰相,反映"绍述"早期倡导者具有相对理性的倾向和比较宽容的作风。

再如元祐九年四月,哲宗御札改元,以"绍圣"为年号,其意即绍述先帝之"圣政"。然此事并非如成书于绍兴八年(1138)的《哲宗实录》("新录")所说,乃"(章)惇、(蔡)卞等主绍述之论,挟持上下"的结果⑤,而是哲宗采曾布建言"先帝政事当复施行之,宜改元以顺天意"之产物⑥。更为关键者,改元御札乃时任大学士、旧党范祖禹所拟,《范太史集》卷33《翰林词草·改元御札》有云:"朕荷皇穹之眷命,守列圣之丕基,十年于兹……乃稽仁祖之成宪,思大文考之烈光……宜改元祐九年为绍圣元年。"⑦可见其时哲宗并未坚决全面摒除旧党。

---

① 陈均编:《皇朝编年纲目备要》卷24,绍圣元年闰四月,许沛藻、金圆、顾吉辰、孙菊园点校,中华书局,2006年,第585页。
② 《长编纪事本末》卷100《绍述》,绍圣元年二月丁未条,第3177页。
③ 《长编纪事本末》卷100《绍述》,绍圣元年三月乙酉条,第3178页。
④ 《宋史》卷343《邓润甫传》,北京:中华书局,1985年,第10912页。
⑤ 《长编纪事本末》卷100《绍述》,绍圣元年四月癸丑条,第3189页。
⑥ 《长编纪事本末》卷130《久任曾布》,绍圣元年四月庚戌条,第4060页。
⑦ 范祖禹:《范太史集》卷33《翰林词草·改元御札》,《儒藏》(精华编)第219册,北京:北京大学出版社,2014年,第435页。

改元未久,哲宗召章惇回朝担任左相①。章惇对于元祐的态度值得注意。据载,章惇返朝途中曾与名士陈瓘就元祐之政评价问题展开辩论。章惇认为元祐臣僚不仅没有"纂绍先烈",反而推翻神宗的政策,打击神宗的用人,应该要严厉惩罚;而陈瓘指出元祐政事亦有合理之处,当一分为二看待之。据说章惇听后颇感"惊异","遂有'兼取元祐'之语"②。此事反映绍圣之初章惇对于元祐臣僚存有怨恨、报复的情绪,然对元祐之政的某些合理因素,似无意于一味排斥。

(二)追究元祐之政

哲宗的绍述之政并不是对神宗之政的直接继承,而以追究元祐之政为起点,故元祐年间的一些政治议题仍旧得以延续。元祐中旧党对新党某些特定人物厉行高压,但对其中温和派则有"调停"之举;又旧党内部不同势力习惯用"朋党"指称对方,出现诸多"党名"。此外,由新党提出的谴责性话语——"诽谤先帝",成为旧党内部政争诸方攻击对手的借口,使得这一话题持续升温。至绍圣初期,元祐"旧事"被重新翻出,成为新党追究旧党、开启"绍述"政治的突破口。

元祐后期有所谓"刘挚党人""吕大防之党"和"川党"之说。元祐八年御史黄庆基、董敦逸曾指出刘挚之党已衰,苏轼、苏辙的"川党"复盛,要求"减杀川人太盛之势"③,宰相吕大防与御史中丞李之纯合作,将董、黄二人重加贬谪④。然其时关于吕、苏结党擅权的言论颇为流行。哲宗亲政后的元祐九年(绍圣元年)三月,殿中侍御史来之邵预料时事将变,"乞先逐大防以破大臣朋党",促成吕大防的罢相⑤;闰四月,监察御史刘拯劾李之纯乃苏轼之党,致其贬黜⑥;七月,监察御史周秩上言"刘挚恶党已为吕大防、苏轼、

---

① 《长编纪事本末》卷120《逐惇卞党人》,绍圣元年四月壬戌条,第3709页。
② 李焘:《续资治通鉴长编》(以下简称《长编》)卷485,绍圣四年五月乙未条,北京:中华书局,2004年,第11530—11531页。
③ 《长编》卷482,元祐八年三月己丑条,第11467页;卷482,元祐八年三月条,第11477页。
④ 《长编》卷484,元祐八年五月辛卯、丙申条,第11495—11505页。
⑤ 《长编纪事本末》卷99《朋党》,绍圣元年三月乙亥条,第3176页。
⑥ 《长编纪事本末》卷105《二苏贬逐》,绍圣元年闰四月乙酉条,第3412—3413页。

苏辙之党排斥出外,今在朝廷者绝微矣,唯大防恶党半已出外,半犹在京"云云①。从这些事实来看,绍圣初期的朋党之论,与元祐后期有一脉相承的关联。不过,其时所谓的"朋党",多指"吕大防之党""川党""刘挚党人"等"党名"。它们皆出现、盛行于元祐年间,且有特定之内涵,而"元祐党"这种笼统、模糊的说法,较少被使用。

元祐八年御史黄庆基指控苏轼任中书舍人时所草诰词,涉嫌"诽谤先帝",要求予以严惩。此事引发强烈反响,哲宗亲政后仍余波未平。元祐九年(绍圣元年)三月门下侍郎苏辙为阻哲宗转向"绍述",在奏章中提及汉武帝之事,被哲宗理解为意在讥讽神宗"穷兵黩武",将其罢免;四月,吕惠卿"指陈苏轼所作诰词语涉讥讪",结果苏轼被夺职、贬黜②。自元祐以来,言官多次运用"诽谤先帝"之名奏劾苏轼,皆以失败告终,但后者的名声亦因之受损。哲宗亲政后用同样的罪名贬谪二苏,说明元祐时的政治议题得到回应。

哲宗亲政后起用熙丰新党主持"绍述",故绍述之政的展开伴随对元祐更化的追究;其时对元祐臣僚的指控,主要体现在"废法"(废除熙丰新法)、"弃地"(废弃西北四寨及渠阳寨)、"谤史"(神宗实录涉嫌诽谤)和"车盖亭诗案"(蔡确贬死岭南)诸事上,以元祐核心臣僚为具体之责任人。

(三)"绍述"政治中的两种取向

绍圣初期宰执更替频繁。如绍圣元年(1094)二月以李清臣为中书侍郎,邓温伯(润甫)为尚书左丞,三月罢左相吕大防、门下侍郎苏辙,四月罢右相范纯仁,同时任命章惇为新的左相,闰四月除安焘门下侍郎,五月罢签书枢密院事刘奉世,同月邓润甫去世,六月曾布同知枢密院事。宰执班子的重建大体完成了。高氏后期的执政中,知枢密院事韩忠彦、尚书右丞郑雍继续留用;而门下侍郎安焘属于元祐前期的执政③。这样的安排,对于处理元祐臣僚有重要影响。

---

① 彭百川:《太平治迹统类》卷24《元祐党事本末下》,绍圣二年正月,《丛书集成续编》影印《适园丛书》本,第40册,上海:上海书店,1994年,第488页。

② 《长编纪事本末》卷100《绍述》,绍圣元年三月丁酉条,第3179—3186页;卷105《二苏贬逐》,绍圣元年四月壬子条,第3410页。

③ 《宋史》卷212《宰辅表三》,第5494—5502、5507页。

三省宰执之间在如何处置元祐臣僚问题上产生分歧。前已提及，邓润甫反对章惇"重谪吕大防、刘挚"，然不久病逝。郑雍元祐中"事上有体"，"绍圣初，治元祐众臣，雍顿首自列，哲宗明其亡他心，谕使勿去"。郑雍有时碍于身份，或向章惇阿意取容，然其内心同情元祐，则是无疑的①。而安焘，《东都事略》本传说："时章惇用事，贬谪元祐旧臣，焘阴为开释。"②至于李清臣，《宋史》本传称：

> （章）惇入相，（清臣）复与为异。惇既逐诸臣，并籍文彦博、吕公著以下三十人，将悉窜岭表。清臣曰："更先帝法度，不为无过，然皆累朝元老，若从惇言，必大骇物听。"帝曰："是岂无中道耶？合揭榜朝堂，置余人不问。"③

据以上材料，哲宗组建的三省宰执中，唯有章惇主张重谪元祐臣僚；而安焘、郑雍曾是元祐执政，李清臣、邓润甫乃元祐中被"调停"之人④，皆主张从轻处置，这对章惇形成制衡。绍圣元年七月戊午（十九日）哲宗下《敕榜朝堂诏》：

> 司马光、吕公著、吕大防、刘挚等，各已等第行遣责降讫……除已行遣责降人外，其余一切不问，议者亦勿复言。所有见行取会《实录》修撰官已下，及废弃渠阳寨人，自依别敕处分。⑤

史称，"时司马光既贬，上谓刑惟厥中，故有是诏"⑥。事后章惇指出"既榜朝廷，众论以为宽"，哲宗则云："据其罪状甚可诛，然不欲究其事，乃用轻典，聊示薄责尔。"⑦显然此诏是两派争执不下，哲宗采取折中主义的结果。

大体而言，朝廷对元祐诸臣的惩处贬谪以元祐领袖（宰执、侍从、台谏）

---

① 《宋史》卷342《郑雍传》，第10899—10900页。
② 王称：《东都事略》卷79《安焘传》，孙言诚、崔国光点校，济南：齐鲁书社，2000年，第821—822页。
③ 《宋史》卷328《李清臣传》，第10563页。
④ 方诚峰：《元祐"调停"与哲宗绍述前夜》，《中华文史论丛》2013年第112期，第87—117页。
⑤ 《宋大诏令集》卷195《政事·敕榜朝堂诏》，北京：中华书局，1962年，第717页。
⑥ 《长编纪事本末》卷101《逐元祐党上》，绍圣元年七月戊午条，第3237页。
⑦ 《长编纪事本末》卷101《逐元祐党上》，绍圣元年七月庚申条，第3237页。

为主，其中司马光、吕公著为旧党之魁，死后皆夺所赠荣衔；吕大防、刘挚、苏辙被视为诸"朋党"之领袖，皆于荆湖居住，苏轼乃唯一被编管岭南之高级文臣；对内臣的处置，则以陈衍及其周围人士为主，因他们交结外朝臣僚吕大防等①。这次贬谪的程度和范围皆有限度。

绍圣元年七月的"敕榜"宣布停止奏劾、贬谪元祐之人，但尚在审查中的"废弃渠阳寨人""《实录》修撰官"除外。其后未久原荆南帅唐义问以及原荆湖统兵官胡田、李备和原勾当公事官余卞、欧阳中立等人皆以弃寨事被责②。此年十二月，《神宗实录》修撰官范祖禹、赵彦若、黄庭坚皆降授散官，分别于永州、澧州、黔州安置。绍圣二年正月，吕大防特追两官，范祖禹、赵彦若、黄庭坚再追一官，林希、曾肇、陆佃各追一官，林希以在职日浅不予深究，曾肇、陆佃皆与小郡。其中对吕大防的处理似经曲折，右正言刘拯说：

> （范）祖禹等纂修先帝实录，擅敢增损，厚加诬毁，为臣不忠，不可赦，止以散官安置善地，屈法多矣。吕大防实董其事，书成则冒赏转官，罪败则责罚不及，非所以正赏罚、示劝惩也。望先追夺所转官，仍正（正）诬毁之罪。窃虑朝廷以碍"敕榜"为难，况"敕榜"未出，已有臣僚论列大防罪，诚无所碍。③

吕大防兼任《神宗实录》提举官，然"敕榜"规定"已行责降人"不再追究，刘拯"虑朝廷以碍敕榜为难"，故举出必须再行处置的理由。事实上，在此后相当一段时间中，基本未见贬谪元祐臣僚的行动。由此可见，"敕榜"确实发挥了一定的效力，不完全是一纸空文。

对于元祐时期的具体措置，其时哲宗亦没有完全排斥之意。例如，绍圣元年四月，哲宗令户部商议恢复元丰役法事宜，其后朝廷下诏"府界、诸路复免役法，并依元丰八年见行条约施行，仍自指挥到日为始"，同时将免役

---

① 《长编纪事本末》卷101《逐元祐党上》，第3207—3237页；徐松辑：《宋会要辑稿》职官67，刘琳、刁忠民、舒大刚、尹波等校点，上海：上海古籍出版社，2014年，第4850—4852页。
② 《宋会要辑稿》职官67，第4852页。
③ 《皇朝编年纲目备要》卷24，绍圣元年十二月，第590—591页；黄䓕：《山谷年谱》，《宋人年谱丛刊》第5册，成都：四川大学出版社，2003年，第3077页。

宽剩钱由原来的二分减为一分,另官户、女户、单丁、寺观以及坊郭人户助役钱仍依元祐之制,减半征收①。可见哲宗重新恢复神宗朝的役法,原则上虽采熙丰雇募之制,但内容不尽相同,特别在役钱一事上,并不完全以"绍述"自囿而排斥元祐之政的合理因素。再如,绍圣元年十月,

> 左朝奉郎、权发遣开封府推官常安民为监察御史,中丞黄履荐也。安民先召对垂拱殿,上曰:"今日如何?"安民对曰:"元祐中进言者以熙宁、元丰之政为非,而当时为是;今日进言者以元祐之政为非,而熙宁、元丰为是,皆为偏论……愿陛下公听并观,是者行之,非者改之,无问新旧,惟归于当。"上深然之,谓执政曰:"安民议论公正,无所阿附。"②

根据以上引文并结合前面讨论可知,哲宗因有憾于元祐诸臣,遂迁怒于元祐时的种种纷更,毅然转向"绍述",但他对于熙丰与元祐两朝的一些具体政策,似乎并无定见。元祐用事之臣被贬后,哲宗的怨怒情绪有所消解,于是,他对常安民提出的,公平对待熙丰、元祐之政,"无问新旧,惟归于当"的主张,持相对开放的态度。

前已指出绍圣初年组建的三省宰执分为两派,一派以中书侍郎李清臣、门下侍郎安焘为主,一派以左相章惇为主,尚书右丞郑雍徘徊两端,而实同情元祐之人。章惇虽显得孤立,但毕竟地位特殊,周围逐渐聚集一批人,形成政治势力,成员有蔡卞、蔡京、张商英、林希、周秩、翟思、范镗、朱服等。这些人以侍从、台谏官为主,主张激进"绍述",持强硬态度对付元祐之人,同时主张严格遵行熙丰路线,而倾向排斥元祐之政。而李清臣、安焘诸人,主张柔性"绍述",反对重谪元祐之人,对于熙丰、元祐具体政策的利弊,亦相对理性看待之。因此"绍述"一开始就面临权力之争与路线抉择。

据载,章惇为改善其在三省中的孤立,曾力引吕惠卿回朝担任右相,但遭李清臣、曾布、韩忠彦诸人强力抵制③。但他还是依凭哲宗的支持,以及本

---

① 《宋会要辑稿》食货65,第7832—7833页。参考聂崇岐:《宋役法述》,北京:中华书局,1980年,第49页。

② 《长编纪事本末》卷100《绍述》,绍圣元年十月庚寅条,第3193—3194页。

③ 《长编》卷498,元符元年五月癸酉条,第11681—11682页;《长编纪事本末》卷130《不用吕惠卿》,第4052—4054页。

身的强势,逐步把持进退士大夫的权柄。例如"自上亲政,修复元丰故事,士大夫争献所闻,吏部尚书彭汝砺一无所论,而知寿州朱服贺改元表力诋元祐变法。时章惇欲专黜陟之柄,乃出汝砺为宝文阁直学士、知成都府,而召服为中书舍人"①。因此曾布说:"(章)惇专恣弄权,日甚一日。"②然这些都不是根本之策,据说,

> 章惇之贬斥元祐旧臣,皆以白帖子行遣。安焘、李清臣与惇争论不已,上亦疑惇,惇甚恐。(郑)雍私谓惇曰:"用白帖子有王安石故事。"惇大喜,取其案牍白上,惇遂安。议者谓雍欲以此结惇也。③

可以看出,章惇的权力受到诸多的制约,有面临来自安焘、李清臣的竞争,然最重要的,则是哲宗的意向不甚明确。如果哲宗对章惇的倚重仅建立在报恩或赏功的层面,那么后者的权力基础随时可能会动摇;同样,如果哲宗对"绍述"的追求仅出于对神宗之政的向往,及对元祐之人的反感,而在具体政策选择上"无问新旧,惟归于当",则"绍述"政治的走向就存在多重可能性。

综合以上讨论,哲宗亲政之初,诸臣鉴于元祐政事之失,纷纷拥护"绍述"之议。然其时"绍述"说只是一种旨在彰显继志之孝、反思元祐之政的政治主张,哲宗起用新党恢复新政,但并不意味严惩旧党、扫荡元祐;又执政臣僚之间对于"绍述"政治的构想以及如何处置元祐臣僚意见不一,两派皆未有绝对优势。因此"绍述"最初呈现相对多元、宽容之内涵,与绍符后期"国是"论笼罩下的情形,有较为明显的区分。

二、"绍述"内涵的流变:"国是"论下的"绍述"新说

"绍述"说最初呈现相对多元的特征,然而,绍圣二年十月蔡卞晋升尚书右丞(四年闰二月再迁尚书左丞④)后,引入了一个强而有力的论述——"国

---

① 《皇朝编年纲目备要》卷24,绍圣元年闰四月,第585页。
② 《长编纪事本末》卷120《逐惇卞党人》,绍圣元年十月己巳条,第3711页。
③ 《长编纪事本末》卷106《钱勰罢内翰》,绍圣二年十月甲子条,第3423—3424页。
④ 《宋史》卷212《宰辅表三》,第5508、5509页。

是"论,这一状况开始发生变化。蔡卞与宰相章惇相互奥援,且在乃兄蔡京等人协助下,牢牢掌握朝政。"国是"之论不但影响了哲宗的判断,而且让原本包含不同指向的"绍述"说被赋予"国是"之新意。据元符末年陈瓘讲:"绍圣以来,蔡卞造作奸言,假托经义,厚诬神考,轻欺先帝,唱为'国是',以行其私。凡(章)惇之行事为天下害者,其谋皆发于卞,干纪紊政,其事不一。然原其乖悖之始,则不过妄论'绍述'两字而已。"①《宋史》说,蔡卞"专托'绍述'之说,上欺天子,下胁同列"②。蔡卞为什么有这么大的权威?他的"国是"论的依据是什么?又如何影响"绍述"?以下就此话题展开讨论。

(一)蔡卞晋升执政的分析

绍圣初期,蔡卞是章惇集团的核心成员,他之晋升执政,与章惇一派逐渐取得政治优势有密切关联。自绍圣二年初贬谪元祐史官后,对元祐臣僚的处置基本告一段落,而绍述神宗政策的行动逐步展开。特别是绍圣二年七月,户部尚书蔡京、淮南转运副使庄公岳等人纷纷提出全面恢复熙丰法度的建言③;此年八月,哲宗又采章惇的拓边进筑之策,中止在熙河等路与西夏划分地界,同时命知熙州范纯粹趁机进筑汝遮寨,"开边自此始"④。在此过程中,章惇一派逐渐掌握"绍述"主动权,而知枢密院事韩忠彦、门下侍郎安焘等人因反对开边而渐失哲宗信任。至绍圣二年十月,尚书右丞郑雍罢,增补右丞蔡卞、左丞许将;十一月安焘罢;绍圣三年正月,韩忠彦罢⑤。郑雍、安焘、韩忠彦三人罢政事由不尽相同,然皆具元祐执政背景,且不从属章惇一派,则是相同的。伴随这一过程的,则是元祐臣僚命运的沉浮。绍圣二年八月,吕大防等元祐臣僚责降年限已及一年,具备"期叙"的资格,又次月将行明

---

① 《长编纪事本末》卷120《逐惇卞党人》,元符三年五月甲午条,第3730页。
② 《宋史》卷472《蔡卞传》,第13729页。
③ 《长编纪事本末》卷110《青苗》,绍圣二年七月己亥条,第3588—3591页。
④ 李埴撰,燕永成校正:《皇宋十朝纲要校正》卷13,北京:中华书局,2013年,第364页;《皇朝编年纲目备要》卷24,绍圣二年八月,第592页。另参李华瑞:《宋夏关系史》,北京:中国人民大学出版社,2010年,第74—75页。
⑤ 《宋史》卷212《宰辅表三》,第5508—5509页。

堂大礼,责降人又遇"赦恩叙复"之机。中书侍郎李清臣"令中书检举议复"①,然章惇"奏大防等难从恩宥"②。其后,曾布试探哲宗:"大礼恩宥在近,去岁贬谪人,不知何以处之?"哲宗答以"莫不可牵复!"也就是不可以牵复。于是诏"吕大防等永不得引用期数及赦恩叙复"③。由此可见,绍圣二年下半年以后,哲宗的态度发生了变化,开始放弃中间路线,倾向支持章惇一派的激进"绍述"主张,蔡卞之晋升显然出于章惇的汲引。

蔡卞能够入参大政,还与其特殊身份有关。余英时曾指出蔡卞有独特优势:"他是王安石的女婿,长期从之受学,又收藏了安石的《日录》孤本。因此他对于'新法'的背景的阐释得到了新党中人的普遍接受。根据熙宁变法的历史讲'绍述',蔡卞在当时确是最有权威性的专家。"④事实上,王安石有二子二女,长子王雱英年早逝,卒于熙宁九年;次子王旁"不慧,有心疾",卒于绍圣年间;长女嫁吴充之子吴安持,次女嫁蔡卞⑤。然蔡卞似不同于一般的女婿,元祐中御史林旦曾有"舍居婿蔡卞"之谓⑥。王雱去世后,蔡卞成为王安石晚年的重要依靠,有《怀元度四首》等诗为证⑦。王安石去世后,其夫人吴氏即"寓蔡卞家"⑧。因此"王安石女婿"是蔡卞重要的身份标识。

蔡卞不仅是王安石之婿,亦是其得意门生。《清波杂志》作者周煇说:"煇在金陵,见老先生言,荆公尝谓:'元度(按即蔡卞)为千载人物,卓有宰辅

---

① 晁补之:《鸡肋集》卷62《资政殿大学士李公行状》,《景印文渊阁四库全书》第1118册,台北:台湾商务印书馆,1986年,第929页。
② 李之仪:《范忠宣公行状》,范纯仁:《范忠宣公集》卷20,《宋集珍本丛刊》影印元刻明修本,第15册,北京:线装书局,2004年,第521页。
③ 《长编纪事本末》卷101《逐元祐党上》,绍圣二年八月甲申条,第3238页。
④ 余英时:《朱熹的历史世界》,第264页。
⑤ 参考汤江浩:《北宋临川王氏家族及文学考论——以王安石为中心》,北京:人民文学出版社,2005年,第226—245页。
⑥ 《长编》卷494,元符元年正月壬申条,第11734页。
⑦ 王安石:《临川先生文集》卷36《怀元度四首》,王水照主编:《王安石全集》第5册,上海:复旦大学出版社,2017年,第708—709页。
⑧ 曾布:《曾公遗录》卷7,元符二年五月甲辰,《全宋笔记》第1编第8册,郑州:大象出版社,2003年,第96页。

之器,不因某归以女凭借而然。'"① 王安石的经术有天下盛名,蔡卞作为得意门生,在绍符年间被认为得荆公真传;而蔡卞颇自负,心气很高,有一种追迹荆公,舍我其谁的气概,"以安石自任,俯视侪辈","其意以谓深得安石之道者唯我一人,可以为先帝(按指哲宗)不召之臣者亦莫如我"②。在新党中人看来,熙宁年间王安石以"不召之臣"的身份辅佐神宗,用经术指导政治,创法立制,中经元祐之乱,致使神宗大有为的理想功亏一篑,因此"绍述"既是一种事业,亦是一种使命。对此蔡卞很自信,毅然以"绍述"为己任,因为他有独特的优势:"自谓经义之大旨他人莫晓,《日录》之本意唯我独知。"③ 蔡卞不仅对于熙宁变法背后的"指导思想"——"荆公新学"有很高的造诣,而且独家藏有《熙宁奏对日录》的手稿,熟悉新法的背景与运作。因此,蔡卞确实是当时最具权威性的理论专家,这也是他之晋升执政的一个重要因素。

(二)关于神宗朝的"国是"说

章惇、蔡卞等人能够掌握"绍述"主导权,与蔡卞提出的"国是"论有很大的关系。余英时先生已揭出宋代"国是"之说首先创立于神宗朝。据宋人林进说:"自王荆公变法,而患举朝议者之异己也,于是取孙叔敖'国是'之言,以塞一时之议。"④ 在王安石的"训导"下,神宗亦引"国是"之说与司马光争辩,认为:"今天下汹汹者,孙叔敖所谓'国之有是,众之所恶'也。"⑤ 王安石"国是"论的核心意涵被余英时先生归纳为"最高国策或正确路线"及"不能容许异论相搅"⑥;不过,若借用王安石原话,所谓"国是"乃"邪正、是非之辨"或"邪正、是非所在"。例如,熙宁三年(1070)六月,神宗以江淮等路发运使薛向为天章阁待制,御史中丞冯京论之,认为薛向乃兴利之臣,若对其褒奖过重,

---

① 周辉撰,刘永翔校注:《清波杂志校注》卷3《七夫人》,北京:中华书局,1994年,第130页。
② 陈瓘:《又论蔡卞疏》《再言蔡卞状》,原皆误作任伯雨上,黄淮、杨士奇编:《历代名臣奏议》卷181,上海:上海古籍出版社,1989年,第2374页下、2376页上。
③ 陈瓘:《再言蔡卞状》,原误作任伯雨上,《历代名臣奏议》卷181,第2376页下。
④ 佚名:《群书会元截江网》卷20《国论》,《景印文渊阁四库全书》第934册,第270页。
⑤ 《长编》卷210,熙宁三年四月甲申条,第5114页。
⑥ 余英时:《朱熹的历史世界》,第255—256页。

则有违朝廷"德教政治"①。冯京表面反对薛向,实际反对王安石的理财新法,此事已然验证王安石所谓"京烛理不明,若鼓以流俗,即不能自守"的预言。其后神宗以冯京奏疏示安石:"试观冯京奏疏,恐不宜使久处言职,虑群邪益诪张为幻,当如何处置?"安石回应说:

> 臣伏奉手诏示以冯京奏疏,使得参预处置之宜……陛下赫然独断,发中诏暴其所奏,明其不知邪正、是非,必挠国政,而罢黜之,则内外自知服矣。即疑未有可代,使知杂御史摄事,乃是先朝典故,徐择可用,固未为晚。若示人以疑,取决于外,必有迁延其事以待众奸之合,而众奸知陛下于邪正、是非之辨未能果也,必复合而诪张以乱圣德而疑海内,如陛下所料无疑也。若陛下未欲卒然行此,则且委曲训谕以邪正、是非所在,观其意若可开悟则大善,若度其不可开悟,臣以谓除事之害,莫如早也。近陛下累宣谕胡宗愈事,既已尽其情状,涵而不决,令久在耳目之地,亦非难壬人、胜流俗之道也。愿陛下并虑及此。若陛下以谓如此者众,不可胜诛,则臣恐邪说纷纷,无有已时,何有定国事乎?②

王安石此论表达如下意思:(1)指出冯京附会"流俗",频发"异论",已误入迷途,不适合继续担任御史中丞,应果断罢免之,可由侍御史知杂事暂行摄事。(2)揭示各种"壬人""流俗"产生的根源在于"不知邪正、是非",只有明确宣示"邪正、是非所在",才是"难壬人、胜流俗之道";(3)讽谏神宗"于邪正、是非之辨未能果",若任由"邪说纷纷",长此以往,"定国事"将遥遥无期。此处的"国事",与"国是"的涵义是相当一致的③。

总体而言,王安石"国是"之说的核心意涵是"邪正、是非所在"或"邪正、是非之辨":前者主要体现在政策层面,指称以"新法""新学"为主体的方针、政策,它们不是王安石的私人设计,也超越神宗的喜怒好恶,而代表"正确路线"或"最高国策";后者体现在人事层面,就是在具体决策过程中,根据邪正、是非之辨的原则处理官员的升黜。由此看来,王安石的"国是"之

---

① 《长编》卷212,熙宁三年六月辛巳条,第5155—5156页。
② 《长编》卷212,熙宁三年七月壬辰条,第5167—5168页。
③ "国是"与"国事"涵义本不尽相同,但北宋后期某些语境中,二者似可通用。

说蕴涵一种二元对立的思想倾向。

不过,神宗、王安石对"国是"的理解存有分歧。熙宁三年七月,因代吕公弼为枢密副使的问题,神宗与执政大臣曾公亮、韩绛、王安石有一番辩论。曾公亮、韩绛主张起用司马光,神宗认为可行,而王安石反对,因为怕他成为"异论"或"流俗"的"宗主"。曾公亮抬出真宗"且要异论相搅"的祖训,王安石则以"若朝廷人人异论相搅,即治道何由成"反驳之,神宗于是表态"要令异论相搅,即不可"。余英时视此事为"新法正式定为国是的开端"①。不过值得注意的是,神宗虽放弃起用司马光,但终以御史中丞冯京为枢密副使,很快又提升他为参知政事,从此"凡士大夫不逞,以冯京为归"②。李焘说:"安石论京如此,而京卒得改,足明神宗于安石未始专任之也。"③可见,神宗虽原则上承认不能容许"异论相搅",但在实际施政中并非如此。邓广铭先生曾指出,神宗对王安石的态度,并非如一般人认为的那样:得君之专,信任之笃,在北宋一代的宰相中无人能及。例如,王安石屡屡批评祖宗以来让臣僚"异论相搅"的做法,希望神宗不要效仿,然神宗依然要运用这条家法,不仅不肯认真对反对派进行打击,还要保留异议之人如冯京、文彦博等人于枢密院,形成对变法派的牵制④。熙宁五年七月,编修三司条例官郭逢源上言:"陛下固以师臣待安石……而遇师臣之礼,未极优异。"又言:"今王安石居宰辅之重,朝廷有所建置于天下,特牵于枢府而不预,则臣恐陛下任安石者盖不专矣。"事后神宗"甚不悦",而王安石则夸逢源"人才难得"⑤。据载,郭逢源"熙宁初,从王文公游,文公器之"⑥,是荆公门人。由此看来,王安石及其追随者对于神宗的一些做法似颇有微词。熙宁时代王安石与神宗的屡次分歧及其后的两次罢相,当与此有一定的关联。

---

① 《长编》卷213,熙宁三年七月壬辰条,第5169页;余英时:《朱熹的历史世界》,第255—256页。
② 《长编》卷251,熙宁七年三月戊午条,第6126页。
③ 《长编》卷213,熙宁三年七月壬辰条注,第5168页。
④ 邓广铭:《北宋政治改革家王安石》,石家庄:河北教育出版社,2000年,第292—294页;《宋朝的家法与北宋的政治改革运动》,《北宋政治改革家王安石》附录,第365页。
⑤ 《长编》卷235,熙宁五年七月条,第5721—5722页。
⑥ 黄裳:《演山集》卷33《朝散郭公墓志铭》,《景印文渊阁四库全书》第1120册,第224页。

尽管如此，神宗仍然是王安石变法的有力后盾。熙宁九年王安石罢相之后，宰相吴充曾一度"欲有所变革"，司马光还亲自去信，表达废法的期盼①。然神宗仍然坚持"新法"的"国是"地位——作为最高国策和正确路线——不动摇。在其后的元丰时代，表面上是神宗"事皆自作"，独运万机，王安石退隐江宁，十年不召，而事实上"所运者乃安石之机"，"安石之身若不用……其心未尝不用矣"②。元丰四年（1081）六月，神宗明确表达"定国是"的决心，

> 有上书乞审择守令者，上谓辅臣曰："天下守令之众，至千余人，其才性难以遍知，惟立法于此，使奉之于彼，从之则为是，背之则为非，以此进退，方有准的，所谓朝廷有政也……朝廷惟一好恶，定国是，守令虽众，沙汰数年，自当得人也。"③

神宗心目中的"国是"，主要强调"新法"作为"朝廷法度"的权威，地方官员必须严格遵行。然而，对于被王安石点名批判的异议之人，神宗还是念念不忘，在人事安排上，经常萌生参用新旧的设想。例如，

> 元丰初，官制将行，裕陵以图子示宰执，于御史中丞、执政位牌上，贴司马温公姓名。又于中书舍人、翰林学士位牌上，贴东坡姓名。其余与新政不合者，亦各有攸处。仍宣谕曰："此诸人虽前此立朝议论不同，然各行其所学，皆是忠于朝廷也，安可尽废！"④

神宗一方面延续王安石制定的大政方针，另一方面仍然倾向让臣僚之间"异论相搅"，而他则站在皇帝的高度，居于一切议论之上，以示大公至正，两不偏废。可见，神宗虽支持政策层面的"国是"，但对于运用二元思维处理人事的原则，仍旧没有完全服膺。这些"隐情"显示神宗之政蕴涵复杂的"政治遗产"。

---

① 《宋史》卷312《吴充传》，第10240页。
② 朱熹：《晦庵先生朱文公文集》卷70《读两陈谏议遗墨》，朱杰人、严佐之、刘永翔主编：《朱子全书》第23册，上海：上海古籍出版社，合肥：安徽教育出版社，2002年，第3380页。
③ 《长编》卷313，元丰四年六月甲子条，第7586页。
④ 朱弁：《曲洧旧闻》卷2《裕陵晚欲用司马光温公与东坡》，北京：中华书局，2002年，第102页。

(三)蔡卞"国是"论与"绍述"新说

蔡卞的"国是"论可以追溯自神宗时代,主要有两个特点。其一,蔡卞宣称其说源于王安石,并得到新党内部的承认:"自谓出于安石,孰敢不信!名曰国是,孰敢不从!"①与此同时,他利用王安石"国是"说中的二元思维重新诠释"绍述",使其内涵发生变化,而注入"国是"之新意,此即余英时所谓的"以绍述为国是"。"绍述"新说专指继述神宗之政,"建隆以来凡所施为,皆弃而不讲,独指熙宁、元丰,号为绍述"②;在此基础上,神宗之政与元祐之政并不被定义为政治方针的不同选择,而被构建为"正/邪""是/非"的二元对立。从此理论出发,唯有严惩元祐年间诽谤"先帝"、变更法度的官员,才能彰显对神宗的"继志之孝",如陈瓘所说:"元祐章疏,皆是当日臣僚纳忠之言,(蔡)卞以私意讽谕,请降于外,取舍简择,专任己见,以言为罪,公然行遣……以谓章疏之言,讥毁神考,理诉之事,行迹先朝,必须如此施行,方名继述之义。"③

其二,由于蔡卞的执政身份及其与章惇、蔡京诸人的合作,"国是"论对"绍述"政治发生了切实的影响,可以孙谔论役法事为证。

前已指出,绍圣初年制定的役法吸收了元祐役法的合理因素,至绍圣三年五月,左正言孙谔上书再论役法,认为在役额、纳钱问题上,元祐法较元丰法有诸多优点:"在官之数,元丰多,元祐省,虽省,未尝废事也,则多不若省;散役人之直,元丰重,元祐轻,虽轻,未尝废役也,则重不若轻。"孙谔还指出,免役法之所以在熙丰时期饱受非议,元祐年间遭遇变更,乃"以其不能无弊也"。因此他提出"大纲立矣,随时不能无损益者,众目也",以及"博采群言,无以元丰、元祐为间"的主张。

然而,孙谔的这些论点,遭到翰林学士承旨蔡京的严厉批判。蔡京称,孙谔所做的元丰、元祐比较,显示其秉持"以为元丰之法不若元祐"的立场;孙谔认为神宗役法有弊,则反映其怀有以"元祐之变法为革弊,而陛下今日

---

① 陈瓘:《又论蔡卞奏》,《历代名臣奏议》卷181,第2374页下。
② 吕好问:《上钦宗论绍述》,赵汝愚编:《宋朝诸臣奏议》卷119,上海:上海古籍出版社,1999年,第1312页。
③ 陈瓘:《六论蔡卞奏》,原误作任伯雨上,《历代名臣奏议》卷181,第2377页上。

亦不当绍而复之"的私意。蔡京强烈反对孙谔的"损益"和"无间"之说,认为"苟以为随时损益,则元丰之法未必是,而元祐之法未必非矣","谔欲无间,是欲伸元祐之奸,惑天下之听,则昨日积斥元祐乱政之人,亦当无间矣"。蔡京还表示,"谔于陛下追绍之日,敢为此言,臣切骇之","谔之意,盖欲因此以疑朝廷继述之志耳"。其后,哲宗采蔡京之言,罢孙谔言职[①]。

平心而论,孙谔只是就事论事,并没有明显的政治向背,却被蔡京统统纳入邪/正、是/非之辨的框架,定性为"疑朝廷继述之志",最终被赶出朝廷。可见蔡卞"国是"论深刻影响"绍述"政治的运作。

三、政治运作中的"绍述"论:挑战与响应

(一)蔡卞"绍述"论遭遇的挑战

蔡卞在将"国是"论引入"绍述"政治的过程中,取得了很大的成功,同时遇到各种挑战及难题。

哲宗亲政后,蔡卞历任中书舍人、翰林学士,同时充任国史院修撰官,主持重修《神宗实录》。由于元祐修成的《神宗实录》以"尽书王安石过失,以明非神宗之意"为宗旨,因此蔡卞在修史过程中,用独家收藏的王安石《日录》,作为修正《实录》的主要依据[②]。其用意是要突出熙宁之政,抬高王安石的历史地位;同时增重身为荆公传人的政治资本。蔡卞在施政路线上支持章惇,然他周围亦聚集自己的党羽,如林自、薛昂、常立、邓棐诸人,他们皆属中下层官员,因与王安石有较深渊源,故相互唱和,声气相通,同时推尊荆公,宣传"国是"之说。

例如林自,元丰五年以太学两优释褐,哲宗亲政后为太学正,"(林)自以主张国是自任,为蔡卞所厚";薛昂,早年与王安石有过从,哲宗亲政后为太学录,与林自"皆蔡卞之党也"。绍圣之初,陈瓘为太学博士,与林自、薛

---

① 《宋会要辑稿》食货65,第7836—7837页。
② 参考蔡崇榜:《宋代修史制度研究》,台北:文津出版社,1991年,第83—85页;顾绍勇:《蔡卞研究》,河北大学硕士学位论文,2007年,第13—18页。

昂共事。由于蔡卞深恨元祐学术,而薛昂、林自与之声气相通,"竞推尊荆公而挤排元祐,禁戒士人不得习元祐学术"。但陈瓘于元祐之学情有独钟,因此与蔡卞等人意见不同。据说,蔡卞、林自意欲销毁国子监藏《资治通鉴》印板,陈瓘闻之,在某次策题中特引神宗所作序文,"以明神考有训",蔡卞不得不放弃此意。陈瓘曾主持太学考试,"林自谓蔡卞曰:'闻陈瓘欲尽取史学,而黜通经之士,意欲沮坏国是,而动摇荆公之学也。'卞既积怒,谋将因此害公,而遂禁绝史学。"陈瓘遂于前五名尽取用荆公之学者,"然五名之下,往往皆博洽稽古之士",蔡卞的计谋又未得逞①。

陈瓘于绍圣元年五月获章惇举荐,任太学博士,然"久乃赴官",三年八月升秘书省校书郎,四年四月出为沧州通判②。他在太学的经历当发生在蔡卞晋升执政前后,时"国是"之说始在太学等小范围内传播。陈瓘亲历其事,是最早警觉此种言论之人。他敢于挑战蔡卞,除因后者尚未完全得势外,也与和章惇有旧,且获曾布支持,有一定的关系。

蔡卞、林自诸人最初似有偏激言论,他们站在荆公门人的立场,对熙宁时代的君臣之隙仍有介怀。据陈瓘讲,林自升太学博士后,"用蔡卞之意,倡言于太学曰:'神考知王荆公不尽,尚不及滕文公之知孟子也。'士大夫皆骇其言"③。蔡卞对神宗亦有怨言:"谓熙宁所弃之士,皆是流俗;谓神考不能知人,后复收用,致使老奸之类,共成元祐之恶。"④蔡卞以神宗未能领会王安石"国是"说的深意,致留下元祐更化的恶果,为此深感痛惜;故其"国是"论强调以王安石的"国是"之说为依归,不仅坚决执行王安石确定的国策,而且运用"邪正""是非"的原则分别敌我。蔡卞认为,元祐更化中的用事之人,亦即熙宁中被王安石批评的流俗、异议之士,故须回到王安石的立场,

---

① 《三朝名臣言行录》卷13之3《谏议陈忠肃公》引《遗事》,《朱子全书》第12册,第824—825页。

② 陈宣子:《陈了翁年谱》,《宋人年谱丛刊》第6册,第3858页;《长编纪事本末》卷120《逐惇卞党人》,绍圣三年六月辛未、八月甲子条,第3714页;《长编》卷485,绍圣四年四月乙未条,第11529页。

③ 《长编》卷485,绍圣四年四月乙未条,第11529页。李焘指出,林自以太学博士除正字为绍圣三年二月二十三日,"滕文公"之说,必在三年二月之前也(第11530页)。

④ 陈瓘:《再言蔡卞状》,《历代名臣奏议》卷181,第2375页下。

援引邪正、是非之辨的模式对待之。

然而，蔡卞流露出的以王安石为唯一准绳的倾向，给他的反对者留下口实和把柄。如陈瓘向曾布透露不满之意："卞但以安石为准绳，安石所是者必欲进，而不喜者必欲黜，立安石为准的，以罗织士类，此最为害政。况安石之所是非，与先帝不同者非一，岂有但以安石为据？"① 又向章惇表达质疑："主上圣孝，笃于继述，然今日庙堂之所谓继述者，述神考乎？述荆公乎？"②

此外，由曾布一手策划的"常立事件"，险些影响蔡卞的仕途。常立是常秩之子，后者是王安石的友人、同调，熙宁年间得神宗重用；王安石罢相，常秩随之去职，于熙宁末去世。哲宗亲政后，常立依附蔡卞、章惇，以"绍述"自任，宣称"青苗、免役事须立乃能推行"，蔡卞荐其为秘书省正字、诸王府说书、侍讲。绍圣三年，蔡卞又荐常立为崇政殿说书，既上殿，又请除谏官。时曾布甥婿叶涛在国史院，得元祐中由常立主导、常秩门人赵冲执笔的《常秩行状》，内有诋诬神宗之语，曾布遂报告哲宗。哲宗下令调查，见《行状》中说："自安石罢相以来，民在涂炭。"又说："自秩与安石去位，而识者知政事必败。"哲宗怒"其谄厚安石而诋薄神考如此"，既责章惇知而不报，又斥蔡卞为何荐之，惇、卞皆"错愕谢罪"③。其后，常、赵二人皆受重责。至于蔡卞，哲宗虽置而不问，然已经受到严重警告，据说自此以后"惶恐改意"，"神考知王荆公不尽"之语，再也不敢宣言于众④。

前已指出，蔡卞"绍述"论仍以儒家之孝道为理据，"欲一二以循熙丰之迹，不然则为不孝"⑤。为此陈瓘向哲宗表达异议：

> 秘书省校书郎陈瓘奏曰：臣闻"善继人之志，善述人之事"者，天子之孝也，武王是矣。"不改父之臣与父之政"者，卿大夫之孝也，孟庄子是矣。神考之初，当百年宜改之运，改英祖者多矣，乃所以为"善继"、

---

① 《长编纪事本末》卷106《常立以诬诋贬责》，绍圣三年六月癸未条，第3433—3434页。
② 《长编》卷485，绍圣四年四月乙未条注，第11530页。
③ 《长编纪事本末》卷106《常立以诬诋贬责》，绍圣三年六月癸未条，第3432页。
④ 陈瓘：《宋忠肃陈了斋四明尊尧集》卷5，《续修四库全书》第448册，上海：上海古籍出版社，2002年，第380页。
⑤ 杨时：《龟山集》卷12《语录三》，《景印文渊阁四库全书》第1125册，第224页。

"善述"也。《书》曰:"一人有庆,兆民赖之。"此神考之大孝也。①

按,所谓"继述",确实源于孔子关于"孝"的论述,见《中庸》及《论语》。然陈瓘指出,两部经典中"继述"涵义及其指涉对象不尽相同,《论语》所谓"孟庄子之孝也,其他可能也;不改父之臣与父之政,是难能也"云云②,强调教条地遵行父政,不敢逾违,是孟庄子之孝,而孟庄子只是鲁国的一名大夫而已;然《中庸》所称"武王、周公,其达孝矣乎!夫孝者,善继人之志,善述人之事"云云③,强调灵活地施行父政,择善而从,这是武王的"孝",值得天子效仿。一言以蔽之,"天子之孝"的核心是"善继""善述",而"士大夫之孝"的主旨为"不改",二者涵义不同。陈瓘通过解读经典,影射蔡卞"绍述"新说不是真正的"天子之孝"。不过,对于陈瓘的观点,哲宗或有"感悟"之意,然"执政闻而恨之",陈瓘已成打击的目标,遂于绍圣四年四月请辞外任了④。

前已提及,绍圣三年五月蔡京在与孙谔争论役法时,不仅反对对神宗之政进行损益,而且给孙谔扣上"元祐党"的帽子。对此曾布指出:"今日在朝之人设此罗网,以为中伤、罗织之术,凡有人言及朝廷政事所未安,即便以为非毁朝廷,党助元祐。"⑤绍圣四年三月,曾布和蔡京在御前就"损益"话题展开辩论,前者以"事有适于事变,近于人情,固当损益"及"使先帝在位至今,闻有可增损,亦当随宜损益"为据,证明"损益先帝法度"为合理;后者则宣称"先帝则当损益,陛下方绍述先志,不当损益",但未能举出具体的理由。其后枢密院独班奏事,曾布斥蔡京之论为"胶柱而鼓瑟",并向哲宗反复申说神宗励精图治、随宜损益的用心;同知林希亦称:"法度无不损益之理,如编敕,熙宁中修成,元丰中又修,今复重修,若不可损益,即第当检熙宁、元丰敕遵行,何用更修?其他法令,亦皆类此。"哲宗不仅欣然听纳,而且还

---

① 《历代名臣奏议》卷10,第139页上。
② 杨伯峻译注:《论语译注·子张篇第一九》,北京:中华书局,2009年,第200页。
③ 王文锦译注:《大学中庸译注》,北京:中华书局,2008年,第24页。
④ 《三朝名臣言行录》卷13之3《谏议陈忠肃公》引《遗事》,第824—825页。
⑤ 《长编纪事本末》卷100《绍述》,绍圣四年三月癸亥条,第3202页。

表示，对于神宗之法，"不第（第不）失大意即可矣"①。

如何看待神宗之政显然是蔡卞"绍述"论的一个难题。反对者的观点是，不相信有一成不变的法度；即便是神宗所立之法，亦须随宜损益，择善而从。其隐含之意也可理解为，神宗之政或有弊端，元祐之政容有可取。这种意见在朝臣中应有相当的基础，就连哲宗也做出颇具弹性的表态。从此论点出发，久而久之，就可能会在神宗、元祐之中，创造重叠、模糊的空间，进而削弱"绍述"论的合理基础，因此构成对蔡卞的挑战。蔡卞为此苦思对策，遂于绍圣四年五月，藉中书舍人沈铢封还吴居厚除命词头之机，说服哲宗诫饬在位臣僚。

（二）蔡卞对挑战的响应：吴居厚事件发微

吴居厚是神宗朝的理财能臣，元丰中历任京东路转运判官、副使，他奉行新政，力主榷铁之法，因职事修举，政绩卓著，神宗擢其为天章阁待制、京东路都转运使，并亲下褒诏："内外理财之臣，未有出其右者。"②然吴居厚施政苛刻，引起诸多民怨。元丰末年，御史刘挚等劾其聚敛掊克，责成州团练副使，黄州安置③。哲宗亲政以后，吴居厚得到任用，一路提拔为户部侍郎。然他仍是争议人物，绍圣四年五月，吴居厚除权户部尚书，起居郎兼中书舍人沈铢以"居厚顷使京东，坐聚敛罢，不可以长地官"为由，缴还词头，于是朝廷改付中书舍人蹇序辰。蹇序辰是蹇周辅之子，后者元丰时在江西、福建推行盐法，与吴居厚一样苛刻、聚敛，元祐中为御史所劾，父子俱责。哲宗亲政后，蹇序辰成为蔡卞之党，遂共同谋划藉吴居厚事件，以扭转时局。

蹇序辰根据蔡卞"国是"论定性沈铢缴奏事。他认为，吴居厚因获神宗表彰，故遭元祐臣僚迫害，沈铢反对吴居厚，就是反对神宗，党同元祐，有违"今日绍述之志"的"国是"。蹇序辰之论乃蔡卞之意，他们借此小题大做，并非仅为打倒沈铢，更是欲哲宗"明示好恶"。据说，因元祐初章惇曾批吴居厚聚敛，蔡卞、蹇序辰遂胁迫之："若谓居厚京东所行非是，则先帝褒诏亦

---

① 《长编纪事本末》卷100《绍述》，绍圣四年三月癸亥条，第3201—3203页。
② 《宋史》卷343《吴居厚传》，第10921页；《长编》卷339，元丰六年九月戊申条，第8161页。
③ 《长编》卷360，元丰八年十月丁丑条，第8608页。

非是矣。"章惇"噤不能语","于是从序辰所请降诏榜云"①。

在章惇配合下,蔡卞、蹇序辰成功说服哲宗"诏榜示朝堂",《宋大诏令集》题作《诫饬在位敕榜》,诫饬对象是在位臣僚,尤其针对朝中"绍述"论的挑战者。"敕榜"以哲宗口吻,首先称颂神宗,痛批元祐,接着批评反对者是非不分:"念今在廷之臣,鲜知事君之义,崇乡原以为善士,造虚誉以进无能。以交私合党相先,以奉法守公为讳……端亮劲挺有特立之操者,不见容于众人;婐阿回遹持两可之说者,必得名于流俗。"特别不点名批评以沈铢为代表的部分臣僚:"乃阴怀私恩,显废公议。以奸臣所斥逐为当罪,所变更为得宜;以先帝所建立为不然,所褒擢为非当。借誉余党,幸复甄收,务令旧章,未能淳一。扇为是非不定之论,欲开善否更用之端。浸长小人之道于难知之中,以疑天下之听于未孚之际。幸时事之中变,庶人情之翕从。"最后,警告这些臣僚洗心革面,"继自今日,尔其自新,式惩厥愆,毕趋于正。示以好恶,非曰苟然,其或怙终,必罚无赦"②。"敕榜"内容的主旨一言以蔽之:诫饬在朝之臣,切勿动摇"国是"。"敕榜"尤其反对所谓"两可之说"或"是非不定之论",强调"旧章"的"淳一",意谓"国是"乃唯一选择,神宗、元祐之间,没有任何调和的余地。此事可视为蔡卞响应挑战取得阶段成果的重要标识。

"敕榜"的发布,严重挤压朝中"异论"的空间,这引起知枢密院事曾布的警觉。由于沈铢因"敕榜"事受批判,不久罢中书舍人职事。曾布抱不平,待枢密院独班奏事时,他小心地试探哲宗:"窃闻沈铢近以缴吴居厚词得罪?"然哲宗却予以否认,称"止罚金";曾布接着问:"又闻有敕榜?"哲宗降低调子,称"止降诏";曾布又说:"以吴居厚、蹇序辰为君子,以沈铢为小人,恐人情不服。"哲宗不置可否,仅称"不曾指名";曾布于是直言:"诏榜无益于事,兼如此乃是欺罔圣听!"哲宗竟然顾左右而言他。哲宗的这种态度,颇耐人寻味:明明在"敕榜"中严饬是非、邪正之辨,但当曾布问及此事时,又表现得有所回避。可见,对支持"敕榜"的哲宗而言,他需要章惇、蔡卞帮助他

---

① 《长编》卷488,绍圣四年五月辛未条,第11579页。
② 《宋大诏令集》卷195《政事·诫饬在位敕榜》,第717页;《长编》卷488,绍圣四年五月辛未条,第11578页。

实现"绍述"之理想,而他的内心深处,并没有完全服膺蔡卞的"国是"论;他知道朝中两派大臣为此事斗争不已,故他的态度保持适当的弹性,随之游移,似乎有意操弄此矛盾。

哲宗的这种心理,显然为曾布所知。其后数日,曾布再次针对"敕榜"发表看法。他指出,蹇序辰等所谓"流俗之人党助元祐奸党,冀其复用"的情况并不存在,"诚令与三省异论之人皆是小人,缘小人用心,惟利是视,岂可舍今日权要大臣不肯附丽,却一向党附海外编管安置之人……其术无乃太疏乎?"哲宗没有回应。曾布于是再次举出神宗保护"异论者"的"故事":

> (布曰):"臣每蒙陛下开纳如此,益不敢循默,然愿陛下更赐采纳。臣自初秉政,即尝奏陈,以谓先帝听用王安石,近世罕比,然当时大臣,异论者不一,终不斥逐者,盖恐上下之人与安石为一,则人主于民事有所不得闻矣。此何可忽也?"上曰:"冯京辈皆是。"布曰:"非独京辈,先帝曾谕臣:'王珪虽不言,亦未必不腹诽也。'今三省无一人敢与惇、卞异论者,许将辈见差除号令有不当,但郁悒而已。如序辰辈多端劫持惊恐在位之人,使不敢与三省违戾。只如有文字云:'元祐大臣,非其死党,不得为执政。'许将见此一语,为之破胆……今上下人情如此,愿陛下以先帝御安石之术为意。"①

曾布指出,当年神宗与王安石之间的君臣遇合,诚属罕见,然神宗依然运用"异论相搅"的旧制,保全异论之人,"盖恐上下之人与安石为一",可谓用心良苦。现在章惇、蔡卞把持朝政,蹇序辰又用话语暴力胁迫大臣,因此当效仿神宗御王安石之术。

对于这种建言,哲宗大约为之所动。自此之后,在人事任免、官员评价等方面,哲宗经常征询曾布意见,以示对"异论"的重视。特别是,哲宗不久用"中批"形式,任命沈铢为中书舍人兼侍讲②。此举显然有损"敕榜"的权威,故给事中徐铎以沈铢得罪先帝、党同元祐为由,驳回了这项除命。曾

---

① 《长编》卷488,绍圣四年五月,第11579—11582页。
② 《长编》卷492,绍圣四年十月戊申条,第11690页。

布于是痛批徐铎"知畏大臣而不知畏陛下","此乃所谓附下罔上,法之所必诛也"。其后,御史中丞邢恕侍读经筵,哲宗询问其对此事的看法,邢恕此时秉持曾布的见解,认为:"此盖缘沈铢缴吴居厚词头,今既出牓朝堂,以元丰末居厚在京东事为是,则自然以沈铢为非也。然此乃臣下分朋党、争胜负尔。陛下为人君父,天覆平施,则天下幸甚!"哲宗又问其具体意见,邢恕表示,以吴居厚的资历担任户部侍郎,并无不可,故沈铢"不消缴还","至于后来出牓朝堂,却以居厚元丰间京东所为为是,则章惇当垂帘之初,自曾有札斥言居厚:'京东之人,恨不食其肉。'曾经叶涛进,陛下所知,则今日焉得却以为是?天下之人,岂可如此盖压也!"哲宗表示"卿言极是"。"已而,沈铢除命复下。"①

邢恕将"敕牓"体现的原则性问题,理解成臣僚之间争强好胜的现象,建议哲宗以"为人君父,天覆平施"的立场看待之,又以章惇奏札为据,否定"敕牓"合理性。可见,虽然蔡卞、蹇序辰成功策划"敕牓"以申饬"国是",然曾布、邢恕从皇权高度看待党争的建言,部分抵消了"国是"论的效力,沈铢除命的复下就是最好的证明。看来曾布重提"异论相搅"之旧制,已然打动了哲宗,从而为异议人士争取到一席之地,在一定程度上突破"国是"论对"绍述"话语的垄断。

根据以上讨论,蔡卞"国是"论确实深刻影响"绍述"政治的运作,经过重新诠释的"绍述"新说充斥于主流政治话语之中,不仅牵动哲宗的判断,而且让最初相对多元的"绍述"政治逐渐被一种偏狭、专断的力量所裹挟。然而,"国是"论并不具备全面的宰制性,无论是陈瓘的"述神考乎""述荆公乎"之疑,及其"继述"涵义之辨,还是曾布的"随宜损益"和"异论相搅"之论,皆代表时臣对"国是"论笼罩下的"绍述"新说之异议。实际上,它们的发生和持续性存在,构成对章惇、蔡卞等执政派的挑战,这种情势与绍符后期党祸的发生有莫大关联。

---

① 《长编》卷493,绍圣四年十一月癸丑条,第11693—11695页。

四、"绍述"论视野下的"党祸"

(一)"党祸"与"绍述"论的关系

绍圣以后对元祐之人的打压具有明显的阶段性。绍圣初期,哲宗出于"刑惟厥中"的设想,对元祐臣僚"乃用轻典,聊示惩责";又将元祐诸臣与宣仁太后两分,认为"方利亮阴之不言,殊非慈闱之本意"①。然至绍圣后期以及元符年间,形势急转直下,不仅党祸全面升级,而且出现所谓"宣仁之诬"。

绍圣二年十二月开始的编类元祐臣僚章疏运动,是党祸的先声。这可说是对绍圣元年《敕榜朝堂诏》的反动,其初始动机大概有三:一是系统排查元祐臣僚的既往言行,解决"元祐之人多漏网者"的问题;二是从严处置元祐领袖及用事之臣,以消释"众论以为宽"的质疑;三是提供鉴别臣僚政治立场的参考,为正在开展的"绍述"扫除障碍。至绍圣四年初,编类章疏成果初现,朝廷对元祐诸臣施行进一步贬谪。二月,首先追贬已逝宰执司马光、吕公著等,夺赠有差;接着窜吕大防、刘挚、苏辙、梁焘于岭表,文彦博、范纯仁以下三十余人皆黜责有差;闰二月,前执政韩忠彦降职,郑雍、安焘落职,刚被黜的韩川、孙升、王觌再黜,已逝的孔文仲、鲜于侁、吴处厚追贬,身在岭南的苏轼、范祖禹、刘安世再贬②。三月,中书舍人蹇序辰又请在编类章疏基础上,建立"奸臣"档案:"将贬责奸臣所言、所行事状并取会编类,人为一本,分置三省、枢密院,以示天下后世之大诫。"③无论是编类的章疏,还是事状,都为责降臣僚提供了依据,"由是缙绅之祸,无一得脱者"④。元符元年(1098)六月,御史中丞安惇又建议设"管勾看详诉理所",重审元祐旧案,将众多曾因批评新法受罚而获平反的官员再行定罪,士大夫缘诉理事得

---

① 《长编纪事本末》卷101《逐元祐党上》,绍圣元年七月戊午、庚申条,第3236、3237页。
② 《长编纪事本末》卷102《逐元祐党下》,绍圣四年二月、闰二月,第3251—3265页。
③ 《长编纪事本末》卷102《逐元祐党下》,绍圣四年三月壬午,第3265—3266页。
④ 《宋史》卷329《蹇序辰传》,第10606页。

罪者,有近千人①。

有学者说绍符党祸的发生和升级,源于新党对旧党的报复性倾轧②;亦有学者指出,绍符"政治整顿"乃因北宋中期士大夫共同标榜的目标——"一道德、同风俗",经王安石变法以来的历次实践,逐渐异化为政治上的清洗③。实际上,被蔡卞"国是"论重新诠释了的"绍述"论本身,即蕴含党祸的因子。

首先,如前所论,蔡卞的"绍述"论有一个突出特点,就是将神宗之政视为一种不可变更的"圣政",而不是一种为了因应某种时间、空间需要而制定的政策,一种可以"随宜损益"的政策。在神宗之政已经被无限上纲的情况下,执政派的使命就是采取一切可用的手段执行"绍述",并道德化其间所有的施为。如针对绍圣四年初大规模贬谪元祐臣僚的行动,成书于徽宗大观(1107—1110)年间、由蔡京进呈的《哲宗实录》就说:"上亲政三年,追述先志,审度考核,奸臣诬诋,迹状方显,断以不疑,皆正典刑,于是继述之孝彰矣。"④绍符后期章惇、蔡卞利用编类章疏、看详诉理进行政治清洗,同样打着"继述"的旗号,"以谓章疏之言,讥毁神考,理诉之事,行迹先朝,必须如此施行,方名继述之义"⑤。很明显,面对朝中各种反对势力,"神宗"是执政派屡试不爽的借口,"但所不喜,即以诋毁神宗为言"⑥;"继述"更是无坚不摧的利器,"凡有所请,必以继述为说,稍违其意,则欲以不忠之名加于上下"⑦,"欲一二以循熙丰之迹,不然则为不孝"⑧。

其次,蔡卞"国是"论影响下的"绍述"新说本质是一种以"邪正""是非"

---

① 《长编》卷499,元符元年六月壬寅条,第11886页;方诚峰:《"文字"的意义——论宋哲宗亲政时期的修史、编类章疏与看详诉理文字》,《北京大学学报(哲学社会科学版)》2010年第2期,第96—104页。
② 罗家祥:《朋党之争与北宋政治》,第180—195页。
③ 方诚峰:《北宋晚期的政治体制与政治文化》,第141—144页。
④ 《长编纪事本末》卷102《逐元祐党下》,绍圣四年二月庚辰,第3260页。
⑤ 陈瓘:《六论蔡卞奏》,原误作任伯雨上,《历代名臣奏议》卷181,第2377页上。
⑥ 曾布:《曾公遗录》卷9,元符三年三月,第267页。
⑦ 陈瓘:《上徽宗论蔡京交结外戚》,《宋朝诸臣奏议》卷35,第351页。
⑧ 杨时:《龟山集》卷12《语录三》,第224页。

观念为内核的二元论,其成立的基础不能仅仅建立在儒家孝道理念上,光有传统伦理是不够的;对于执政派来说,只有不断提供反映元祐臣僚反对神宗的事实证据,才能显现元祐与神宗的对立,进而增强"国是"论成立的合理性,这是党祸升级的深层次根源。

此外,党祸的升级还与蔡卞"绍述"论面临合理性危机有很大的关系。由于它在理论上是讲不通的,在政治上是教条的,因此给各种"异论"反攻的机会;即使章惇、蔡卞企图通过政治权力压迫异议,然"异论相搅"的家法始终构成"国是"论的阻力。职是之故,执政派想出釜底抽薪之策,这就是绍圣四年以后审理的诸起"逆案"的部分起源。

(二)"绍述"论影响下的"逆案"

执政派利用"逆案"对付元祐臣僚,有其固有脉络。由于神宗生前并未完成建储一事,立延安郡王赵煦为太子是在神宗临终之际仓促确定的,因而出现皇权争夺的疑似之迹;左相王珪与右相蔡确之间,神宗亲弟赵颢与延安郡王赵煦之间,甚至太皇太后高氏与朝臣之间,都有可能发生明争与暗斗。虽最终由赵煦继位,但"元丰末命"之事依然留下隐患。蔡确山陵使事还朝后,"以定策自居",为御史刘挚、王岩叟所劾;蔡确被贬后,其党人邢恕到处散布流言,暗示高氏、王珪、赵颢在哲宗继位之际有"逆谋",蔡确、章惇、黄履、邢恕排除"异议",才建立定策之功①。元祐四年出现"蔡确诗谤",谏官梁焘、吴安诗、刘安世、范祖禹极论之,高氏乃借此事置蔡确于死地,其后蔡确贬死岭南②。哲宗亲政后,蔡确之子蔡渭、御史刘拯为蔡确申冤,朝廷为诗案平反,追赠蔡确左谏议大夫,又复观文殿大学士,但未及定策之事③。至绍圣二年四月,知青州邢恕入对,见哲宗时声泪俱下:"臣不谓今日复得见陛下!"

---

① 《宋史》卷342《王岩叟传》,第10892页;《长编》卷362,元丰八年十二月甲戌条,第8671—8672页;卷428,元祐四年五月丁酉条,第10338—10346页。

② 参金中枢:《车盖亭诗案研究》,宋史座谈会编:《宋史研究集》第20辑,台北:编译馆,1989年,第183—256页。

③ 《长编纪事本末》卷107《蔡确诗谤》,绍圣元年六月甲戌条,第3478页;《长编》卷490,绍圣四年八月丁酉条注:"绍圣元年四月十三日,蔡渭诉确冤,追赠左谏议大夫,此时但论作诗,非谤讪耳。"第11632页。

又"自谓有定策功",可能是希望留在朝廷,但哲宗"不乐","遂令赴青州"①;大约在此前后,在邢恕诱导下,蔡确母明氏向三省陈诉,称梁焘元祐中曾对怀州致仕人李洵言:"若不诛(蔡)确,于徐邸(即赵颢)岂得安便!"然中书侍郎李清臣等封状不发②。

蔡卞晋升执政后,情况发生逆转。绍圣二年十一月,谏官刘拯论蔡确有定策功,及王珪潜怀二心,请"究珪之罪、录确之功",于是蔡确追赠太师,谥忠怀;其后的十二月,邢恕自青州调回开封为刑部侍郎。此二事反映邢恕宣传的蔡确定策之说获执政派支持③。与此同时,蔡京又制造楚王赵颢不利哲宗的舆论,如"车驾不可幸楚邸","上比来已觉察楚王二婿,尽罢翰林司御厨,此辈岂可使居此地?"又称"天下根本未正"云云,"意谓不诛楚邸,则未安尔";绍圣三年五月赵颢去世,蔡京受命撰墓志铭,被后者"固辞"④。此外,绍圣三年八月,执政派重提元祐四年刘安世、范祖禹论禁中觅乳母事,指控二人构造诬谤,用心险恶,于是刘、范皆贬岭南⑤。可以看出,哲宗亲政之初,朝中就出现一股力量,力倡蔡确定策之说,然未获支持;随着章、蔡之党的势盛,不仅邢恕一派的声音得到采信,而且执政派利用"逆案"打击元祐臣僚之部署初露端倪。

绍圣四年前后是党祸升级的时期,不仅发生大规模贬谪元祐臣僚的罕见情形,而且接连出现多起"逆案",轰动一时。与此同时,蔡卞的"国是"之论甚嚣尘上,而与之针锋相对的异议之说亦纷扰不已。种种现象杂糅在一起,显示它们之间的密切关联。而"元丰末命"事的核心人物之一邢恕,又成为党祸风波中的关键之人。绍圣四年正月,邢恕改吏部侍郎,五月权吏部尚书,七月兼侍讲,十月迁御史中丞,其职务的频繁变动,正是他扮演重要角色之

---

① 《长编纪事本末》卷107《蔡确诗谤》,绍圣二年四月壬午条,第3478—3479页。
② 《长编》卷490,绍圣四年八月丁酉条,第11628—11629页;卷494,元符元年二月壬午条,第11743—11744页;卷500,元符元年七月庚午条注,第11919页。
③ 《长编》卷486,绍圣四年四月丁未条,第11549—11550、11543页;卷490,绍圣四年八月丁酉条注,第11636页;《皇朝编年纲目备要》卷24,绍圣二年十二月,第594页。
④ 《长编》卷486,绍圣四年四月丁未条,第11554—11555页。
⑤ 《长编纪事本末》卷101《逐元祐党上》,绍圣三年八月庚辰,第3249页;任伯雨:《论章惇蔡卞状》,吕祖谦编:《宋文鉴》卷61,北京:中华书局,1992年,第913页。

折射①。

例如，绍圣四年四月，邢恕告诉章惇，称元丰末年神宗去世时，范祖禹自洛阳赴京，司马光送行，有云"方今主少国疑，宣训事不可不虑"。章惇认为司马光竟然"忧虑"高氏有废立之意，属造谣生事，"谓光志在倾摇"；据邢恕后来讲，章惇并不满足，又曲解司马光所说的"虑"为"思虑""幸愿"，意谓司马光藏有"祸心"，"有凶悖之意"，特追贬其为朱崖军司户参军，又以吕公著同谋，特追贬为昌化军司户参军②。

再如，绍圣四年初，黄履称其元丰八年二月曾上奏章，揭露神宗临终之际，宰相王珪阴结宣仁族叔高遵裕，托高遵裕子士充传话，以及建储时迟疑观望、含糊不决的行迹；然曾布告哲宗，黄履奏章"乃追为之，非当日所奏"，其真实性存疑。绍圣四年二月，邢恕对高遵裕养子高士京讲："王珪为相，欲立徐王（按即赵颢），遣公兄士充传道语言于禁中"云云，并诱导后者上书，证明黄履所言非虚；其后给事中叶祖洽要求正王珪之罪。因此，王珪罪名成立，于绍圣四年四月追贬为万安军司户参军，同时剥夺恩例，禁锢子孙，没收赐宅③。

又如，邢恕入朝后可能屡屡提及蔡确定策事，很大程度上影响了哲宗的看法。例如绍圣四年五月，哲宗对曾布讲："岩叟用心极可罪，当时贬蔡确意不在确，盖有倾摇之意。"于是曾布回应："此臣所不知，此必有人言蔡确定策有功，逐确则有废立之意。"④此处"有人"当指邢恕之流无疑。

绍圣四年以来的诸起旧案，曾布日记有云：

> 三省先论司马光等阴谋废立，故不逾两旬，再行降制追贬；于是又发扬王珪观望，以明定策之功，追贬王珪；又言岩叟等其意初不在蔡确。特借此以感动上耳，自谓不避怨怒，敢诛戮谋逆者，以为忠荩，故上亦欣然纳之。凡作奸无不如意，或有异论，即指名"逆党"，欲以钳天下之

---

① 《长编》卷490，绍圣四年八月丁酉条注，第11636页。
② 《长编》卷486，绍圣四年四月辛丑条及注文，第11538—11544页；《长编纪事本末》卷120《逐惇卞党人》，元符三年六月乙巳条，第3730—3731页。
③ 《长编》卷486，绍圣四年四月丁未条，第11549—11557页。
④ 《长编》卷488，绍圣四年五月乙亥条，第11589页。

口。吁，可畏也！布但悒悒，为之寝食不安而已。林希亦语布曰："贬窜者未足道，但设此言以离间宣仁，使上于宣仁不能无疑，致其骨肉间有芥蒂，此尤为可愤。"[1]

据此可知，执政派利用邢恕重翻旧案，有三重目的：一是彰显执政派的定策功劳及其对哲宗的忠诚；二是凸显元祐臣僚的凶悖及宣仁太后的嫌疑；三是用"逆党"之名，钳"异论者"之口。通过追究"逆案"，执政派希望告诉哲宗，元祐臣僚不仅是反对先帝的"奸党"，而且还是威胁皇权"逆党"。联系到这年五月哲宗下《诫饬在位敕榜》的事实，我们不难得知执政派利用"逆案"强化"国是"论述的真正动机。

他们的策略显然奏效了，但还没有竟其全功，于是便有绍圣四年八月前后的"同文馆狱"。先是，元祐旧党刘唐老对文彦博之子文及甫说"时事中变，上台当赤族，其他执政奉行者枭首，从官当窜岭南"云云。蔡确之弟蔡硕从乃婿文康世处获知，向蔡京告发[2]。其后，蔡确之子蔡渭接连爆料两事，一是揭出文及甫书信事，称其叔父蔡硕曾于邢恕处，见文及甫元祐中寄邢恕书，有云"司马昭之心，路人所知，又济之以粉昆，朋类错立，欲以眇躬为甘心快意之地"，认为此信暗藏元祐臣僚"大逆不道"的秘密；二是重提绍圣初其祖母明氏从邢恕处获知的"徐邸"事。哲宗令翰林学士承旨蔡京、吏部侍郎安惇就同文馆置狱究治[3]。

蔡京等在审案过程中，获文及甫口供，后者称亲闻乃父临终密语，谓刘挚等意图谋反，另立皇叔赵颢；信中"司马昭"指刘挚，"粉昆"为王岩叟、梁焘，"眇躬"即哲宗[4]。有学者指出，绍圣四年接连出现多起"逆案"，并非偶然，个中玄机可能是赵颢已于绍圣三年九月去世，章惇等人便肆无忌惮，翌年四月便炮制宣训事、王珪事；而文彦博于同年五月去世，章惇等人便引诱其子

---

[1] 《长编》卷486，绍圣四年四月丁未条，第11554页。
[2] 《长编》卷490，绍圣四年八月壬辰条，第11625—11626页。
[3] 《长编》卷490，绍圣四年八月丁酉条，第11628页。
[4] 《长编》卷490，绍圣四年八月丁酉条，第11628页。

揭发此案。换言之,同文馆狱是执政派肆意炮制的结果①。然哲宗却相信此事,并加深了对元祐之人的恶感。绍圣四年九月,哲宗因星变宣布大赦,但"元祐余党及别有特旨之人"却排除在外,曾布向哲宗问及此事,哲宗回应称:"刘挚等安可徙!"曾布在日记中感叹道:"上尝宣谕西府,以及甫等所言为可信,又云惇亦曾以书招彦博,殆与(邢)恕所言吻合。然则挚等何可有望于宽贷也!"②

哲宗表示不会宽贷元祐人,然蔡京、蔡卞及其同党的要求不满足于此。绍圣四年九月星变时,哲宗下诏求言,蔡京的门客方天若应诏上书:"欲诛戮元祐之人,且欲埽除邪党异论者";蔡卞之党、御史邓棐亦上书:"埽除异意之人,足以应除旧布新之象。"③ 在此前后,蔡京亲自撰文,指出"人主单立于万物之上,所以鼓舞群动、役使万物者,以能生、能杀、能与、能夺故也",希望哲宗不惜操生杀予夺之权,诛杀元祐领袖,以绝后患④。

在此思想指导下,蔡京积极究治同文馆狱,彻查刘挚、梁焘的"反状"。由于文彦博已死,文及甫所言又"没有显状";另外,明氏诉状中所谓"徐邸"事,乃出自邢恕,邢恕称得之于尚洙,尚洙称得之于李洵,而李洵说:"实闻(梁)焘此语。"然绍圣四年十一月末,梁焘暴卒于广南西路的化州,十二月初,刘挚亦卒于广南东路的新州⑤。诸人皆死,未及取证,蔡京、章惇进呈刘挚、梁焘事目时,哲宗问:"元祐人果如此乎?"京、惇答:"诚有是心,然反形未具。"⑥ 其后,蔡京等拷问高氏身边的内侍张士良,"欲使证宣仁圣烈皇后果有废立意",但张士良仅供称御药院官陈衍有乱政之状,而拒绝指认宣仁。由于绍圣四年以来的诸起"逆案",皆与高氏有连,而哲宗又以诸事为可信,

---

① 梁思乐:《北宋后期党争与史学——以神宗评价及哲宗继位问题为中心》,"十至十三世纪中国史国际学术研讨会暨中国宋史研究会第十七届年会"参会论文,2016年8月。
② 《长编》卷491,绍圣四年九月丁巳、癸亥条,第11650、11655页。
③ 《长编》卷492,绍圣四年九月,第11667页。
④ 《长编》卷490,绍圣四年八月癸未条,第11619—11620页。
⑤ 《长编》卷493,绍圣四年十一月丁丑条,第11705页;卷493,绍圣四年十二月癸未条,第11709页。王岩叟已卒于元祐八年七月,见徐自明撰,王瑞来校补:《宋宰辅编年录校补》卷10,北京:中华书局,2012年,第599页。
⑥ 《长编》卷495,元符元年三月戊午条,第11775页。

故宣仁不能摆脱"有废立意"之嫌。据说,章惇、蔡卞建议追废高氏为庶人,哲宗犹豫未决,其后向太后、朱太妃泣谏,加上张士良拒不招供,"追废之议由是得息",但宣仁的声誉已然受损①。

虽然刘挚、梁焘"谋逆"的证据不足,但蔡京仍以文及甫等人的供词为据,认定二人有罪。元符元年五月,蔡京指出,"人臣有司马昭之心,大逆无以加此",请"正其典刑,以及其子孙",于是诏"挚、焘诸子并勒停,永不收叙,仍各于原指定处居住"②。此年七月,蔡京又上言:"伏闻刘挚、梁焘已有处分,其余显著之人,未有指挥",不仅要求处分元祐中早逝的王岩叟,还重提范祖禹、刘安世、朱光庭论乳母事,于是诏:"范祖禹移化州安置,刘安世移梅州安置,王岩叟、范祖禹、刘安世、朱光庭诸子并勒停,永不收叙。"③

绍圣四年以后审理的诸起"逆案",特别是对"同文馆狱"的追究,严重打击了元祐领袖,事实上也否定了高氏;最重要的是,元祐臣僚被认为是威胁皇权的"逆党",让哲宗的朝政对元祐之人、事彻底关闭了大门。哲宗朝试图以"无问新旧,惟归于当"的精神,探讨"绍述"前景的可能性彻底消失了;这就是执政派为强化"国是"论述,而实行釜底抽薪之策所导致的必然结果。

五、结论

绍符时代的新旧党争及其发展,最终导致了严酷的党祸,这与元祐时期的情形构成较为鲜明的对比。以往的研究仅从"新党复仇"论的视角解释党祸的发生,存在一定的局限。余英时先生对宋代"国是"问题的讨论,有助于深化相关议题的认识。本文在既有研究基础上,揭示"绍述"内涵的前后演变轨迹,阐述蔡卞利用王安石"国是"之说诠释"绍述",由此深刻影响"绍述"政治的运作。本文还就绍符政治的运作状况提出一己之见:蔡卞的"绍述"论虽在很大程度上主导了哲宗的朝政,但并不具备绝对的宰制性,时臣通过发掘神宗朝"政治遗产"反制蔡卞的行动接连不断,这种情形与绍符后期"党

---

① 《长编》卷495,元符元年三月戊午条,第11775页。
② 《长编》卷498,元符元年五月辛亥条,第11841—11842页。
③ 《长编》卷500,元符元年七月庚午条,第11917—11923页。

祸"的发生及"逆案"的兴起有莫大关联。

回到本文开头提出的问题,即绍符党争为何变得如此严酷,以及"绍述"为何会走向硬性的威权?此前有学者指出北宋新旧党争是"被共同语言所分化"的政争,元祐和绍符两个时期,新旧双方立场互异,但都使用相同的语言,以道德词汇区分彼此[①]。本文的研究结果则表明,绍符年间甚嚣尘上的"邪/正""是/非"话语与元祐时期流行一时的"君子/小人"之说存有深刻的差异。其中的关键在于"绍述"作为一种政治主张的提出,以及蔡卞"国是"论对于"绍述"内涵的渗透。一方面,哲宗对乃父有深厚情感,对熙丰政事的功绩亦充满向往,"绍述"作为一种政治理想可以令其获得某种"子承父业""继志述事"的想象,同时神宗留下的"新人"及"新政",使哲宗可以选择依靠的力量和取法的资源。另一方面,蔡卞"国是"论对于"绍述"政治的干预,导致神宗之政被无限上纲,不但朝政易被执政派的语言暴力所挟制,而且令新党压迫旧党拥有合法的基础;同时,执政派炮制的诸起"逆案",在很大程度上加剧了哲宗对元祐臣僚的恶感,从而固化了"国是"论述中的二元对立。总体而言,哲宗朝的"绍述"论给北宋晚期政治史留下了深深的印迹。

本文原刊《国学研究》第 41 卷(2019 年 3 月)。收入本论集时有修订。

[①] Ari Daniel Levine, *Divided by a Common Language: Factional Conflict in Late Northern Song China*, Honolulu: University of Hawai'i Press, 2008, pp.1-180.

机速房与南宋中枢军政运行*

贾连港

机速房是南宋初年新设的军政机构,处于御营使司与枢密院相互交接的关键位置,在整个南宋时期的中枢军政中亦颇为重要。由于机速房本身的重要性以及相对丰富的史料留存,近年来学界对其多有关注,逐步廓清了一些基本问题,为进一步研究奠定了较为坚定的基础。

林天蔚先生简要梳理了机速房在南宋前期和后期[①]的职能变化,认为机速房从宰相或枢密院的幕僚机构变成发号施令的权力机构,并进而得出相权增大、君权下降的结论[②]。陈峰、刘春两位先生对南宋机速房的设立、编制、职责的演变进行了更为全面、系统的论述,大致厘清了机速房的编制及职责

作者单位:西北大学历史学院

* 本文系国家社科基金青年项目"中央统军体制与南宋政权的秩序构建研究"(批准号:18CZS024)的阶段性成果。

① 在本文中,南宋前期与后期的区分是比较宽泛的概念,前期主要指南宋建立至宋孝宗时期,机速房两次置废包含于内;后期主要指宋光宗至南宋灭亡。历史分期所依据标准不同,分期亦有差异。

② 林天蔚:《从南宋机速房的建立——论宋代君权与相权的升降》,《宋史研究集》第21辑,台北:编译馆,1991年,第97—116页。

等内容,同时更关注机速房的兴废与南宋边防形势变化之间的密切关系[①]。王青松先生亦简要指出,机速房是枢密院机构设置中最突出的部分,影响到南宋中央军事领导体制的整体运行[②]。

由上可见,前述学者的研究思路,主要是以机速房的兴废为基本线索,或探讨南宋君相之间权力配置的变化,或辨析其与边防形势的关系。但是,如若进一步拓展以上讨论,似更应从体制内部关注机速房及其与中枢军政运行之间的相互关系,由此方能更好地理解中枢权力如何配置,以及边防形势如何影响到机速房的置废走向。

大体来看,南宋时期机速房的变化可以分为前后两个阶段。对于了解常态的中枢军政运行而言,南宋前期更具典型性。因此,本文重点讨论机速房与南宋前期中枢军政运行问题,兼及南宋后期的情况。

一、罢废御营使司与增设机速房

建炎(1127—1130)末年机速房的设立与御营使司的撤销同步而行,密切相关。若论两者的关系,我们需要考察以下关键史料:

> (建炎四年)六月四日,诏自今宰相兼知枢密院事,罢御营使。先是臣僚上言:"宰相之职无所不领,非如百职事各有司存。本朝沿五代之制,政事分为两府,兵权尽付密院。比年又置御营使司,是政出于三也。原其建置之因,止援景德幸澶渊之例尔。今日事本与当时不同,又今兵数尽总于五军,是以兵柄出于数途,而纲纪日以隳紊。欲望详酌,罢御营使司,以兵柄付之密院,令宰相兼知枢密院事。即今诸将皆当军职处之,提兵如故。其兵数密院别议立额,有缺即申密院添补,不得非次招收。复用符以验遣发。非独可收兵柄,一赏罚,汰冗滥,节财用,庶几因此渐议兵政,使复祖宗之旧。"故有是诏。[③]

---

① 陈峰、刘春:《南宋的机速房与边防》,收入陈峰:《宋代军政研究》,北京:中国社会科学出版社,2010年,第330—341页。
② 王青松:《南宋军事领导体制研究》,陕西师范大学博士学位论文,2007年,第10、18—19页。
③ 《宋会要辑稿》职官1之48,刘琳、刁忠民、舒大刚、尹波等校点,上海:上海古籍出版社,2014年,第2964页。

对于宰相兼知枢密院事、罢御营使司事的臣僚上言,《建炎以来系年要录》亦有记载,但经过剪裁,颇多遗漏,上引《宋会要辑稿》所载当为原始记录,故笔者在此引以为据。惟《要录》对"故有是诏"的执行情况作了重要概括:

> 于是,罢御营使及官属,而以其事归枢密院,为机速房焉。①

结合上述两处史料,我们可以比较清楚地了解宋廷罢废御营使司及创设机速房的背景及过程。以下就这一过程中的职权交接问题,作进一步申说。

建炎初年,宋廷为统驭各支军队而设立御营使司。随着建炎年间御营使司职能的升降变化,其与三省、枢密院之间的关系随之变动,以三者为核心的军政运行方式亦随之调整。尤其在建炎后期,御营使司丧失了边防措置权,宋廷主力军御前五军与御营使司五军分立。自吕颐浩主政以来,以高宗行营为核心,"御前"统领中央主力军队。在范宗尹、赵鼎主政之时,此前御营使司统军的局面已然不复存在,"兵数"(即兵额)分在御前五军和御营使司五军,以致"兵柄"(即兵权)分散于御前和御营使司②。此时,既有的军政体制难以适应变化了的军政形势。这是宋廷废除御营使司的主要原因。赵鼎所着意推动的改革也是从如何改善兵权不相统一的问题着手的。

为改变这一局面,赵鼎建议将"出于数途"的"兵柄"收归枢密院,而军政大权总之于宰相。通过比对高宗下发诏书前后的讨论和采取的措施,我们可以知道:在臣僚建议下,高宗下诏罢御营使及官属,"以其事归枢密院";"为机速房",即"于密院置机速房"③。经过一步步落实,最后执行的措施进

---

① 李心传:《建炎以来系年要录》卷34,建炎四年六月甲戌条,上海:上海古籍出版社影印本,2008年,第505页。按:类似的记载,参李心传:《建炎以来朝野杂记》甲集卷10《御营使、御营宿卫使》,北京:中华书局,2006年,第197页;《宋史》卷162《御营使》,北京:中华书局,1985年,第3803页。(上举诸书,标点有差误处,"以其事归枢密院为机速房焉","枢密院"后应点断。)

② 关于建炎年间中央统军体制及运作方式,参阅连港:《南宋初年中央统军体制的调试及其运作方式研究——以御营使司的兴废为线索》,《中国史研究》,待刊。

③ 李心传:《建炎以来朝野杂记》甲集卷10《三省、枢密院赏功司》,第205页。按:以《文献通考》与《宋史》等书的记载为代表,认为"以其事归枢密院机速房",因漏一"为"字而致误。参马端临:《文献通考》卷58《职官考十二·宰相兼枢密使》,北京:中华书局,1986年影印本,第524页;《宋史》卷162《职官二·枢密院》,第3800页。

一步明朗和细化。很明显，宋廷希望通过增设机速房，吸纳御营使司原有的部分职能，以利于解决"兵柄出于数途"的问题。机速房的设立则是从一度形成的御营使司统军体制向"御前—枢密院"统军体制①转变的关键环节之一。考虑到当时诸将手握重兵的政治现实，赵鼎也意图采取变通之法，诸大将"皆当军职处之，提兵如故"，意即效法三衙管军体制，授以差遣。尽管各大将依旧提兵，但至少形式上要向北宋回归。

同时需要注意的是，归枢密院之"事"并非全归机速房。要想明确区分御营使司与机速房的承继关系，需明了御营使司罢废前夕主要有哪些职权，其中哪些职权收归了枢密院，而又有哪些职能归于机速房。这些问题需要更为仔细的梳理。

为达到"收兵柄"以"渐议兵政"的目的，撤销御营使司、在枢密院内部增设机速房成为重要举措。结合当时的军政形势，在罢废前夕，御营使司仍有一定的统军权、财权等核心军政权力②。前文已经提及，尽管朝臣建议将御营使司的兵权归属枢密院，但具体实行的措施，则是将御营使司之"事"归于枢密院，并另置"机速房"。可见，作为枢密院的新置机构，机速房能掌握的职权又不能简单等同于将御营使司职能归属枢密院，而是部分继承了御营使司的职权。

至于机速房的职能，我们可以从《宋会要辑稿》所载建炎四年六月四日的诏令管窥一二：

> 御营使司并归枢密院为机速房，就差御营使司人吏充机速房人吏。

---

① 就目前来看，关于南宋中央统军体制的基本架构，学界尚未形成一致认识。王曾瑜先生所提出的"枢密院—三衙"体制主要适用于北宋时期，而南宋则发生了较大变化。在较新近的研究中，范学辉先生认为，应区分京师与全国，与之对应，北宋中期至南宋时期分别形成了"三省、枢密院—三衙—皇城司—军头司"和"三省、枢密院—三衙—都统司、地方兵马司"体制。对于这一提法，尚需结合南宋以来军政体制的变化进行细致验证。（参王曾瑜：《宋朝军制初探》〈增订本〉，北京：中华书局，2011年，第1—2页；范学辉：《宋代三衙管军制度研究》，北京：中华书局，2015年，第1185—1186页）笔者以为，仅就中央而言，南宋逐渐形成了"御前—枢密院"统军体制。限于篇幅，笔者欲另文详论。

② 《建炎以来系年要录》卷32，建炎四年四月乙酉条，第325页；卷34，建炎四年六月甲戌条，第505页。

余候边事稍息,取旨施行。①

此当为罢废御营使司、设机速房的原始法令。所谓"就差御营使司人吏充机速房人吏",此"人吏"当是办事人员主管机宜文字、准备差使等低级官吏②。这表明,机速房继承了御营使司属官中的人吏,以便协助枢密院办理各项军政事务。至于机速房初创后的调整,则需"边事稍息"后再作安排。

综上,在南宋中央统军体制转变的大背景下,宋廷罢废御营使司的同时,试图将御营使司的职能归并到枢密院,另设机速房接掌御营使司部分军政事务。由于宰相兼知枢密院事,虽然御营使司的职能归并到枢密院,但枢密院本身仍在宰相统领之下。归枢密院之"事"显然不能等同于归机速房。起初,作为枢密院新设机构的机速房,大概只是负责一些军政杂务,是类似于其他枢密院诸房的一个办事机构。

二、机速房与绍兴年间的中枢军政运行

随着机速房的职能增重,随之其在绍兴前期军政运行中的地位愈发重要。因为此时宰相兼知枢密院事,三省长官也能参与机速房事务。三省对于机速房所掌重要军机事务拥有审批权,而在一般性军机事务上,机速房只对枢密院负责。这种分工模式也影响到中枢军政的处理方式。

以"奉使国书事"为例,绍兴三年(1133)九月便形成了如下决议:

尚书省言:"自来奉使,国书系学士院收掌。自军兴以来,国书事干机密,欲令学士院将见架阁国书正、副本并应干文字,并赴枢密院机速房送纳,令本房收掌,宰执封押,检详官常切检察。"从之。③

尚书省建议,因军兴以来,国书事干机密,所以将原为学士院掌管的国书等相关文字,一起交由枢密院机速房并由其掌管,同时还要宰执缄封签押。

---

① 《宋会要辑稿》职官3之32,第3050页。
② 参梁天锡:《南宋建炎御营司制度》,《宋史研究集》第5辑,台北:编译馆,1970年,第483页。
③ 《建炎以来系年要录》卷68,绍兴三年九月丙寅条,第883页。

从国书的处理过程来看，机速房虽在行政隶属关系上仍属于枢密院，但由于国书事干机密，故而也需经三省长官签押审核。

自绍兴三年徐俯任签书枢密院事后，围绕机速房官员的任命权及机速房文字的审批权，不断有"倨视"宰臣、与三省争权的举动。因为枢密院"直降札子，尚书省止奉枢密院关报"①，而引起左司谏刘大中上疏批评。绍兴四年二月，签书枢密院事兼参知政事徐俯不满于自己兼权参知政事，却对三省文书没有真正的审批权，因此不惜以辞免为名向高宗诉苦。他言道：

> 三省文书最为丛委，平时尽日力可了。臣系暂权，实不知首尾，占位书名而已。臣既以衰病，方且疗治，筋力心志，实不能支。欲乞且止治臣本院事，所有三省职事，自有宰相。伏望圣恩免臣暂权，事务既简，可得专心。②

徐俯认为自己对"最为丛委"的三省文书只是"占位书名而已"，请辞兼权的参知政事一职。宋高宗自然没有答应其辞职的请求。一个月后，枢密院再次请求获得与三省分别审批决定机速房文字的权力，这一上言很可能出自徐俯：

> （绍兴）四年三月十一日，枢密院言："宰臣兼知枢密院事，其本院诸房文字依绍兴元年十二月十九日指挥，与知院、签书院事见分轮通治，唯机速房文字系宰臣判笔，未曾分轮。缘三省事务繁多，窃虑文字拥并，致有稽滞。所有机速房文字，欲今后宰臣与知枢密院事、签书枢密院事轮日当笔。"从之。③

在宰相兼知枢密院事之后，枢密院诸房文字由宰相与枢密院长官知枢密院事、签书枢密院事"分轮通治"。但唯独机速房文字没有"分轮通治"，宰相有最终审批权。职是之故，枢密院请求宰臣、知枢密院事、签书枢密院事

---

① 《建炎以来系年要录》卷72，绍兴四年一月丙子条，第33页。
② 《建炎以来系年要录》卷73，绍兴四年二月丙申条，第40页。
③ 《宋会要辑稿》职官1之50，第2965页；《建炎以来系年要录》卷74，绍兴四年三月己未条，第47页。

轮日当笔，轮流审批决定机速房文字。按制度规定，宰执包括尚书左仆射、同中书门下平章事和尚书右仆射、同中书门下平章事，再加上参知政事、知枢密院事与签书枢密院事等。可见，枢密院想从制度设计上取得与三省平等的地位，进而扩大枢密院对机速房文字的审批权，与三省相抗衡。但是，枢密院这种强势地位源于宋廷战时状态下的自然应对，另与徐俯个人"蔑视"宰臣、"骄傲自满"的秉性有一定关系①，徐俯在一个月后被罢签书枢密院事。

此后不久，由于臣僚上言边防之事为当时急务，而宰相已兼知枢密院事，故而建议"密院边事之大者，诏参知政事同议，仍令书检"。由于当时"宰相朱胜非、参知政事孟庾并兼枢密院。言者尝谓'当国者不知兵'，又乞密院令参知政事通知，盖以属赵鼎也"。于是，宋廷下诏"今后枢密院边防、兵机等事令三省官通书检"。很明显，此事意在加强参知政事在机速房事务上的发言权。李心传在叙述此事的来龙去脉时，插叙了此前处理机速房事务的一般程序：

> 旧制：三省奏事毕，枢密院别班再上。自渡江后，三省、密院皆同班进呈文字。其密院边防、兵机等事，并机速房掌行。如事体稍大，三省、密院官同议进呈，退，同批旨奉行，密院官押草、检并札子。②

北宋后期，三省由分班奏事逐渐定型为合班奏事，枢密院别班上奏③。南宋建炎四年六月四日，军机繁重，为及时应对，三省长官兼知枢密院事，三省、枢密院同班奏事。枢密院边防、兵机等事由机速房掌行，当是此后之事。由前所述，徐俯任职枢密院时，枢密院曾暂时拥有了对机速房文字的轮日审批权。此时，三省、枢密院共同主导机速房重要军政事务的处理。而对于机速房所掌"事体稍大"的边防、兵机等事，三省、枢密院共同商议进呈高宗，得批旨后，共同奉行。尤需注意的是，在三省、枢密院同议进呈并得旨后，在下行文书的制作、签发过程中显现出枢密院的地位、特点。枢密院长贰要在

---

① 《建炎以来系年要录》卷75，绍兴四年四月丙午条，第63页。
② 《建炎以来系年要录》卷77，绍兴四年六月丙戌条，第79页。
③ 王化雨：《北宋后期三省奏事班次考》，《北京大学学报（哲学社会科学版）》2013年第2期，第104—112页。

"草、检"和札子上签押。所谓"草、检"当是三省、枢密院就军机事务所形成的正式公文之存本①。枢密院长官在"草、检"和札子上签押,再行发下②。这表明,枢密院在机速房所处理的边防、兵机等事务上主要负责执行。而此时宋廷下诏三省长官"通书检",实际上是让包括参知政事在内的所有宰执都应参与书检。

从机速房与三省、枢密院的关系来看,虽然机速房在行政上隶属于枢密院,但中经反复后,三省最终全面拥有了对机速房事务的审批权。这种局面的形成与机速房在边防、兵机事务处理中的关键地位密切相关。一方面,机速房需要对一般性边防、兵机事务的文字作处理。机速房下属有主管书写文字使臣及吏员负责文书书写、收发、存盘等具体文书事务③。另一方面,因机速房负责军政文书事宜,机速房计议官还知晓许多朝廷机密事务,"昼夜专一行遣边防、军机文字,利害至重"④,在发送各类有关军政大事的文书过程中,对于军情信息的掌握具有优势,故而有得知军政决策的便利。对于机速房的重要性,时人多有观察。林季仲在写给赵鼎的信中,甚至有"机速房即王将明(按:王黼)经抚房也,枢密院兼领机速房,并之,可乎"⑤之语。据林季仲的意见,机速房地位重要,有必要将其独立出来。正因为机速房如此重要,在绍兴前期军务处理中,三省、枢密院都想参与甚至主导机速房事务,三者之间的关系也有调整,最终形成了三省不分大事、小事审批机速房事务的制度,枢密院主要负责执行三省签书的机速房事务。

但是,随着宋金战事缓和,机速房的重要性急剧下降,逐渐沦为类似"档

---

① 刘江:《宋朝公文的"检"与"书检"》,《北京大学学报(哲学社会科学版)》2012年第2期,第129—139页。
② 据学者研究,中书札子、省札、枢密院札子基本的文书格式大致相同,"批旨奉行"是它们的共同特征。参张祎:《中书、尚书省札子与宋代皇权运作》,《历史研究》2013年第5期,第50—66页。
③ 参《宋会要辑稿》职官3之38、39之6,第3056、3977页;吕颐浩:《吕颐浩集》卷2《上边事善后十策·论并谋独断事》,徐三见等点校,杭州:浙江古籍出版社,2012年,第23页。
④ 《建炎以来系年要录》卷85,绍兴五年二月庚寅条,第191页。
⑤ 林季仲:《竹轩杂著》卷4《与赵参政书》,《景印文渊阁四库全书》,台北:台湾商务印书馆,1986年,第1140册,第341页下。

案室"的机构①。如笔者所述,之所以机速房相当重要,其原因在于掌行边防、兵机等事,不分昼夜专一行遣边防兵机文字。但是,至少有以下内外两方面的因素导致机速房的地位趋于下降。其一,正如前述陈峰先生所指出的,宋金关系趋于缓和后,边防、兵机等事大为减少。其二,枢密院内部诸房中负责军情文字的机构趋于增多,宋廷原有信息管道逐渐完备并具有了军情通进职能。关于第二点,学界较少涉及,现作简要申说。

首先,在枢密院内部,南宋初年,枢密院仍沿北宋神宗以后旧置诸房,并增设了不少负责军情文字的房分。宋廷的措施主要有:废户房,设机速房、赏功房,又增设写宣房、揭贴房、大吏房、生事房、内降房、实封房、发递房、检详房等八房②。其中,至少写宣房、揭贴房、内降房、实封房、发递房、检详房等房,与军机事务处理及其军政文书流转相关。因此,除了机速房,上述诸房亦可承担军政文书的相关工作。

其次,入内内侍省、通进司等机构的军情通进职能趋于恢复、完善。早在绍兴五年底,朝廷采纳席益的建议,"四川制置大使司奏禀急速事,许赴入内内侍省投进"③。入内内侍省作为君主的信息管道之一,逐渐成为宋高宗收集四川边防兵机事的重要机构。在绍兴和议后,随着对诸大将承受文字官的限制,通进司作为军情通进的重要管道,则更受重视。如御史中丞何铸所言:"韩世忠等既已除枢密使、副,稽之典故,大臣投进文字自有通进司,欲望减罢承受文字官。"④此后,承受文字官虽屡禁不止⑤,甚至有入内内侍省插手通进司事务的现象,但通进司确是军情通进的常规孔道⑥。

---

① 陈峰、刘春:《南宋的机速房与边防》,陈峰:《宋代军政研究》,第 332 页。
② 关于这一点,详参本文第三部分,此不赘述。
③ 《建炎以来系年要录》卷 96,绍兴五年十二月庚子条,第 341 页。
④ 《建炎以来系年要录》卷 140,绍兴十一年四月丙辰条,第 875 页。
⑤ 比如:绍兴十九年五月、绍兴三十年十月都曾申严承受文字官之禁。李心传也怀疑:"绍兴十一年五月丙辰,已罢三宣抚司承受文字官者,不知何时复置,当考。"参《建炎以来系年要录》卷 161,绍兴十九年五月庚辰条,第 249 页;卷 186,绍兴三十年十月丙午条,第 656 页。
⑥ 李全德:《通进银台司与宋代的文书运行》,《中国史研究》2008 年第 2 期,第 125—128 页;王化雨:《南宋宫城布局与御前文书运行》,《史学月刊》2011 年第 5 期,第 35 页;曹家齐:《宋朝皇帝与朝臣的信息博弈——围绕入内内侍省与进奏院传递诏奏之考察》,《历史研究》2017 年第 1 期,第 60—61 页。

与机速房职能调整相关的是,中枢机构从顶层制度设计上的渐次调整。绍兴十一年四月二十四日,高宗下诏"三省、枢密院依东京旧例,分班奏事"①。此前,三省、枢密院合班奏事,机速房重大边防、兵机事需由三省参与决策。此次奏事班次的调整,意味着三省对机速房事务的参与也相应减少了。此后,宋廷长期处于和平时期,秦桧于绍兴二十五年病死。绍兴二十六年三月十三日,宰相兼枢密使之制也取消了:

> 比缘军兴,令宰相兼枢密使,典掌机务。今边事已定,可依祖宗故事,宰相更不兼领。②

三省与枢密院分立,大致恢复到二府分立的基本状态。这意味着三省官员不再兼知枢密院事务了。如此一来,机速房很可能完全回归为枢密院的下属机构。至绍兴二十九年九月十四日,宋廷下令"省枢密院机速房"③。对此,《宋会要辑稿》载:

> 诏:"祖宗旧制,枢密院即无机速房,合行减罢,所掌职事依旧本院诸房认科目掌行。其见在机速房人,内本院人发归元来房分,外差有官人并与添差本等差遣。内有详熟人,量行选留,随所管职事拨归本院。……"④

减罢机速房后,原由机速房"所掌职事依旧本院诸房认科目掌行"。此时,机速房大约仅剩文书书写、收发、存盘等事务,枢密院诸房便可代为掌行。而机速房人吏中枢密院其他房分者发归原来房分,"外差有官人"添差同级别差遣。

总之,在绍兴年间,随着机速房地位的升降,围绕其间的中枢军政处理方式亦有相应调整。绍兴前期军务处理中,机速房具有重要的军情通进职能,最终形成了三省不分大事、小事审批机速房事务的制度,枢密院主要负责具

---

① 《建炎以来系年要录》卷140,绍兴十一年四月壬辰条,第871页。
② 《建炎以来系年要录》卷172,绍兴二十六年三月甲寅条,第415页。
③ 《建炎以来系年要录》卷183,绍兴二十九年九月甲午条,第599页。
④ 《宋会要辑稿》职官3之42,第3060页。按:此处标点与点校本略有不同。

体管理和贯彻执行三省签书的机速房事务。在绍兴后期,宋金关系趋于缓和后,边防、兵机等事大为减少,加之随着枢密院以及枢密院之外军情通进管道的增多,机速房的地位急剧下降,机速房很可能回归枢密院下属机构的位置,并最终不免被罢废的命运。

三、机速房与高、孝之际的中枢军政运行

既有研究业已指出,大约罢废机速房两年之后,高宗绍兴三十一年十月十一日复置机速房,至孝宗乾道八年(1172)再撤机速房,其兴衰废置与高宗以来的边防形势的变化密切相关。并且,此一时期机速房为三省、枢密院共管,枢密院计议官为非常设官职,其职能仍以处理军机事务为主[①]。宋廷复置机速房是在金海陵王已经发动南侵之时,其目的确与应对紧急军情有关,这表明在特殊时期宋廷中枢军政运行中仍需要类似机速房这样的军政机构。但是,重置的机速房并非原先机速房简单的"重复"。原先机速房"专一行遣边防、军机文字"的职能已然不存,取而代之的是事务性功能增多,故而其运行方式与绍兴前期的机速房也多有不同。同时,宋廷在孝宗乾道八年再度罢废机速房,亦有枢密院机构调整的内在需求。目前,学界的研究往往注意到了机速房在南宋前期与后期的明显差异,而对南宋前期机速房内在的差异性似乎关注不够。

《宋会要辑稿》中保留了孝宗乾道六年调整枢密院诸房职掌的详细记录,为我们了解孝宗前期机速房的职能提供了难得的史料。既有研究也注意到这一史料,并以此为基础,结合其他相关记载,归纳南宋机速房的职能[②]。笔者认为,虽然这一史料是理解南宋时期机速房职掌的核心史料,但它所反映的主要是孝宗隆兴(1163—1164)、乾道(1165—1173)年间机速房的职掌情况。在此对这一史料再作探析。

据《宋会要辑稿》(序号为笔者所加):

---

① 陈峰、刘春:《南宋的机速房与边防》,陈峰:《宋代军政研究》,第332—333页。
② 陈峰、刘春:《南宋的机速房与边防》,陈峰:《宋代军政研究》,第334—337页;王青松:《南宋军事领导体制研究》,第18页。

机速房掌行事务:(1)边防急速(运)〔军〕事,调发军马,移屯非措置控扼去处;(2)遣发间探人并回推恩、探报事宜;(3)诸处申解到归正人并申解到奸细;(4)北界关牒;(5)禁止北贩客船合归刑房(A),逐年募发海船防托合归兵房(B),候有调发,移入机速房;(6)非次差出兵官,干办边事。①

联系上下文记载,乾道六年二月十八日,枢密院上言,请省并诸房,此为给、舍胡沂等人"条具下项"的部分内容。从行文中,我们发现,枢密院认为应将枢密院现有诸房归并为兵、吏、礼、刑、工、机速房等六房②。胡沂等人则按兵房到机速房的顺序详细列举原有房分事务以及如何归并事宜,而上引史料便是机速房的职能及拟归并到工房的具体方案。需要注意的是,(5)条应为补充说明A、B两职能的归属问题。前者归入刑房,后者归入兵房,而调发之时则临时移入机速房,这与刑房、兵房的职能基本可以对应。实际上,上引史料中机速房的职掌应归纳为七项。综括来看,机速房所掌事务确实多为军机及其相关事务。

孝宗初年,周葵任参知政事,据周必大为其所写神道碑载:

每便朝,二府先共呈机速房事,既毕,宰相兼枢密使自与其二(贰?)次呈西府文书,参政稍退。③

此时正值金军南侵之际,军机事务自然是重中之重,"二府先共呈机速房事",证明二府共管机构机速房掌管之事有优先处理权,随后才是宰相兼枢密使与其副贰上呈枢密院文书。表面上看,机速房似乎相当重要。但是,此时的机速房主要有收集各地军情信息的事务性职能④,更为重要的军情通

---

① 《宋会要辑稿》职官6之16,第3163页。按,此处标点与点校本有所不同。
② 《宋会要辑稿》职官6之12、13,第3161页。
③ 周必大:《周益公文集》卷63《资政殿大学士毗陵侯赠太保周简惠公神道碑》,澹生堂本。
④ 比如,王之望"自(绍兴三十一年)十一月十三日金人离德顺军将入水洛城一带作过,已具状札录探报事申三省、枢密院机速房去讫"。参王之望:《汉滨集》卷6《论诸军见攻德顺独王彦未到状》,《景印文渊阁四库全书》第1139册,第734页下。

进职能依然主要在通进司,进奏院的通进职能亦得以增强①。

以通进司为例。孝宗即位之初,通进司上言道"本司昨自绍兴三十一年至今,日逐进降朝廷军期机速事务、急速紧切文字并诸路奏报及沿边探报等,并无分毫稽滞阙误"②,得到孝宗的肯定。不仅是上行文书,在下行文书的处理过程中,通进司也日益重要。绍兴三十一年二月,对于通进司下行内降文字的规定便是一例。起因于"内降诏旨未经朝廷奉行,多漏泄者",诏"通进司承受内降文字,并封送三省、枢密院"③。机速房虽"勘会"边防兵机事,却只是核验军情、战报,为三省、枢密院的决策提供参考④。

再者,上引史料中并没有说明此时机速房的运作方式。机速房在中枢军政中处于何种地位,我们或许能从以下事例中略窥端倪。

《景定建康志》中存有一通敕牒,文书下发的背景是:绍兴三十一年底,御前选锋军统制姚兴力敌金军牺牲,知枢密院叶义问以事奏闻,命立庙、赐额。其文书流转情况节录如下:

> 礼部状:准绍兴三十一年十一月十二日三省、枢密院机速房札子:知枢密院事叶义问札子奏:"契勘……"牒奉敕:"宜赐旌忠庙为额"。⑤

首先,从前述申请立庙、赐额事件中,我们知道机速房的职能比较宽泛,大凡涉及军机事务者,机速房皆可能经手。其次,从中我们可比较清晰地看出文书流转的过程:知枢密院事叶义问上奏姚兴事迹本末并提出立额的请求,三省、枢密院机速房形成札子,并转发至礼部讨论、形成奏状,由尚书省以敕牒的形式下发赐额文书,最后同时行下的可能有尚书省札子。在此过程中,三省、枢密院机速房作为收、发文书的环节,负责具体的文字处理事

---

① 李全德:《通进银台司与宋代的文书运行》,《中国史研究》2008 年第 2 期,第 125—128 页;王化雨:《南宋宫城布局与御前文书运行》,《史学月刊》2011 年第 5 期,第 35 页;曹家齐:《宋朝皇帝与朝臣的信息博弈——围绕入内内侍省与进奏院传递诏奏之考察》,《历史研究》2017 年第 1 期,第 63—65 页。

② 《宋会要辑稿》职官 2 之 35,第 3008 页。

③ 《建炎以来系年要录》卷 188,绍兴三十一年二月丙寅条,第 690 页。

④ 《宋会要辑稿》刑法 7 之 38、39,第 8596—8597 页;兵 18 之 46,第 9000 页。

⑤ 周应合:《(景定)建康志》卷 44《祠祀志一》,《宋元方志丛刊本》第 2 册,北京:中华书局,1990 年,第 2060 页。

务。其实,这一时期的机速房计议官并不常设,其文字需尚书省左司郎官书拟。从绍兴三十二年(1162)到隆兴二年(1164),有三次诏令重申机速房文字令尚书省左司郎官书拟①。因此,无论是上行还是下行文书,机速房的处理权限并不多。

前已论及,在宋孝宗乾道八年,宋廷再撤机速房。其中因由,除了宋金关系趋于稳定之外,当另有以下内部原因:一是,如前所述,高、孝之际的机速房在中枢军政运行中不复处于关键地位;二是,宋廷希望借机解决自北宋以来枢密院内部诸房长期扩张所带来的冗杂问题。以下从枢密院内部诸房及其职能的演变中,对第二点略作申说。

至少自唐昭宗时,枢密院已有六厅之设,这很可能与唐代后期中书门下六房(吏房、枢机房、兵房、户房、刑礼房、孔目房)的设置密切相关。宋初,枢密院置兵房、吏房、户房、礼房,当与中书门下五房大致对应②。在北宋前期,枢密院四房大致不变③。至宋神宗时期,枢密院诸房发生重大变化,增置北面房、河西房、支差房、在京房、教阅房、广西房、兵籍房、民兵房、知杂房、刑房等十房,连同旧四房,共十四房④。此后,哲宗元祐年间(1086—1094),枢密院又新设支马房、小吏房。南宋建立后,枢密院仍沿北宋旧置诸房,并有扩大的趋势。南宋初年,废户房,设机速房、赏功房,又增设写宣房、揭

---

① 《宋会要辑稿》职官3之47、4之24,第3065、3107页。
② 李全德:《唐宋变革期枢密院研究》,北京:国家图书馆出版社,2009年,第74—77页;《宋史》卷161《职官一》,第3776页。
③ 关于宋初枢密院诸房的设置时间,史未详载。据梁天锡先生推测,至少在宋太宗淳化四年(993)以前已设。参梁天锡:《宋枢密院制度》,台北:黎明文化事业公司,1981年,第35页注八。
④ 据载,枢密院刑房设于神宗熙宁四年(1071)十月九日。(《宋会要辑稿》职官6之5,第3157页)但是,限于史料,其他新设九房的具体设置时间难有定论。依《宋史》《玉海》相关记载,神宗元丰四年(1081)十月改行官制后,枢密院分为十房。(《宋史》卷162《职官二》,第3798—3799页;《玉海》卷167《宋朝枢密院》)而据《宋会要辑稿》,如北面、河西两房,至少在熙宁元年八月便已出现。(《宋会要辑稿》职官6之4,第3156—3157页)另外,新设诸房与旧四房的关系也颇为复杂,新、旧并存还是旧房罢废,史料记载也多有歧异。依前述《宋史》与《玉海》所载,新房设置之后旧房似被罢废。但史料中仍有不少熙宁、元丰年间旧房的记载留存。(参梁天锡:《宋枢密院制度研究》,第35—36页)因此,笔者也倾向于认为,元丰改制后,新、旧诸房并置,但新设诸房的职权明显更大。

贴房、大吏房、生事房、内降房、实封房、发递房、检详房等八房①。绍兴五年（1135），改枢密院北面房为河北房②。宋孝宗乾道六年（1170），宋廷省并枢密院二十五房，改为兵、吏、礼、刑、工等五房。宋宁宗时，又增设大程将房、客司房。此后大致再无变化③。

尽管唐宋时期枢密院诸房的变动颇为繁复，某些细节问题也限于史料难有定论。但是，诸房变迁的基本线索是基本明晰的：宋神宗以前的北宋前期是第一阶段，宋神宗至宋孝宗乾道六年是第二阶段，此后是第三阶段。其中，宋神宗与宋孝宗时期是两大关键节点，前者是诸房扩展的滥觞，后者则在某种程度上回归宋初的状态。

首先，北宋前期，枢密院四房仿照中书门下的设置，各房职能划分相对粗略。兵房的主要职能是兵马名籍及低级军兵迁补，吏房的主要职能是中高级兵将的迁补、迎受恩命，户房的主要职能是军事财政方面，礼房的主要职能是军政相关的礼仪、国信。其中，兵、吏两房另有筑城垒、防戍、战守及盗贼之事等方面的职责。（参表1）

表1　北宋前期枢密院四房职能表

枢密院诸房	职能一	职能二
兵房	兵马名籍、卒校迁补	筑城垒、防戍、战守
吏房	阁门祗候以上迁补之名籍、三公将帅迎受恩命	盗贼之事
户房	金谷刍粮出纳之事	
礼房	礼仪国信之事	

史料来源：《宋会要辑稿》职官6之1，第3155页。

---

① 南宋建炎四年（1130）六月，初置机速房。但是限于史料，写宣房、揭贴房、大吏房、生事房、内降房、实封房、发递房、检详房等房的设置时间并不十分明确。据梁天锡先生的研究，大致与设置机速房同时，宋廷又设置写宣房。（梁天锡：《宋枢密院制度》，第26页）笔者推测，其他诸房的设置时间当大致相当。

② 《宋会要辑稿》职官3之40，第3058页。

③ 以上梳理，主要参考：梁天锡：《宋枢密院制度研究》，第17—61页；《宋史》卷162《职官二》，第3798—3799页；《宋会要辑稿》职官6之12至17，第3161—3164页。

其次，宋神宗时期，宋廷大量增设了不同于此前的北面房等九房，反映了枢密院内部运作方式的重要变化。一方面，为适应当时军政形势的变化，新设北面房、河西房、支差房、在京房、教阅房、广西房等房，各房的职能大致皆分为吏卒管理和特定区域边防守卫两类。以上区分，实际上是将原兵房、吏房的职能进一步整合，有针对性地分配到新设诸房中。另一方面，兵籍房、民兵房、知杂房则适应将兵、保甲等新政的实施，以应对新形势下的军政事务。（参表2）

表2　宋神宗时期枢密院新设诸房职能表

枢密院诸房	职能一	职能二
北面房	掌行河北、河东路吏卒	北界边防、国信事
河西房	掌行陕西路、麟/府/丰/岚/石/隰州、保德军吏卒	西界边防、番官
支差房	京东、京西、江、淮、广南东路吏卒，迁补殿侍，选亲事官	掌行调发军、湖北路边防
在京房	畿内、福建路吏卒，军头、皇城司卫兵	掌行殿前步军司事，支移兵器，川陕路边防
教阅房	中外教习，封桩阙额请给，催督驿递	湖南路边防
广西房	两浙路吏卒	招军捕盗赏罚，广南西路边防
兵籍房	诸路将官差发禁兵、选补卫军文书	
民兵房	三路保甲、弓箭手	
知杂房	杂务	
刑房	掌兵官、将校、使臣、蕃官及军兵等断案，赏功叙复及迁补	

史料来源：《宋史》卷162《职官二》，第3798页；《宋会要辑稿》职官6之5，第3157页。

再次，南宋初年，与机速房大致同时设置的写宣房、揭贴房、大吏房、生事房、内降房、实封房、发递房、检详房等房，仍是延续北宋神宗朝以来宋廷设置枢密院诸房的基本思路。南宋初年，宋廷面临内忧外患的形势，军机事务处理及军政文书流转问题亟待解决,所以写宣房、机速房等诸房便应运而生。

最后,在宋孝宗乾道年间统治基本稳定之后,枢密院分房太多的弊端凸显,又大致回归北宋枢密院五房的设置。与北宋前期相比,此时各房职能划分是对宋神宗以来诸房职能的进一步整合。其中,机速房事务分别并入了兵房、工房。(参表3)

表3　宋孝宗乾道六年省并诸房表

省并后诸房	枢密院诸房	职能
兵房	兵籍房、机速房、教阅房、揭贴房、赏功房、在京房、支差房、河西房、民兵房	诸军兵差发、教阅、招填、迁转、赏功、马事等
吏房	在京房、大吏房、小吏房、支差房	各级将兵、武官差除等
礼房	河北房、河西房、支差房、吏房、知杂房、兵籍房	国信等事,主管承受圣语文字、时政记房等
刑房	河西房、兵籍房、小吏房、广西房、知杂房、在京房	诸军统兵官以下断案、蕃官蕃部特断、武臣磨勘叙复、招捕盗贼等
工房	在京房、机速房、支马房、写宣房	军器造作、管理,修缮事,文书印用,机速房边防事

史料来源:《宋会要辑稿》职官6之12至16,第3161—3163页。

综合来看,枢密院诸房设置的整体趋势是:由简趋繁,再由繁入简,各房职能也从简单化向细分化,再向整合化方向发展。作为这一整体变迁中之一环的机速房,既是宋神宗时期枢密院职能划分进一步细化以及南宋初年军政需求的产物,也是枢密院职能重新整合的结果。尽管机速房曾在军政运行中发挥过较大、甚至是重要作用,但最终也走向了被整合的命运。

总之,在高、孝之际,因边防形势剧变而复设的机速房,与绍兴年间不可同日而语,甚至可说是名同实异。既有的重要军情通进职能已被军政相关的事务性职能所取代,处于中枢军政运行中的较低层次环节。

四、机速房与南宋后期的中枢军政运行

南宋后期,随着对金、蒙关系趋于紧张,宋廷两度设置机速房,确与边防形势的变化有关①,但是,宋廷是否设置机速房,与边防形势并非完全对应关系。这提示我们需要从军政体系内部寻找其他影响因素。前已提及,与北宋"枢密院—三衙"体制不同,"御前—枢密院"统军体制更加突出"御前"(以皇帝为核心,辅以内廷机构)统御中央主力军及掌握军政最高决策权,故而对帝王的统御能力及实际军政能力提出了更高要求。宁宗、理宗时期,以宋金、宋蒙关系变化为导引,韩侂胄、贾似道等宰臣掌控朝政,于"私第"或"中书"重置机速房②,实则反映出,在这一时期的权力架构中,"御前"统军已不现实,军政大权顺势转到权臣手中。以机速房为代表的制度设计,为权臣主掌军政大权打开方便之门。

韩侂胄兼领平章、平章军国事后,"序班丞相之上,三省印并纳其第","自置机速房于私第,甚者假作御笔,升黜将帅,事关机要,未尝奏禀,人莫敢言"③。时任御史中丞的雷孝友批评韩侂胄无君之心的表现,其中提到:"机速房乃军国要密之地,而辄置于私第,凡所调发,与群吏为密,庙堂不得与闻。此其无君之心三也。金字牌合自御前给降,而擅留于私家,凡所遣发,未尝关白于上。此其无君之心四也。"④《续编两朝纲目备要》则着重于机速房的设置背景及文书发遣方面,指出:"军事既兴,又置机速房于私第,应御前金字牌悉留其家,凡所遣发,未尝关白,方其出入禁庭,了无顾忌。"⑤如若抛开纵情褒贬的主观因素,以上史料指出:韩侂胄置机速房于其宅,便于直接处理军事调发、文书行移、将帅任免等重大事项,有北伐背景下的客观需求。

贾似道主政后,"自围襄阳以来,每上书请行边,而阴使台谏上章留己。

---

① 参陈峰、刘春:《南宋的机速房与边防》,陈峰:《宋代军政研究》,第337—341页。
② 林天蔚:《从南宋机速房的建立——论宋代君权与相权的升降》,《宋史研究集》第21辑,第98—100页。
③ 《宋史》卷474《韩侂胄传》,第13775页。
④ 《宋会要辑稿》刑法6之48,第8557页。
⑤ 佚名:《续编两朝纲目备要》卷10,汝企和点校,开禧三年(1207)十一月乙亥,北京:中华书局,1995年,第186页。

吕文焕以急告,似道复申请之,事下公卿杂议。监察御史陈坚等以为师臣出,顾襄未必能及淮,顾淮未必能及襄,不若居中以运天下为得。乃就中书置机速房以调边事"①。史书又载,"诏建机速房,以革枢密院漏泄兵事、稽违边报之弊"②。可见,贾似道于中书省置机速房,起于襄阳围攻之时,其中亦有迅疾收集、处理军情信息的需要。至于机速房如何"调边事",《癸辛杂识》载:"凡急切边事先行后奏,赏罚支用亦如之,其常程则密院行移……凡有上书献书关涉边事者,并送本房面问,如有可行者,并与施行。"③ 即,重要边防之事在机速房讨论、行下,甚至无需向皇帝面奏。

综而言之,南宋后期两度设置机速房,与此时的中央统军体制及其运行机制亦有密切关系。在宰相权力特为突出的权力架构下,这一时期的机速房实际上多已成为权相发布军政命令的临时专用机构,在职能、性质及运行方式等方面已与南宋前期迥异。

结　语

南宋建炎四年六月,为"收兵柄"而罢废御营使及其官属,机速房产生于宋廷从御营使司统军体制向"御前—枢密院"统军体制转变的兴替之际,以接掌御营使官属部分原有的军政事务。机速房之设,有效解决了枢密院再建过程中机构重组的"关节"问题。机速房"专一行遣边防、军机文字",其与三省、枢密院的关系也变得复杂,二府皆有意取得机速房文字的审批权。宋廷最终建立了三省不分大事、小事审批机速房事务的制度,枢密院主要负责具体管理和贯彻执行三省签书的机速房事务。此后不久,由于宋金关系趋于缓和,边防、兵机等事大为减少,加之枢密院以及枢密院之外军情通进管道增多,机速房的地位急剧下降,在中枢军政运行中趋于边缘地位,并最终不免被罢废的命运。

在高、孝之际,宋廷复置机速房,属三省、枢密院共管机构。原先"专

---

① 《宋史》卷474《贾似道传》,第13784页。
② 《宋史》卷46《度宗本纪》,第912页。
③ 周密:《癸辛杂识·别集》下《机速房》,吴企明点校,北京:中华书局,1988年,第313—314页。

一行遣边防、军机文字"的职能已然不存,取而代之的是事务性功能增多。机速房所掌事务需经枢密院上奏,最终以尚书省敕牒或札子的方式下发。在这一过程中,机速房至多是一个中转环节,负责收集、下发各类军情信息。随着宋金关系再度趋于稳定,解决自北宋以来枢密院内部诸房长期扩张所带来的冗杂问题,便成为题中之义。在宋孝宗乾道八年,宋廷整合枢密院诸房,再度撤销机速房。

至南宋后期,由于业已形成的"御前—枢密院"统军体制对帝王的军政能力提出了更高要求,"御前"统军已不现实,军政大权遂为权臣所把控,机速房成为权臣主掌军政大权的重要工具。伴随着宋金及宋蒙关系趋紧,韩侂胄、贾似道当政时设置的机速房,实际上已成为权相发布军政命令的临时专用机构。

综括来看,机速房与南宋中枢军政运行存在较密切的关系。在南宋前期,这既体现了三省参与决策中枢军政的制度化与常态化,又表明枢密院的军政职能进一步收缩。在南宋后期,在宰相权力特为突出的权力架构下,机速房则成为实际上的临时军政中枢。本文的研究显示,南宋的机速房不仅仅是"幕僚机构"或"决策机构"所能概括,其内涵要更为丰富。从中枢军政运行看,机速房在中枢军情传递及军政决策中的地位,是其升降、置废的重要内在因素。边防形势的变化与机速房的兴废并不完全同步,主要从外部环境上加快了机速房的调整步伐。机速房反复置废的情况亦表明,在向"御前—枢密院"统军体制的过渡中及该体制定型后,南宋政权在处理中枢军政要务上的应急协调机制尚有进一步完善的空间。

南宋京湖战区的形成
——兼谈岳家军的防区与隐患

陈希丰

高宗赵构于靖康二年（1127，即建炎元年）五月肇建南宋政权后，立足长江，立国东南，逐步在北境确立起江淮、京湖、川陕三大战区[①]。依托以三大战区为核心的边防体系，军力并不强大的南宋政权与金、蒙（元）北方民族政权持续对抗达一百五十年之久。为此，围绕"三边"问题所展开的南宋边防研究一直是宋史学界长期关注的重要议题。三大战区中，京湖地处南宋边防战区版块的中间位置，负有连接吴蜀、策应江淮、拱卫东南、屏蔽湖广等多项任务，战略地位十分关键。京湖若失，则"吴、蜀断而为二"，南宋势

作者单位：四川大学文化科技协同创新研发中心

[①] 南宋所设宣抚司、制置司等"军管型准行政组织"（参余蔚：《论南宋宣抚使和制置使制度》，《中华文史论丛》2007年第1期），其军事战略属性、空间统辖范围等与现代军事学概念"战区"存在很大程度的相似性，故本文以"战区"指称南宋宣抚司、制置司辖区。另外，关于南宋三大战区之一的京湖战区，学界或称"荆襄战区"，或称"京湖战区"，皆各自使用，未作专门的区分界定。笔者认为，荆襄地区（亦可称京湖地区）自绍兴五年（1135）正式形成战区后，终南宋一朝皆置京湖制置司或京湖宣抚司以统合战区，故文中使用"京湖"而非"荆襄"指称战区名，特此说明。

难立国；北军可由荆、鄂顺江东下，对下游的中央政权形成致命打击；同时，川渝东面门户因之洞开，湖广、江西腹地亦将遭受蹂躏。

南宋建国之初，主持京湖战区的名将岳飞曾取得收复襄汉六郡、郾城大捷、颖昌大捷等一系列重大军事胜利，炳耀史册。岳飞研究成为20世纪宋史研究领域的热点，并积累有丰厚的成果。不过，在以人物研究为主线的叙述逻辑下，京湖战区只是作为岳飞及岳家军军事活动的空间背景，并未构成独立的研究脉络。一定程度上说，过往学界关于南宋初年京湖战区的认识是附属于岳飞与岳家军研究的[①]。

若我们适当转换视角，将京湖战区即岳家军防区作为考察对象，则可发现仍有不少问题尚待澄清[②]。南宋京湖战区是在何种背景下、如何逐步形成的？该战区包含哪些区域？岳家军防区具有怎样的特点？是否存在防守隐患？笔者认为，上述问题的清理、检讨，或将有助于对南宋初年国家战略、边防格局等重大问题的理解及岳家军研究的进一步深化。

以历史后见之明来看，南宋初年京湖军力、政区整合暨战区形成的进程很大程度上受制于宋廷对该地区的战略定位与政策实施。因此，回应上述问题，须从对南宋建国之初有关京湖地区战略政策的考察入手。然而，过往对南宋建国进程的探讨主要立足东南与川陕，京湖极少进入学者视野[③]。

[①] 代表性研究如邓广铭：《岳飞传》，北京：生活·读书·新知三联书店，2007年；王曾瑜：《岳飞新传》，上海：上海人民出版社，1983年；龚延明：《岳飞评传》，南京：南京大学出版社，2001年；王曾瑜：《岳飞和南宋前期政治与军事研究》，开封：河南大学出版社，2002年。日本学者更多是从供军、财政的角度探讨岳家军与京湖战区。参金子泰晴：《荆湖地方における岳飞の军费调达——南宋湖广总领所前史》，载宋代史研究会编：《宋代の规范と习俗》，东京：汲古书院，1995年，第155—190页。

[②] 已有学者做出初步尝试，参邓天翔：《南宋初期京湖战区军事领导体制变迁——以岳家军的起步与发展为中心》，《河北大学学报（哲学社会科学版）》2018年第5期。

[③] 有关高宗稳定政权的努力，参寺地遵著：《南宋初期政治史研究》，刘静贞、李今芸译，台北：稻禾出版社，1995年；邓小南：《关于"泥马渡康王"》，《北京大学学报（哲学社会科学版）》1995年第6期；方诚峰：《补释宋高宗"最爱元祐"》，《清华大学学报（哲学社会科学版）》2014年第2期；何玉红：《中兴形象的构建：光武故事与宋高宗政治》，《中国史研究》2017年第4期。有关张浚经营川陕，参蔡哲修：《张浚与川陕的经略（1129—1133）："南宋偏安局面的形成"研究之二》，《大陆杂志》第99卷第1期，1999年；何玉红：《"便宜行事"与中央集权——以南宋川陕宣抚处置司的运行为中心》，《四川大学学报（哲学社会科学版）》2007年第4期。

综合以上认识,本文拟从南宋建国进程中宋廷对京湖地区的战略定位、政策实施入手,梳理京湖军力、政区的整合暨战区形成过程。在此基础之上,重点分析岳家军防区的特点及隐患,以就教于方家。

一、从"宣司代管"到"分镇体制":南宋建国进程中的京湖

绍兴二年(1132),中书舍人兼侍讲胡安国上《时政论》21篇。在《设险》篇中,他将当时南宋政府对上游地区的战略政策概括为"近弃湖北、远留川陕"八字,并提出批评:

> 昨降诏令定都建康,而六飞巡狩暂驻杭、越,乃以湖北为分镇,恐失古人设险守邦之意矣。近日虽复荆湖南、北,而分镇地分仍旧未改,即与不复亦等耳……朝廷近弃湖北、远留川陕者,固谓秦甲可以强兵,蜀货可以富国,取其资力以自助也。而使荆峡分镇于其间,假令万分一有桀黠者得之,守峡江之口,则蜀货不得东;阻长林之道,则秦甲不得南,譬犹一身,束其腰膂,而首尾不相卫,则非计之得也。①

南宋政权据长江以立国,建都东南,故朝臣谈及川陕、京湖地区,往往称其为国之"上游"或"上流"。在胡安国看来,同是上游地区的湖北与川陕在南宋国家战略架构中有着明显的高下之别。由于时人普遍认为"秦甲可以强兵,蜀货可以富国",朝廷对于川陕格外重视,遣派重臣张浚措置经营;而湖北则在战略上为宋廷所忽视,仅以"分镇"政策处之。

类似看法并非胡安国独有。同年,荆湖广南路宣抚使李纲在与程瑀的私书中也表达出对中央"置荆湖于度外"的不满②。至绍兴七年(1137),仍有臣

---

① 此段文字出自胡安国《时政论》之《设险》篇,《建炎以来系年要录》(以下简称《要录》)卷53称其为《制国论》,恐误。参黄淮、杨士奇编:《历代名臣奏议》卷47,上海:上海古籍出版社,1989年,第637页;李心传:《建炎以来系年要录》卷53,绍兴二年四月甲申,胡坤点校,北京:中华书局,2013年,第1091页。

② 李纲:《李纲全集》卷119《与程给事第三书》,王瑞明点校,长沙:岳麓书社,2004年,第1145页。

僚指责朝廷"自驻跸吴会以来,似未尝以襄阳、荆南为意"①。刘子羽也指出"荆襄,昔人用武之地。自丧乱以来,莽为盗区。国家多事,未遑经理"②。应如何理解时人"弃湖北""置荆湖于度外"的说法?这些说法是否属于南宋政权在特定形势下所实施的国家战略政策?如果是,该政策产生的背景是什么?其对京湖乃至整个南宋国家边防格局又造成了怎样的影响?

建炎三年(1129)二月至四月,新生不久的高宗政权迭遭"维扬之变"与"明受之变",几近覆灭。在此前后,宋廷的首要任务是在金国军事压迫下求得生存,无暇也无力管控川陕、京湖两大区域。不过,朝廷并非没有意识到川陕、京湖在国家边防战略格局中的重要性,为免上游广大区域长期处于"无政府"状态,高宗采用委派重臣经略措置的方式,试图建立起对上游的间接统治。五月一日,知枢密院事张浚受任宣抚处置使,"以川、陕、京西、湖南北路为所部",担负起整合上游诸路军力、开辟第二战场的重任,并享有在川陕、京湖两大区域一切军、政、财支配权。

张浚职权范围虽涵括川陕、京湖两大区域,但其经略重心却在川陕。对此,有三点可作印证:其一,经营上游乃张浚所提出,在他为高宗所作战略规划中,是由张浚本人"身任陕蜀之事",吕颐浩、刘光世、张俊"扈驾来武昌",即"经营川陕"与"建都武昌"二策并行③。从这个层面上说,志在"身任陕蜀"的张浚只不过是在高宗移跸武昌前,暂时代管京湖地区而已。一旦高宗移都武昌,京湖势必成为王朝腹心,自然不可能再处于宣司职权范围内。其二,张浚临行前,其友赵鼎曾有"元枢新立大功,出当川陕,半天下之责,自边事外,悉当奏禀"④的规劝;潼川知府宇文粹中闻浚除命,上书陈情,亦称"伏闻有川陕宣抚之除"⑤。可见,张浚西行以经营川陕为主乃朝野共识。其三,就张浚进入上游后的表现来看,短暂停留襄阳二十日后,他便一路向西,于

---

① 《宋史》卷445《张嵲传》,北京:中华书局,1985年,第13139页。
② 吴泳:《鹤林集》卷15《绍兴乾淳经理荆襄淮蜀事宜》,《景印文渊阁四库全书》,台北:台湾商务印书馆,1986年,第1176册,第135页。
③ 《要录》卷23,建炎三年五月戊寅,第559页。
④ 《要录》卷25,建炎三年七月庚子,第597页。
⑤ 宇文粹中:《上宣抚张枢密书》,佚名:《新刊国朝二百家名贤文粹》卷95,《续修四库全书》第1653册,第265页。

当年十一月置司秦州,尔后工作重心也的确是在川陕。

朝廷方面,张浚离去不久,以滕康为首的"留守东南派"便通过动摇宰相吕颐浩进而改变了原定移跸武昌的战略规划。考虑到东南在经济上的"根本"地位、转移政权易滋生变故等因素,高宗最终选择了留守东南[①]。同时,建炎三、四年间,金军始终以灭亡高宗政权为政治军事目标,宋廷面临极大的生存压力,不可能有余力过多关注上游事务。

因此,南宋建国之初的建炎三、四年间,不论是位处东南的宋廷,抑或受命主政上游两大区域的宣抚处置使张浚,都未能将经略重心放在京湖。

京湖虽非张浚着力经营之地,但仍属宣抚处置司职权范围。对于该地区,张浚采用了赋予宣司僚佐或他官便宜权、使其代为管控的方式。他先是任命沿江措置副使程千秋为京西制置使、宣司主管机宜文字傅雱为湖北制置使、宣司参谋官李允文为湖北察访使兼节制兵马,后又以宣司参议官王以宁代程千秋为京西制置使、御营使司参议官王择仁知襄阳府、河东制置副使解潜知荆南府,或假以便宜从事之权,或付以军队节制之柄,使其代管京湖诸部[②]。

然而,由于张浚所委之人缺乏强有力的军事后盾,使其在与土豪、军盗的角逐中常居下风;同时,他们中的有些人又利用张浚所赋予的便宜权培植势力,各行其是;再加上东京留守宗泽去世后,其部众桑仲、张用、王善、曹成、李宏等纷纷率众南下,攻城略郡,京湖地区很快成为一副乱棋[③]。荆南知府解潜曾描绘当时京湖乱象,称:

> 本镇(按指荆南)东邻鄂渚,而安抚李允文生事召乱,致李成寇犯未已。南接潭、鼎,而节制王以宁轻易无知,为孔彦舟所败,湖外骚然。又鼎、澧程昌寓狂率自恣,近为湖寇败于辰阳,仅以身免。北连襄、汉,

---

① 陈希丰:《南宋初年"建都论"中的京湖之议——兼论建炎三年驻跸地之争》,《暨南史学》第18辑,广州:暨南大学出版社,2019年,第100—115页。

② 《要录》卷27,建炎三年闰八月乙巳,第638—639页;卷32,建炎四年三月癸卯、己酉,第731、733—734页;卷34,建炎四年六月甲午,第790页。

③ 《要录》卷29,建炎三年十一月丁未,第668—669页;卷32,建炎四年三月己酉,第733页;卷34,建炎四年六月甲午,第790页;卷39,建炎四年十一月丁未,第869页;卷43,绍兴元年三月乙巳,第916页。

而未有帅臣。千里之间，人迹断绝。①

更为关键的是，张浚将便宜处置权假手于人的做法是行在方面断然无法接受的。为此，建炎四年（1130）九月，朝廷下诏规定"今后除宣抚处置使依已降指挥许便宜行事外，其差委官属，并不许辄用便宜指挥"，严禁宣司僚属染指便宜权。同时，对京湖政区管理体制做出调整：

> （建炎四年）九月十一日……诏陕西、四川并依旧听宣抚处置使司节制，京西、湖北依分镇画一指挥，其荆湖南路听宣抚使司节制指挥更不施行。②

以此为节点，宣抚处置司职权范围由京湖、川陕两大版块缩减为川陕一地。京湖内部，湖南改归朝廷直辖，京西、湖北路则"依分镇画一指挥"，转行宰相范宗尹推出的镇抚使体制，此即胡安国所说"以湖北为分镇"政策之由来。

炎、兴之际，两淮、京湖地区土豪、溃军横行，朝廷力不能制。这是宋廷施行分镇体制、将各种地方军事力量暂时合法化的基本背景。据《要录》记载，建炎四年初设镇抚使时，京湖地区共有九例（见表1）。然而，不论是稍早前赋予张浚以川陕、京湖便宜处置权，抑或此后在两淮、京湖推行分镇体制，都只是权宜之策。一旦朝廷站稳脚跟，势必着手收回地方自治权，将相关区域重新纳入中央直辖。问题在于：就终结分镇体制而言，哪些地区更具政策优先性？答案显而易见。

表1　建炎四年京湖镇抚使统计表

镇抚使名	设置时间	所在地区
河南府孟汝唐州镇抚使翟兴	建炎四年五月	京西
怀宁顺昌府蔡州镇抚使冯长宁	建炎四年六月	京西
金均房州镇抚使范之才	建炎四年六月	京西

---

① 《要录》卷41，绍兴元年正月乙丑，第897页。
② 徐松辑：《宋会要辑稿》职官41之21至22，刘琳、刁忠民、舒大刚、尹波等校点，上海：上海古籍出版社，2014年，第4009页。

(续表)

镇抚使名	设置时间	所在地区
襄阳府邓随郢州镇抚使桑仲	建炎四年八月	京西
德安府复州汉阳军镇抚使陈规	建炎四年六月	湖北
鄂岳辰沅州镇抚使李允文	不详	湖北
荆南府归峡州荆门公安军镇抚使解潜	建炎四年六月	湖北
辰沅靖州镇抚使孔彦舟	建炎四年七月	湖北
鼎澧州镇抚使程昌寓	建炎四年六月	湖北

资料来源：《建炎以来系年要录》卷33至卷36。

建炎三年八月，高宗最终放弃移跸武昌的计划，逐步确立起立国东南的国是。在此背景下，当建炎四年冬金方军事战略重心西移川陕，宋廷获得宝贵喘息之机时，肃清东南地区的李成、张用、张遇、范汝为、戚方、邵青等盗寇势力便具有理所当然的政策优先性。由于两淮地区肩负屏蔽东南的国防战略任务，经略两淮、废除两淮分镇体制继而成为南宋立国进程的第二步。通过以上两项工作的开展，南宋政府成功以韩世忠、刘光世、张俊三大将为基干完成了下游军事力量的整合。

这一过程到绍兴二年下半年基本结束。在此期间，宋廷努力以分镇体制维持京湖的相对稳定，以确保东南地区消除内患、整合军力的优先完成。我们试以绍兴三年三月为时间断面考察南宋镇抚使的设置情况（见表2）。不难发现，此时南宋尚存的九位镇抚使，除寇宏与赵霖外，其余七位皆来自京湖。换言之，当两淮地区的镇抚使体制已基本消除时，京湖仍旧是"分镇"的天下。

表2　绍兴三年三月南宋镇抚使

镇抚使	所属区域
金均房州镇抚使王彦	京湖川陕交界
蔡唐州信阳军镇抚使牛皋	京湖
襄阳府邓随郢州镇抚使李横	京湖

(续表)

镇抚使	所属区域
德安府复州汉阳军镇抚使陈规	京湖
濠州镇抚使寇宏	两淮
荆南府归峡荆门公安军镇抚使解潜	京湖
商虢陕州镇抚使董先	京湖川陕交界
河南府孟汝郑州镇抚使翟琮	京湖
和州无为军镇抚使赵霖	两淮

资料来源：《建炎以来系年要录》卷63、75，《三朝北盟会编》卷165。

若我们以北宋作为行政区的京西南路、京西北路、荆湖北路来对应这一时期京湖政治版图，不难发现，除鄂州已于稍早前直辖中央外，该地区的地缘政治格局（暂不考虑最南端的靖、沅二州及隶属川陕战区的金、均、房三州）主要由三大版块构成：南部以洞庭湖为核心的澧、鼎、岳三州及辰州一部为杨么势力所占据。杨么控制区的西北部荆南、归、峡、荆门四州属解潜所领镇抚司，东北方向德安、复州、汉阳三郡则是陈规镇抚司辖区。在时人眼中，与一般镇抚使系出土豪、军盗不同，陈规、解潜乃"朝廷及大臣出使所除"[①]，是宋廷能够倚信的藩镇。解潜、陈规防区北面则基本对应京西南、北两路，李横、牛皋、董先、翟琮等势力盘踞于此，扮演着南宋与刘齐间军事缓冲地带的角色。

事实上，南宋能在京湖依靠分镇体制勉强维持数年的稳定，一方面得益于金、齐侧重江淮、川陕战场的军事战略。正如刘子羽所言："荆襄，昔人用武之地……幸敌人弃而不顾，殆天以资我也。"[②]炎、兴之际，京湖地区并未成为金、齐主要战略进攻目标。另一方面，诸镇抚使自身的素质亦颇值得称道。不仅朝廷命官出身的解潜"分镇荆南，首尾六年"，程昌寓"守鼎累年，屡以孤军御寇，忠力显著"，陈规"守德安七年，贼不能犯"，堪称南宋初年

---

① 《要录》卷33，建炎四年五月甲辰，第756页。
② 吴泳：《鹤林集》卷15《绍兴乾淳经理荆襄淮蜀事宜》，第135页。

地方帅守之典范①；翟兴、翟琮父子及李横等土豪、军盗出身者亦颇能身任"镇守之臣，克效忠勤之绩"②。他们共同维系着京湖相对平稳的局面，使宋廷能够集中全力从事东南战场的国家安全与军力整合建设。从这一层面上说，分镇体制在京湖的推行无疑是成功的。

不过，除中央对地方掌控力削弱外，分镇体制尚存一突出问题，那就是整个京湖地区的军力分散于诸镇抚使与安抚使手中，他们彼此仅能自保，无法构成强有力的军事合力。杨幺集团得以盘踞洞庭水域五年之久而没有被剿灭，原因正在于此。因此，一旦金、齐将进攻矛头转向京湖，分镇体制便难以有效应对。胡安国在《时政论》中就表达出类似忧虑。绍兴三、四年间，李横、牛皋等人被金齐联军击败后南撤，襄汉地区出现军事防御的巨大真空，川渝、湖广腹地一时完全暴露，一定程度上印证了胡氏的预言。

二、"经营荆楚"与京湖战区的形成

绍兴三年（1133），南宋政府既已初步完成东南地区的国家安全与军力整合建设，遂将经略重心转向京湖，"经营荆楚，控制上流"③的进程随即开启。由于李横、翟琮、牛皋所领京西诸镇仍需发挥边防屏障与牵制作用，宋廷对京湖的经略乃由湖湘地区开始。当年三月，朝廷宣布召回德安府复州汉阳军镇抚使陈规，德安、复州、汉阳三郡始隶湖北帅司④。六月，神武前军统制王𤫉受任荆南府潭鼎澧岳鄂等州制置使，由行在统兵西进，主持剿灭杨幺集团的军事行动⑤。王𤫉在南宋初年东南战场的地位仅次于刘光世、韩世忠与张俊。此次出征，他除携带本部军马外，还从行在配带了忠锐第一将崔增部、神武后军高进部约五千人，总兵力达两万。同时，荆湖南北路"折彦质、刘

---

① 《要录》卷171，绍兴二十六年正月癸亥，第3258页；卷57，绍兴二年八月癸丑，第1160页；卷64，绍兴三年四月庚寅，第1260页。
② 綦崇礼：《北海集》卷16《改赐李横等敕书》，《景印文渊阁四库全书》第1134册，第634页。
③ 《要录》卷90，绍兴五年六月壬子，第1737页。
④ 《要录》卷64，绍兴三年四月庚寅，第1260页。
⑤ 《要录》卷66，绍兴三年六月甲午，第1292页；卷67，绍兴三年七月戊辰，第1309页。

洪道、解潜、程昌寓所遣军马"亦"并受璪节度"①。王璪此行的主要目的,一是铲除盘踞洞庭水域三年之久的杨么势力,二是借此以神武前军为基盘整合两湖地区分散的军事力量,填补上游军事空白,为组建京湖战区作准备。

可惜的是,王璪才质平庸,"出师踰岁",损兵折将,"卒无成功",未能完成平寇重任,他本人也就此退出了一线统兵将领行列②。否则,南宋长江中上游的军事版图极有可能改绘。这是因为在绍兴三年九月宰相朱胜非所划定的沿江屯防格局中,王璪以荆南府岳鄂潭鼎澧黄州汉阳军制置使的身份置司鄂州,江南西路舒蕲州制置使岳飞驻扎江州,下游则是刘光世与韩世忠分屯池州、镇江。不难想见,若王璪成功平定杨么势力、统合两湖军力、留镇鄂州,那么从荆南至江州的沿江中上游一带极有可能屯驻两支大军,由王璪、岳飞分领,形成类似江淮战区淮东与淮西宣抚司并立的军事格局③。

从京湖战区形成史的角度来看,王璪经略湖湘失败所造成的负面影响至少有三:其一,致使京湖战力的整合在时间上后推了两年左右,至绍兴五年六月方告完成。其二,王璪麾下一万五千军马随后划归淮东宣抚使韩世忠④,而这支军队原本极有可能因王璪经略湖湘的成功而留驻京湖。其三,更重要的是,京湖沿江一线由此失去了形成东、西两线军事格局的绝佳机遇。由岳家军孤军守备京湖战区成为南宋边防一大隐患(详见下文),并在此后数十年间一直困扰着南宋王朝。

王璪经略湖湘的失败使整合京湖军力与政区的任务转入岳飞手中。在绍兴二年六月平定曹成势力后的整整两年间,岳家军一直驻守于"吴头楚尾"的江州一带,负责弹压江西寇盗,兼备中游江防。绍兴四年五月,岳飞受命以江南西路舒蕲州制置使的身份兼任黄复州汉阳军德安府制置使,正式由江州进入京湖,主持收复襄汉六郡的战事。在此前后,遂开启了以岳家军为班底整合京湖军力、建立战区的进程。

---

① 《要录》卷60,绍兴二年十一月己巳,第1198页;《宋会要辑稿》兵10之33,第8813页;《要录》卷66,绍兴三年六月甲午,第1292页。
② 《要录》卷78,绍兴四年七月庚午,第1478页;卷79,绍兴四年八月壬寅,第1499页。
③ 《要录》卷68,绍兴三年九月乙亥,第1341页。
④ 《要录》卷86,绍兴五年闰二月丁卯,第1649—1650页。

在"分镇体制"下,京湖北部是李横、董先、牛皋、翟琮的势力范围。绍兴三年,李横、翟琮等组织北伐失利,旋即放弃京西根据地,"失守南奔"①,襄汉诸郡一时陷入防守真空,刘齐大将李成乘势进驻,对南宋国防构成巨大威胁。

对于南撤的李横、翟琮、董先、牛皋等几位镇抚使,宋廷原先的计划是将其一并拨入岳家军,"听岳飞节制"②。不过,其中实力最强的李横(兵力达一万五千人)以岳飞资浅,不愿归附,后转入张俊麾下;翟琮则改任江南东路兵马钤辖,驻扎宣州③。实际归属岳飞的牛皋、董先、李道等人虽所领兵马不多(仅千余),但其后都成为岳家军重要将领。此外,在备战收复襄汉六郡过程中,湖北安抚司统制官崔邦弼、颜孝恭部及荆南镇抚使司军马也"并听"岳飞"节制使唤"④。崔、颜二部约五千人随后正式划归岳家军⑤。绍兴四年七月,得牛皋、董先等助力的岳家军一举收复襄阳、随、郢、唐、邓州、信阳六郡。宋廷随即成立襄阳府路,由本军干办官张旦出任安抚使,牛皋兼安抚副使⑥。至此,京西地区的军力与政区整合工作基本宣告完成。

绍兴五年二月,在宰相张浚支持下,岳飞再度受命将所部征讨京湖南部的杨么势力。此次备战过程中,湖南安抚司统制官任士安、郝晸、王俊、焦元部一万余人,江南西路安抚制置司统制祁超,统领高道、丘赟部近万人,张浚都督府左军统制杜湛部八千蔡州兵悉皆拨隶岳飞⑦。至此,江西和荆湖南、北路原本分散的军事力量绝大部分都被归拢到岳家军中。四月,南宋仅存的最后一位镇抚使——荆南府归峡荆门公安军镇抚使解潜被召归行在,京湖地区历时五年的"分镇时代"正式宣告结束。六月,杨么势力被荡平,

---

① 《要录》卷65,绍兴三年五月丙辰,第1274页。
② 《要录》卷71,绍兴三年十二月甲午,第1375页。
③ 《要录》卷75,绍兴四年四月戊子、庚子,第1430、1434页。
④ 岳珂编:《鄂国金佗续编校注》卷5《朝省行下事件省札》,王曾瑜校注,北京:中华书局,1989年,第1209页。
⑤ 王曾瑜:《岳家军的兵力和编制》,《文史》第11辑,北京:中华书局,1981年。
⑥ 《要录》卷78,绍兴四年七月丁丑,1482页;卷79,绍兴四年八月癸卯,第1500页。
⑦ 参王曾瑜:《岳家军的兵力和编制》,《文史》第11辑,1981年。

岳飞军"得丁壮五六万",战船千余艘,"水军之盛","为沿江之冠"①。随着杨么势力的平定,岳、鼎、澧、辰诸州重归荆湖北路政区版图。七月,诏以金、均、房三州隶襄阳府路②。六年二月,复以襄阳府路为京西南路③。

凭借收复襄汉六郡、平定杨么集团两次战事,不仅岳家军的军事实力大大提升,更为重要的是,京湖地区原本分散的军力与政区也由此完成整合。

与军力整合及政区统合同步完成的,还有京湖作为大战区的确立。早先,王瓛受命平定杨么势力时所置荆南府岳鄂潭鼎澧黄州汉阳军制置司,仅仅只是荆湖沿江诸郡的统合,尚不足以称大战区。绍兴五年二月,为剿灭杨么势力,朝廷授予岳飞荆湖南北襄阳府路制置使的职衔④,使其得以全权制三路军政。荆湖南北襄阳府路制置司这一"军管型准行政组织"的建立,表明京湖作为与川陕、江淮相并列的大战区已初具雏形。

绍兴六年三月,宋廷进一步对京湖战区作出重要调整。在任命元老重臣吕颐浩为湖南制置大使、将荆湖南路从战区中划出的同时,升任岳飞为湖北京西路宣抚副使⑤。至此,作为南宋边防三大战区之一的京湖战区最终形成。

三、岳家军的防区与隐患

当岳飞戡平杨么势力并正式成为京湖战区长官后,随即面临的形势是:他与岳家军不得不以相对有限的兵力承担中部战场极为广阔的防区。

前辈学者曾对南宋初年诸家军兵力作过考证,并就其多寡问题持有争

---

① 《要录》卷90,绍兴五年六月丁巳,第1741页;岳珂编:《鄂国金佗稡编校注》卷6《鄂王行实编年》,第331页。
② 《宋史》卷28《高宗本纪五》,绍兴五年七月壬午,第521页。
③ 《要录》卷98,绍兴六年二月戊申,第1864页。
④ 岳珂编:《鄂国金佗续编校注》卷2《两镇节度使加食邑制》,第1160页。
⑤ 《要录》卷94,绍兴五年十月乙卯,第1802页;卷99,绍兴六年三月己巳,第1876页。

议①。值得注意的是,南宋初年各家军虽以川陕、京湖、江淮三大战区为基本空间分布单元,但其屯布结构与三大战区并非完全对应。有的家军独立承担一个大战区,有的大战区则由数支家军分守。如与岳家军孤军守备京湖不同,韩世忠的韩家军、刘光世的刘家军、张俊的张家军乃同属江淮战区。因此,若转换视角,以大战区作为考察对象,或可呈现出以往家军视角所忽略的面相。

南宋初年的江淮战区,由淮东宣抚使韩世忠驻军楚州,承担清河口及扬楚运河一线防务,淮西宣抚使刘光世负责淮西,江东宣抚使张俊协同防御。依照李裕民先生对韩世忠、岳飞、张俊三大将兵力的最新研究:张家军大致有兵七到八万,岳家军六到七万,韩家军四到五万人②。据此粗略估算,则江淮战区的总兵力至少在十五万以上(在张、韩二家军总兵力基础上,以"淮西兵变"为界,前期算上郦琼带去伪齐的刘家军四万余众,后期则加入杨沂中殿司三万、刘锜马司近两万共计五万人)。

川陕战区则以吴玠、王彦、关师古三大将分镇蜀口。具体来说:利州路阶成凤州制置使、兼川陕宣抚司都统制(后升任川陕宣抚副使、宣抚使)吴玠主持"自秦、凤至洋州"蜀口中路防务,金房镇抚使、兼川陕宣抚司同都统制王彦负责东线金、房地区(后为郭浩),西线外围"洮、岷至阶、成"诸州则是熙河路马步军总管、统制熙秦军马关师古的防区(绍兴四年初,关师

---

① 王曾瑜:《岳家军的兵力和编制》,《文史》第 11 辑,1981 年;李裕民:《岳家军三大问题考辨》,《浙江学刊》2016 年第 1 期。需要说明的是,类似"家军"的提法虽为南宋政府所忌讳,但却是南宋初年的确实存在。如绍兴十年时,王之道在《上高宗皇帝书》所说:"今日之兵,分隶张俊者则曰'张家军',分隶岳飞者则曰'岳家军',分隶杨沂中者则曰'杨家军',分隶韩世忠者则曰'韩家军'。"(徐梦莘:《三朝北盟会编》卷 202,绍兴十年闰六月十八日庚寅,上海:上海古籍出版社,1987 年,第 1459 页)。

② 李裕民:《岳家军三大问题考辨》,《浙江学刊》2016 年第 1 期。李先生所估算的三大将兵力以绍兴九、十年为基准,但由于各家军在绍兴五年定型后兵力变化已不大,故对于认识绍兴五年两淮、京湖战区兵力仍有重要参考意义。

古叛离，防务由吴璘、杨政分领）。蜀口三大将总兵力约八万人①。

不难发现，相较于川陕、江淮，京湖战区兵力（六到七万）②恐怕是三大战区中最为薄弱的。之所以形成这一局面，一方面受制于京湖整合军力进程的相对迟缓，由于川陕、江淮地区较早完成军力整合任务，各家军与防区间业已形成固定的对应关系，难以分拨兵力充实京湖；另一方面，在"经营荆楚"的过程中，李横、王瓒部未能留镇京湖，转而投入张俊、韩世忠麾下，也是造成京湖、江淮战区间兵力消长不可忽视的因素。

除兵力问题外，战区的范围、广度同样值得考量。作为京湖战区长官，对于京西、湖北两路防务，岳飞自然责无旁贷。不过，岳家军的防区实际并不止于此。

在绍兴三年九月划定的诸将屯防格局中，岳飞以江南西路舒蕲州制置使的职衔置司江州，具体负责江、蕲、舒州、兴国军段江防③。蕲州、兴国以西由荆南府岳鄂潭鼎澧黄州汉阳军制置使王瓒负责，江州、舒州以东则是江东淮西宣抚使刘光世的防区。绍兴四年五月，岳家军转入京湖战场，江、蕲、舒州、兴国段防务一度由从湖湘战场败退的王瓒填补④。不过，王很快因玩寇丧师被贬，所部一万五千兵马划拨淮东宣抚使韩世忠帐下，岳飞原本的防区遂致无兵驻守。

舒、蕲、黄三州地处长江北岸、大别山南麓，行政区划上属淮南西路，其防务本应由淮西宣抚使刘光世承担。但南宋初年所形成的沿江诸将驻防传统却是：淮西宣抚使只负责池州、太平、建康段江防，对应至两淮地区则

---

① 有关南宋初年川陕战区兵力，据《宋史·李迨传》，绍兴六年战区总兵力六万八千余人（第11594页），李心传《建炎以来朝野杂记》甲集卷18的记载也支持这一说法（徐规点校，北京：中华书局，2000年，第406页）。若算上绍兴五年四月调离川陕的王彦部万人，则绍兴四、五年间川陕战区总兵力应为七万八千。另据《要录》卷146，绍兴十二年休兵时蜀口三大将吴璘所部五万人、杨政所部二万人、郭浩所部万人，合计八万人（第2764页）。

② 由于京湖战区主要由岳家军驻守，故一定程度上说，岳家军的兵力也代表了京湖战区的兵力。有关岳家军的兵力，王曾瑜先生主十万之说，李裕民先生撰文予以反驳，认为当为六万。笔者以为六至七万人可能更接近岳家军的实际作战力量。

③ 《要录》卷68，绍兴三年九月乙亥，第1341—1342页。

④ 《要录》卷79，绍兴四年八月壬寅，第1500页。

为寿春、滁、濠、庐、和、无为六州,池州、无为军以西的舒、蕲、黄三州及南岸兴国、江州并不归淮西宣抚司承担[1]。相反,蕲、黄二州与京湖战区大本营鄂州仅一水之隔,经济、军事联系十分紧密。唐代中后期的藩镇格局下,蕲、黄二州便长期隶属于武昌军节度使(岳鄂观察使)而非淮南节度使[2]。

另一方面,由于南宋初年京湖地区战事频仍、民生凋敝,无法独立承担岳家军的军需供给,须仰赖江南西路的财赋支持。江州、兴国地区控扼粮船由赣水入江至京湖的水路咽喉,乃岳家军粮道所系。江南西路安抚制置大使李纲即指出岳飞"本军合用钱粮,系江西及朝廷应副,皆取道九江,方至鄂渚",故对于岳家军而言,"江州最系紧切控扼去处"[3]。

概言之,南宋初年的军事、经济格局共同决定了当岳飞成为京湖战区长官、而王𤩽大军被解散后,蕲、黄、江州、兴国方向的防务因无人承接,最终仍只能划归岳家军(舒州则被划入淮西宣抚司防区)[4]。这在绍兴五、六年间岳飞的职衔迁转过程中有着清晰的反映。绍兴五年秋,在戡平杨么势力后,岳飞由潭州回师鄂州驻扎。稍后,其职衔由荆湖南北襄阳府路制置使改为荆湖南北襄阳府路蕲黄州制置使[5],此即朝廷令岳飞统管京湖三路军政的同时仍兼领蕲、黄、江州、兴国防务之明证。

绍兴六年二月,岳飞升任湖北京西路宣抚副使。史籍所载其职衔虽不再带蕲、黄二州,但该区域之防务仍由岳飞负责。对此,当年四月,朝廷曾专门下诏声明:"岳飞昨充荆湖南北襄阳府路兼蕲黄州制置使,今来已除湖北京西路宣抚副使,其蕲、黄州自合依旧兼行节制。"[6]至绍兴七年,宋廷索性将蕲、黄以北光州的防务也一并交付给了岳家军[7]。

---

[1] 汤文博已注意到舒、蕲、黄三州在江淮战区中的特殊性,参见氏著《南宋初期(1127—1141)江淮战区研究》,天津:天津古籍出版社,2013年,第64—66页。

[2] 参见李文澜:《"东南巨镇"鄂岳——中晚唐一个稳定的地区》,《长江文史论丛》2017年卷,第42—54页。

[3] 李纲:《李纲全集》卷91《乞令岳飞兵前来江州仍许听本司节制奏状》,第893页。

[4] 李纲:《李纲全集》卷88《乞差军马札子》,第872页。

[5] 岳珂编:《鄂国金佗续编校注》卷2《检校少保加食邑制》,第1162页。

[6] 《宋会要辑稿》职官40之9,第3991页。

[7] 岳珂编:《鄂国金佗稡编校注》卷7《鄂王行实编年》,第424页。

由此所形成的局势是：从襄邓以西、金州以东的均、房二州一直到江淮战场西线的光、黄、蕲、江——即周必大所说"西自金、均，东尽光、黄"①的广大区域皆属岳家军防区。岳飞虽名为湖北京西路宣抚（副）使，然其防区实际横跨京湖、江淮两大地缘板块，就连高宗也不得不承认岳家军所守"地分诚阔远"②。

不仅如此，众所周知，南宋与金齐的边境线大致以秦岭、南襄盆地及淮河为界。然而，受战场地理因素制约，各战区边防守御格局并非处于同一水平线。与京湖守备襄、随、信阳及淮东控扼楚州清河口不同，淮西战区因"淮流浅涩"易涉，地形平坦，汗漫难守，成为金齐南下的重点进攻方向，淮西守军往往无法有效御敌于沿淮一线，须退入淮西腹地，转而防江③。由于岳飞兼有淮西光、黄、蕲、江方向的防守任务，这一现实造成岳家军的军事防线并非简单呈现为东西走向，而是以西北——东南斜对角分布。

若我们进一步考察绍兴四年至十一年间宋金战争史，则可发现：在此期间，岳家军时常千里奔袭，往返于伏牛山区、南襄盆地、豫东平原与"吴头楚尾"的江、蕲、舒州间；岳飞本人的行动轨迹也多在襄阳、鄂州、江州三点之间位移。

如绍兴四年四月，岳飞先是由江州率军北上，七月收复襄汉六郡毕，随即回师鄂州。当年九月，金齐联军南下，"淮上探报紧急"，高宗手诏命其"全军东下"，驰援淮西④。此次战事，岳飞"出师池州"⑤，麾下徐庆、牛皋部则深入淮西腹地，参与了庐州保卫战。

绍兴六年七八月间，岳家军从襄阳出师北伐，接连攻克商、虢、汝、颍及西京长水、伊阳诸县。九月，因孤军无援，回军鄂州。同年十月，伪齐三路南下，进攻两淮。枢密院随即付下札子，令岳飞"全军人马前去江、池州"，

---

① 周必大：《周益文忠公集》卷197《鄂州阎都统世雄》，《宋集珍本丛刊》第50册，北京：线装书局，2004年，第790页。

② 《要录》卷118，绍兴八年二月壬戌，第2197页。

③ 《宋史》卷416《王万传》，第12483页。

④ 岳珂编：《鄂国金佗稡编校注》卷1《高宗宸翰》卷上10，第4页。

⑤ 岳珂编：《鄂国金佗稡编校注》卷6《鄂王行实编年》，第280页。

高宗也降诏促其"日下抽还""兵之在远者",赴援淮西①。岳飞只得亲率鄂州大军,并抽调襄阳前线兵力进抵江州。最终,由于伪齐兵锋受挫,匆忙赶赴淮西的岳家军实际未能参战。然而,探知京西空虚的金齐联军很快调转枪头突袭商、虢、襄阳等地。甫由江州回军鄂州的岳飞坐席未暖,又马不停蹄赶往襄阳,主持唐、蔡前线战事②。

又如绍兴十年夏,金军毁约南下,马帅刘锜被困顺昌。高宗连发手诏,令坐镇襄阳的岳飞"发骑兵至陈、许、光、蔡",应援刘锜,同时又命他"遣舟师至江州屯泊",防备江面,并遣军西出策应川陕战场同州方面的郭浩大军③。不难看出,宋廷下达岳飞的军事任务涉及川陕、中原、江西多个战场。翌年正月,兀术率军进攻淮西,高宗再次向鄂州方面的岳飞连发手诏,令其"星夜前来江州,乘机照应",岳飞也自请"至蕲、黄相度,以议攻却"。最终,岳飞领兵东进至"庐、舒间"④。

总之,岳家军的防区地跨京湖与淮西两大板块,边防守御线十分漫长。同时,由于淮西特殊的战场地形,宋军无法有效御敌于沿淮一线,须转入江防,造成岳家军的军事防线呈西北——东南斜对角分布。从某种程度上说,南宋初年三大战区中,岳家军是以相对薄弱的兵力承担着最为阔远的防区范围。

这一战区军事格局,对岳家军的战场应变、内部协调及后勤补给能力均提出了相当高的要求,同时也给南宋边防带来了不小的隐患。对此,有识之士已有察觉。绍兴八年,以关注军事著称的冯时行奏论边防,称:

> 自西蜀以至江东……吴玠一军在梁、洋之间,凡五千余里至鄂州,始有岳飞,又三千余里至建康,始有张(浚)〔俊〕……今岳飞屯鄂渚,实欲兼备江、池。襄阳有警,比岳飞得闻,往返三千里,束装办严,非一月不至襄阳;而丑类近在京师,轻军疾驰,不数日遂涉江汉。万一举

---

① 岳珂编:《鄂国金佗稡编校注》卷14《目疾乞解军务札子》,第898页;卷1《高宗宸翰》卷上21,第10页。
② 岳珂编:《鄂国金佗稡编校注》卷18《进兵渡江申省状》,第959页。
③ 岳珂编:《鄂国金佗稡编校注》卷1《高宗宸翰》卷中53、54,第23、25页。
④ 岳珂编:《鄂国金佗稡编校注》卷1《高宗宸翰》卷下73、74、87,第40—41、48页。

> 偏师向江、池，连缀岳飞，而以大军向襄阳，中断吴、蜀，当是时，吴玠不能离梁、洋而下，岳飞不能舍江、池而上。丑类盘泊荆南，可以指顾上流，震惊吴会，或径趋潭、鼎，横涉饶、信，可以直乘空虚，扰我心腹。备御如此，似亦疏矣。①

冯氏明确指出南宋上游边防的"疏阔"问题，岳飞"身居鄂渚，遥领荆襄"、"兼备江池"的防守任务存在重大军事隐患，而该隐患又很可能因京湖战区处于南宋北部边防"蜂腰"位置而导致整个国家边防的崩溃②。

事实上，冯时行之所以会有金军"向襄阳，中断吴蜀，当是时，吴玠不能离梁、洋而下，岳飞不能舍江、池而上"的忧虑，除岳家军防区"疏阔"外，更与京湖战区"东重西轻"的军事格局密切相关。

南宋京湖战区以鄂州、荆南（即江陵）、襄阳为三大重镇。就战场地理而言，鄂州位居战区东线腹里，荆南、襄阳则分处战区西线的腹心与边面。岳飞成为京湖战区长官后，以东线腹里的鄂州为大本营，屯兵置司。据章颖《岳飞传》记载，将岳家军部署在鄂州最早是赵鼎的主张。绍兴四年，时任知枢密院事的赵鼎向高宗建言：

> 湖北鄂、岳，最为沿江上流控扼要害之所，乞令飞鄂、岳州屯驻，不唯江西藉其声势，而湖南、二广、江浙亦获安妥。③

宋廷之所以令岳家军屯兵鄂州，除守卫中部战场，保障江西、湖南、二广腹地的军事安全外，更重要的是便于及时策应、拱卫江浙核心区。应该说，这一军事部署深刻体现了南宋王朝立国东南的战略格局。

然而，与屯布重兵于鄂州相对的是：岳飞主政期间，战区西线重镇荆南一直无兵驻守。绍兴十年，名士黄成孙致书岳飞，即谈到"方今君侯大屯在武昌，而分戍襄阳。谓江陵有襄阳之蔽也，曾不置兵焉"④的问题。检诸史籍，

---

① 黄淮、杨士奇编：《历代名臣奏议》卷335"高宗时冯当可上札子"，第4338页。
② 《宋史》卷364《韩彦直传》，第11369页。
③ 章颖：《重刊宋朝南渡十将传》卷2《岳飞传》，《四库全书存目丛书》第87册，济南：齐鲁书社，1996年，第608页。
④ 黄成孙：《攻守论》，《新刊国朝二百家名贤文粹》卷40，《续修四库全书》第1652册，第638页。

荆南在南宋初年一直由解潜以约三千人的规模驻守①。绍兴元年，解潜即曾以"事力单弱，无以鼓作士气，保守方面"为由奏请朝廷增兵，"伏望差拨一军精兵前来，镇压敌氛，保护川口"②。绍兴五年，宋廷以张浚、岳飞经略两湖，解潜携部东归，荆南由王彦率"八字军"移镇③。绍兴六年二月，朝廷改令王彦北镇襄阳。王彦不从，反而领兵撤出了京湖。此后，宋廷没有再调遣军队填补荆南守备的空缺，战区统帅岳飞也未屯置重兵于此，他本人甚至可能从未涉足过该地。

类似弱化荆南、"东重西轻"的军事格局，固然因应了南宋王朝立国东南的整体格局，是南宋政权在兵力有限情况下的一种合乎理性的选择，但对于京湖战区以至南宋北部边防而言，无疑存在隐患。具体来说，岳家军的大本营鄂州与战区西线前沿重镇襄阳相距千里之遥。若襄阳被兵，鄂州方面"朝闻警，夕就道，卷甲而趋之，日且百里，未至而襄阳不支矣"④，断难做出及时有效的反应。一旦金军从京西、淮北双管齐下，声东击西，牵制岳飞于淮西而使其无法及时回防襄邓，留守襄邓的岳家军偏师兵力有限，缺乏纵深防御能力的京湖西线势必成为军事突破口，进而将川渝、江西、湖广腹地暴露于敌。除冯时行外，绍兴十年末，川陕宣抚副使胡世将在奏疏中也谈到这一隐患问题："臣之所忧，惟恐贼以兵捣荆、襄之虚，断吴、蜀之势。况自东京至荆南，道路平坦，虏人若以精骑驰突，不数日可到。如此则荆、襄摇动，道路不通，其为患有不可胜言者。"⑤荆南、襄阳一线守备空虚令他深以为忧。

针对该隐患，最为直接有效的办法是在荆南屯驻一定数量的军队，保障荆、襄一线的军事安全。如冯时行所说"选知兵大臣分重兵以镇荆襄，仓卒有警，荆襄事力，足当一面，而岳飞得专力于江、池之间"⑥，胡世将乞请朝廷令京湖宣抚司"于荆南添屯军马，与襄阳表里相应"⑦，黄成孙建议岳飞"分

---

① 岳珂编：《鄂国金佗续编校注》卷6《照会措置防守已收复州郡省札》，第1223页。
② 吴泳：《鹤林集》卷15《绍兴乾淳经理荆襄淮蜀事宜》，第135页。
③ 《要录》卷88，绍兴五年四月丁未，第1696页。
④ 黄淮、杨士奇编：《历代名臣奏议》卷336 "辛弃疾论荆襄上流为东南重地疏"，第4361页。
⑤ 岳珂编：《鄂国金佗续编校注》卷11《令堤备荆南府一带房贼省札》，第1288页。
⑥ 《要录》卷120，绍兴八年六月丙子，第2244页。
⑦ 岳珂编：《鄂国金佗续编校注》卷11《令堤备荆南府一带房贼省札》，第1288页。

万人,五千屯江陵,五千屯荆门"①,皆是此意。

事实上,朝廷也不是没有作过类似尝试。绍兴五年令王彦"八字军"移镇荆南即是填补京湖西线守御空白的实质性举措。然而,该军事部署却因王彦的身体问题而引生变故,据《鄂国金佗续编》所载绍兴六年初宰相赵鼎奏札:

> 臣等适蒙宣谕王彦移军事。臣中间与张浚议及此事。浚言,彦病甚,其次无可委之人,万一彦死,其众无所统属,所以有并归岳飞之意。傥如早来圣谕,召彦赴阙,则荆南钱粮不足,其次既无可以倚仗之人,切虑别致生事。臣等商量,欲作书与岳飞,候飞移军襄阳,驻扎定,然后行下王彦除命,及一面召彦前来,则其众已在襄阳,部内不能转动矣。②

当时,张浚、赵鼎等主政大臣获悉王彦"病甚",担忧其一旦病故,麾下"八字军"万人将"无所统属",酿成变乱。于是改命王彦为京西南路安抚使、知襄阳府(即奏札所说"王彦除命"),令其率军北屯襄阳③。实际是将"八字军"划归京湖宣抚副使岳飞统领。不过,张浚等人显然忽略了王彦与岳飞存在人事上的嫌隙④。最终的结果是王彦不愿受岳飞节制,朝廷只得改命其以"所部八字军万人赴行在"⑤。移屯襄阳的部署不但未能实现,反而更造成荆南方面兵力空虚。

绍兴八年二月,战区长官岳飞也曾以防区"阔远"为由,主动请求朝廷增兵。当时高宗甫经淮西兵变,出于防范武将尾大难制的考虑,表示"宁与减地分,不可添兵",承诺将在荆南或襄阳"别置数项军马",使岳飞得以专注于京湖东线与淮西接合部的防御⑥。但可能迫于无兵可调,此事未见下文。另据《朱子语类》记载,朝廷曾一度令岳家军"移镇江陵",而岳飞却接纳了

---

① 黄成孙:《攻守论》,《新刊国朝二百家名贤文粹》卷40,第638页。
② 赵鼎:《奏王彦移军事宜》,岳珂编:《鄂国金佗续编校注》卷29,第1634—1635页。
③ 《要录》卷98,绍兴六年二月丙辰,第1870页。
④ 关于王彦与岳飞早年的嫌隙,参邓广铭:《岳飞传》,第31—35页。
⑤ 《要录》卷100,绍兴六年四月己未,第1902页;卷103,绍兴六年七月庚辰,第1945页。
⑥ 《要录》卷118,绍兴八年二月壬戌,第2197页。

部将任士安关于鄂州"可以阻险而守,若往江陵,则失长江之利"的建议,"乞止留军鄂渚"①。

此外,朝议还曾考虑索性将岳家军主力移屯至襄阳驻守,但岳飞驻军鄂州,一方面负有支援淮西、拱卫东南的核心战略任务;另一方面,移屯襄阳也存在"馈运费力"②的操作性问题。襄阳地区在南宋初年饱经战火,生产凋敝,"城郭隳废","粮饷难于运漕",难以屯驻重兵③。绍兴三年,伪齐在从李横、牛皋手中取得襄汉六郡后,同样由于军粮补给问题未能屯驻重兵于该地,这也是稍后岳飞得以顺利收复失地的一个原因④。

总之,自绍兴五年至十一年间,京湖战区两大军事隐患——防区的过分"疏阔"与战区"东重西轻"的军事格局始终未得有效解决,战区长官岳飞一直勉强维持着于襄邓—鄂州—江州间调配兵力的局面。主持京湖战区期间,岳飞屡屡由襄阳北伐,主动出击,或许也包含有荆襄西线守备薄弱、缺乏纵深防御,只能实行以攻代守战略的考虑。

随着绍兴十一年和议的达成,岳飞麾下京湖宣抚司诸军尽数收拢到鄂州本部,形成后来的鄂州驻扎御前屯驻大军,由张俊亲信将领田师中掌领。有关防区"疏阔"及荆南守备空虚的问题最终被搁置。

结　语

应当说,京湖战区的形成过程与南宋立国格局的选取及国家军事力量整合、重建的进程息息相关。立国东南国策的确立,使南宋政府在建国初期实施了优先东南、"近弃湖北、远留川陕"的战略政策,以京湖"分镇体制"的维持换取东南地区消除内患、整合军力工作的率先完成。就整个南宋初期建国史而言,该政策无疑是必要且成功的,但在客观上造成了京湖地区政区与

---

① 黎靖德编:《朱子语类》卷127《本朝一·高宗朝》,王星贤点校,北京:中华书局,1986年,第3055页。
② 《要录》卷133,绍兴九年十一月己卯,第2480页。
③ 李纲:《李纲全集》卷81《论襄阳形胜札子》,第821页。
④ 王曾瑜:《岳飞和南宋前期政治与军事研究》,第108页。

军力统合步伐的迟滞。在随后所进行的整合京湖军力过程中,军力较强的王璬、李横、王彦诸部皆未能留屯京湖,加之川陕、江淮较早完成军力整合工作,各主要军队与防区业已形成固定的对应关系,难以分拨兵力充实京湖,致使岳家军只能以相对有限的兵力承担极为阔远的防守地分。

作为京湖战区长官,岳飞遵循宋廷立国东南、立足江上的基本立国理念,"身居鄂渚,遥领荆襄","兼备江池",以介乎京湖与江淮两大区域间的鄂州为大本营,既需负责淮西江、池方向的江防,随时准备东下拱卫东南核心区,又要兼顾千里之外的襄邓前线,北伐中原,对于连接吴蜀的战区西线重镇荆南府无力照应。

防区的过于"疏阔"与战区"东重西轻"的军事格局构成南宋初年京湖战区两大隐患。对此,宋廷一度调王彦"八字军"移屯京湖,也曾考虑令岳家军主力进驻襄阳或荆南,但都未能成功。绍兴八年初,宰相赵鼎与高宗谈及当时边防,谓:

> 更须措置荆南,事若就绪,则沿流上下,形势相接,不同前日矣。①

南宋初年所形成的边防格局是立足长江的。在此基础之上,一个重要理念是"沿流上下,形势相接",即在沿江重点城市镇江、建康、池州、江州、鄂州、荆南等地都屯驻一定量的军队,一旦受敌,彼此之间能够相援相应。在最高决策者看来,荆南无驻军已成为国家北部边防一大漏洞。值得玩味的是,这一漏洞竟存在于岳家军防区内。

二十多年后,荆南驻军问题终因"辛巳之役"的备战而被重新提上议事日程,荆南屯驻大军随即创置②。不过,由此所带来的荆鄂两线并置对立、兵力调配等问题又成为困扰南宋高层的新的难题。

本文原刊《中山大学学报》2020年第2期,收入本论集时有修订。

---

① 《要录》卷118,绍兴八年二月戊午,第2196页。
② 陈希丰:《论南宋荆南屯驻大军的创置》,《宋史研究论丛》第24辑,北京:科学出版社,2019年,第13—23页。

宰属与史弥远专权

尹 航

"检正""都司"在南宋中后期的政治史中时常共同出现。检正为中书门下省检正诸房公事,是南宋初年"三省合一"之后仿照神宗朝中书门下检正官而设。都司指左右司郎官,在元丰三省制及"三省合一"后的中枢体制中隶属于尚书省。二者在南宋语境中,常被称为宰属[①]。

自史弥远(1164—1233)执政起,宰相对检正、都司二者的重用,招致士大夫广泛的批评,从端平年间(1234—1236)的魏了翁(1178—1237)、李鸣复(1247年卒),到淳祐年间(1241—1252)的牟子才(1223年进士),都

作者单位:四川大学历史文化学院

[①] 南宋一些类书的分类都将"检正""都司"并列为宰属,如谢维新:《古今合璧事类备要·后集》卷18《宰属门》,《景印文渊阁四库全书》,台北:台湾商务印书馆,1986年,第939册,第689页上—第692页上;佚名:《翰苑新书·前集》卷6《宰属》,《景印文渊阁四库全书》第949册,第39页下;章如愚:《群书考索·后集》卷5"宰属"条,北京:书目文献出版社,1991年,影印正德刘洪慎独斋刊本,第486页下、487页上。现代学者中,李涵《试论宋朝的检正与都司——从宰相属官的变化看相权的扩大》(《刘子健博士颂寿纪念宋史论集》,京都:同朋舍,1989年,第63—68页)、于士倬《宋代宰府僚吏研究》(华东师范大学2016年博士学位论文),也明确意识到检正、都司合称为宰属,将其作为研究对象。

曾上疏议论重任检正、都司的弊端。当代学者在研究中也注意到史弥远执政时期的检正、都司，认为二者是史弥远贯彻自身意志所倚赖的重要部门，是其独揽朝政的工具[①]。

上述观点符合史弥远当政时期的情况。然而，检正、都司的职官设置早于史弥远任相，史弥远亦非南宋权相政治的始作俑者，因此不能将检正、都司的兴起简单归因于宰相揽权，而需求诸史弥远执政的特性。要解答检正、都司因何在史弥远主政时期成为中央政府的焦点，首先需要厘清检正、都司的哪些职能，构成了其行政活动的基础，进而指出史弥远执政后发生了哪些变化，提升了检正、都司的重要性和影响力。本文希望通过对检正、都司设置与职能的考察以及对嘉定（1208—1224）以后士大夫与检正、都司冲突的探讨，解答检正、都司与史弥远专权执政之间的联系。

一、检正、都司的设置及其职能

中书门下省检正诸房公事与左右司郎官在宋代制度史中有各自的脉络，但最迟在孝宗朝，二者重新确定了职能，被合称为"宰属"。

尚书都省左右司郎中、员外郎，合称左右司郎官，因左右司简称都司，左右司郎官也称都司郎官；又以左右司别无他官，也常以机构指代官职，径称为都司。宋代的左右司郎官在北宋前期与其他唐代职事官类似，是"叙位著"的本官。元丰改制（1082）后，左右司郎官开始承担实际职能。元丰改制以《唐六典》的记载为蓝本，恢复了诸省、部、寺、监的机构与职能，设计了基于三省的行政流程。尚书都省的职能及其在行政流程中的地位决定了左右司郎官的职能和性质。

元丰制下，尚书省在三省中掌"行天子之命令及受付中外之事"，涵盖了政令下行及政务上奏，为中央政府行政的中心。对上行至尚书都省的政务，尚书都省依照其性质，有成例事由六曹拟奏钞，发往门下省画闻；六曹、御史台无权处理之事，应由尚书都省处理者，妥善裁断；应上奏取裁的，则依

---

① 虞云国：《宋光宗 宋宁宗》，长春：吉林文史出版社，1997年，第300页；韩冠群：《史弥远与南宋中后期中枢政治运作（1194—1260）》，中国人民大学博士学位论文，2015年，第90—96页。

分属送往中书省、枢密院①。尚书都省内，除身为宰执的左右仆射、左右丞之外，只有左右司郎官身具文官身份，作为宰执属官辅助尚书都省的工作。

尚书都省内设左右司郎中各一人，员外郎各一人，满额共四员，郎中和员外郎除品位有差异，职能相同，现实中往往并不满额。作为尚书都省的直接属官，左右司郎在尚书都省内的主要职能包括协助宰、丞管理六曹事务并进行检核监督，管理省内吏人②。

需要特别讨论的是左右司郎官在处理方案形成中的角色。《神宗正史》将尚书都省内部的文书处理流程概括为："凡文书至，注月日于膂背，付所隶房讫，拟所判，赴仆射请笔，然后授之有司。"③其中指明了诸房、郎官、仆射的行政流程，但各个环节的权责分割尚显模糊。北宋后期对尚书都省行政的讨论中有着进一步考察的线索：

> 宣和二年，左司员外郎王蕃奏："都司以弥纶省闼为职，事无不预。今宰、丞入省，诸房文字填委，次第呈覆，自朝至于日中，或昏暮仅绝，其势不暇一一检阅细故，而省吏往禀宰、丞请笔，以草检令承从官赍赴郎官厅落日押字。谓宜遵守元丰及崇宁旧法，诸房各具签贴，先都事、次点检、次郎官押讫，赴宰、丞请笔行下。"于是诏曰："先帝肇正三省，诏给舍、都司以赞省务，今都司浸以旷官，缘省吏强悍，敢肆侵侮。自今违法事，其左右司官勿书，具事举劾，情重者窜责。"④

王蕃指出，在宣和二年（1120）时，由于尚书都省需要处理大量文书，都省吏员往往直接将文书携往仆射、丞签署行下，而仅将文书的副本交予郎官签署

---

① 徐松辑:《宋会要辑稿》职官4之4引《神宗正史·职官志》，刘琳、刁忠民、舒大刚、尹波等校点，上海：上海古籍出版社，2014年，第3096—3097页。

② 元丰改制之后尚书省以及左右司职能的论述，参考古丽巍:《北宋元丰改制"重塑"尚书省的过程》，《中国史研究》2015年第2期，第69—87页。在尚书都省之外，宋代的左右司郎中负责管理封桩库、榷货务都茶场等部门，本文的讨论主要集中在检正、都司依托中枢机构的行政运作，故不展开讨论都司郎官对上述机构的管理。

③ 《宋会要辑稿》职官4之23，第3104页。

④ 马端临:《文献通考》卷51《职官考五》"左右司郎中"，上海师范大学古籍研究所、华东师范大学古籍研究所点校，北京：中华书局，2011年，第1484—1485页。

日期并押字。在省吏得以直接与仆射、丞沟通的情形下，左右司郎官在行政流程中的位置被跳过。王蕃呼吁遵守的"旧法"即当是标准制度，首先由诸房草拟写有处理意见的"签贴"，交由本房都事签押，随后交由负责尚书都省文字点检的吏职"点检诸房文字"检查差失并签押，然后再由分管的都司郎官签押，最后送往仆射、丞，请笔行下。而诏令中的整改方案为令左右司郎官拒绝签署不合法令的文书。"签贴"由诸房产生，左右司郎官在行政流程上处于点检之后，行使职能的方式为签署放过或不予签署（勿书），可见元丰之后的制度规定下，都司郎官在尚书省政务处理中承担审核职责，方案草拟以尚书都省各房为主。现实运行中，都司郎官的审核还可能遭跳过。至南宋初期，都司郎官的职责无明显变化。潘良贵（1094—1150）绍兴二年（1132）转左司员外郎后，试图"〔事〕无巨细，必以人情法理亲为拟定"，而省中吏员表示按照惯例是"房中自行签拟，都司不过点检书判"。潘良贵坚持了自身的意见，但从这一事例中能看到，都司的一般工作方式，依然是审核诸房形成的处理意见，而非主导拟订方案①。

中书门下省检正诸房公事出现于南宋建炎三年（1129）五月。在宰相吕颐浩（1071—1139）的建议下，中书省与门下省于建炎三年四月合并为中书门下省。随后不久，即在中书门下省设检正官：

> 高宗建炎三年五月二十二日，都省言："自中兴以来，天下多事，四方行移倍增于前日，而宰相精力疲耗于案牍，致边防军政所当急者却致稽缓，〔此〕无〔他〕，以中书别无属官故也。契勘元丰以前有中书省检正官六房文字，后又因置左、右司，遂不差，致朝廷及应报四方行移往往稽留，无官检举催促。今欲差官两员，充中书门下省检正诸房公事。（内一员检正吏、礼、兵房，一员检正户、刑、工房。）其请给、人从，并视左、

---

① 宋濂编：《潘舍人年谱》，尹波校点，收入吴洪泽、尹波主编：《宋人年谱丛刊》第 8 册，成都：四川大学出版社，2003 年，第 4981 页。该年谱原刊于潘良贵《默成文集》卷 2，康熙三十六年刊本，原谱未题撰者，尹波据宋濂《跋潘舍人年谱》（宋濂：《宋濂全集》卷 44，杭州：浙江古籍出版社，2014 年，第 981 页），以为此谱即当为宋濂所作。潘良贵在左司亲拟之事，他书不载，宋濂活动时段也距潘良贵较远。然都司内部的分工秩序，后世难于作伪。宋濂自称编纂《年谱》时，除各类常见史料之外，还采用了潘良贵家所记的《遗事》。潘良贵在左司的事迹，可能来自其家族的记载。

右司，序位在上。于都堂置直舍，每员日给食钱五百文，于堂厨造食供给。所有左、右司郎官，却裁减两员。"从之。①

都省上言请置检正官，是为了让其"检举催促"中书门下省六房事，以免"稽缓"。《建炎以来系年要录》(以下简称《要录》)在记载这一事件时，对引文中都省的建议进行了剪裁，都省上言自"契勘元丰以前"以下，止作"望用熙宁故事，复置中书门下省检正官二员，分书六房事，省左右司郎官二员"。以"熙宁故事"替代"检举催促"，以"分书"替代"检正"，使用了更加宽泛的说法②。

建炎四年九月，中书门下省检正官复设仅一年有余，中书门下省以"本省所行文字，并是已经看详勘当成熟事件，其检正两员乃成虚设"为由，罢中书门下省检正官。不久后，在绍兴二年三月十五日，又诏中书门下省复置检正一员③。经此一段变动，南宋中书门下省检正诸房公事的设置固定下来。重设之后的检正官专设一房，称检正房，下有专属吏员，乾道六年(1170)改称检正所④。

南宋检正官的相关待遇，参照元丰改制后的尚书省左右司郎官制定，为体现中书门下省位在尚书省之上，较左右司郎官稍有提升。自设置起，其请给、人从即与左右司郎官相同，序位也参照左右司郎官而略高。据《庆元条法事类》，中书门下省检正诸房公事与左右郎中并为正六品，杂压中二者相邻，而检正官居上⑤。检正官每年举官数额，也与左右司郎官相同⑥。另由于检正官掌握朝廷机要文字，乾道二年十一月曾下诏令"不许出谒及接见宾客"，

---

① 《宋会要辑稿》职官3之46，第3065页。
② 李心传：《建炎以来系年要录》卷23，建炎三年五月丁酉，胡坤点校，北京：中华书局，2013年，第565页。
③ 《宋会要辑稿》职官3之47，第3065页。李心传：《建炎以来系年要录》卷37，建炎四年九月乙卯，第834页同；卷52，绍兴二年三月丙午，第1074页。
④ 《宋会要辑稿》职官3之47、48，第3065页。
⑤ 谢深甫编：《庆元条法事类》卷4《职制门》一"官品杂压"，戴建国点校，收入杨一凡、田涛主编：《中国珍稀法律典籍续编》第1册，哈尔滨：黑龙江人民出版社，2002年，第18、22页。
⑥ 李心传：《建炎以来系年要录》卷26，建炎三年八月，第611页。

同样的禁令也在两天后施于左右司郎官①。

《要录》对检正官职能的模糊处理,或许并非编纂者的无心之举,而是来自史家的后见之明。中书门下省检正诸房公事设置之后,其职能范围实际不限于"检举催促"。宰相范宗尹(1098—1136)以中书门下省所行文字不需再经看详、勘当为由,罢检正官,至绍兴二年三月又恢复设置一员②。这显示检正官已经在中书门下省参与政务处理的进一步研究。考察建炎三年五月之后检正官的活动,也能发现检正官的实际工作涵盖了中书门下省的多个方面,如建炎四年六月,诏检正、都司条具责降官中文臣带职、武臣观察使、管军以上人,令刑部检举,使汪伯彦(1069—1141)等人并许任便居住;同年九月,令都司、检正看详三省、枢密院自建康以至赣州间所行政事,其中"有逾格法,一切改正";绍兴四年二月,诏都司、检正共同看详宣谕五使手历进册,比较多寡申尚书省等③。如高宗朝一些检正官制词中概括的,设置检正官一方面是为了"文墨细故,参酌法典,督责稽违","以察诸房之事"④,即检核文书、催促日限;另一方面,中书门下省中"非事重体大",都可以"弥缝董正之",即适度参与政务处理⑤。

自绍兴十二年起,南宋朝廷进入了秦桧(1090—1155)专政时期。政治和史学编纂方面的高压,导致与中枢机构运作相关的记载相当匮乏,令我们难以观察这一阶段中书门下省检正官与左右司郎官的活动。至秦桧专权结束,我们对左右司郎官与中书门下省检正诸房公事的职能大体有以下认识:二者的职能设计均偏向审核监督省内文书,而日常政治中,也一定程度上参与政务处理。上述情形在孝宗(1127—1194,1162—1189年在位)即位后开始出现变化。

---

① 《宋会要辑稿》职官4之24、25,第3107页。

② 《宋会要辑稿》职官3之47,第3065页。李心传:《建炎以来系年要录》卷37,建炎四年九月乙卯,第834页同;卷52,绍兴二年三月丙午,第1074页。

③ 李心传:《建炎以来系年要录》卷34,建炎四年六月乙酉,第787页;卷35,建炎四年七月甲寅,第798页;卷37,建炎四年九月戊申,第830页;卷73,绍兴四年二月丁酉,第1400页。

④ 李正民:《大隐集》卷2《程迈除检正制》,《景印文渊阁四库全书》第1133册,第18页上。

⑤ 李弥逊:《筠溪集》卷4《林季仲检正诸房公事制》,《景印文渊阁四库全书》第1130册,第630页下。

秦桧死后，高宗（1107—1187，1127—1162年在位）尝试纠正此前扭曲的政治秩序，收回了给舍、台谏、经筵、学官等官职的选任之权，建立了较为平衡的人事格局。但面对被破坏的中枢体制，并没有系统地重新划分职权、规范行政流程，多是在面临具体事件时下诏申严旧制，进行改正。孝宗即位之后，新君与臣僚期待进行系统的调整：

> 孝宗绍兴三十二年（未改元）十月二十六日，臣僚言："窃谓本朝尚书省既有左、右司，熙宁中创置检正五房公事官一员，每房又各置检正官二员，书功过簿，以核群吏之失。其程督之严盖如此。欲望陛下简中书之务，使大臣得一意于广耳目，访贤才，以尽经邦之业，重宰属之权，以痛惩百吏之偷，使大纲小纪罔不毕举。"诏："检正更不增置，可依格除左、右司郎官四员。"（先是，令给事中金安节等看详："检照建炎三年曾置检正官两员，绍兴二年止置一员，并见令（今）左、右司系以四员为额。今看详，若依臣僚所请，窃恐员数稍众。若且照近例量行除授，自可检核群吏。所有简中书之务，缘本省即不见得见今三省诸房事务大小繁简，难以便行。今欲乞专委检正、都司取索条具，从朝廷勘（斟）酌区处。谓如某事系合请笔，某事系宰属可以与决，某事止系常程，合径付所属曹部之类，立定科目遵守。"故有是命。）①

言者以为左右司在北宋前期也具实际职能，熙宁之后与中书检正官同时存在，显然对宋代制度史理解有误，暂且不论。以此作为历史依据，言者请简中书之务，试图通过增重宰属之权加强对吏员的控制。总体是建议仿照熙宁之制，增加检正官、左右司郎官的员数。给事中金安节（1095—1171）身为后省之长，原本在政务运行中处于中书门下省与尚书省之间，当与省务有着广泛联系。然而中书门下省检正官顶替了给舍原先在门下、中书两省中的部分作用，秦桧主政期间，后省的给事中与中书舍人又一直处于边缘，乃至曾十年不除中书舍人，七年不除给事中，至此时后省已经"不见得见今三省诸

---

① 《宋会要辑稿》职官4之23，第3106—3107页。

房事务大小繁简"，也就不足为奇了①。

看详意见认为与其额外增设检正官，更应当合理划定政务处理的层级。奏疏中提到，上至中书门下省和尚书省的政务，大体有三种处理方式：常程事务直接发下六部、寺监中的所属部门，此外一部分事务主要由宰属决定，另一部分事务需要向宰执禀报并"请笔"处理。结合前引检正官制词中"非事重体大"，"皆可以弥缝董正之"的说法，政务处理中是否需要请笔当以事体是否重大为标准。参照元丰改制后左右司郎中的运作，向宰执请笔时也会附上草拟的处理意见。值得注意的是，在不应当径下有司的非常程政务处理中，宰属被明确赋予了较低层级政务的裁决权。金安节等人呼吁"立定科目"，确定三种方式各自的应用范围，则三种处理方式本身应已经存在。

朝廷根据看详意见驳回了增设检正官的提议，随后在十一月四日，依左右司建议：

> 尚书省吏房、兵房，三省、枢密院机速房，尚书省刑房、户房、工房，三省、枢密院看详赏功房、尚书省礼房，令左、右司郎官四员从上分房书拟。其中书门下省诸房，令检正书拟；枢密院诸房，令检详书拟。②

枢密院检详官为枢密院属官，仿照中书门下省检正官和尚书左右司郎官而设，待遇接近，职能相似。上述举措明确政务归属部门，将三省枢密院诸房分别划归检正、都司、检详，在一定程度上响应了给舍的意见；以检正官书拟中书门下省诸房文字，左右司郎官书拟尚书省诸房及机速房、看详赏功房文字，承认了二者参与省内政务处理的事实，也规定了参与的方式和责任。从较长时段观察，南宋政府通过这一举措整合了若干层面的制度变化。机速房、赏功房以及中书门下省诸房均是南宋政权重建后陆续产生，其地位、归属常有变化，尚未暇从中枢体制整体层面进行整合。左右司、检正、检详三者在宋代制度中也有着交错的历史，熙宁三年（1070）设置了中书门下检正

---

① 高宗朝给事中与中书舍人的研究，见清水浩一郎：《南宋高宗朝の給事中と中書舍人——呂中「皇朝中興大事記」『再除給舍』をてがかりに——》，东北史学会：《歷史》106集，2006年，第36—79页。

② 《宋会要辑稿》职官3之47，第3065页。

官,职能相对灵活,但存在时间短,元丰改制后罢设检正,其职能和地位部分由左右司郎官继承。至南宋初年中书、门下两省合并,又引熙宁故事并参照现实中左右司郎官的职能和地位,重设了中书门下省检正官。检详官则是南宋恢复设置检正官之后,仿照检正官在枢密院设立。孝宗君臣规范了三者对三省、枢密院诸房的分管与职责,也重建了宰执、中枢机构和中枢属官间的分工。

检正官、左右司郎官承担的具体职能及职能的行使方式,则取决于"书拟"的具体含义。"书拟"一词在宋代文献中时有出现,在中央政府层级,主要与都司、检正、检详三类官员联系;在地方层级,书拟主要与"金厅官"相联系①。《黄氏日抄》所录黄震(1213—1281)在任时的申明保留了金厅书拟的文字和前后流程环节。黄震向提举、提刑、安抚三司递交申明后,诸司首先由当司的金厅官进行书拟,草拟本司的处理意见,本司长官根据金厅官提供的处理意见书判②。书拟在此为对机构所辖事务撰写正式的处理意见,供长官裁决。

推及检正官、左右司郎官,二者在中央政府的政务处理中也存在书拟。嘉定二年(1209)八月,江东转运司请措置灾伤,随后的处理是:

> 检正、都司拟到:"欲令礼部支降度牒一百道付本司,每道作价值八百贯变卖,就行收籴米斛,以备济粜(粜)使用。付本司差人前来请领。仍契勘所部州县的实旱伤,合行济粜去处,疾速措置,以所籴米斛酌均拨施行。仍先具已契勘措置并籴到米数,申尚书省。"诏依拟到事理施行。③

嘉定三年十一月,四川制置大使安丙(1148—1221)请调整天水军官员建制,

---

① 据何勇强的研究,金厅官由监司、州府属官兼任,自北宋后期开始承担拟写文书、分司方面之责,且可能在一些情况下代长官主持工作。参见何勇强:《宋代监司州府的金厅与金厅官》,葛立成主编:《我们与时代同行:浙江省社会科学院论文精选 2006—2010》,杭州:浙江大学出版社,2014 年,第 237—253 页。

② 黄震:《黄氏日抄》卷 74《申诸司乞禁社会状》,张伟、何忠礼主编:《黄震全集》,杭州:浙江大学出版社,2013 年,第 2149—2153 页。

③ 《宋会要辑稿》瑞异 2 之 28,第 2638 页。

事到中央：

> 检正、都司拟到："照得所乞将已改天水县为天水军，奏辟初改官人充通判天水军兼知天水县事，自来无此条法，难以施行。今欲创置判官、县令各一员，以'天水军军事判官'及'知天水军天水县事'入衔，仍令制置司于经任有才干选人内选择奏辟。"①

最终的诏令采纳了检正、都司的处理意见。上述两项均为地方政府就具体政务携拟订的处理方案上报中央，"拟到"之后的文字，即检正、都司书拟的内容。就此可以认定，检正官与左右司的书拟，是根据有司和诸房提供的材料，拟订处理方案，在"请笔"环节供宰执决策参考。

"书拟"之职的确立，影响了中书门下省和尚书省内的政务处理机制。检正官实际一直参与中书门下省政务处理的情况，正式得到了制度规定的承认。左右司郎官此前在尚书都省政务处理中承担审核之责。文书至尚书都省之后，分付政务所属房分，各房以"签贴"草拟处理方案，经吏员点检、左右司审核，送宰执请笔。若事有需要，则由宰执批送有司看详、勘当，再送尚书都省依上述流程处理。书拟之职确立后，左右司郎官成为拟议的主体。拟议以检正、都司的名义产生，诸房签贴、诸司看详的内容，都成为检正、都司拟议的素材。省内草拟的方案是宰执决策的重要依据，检正、都司在拟判环节的作用从审核转为主导，显著提升了二者在政务处理中的影响力。

至此，检正、都司在中枢机构内部的职能涵盖管理本省吏员、检举催促省内事务、主导拟议，较完整地掌握了中枢机构的中层权力。"请笔""宰属与决""径赴曹部"的分层处理机制，也由检正、都司主导执行。但同时，检正、都司并无以其名义行下的命令文书，所有裁决最终均会由本省宰执群体签署行下，其中检正、都司能够主导的主要是日常政务。因此在这一阶段，检正、都司的影响力主要存在于中枢机构内部。

检正、都司职能确立之后，二者出现了融合的迹象。在制度设计上，检正官与都司郎官职能性质相同，区别主要在于隶属关系和分工不同：检正官

---

① 《宋会要辑稿》职官48之21，第4319页。

隶属于中书门下省,负责书拟中书门下省诸房,检举催促中书门下省文书;都司郎官隶属于尚书省,负责书拟尚书省诸房,检举催促尚书省文书,并提举封桩库、榷货务都茶场等机构。然而在南宋时期的许多记载中,检正、都司往往同时出现,难以区分。端平年间(1234—1236),魏了翁上书批评朝政,指出检正、都司在嘉定年间(1208—1224)已经"混为一区","不复有可否",提示二者在办公地点、行政职能方面已经开始混同。理宗朝人陈昉(1264年以后去世)也指出,草制中出现了将中书门下省检正官视为都司长官的用法①。

前文论述中书门下省检正诸房公事的设置时提及,绍兴二年恢复设置检正官后,称检正官办公之所为检正房,乾道(1165—1173)时又改称检正所,则至此时检正有独立的办公地点。嘉泰四年(1204)三月,临安府大火,"自太庙南墙外通衢,延烧粮料院及右丞相府,尚书省、枢密院、制敕院、检正房、左右司……"②,从火势的蔓延看,当时检正与左右司的办公地点相邻,二者的办公空间依然独立。

程珌(1164—1242)《检正都司重建直庐记》揭示了嘉定后期的情况:

> 今丞相之宅揆也,一用故制,未始辄变,然智烛亡形,亦莫敢以铢两欺者。暇日复命其掾曰:"都曹之庐敝矣。"乃捐金使新之。于是庚辰蒇功,辛巳已役。治事之舍敞洁清明,且结亭以合议,疏沼以澄心,耽耽闲闲,志虑不烦。盖思古人所谓助和鼎味者,固不止摘微隐于簿书,校寡多于钱谷而已也……③

记文写在嘉定十四年(辛巳,1221)检正、都司原址修缮完工之后。记文为一篇,则检正、都司建筑当是一体,文中又写明营造的是"治事之舍",明确了直庐建成以后,检正、都司的办公场所合并。即最迟在嘉定十四年,检正、

---

① 陈昉:《颍川语小》卷上,《景印文渊阁四库全书》第853册,第635页上。
② 佚名编:《续编两朝纲目备要》卷8,汝企和点校,嘉泰四年三月丁卯注,北京:中华书局,1995年,第141—142页。
③ 程珌:《程端明公洺水集》卷8《检正都司重建直庐记》,《宋集珍本丛刊》第71册,影印嘉靖程元愚刻本,第74页上、下。

都司的办公地点已经合为一处。

一些政务处理的实例,也显示检正、都司之间的分工已经模糊。上文提到的嘉定二年江东转运司请措置灾伤及嘉定三年四川制置大使安丙请调整天水军官员建制二事,均以检正、都司共同的名义拟定。从两件政务的处理流程中,我们尚难以确定其原本应当归属检正或都司处理。

嘉泰四年,岳珂(1183—1243)请求为先祖平反,朝廷要求提供岳云(1119—1142)、张宪(1142年卒)追复相关文书,发下的取索文书题为"都司取索文字",收入《金佗稡编·天定录》:

> 检正、都司见行朝廷文字,今要见岳云、张宪追复因依,并真本追复赠官告照用,仰亲事官于投进文字人岳监仓下计会取索,限壹日缴申。①

岳珂的回复,题为"申都司状":

> 承务郎、新差监镇江府户部大军仓岳珂。准检正、都司告示,取会先伯云、张宪追复事,须至申闻者。②

文书取索之事,不需使用中书门下省或尚书省的正式文书,检正官、都司郎官行帖子即可,岳珂收到的是由检正和都司联名发出的帖子。因是同一文书、同一拟议,不可能在两省之间分工完成,而应当是由检正与左右司共同处理,或是由检正、都司官中的一人处理,而以共同名义下发的。在政务运作的实态中,检正、都司似并不严格遵循书拟诸房的分工。理论上,会因文书取索与岳珂发生联系的当是左右司,不应涉及中书门下省,岳珂的回复为"申都司",堪为印证。在这一例中,检正踏入了原属都司的分工范畴。

从当时官员的议论中,也能窥见检正、都司运行中的些许情况。徐鹿卿(1170—1249)在反对执政分治兵财的奏疏后别附贴黄如下:

---

① 岳珂编,王曾瑜校注:《鄂国金佗稡编续编校注》之《鄂国金佗稡编》卷28《天定录》卷下,北京:中华书局,1989年,第1123页。

② 岳珂编:《鄂国金佗稡编续编校注》,第1123页。

> 臣又闻中书造命之地，熙宁间始置检正五房公事一员，欲以检柅稽违，纠正阙失，审重于出令之初，而无待乎给舍之封驳、台谏之论列也。至于近年，不行本职，凡中书之事，自敕库断案、稽考奏钞之外，余皆不得而问。问其官则曰中书后省之属也，问其职则曰书拟尚户财赋也。名与实乖，官与事异，名不正则言不顺，无甚于此。窃尝深求其故，良由中间柄臣志在独运，自任胸臆，不使掾属得议其是非，检正既无职守，因分尚户以寄之。然名在中书门下，而职在尚省，可乎？且尚省有六房，所以絜（挈）六部之纲也。移其一而他属，可乎？今左右司共为三员，分领诸房，臣窃以为户上房书拟亦当并归尚省，却于左右司中择通于财计者一人领之，而检正专总中书六房之事，以正命令之源，以考违滞之失，与给舍相为表里，叶神祖建官之初意，正名责实，于体为顺……①

结合作者生平，此文作于淳祐四、五年间（1244—1245），徐鹿卿时身兼吏部侍郎与中书门下省检正诸房公事。徐鹿卿称，此时检正官的日常工作是书拟尚书省户房文字，已基本失去了在中书门下省的职能。检正官书拟尚书省户房文字涉及徐鹿卿上疏的主旨，应是实情，丧失中书门下省的职能则尚存疑。徐鹿卿认为检正官不闻中书门下省之事，是因检正官的职责重在检举省务，纠正疏失，能够制衡宰相权力，宰相为专权计，将检正官排除出中书门下省。然而，检正职能中的"检举催促"之职，纠正的对象是省中吏员，不针对宰执，徐鹿卿关于检正官得以制衡宰执的判断及其认为检正为"中书后省之属"、"与给舍相表里"的印象，大抵来自其想象。实际上，徐鹿卿证实了检正官在中书门下省负责"敕库断案"与"稽考奏钞"，只是因不符合徐鹿卿对检正官的定位而被忽视。

上述讨论中，能够发现南宋中后期的检正与都司并不严格遵守绍兴三十二年确定的书拟分工。但是，检正、都司职能边界的消融是不对等的，我们更多看到检正参与处理应属都司职能范畴的事务，而尚未见都司官员参与中书门下省工作的明确记载，二者的职能并未完全混同。

---

① 徐鹿卿:《清正存稿》卷1《壬子聚讲癸丑论政府制国用并乞厘正检正官名札》贴黄，《景印文渊阁四库全书》第1178册，第822页上、下。

综上,南宋的检正、都司在确立书拟分工之后,二者逐渐"融合"。最迟到嘉定十四年,检正与都司已在同一处办公。检正、都司的职能分工也开始松动,尽管二者的职能并未完全合并,但检正时常涉足应归属都司处理的事务,乃至在理宗朝出现了视检正为都司长官的观念。在文献记载中,时常合检正、都司言之,已很难清楚地区别二者的活动。

二、嘉定年间都司在政治上的凸显

检正与都司在南宋中枢机构中一直处于重要的位置,但由于二者的职能设计,或是面向机构内部的管理,或是处理各处上至中书门下省、尚书省的中低层级政务,其日常工作不常见于史籍,既不常在政治事件中出现,也鲜少见于时人的讨论。这样的情况在嘉定时期(1208—1224)开始发生变化,都司直接出现在国家政治中,并受到集中的议论和批评。

嘉定元年十二月起,南宋朝廷进入了史弥远独相的时期。此后,都司官员在具体政务处理中与其他中央、地方官员发生了一系列冲突,以下试举三例分析。

嘉定二年起,江西、湖南两路的瑶、汉民众,以李元砺、罗世传为首,发动起义,短时间内控制了西起郴州、东到吉州、南达曲江县、北抵攸县的广大地区,两路震动。至嘉定三年十一月,宋军采取分化招抚的策略,秘密招降了罗世传,并以罗世传的兵力攻取李元砺,李元砺本人被俘,势力瓦解,嘉定四年二月,另一位义军首领李孟一被湖南安抚曹彦约(1157—1228)俘获,变乱暂告平息①。在如何对待罗世传以及江西、湖南两路的后续防务上,湖南安抚使曹彦约与右司郎官胡榘(1233年以后去世)产生了分歧。胡榘认为变乱至此已平,主张任罗世传为诸峒首领,并撤回调拨至江西、湖南两路平乱的军队;而曹彦约认为罗世传不可轻信,不当就此撤去防备。最终都司的意见占据上风,授罗世传"武翼郎、阁门祗候"。如曹彦约所料,罗世传复叛,

---

① 此次起义发生至平息的详细经过,参见李荣村:《黑风峒变乱始末——南宋中叶湘粤赣间峒民的变乱》,《史语所集刊》41本3分,1969年,第497—533页;向祥海:《南宋罗世传李元砺起义论述》,《民族论坛》1987年第4期,第37—42页。

曹彦约再次带兵前往，直至嘉定四年九月，罗世传为属下胡有功所杀，变乱再告平定。宋廷沿用了相同的政策，将罗世传的官职授予胡有功，令其统领黑风峒。

嘉定四、五年，为解决开禧北伐期间三界会子并行造成的货币贬值，南宋朝廷决定在发放新一界会子时以旧会子二兑换新会子一，将稳定币值的成本全部转嫁民间，都司官薛极（1163—1234）被认为是这一政策的主要制定者①。新办法的施行，无疑给民间财富造成了巨大损失，也引发了朝野的反对声浪，"行之逾年，论报山积，楮值益损"②，"怨嗟之声盈于道路，豪家大姓至有聚楮而焚于通衢者"③。在朝中，吴炎（1153—1221）借陛辞之机请宁宗（1168—1224，1194—1224年在位）注意新楮法对民心的影响④，太学博士陈贵谊（1183—1234）也在轮对时劝说宁宗调整楮币政策。接连的批评引来了薛极的不满，欲罗织罪名，激怒史弥远惩处陈贵谊，终因公论反对未能成功⑤。

嘉定八年，南宋统治地区内由旱灾引发了大范围的饥荒，灾情处理成为当时朝廷与地方的重要问题。真德秀（1178—1235）时为江南东路转运副使，就管内救荒事务与都司发生了冲突。真德秀认为江东路灾情严重，于是与同路其他几位监司共同合作，划分了救灾的责任区。权安抚使胡槻与真德秀对灾情的分析不同，认为真德秀过重评估了灾情，也向朝廷做了报告。胡槻与都司胡榘的兄弟关系，真德秀此前与宰相史弥远以及都司薛极、胡榘等人的矛盾，都可能影响了朝廷对江东灾情的判断。真德秀充分发挥转运司的职权，

---

① 史能之:《（咸淳）毗陵志》卷17《薛极传》载："时朝廷议更楮，有力焉。"中华书局编辑部编:《宋元方志丛刊》第3册，北京：中华书局，影印嘉庆二十五年赵怀玉刻李兆洛校本，1990年，第3118页下。

② 魏了翁:《重校鹤山先生大全文集》卷87《陈贵谊神道碑》，四川大学古籍整理研究所编:《宋集珍本丛刊》第77册，影印嘉靖二年铜活字本，北京：线装书局，2004年，第536页上。

③ 吴泳:《鹤林集》卷21《缴薛极赠官词头》，《宋集珍本丛刊》第74册，影印乾隆翰林院钞本，第477页上。

④ 刘克庄著，辛更儒笺校:《刘克庄集笺校》卷154《太学博士吴公墓志铭》，北京：中华书局，2011年，第6054页。

⑤ 《宋史》卷419《陈贵谊传》，北京：中华书局，1985年，第12545页；魏了翁:《重校鹤山先生大全文集》卷87《陈贵谊神道碑》，第536页上、下。

挪用了系省钱物,同时动用各种渠道向朝廷请求钱粮和蠲免政策,但因为与都司的判断相左,获得的支持有限,反被都司指责沽名钓誉,最终赖朝廷舆论得免①。

真德秀与都司之间的冲突,固然受双方素来矛盾的影响,但也不宜以理学士大夫的立场,视为君子小人的矛盾。杨宇勋即指出,真德秀与史弥远及都司官员所处位置不同,关切也有区别。仅从救灾工作来说,真德秀尽力为管内受灾民众争取更优厚的赈济条件,但都司则需考虑各受灾地区的平衡。从当时南宋政权面临的形势考虑,开禧北伐、嘉定和议、黑风峒变乱等事件,都增加了政府的财政压力。至嘉定八年,在宋金关系紧张造成的军需和境内旱灾所需的救济之间,史弥远与都司官员站在财计的角度,以国防需求为先,真德秀从恤民的角度,认为赈灾救人至为重要。二者的矛盾是对资源分配的分歧,而非道德层面的是非②。

对真德秀与都司矛盾的上述分析,也同样适用于黑风峒平乱、更新楮币中的冲突。面临长期存在的财政压力,史弥远政府始终将耗费财力的多寡作为政策制定中更重要的考虑因素。黑风峒起义中,招抚后撤军最为节省财力,乃至即使罗世传复叛,这一政策仍得以沿用。楮币以旧二换新一,更是期望以较极端的方式稳定币值,避免可能的财政损失。

上述三例冲突中涉及的变乱处理、货币政策、灾荒赈济,都是国家政治中的核心事务。都司官员能够辅助宰相处理上述事务,显示都司参与政务的层级提高、责任变重。与部分士大夫直接发生冲突的不是执政者史弥远,而是都司薛极、胡榘,显示朝野认为都司当为出台的政策负责。都司官员也响应了朝野的期待,在冲突发生、政策受到挑战时,利用自身对宰相和中央政治的影响力,维护现行政策,处理反对者。嘉定前期,都司在史弥远的执政体制中,不再局限于在中枢机构内部草拟方案,而是发展出了自身影响力,成为史弥远政策的代言人和捍卫者。

---

① 真德秀赈灾活动的具体经过以及与都司的矛盾,参见杨宇勋:《先公庚后私家:宋朝赈济措施及其官民关系》第八章《恤民与国用的对话——嘉定八年真德秀在江南东路赈灾活动》,台北:万卷楼图书股份有限公司,2013年,第213—256页。

② 杨宇勋:《先公庚后私家》,第238—239页。

都司在史弥远执政中重要性显著提升,令人瞩目,因此承担了反对者的批评。叶绍翁《四朝闻见录》中的如下记载,点明了都司在此时的凸显:

> 嘉定间禁止青盖事,盖起于郑昭先无以塞月课,前录载其事。太学诸生与京兆辨,时相持之不下。薛会之极、胡仲方槩,皆史所任也。诸生伏阙言事,以民谣谓胡、薛为"草头古,天下苦",象其姓也。谓"虐我生民,莫匪尔极",象其名也。薛不安其位,力乞去。时相谓曰:"弥远明日行,则尚书今日去。"薛不能不留。自侂胄得柄,事皆不隶之都司。初议于苏师旦,后议之史邦卿,而都司失职。自时相用事,始专任都司。都司权居台谏上,既未免以身任怨,故蒙天下之谤。①

讨论上引记载首先应当区别叶氏提及的事实和其本人的议论。此次太学生伏阙,起于权知临安府程覃禁止当街使用青盖。程覃权知临安府,在嘉定十年四月至次年七月,诸生伏阙当在此期间。此时薛、胡二人均已转任六曹尚书。当时薛极、胡槩二人与继任官都司的聂子述、赵汝述,因名中都含木字,并称为"四木",在史籍中被称为"最用事者"②。嘉定时太学生的反对声浪,针对官员个人,但叶绍翁在回顾时,则强调都司官员因其职位承担了批评,对薛、胡等人给予了同情。叶绍翁之外,吴泳(1209年进士)在端平年间(1234—1236)批评史弥远执政时,也数次抨击"四木"为其爪牙,但他同时意识到,史弥远执政时恶政"皆倚都曹为之,犯天下之公论者岂四木之谣而已"③,即"四木"成为史弥远心腹,与任职都司密切相关,进而批评的对象不仅限于"四木",也包括都司官员整体。士大夫在嘉定当时的应对和事后的回顾、评论并不一致。

叶绍翁注意到,随着中央政府的主政者从韩侂胄(1152—1207)变为史弥远,都司地位出现了变化。史弥远致力维持韩侂胄曾经所享有的权柄,但

---

① 叶绍翁:《四朝闻见录·丙集》"草头古",冯惠民、沈锡麟点校,北京:中华书局,1989年,第128—129页。

② 刘一清撰,王瑞来校笺考原:《钱塘遗事校笺考原》卷2"史弥远",北京:中华书局,2016年,第72页。

③ 吴泳:《鹤林集》卷21《缴陈宗仁林介落合降官词头》,第478页上。

相比韩侂胄重用以私人关系为基础结成的幕僚，史弥远专任都司，以宰相的身份重用宰属。都司一方面被宰相授权参与更重要的政务，另一方面仍然以制度规定的职能与地位为基础活动，一定程度上将朝政重新拉回了官僚体制的轨道。朝野各方对都司任用方式变化的不适应与对嘉定时期政策的不满，引发了针对都司官员薛极、胡榘、聂子述、赵汝述的批评。重任都司既是嘉定年间的新变化，都司官员参与更高层级政务处理又无明确的制度条文支持，朝野的批评因此集中于曾任都司的官员。宰相史弥远则因都司官员成为其政策的代言人，必须维护都司官员以维持自身权威，一定程度加剧了冲突。嘉定后期之后，史弥远仍长期独相，也继续重任都司的政策，此后任职都司的官员，尽管会因工作表现招来议论，但没有受到"四木"一般的针对个人的抨击。

嘉定前期的冲突和批评均针对都司郎官，但随着史弥远体制的持续，史弥远信重的都司官员许多在随后升任检正官，而检正又常参与处理都司事务，检正、都司因而在当时一同被认为是史弥远执政的重要环节。理宗朝士大夫在史弥远去世之后，重新回顾这一阶段时，更能超脱对官员个人的批评，而注意到检正、都司整体地位的抬升及其背后宰相执政方式的变化。

三、下行有司之事：检正、都司与嘉定以降的宰相执政方式

上文指出自嘉定年间起，史弥远重任检正、都司，以维持自身专权。检正、都司参与事务的层级提高，不再局限于中低层事务。在外界看来，检正、都司的实权急剧扩张，招致了集中批评。以"清中书之务"为目标设置的检正、都司最终服务于宰相的集权。检正、都司的权力扩张如何实现，史弥远开启的重任宰属的模式又如何改变了政务处理，史弥远去世之后，重任检正、都司的方针是否出现了变化？笔者希望结合前文探讨的检正、都司职能与史弥远去世后朝野对其执政的议论，回答上述问题。

中外上至中书门下省和尚书省的政务至多，检正、都司通常情况下合计不过三到五人，能够以有限的人力完成书拟，主要依靠本省吏员和具体部门的资源。文书至都省后，相对简便的政务送至省内所属分房形成处理意见，

检正、都司据此书拟。需要专业知识、专门评估的政务则由检正、都司依照事务类别提请宰执批送相关部门处理。分送有司处理的名目包括看详、勘当等，其中要求提供明确判断的被称为"指定"。同时，检正、都司负责督促有司在时限之前回报处理意见。

检正、都司的书拟，或者基本代表最终决定，或者是长官决策最重要的依据。在政务的分层处理中，检正、都司官员负责划定政务的归属，随后在具体处理中，检正、都司自身也负责部分政务的裁定。在联系政务的相关部门时，勘当、指定的程序结合检举催促的职能，令检正、都司面对具体部门处于优势地位，似乎有着凭借自身职能和位置控制行政流程的可能性。

端平以后对史弥远的批评揭示了检正、都司工作中的一些具体情况。绍定六年（1233），史弥远去世，理宗（1205—1264，1224—1264在位）亲政，改次年为端平元年（1234），意图更张朝政，史称"端平更化"。端平元年正月朔，理宗下诏求直言，素来对史氏专权不满的魏了翁应诏上长篇奏疏，首论"复三省旧典以重六卿"，批评史弥远重任检正、都司，侵夺六部权力。

魏了翁认为，中央政府在没有检正、都司的情况下也能良好运转，检正、都司为代表的宰属自诞生之日起即是宰相侵夺各部门权力以"窃权固位"的工具。宰属的设置与宰相的专权同消长，"自王安石倡之，章惇、蔡京、秦桧、韩侂胄效之，至近世而益甚"。魏了翁回顾韩侂胄专权时期，认为韩侂胄对三省细务缺乏兴趣，无意夺取六部权力。有司权力的真正丧失，始于史弥远主政期间：

> 至嘉定以来，虑其权之分于六曹也，每事必付检正、都司，而宰椽之权又重。凡文书至省，必分入检正、都司，拟一呈字。宰相命之拟，则检正、都司犹云合与不合送部勘当，或且候。若合字得笔，然后别拟送部，部中据事勘当上省，则检正、都司之拟如前，而易勘当曰指定。部中据例指定，则检正、都司又云再送部，有无似此的然例。而虽令指定，不敢明白，盖开两端以听所择，则事或可行，订一说以必其从，则反以坏事。是以近者累月，远者一二年，大抵多为迂回，故作沮难，实以为上下市恩、官吏受贿之地。而况检正乃中书门下省之属，都司则尚书省

之属,而今混为一区,宁复有可否者乎?

其有事关机速,则上不伺奏稟,下不俟勘当,而有云尚先行者矣;凡所谓奉圣旨依、奉圣旨不允,有未尝将上,先出省札者矣;有豫取空头省札,执政皆先金押,纳之相府而临期书填者矣;有疾病所挠,书押之真伪不可得而必者矣。①

史弥远于嘉定元年十月任相,"嘉定以来"即是代指其执政时期。魏了翁提到检正与都司应当分别为中书门下省和尚书省官,此时却在一处办公,见前文的讨论。魏了翁首先揭示了检正、都司在日常政务处理中的影响。如前文论述,文书至省之后,依照事务所属,由分管的检正、左右司负责处理。检正、左右司形成书拟,上呈宰执。引文中提到的"呈字",即上呈长官的文字的统称。如果宰执自有意见,令检正、都司据此再拟,则检正、都司可能提请送所属部门勘当后处理。具体部门勘当后若仍然与检正、都司所拟不合,检正、都司可以再次发还部门,令其"指定",若依然不合检正、都司之意,则可再送还检寻以往案例。反复拉锯之下,具体部门只能给出模棱两可的意见,听任检正、都司采择。在此,检正、都司利用自身在行政流程中的位置,控制了具体部门的意见,并能以此影响宰执。上述做法一方面严重影响了中枢行政效率,政务处理"迂回缭绕",并且助长了市恩、受贿之风;另一方面,在处理紧急事件时,中枢行政流程则可能大幅省略,检正、都司又成为重要的决策参与者。所谓"尚先行",谓将政务"上尚书裁决而后奏御画旨"②,即是不正式在御前讨论,不发往有司勘当,不经后省给舍审核,只在尚书省形成处理意见后,报禁中画可。更进一步,虽然省札中有"奉圣旨"的字样,但其中一部分未及进上,便直接从尚书省发出,政务处理整体都在尚书省完成。另一些情况下,行政程序可能进一步简化,执政先行签署内容空白的省札,待临事时再将具体内容填上,实际决策全由宰相与检正、都司承担。魏了翁因此忧虑检正、都司借助自身位置的便利,与地方制置司、总领所、沿

---

① 魏了翁:《重校鹤山先生大全文集》卷18《应诏封事》,《宋集珍本丛刊》第76册,第751页上—752页上。

② 刘克庄:《刘克庄集笺校》卷170《郑清之行状》,第6586页。

边将帅利益勾结,"权任反出执政、台谏上"。

魏了翁一贯反对史弥远擅权,上述批评或不免主观。但上引奏疏中指出的现象也见于其他记载。魏了翁本人此前即曾上书史弥远,敦促提高具体政务的处理效率,魏了翁信中叙述的兵部与都省之间的文书往还,基本反映了上文提到的"迂回缭绕"之弊①。在同时期的言论中,也能找到类似的记载。李鸣复在端平间②奏疏中提到,时人注意到六部不举职的情况,"应有勘当,每含糊其辞;应有指定,多两可其说",据此"必都司书拟而后其理明,必庙堂予夺而后其事决"。李鸣复认为六部职能不举的症结在于宰相过度重任都司,而对六部缺乏信任③。与魏了翁一样,李鸣复承认了宰属事权的上升与六部事权的相应下降,不同的是,李鸣复不认为问题症结在于宰属自身弄权。

在此,可以从两方面解释检正、都司在史弥远体制中发挥突出作用的原因和机制。首先,检正、都司的书拟职能确立后,其原本职能与处理流程中的位置,即面对有司处于优势地位。但是,在政务分层处理的机制运转良好时,六部能够保持自身的权力,检正、都司也不常直接参与重要政务的决策。史弥远执政后,一改韩侂胄执政时期掌控内外廷沟通渠道,依赖宁宗信任、假借御笔行事以维持专权的办法,选择以中书门下省与尚书省为中心,借助检正、都司,尽可能掌握各层级政务的裁定权,以达到专权固位、推行自身政策的目的。这一变化在政治上表现为史弥远对检正、都司官员的重任和检正、都司与中央、地方其他官员的直接冲突。史弥远集中了过多的政务决策,不得不加重对检正、都司的依赖,在提升检正、都司决策参与层级的同时,也放大了检正、都司面对六部的优势地位。这类以宰相权力亲揽六曹细务的做法,常被批评为"下行有司之事"。

魏了翁与李鸣复的批评,是在端平年间更化立场下的回顾。端平更化试图一反史弥远执政时期的专权体制,尽管没有彻底否定史弥远,但在人事上

---

① 魏了翁:《重校鹤山先生大全文集》卷33《上史丞相》,《宋集珍本丛刊》第77册,第84页下—85页上。
② 文中有"陛下厉精更始,亦既踰年,天下翘首以望太平",当作于端平年间。
③ 黄淮、杨士奇编:《历代名臣奏议》卷61《治道》,上海:上海古籍出版社,影印明永乐本,2012年,第844页上—845页上。

进行了清算，依附史弥远的官员遭到贬斥，许多"正人"得到任用。以政治史论，权相政治暂告终结。然而在自端平至淳祐的十余年间，针对宰相、检正、都司、六部关系的批评仍在出现，宰相"下行有司之事"的弊病并未革除。

牟子才曾两次上书批评宰相的执政方式，亦旁及检正、都司。首度上书在淳祐五年（1245）末，理宗因日食求直言，牟子才时为衢州通判。其上书提到检正、都司与宰相的关系：

> 自宰相下侵六曹之职，而三省始多事。自检正、都司之置，而三省愈多事。合二者而六曹轻矣……推原所自，非始于开禧、嘉定间耶？然近岁中书之务愈致纷杂而不清者，则惟宰相之故也。前日之相，机智足以济其奸雄，而处心积虑，专以收揽事权、张大声势为能事，往往下行六曹之细务，或遗天下之大机。而检正、都司，颇多觇伺相意，模棱两端，以听所择。其或禀承面命，犹云合与不合送部勘当，万一事有可行，亦云有似此的例，部中不敢明白指定，宰旅不敢订说必行。是以近者累月，远者年岁，率多迁回，故作阻难，而中书之务如猬毛之纷矣。近日之相，精神不足以牢笼机务，而心之所存，亦欲自作聪明，独运谟略。意或未顺，则托病以济之，事或未周，则拱默以须之，经旬动月，历岁跨年，不能裁决一事。监司帅守则类多摄官，侍从论思则亦皆旷职。极而至于国家急务、守御大计，一切付之浮沉诞谩之场。而检正、都司，往往徒自怅叹，虽欲启拟，厥道无繇，于是滞事猥多，而中书之务如治丝而棼之矣。此日之所为蚀也。欲弭天变，其惟清中书之务乎？然臣所谓清者，非直付之于无所事也。六卿各率其六十之属，以倡九州之务，所谓送部勘当者，则令据事指定，不必缭绕，更听朝廷指挥。检正、都司各赞其长，以检柅三省之务。所谓欲笔者，不必逢迎相意，多为沮格之辞。①

二度上书，在任秘书少监兼直舍人院转对时。淳祐十二年临安城大火，理宗诏求直言，牟子才上疏论事切直，得兼直舍人院，宝祐元年（1253）因耻与萧泰来（1229年进士）同官而求去，上书应就在此期间。其中，牟子才集中抨

---

① 黄淮、杨士奇编：《历代名臣奏议》卷310《灾祥》，第4018页上、下。

击了宰相"下行有司之事",与首次上书中的"宰相下侵六曹之职,而三省始多事"略同,其中论及"中书之属曰舍人,门下之属曰给事,尚书之属曰尚书侍郎二十四司,莫非事也,使三省之属各得其人,则庶事理而相不劳",然而"一相爰立,事权浸专,阅世多而识虑益深,藏用久而制事悉晓,于是总而归之于一己,凡两省属官之所掌悉属剸裁,六曹诸案之所行总归割决",而导致"常程奏禀,熟事勘当,的例指定,则上下往复,酬应不息,近者累月,远者一二年,未免迁回"①。

牟子才早年学于魏了翁,自嘉定十六年举进士,先是在对策中批评史弥远,因李心传邀请协助修纂《四朝国史》回朝,擢史馆检阅。又因曾批评史嵩之(1189—1256)而在史嵩之独相后请补外,通判吉州、衢州。再次入朝,又在批评宰相郑清之(1176—1251)试图帮助史嵩之复相之后请祠②。可以说,牟子才的仕宦生涯始终处于相权的对立面。牟子才两度上书中对宰相执政方式的描述和批评明显受到魏了翁端平上奏的影响,但也有明显的差异。二者涉及时段有别,魏了翁主要批评史弥远执政时期检正、都司权力的扩张;牟子才则描述了史弥远执政结束后的情况,他批评的"前日之相"与"近日之相",都在史弥远之后。牟子才与魏了翁的具体认识也有区别。魏了翁认为宰属既服务于宰相集权,自身也是弄权者。牟子才则认为中枢政务纷乱的原因在于宰相始终意图侵夺六部权力:宰相个人能力强时,宰属与六部官员一样,成为权力被侵夺的对象,造成中书之务纷杂;宰相个人能力、精力不济时,宰属限于自身无执行能力,也无力改变中书政务处理迂缓的状况。牟子才认为应当充分信任六部处理政务,检正、都司回归检举催促的职能,监督省内政务的处理。

牟子才的叙述对应了上书时的朝局。第一次上书之前,史嵩之自淳祐元年(1241)独相,至淳祐四年九月因父疾在告,后因父丧去位,随即试图起复,而终未成功。继任的是范钟(1249年去世)、杜范(1182—1245)二人,杜范淳祐五年四月因疾去世,范钟不断求去,最终在淳祐六年二月获准。杜

---

① 黄淮、杨士奇编:《历代名臣奏议》卷62《治道》,第863页下—864页上。
② 《宋史》卷411《牟子才传》,第12355页。

范任相期间，因病告假之日甚多①。范钟也有同样的问题，淳祐六年，李昂英（1201—1257）赴阙所上奏札中，就论范钟"阿匼取容者尸如充位，以自顾年老子孙弱之心谋吾国，以两吏扶持之耄状而赞万机，模棱岁余，竟成何事"，理宗也表示多有弹劾范钟"老且懦"者②。如此可推断，牟子才批评的"前日之相"当为史嵩之，而"近日之相"当为杜范、范钟。二度上书中，牟子才提到宰相在位越久则权力越发扩张，对应了郑清之自淳祐七年至十一年相对稳定的任期。这一对应表明，牟子才的批评对象明确，宰相"下行有司之事"的问题，直至理宗朝淳祐末年依然存在。而从政治立场来看，批评中涉及的宰相，史嵩之继承了史弥远的立场，杜范、范钟为理学士大夫推重，是"正人"的代表，郑清之则与上述两方都保持了较融洽的关系。在端平以至淳祐的朝局中，不论主政者立场如何，均延续了宰相"下行有司之事"的执政方式。

至此，可以大体回顾嘉定以来中枢执政方式的走向。史弥远独掌大政后，"下行有司之事"成为其执政方针。史弥远依托中书门下省和尚书省，集中了部分原本属于六部、寺监的政务裁定权，检正、都司因在中书门下省和尚书省中的地位，突破了原有的政务处理层级限制，结合原本的书拟与检举催促两项职能，取得了对具体部门的优势，乃至被视为宰相政策的代言人。史弥远"下行有司之事"，不仅为巩固自身权力，也为应对紧张的内外局面。史弥远通过向中书门下省和尚书省集权及重用检正、都司的执政方式，维持了专权地位，贯彻了自身的内外政策，也提高了紧急事务的处理速度，但同时造成了日常政务处置迂缓，中央政府中的其他部门在决策中遭边缘化，因而引发了朝野批评。史弥远去世之后，权相政治暂告终结，继任的宰相未彻底改变集权于中书门下省和尚书省的执政方式，"下行有司之事"继续存在。而继任宰相缺乏与史弥远相当的行政能力，则导致中枢的行政效率更加低下。检正、都司面对如此情况，无甚施为空间。

---

① 杜范：《杜清献公集》卷14《奏堂除积弊札子》《奏上小札》，《宋集珍本丛刊》第78册影印清钞本，第451页上、下。

② 李昂英：《李忠简公文溪存稿》卷7《淳祐丙午侍右郎官赴阙奏札》，《宋集珍本丛刊》第85册影印明崇祯本，第481页下。

结　语

　　回到本文开篇提出的问题：检正、都司何以在嘉定时期凸显？检正、都司经过自元丰改制以来的制度建设，在孝宗朝确立了检举催促与书拟两项主要职能。但在嘉定以前，受政务处理分层机制的限制，检正、都司能够主导的主要是中低层级的政务，影响力有限。史弥远主政后，检正、都司获准参与更高层级的政务，结合原本的两项职能，形成了对具体部门的优势，显著提升了自身的影响力。检正、都司的活跃允许宰相通过中书门下省和尚书省控制更多的政务，侵占了原属六部、寺监的部分权力，这种执政方式被舆论批评为"下行有司之事"。

　　我们还观察到，史弥远去世之后，尽管权相政治告一段落，但继任的宰执并未主动改变史弥远任上形成的中枢、有司分工。"下行有司之事"与检正、都司引发的问题，因而并未就此消弭，朝野对相关问题的批评，延续至淳祐年间。检正、都司的凸显，存在着政治变动与中枢体制变化两方面因素的影响。

　　南宋一代政治军事形势长期紧张，政治制度的讨论和建设相对受到忽视。而从对南宋检正、都司的讨论中能够看到，尽管制度的条文规定未明显变更，但在实际运行层面发生了实质性的变化，进一步，这些实际运行中的制度变化，成为宰相构建自身执政方式的手段，塑造了中央政府内中枢与有司间的关系。

　　本文原刊《文史》2019年第2辑，本次修订根据研究进展和评阅意见，修正了部分行文讹误，补充了论证过程，调整了篇章结构。另根据论文集的要求修改了注释体例。

"空言"的力量：
南宋平江府学田诉讼中的沟通渠道与信息博弈

高柯立

南宋理宗绍定元年至三年（1228—1230），平江（今苏州）府学与豪强之间围绕学田发生了一场旷日持久的争讼。府学在此案的审理和裁决过程中多次立碑，将收到的平江府、提举司的牒文乃至尚书省札刻石（统称为给复学田碑）公布，流传至今，使后人得以了解此案的细节。

对于上述南宋平江府的给复学田碑，学界已有很多讨论：（1）是藉由学田碑来考察南宋的土地制度尤其是围田政策[①]，（2）是围绕学田的争讼来探讨地方官、官学与豪强之间的错综关系[②]，（3）是对学田碑所反映的司法裁判实

作者单位：北京科技大学科技史与文化遗产研究院

[①] 周藤吉之：《宋代浙西地方的围田的发展——土地所有制との关系——》，原载《东洋文化研究所纪要》三九，1966年8月，后收入所著《宋代史研究》（东京：东洋文库，1970年，第305—436页），并增加补论。漆侠：《宋代经济史》第一编第五章第六节《两浙等路封建租佃制关系的高度发展》，《漆侠全集》第三卷，保定：河北大学出版社，2009年，第210—220页；也可以参看同书第一编第二章第三节《以太湖流域为中心的两浙路水利事业的突出发展》，第81—88页。

[②] 李如钧：《学校、法律、地方社会——宋元的学产纠纷与争讼》，台北：台大出版中心，2016年。熊慧岚：《宋代苏州州学的财务经营与权益维护——兼论州学功能与教授职责的扩增》一文也从州学维护权益的角度探讨了平江府学田争讼案件，《台大历史学报》第45期，2010年6月，第79—116页。

践进行了细致的考辨①。上述研究中,(1)(2)并不局限于平江府给复学田碑,而涉及更广泛的地域和时代,因而平江府给复学田碑主要是作为例证,没有对案件的细节进行讨论,故尚有不少待发之覆;(3)虽然是对给复学田碑的专门考察,系统梳理了案件的始末,发现了不少隐情和破绽,揭示了南宋司法的动态面貌,但对于学田碑所涉及的政治、社会和经济诸问题没有做深入的探究,故仍有讨论的余地。概言之,上述研究各有其侧重点,亦有其不足,但相互之间多有彼此照应之处,故有必要做综合的考察。

本文试图在上述研究的基础上,以信息沟通为视角来重新审视平江府学田的诉讼裁判过程,探讨南宋朝廷、各级官府、府学与地方豪强之间的错综关系。一方面,学田案的审理和裁判过程中有着密集的信息传递,主要是各种诉讼和裁决文书的流转,为了审理案件,地方官还需要调查、获取、验证各种信息;另一方面,在此过程中,围绕信息的传递、核实、发布等,各方力量进行了不断的博弈,这种博弈时刻对信息的形式和内容产生影响。这些信息传递的渠道交织在一起,构成了朝廷、各级官府、府学与豪强之间的纵横联系,学田案的审理、裁决则体现为各方力量对于信息的控制与反控制的博弈。对于学田案中的沟通渠道和信息博弈的考察,或许可以将以往的研究贯通起来,为整体上把握南宋地方社会样貌提供契机。

一、平江府学田诉讼案的史料及其始末

学田案最核心的资料是三块公文碑,包括《给复学田公牒一》《给复学田公牒二》《给复学田省札》。《江苏金石志》收录了后两块碑的录文,这是学界研究的主要依据。最近李雪梅等人根据清拓本对三块碑进行了系统的整理,最重要的是揭示了《江苏金石志》没有收录的《给复学田公牒一》。下面对三块碑所收录的公文梳理如下②:

---

① 中国政法大学石刻法律文献研读班:《南宋〈给复学田公牒〉〈给复学田省札〉碑文整理》,以及李雪梅:《公文中的动态司法:南宋〈给复学田公牒〉〈给复学田省札〉碑文考释》,二文均载《中国古代法律文献研究》第10辑,北京:社会科学文献出版社,2016年,第253—301页。

② 本文所引学田碑据上述《南宋〈给复学田公牒〉〈给复学田省札〉碑文整理》,但个别地方的标点有所改动。

（1）《给复学田公牒一》收录的公文有：绍定元年五月平江府给府学的牒文（以下简称牒 a），其中引述了府学的申状，以及陈焕提交的契据。绍定元年六月平江府给府学的牒文（以下简称牒 b），绍定元年七月平江府给府学的牒文（以下简称牒 c）。

（2）《给复学田公牒二》收录的公文有：绍定元年九月平江府给府学的牒文（以下简称牒 d），绍定元年十一月平江府给府学的牒文（以下简称牒 e），绍定元年十一月提举常平司给府学的牒文（以下简称牒 f）。

（3）《给复学田省札》收录的公文有：绍定元年十月尚书省给平江府的省札（以下简称札 a），绍定三年九月尚书省给平江府学的省札（以下简称札 b）。此外，该碑还有府学教授汪泰亨绍定三年十月撰写的跋文。

下文为避免引述的烦琐，采用上述简称，以求简明。此外，还需要注意到与此案相关联的史料，包括《吴学粮田籍记》碑[①]，陈耆卿所撰《吴学复田记》[②]，吴潜所撰《修学记》，后两篇文字也被汪泰亨补修入《吴郡志》[③]中，这些材料不仅直接反映了平江府学复田的过程，还提供了考察复田背后的社会关系的线索。

平江府学田案前后延宕多年，中间颇有波折，为后面论述之展开，有必要对此案的过程进行一番简要的梳理[④]。

1. 序幕

庆元二年（1196）正月，府学在常熟县双凤乡肆拾都肆拾贰都有仁字、器字号田 171 亩 3 角 19 步，未垦荒田 52 亩，茭荡 1690 亩 3 角 19 步，荡内围裹田 90 亩，王彬承租（《吴学粮田籍记》碑）。嘉定二年（1209），陈焕购买顾子荣信字坝贰号田 291 亩 2 角 40 步；六年、十年，买到顾应田 16 亩，

[①]《江苏金石志》卷13《吴学粮田籍记二》，《宋代石刻文献全编》第 2 册，北京：北京图书馆出版社，2003 年，第 285—292 页。

[②]《江苏金石志》卷15《吴学复田记》，《宋代石刻文献全编》第 2 册，第 344—345 页。此文较之《吴郡志》所收有错讹脱字，但多了题衔。

[③] 范成大：《吴郡志》卷4，南京：江苏古籍出版社，1999 年，第 35—36 页。

[④] 关于此案的详细经过可参见李雪梅：《公文中的动态司法：南宋〈给复学田公牒〉和〈给复学田省札〉碑文考释》的第二部分。

又买到王聪等使字坝田60亩。宝庆元年（1225），陈焕将其双凤乡已产1003亩2角4步典与俞枢密府提举位，俞家转典与朱寺丞宅。（此据陈焕赍出契据）

2. 起诉与初判

从嘉定二年开始，王彬、叶延年等人多次告发陈焕冒占荡田615亩，但都"缘陈焕富强，不伏出官"，即陈焕没有到官府接受审问。绍定元年（1228）正月，平江府学根据王彬、叶延年等人的告发，请求平江府调查，平江府命常熟县尉司传唤陈焕。三月二十三日，府学再次向平江府上申状，请求平江府严命限期传唤陈焕，陈焕、叶延年到案后，知府命将陈焕押到府学，由负责审理的吴县周主簿同常熟县邵县尉"从公打量"。具体负责"打量"田地的是邵县尉，他又委托牙人进行测量。邵县尉汇报庄宅牙人的实地测量结果，并取得了人证，认为陈焕冒占了宽剩荡田1000余亩；亦有田邻证说陈焕冒占600余亩。陈焕也提交了三份契据作为证据。周主簿详细考察了三份契据的内容，并结合实地测量的结果和人证，检索了相关的律令，认定陈焕冒占府学荡田600余亩，所提交的契据是"诡名伪契"。他最后拟判陈焕伪契叁纸合行毁抹，所冒占学田600余亩归还府学，其余宽剩荡田400余亩因为与府学荡田相连，也判给府学，"以助养士"，陈焕此前所收取的租利分别判给府学（府学荡田600余亩所得）和官府（宽剩荡田400余亩所得）。知府同意了周主簿的拟判，五月，平江府将此裁决用牒文发给府学，让府学接管上述1000余亩荡田。

3. 裁决之执行

虽然平江府已经作出裁决，但实际的执行并不顺利。因此，府学教授汪泰亨上申状给知府，提出诸多请求：（1）请派常熟县尉和学官一同办理"交业"；（2）请求颁给榜文晓示约束，防止陈焕兄弟子侄及邻比恶少破坏骚扰，并让常熟县和巡尉命乡夏、都保派人防护；（3）请求将陈焕所占学田上的庄屋、农具交给府学"公用"；（4）认为陈焕不能再租种所冒占的学田，请求由府学另行召人布种；（5）请求将此案有关案牍和裁决发牒文给府学，由府学"镌刻碑石"，达到"永远遵守"的目的；（6）请求平江府将此案相关情况发公文给御史台、户部和两浙西路诸监司"证会"。平江府同意了上述请求,并于绍定元年六月发牒文给府学"证应"。汪泰亨又担心常熟县尉司承吏接受陈焕的请托,"迁延不为从公逐一交业",遂再次上申状,请求"严限行下交业"。平江府据此申状,发帖文给常熟县尉,督促执行六月牒文诸事项,并于七月再发牒文给府学"照应"。

4. 陈焯经提举司越诉

早在五月平江府裁决前,陈焕就已病逝。陈焕之弟陈焯不服平江府裁决,乃经由两浙西路提举常平司"番诉"①,以所占学田为自己荡田,并指出这些荡田曾经登记在册,后来朝廷命令开掘围田时,又按照规定事前经过自陈获得官府许可,免于开掘。平江知府对于陈焯的越诉显然极为恼怒,认为其"饰词妄诉",要求"法司具条",即由平江府司法厅检具更多的律、令、敕条文,命令继续催缴陈焯历年所收租利,同时写申状给转运司,又于九月发牒文给府学"照应"。此后,府学教授汪泰亨又上申状给平江府,请求由平江府上申状给尚书省,请颁给省札"以凭悠久遵守",平江府据此上申状给尚书省,请求尚书省发下札子给提举司与平江府。十月初,尚书省发下札子给提举司,命其按照平江府申状的要求执行,同时发札子给平江府"证会施行"。平江府于十一月初收到尚书省札子,并用帖文将尚书省札子发给常熟知县、白茆巡检、常熟县尉,要他们遵守施行,同时发牒文给府学"照应"。在这份牒文中详细列出了四十二都学田的租佃情况和陈焕冒占的学田数量,这部分内容并不是尚书省札子的文字,应是平江府增加的。提举常平司收到尚书省札子后,表示要遵照执行,并发牒文给府学,发帖文给常熟县,要求照省札的要求执行。

5. 陈焯再经刑部越诉

绍定三年,陈焯再经尚书省刑部告发平江府吏胥欺诈勒索,以及陈焕"在狱身死"。刑部用符文将此案发给转运司审理。陈焯在转运司审理时称被平江府裁决为冒占的学田是"自己省额苗田"("省额"当指向朝廷缴纳的两税

---

① "番诉",或称"翻诉",是指推翻原来官府的裁决,越级上诉。

税额)。此时府学教授汪泰亨即将离任,遂由学官、府学生王天德等写申状,汪泰亨再将其上报给平江府。申状中指斥陈焯"虚妄狡诈",隐瞒了前述尚书省札子及冒占学田、盗收花利十九年共计13 000余石的情形,请求尚书省发札子给刑部、转运司,将陈焯及其子押下,定其冒占学田之罪以及违背省札命令和越诉之罪,并发札子给平江府府学。平江府将府学的申状上报给尚书省。尚书省遂发下札子给刑部、两浙转运司,命令按照平江府申状所请求的内容行事,九月发札子给平江府"证会施行",并发札子给府学"证会"。

学田案的经过大致如上述。学田案的出现有着深刻的经济和政治背景,陈焕兄弟涉案的田产与当时浙西的围田有着千丝万缕的联系。北宋真宗时就有所谓圩田,主要集中在江南东路的太平州、宣州、宁国府等地,这些稳产高产的圩田为官府提供了极为可观的租税收入,并被南宋所继承[1]。到南宋初年,江东地区的圩田已经有不少荒芜了,朝廷为了解决军粮,督促各地官府修葺圩田,并为定立租额[2]。浙西地区有所谓围田,以平江府最为盛行。后来因为影响水利,引发水旱灾害,所以逐渐建议限制,孝宗时曾开掘围田、疏通水道,开禧二年(1206)又允许复围(恢复原来的围田)。这种政策上的反复导致浙西地区的围田具有复杂的历史,其所有权也纠缠难辨。同时,朝廷的围田政策屡变,其背后有朝廷、地方官府与浙西豪宗的博弈。这些浙西豪宗又与朝中权贵多有关涉。宁宗嘉泰二年(1202)二月十一日,右正言施康年言朝廷开掘围田,有贵戚之家"平日享国家高爵厚禄,贪婪无厌,不体九重爱民之心,止为一家营私之计,公然投词,紊烦朝廷,略无忌惮",这些贵戚之臣不遵奉国家法令,"乃交相符合,倡为浮议,意欲摇动愚民,仿效陈诉,以沮成法"[3]。开禧元年五月十一日,浙西提刑叶篡在朝廷开掘围田之后上奏,"近者有讼开掘不公者,顽民皆起侥觊之心,陈诉者源源而未绝"[4]。地方上的豪宗与朝中的权贵遥相呼应,以期动摇朝廷开掘围田的政策。这是考察学田

---

[1] 漆侠:《宋代经济史》,《漆侠全集》第3卷,第88—93页。

[2] 《宋史》卷173《食货上一》,北京:中华书局,1977年,第4183页。

[3] 徐松辑:《宋会要辑稿》食货61之143,刘琳、刁忠民、舒大刚、尹波等校点,上海:上海古籍出版社,2014年,第12册,第7543页。案此条《宋会要辑稿》系在留佑贤二月十四日陈奏围田利害之后,似乎有颠倒,点校者疑日期有误,从内容来看也不无可能。

[4] 《宋会要辑稿》食货61之145,第12册,第7544页。

案时需要随时加以考虑的背景①。

二、学田案中的沟通渠道

在学田案中,"沟通渠道"是指府学、豪强和官府之间传递信息的途径和方式。学田案经过了平江府、浙西提举司、刑部乃至尚书省的审理与裁决,府学、陈焕兄弟与各级地方官员乃至朝廷省部官员在此过程中彼此间传递了各种信息,发生了密切的联系,这些联系的形成和维系有赖于各种沟通渠道的运转。这些渠道既有诉讼文状和官府的裁决文书②,反映了诉讼和裁判制度的运作,可以称为"正式渠道";也有在制度之外的人际关系,是沟通的重要渠道,通过个人之间的人际接触和书信往来建立,可以称为"非正式渠道"③。此外,陈焯到提举司和刑部的越诉,属于非常规的诉讼方式,故本文亦将之归入"非正式渠道"。

(一)正式渠道

1. 陈诉:诉状和申状

在学田案中,诉讼文状主要包括两类,一是民户的诉状,一是府学的申状。前者没有完整保留下来,只在府学申状和平江府牒文中偶尔引述;后者

---

① 关于南宋时期朝廷围田政策的变迁以及浙西豪宗的影响,笔者拟另文研究,此不赘述。
② 关于学界对宋代官文书的研究,近十余年已形成了丰富的成果。其中关于中央朝廷的文书,有李全德《从堂帖到省札》、张祎《中书、尚书省札子与宋代皇权运作》等文章,收入邓小南主编:《过程·空间:宋代政治史再探研》,北京:北京大学出版社,2017年,第3—49页。此外还有张祎的博士学位论文《制诏敕札与北宋的政令颁行》(2009年,北京大学)、杨芹《宋代制诰文书研究》(上海:上海古籍出版社,2014年)等。关于地方的官文书,有平田茂树《宋代地方政治管见——以札子、帖、牒、申状为线索》(收入所著《宋代政治结构研究》,上海:上海古籍出版社,2010年)、刘江《帖与宋代地方政务运作》(《文史》2019年第2辑,后有修改,收入本论文集)、刘江的博士学位论文《北宋公文形态考述——以地方公文及其运作为中心》(2012年,北京大学),以及小林隆道在博士论文基础上修改出版的《宋代中国の統治と文書》(东京:汲古书院,2013年)等。
③ 本文着眼于"渠道",而没有试图对文书详加论述。一方面州县文书已有专门的研究,见上述平田茂树、刘江、小林隆道等人的研究,故此不欲作正面的考论;另一方面文书的形式不等于"渠道",文书的运行过程和状况更值得关注,构成了"渠道"的重要内容,还有研究的余地。

在平江府、提举司的牒文、申状中有详细引述。这些诉状和申状反映了案情，也提供了证据，成为各级地方官府和尚书省裁决的主要依据。

学田案的发生源自民户的陈告，绍定元年（1228）正月府学申状中所说"节次是王彬、朱忠、叶延年首论陈焕冒占，乞根究施行"（牒a），正是指此。不久府学教授汪泰亨在申状中又言"绍定元年正月内，本学再据叶延年状首，备因依申使府"，并言从嘉定二年（1209）开始，就有王彬、叶延年等人多次"告首"豪户陈焕冒占荡田（牒e）。据上述申状所言，可知王彬等人的告首使得陈焕冒占学田之情形被官府获悉，同时也被府学得知。王彬等人陈告的具体内容已无法详知，据绍定元年正月府学的申状引述，常熟县双凤乡四十二都器字号荡田1690余亩，为王彬等五户围裹1040余亩，有615余亩"不见着落"，王彬、朱忠、叶延年"首论陈焕冒占"，这应该是王彬等人告首的基本内容。

乾道元年（1165）九月三十日措置浙西江东路官田所建议对于侵占宽剩田，"仍许见占田人限一月自首，如限满不首，许诸色人陈告取赏，将所告之数全给告人承佃"，当时户部鉴于绍兴末年核查沙田芦场的教训，不赞成派官员调查，而主张采取告首的办法，"人户宽剩冒占田段不首，如（无）【有】陈告，即将犯人追赏，及拘田入官"①。庆元二年（1196）浙西提举司禁止围田时，也曾立赏榜，"遍于诸州县城郭乡村散榜晓谕"，禁止"再行修围"，并立告赏，若再围田，即将新围田"尽掘"②。可见当时官府鼓励告发围田，广为人知，这也正是王彬等人告发陈焕冒占府学荡田的缘由。在王彬等人告发的过程中，府学也早有参与，"屡具申使府"，但显然都没有效果，汪泰亨认为原因是"陈焕富强，不伏出官"（牒e）。据此，官府应该接受了王彬等人的告发，并要求陈焕接受审问，但陈焕并没有到官府接受审问。至绍定元年，经府学教授汪泰亨再三要求，陈焕终于被传唤到平江府，在审问过程中，他提交了三份契据作为证据。其后陈焕病逝，其弟陈焯经提举司和刑部两度越诉，有诉状提交，在府学的申状中有所引述，详见后文。

---

① 《宋会要辑稿》食货1之43，第10册，第5975页。此处原作"如无陈告"，则下文的"将犯人追赏"就没有着落，应为讹误。《宋史》卷173《食货上一》，载乾道元年，臣僚言："浙西、江东、淮东路沙田芦场顷亩浩瀚，宜立租税，补助军食。"第4190页。

② 《宋会要辑稿》食货61之138至139，第12册，第7541页。

现存学田诸碑中保存最多的是府学的申状,平江府的牒文和省札中都有大段摘录或引述。府学的申状共有下列六件:①绍定元年(1228)正月申状(牒 a);②六月牒文(牒 b)所引汪泰亨申状;③七月牒文(牒 c)所引汪泰亨申状;④九月牒文(牒 d)所引汪泰亨申状;⑤十一月牒文(牒 e)所引汪泰亨申状(又牒 f、省札 a 所引申状同);⑥省札 b 所引绍定三年九月汪泰亨申状(实际为府学学官、学生的申状)。申状是宋代内外官司、官员向上级官司行用的文书,使用极为广泛[①]。学田案的审理和裁决与一般民事案件不同,在于当事一方是府学,具有官方性质,能够用"申状"的方式向平江府陈诉,同时平江府用牒文的方式向府学传达知府的裁决结果(提举司亦用牒文来向府学宣布裁决结果,尚书省则用省札来宣布)。这里的沟通渠道是通过官府正式文书的运转来建立的。

上述六件申状虽然并不完整,多为节引,但仍能反映申状的一般形式。申状①引用了"府学公状",末言"乞根究施行";牒 b 引述申状②说:"承府学教授汪承事申,准使府断还陈焕元冒占双凤乡四十二都学田,申乞出榜约束事件等",下列各项"申乞"内容;牒 c 引述申状③说:"乞下案证祖,严限行下交业";牒 d 引述申状④说:"承府学教授申到因依,乞证周主簿指定监陈焯合纳本学及纳本府十年花利,及照条收坐罪名,及备台部诸司证会,庶免陈焯异时妄诉,申乞指挥施行";牒 e 引述申状⑤较详(自"据府学教授汪从事申"以下至"以凭悠久遵守"),这件申状是要求平江府上申状给尚书省求取省札的,故申状最后说"今来本学已证府牒管业,缘陈焕弟陈焯富横健讼,尚虑日后多方营求,紊扰不已,乞备申尚书省札子下本学,以凭悠久遵守",这件申状详细列述了历次上申状给平江府的内容以及平江府的裁决判文。省札 b 摘录的申状⑥,详细列述了历次申状和平江府、提举司、尚书省等机构的裁决判文,最后说:

> 今摹印到省札及本府并提举司公牒,随状见到申府,乞备申尚书省,乞证先来行下省札事理,札下刑部及转运司,就将陈焯并男陈念九押下,

---

[①] 刘江:《北宋公文形态考述——以地方公文及其运作为中心》,北京大学博士学位论文,2012年,第29—34页。王化雨《申状与宋代中枢政务运行》(亦收入本论集)一文虽然着眼于中枢政务,但对州县上申状于中枢的情形有所涉及,可以参看。

> 从条结断冒占学田情罪，及今来违背省札指挥、妄状越诉情罪，及监追未纳足已指定拾年花利入官。仍乞札下平江府府学证应。

府学除了列述此前收到的判文，还将原件摹印，随申状上呈到尚书省，请求尚书省直接下省札给平江府学，作为此前下发省札（只颁发到平江府）的证明。

上述六件申状中，都明确表达了府学的要求（即申乞的内容），申状④中有"申乞指挥施行"的字样，符合申状文书的格式。这些申状既有对案情的记述（申状①⑤⑥），也有对官府裁决及其执行状况的报告（申状②—⑥），为平江府乃至尚书省的裁决提供了翔实的信息，是推动学田案审理和裁决的直接因素。

除了上述申状，在学田案的审理和裁决过程中，还有其他申状在发挥着作用，如吴县周主簿拟判的申状、常熟邵县尉打量土地的回申、平江府给尚书省札的申状①等，前两种申状下文有详论，这里先讨论平江府的申状。平江府在学田案中曾两次上申状给尚书省，一在绍定元年九、十月间（申状⑦，见牒e、f及省札a），一在绍定三年九月（申状⑧，见省札b）。这两件申状主要内容都是摘录府学的申状，因此可以说府学的申状是通过平江府的申状才能上达尚书省，这里反映了府学作为官府机构，需要遵守官僚机构的层级制，不能越级上申状给尚书省，这符合申状上呈给"统属官司"的特点。与此不同，民众则有可能越过官府的层级，采取越诉的方式，如陈焯向提举司乃至刑部陈诉。

平江府的申状虽然主要是摘录府学申状，但它不是简单的传声筒，而是扮演了重要角色。一是为府学申状作担保，如申状⑦说到："据本府申，证对本府据府学教授汪从事申"，"本府证得：先据府学教授汪从事申，前项学田已帖常熟县尉邵从事……"，这里的"证对""证得"就含有作证、担保的意味②；一是表达平江府自己的意见，申状⑦中节录府学申状最后说："今来

---

① 此外平江府还应平江府学的要求，给转运司、提刑司、御史台、户部上过申状，详见后文。

② 这里的"证对"与"证得"有略微的差异。"对"是指平江府对尚书省的陈诉，"证对"以下是省札所引平江府申状的文字，即平江府向尚书省确认所陈述内容是真实可信的。"证得"是指平江府经过查证得出的结论，也有确证、担保的意思。

本学已证府牒管业，缘陈焕弟陈焯富横健讼，尚虑日后多方营求，紊扰不已，乞备申尚书省札下本学，以凭悠久遵守"，平江府在其后说："今据府学教授汪从事所申，本府所合具申尚书省①，乞赐札下提举司及本府遵守施行，伏乞指挥施行申闻事"，这里平江府在申状里面请求尚书省发下省札给提举司和平江府，而不是发给平江府学，后来府学刊刻的省札 a 是发给平江府的。可见府学的申状⑤与平江府的申状⑦是有差异的，平江府并没有完全赞同府学的要求（请求尚书省下发省札给府学）。

平江府在申状⑧引述府学申状后，说："本府所据府学教授汪从事前项所申，所合具申尚书省，乞赐指挥施行，伏候指挥"，这里没有提出具体的意见，只是转述了府学申状，从后来省札中"已札下刑部、两浙转运司，从平江府所申事理施行，并札平江府证会施行外，右札付平江府府学证会"的内容来看，尚书省完全满足了府学申状中的要求，并直接发省札给府学。从省札的发放情况前后不同来看，平江府的申状（而不是所引述的府学申状）起到了关键的作用。

2. 调查取证：打量、供证和检验

府学绍定元年正月的申状提交后，知府的判文是"帖尉司追"，即由平江府发帖给常熟县尉司，命其将陈焕传唤到官府接受审问。后陈焕并没有到官，府学又再次上申状，知府的判文是"严限催"，即是严格限定日期传唤陈焕。陈焕和告发他的叶延年被传唤到平江府接受审问，知府命吴县周主簿（学田案的初审官）同常熟邵县尉押陈焕等人"从公打量"，即是实际测量涉案的田地。根据邵县尉事后提交的申状，这次打量是委托庄宅牙人蒋成等人进行的，"打量得王彬、施祥、朱千十一、濮光辅、陈焕见种荡田壹阡柒拾肆亩贰拾叁步，外有宽剩荡田壹阡玖拾亩贰拾叁步"，蒋成等人向邵县尉提交了状文。同时，邵县尉还搜集了多人的供证（作证的供状），包括朱琼等人供证"系是陈焕冒占"，以及看荡人张十二和田邻顾三十三等的供状。张十二的供状说"王彬等元佃学田壹阡陆佰玖拾亩，东止韩家田，西止径山寺田，

---

① 平江府牒府学（牒 e）作"本府备申尚书省"，提举司牒府学（牒 f）和省札 a 作"本府所合具申尚书省"，笔者以为后者更合乎申状的格式。

南止府学旧田,北止双凤泾,所有陆佰余亩系陈焕冒占",明确了涉案学田的范围。顾三十三等的供状说"有陈焕围裹学荡成田,不知所纳何色官物",是指陈焕围裹府学荡田而没有向官府纳税。

在打量完田地后,陈焕也向官府提交了三份契据,作为自己对涉案围田所有权的证据。负责审理案件的周主簿对这三份契据进行了仔细的分辨,指出"是诡名伪契","干照既不分明,非影射冒占而何"? 在周主簿拟判的申状中,对于这三份契据的检验是其重点。实际上这也是学田案的关键所在,如果其验证不能成立,则可推翻其裁决,故有必要做一讨论。从周主簿对三份契据的描述和辨析来看,可以发现他非常重视对于契据形式(包括契据的立契人、时间、契据所涉及的土地数量及其四至范围、交易金额,以及用印与否)的检视,不避繁难,条分缕析,从而发现了三份契据存在诸多漏洞,其辨析似乎无懈可击。但笔者以为周主簿的检验是以契据是否完全合乎官府的规定为标准的,否则就是"诡名伪契",这显然是以应然(契据应当完全合乎要求)来裁断已然(交易是否存在),所以实际上难以令人信服。周主簿或有意或无意地忽视了当时大量的土地交易所订立的契据并不完全合乎官府规定,不仅有白契(不经官府用印和缴纳契税),契据所涉及的各种因素(时间、地点、交易土地四至和田亩数、交易金额等)也不完整(陈焕的三份契据即有这些漏洞),这里当然有订立契据者故意为之,但这些不合乎规定的契据之订立始终反映了事实上的交易之存在,何况这三份契据都有用印。在围田过程中,多有官户形势之家请买请佃官府的沙田芦场等田地,地方官府也为利所趋,乐于为其出具契据和用印①,这也正是陈焕三份契据的来历所在。不

---

① 《宋会要辑稿》食货61之125至126载,淳熙三年七月二十三日诏曰:"浙西诸州县辄敢给据与官民户及寺观买佃江湖草荡围筑田亩者,许人户越诉,仍重置典宪",并让监司"常切觉察"。第12册,第7524页。这条诏书说明虽然经过乾道初年的开掘围田,但浙西官户势家仍然在继续围田,并可以通过请佃购买的方式获得州县出具的契据。《宋会要辑稿》食货61之144载嘉泰三年(1203)十一月十一日南郊赦文云:"在法,湖塘池泺之利与众共者,不得禁止及请佃承买,监司常切觉察,如许人请佃承买,并犯人纠劾以闻,请佃及买者追地利入官。访闻比年以来,县道利于赋入,违法给佃,或作荷荡,或作草地,容令势家占据,侵夺小民食利,自今仰转运提举司严行措置约束,如州县奉行法令违戾,按劾以闻。"(第7544页)《宋会要辑稿》食货61之146载,嘉定三年(1210)七月八日的臣僚奏疏中说到由于当时干旱,出现大量滩涂地,遂有人"嘱托胥吏,伪造干照,或就县起立税租,纳钱请佃,多围成田"(第7545页)。

能否认陈焕在获取这些田地过程中存在巧取豪夺的可能,但也不能据此断言这三份契据为伪契。

虽然周主簿对契据的检验有其局限(或者是有意为之)[①],但这种检验在形式上是非常严密的。同时,他还调查了淳熙五年(1178)的砧基簿和庆元二年(1196)的《吴学粮田籍记》碑。加上上述实地测量和大量供证,使他对陈焕涉案田地有了深入的了解,明确陈焕"元占田陆佰余亩""其余宽剩荡田肆佰余亩"(后来府学将两者混淆了)。周主簿拟判的申状汇集了打量、供证的信息,以及对契据的检验结果,并提出了裁决的建议,为知府的裁决做了充分的准备,也成为后来的提举司、尚书省裁决的基础。

3. 裁决及其执行:牒、省札与帖

绍定元年正月府学的申状,知府判"帖尉司追",三月再申,知府判"严限催",这里的"判"还不是知府的裁决,只是对申状的批复意见,真正的裁决是在周主簿提交拟判的申状后,知府判"案照行"(即按照周主簿的拟判施行),"府司已具禀,将陈焕朱契叁纸毁抹附案",同时"关府院,就押上陈焕以次人陈百十四赴府招认所欠十年租课"。上述裁决和措置以牒文的形式发给府学。牒文的主体内容是周主簿拟判的申状,最后说"牒请候到照牒内备去事理,仰径自管业,具状供申"(牒 a)。牒文向府学传达了平江府对于学田案的裁决结果,同时也要求府学"具状供申",即报告裁决的执行情况。其后,汪泰亨申乞出榜约束事件等状,知府对其所提 6 项要求都给予回复意见,以牒文的形式发给府学(牒 b),并要求府学对其中 3 项要求"具状供申",汇报裁决的执行情况。因为担忧陈焯拖延不肯转交田地,汪泰亨申"乞下案证祖,严限行下交业",知府判"催",并拟定了具体的措施,以牒文形式发给府学(牒 c),"牒请照应施行",其中也多要求府学"具交管状申""具已交业状申",就是报告移交田产的情况。

陈焯到提举司越诉,府学教授汪泰亨上申状给平江府,请求"乞证周主簿指定监陈焯合纳本学及合纳本府拾年花利,及照条收坐罪名,及备申台部

---

① 周主簿对陈焕所提交的三份契据的验证,还有待进一步的分析,笔者拟另文讨论。

诸司证会,庶免陈焯异时妄诉,申乞指挥施行",知府对陈焯之越诉极为不满,作了长篇判文,详细列举了此前的审理经过,以及所收集的人证,驳斥了陈焯经提举司的越诉,并出具了有关律条,继续催缴陈焯占田所得花利,这份裁决以牒文形式发给府学,"牒请照应"(牒 d)。其后,府学因为惧怕陈焯"富横健讼"和"日后多方营求,萦扰不已",请求尚书省发下省札,"以凭悠久遵守"。平江府为此上申状给尚书省,报告了案件审理的经过,包括派县尉"集父宿打量,定验到陈焕冒占学田"的情形,和周主簿的拟判,以及平江府对于陈焯经提举司越诉的裁决,请求尚书省发省札给提举司及平江府,尚书省发下省札给提举司,"从所申事理施行",即认可了平江府的裁决,同时发省札给平江府"证会施行"。平江府收到省札后,"备帖常熟知县、白茆巡检、常熟县尉,各仰遵守施行",将省札的内容传达给常熟县知县等,同时发牒文给府学,"牒请照应施行"(牒 e)。提举司在收到省札后,也将省札用牒文发给府学,"牒请遵照省札内事理,坐下数目绍业,收租养士"(牒 f)。此外,虽然这道省札没有发给府学,但府学后来在立碑刻石时,将尚书省给平江府的省札刻了上去(省札 a)。

绍定三年,陈焯再到刑部越诉,状告平江府"吏胥欺诈",勒索钱财。刑部将此案用符转到转运司审理,陈焯请求"取索案祖",即调用此前的诉讼审判档案,转运司发牒文给平江府。府学学官和学生通过即将离任的汪泰亨上申状给平江府,揭露陈焯隐瞒案情,豪横狡诈,请求平江府上申状给尚书省,"乞证先来行下省札事理,札下刑部及转运司",押下陈焯到平江府裁决定罪,并请尚书省发下省札给府学"证应"。尚书省同意了平江府的申状,发省札给府学,末云"已札下刑部、两浙转运司,从平江府所申事理施行,并札平江府证会施行外,右札付平江府府学证会"。

上述牒、省札、符、帖诸文书[①]的运转构成了上自尚书省、刑部,中到转运司、提举司、平江府,下到平江府府学、常熟县各级机构间的沟通渠道。其中,刑部将案件转给转运司是用符,可以了解的文字极少,可暂不论,下

---

① 关于宋代的省札,可参见前引李全德《从堂帖到省札》、张祎《中书、尚书省札子与宋代皇权运作》。关于牒、符、帖等文书的形式特征及其应用,可参见刘江:《北宋公文形态考述——以地方公文及其运作为中心》,第34—39页。

面主要考察省札、牒和帖。

尚书省札可以发到刑部、转运司、提举司、平江府乃至府学，比较灵活，保证了尚书省的意旨传达到各级官府机构。值得注意的是在学田案中，省札同时发给了不同层级的机构，省札 a 发给了提举司和平江府，省札 b 发给了刑部、转运司、平江府和府学，虽然是同一案件，主要内容都是平江府的申状（包含了府学的申状内容），但在省札末尾的裁决意见却有所侧重。省札 a 发给提举司是命其"从所申事理施行"，发给平江府则是"札付平江府证会施行"；省札 b 发给刑部、转运司是命其"从平江府所申事理施行"，发给平江府是"证会施行"，发给府学则是"证会"。这里"从所申事理施行"是表示同意平江府申状中的要求，并命令提举司、刑部、转运司执行；"证会施行"是表示已经命令提举司等机构执行省札，同时发省札给平江府作为凭证（这种凭证可以作为平江府面对提举司等上级官府时的依据），并执行省札的裁决；府学的"证会"只是留作凭证。

牒在学田案中扮演的角色无疑是最重要的，保存也最为完整。平江府与府学之间的沟通用牒和申状，省札 a 是提举司和平江府用牒传达给府学的。此外，转运司与平江府之间也通过牒和申状进行沟通。平江府发给府学的牒共有 5 件，牒 a 是传达知府对学田案的裁决（实际上是周主簿的拟判），末云"牒请候到照牒内备去事理，仰径自管业，具状供申"；牒 b、c 是对府学收回被占学田过程中两次申状的回复，牒 b 末云"牒请照备去牒内事理逐项施行，具状供申"，牒 c 末云"牒请照应施行"；牒 d 是在陈焯经提举司越诉后知府所作的长篇判文，主要是驳斥陈焯的越诉，末云"牒请照应"（中间亦云"牒府学证应，仍申运司"），说明这篇判文的真正对象应该是转运司，对府学只是用牒知会一下，留作凭证，所以并无"施行"二字；牒 e 主要是向府学传达省札 a 的内容，末云"牒请照应施行"。

值得注意的是平江府在牒 e 中增加了一段文字，详细列述了涉案田地的数量，这是省札中没有的内容。这段增加的文字应与提举司的牒 f 有关，牒 f 是提举司向府学传达尚书省札的，其末云"牒府学及帖常熟县请遵照省札内事理，坐下数目绍业，收租养士"，"坐下数目"就是要明确冒占的田地数量，正是上述平江府发给府学的牒 e 中增加的文字。提举司的牒 f 虽然没有提及给平江府发牒，而只是给府学发牒、给常熟县发帖，但显然平江府执行了提举司牒 f 中的命令。这里也许存在提举司和平江府之间的矛盾，使得提举司越过平江府向府学和常熟县发文，不过平江府显然知悉了提举司此举，并在给府学的牒文中执行了提举司的命令。

平江府发文给常熟县用帖，开始传唤陈焕时"帖尉司追"（牒 a），在裁决后，"专帖常熟县尉"，与学官同到学田处办理移交手续，"帖本县并巡尉告示乡耆、都保知委，常切差人防护，毋得妄行生事"，"帖委常熟县尉，仰将陈焕元占学田所庄屋、农具等物给与本学公用"，在收回陈焕所租学田时，"帖常熟县尉、职事（指学官）逐一交业"（牒 b），后又"再帖常熟县尉，照已帖疾速前去田所，同府学交业"（牒 c）；在收到省札 a 后，平江府"备帖常熟知县、白茆巡检、常熟县尉，各仰遵守施行"（牒 e）。提举司在收到省札 a 后，也命属官拟"牒府学及帖常熟县，照省札内事理坐下数目绍业，收租养士"（牒 f）。

除了上行的申状和下行的牒、省札、帖等文书外，还有平行的文书（"关"），如牒 a 中知府裁决"台判案照行"后，府司（签判厅）报告"将陈焕朱契叁纸毁抹附案"，同时"关府院"，即是给平江府下属的府院发文，"就押上陈焕以次人陈百十四赴府招认所欠十年租课"。再有陈焯到提举司越诉，提举司应该将案件转给了转运司，所以后来平江府需要上申状给转运司，对陈焯的越诉进行驳斥。此外，为了防止陈焕兄弟子侄破坏田地、阻挠交业，府学请求平江府"给榜严行约束"，平江府遂"出榜府学学田所晓示约束"。同时，府学还请求将官府裁决文书"镌刻碑石"，"庶得久远遵守"。出榜和立碑使得官府的裁决传布开来。

上述的申状与牒、省札、帖的运行，传递了信息，形成了纵横交织的沟通渠道，学田案的陈诉、审理、裁决、执行才得以展开。通过诉状和申状的不断上呈，学田被占一事才被平江府知悉，进而被转运司、提举司、刑部乃至尚书省知悉。通过牒、省札和帖，各级官府的裁决得以下达和执行。尤其是做出裁决后，平江府在给府学发下牒时，不断要求其"具状供申""具交管状申""具已交业状申"，这种信息的反馈机制使得裁决的内容逐项落实，保障裁决得以贯彻。

（二）非正式渠道

上述沟通渠道多由官文书的运转而形成，与朝廷官府的文书制度和诉讼裁判制度密切相关，属于正式渠道。那么是否有这样的渠道就能确保学田案进入审理、得到裁决呢？省札 b 中引述府学王德的申状说："自嘉定叁年刘教授以后，节次据王彬、朱忠、张千拾贰、叶延年等告首，被豪户陈焕、陈焯倚恃强横，从嘉定贰年冒占在己，盗收花利计壹拾玖年。本学累申本府及提刑司追理，缘陈焕、陈焯家豪有力，不能究竟，积计盗收花利壹万叁阡余石。至绍定元年，又据叶延年告首，遂具申本府。"据此，在汪泰亨之前，府学教授从嘉定三年开始就连续向平江府和提刑司上申状，请求追回被陈氏豪强冒占的学田，但都没有成功。宝庆三年（1227）冬，汪泰亨到平江府任府学教授，叶延年再次告发陈氏冒占学田①，第二年（即绍定元年）正月，汪泰亨代表府学向平江府提交了"公状"，请求平江府调查处理，正是在他的推动下，学田案得以审理和裁决。为何此前多任学官都无法恢复被冒占的学田，而汪泰亨终得以成功呢？

1. 府学教授的人际网络

（1）汪泰亨略考

关于汪泰亨的传记资料不多，其生卒年也难详考。据吴潜所撰写的平江府学《修学记》，他自称"宛陵吴潜"，并称汪泰亨与他是"同里"②。"宛陵"即宣州（今安徽宣城）的古称。又据《宋史》吴潜本传，他是宣州宁国人，所以汪泰亨的籍贯是宣州宁国县③。据乾隆《江南通志》卷 120 记载，汪泰亨是嘉定年间进士，具体时间尚难确定，吴潜是嘉定十年状元，很可能与汪泰亨是同年。

据汪泰亨自己所撰《给复学田省札》的跋文云"宝庆三年冬十一月，泰亨来，复有告者，明年春，始白之郡"，他应该是宝庆三年十一月到平江府任

---

① 据汪泰亨的跋文，叶延年告发陈氏是在宝庆三年冬十一月汪泰亨到任后，府学的申状是在第二年正月提交给平江府的（牒 a 第 3 行云"元年正月内府学公状申"），王德等的申状所言有误。
② 范成大：《吴郡志》卷 4，第 35 页。
③ 据《宋史》卷 88《地理四》，宣州在乾道二年升为宁国府，其属县有宁国。第 2187 页。

府学教授。他在平江府任职时间难以考确，据吴潜《修学记》，至迟在绍定二年秋府学修缮竣工时他仍在府学教授任上。到绍定三年冬十月时，他为《给复学田省札》撰写跋文时，称"泰亨虽满去，然阁成尚能执笔记之，以踵张伯玉故事"①，则在绍定三年冬他已离任。

汪泰亨离开平江府后应该是到了行在临安。据《宋史》卷423《陈垍传》记载：

> 迁太学博士，主宗正寺簿。都城火，垍步往玉牒所，尽藏玉牒于石室。诏迁官，不受。应诏言应上天非常之怒者，当有非常之举动，历陈致灾之由。又有吴潜、汪泰亨上（史）弥远书，乞正冯榯、王虎不尽力救火之罪，及行知临安府林介、两浙转运使赵汝悾之罚。人皆壮之。②

此次临安大火发生在绍定四年九月丙戌，太庙被毁③。传中所云吴潜、汪泰亨上史弥远书，《宋史》卷418《吴潜传》载："绍定四年，迁尚右郎官。都城大火，潜上疏论致灾之由"，没有言及汪泰亨④。吴潜《履斋遗稿》卷4所收《再上史相书》，其注云"论救火赏罚未当"，首云"某等辄有管见，上干钧听"⑤，可见此书是多人共同所上，《宋史》本传所记应不误。但上述林介、赵汝悾的官职应有误漏，二人均为两浙转运判官⑥。另，陈起《芸居乙稿》所收《旧挽汪隐君》，其题注云"汪守泰亨父"⑦。陈起是当时临安府的名人，编有《江湖集》，其所刻书在宋代雕版印刷史上占有重要位置。陈起与当时临安的文人

---

① 据跋文，"阁"指府学的六经阁，北宋仁宗朝康定年间（1040—1041）知州富严任上建成，毁于战火，到南宋绍定三年朱在任知府时重修，参见《吴郡志》卷4"六经阁"条、"御书阁"条，第32—35页。所谓张伯玉故事，是指张伯玉曾任府学教授，六经阁建成时他已调任浙东，平江府请其撰写记文，这与汪泰亨已经离任的情形类似。据汪泰亨的跋文，他为重修六经阁撰写了记文，但未见收入《吴郡志》，他书亦未见收录，盖已佚。

② 《宋史》卷423《陈垍传》，第12639页。

③ 《宋史全文》卷32，汪圣铎点校，北京：中华书局，2016年，第2668页。

④ 《宋史》卷418《陈垍传》，第12515页。

⑤ 吴潜：《履斋遗稿》卷4，清抄本（据《中国基本古籍库》）。

⑥ 吴潜上书中称赵汝悾为两浙转运判官，又据《咸淳临安志》卷50，绍定四年林介、赵汝悾同为两浙转运判官，《宋元方志丛刊》本，第3795页。

⑦ 陈起：《芸居乙稿》，不分卷，清初毛氏汲古阁影宋抄本（据《中国基本古籍库》）。

士大夫多有交游,有不少唱和诗传世,其中既有后来官至宰辅的郑清之、吴潜,也有颇有诗文之名的刘克庄、赵师秀等①。

此后汪泰亨曾任湖州通判。据万历《湖州府志》记载,他在府衙修建了爱山台,吴潜写有《爱山台》诗,此诗也收入了吴潜的《履斋遗稿》,其题注云:"湖州郡治西北隅,郡丞汪泰亨建,取苏轼'尚爱此山看不足'之义命名,登台则城外诸山一览在目。"②

前引陈起《旧挽汪隐君》是写给"汪守泰亨父"的,则作此诗时汪泰亨已经是知州了,应该是在汪泰亨任湖州通判之后。所以,陈起与汪泰亨之结交是在汪泰亨绍定四年到临安以后,陈起为汪父写挽诗是在他担任知州期间,可见二人一直保持着交往③。

(2)学田案中的府学教授汪泰亨及其人际网络

汪泰亨的经历可考者大致如上所述,他虽然与吴潜是同乡,但与吴潜后来官至宰辅不同,他在仕途上声名不显。反而是他在平江府府学教授任上的作为更加引人瞩目,在平江府的历史上写下了浓墨重彩的一笔。

①学田案中的府学教授

作为府学教授,汪泰亨在平江府学的发展中发挥了很关键的作用,在他任职期间,不但成功收回了被豪强侵占的学田,还利用追缴的豪强积年所获花利,将府学修缮一新,规模更加扩大。平江府学此前的修缮还是南宋初知州王晚主持的④,距此时已经近百年了。

学田案伊始,汪泰亨向平江府提交"公状"请求调查陈氏冒占学田,虽然是延续了前任府学教授的办法,但他采取了更积极主动的姿态,不断提交申状,推动学田案的调查、裁判和执行。在绍定元年(1228)正月提交申状,

---

① 张宏生:《〈江湖集〉编者陈起交游考》,《文献》1989年第4期;胡益民、周月亮:《江湖集编者陈起交游续考》,《文献》1991年第1期。后者补充了不少资料,其中包括汪泰亨,但说其绍定二年为平江府学教授,不太确切,前文已考定汪泰亨是宝庆三年冬即到平江府任府学教授。
② 万历《湖州府志》卷4《古迹》,及卷9《守令》汪泰亨条。吴潜:《履斋遗稿》卷2。
③ 陈起与刘克庄的交游,亦值得关注,颇与吴潜、郑清之有关,反映了当时政治、人事的复杂关系,沈乃文先生有深入的讨论,见其《刘克庄〈南岳稿〉与陈起〈江湖集〉——宋刊〈南岳稿〉影印序言》,《版本目录学研究》第7辑,北京:北京大学出版社,2016年。
④ 《吴郡志》卷4《学校》,第28页。

请求"根究施行"后,平江府命常熟县尉传唤陈焕。三月二十三日,汪泰亨再次上申状,知府裁判"严限催",终于将涉案的双方陈焕和叶延年传唤到府衙审判。可见,比较此前几任府学教授屡次申诉都未果,汪泰亨的第二次申状即初见成效。

五月,平江府裁决陈焕冒占学田600余亩归还府学管业(仍由陈氏佃种),命府学"径自管业",并没有说明如何收回学田,这对府学来说缺乏可操作性。汪泰亨遂再次上申状给平江府,提出了保障执行平江府裁决的各项要求。这些请求都得到了平江府的允可,并发给了牒文(牒b)。汪泰亨的申状考虑颇为周全,使得平江府的裁决能够贯彻执行,这些措置都与信息的传递和控制颇有关联,下文有详论。第四项(另行召人布种,不再由陈焕兄弟佃耕)更是釜底抽薪,试图彻底断绝后患。其后,汪泰亨又上申状给平江府,对"尉司承吏受豪户陈焕计属,迁延不为从公逐一交业"表示担忧,暗示具体办事的尉司胥吏接受贿赂,进一步要求平江府发帖文给常熟县,督促执行平江府裁决。

绍定元年九月,陈焕之弟陈焯经提举司"番诉"。此时,还是汪泰亨上申状给平江府,要求将裁判的情况"备申台部诸司证会","庶免陈焯异时妄诉"。不止于此,为了防止陈焯继续越诉,"多方营求,紊乱不已",汪泰亨还请求平江府上申状给朝廷的尚书省,请其发省札给府学,"以凭悠久遵守"(牒d)。绍定三年三月,陈焯又经尚书省刑部陈诉,告发"吏胥欺诈"勒索,而隐瞒了绍定元年省札和平江府裁决的情形,刑部将此案交由转运司审理。府学揭发陈焯隐瞒案情,此时汪泰亨虽然已经离任,但府学学官和学生的申状还是通过他的申状上给平江府的(省札b)。

在上述学田案的审理过程中,府学教授汪泰亨运用申状与平江府之间密切沟通,并通过平江府与上下各级官府的联系,从而推动了学田案的审判及平江府裁决的执行。从中可以了解到汪泰亨发挥了关键的作用[1],不但促使

---

[1] 关于府学教授的职责,尤其是南宋时期比较突出的经营府学田产和维护府学权益的方面,可参见前引熊慧岚《宋代苏州州学的财务经营与权益维护——兼论州学功能与教授职责的扩增》一文。不过不同府学教授在经营府学田产和维护府学权益方面所采取的方法不同,成效亦各异,需要具体分析,如汪泰亨的行为表现出较为精明、细腻、果决,兼具深广的政治人脉(详见下文),方能在与地方豪强的博弈中取得胜利。

平江府传唤陈焕接受审判，而且想方设法推动平江府裁决贯彻执行，竭力维护府学的利益，堵塞陈焕等的越诉渠道，争取尚书省省札。这虽然与汪泰亨的个人能力和意志有关联，府学给平江府的申状大都是他撰写的，他在平江府的裁决执行过程中思虑周全、雷厉风行，对于陈焯的越诉也即时给予反驳，但这些还不足以保证府学在学田案中胜出，前述汪泰亨的复杂人际网络显然给了他关键的助力。

②学田案背后的人际网络

汪泰亨的府学教授身份使得他具有提交申状的权力（亦有其限制），如何充分地利用这一权力，是推动学田案审判和裁决执行的关键。但申状的直接对象平江府知府，以及间接所涉及的各级官府如常熟县官员、路一级的监司（转运司、提举司、提刑司）官员乃至于朝中的省部官员（以至于宰相史弥远），他们在接收到府学教授申状（或通过平江府的申状了解）时的反应如何，在公文中往往并不清晰，多为公文用语，具体态度如何，难以捉摸。毕竟府学教授在平江府的属官中并不属于强有力的职位，仅凭申状难以推动学田案的开展并得以胜出。因此，还需要结合文书之外的史料加以探求。

汪泰亨绍定三年（1230）所撰省札跋文中记述学田案审判过程说：

> 宝庆三年冬十一月，泰亨来，复有告者。明年春，始白之郡。今左司林农卿、故宝谟章少卿相继主之，涉半岁，始克归田。又俾输三年租，别贮以修学。其人诵言，必且坏是，乃种讼为根。是岁秋九月，泰亨校文回，伏光范以告，得堂帖，其人始退听。又明年秋，修泮宫成，陈秘书作《复田记》，吴校书作《修学记》，皆直书其事，刻珉公堂矣。明年秋，其人犹复枝辞越诉，志在复占田。郡太守朱贰卿复以本末上尚书省，不旬日，复得堂帖，重刊于学。诸生来前曰："所在学校常不胜豪右者，此以空言，彼以赀力。此所主者才一二，彼不得志于郡，则徼胜于诸司，于台部，不胜不已。今吴学独赖贤刺史、贤使者，而大丞相又主之于上，则此田其泰山而四维之矣。"

又陈耆卿绍定二年（1229）八月所撰《复田记》云：

> 盖十有九年,更几部使者、郡守不能直,几校官不得直。而得直者汪君泰亨,能直之者,林公介、章公良朋、司马公述也。方林公之摄守也,汪君力以告,公力主之。已而章公为守,又力主之。既主之直矣,有撼者,司马公为使,继直其事,遇林公再摄守,复深直其事,遂得直。①

汪泰亨的跋文撰写较晚,记述较为全面,但陈耆卿所述更加精确,可补汪泰亨跋文的疏漏。

根据上述两条资料以及上述文书,可以梳理一下学田案中的各级官员。绍定元年正月,汪泰亨首次提交申状时,接受申状并采取措施的是兼权知府的浙西提刑官林介(牒 a 中称为"权府提刑大卿")。他是在宝庆三年(1227)四月开始以提刑兼权,直到绍定元年三月十七日章良朋以直宝谟阁知平江府,后者签发了牒 a 与牒 b。但章良朋到七月初四日就致仕了,仍由林介兼权知府,签发了牒 c、牒 d 与牒 e②。绍定元年七月,在知府林介裁决后,陈焕不伏,到提举司越诉,当时司马述任提举官,但提举司收到尚书省省札后发牒文给府学时,牒文是由王栻签发的(牒 f)③。在汪泰亨的跋文中,林介、章良朋是府学得以复田最关键的官员,陈耆卿的《复田记》中多了一个司马述。其中,林介是主持学田案审理时间最长的知府,他不但收到了汪泰亨的申状,发帖给常熟县尉,命其传唤陈焕,还在陈焕到提举司越诉时,加重了对陈焕的处罚,并为府学申请到尚书省的省札 a(即汪泰亨跋文中所说的"堂帖")。章良朋虽然担任知府时间不到四个月,但他第一个将陈焕传唤到府衙接受审判,并做出了裁决,对汪泰亨申状中提出的要求也都给予满足,因此他的作用也很重要。至于司马述,只是在陈焕到提举司越诉时,裁决"是荡是田,皆合归府学"④,他的作用显然不及林、章二人。

---

① 《吴郡志》卷 4《学校》,第 36 页。
② 林介和章良朋任知府的时间,见《吴郡志》卷 11《本朝牧守题名》,第 155 页。
③ 据《吴郡志》卷 7《提举常平茶盐司》(第 95 页)所录题名,司马述是宝庆元年十二月到任,绍定元年正月除大理正,八月除金部郎官,司马述之后即为王栻,后者是绍定元年十月到任(牒 f 是十一月发出的)。据此在王栻到任前,司马述应该一直担任提举官。
④ 此判并没有见诸提举司牒文,只是汪泰亨申请第二份省札时在申状中提及,见省札 b。

林介在学田案中为何竭力支持汪泰亨,没有确切的记载。值得注意的是,林介与为汪泰亨撰写《复田记》的陈耆卿在此案前有一段交往。宝庆元年(1225)正月林介担任浙西提刑,将原来平江府州钤厅后面的医院改建为安养院,用来医治狱中的病囚。第二年八月陈耆卿为其撰写了一篇《安养院记》。他在该文中说:"尚书郎林公之使浙右也,决而和,威而爱,罪自死以下,周虑熟谳,不得其情不止焉。"① 这里描述的是林介做提刑时的情形,对林介兴建安养院之举给予了很高的评价,不但赞扬林介管理得法,对其重视给病囚治疗甚于治罪的思想也予以肯定。该文还记述了林介的父亲林昌言,称之为"绍熙名御史",曾经"按行东浙,有异绩",恰与其子林介"先后辉映",认为林介的为官风格受到了其父的影响②。虽然这类文字难免有溢美的嫌疑,但总体而言,陈耆卿对林介的观感不差。到绍定二年八月他为府学撰写《复田记》时,称林介两度以提刑兼任知府,支持汪泰亨收复学田,认为他和章良朋、司马述对于府学的复田和振兴有重大贡献。从陈耆卿所撰写的这两篇文字可以了解到,他和林介早有交往,彼此熟悉,林介之支持汪泰亨或与陈耆卿有关。

陈耆卿字寿老,号筼窗,浙江台州临海县人,嘉定七年(1214)进士,官至国子司业。其文章受到叶适的好评,叶适曾为之作序。叶适去世后,陈耆卿"岿然为世所宗"。著有《论孟纪蒙》《筼窗集》,修《赤城志》③。陈耆卿及第时间与汪泰亨相近,年岁相差当不太大,绍定二年他撰写《复田记》时,正在馆阁任秘书郎④,即汪泰亨跋文中所说的"陈秘书"。《江苏金石志》所录《吴学复田记》的陈耆卿题衔较《吴郡志》等书为详,云"绍定二年八月十五日通直郎、秘书郎兼魏惠宪王府教授天台陈耆卿"⑤,其所兼"魏惠宪

---

① 钱谷编:《吴都文粹续集》卷8,《景印文渊阁四库全书》,台北:台湾商务印书馆,1986年,第1385册,第206页。
② 据此,林昌言曾做过御史和浙东提刑。关于他的事迹,地方志中有简略的记载,《八闽通志》卷46《选举》载林昌言为福清人,绍兴十五年进士及第,(乾隆)《福州志》卷57有林昌言小传载其字俞仲,福清人,曾任惠安县令,官至通判。
③ 《宋史翼》卷29《陈耆卿传》,此传录自《临海县志》,北京:中华书局,1991年,第313页。
④ 陈骙撰,佚名续录:《南宋馆阁录·续录》卷8"秘书郎"条,张富祥点校,北京:中华书局,1998年,第348页。
⑤ 《江苏金石志》卷15《吴学复田记》,《宋代石刻文献全编》第2册,第344—345页。

王府教授"一职颇为重要。魏惠宪王即魏王赵恺,宋光宗之兄,被孝宗封为魏王,其子赵抦封沂王,沂王子早夭,朝廷立宗室子为其后,更名均,后改名贵和,被立为皇子,改名竑,朝廷再立宗室赵昀为沂王后。赵竑即后来的济王,赵昀则为后来的理宗①。在赵竑被立为皇子时,宰相史弥远派郑清之担任魏王府教授,后来遂废赵竑而拥立理宗②。郑清之作为魏王府教授,在理宗继位的过程中扮演了重要角色,成为"帝师",受到理宗的信重,后来逐渐做到宰相③。魏惠宪王府属于理宗的潜邸,政治地位较为崇高,陈耆卿以秘书郎兼任王府教授,在当时也算是有着深厚的政治背景了。陈耆卿为汪泰亨撰写《复田记》,应与汪氏的同乡吴潜有关。因为此时陈耆卿和吴潜同在馆阁任职,谊属同僚,陈耆卿为秘书郎,吴潜为校书郎(即汪泰亨跋文所云"吴校书")④。

吴潜是学田案得以解决的关键人物,他既是上述汪泰亨、陈耆卿和知府林介联系的关节点,更是汪泰亨与宰相史弥远联系的桥梁。因为他和史弥远的外甥陈埙既是同年(吴是状元,陈埙是解元),陈埙祖父的好友楼钥又与吴潜的父亲吴柔胜都名列庆元学党五十九人中。陈埙师事杨简,杨简拜陆九渊为师(同为陆学门人的袁燮也列名庆元学党),吴柔胜宗朱熹之学⑤。前面提到陈耆卿得到叶适的好评,一般被视为叶适的门人⑥,而叶适也名列庆元学党。据此可知陈埙与吴潜、陈耆卿虽然在学术思想上出自不同的儒家学派(朱熹、陆九渊和叶适),但在政治上却都是在韩侂胄当权时遭受打击的庆元学党后人。史弥远推倒韩侂胄后,一度引用了不少道学人物,尊崇理学,获得了他们的支持,但在济王案上又与他们产生了分歧,真德秀、魏了翁等人纷

---

① 《宋史》卷246《宗室三》。

② 史弥远是导演废济王、立理宗的幕后人物,理宗被立为沂王后,再被拥立为帝,皆是史弥远谋划的。参见邓小南:《校点本〈宋史·余天锡传〉补校一则》,收入氏著《朗润学史丛稿》,北京:中华书局,2010年,第490—492页。

③ 《宋史》卷414《郑清之传》。

④ 《南宋馆阁续录》卷9,第348页。

⑤ 《宋史》卷423《陈埙传》,卷400《吴柔胜传》;《宋元学案》卷49《晦翁学案下》(北京:中华书局,1986年,第1596页),卷58《象山学案(第1930页)》;《建炎以来朝野杂记》甲集卷6《学党五十九人姓名》(北京:中华书局,2000年,第139页)。

⑥ 《宋元学案》卷55《水心学案下》。

纷遭到贬谪。作为庆元学党的后人或后学，吴潜、陈耆卿和陈填之间关系颇为密切，且年龄相近，又有同僚或同年之谊，他们在政治和学术上有着共同的取向，彼此呼应。吴潜作为嘉定十年（1217）的状元，可算作他们这一辈人的领袖人物。汪泰亨大概是凭借与吴潜的同乡关系，与陈耆卿、陈填等人建立起联系的①。虽然吴潜在《修学记》中说豪右冒占学田是汪泰亨"条具始末，闻于守相，闻于部刺史，转闻于相国"，强调汪泰亨申状的作用，但汪泰亨与吴潜、陈耆卿等人的联系无疑也发挥了潜在的作用，没有这条暗藏的人脉，仅凭申状很难推动知府审判并上报监司乃至宰相②，前此数任府学教授的申状就没有发生效用，甚至连陈焕都不能传唤到官府接受审问，即是明证。

吴潜自己为汪泰亨撰写了《修学记》，其中也提及学田案始末，并指出正是因为追讨陈焕所欠历年花利，使得府学有了修学的经费。他还在《修学记》中说到历任平江府地方官和监司官资助府学钱物，其中就有宪守（即前述以浙西提刑兼权知府）林介，说他"佐以他钱五十万"。前述陈耆卿《复田记》也说"方林公之摄守也，汪君力以告，公力主之"，"林公再摄守，复深直其事"，反映了林介对汪泰亨收复学田的不断支持。在吴潜和陈耆卿的笔下，林介对于府学复田有着重要作用，府学也计划为林介等地方官立祠纪念。但到了绍定四年，如前所述，林介已经到临安任两浙转运判官，汪泰亨也离开苏州到临安，九月丙戌临安大火烧及太庙，吴潜、汪泰亨两人上书给宰相史弥远，请求惩办相关官员，其中就包括林介，陈填也应诏上书言事。吴潜又在《再上史相书》特别指出："林介、赵汝惮皆自谓小有才者，介昨守吴门，当丁亥震凌之变，以俭为丰，视民之饥而不知救死者无算，巧于窃取，术妙不传，天夺其孥，人以为报。"③这里的林介不管民众死活，善于搜刮民财，和陈耆卿笔下珍视囚犯生命重于法律，此前吴潜笔下重视府学、支持府学的两浙提刑、平江知府判若两人，比较令人费解。这也说明上述汪泰亨的人际网

---

① 值得注意的是史弥远在嘉泰四年（1204）曾在平江府担任提举常平，开禧元年（1205）改任司封郎官，见《宋史》卷414《史弥远传》，以及《吴郡志》卷7《提举常平茶盐司》。史弥远知晓平江府学学田案，或许也与他的这个经历有关。

② 宰相史弥远发给省札，支持平江府学，当与朝廷开掘围田的政策有关，不能认为他只是因为吴潜、陈填等人传递信息而发省札给提举司、平江府，对此还需要进一步的考察。

③ 吴潜：《履斋遗稿》卷4。

络不但复杂而且在不断变化。

此外,汪泰亨虽然与知府、监司乃至宰相在公私两方面都有着沟通联系的渠道,这也是他成功推动府学复田的原因,但他与县一级基层官员联系较为薄弱。一方面他与基层官员没有文书往来,这在学田诸碑中有明显体现,府学与常熟县的联系都是由平江府来连接的。另一方面,在吴潜、陈耆卿上述记文和汪泰亨的跋文中,也看不到基层官员的身影。但从学田案的审判和执行过程来看,常熟县邵县尉、吴县周主簿(乃至乡夏、都保等职役人员)都是调查取证、查验契据、审问案情和贯彻平江知府裁决的关键人物,他们的作用也不能低估。如在知府裁决将陈焕所冒占学田归还府学后,汪泰亨担心"陈焕兄弟子侄及邻比恶少妄行搔扰",破坏学田,请求平江府发榜文"严行约束",并发帖文给常熟知县和县尉,命令乡夏、都保派人保护,而且汪泰亨在给知府的申状中怀疑常熟县尉下属的胥吏接受贿赂,拖延执行裁决结果,其实也是针对邵县尉的。这些都反映了汪泰亨的人际网络主要来自上层官员,与基层官吏并没有什么联系,或者他不太重视与基层官员、胥吏搞好关系,相反豪强陈氏在基层拥有较大的影响力(详见下文)。这也是学田案迁延很久、不断出现波折的原因所在。

汪泰亨所拥有的复杂人际关系网络,既使他在学田案的审理、裁决和执行中得到强力的支持,同时也使他拥有了和知府、监司官乃至朝中的宰相之间的私人沟通渠道,这种非正式的渠道通过人际接触或者私人书信往还传递信息,与正式的文书渠道彼此配合,相得益彰,是汪泰亨在学田案中胜出的原因所在。

2. 豪强的越诉

作为学田案的当事人,陈焕、陈焯兄弟在学田案审理、裁决和执行过程中无疑扮演着重要角色,但他们在学田案相关文献中的记载却极为零碎,且带有明显的主观色彩。陈焕兄弟在学田案中与地方官有直接的接触,陈焯曾到提举司、尚书省刑部越诉,他们的诉状已经无存了,那么他们与各级官府之间通过哪些渠道发生联系呢?他们有无汪泰亨那样的人际网络呢?

(1)陈焕兄弟的本来面貌

关于陈焕兄弟的史料,除了上述公文碑和汪泰亨等人的记文中约略提及外，几无可考。下面主要从公文碑中进行一番探索，以求获得基本的了解。平江府发给府学的牒文抄录了常熟县实地调查的申状，以及吴县周主簿查验陈焕提交契据的结论，是考察陈焕兄弟的主要资料。此外，牒文中多次引用府学的申状，虽然不免偏颇，但也透露了不少陈氏的信息，经过辨析，亦可以补充对陈氏的认识。

从平江府发帖给常熟尉司传唤陈焕接受审判，可知陈焕当是常熟县人[1]。他涉案的田产亦在常熟县双凤乡四十二都。在他所提交的契据中，信字坝贰号田契"前有思政乡陈百十三秀才约，后有顾应将田壹拾陆亩永卖与陈焕秀才契"，陈百十三秀才应即陈焕秀才，据此亦可进一步考知陈焕是常熟县思政乡人，并且有士人的身份，可能参加过科举但没有及第。从他耕种学田并需要向府学交租来看[2]，他应该是属于官田的佃户。使字坝陆拾亩田契是王聪等"召到陈秀才承买"，此田应原是王聪等佃种的学田，后由陈焕承买佃种[3]。同时，平江府在将陈焕所冒占学田归还府学时，要求其"所收租利"（"十年租课"）也要还给府学，据此可知陈焕又是一个地主，他所冒占的学田以及宽剩荡田是租给别人佃种的。从他所占学田（包括宽剩荡田）的数量，以及他交易、典卖田产的金额来看，他无疑是比较富有的。

在汪泰亨之前，已有几任府学教授试图从陈焕手中收回学田，但每次陈焕都不到官府接受审问。汪泰亨在绍定元年正月提交申状，请求调查陈焕冒占学田一事，平江府"帖尉司追"，但陈焕仍然没有出现，"不伏出官"。直到三月二十三日，府学再上申状给平江府，知府命"严限追"，才将涉案的陈焕传唤到府衙接受审问。据此，陈焕对常熟县尉司的传唤并没有立即遵从，直到知府定下"严限"后才到府衙接受审问。其后，在执行知府的裁决时，汪泰亨又请求常熟县尉亲自和府学人员一起"交业"，"庶得小人知畏"。据此，府学对于常熟县尉的态度比较复杂，官府裁决的执行离不开县尉的协助，但又担心县尉不能执行知府的裁决。实际的进程也证实了府学的担忧，从六月

---

[1] 汪泰亨跋文中也称"常熟陈其姓"。
[2] 牒b引汪泰亨的申状说："陈焕元佃学田壹佰伍十余亩，纳米叁拾捌硕有零"，又说："所有上项田段，陈焯委难仍前租种"。
[3] 南宋时官田时有召人承佃的记载，这里的"承买"并不是土地的买卖，而可能是租佃权的更换。

(牒b)到七月(牒c)有一个月时间,平江府的裁决(牒a与牒b)迟迟都没有得到执行,因为直到七月,平江府还"再帖常熟县尉","照已帖疾速躬亲前去田所","同府学交业"。这时汪泰亨又上申状说:"切虑尉司承吏受豪户陈焕计嘱,迁延不为从公逐一交业",接受陈焕"计嘱"的很可能是县尉本人。所以,陈焕、陈焯兄弟足以影响县尉,这应是他们屡次收到传唤却"不伏出官",以及学田案虽经知府裁决却执行艰难的重要原因。汪泰亨在申状中还说:"本学交业以后,切恐陈焕兄弟子侄及邻比恶少妄行搔扰,损掘岸塍,偷斫稻禾,侵害官租,深属利害",他请求平江府"给榜严行约束"(牒b)。这也反映了陈焕兄弟及其家族在常熟县颇有势力,对官府的裁决可以暗中破坏抵制。后陈焯到提举司越诉,平江府的判词中说到:"陈焕欺弊,质之条法,本非轻典,今来所监瞒昧米数,又已轻优,犹敢于已断之后,饰词妄诉,法司具条呈,候监纳了足日施行",这里也透露出平江府裁决陈焕缴还十年租课在实际执行时打了不少折扣,陈焕兄弟隐瞒了实际租课数,官府也默许了这种行为,可见陈氏之强横。

前文曾论及浙西豪宗与朝廷、官府之间的博弈,他们的力量足以影响朝廷政策的变化。就本文讨论的平江府学田案而言,陈焕兄弟在常熟县算得上"豪有力"之家,既有丰厚的田产,又足以抵制县尉,影响知府,能到府城的提举司越诉,并进而远赴临安经刑部、转运司越诉,但没有证据说明他们背后有官僚势力的支持,影响力有限,所以他们还称不上"浙西豪宗",只能算作常熟县的"豪宗"。

(2)陈焯之越诉

陈焯与平江府及常熟县之间的沟通,虽然没有明确的文献记载,但仍可从学田诸碑文中找到痕迹。平江府发帖命常熟县尉传唤陈焕,常熟县尉应该是传达了这条命令,虽然陈焕没有马上到官府接受审问,但经知府"严限催",最终不得不到官府接受审问。他到官府接受审问后,即被押到府学,和吴县主簿、县尉一起实地测量涉案的田地。他自己也提交了三份契据作为证据。陈焕病死后,陈焯被平江府府院"押上","赴府招认所欠十年租课"①。

---

① 牒a言:"及关府院,就押上陈焕以次人陈百十四赴府招认所欠十年租课",陈百十四当即陈焯,如陈焕所提交的第一份契据中云"前有思政乡陈百十三秀才约",陈百十三即陈焕,两人的排行正好接续。

据省札 b 中的平江府申状,陈焯"本人节次止纳到钱叁阡伍佰壹拾贯文官会",平江府在收到这部分租课时,"在府责状,甘自理断,之后不敢冒占",即是陈焯在缴纳所欠租课的同时还提交状文,表示服从官府的裁断,保证之后不再冒占。在绍定元年十月省札 a 发下后,平江府"止据陈焯供责,自后不敢仍前冒占学田,具状哀鸣",这里的"具状"可能与上述"责状"为同一件事,即在省札下发后,陈焯不得不屈从平江府的裁决,并上缴了部分租课,但同时他又在"责状"中"哀鸣",即请求减免部分租课。上述的审问和提交契据、责状(具状),反映了陈焕兄弟与平江府之间的沟通情形。当然更重要的还是陈焯的两次越诉。

在绍定元年五月平江府裁决陈焕冒占学田归还府学、并缴还十年租课后,"陈焕在安下人黄百贰家染病身死"(省札 b),面对汪泰亨的步步紧逼和平江府的支持,经过一番抵制,其弟陈焯不得不经提举司越诉。陈焯在向提举司提交的"陈词"中认为府学诉其冒占的学田是"自己荡田",并且引用此前朝廷开掘围田的"指挥",证明这些荡田曾经在官府"青册"登记过,并"免于开掘",当时朝廷确有类似的命令①,这也增加了陈焯陈词的说服力。但平江府仍然坚持原判,并进一步催缴所欠租课。

面对陈焯的越诉,汪泰亨通过平江府向尚书省申请颁下省札,此省札同时发给提举司,省札对学田案做出裁决后,意味着陈焯越诉的失败。对此结果,陈焯并不甘心,他一方面采取示弱的策略,拖延省札裁决的执行,使得平江府"一时宽恤,有失结断罪名",一方面筹划再次越诉。

到绍定三年,陈焯远赴临安,经尚书省刑部越诉,隐瞒了尚书省省札和自己冒占学田、盗收花利的情节,所诉为陈焕"在狱身死"以及平江府胥吏欺诈勒索。刑部将此案发给转运司审理,陈焯在转运司声称府学所诉学田是"自己省额苗田",即是向朝廷缴纳二税的民田,而不是要向府学缴纳田租的官田,并请求转运司向平江府索取"案祖"(即档案)。府学认为这是要"灭去其籍",且陈焯在转运司陈诉系"自己省额苗田"与此前在提举司陈诉系"自

---

① 《宋会要辑稿》食货 61 之 146 载,据嘉定三年(1210)七月八日的臣僚奏疏,开禧二年朝廷许复围,"将奏册曾经有籍开掘之田,许人户入米,仍旧围裹"(第 7545 页)。这里的"奏册"当即牒文中所引述陈焕所说的"青册",也即此前开掘围田时置籍登记所开掘围田的户名、数目。据陈焕所言,开禧二年复围时,朝廷曾允诺这些复围的围田"免于开掘"。

己荡田"相矛盾,"前后异同,虚妄狡诈"。虽然最后陈焯到刑部的越诉依然失败,但他不断越诉、采取各种手段来与受到各级官员乃至丞相支持的府学周旋,给人深刻印象。这既反映了陈氏兄弟维护其利益的决心和毅力,也说明他们所具有的财富和势力足以支撑长达三年的诉讼过程。

越诉无疑是陈焯与提举司、刑部沟通的重要渠道,在汪泰亨通过文书渠道和自身的人际关系网络,牢牢控制学田案的审理和裁判进程,堵塞了陈焯与平江府乃至转运司、提举司、御史台沟通的渠道之后,他只能不断越级上诉。在他不断越诉的背后,应该也有一定的人脉作为依仗,否则他是不能影响到提举司乃至刑部。提举司将其越诉转给转运司审理,刑部亦将其越诉转给转运司审理,转运司亦向平江府发牒,索取"案祖",府学申状中称刑部"脱判符下转运司",这都说明陈焯的越诉发生了效用,不能排除他拥有影响提举司乃至刑部的人脉。

三、学田案中的信息博弈

上述沟通渠道(参图1)是诉讼和裁决得以进行的必要条件,通过这些沟通渠道可以详细了解诉讼和裁决的过程,尤其是在此过程中各级官府与府学、陈焕兄弟之间的联系方式和途径,进而探究他们之间的错综关系。但诉讼和裁决的具体状况,即诉讼渠道是否畅通,官府的裁决能否得到贯彻,案情在这些渠道中传递有无变化,以及此案在当时社会上的影响等,不能仅依靠沟通渠道来把握,还需要视这些渠道中的信息博弈而定。这里的信息博弈是各方力量之间围绕信息而展开的控制与反控制,具体到学田案来说,就是府学和陈焕兄弟两方在诉讼和裁决过程中千方百计地向各级官府传递各种信息,以影响官府的裁决。从官府裁决的角度来看,各级官府也在千方百计地获取(或被动获得)各种信息,进行查验和判断,最后做出裁决。这里的博弈既有信息的传递,也有信息的阻隔,和对阻隔的打破,在此过程中信息因为各方的作用(包括诉讼双方和裁决的官府)而发生变化,这种信息内容的变化及其传播也是博弈的重要体现。

"空言"的力量:南宋平江府学田诉讼中的沟通渠道与信息博弈　667

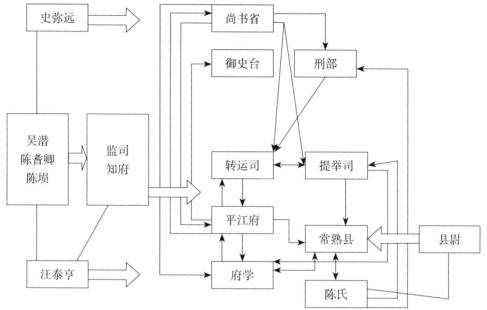

图 1　学田案中的信息渠道示意图①

(一)信息的获取与验证

在学田案中,各级官府是信息传递和汇集的关节点,也是信息博弈的焦点,各级官府如何处理各方的信息成为影响信息博弈的关键。陈焕冒占学田就是先由其他佃户告首被发现的,府学都是在佃户告首之后才向平江府提交申状的。但经过告首之后,官府就可以主动地调查,获取信息,为其裁决提供依据。平江府在得到佃户举报和府学申状之后,首先是通过常熟县尉传唤陈焕到府衙接受审问。陈焕和其他佃户到府衙接受审问后,知府又命周主簿、常熟县尉与陈焕一同进行实地测量,并从当地的田邻、父宿收集人证,陈焕也提交了三份契据作为物证。陈焕经提举司越诉,提举司转交转运司审理,需要平江府上申状进行辩解。陈焕经刑部越诉,也是转给转运司审理的,转运司发牒给平江府,索取学田案相关档案。上述平江府和转运司对于申状和陈诉的反应都是较为谨慎的,并没有立即做出裁决,而是要进行调查取证,获取足够的信息。此外,平江府在进行裁决后,明确要求府学"仰径自管业,

---

①　带箭头的线表示申状、牒、帖、关、诉状等构成的信息渠道,没有箭头的线表示人际关系,箭头方框表示影响方向。

具状供申",在对府学提出诸项保障裁决执行的措置后,也强调要"具状供申""具交管状申""具已交业状申"等等,这也是要及时掌握裁决执行的状况。

对陈焕提交的三份契据,负责审理学田案的吴县周主簿进行了详细的辨验,对契据的形式和内容都加以分析,最后做出"诡名伪契"的判断。虽然这种辨验有其局限,有着复杂的内情,但周主簿对契据的辨验构成了官府裁决的基础,知府在后来的判文中屡有引述,如牒 d 中说"况今来执出叁契,皆是以别项影射,周主簿点对极为明白,……陈焕既无祖来干照为证"(牒 f 中给尚书省的申状亦有引述)。

在前述各种文书中,还可以见到各种"证对""证得""证应""证会"的词句,这既体现了官府文书具有的权威性,也反映了官府的裁决强调证据的精神。如平江府在给尚书省的申状中,首先即"证对本府据府学教授汪从事申云云",中间又一再说"本府证得"云云,这里是说平江府的申状是可以作为证据来供尚书省裁决时参考的。发给府学的尚书省省札 b 的申状末尾说:

> 乞备申尚书省,乞证先来行下省札事理,札下刑部及转运司,就将陈焯并男陈念九押下,从条结断冒占学田情罪,及今来违背省札指挥、妄状越诉情罪,及监追未纳足已指定拾年花利入官,仍乞札下平江府府学证应。

这里的省札也成为明确陈焯罪状和追缴花利的一种凭证。汪泰亨曾上申状请求平江府将裁决的文书档案发给府学,"镌刻碑石,庶得悠久遵守"。绍定三年陈焯赴刑部越诉,汪泰亨又将此前刻石的平江府、提举司公牒和省札 a 的拓本和申状一起提交给平江府,再转申尚书省。这里也是将文书(以及文书的石刻拓本)作为凭证或证据。

尽管官府对于信息的获取和验证还存在其局限(尤其是在陈焯越诉时,平江府已经成为被告,其"证对"的效用不能不受到质疑),但在学田案中仍然有着重要意义,使得诉讼和裁决有了起码的底线,实现了程序上的正义。这也使得信息博弈能够发生和具有意义。

(二)信息的传递与阻隔

在学田案中,府学教授汪泰亨的申状与豪强的越诉之间相互较量,贯穿始终。从开始,汪泰亨就是以申状的方式揭发了陈焕冒占学田的情况,得到了知府的反应,"帖尉司追"。但县尉在执行知府命令时,显然遇到了阻力,以至于汪泰亨再上申状,知府判"严限追",终于将陈焕传唤到官府接受审问。陈焕在吴县周主簿审理本案时,提交了三份契据,作为物证。这是学田案开始阶段双方的较量,他们都向官府传递了信息,府学方面是砧基簿、学田碑记和佃户的告首,陈焕则提交了三份契据。知府的裁决(周主簿的拟判)主要是根据这些信息以及其他人证来做出的。

平江府对于学田的裁决是命府学"径自管业,具状供申",但实际的交业(田地交割)却并不顺利。根据前文所论,府学请求平江府派县尉亲自同学官一同交业,"庶得小人知畏",又言"恐陈焕兄弟子侄及邻比恶少妄行搔扰,损掘岸塍,偷斫稻禾,侵害官租",请求平江府发榜文"约束",并命常熟县"告示乡裹、都保合属去处知委,常切差人防护",以上都说明府学的交业受到了抵制和威胁。这种情况通过汪泰亨的申状上传至知府,知府逐项做出了回复,加大了执行的力度。更为重要的是,在这份申状中,汪泰亨提出要平江府"具申台部及诸司证会",知府接受了这一要求,"详具元断因依备申御史台、户部、转运司、提刑、提举使司证会"。汪泰亨此举意在封堵陈焕越诉的渠道。

陈焯面对府学的步步紧逼,不得不强行越诉,即使平江府已经向台部和诸司发出了"证会"。他选择提举司作为突破口,以所涉田产"作自己荡田",并称"昨来有指挥,开掘之日先曾自陈,且开掘围田,青册已载者,并行免掘"。陈焯之选择提举司来进行越诉,可能还有别的人情因素,已难考知,但他所提出朝廷围田"指挥"当是重要因素,因为围田的开掘和复围政策在执行时多由提举司执行,甚至陈焕"荡田"的有关契据就是由提举司开具的[①],所以他到提举司也不是无缘无故的。提举常平官尽管并不一定认同陈焕的陈诉,但还是将此案转交转运司裁决,平江府收到转运司的牒,上了申状进行说明,

---

① 《宋会要辑稿》食货61之143载,嘉泰二年二月十四日,留佑贤、李澄上报开掘围田的办法,要求提举司上报临安、平江、嘉兴府及湖州、常州开掘围田的户名、数目,其中曾经纳钱请买的围田,允许管业别作营生,但不得围裹成田,其他请佃时冠以常平没官产、学粮、职田等名色的围田,都要追回官府发给的公据,"入官毁抹",并严令提举官及守令,"今后不得辄行开请佃公据"(第7543页)。据此也透漏,当初纳钱请买围田时,提举司曾经发给过公据。

同时进一步催缴陈焯所欠租课。很显然，陈焯的越诉发生了一定的效用，使得提举司了解到案情的另一面，而不仅是平江府的"证会"，并将案件转给远在临安的转运司，转运司也给平江府发了牒文，这都说明陈焯的越诉打破了汪泰亨和平江知府对他的封堵。

针对陈焯在提举司的越诉，平江府虽然向转运司上申状进行了辩解，但显然不能解决问题，汪泰亨遂建议知府向尚书省上申状，请求尚书省发下省札做出裁决，"以凭久远遵守"，一劳永逸地解决陈焯越诉的"紊扰"。这改变了原来的策略，不再是简单地封堵，而是通过上申状给尚书省，直接向宰相史弥远报告案情，最后以省札的方式作出最终的裁决。省札的下达无疑使得陈焯的越诉策略遭到沉重打击，不得不屈从于平江府的裁决，并上缴了三年租课。汪泰亨正是利用这笔钱修缮了府学。

但是通过尚书省省札来阻止越诉行为，并没有从根本上平息诉讼，只是暂时的压制，事后难免反弹。时隔一年后，陈焯再经尚书省刑部越诉。这次越诉没有继续针对学田案，而是改头换面，改诉平江府胥吏欺诈，致陈焕"在狱身死"。这样原来的民事纠纷就转变为地方胥吏的犯罪，刑部将此案转给转运司审理。转运司审问陈焯，陈焯请求转运司向平江府索要此前的案卷，转运司遂向平江府发了牒。府学申状中指出，陈焯在这里隐瞒了尚书省发下省札，和平江府裁决其冒占学田、盗收花利十九年的信息，而只告发平江府胥吏欺诈钱物，目的还是在为学田案翻案，陈焯通过转运司索要案卷，只是为了消除罪证。府学申状所辩颇有说服力，而且事实上陈焯在刑部的越诉确实隐藏了前案的信息。但也要看到，陈焯有不得已的苦衷，一是继续以学田案进行越诉已难以为继，二是确实存在胥吏欺诈的可能，虽然陈焕不是在官府牢狱中病死的，但在安下人黄百贰家病死①，也与官府的审问不无关联。

面对陈焯的再次越诉，汪泰亨在申状中详加驳斥，并再次要求平江府向尚书省上申状，请求发下尚书省省札。汪泰亨在申状中详细列举了此前学田案的诉讼、裁决和执行的经过，以及陈焕两次越诉的情形，这一方面为尚书省宰相的裁决提供了全面详尽的信息，另一方面也透漏汪泰亨掌握了历次诉

---

① 省札 b，所谓安下人，是官府传唤涉案人员时，安置这些人员的所在，有时还给他们写诉状。

讼、裁判的档案，并与平江知府、提举官等有着密切的沟通，方能对学田案的始末有如此详尽的了解，在这一点上他与陈焕兄弟处于严重的信息不对称。加之汪泰亨掌握了与尚书省宰相的沟通渠道，包括正式（通过平江知府来实现）和非正式的（通过吴潜、陈垲、陈耆卿等人际关系），使得他与陈焕兄弟在信息博弈中占据了主动和优势，陈焕兄弟虽也能通过越诉的渠道（包括其潜在的人际关系）进行不断的抗争，最后还是不得不屈从于尚书省省札的裁决。

（三）信息的传播及其变化

信息的传递可以产生直接的行动，如平江府裁决用牒发给府学，府学即可遵照其中"径自管业"的信息，与陈焕办理交业的手续。此外，如前所述，省札发给提举司和刑部是命其"遵守施行"，发给平江府是"证会施行"，发给府学则只是"证会"，这里的"证会"只是一种告知和存证，可以视为信息在较大范围的传布。有的消息则通过一定的途径广为传播，为民众知悉。如因为惧怕陈焕兄弟子侄及邻比恶少骚扰破坏交业，汪泰亨请求平江府"给榜严行约束"，平江府同意"出榜府学学田所晓示约束"，这是通过榜文的形式来宣布官府的裁决，对于意图破坏官府裁决的陈氏兄弟子侄和邻比恶少进行威慑约束。

在平江府进行裁决后，汪泰亨即请求将学田案的文书"牒本学镌刻碑石"，"庶得久远遵守"。在府学置田之初，就曾立碑刻石，汪泰亨曾追述说"本学养士田产系范文正公选请，至绍兴肆年立石公堂，淳熙伍年置砧基簿，庆元贰年重立石刻"，绍兴、淳熙碑今已无存，庆元二年（1196）所立当即《吴学粮田籍记》碑[①]。绍定元年（1228）他向知府提交申状请复学田时，除了佃户的告发之外，还查找庆元二年重立的碑，作为复田的依据。其实府学所立学田碑还有开禧二年（1206）十月刻石的《吴学续置田记》，该碑不仅记述了府学购置田产的过程，还将府学在嘉泰四年（1204）和开禧二年所购置田产的契据一一抄录，并将府学申请免除二税和印契税钱后收到的平江府牒文按

---

① 《江苏金石志》卷14。

照公文样式刻录下来①；嘉定十一年(1218)，知府赵彦橚将官田三百余亩拨给府学，提刑王棐参照前例，免去其税赋，十三年，府学将此事刻石立碑，即《平江府添助学田记》，碑前是府学教授谢南的题记，后为平江府给府学的两件牒文②。可见立碑刻石是府学的一个传统。将官府的文书或者田产交易的契据刻石，确实能起到"久远遵守"的作用，如前所述，绍定三年府学上申状揭露陈焞隐瞒省札时，就将省札和提举司、平江府的公牒拓本提交作为证据。同时，刻石立碑还有将官府裁决加以公布的作用，使之传播开来，为民众所知悉。

此外，还有几篇刻石的文献值得关注。汪泰亨为学田碑所写的跋文中说到："明年秋，修泮宫成，陈秘书作《复田记》，吴校书作《修学记》，皆直书其事，刻珉公堂矣。"如前所述，陈耆卿为府学复田撰写了《复田记》，吴潜为汪泰亨修葺府学撰写了《修学记》，其中都言及府学复田的过程，尤其是各级地方官对于府学复田的支持，汪泰亨在省札碑的跋文中除了对地方官如林介等人表示感激之外，还特别表示了对宰相史弥远的感激，称"今吴学独赖贤刺史、贤使者，而大丞相又主之于上，则此田其泰山而四维之矣"，并为史弥远写了一段赞文。在对帮助过的各级官员表示感激之余，这些碑文在在宣示了各级官员乃至宰相对于府学的支持。

信息在传递乃至传播的过程中，往往发生一些变化，也是博弈双方关注的所在。在府学这一方面，绍定元年五月牒中，府学的正月申状说，"本学砧基、石碑有常熟县双凤乡四十二都器字号荡田壹阡陆佰玖拾亩叁角壹拾玖步，据王彬等五户围裹壹阡肆拾亩壹拾伍步租佃外，<u>有陆佰拾伍亩不见着落</u>"，经过常熟县尉等实地测量取证，最后确认陈焞冒占府学荡田600余亩，外有宽剩荡田400余亩，到绍定三年尚书省省札中据平江府申状引府学申状则说"证得本学淳熙伍年砧基簿，及庆元贰年公堂石刻，有管常熟县双凤乡肆拾贰都器字号荡田，除王彬、濮光辅等承佃外，<u>有田壹阡余亩不见着落</u>"，显然是直接将宽剩荡田400余亩直接算作陈焞冒占的府学荡田了。而在绍

---

① 《江苏金石志》卷14分为两部分收录，即《吴学续置田记一》和《吴学续置田记二》。
② 《江苏金石志》卷15。

定元年十月省札a中,汪泰亨给平江府的申状中仍然说"内不见陆佰贰拾亩叁角叁步半着落",经过邵县尉打量,"定验到陈焕冒占陆佰贰拾亩叁角叁步半,连段宽剩田肆佰陆拾玖亩贰角伍拾玖步",可见关于陈焕冒占府学荡田的信息在绍定三年的府学申状中发生了变化,将宽剩荡田算作府学荡田,模糊了府学荡田和宽剩荡田的差别(宽剩荡田原来并不在陈焕等人所承佃的府学荡田范围内)。汪泰亨在省札碑的跋文中也直接说"常熟陈其姓占田至一千一百余亩"。此外,绍定三年的府学申状中说到:"陈焕冒占分明,送吴县周主簿从条指定,准府牒断还本学养士,及将陈焕赍出伪契及砧基毁抹附案,仍证条合追拾年花利纳官,所有庄屋、农具、舡只,一并籍给本学公用",对照牒a与牒b,可知"所有庄屋、农具、舡只,一并籍给本学公用"不是周主簿拟判的内容,而是府学提出来的要求,不存在"证条"的过程。以上前后表述的变化显然是府学有意为之,混淆视听。

在陈焕、陈焯一方面,在学田案诸碑中,不断被指欺诈,一是提交了伪契,一是到提举司称被告冒占的府学荡田为自己荡田,一是到刑部隐瞒省札和自己冒占学田、盗收花利,称陈焕在狱身死,在转运司审问时又称所涉田地为"自己省额苗田"。这自然可以视为他们在改变陈诉的内容,是一种越诉上的策略,可算作一种信息的博弈。但仔细地梳理,可发现他们始终是坚持被告冒占的学田为自己的财产,尤其是那400余亩宽剩荡田,是他们在府学茭荡之外围裹而成的,且经过朝廷复围政策的认可,自然是"自己荡田",这部分荡田既属于自己围裹所得,必已经上交过税课,自然可以称为"省额苗田"。

四、结语

绍定元年十一月尚书省省札的下发,使得进行了一年的学田案告一段落。三年九月尚书省省札的下发,宣告了陈焯越诉的失败和学田案的落幕。对于学田案可以从法律、经济、政治等不同的维度加以考察,本文从信息的维度来进行了梳理。学田案的出现、审理、裁决和执行的过程,体现为多种信息渠道(正式和非正式)交织和多方信息博弈。顺着信息流动的路径,考察其载体,探究信息的变化,可以揭示出学田案中各方的错综复杂关系,探讨左右学田案走向的力量，正是信息的博弈。

尽管学田案最后的解决是出自尚书省省札（宰相），但不能忽视的是汪泰亨利用了平江府申状和自己个人社会关系网络来求得尚书省省札。虽然学田案的根源在于朝廷围田政策和地方豪强围田之间的博弈，尚书省省札的下发有着复杂的政治背景，但学田案的发生和变化，直接受到了各方信息博弈的影响。一方面，多种信息渠道为学田案的审理提供了更详尽的信息，成为朝廷和官府裁决的依据，从学田案可以看到南宋后期诉讼裁判中对于陈诉的受理、调查、取证、辨验、裁决已经形成了颇为严密的制度。另一方面，在汪泰亨与陈焕兄弟的信息博弈中，无疑前者占据了较大优势，这不仅是因为他的身份和人际网络，更重要的是他善于掌控各种沟通渠道，既积极传递与己有利的信息，并千方百计加以传播，对陈焯的越诉早有防备并加以堵塞，更善于利用信息的变化来引导宰相的裁决。这就是汪泰亨在省札碑跋文中所说的"空言"（府学）对"赀力"（豪右）的胜利。

尽管汪泰亨利用各种信息渠道，在信息博弈中牢牢把控了学田案的走向，最终取得了胜诉，并通过不断刻石立碑，甚至订补方志的方式，在地方士人乃至地方社会中造成极大的舆论，并影响了后人对于学田案历史的认识，同时学田案中各级官府遵循了信息收集、核实、传递等一系列严密程序，但这些都不能掩盖事实上的不公平，即陈焕兄弟在荡田外围裹的宽剩荡田被府学夺取（并追缴了十年的花利），平江府也是获利者。在汪泰亨利用这笔丰厚的收入修葺府学，与吴潜等人撰文相庆时，陈焕身死，陈焯"具状哀鸣"。陈焯的两次越诉虽然都被尚书省省札所压服，但学田案并没有因此而终结[①]。

[①] 学田诉讼在元代也不断发生，蒙古贵族的介入，与儒学、地方豪民、地方官府形成了错综复杂的关系，参党宝海：《略论元代江南学田与地方社会——以碑刻上的学田诉讼案为中心》，《13、14世紀東アジア史料通信》第11号，日本学术振兴会科学研究费补助基盘研究（B）"中国社会へのモンゴル帝国による重層的支配の研究、元朝史料学の新展開をめざして"，2009年10月，第1—10页。此文蒙党老师惠赐，谨致谢。

五代德运新论

陈文龙

战国邹衍创五德终始说,自西汉开始,以五德解释王朝更替,成为普遍为人所接受的思潮。11 世纪以前,定德运是证明政权合法性和正统地位的重要措施,历代统治者都非常重视此事。五代十国是中国历史上最后一个大规模分裂时期,政权众多,且更替频繁。五代时期的德运之争,均是具有现实意义的政治事件,分析五代的德运问题,可以增加认识五代历史的新面向。目前对此问题的研究,主要有刘浦江《正统论下的五代史观》以及罗亮的《五代时期沙陀三王朝国号问题研究》[①]。前文的重点在宋人如何认识五代,对五代德运本身论述不多,不过刘浦江从长时段讨论中国历史上的正统和德运问题,极具新意,笔者关注五代德运问题就是受到刘浦江研究的吸引。罗亮文章集中讨论五代国号与正统的关系,涉及不少关键问题,给本文启发颇多。此前的研究均认为后晋金德、后汉水德,但并没有给出一手的资料证明两朝

作者单位:华中科技大学历史研究所

[①] 刘浦江:《正统论下的五代史观》,《唐研究》第 11 卷,北京:北京大学出版社,2005 年;又收入刘浦江:《正统与华夷:中国传统政治文化研究》,北京:中华书局,2017 年。罗亮:《五代时期沙陀三王朝国号问题研究》,《学术研究》2018 年第 12 期。

的德运,这是严重不足。本文在考订后晋、后汉德运的基础上,重新解释五代后唐以降政权确定德运的逻辑,就其中牵涉的"禅让与征伐建国""胡汉"等问题展开论述,恳请读者批评指正。

一、后晋、后汉德运考

广顺元年(951)正月,后周定本朝德运为木,《旧五代史》卷110云:

> 司天上言:"今国家建号,以木德代水,准经法国以姓墓为腊,请以未日为腊。"从之。……而帝以姬虢之胄,复继宗周,而天人之契炳然矣。昔武王以木德王天下,宇文周亦承木德,而三朝皆以木代水,不其异乎!①

后周德运比附姬周,所谓"以木代水",即以后周木德代替后汉水德。这一说法看似无疑,实际后汉为水德的观点并无更早材料可资佐证。

《册府元龟》卷4亦载上引后周司天监的上奏,编者按语云:

> 臣钦若等曰:晋承后唐,汉承晋。本文不载承土之德。据周称木德,即是汉为水,晋为金,以继唐土德也。②

王钦若等人的按语显示,后汉、后晋、后唐德运均是据五德相生说推出来的。这一推论成立有个前提条件,即当时确立王朝德运是依据五德相生说。在未展开进一步研究之前,需要对这个看似不言自明的前提保持警惕。

宋朝建立,承后周木德为火德③。宋太宗太平兴国九年(984)四月,右散骑常侍徐铉等人奏议称:

> 五运相承,国家大事,著于前载,具有明文。顷者,唐末丧乱,朱梁篡代,庄宗早编属籍,继立世功,亲雪国仇,天下称庆,即比梁于羿、浞、

---

① 《旧五代史》卷110《周书·太祖纪一》,北京:中华书局,2015年,第1699页。
② 王钦若等编:《册府元龟》卷4《帝王部·运历》,周勋初等校订,南京:凤凰出版社,2006年,第44页。
③ 李焘:《续资治通鉴长编》(以下简称《长编》)卷1,建隆元年三月壬戌:"有司言国家受周禅,周木德,木生火,当以火德王,色尚赤,腊用戌,从之。"北京:中华书局,2004年,第10页。

> 王莽之徒，不可以为正统也。庄宗中兴唐祚，重新土运。自后数姓相传，晋以金，汉以水，周以木。天造皇宋，运膺火德。①

后唐土德、后晋金德、后汉水德、后周木德、宋火德，这一德运传承谱系被今人普遍接受②。

历史上曾有人对后晋、后汉德运提出过质疑。金朝贞祐二年（1214）讨论金朝德运，右谏议大夫兼吏部侍郎张行信云：

> 石晋一纪，刘汉四年，本史各不载其所王之德，谓之金与水者，无所考据。盖赵氏篡周，不能越近承远，既继周木，猥称火德，必欲上接唐运，以自夸大，故逆推而强配之，以汉为水，以晋为金，而续后唐之土，是皆妄说附会，不可信也。③

汉为水德，后周时期就已这么认为，张氏说法稍有偏差。但他怀疑后晋金德、后汉水德的说法，并认为两朝德运是根据五德相生说推定的，则是卓识。小岛毅也说，后汉是否自己宣称自己为水德，并不确定④。这些质疑意见促使我们重新思考后晋、后汉德运问题。

实际上，后晋、后汉德运都可以找到确切的记载，并非"无所考据"，只是证据相对隐晦。弄清后晋、后汉德运，五代各朝确定本朝德运的逻辑就清晰起来。

宋朝认为后晋为金德，这个推论是对的。撰于天福五年（940）的《王建立墓志》云："及数穷土德，运旺金行，今圣皇帝怀其故人，乃降新命，除授平卢节度使。"⑤"今圣皇帝"即晋高祖石敬瑭，"数穷土德，运旺金行"指后唐的灭亡和后晋的兴起。墓志为一手材料，本朝人记本朝事，不会在德运问题

---

① 《长编》卷25，雍熙元年四月甲辰，第577页。
② 刘浦江：《正统论下的五代史观》，《正统与华夷：中国传统政治文化研究》，第40—41页。
③ 《大金集礼》附录五《大金德运说》，任文彪点校，杭州：浙江大学出版社，2019年，第620页。
④ 小岛毅：《中国思想与宗教的奔流：宋朝》，何晓毅译，桂林：广西师范大学出版社，2014年，第41页。
⑤ 周阿根：《五代墓志汇考》，合肥：黄山书社，2012年，第321页。王建立任平卢节度使在天福二年，见朱玉龙编著：《五代十国方镇年表》，北京：中华书局，1997年，第38页。

上出错。据祖腊说，金以丑为腊①。后晋腊日均在丑日：

（天福八年十二月）乙丑，腊，车驾不出。②
（开运二年十二月）丁丑，狩于近郊，腊也。③
（开运二年）十二月丁丑，腊，畋于郊。④

史籍关于后晋腊日记载都是一致的。后晋为金德说没有疑问。

后晋灭亡前夕，流传一个后晋要北迁的预言，预言本身应是事后之明，不一定可信，但预言内容对我们判断后晋德运非常有用。《旧五代史》卷84云："是岁（引者注：开运二年），帝每遇四方进献器皿，多以银于外府易金而入，谓左右曰：'金者贵而且轻，便于人力。'识者以为北迁之兆也。"⑤这些金子最后均被契丹掠夺到北方，"北迁之兆"可以简单这么理解。这个预言应该还有深层次的意思，"金"除了指金子，还可代表后晋的德运，金子便于人力，容易运到北方，实际预示着后晋皇帝的北迁。后汉高祖刘知远天福十二年六月抵达开封，大赦文有"金行失驭，天骄纵暴"句⑥，"金行失驭"即指后晋的灭亡。后汉在讨论修晋高祖、晋少帝实录时，亦多次提及后晋为金德，见下文。

众所周知，两晋为金德⑦。后晋德运为金，可从两方面解释：一是按五德相生说，后晋承后唐土德为金德；二是后晋的德运与此前的两晋一致。两晋不像周、汉、唐那样值得夸耀，后晋国号和德运均与两晋相同一事很少被提及，但这并不能完全否认后晋在确立德运时有这一层面的考虑。据后晋官方

---

① 徐坚等：《初学记》卷4《岁时部下·腊第十三》引《魏台访议》："金始生于巳，盛于酉，终于丑，故金行之君以酉祖、丑腊。"北京：中华书局，2004年，第84页。
② 《旧五代史》卷82《晋书·少帝纪二》，第1260页。
③ 《旧五代史》卷84《晋书·少帝纪四》，第1292页。
④ 《新五代史》卷9《晋本纪九》，北京：中华书局，2015年，第112页。
⑤ 《旧五代史》卷84《晋书·少帝纪四》，第1292—1293页。
⑥ 《册府元龟》卷95《帝王部·赦宥》，第1040页。
⑦ 东晋为"偏安"政权，两晋的重点应在维持统一局面的西晋。由于两晋德运均为金德，本文不再细分西晋、东晋。

资料,石敬瑭为卫大夫蜡、汉丞相奋之后①,石奋居温县②,而温县是司马氏晋国号的由来。《通鉴》卷79胡三省注云:"司马氏,河内温县人。……以温县本晋地,故以为国号。"③后晋德运确立,和两晋德运为金是有关联的。

后周将后汉德运定为水德,实际并非如此,后汉应为火德。汉隐帝乾祐二年(949),宰相窦贞固建议修后晋高祖、少帝实录,奏云:"虽金德告衰,盖归历数,而炎灵复盛,固有阶缘。""金德"指后晋,"炎灵"即德运为火德的后汉政权。朝廷采纳了窦贞固的意见,下诏修后晋实录:

> 五运相承,历代而犹传凤纪;百王垂训,继明而具载鸿猷。况今司契御乾,握图纂极,事每循于师古,政必究于化源。<u>迨自金行,成兹火德</u>,所请编录,庶补阙文。其晋朝实录,宜令监修国史苏逢吉与史官贾纬、窦俨、王仲等修撰呈进。④

后晋为金德,根据五德相胜说,火克金,后汉为火德。"迨自金行,成兹火德",这是关于后汉德运最明确的记载。

马从徽卒于后汉乾祐元年五月,葬于后周广顺二年八月,《故凤翔节度行军司马光禄大夫检校司空兼御史大夫上柱国扶风郡开国侯食邑一千户马公(从徽)墓志铭并序》云:

> 自天福至乾祐,晋汉之代也……金行失御,炎灵改卜。⑤

后晋金德、后汉火德,说得很清楚。马从徽虽葬于后周,墓志中仍保持了后汉火德的说法。墓题无国号,推测墓志写于后汉时期,后周时期刻石。

后汉定德运为火,主要是比附两汉,与后唐确定德运的逻辑一样。刘知

---

① 《旧五代史》卷75《晋书·高祖纪一》,第1139页。

② 《史记》卷103《万石张叔列传》:"万石君,名奋,其父赵人也,姓石氏。赵亡,徙居温。"北京:中华书局,2014年,第3345页。

③ 《资治通鉴》卷79《晋纪一》胡三省注,北京:中华书局,1956年,第2491页。罗亮最先指出,石晋与司马晋均是以籍贯所在地确定国号,见罗亮:《五代时期沙陀三王朝国号问题研究》,《学术研究》2018年第12期,第121页。

④ 《册府元龟》卷557《国史部·采撰》,第6390页。

⑤ 周阿根:《五代墓志汇考》,第491页。此条材料承罗亮博士告示,特此致谢!

远与两汉统治者同姓,此前的后唐亦是根据统治者的姓氏确立本朝国号和德运,刘知远的这一做法可看作沙陀集团共享文化的一部分。后汉的诏令反复强调后汉政权与两汉的关系。天福十二年(947)六月,刘知远抵达开封,颁布赦文云:"朕以肇兴宝历,克嗣炎精,遐追雍、洛之宏规,仰仗高、光之盛烈,其国号宜改为大汉。朕始事晋,以至开国,虽易服建号,固有通规,念旧怀恩,未忍改作,其年号仍旧称天福。""炎精"即火德,雍、洛为西汉首都长安和东汉首都洛阳,高、光则指汉高祖刘邦和汉光武帝刘秀。后汉隐帝即位制云:"我国家本惟尧之洪绪,袭有汉之耿光,历数有归,讴歌所属。"① 汉为尧后火德,这是西汉中叶以后的常识。

后汉灭亡,后汉宗室在太原建立北汉政权,北汉为后汉的继续,德运亦为火德。后周世宗显德元年(954)三月,周与北汉在高平大战,"北汉兵大败,北汉主自举赤帜以收兵,不能止"。胡三省注云:"北汉虽出于沙陀,自谓刘氏,纂高、光之绪,故旗帜尚赤。"② 胡三省认为北汉"尚赤"是继承两汉,此说不误,但仍有未达之一间。北汉德运主要承袭后汉,远绍两汉而已。刘知远建国,"易服建号","服"即服色,包括旗帜在内的颜色都与德运保持一致。

综上,后汉应为火德,而不是传统所说的水德,五代北方中原政权的德运如下(见表1):

表 1

朝代	德运	德运确立主要依据
后梁	金	唐为土德,后梁代唐,土生金。
后唐	土	以后梁为"伪朝",继承唐的土德。
后晋	金	土生金,后晋代唐为金德,又与两晋的金德一致。
后汉	火	继承两汉的火德。
后周	木	承姬周木德,改后汉德运为水,保证后汉与后周德运符合五德相生说。

---

① 本段引文均出自《册府元龟》卷95《帝王部·赦宥》,第1041、1043页。
② 《资治通鉴》卷291,显德元年三月癸巳,第9505页。

二、德运、"胡汉"与两种王朝建立模式

五代时期中原政权德运的确立,主要取决于两种因素,一是王朝的建立模式,通过禅让建立的政权,和通过征伐建立的政权,处理本朝和前朝德运关系的方式不同;二是统治阶层所属集团以及该集团共享的文化传统。

从形式上看,后梁和后周,以及此后的宋朝,都是通过禅让模式建立的政权。禅让以承认前朝德运为前提,故以禅让建立的政权,均要保证德运确立符合五德相生说。而后唐、后晋、后汉是通过征伐建立的政权,由于现实政治的需要,本朝德运的确立不一定遵从五德相生说。德运的确立方式,与王朝的建立模式有关。

后唐、后晋、后汉三朝统治者同出于河东集团,均属沙陀人。沙陀人与汉人杂居,随着汉化的加深,都会通过比附中原汉姓来建立文化上的认同,最显著的例子就是后唐郭崇韬以郭子仪为先祖①。古代"国"是"家"的扩大,既然沙陀人可以通过比附汉姓确立认同,"变家为国"后,在皇族世系和德运方面比附此前汉人政权,是被普遍认可的行为。

李存勖推翻后梁政权后,新政权以唐为国号、德运继承李唐的土德,是综合考虑多方面因素的结果。河东集团与后梁政权长期敌对,后唐建立后不承认后梁政权的合法性,五德相生说无用武之地。后梁取代唐朝后,不仅后梁德运是金,很多其他割据政权也定德运为金,前蜀、杨吴德运均是金②,凤翔李茂贞政权、刘守光燕政权德运也可能是金③。代唐朝土德的金德已被用滥,而且让后唐和政敌后梁的德运一样是不可接受的事。留给后唐的选择只有继承唐代的土德。这一做法可从历史上找到先例。新莽结束了西汉政权

---

① 《旧五代史》卷57《唐书·郭崇韬传》,第892页。
② 前蜀德运见秦再思:《洛中记异录》,王河、真理整理:《宋人佚著辑考》,南昌:江西人民出版社,2003年,第112页。又参看刘浦江:《正统论下的五代史观》,《正统与华夷:中国传统政治文化研究》,第39页。杨吴德运见《资治通鉴》卷270,后梁贞明五年四月戊戌,第8843页。
③ 李茂贞妻刘氏墓志:"属土运之缀旒,据金方而投袂。"周阿根:《五代墓志汇考》,第400页。因提到唐代的土运,这里的"金方"不仅指西方,还可能指凤翔政权德运。《梁汉颙墓志》有"下金燕"一语,见周阿根:《五代墓志汇考》,第381页。

德运,东汉却继承西汉的火德①。后唐确实是将自身和东汉相比拟。庄宗平汴州后下制云:"仗顺讨逆,少康所以诛有穷;缵业承基,光武所以灭新莽。咸以中兴景命,再造王猷,经纶于草昧之中,式遏于乱略之际。"②同为中兴之主,东汉刘秀可以继承前汉的火德,后唐自然可以继承唐的土德。庄宗在制书中强调了自己的宗室身份,即位改元同光大赦文云:"以朕籍系郑王,志存唐室,合中兴于景祚,须再造于洪基。"③

后唐宗庙神主设置以怪异著称④。后唐宗庙构成如下(见表2)⑤:

表 2

时间	后唐太庙七室构成
唐庄宗时期	唐高祖,唐太宗,唐懿宗,唐昭宗,后唐懿祖,后唐献祖,后唐太祖
唐明宗时期	唐高祖,唐太宗,唐懿宗,唐昭宗,后唐献祖,后唐太祖,后唐庄宗
唐闵帝时期	唐高祖,唐太宗,唐懿宗,唐昭宗,后唐太祖,后唐庄宗,后唐明宗

后唐宗庙维持了"追三祖于先远,复四室于本朝"的局面⑥。后唐将唐代称为"本朝"。宗庙如此设置,无非是坐实唐朝与后唐的关联,这和沙陀人依附汉姓的性质一样,国、家之别而已。

后唐的做法,既引起了批评,也有赞同和效仿。唐明宗即位,原后梁官

---

① 南宋淳熙十四年(1187),宋高宗去世,当时臣僚讨论庙制,曾说:"今议者不过引光武为比,太上皇帝(引者按:指宋高宗)中兴大业,虽与光武同,然汉自高祖至于平帝,国统中绝。"见李心传:《建炎以来朝野杂记》甲集卷2《太庙景灵宫天章阁钦先殿诸陵上宫祀式》,徐规点校,北京:中华书局,2001年,第71页。十六国时期的刘渊,也否定魏晋德运,宣称承汉的火德,见罗新:《十六国北朝的五德历运问题》,《中国史研究》2004年第3期,第48—49页。这一事件影响太小,应不是后唐时期普遍历史知识的组成部分。

② 《旧五代史》卷30《唐书·庄宗纪四》,第473页。

③ 《册府元龟》卷92《帝王部·赦宥》,第1013页。李存勖祖父李国昌赐姓李氏,"仍系郑王房",见《旧五代史》卷25《唐书·武皇纪上》,第382页。

④ 朱溢:《唐宋时期太庙庙数的变迁》,《中华文史论丛》2010年第2期,第134页。

⑤ 唐庄宗时期的宗庙构成,见《旧五代史》卷29《唐书·庄宗纪三》,第461页。唐明宗、闵帝时期的宗庙构成,参看《旧五代史》卷142《礼志上》,第2210—2211页。唐末帝时期的宗庙构成不详,疑维持闵帝时期的原貌,末帝不承认闵帝帝位,闵帝是不可能入后唐宗庙的。

⑥ 《旧五代史》卷142《礼志上》,第2210页。

员即提议修改后唐的国号和德运：

> 所司议即位仪注，霍彦威、孔循等言："唐之运数已衰，不如自创新号。"因请改国号，不从土德。帝问藩邸侍臣，左右奏曰："先帝以锡姓宗属，为唐雪冤，以继唐祚。今梁朝旧人，不愿殿下称唐，请更名号。"帝曰："予年十三事献祖，以予宗属，爱幸不异所生。事武皇三十年，排难解纷，栉风沐雨，冒刃血战，体无完肤，何艰险之不历！武皇功业即予功业，先帝天下即予天下也。兄亡弟绍，于义何嫌。且同宗异号，出何典礼？运之衰隆，吾自当之，众之莠言，吾无取也。"①

改国号、德运一事虽被搁置，此问题的提出，反映原后梁官员对后唐之不满②。这里不仅有一般意义上前朝官员对新朝的不适应，也有不同集团成员享有的文化传统之差别。《旧五代史》卷31《庄宗纪五》及卷142《礼志上》均记到"时议"对后唐庙制的批评③，前者的史源可能是《庄宗实录》，后者则源自《闵帝实录》，修撰者均有张昭远(亦即张昭)④。张昭远熟读历代史书，"能驰骋上下数千百年事"⑤，且以正直著称，他对沙陀为依附中原汉姓而在宗庙中的非驴非马设置自然不以为然。

后晋石敬瑭以太原起家，契丹册石敬瑭为皇帝诏云："仍以尔自兹并土，首建义旗，宜以国号曰晋。"⑥国号"晋"主要与河东太原有关。石敬瑭还自

---

① 《旧五代史》卷35《唐书·明宗纪一》，第561页。
② 窦梦征后梁时期为翰林学士，唐庄宗即位，"以例贬沂州"，"居尝感梁末帝旧恩，因为《祭故君文》云：'呜呼！四海九州，天回眷命，一女二夫，人之不幸。当革故以鼎新，若金销而火盛，必然之理，夫何足竞'云"。见《旧五代史》卷68《唐书·窦梦征传》，第1054页。唐明宗时期，御史大夫李琪奉敕撰《霍彦威神道碑》，"琪，梁之故相也，叙彦威仕梁历任，不言其伪"，诏令改撰。见《旧五代史》卷58《唐书·李琪传》，第907页。原后梁官员在后唐有不满情绪，不是个别现象。
③ 《旧五代史》卷31《唐书·庄宗纪五》，第487页；同书卷142《礼志上》，第2210—2211页。
④ 天成四年(929)十一月，史官张昭远等上《庄宗实录》30卷，见《旧五代史》卷40《唐书·明宗纪六》，第636页。显德四年正月，张昭建议修《闵帝实录》等，见《旧五代史》卷117《周书·世宗纪四》，第1805页。张昭后撰成《闵帝实录》，见《宋史》卷263《张昭传》，北京：中华书局，1977年，第9091页。
⑤ 《宋史》卷263《张昭传》，第9086页。
⑥ 《旧五代史》卷75《晋书·高祖纪一》，第1149页。

称汉丞相石奋之后,石奋居河内温县,两晋皇室司马氏亦为河内温县人。后晋德运与两晋德运同为金,应不是巧合。后唐土德,后晋金德,符合五德相生说。因不违背五德相生说,后晋德运比附两晋,显得极其自然。只是依附在两晋历史上的文化资源有限,继承两晋德运没有公开宣传的价值,故而基本看不到后晋比附两晋的史料。天福二年讨论庙制,关于要不要立始祖庙,最后听从张昭远的建议,仅立四亲庙①。后晋不立始祖庙,主要不是理论和学说的问题,而是现实政治难题。石敬瑭自称卫大夫蜡、汉丞相奋之后,但二者既非直系祖先,也没当过皇帝,不适合进入宗庙②。后晋对后唐在德运和庙制方面的做法是承认的,天福四年九月,以唐明宗之子李从益为郇国公,为二王后,"奉唐之祀",另一二王后是隋之酅国公;十一月,洛阳立唐高祖、太宗及庄宗、明宗、闵帝五庙③。刚开始,太常礼官提出立唐庄宗、明宗、闵帝三庙,朝廷下诏立唐五庙:

> 庄宗立兴复之功,明宗垂光大之业,逮乎闵帝,实纂本枝。然则丕绪洪源,皆尊唐氏,继周者须崇后稷,嗣汉者必奉高皇。将启严祠,当从茂典。宜立高祖、太宗及庄宗、明宗、闵帝五庙。④

后晋与后唐出自同一集团,后晋继承后唐观念,将后唐和唐看作一体。

后汉继承两汉火德,模仿此前做法,延续了沙陀人的政治传统。后汉统治基础非常薄弱,《旧五代史·汉高祖纪》赞云:"帝昔莅戎藩,素亏物望,洎登宸极,未厌人心。"⑤以刘姓比附汉朝是惯常做法,在契丹统治中原时期,能起到团结反契丹力量的作用。后汉德运确立时间在天福十二年六月。天

---

① 《旧五代史》卷142《礼志上》,第2211—2216页。

② 《旧五代史》卷31《唐书·庄宗纪五》:"议者以中兴唐祚,不宜以追封之祖杂有国之君以为昭穆。自懿祖已下,宜别立庙于代州,如后汉南阳故事可也。"第487页。上文已指出,这段话可能来自《庄宗实录》,张昭远是作者之一。据"议者"看法,李存勖的直系祖先,因没当过皇帝,不宜与"有国之君"混杂在一起。卫蜡、石奋既没当过皇帝,也不是直系祖先,放进宗庙会引起非议。

③ 《旧五代史》卷78《晋书·高祖纪四》,第1200—1201页。参看刘浦江:《正统论下的五代史观》,《正统与华夷:中国传统政治文化研究》,第36—37页。

④ 《册府元龟》卷174《帝王部·修废》,第1939—1940页。

⑤ 《旧五代史》卷100《汉书·高祖纪下》,第1567页。

福十二年二月，刘知远在太原即位；六月至开封，改国号为汉，大赦文有"肇兴宝历，克嗣炎精"语；次年正月改元乾祐，二月刘知远去世；乾祐元年二月汉隐帝即位大赦提出访求唐、晋两朝子孙以为二王后①。即位、定国号德运、改元、立二王后，一般在开国时同步进行，后汉却用了一年时间。立二王后需要理顺本朝和前面两个政权的关系。后汉定本朝德运为火德，后唐、后晋德运为五德相生，后晋、后汉德运却是五德相胜，从德运方面难以理顺后唐、后晋、后汉关系。

天福十二年闰七月，后汉仿效后唐，在宗庙中立汉高祖刘邦和汉光武帝刘秀庙室，与四亲庙组成六庙。宗庙立汉代皇帝庙室，由太常博士段颙提出，经百官集议，由吏部尚书窦贞固等确认②。同年九月，权太常卿张昭奏改宗庙六室乐名及改《十二和乐》③。不太清楚张昭是否参与后汉宗庙庙室设置的讨论，推测即使参加了，他的意见也不会起作用。马端临评后唐、后晋、后汉宗庙设置云：

> 按后唐、晋、汉皆出于夷狄者也。庄宗、明宗既舍其祖而祖唐之祖矣，及敬瑭、知远崛起而登帝位，俱欲以华胄自诡，故于四亲之外，必求所谓始祖者而祖之。张昭之言，议正而词伟矣。至汉初，则段颙、窦正固之徒，曲为谄附，乃至上祖高、光，以为六庙。然史所载出自沙陀部之说，固不可掩也，竟何益哉？④

后唐、后晋、后汉比附此前中原政权，是沙陀入主中原后"欲以华胄自诡"，这个说法是有见地的。

以上是以征伐得国的三个政权，下面再看通过禅让建立的政权。禅让只是形式，背后都离不开前期武力征伐的基础。但形式是重要的，以禅让建国

---

① 《旧五代史》卷99《汉书·高祖纪上》，第1549页；同书卷100《汉书·高祖纪下》，第1558—1559、1566—1567页；同书卷101《汉书·隐帝纪上》，第1570页。

② 《旧五代史》卷142《礼志上》，第2217页。

③ 《旧五代史》卷144《乐志上》，第2247—2249页。

④ 马端临：《文献通考》卷93《宗庙考三》，上海师范大学古籍研究所、华东师范大学古籍研究所点校，北京：中华书局，2011年，第2846页。

者,前朝和本朝德运必须符合五德相生说。后梁以金德代唐土德,相关史实清楚,无须再论。后周定本朝德运为木,为符合以木德代水德的五德相生学说,改后汉火德为水德。

后周建立者郭威虽为汉人,但出身卑微,"幼随母适郭氏,故冒其姓焉"①。后长期任职于石敬瑭、刘知远麾下,为刘知远的腹心臣僚。成长于这一环境下,郭威熟悉后唐以来国号和德运确立的模式。郭为姬姓之后,这在当时是常识性知识②。姬姓之后是郭威确立国号的重要依据,即位诏书云:

> 朕本姬室之远裔,虢叔之后昆,积庆累功,格天光表,盛德既延于百世,大命复集于眇躬,今建国宜以大周为号,可改汉乾祐四年为广顺元年。

通过姬姓之后来比附西周王朝,这一做法是后唐以来的惯例。后周还利用了若干天象来解释本朝的兴起:

> 时议者曰:"昔武王胜殷,岁集于房;国家受命,金木集于房。文王厄羑里,而卦遇明夷,帝脱于邺,大衍之数,复得明夷,则周为国号,符于文、武矣。"先是,丁未年夏六月,土、金、木、火四星聚于张,占者云,当有帝王兴于周者。③

四星相聚,被认为是改朝换代的天象;四星所聚方位对应地上的位置,即帝王兴起之地。丁未岁是天福十二年,据《星经》,"柳、星、张,周之分野,三河"④。四星聚于张,被认为是有帝王兴于周的天象。

郭威以郭为姬姓之后定国号为周,并试图证明周的兴起符合天象,又沿袭周的木德。但后周木德,和后汉的火德,没法建立两者的关联。通过禅让形式建立的政权,前朝和本朝德运必须符合五德相生说。为解决这一矛盾,

---

① 《旧五代史》卷110《周书·太祖纪一》,第1685页。
② 林宝:《元和姓纂》卷10,"郭":"周文王季弟虢叔受封于虢,或曰郭公,因以为氏。《公羊传》云:虢谓之郭,声之转也。"岑仲勉校记,北京:中华书局,2012年,第1547页。
③ 以上两段引文均出自《旧五代史》卷110《周书·太祖纪一》,第1696—1697页。
④ 《史记》卷27《天官书》张守节《正义》引,第1604页。

后周只得改后汉德运为水。后周这么做，有两方面的考量。首先，为本朝木德打下坚实的基础。所谓的"五运相承"，历史上更常见的是五德相生。将后汉德运改为水德，理顺了晋、汉、周的德运关系，后周德运为木就变得无可置疑，同时也与姬周、宇文周以木代水一致。其次，北汉沿袭后汉火德，通过篡改后汉德运，否定太原北汉政权的合法性。

后周建立之初，宗庙仅立四亲庙①，但对后汉宗庙制度予以尊重，《五代会要》卷3云：

> 周广顺元年二月，太常礼院上言："准敕：'迁汉庙入升平宫。'其唐、晋两朝，皆五庙迁移，今汉七庙，未审总移，为复只移五庙？"敕："宜准前敕，并移于升平宫。"②

汉七庙即汉高祖刘邦、汉光武帝刘秀、四亲庙和汉高祖刘知远。后周宗庙立始祖，是完全可行的，此前武则天称帝时，天授元年（690）九月立七庙，以周文王为始祖，同时立六亲庙③。后周仅立四庙，意味着放弃将本朝亲庙和前朝帝王放在一起的做法，抛弃了后唐以来的传统。

后周是一个转折点，既承旧，又开新。后周继承了后唐以来的惯例，同时又大胆地将后汉德运改了，使得后唐以降诸政权德运完全符合五德相生说。后周这么做，掩盖了后周沿袭惯例的做法，同时也瓦解了这一惯例。后唐以来的惯例是先据姓氏定国号，所定国号均是此前历史上已有过的，然后通过比附前朝确定德运。后周改后汉德运为水德，再加上后晋德运确立本来就符合五德相生说，后唐以来的惯例就变得模糊不清，五德相生说成为解释此时德运的唯一模式。

宋朝建立，比附此前朝代德运的做法彻底退出历史舞台。《建隆登极赦文》云：

> 五运推移，上帝于焉睠命；三灵改卜，王者所以膺图。朕起自侧微，

---

① 《旧五代史》卷142《礼志上》，第2217—2218页。
② 王溥：《五代会要》卷3《庙制度》，上海：上海古籍出版社，2006年，第41页。
③ 《新唐书》卷4《则天皇后纪》，北京：中华书局，1975年，第90—91页。

> 备尝艰苦。……昔汤武革命,发大号以顺人;唐汉开基,因始封而建国。宜国号大宋,改周显德七年为建隆元年。①

《宋会要辑稿》礼54所载诏令与此文字有别,"朕起自侧微,备尝艰苦"作"朕早练龙韬,常提虎旅"②。陈学霖认为前者为原件,后者是经过修饰之史册移录③。此说可从。在诏令原件中,赵匡胤不再攀附前朝皇族姓氏,勇于承认"起自侧微"这一事实,因赵匡胤曾任归德军(宋州)节度使,定国号为"宋",承后周木德而为火德。宋朝曾讨论,本朝德运是不是要否定五代,继承唐朝土德为金德,或者直接"绍唐土德"④。如果按照后唐以降四朝的惯例,宋为商后,商为水德⑤,宋朝应该为水德,但宋人从未提及这种说法,可见后周对惯例的否定是多么彻底和成功。

建隆元年(960)正月,听从张昭的建议,宗庙立四庙。张昭云:

> 隋文但立高、曾、祖、祢四庙而已。唐因隋制,立四亲庙,梁氏而下,不易其法,稽古之道,斯为折衷。⑥

五代后唐以降宗庙设置方面的讨论,张昭大多经历过,他有意忽视后唐、后汉的怪异做法,笼统地说梁氏而下均是立四庙,希望宋朝延续后周的做法,回归隋唐旧制,而非重现后唐以后的新传统。

---

① 吕祖谦编:《宋文鉴》卷32,齐治平点校,北京:中华书局,1992年,第493页。
② 徐松辑:《宋会要辑稿》礼54之1,刘琳、刁忠民、舒大刚、尹波等校点,上海:上海古籍出版社,2014年,第1949页。
③ 陈学霖:《大宋"国号"与"德运"论辩述义》,《宋史论集》,台北:东大出版,1993年,第7—8页。苗润博认为,宋代诏令分两个系统,诏令系统和官修史书系统,前者保存了诏令原貌,后者则多有改易,见《再论宋太宗即位大赦诏——诏令文书流传变异的文献学考察》,《中国史研究》2014年第2期。
④ 相关讨论参考刘复生:《宋朝"火运"论略——兼谈"五德转移"政治学说的终结》,《历史研究》1997年第3期。
⑤ 商为水德,周为木德,均是汉代谶纬的说法,见陈苏镇:《〈春秋〉与"汉道"——两汉政治与政治文化研究》,北京:中华书局,2011年,第440页。
⑥ 《长编》卷1,建隆元年正月己巳,第8页。

三、余论

后唐比附唐朝，定国号为"唐"，同时沿袭唐代土德。这开创了一个传统：通过姓氏比附此前已有过的朝代以定国号，同时沿袭比附朝代的德运。后晋国号主要由于石敬瑭以太原为基地起家，但也有以姓氏比附两晋的可能；后晋德运金，后唐、后晋德运符合五德相生说，同时后晋与两晋同为金德，这也不能排除后晋沿袭两晋德运的嫌疑。后汉为火德，与两汉德运一致，这完全符合后唐开创的依姓氏定国号、沿袭比附朝代德运的传统。后周木德，以郭为姬姓之后比附姬周，同时沿袭周的德运。后周通过禅让建立政权，前朝与本朝德运必须符合五德相生说，为了理顺与前朝德运的关系，后周将后汉火德改为水德。这一改动，掩盖了后周比附姬周确定德运的事实[①]，再加上后晋德运与两晋的关系相对模糊，后唐开创的定国号、德运传统变得暗淡，也为后一朝代彻底跳出传统开创了条件。宋朝建立，国号和德运的确立均未比附此前朝代。

对五代德运的新考订，能丰富我们对已有议题的认识。五代时期的大历史背景是"胡/汉"语境的消解[②]，沙陀政权采用五行德运，并用这套系统来解释历史，这是"胡/汉"语境消解的一个方面。同时也要看到，沙陀人对德运的理解与汉人是不同的。他们建立中原政权时面临很大的心理压力[③]，需要比附此前朝代确立德运，五德相生或相胜不是他们考虑的重点。后周统治者为汉人，但也受到后唐以来政治传统的影响。三个先后相续的沙陀政权，他们的德运分别是后唐土、后晋金、后汉火，这在中国历史上非常罕见。后周不惜改后汉德运，以比附周朝，确立本朝的木德，这也非常怪异。进入中

---

① 后周比附姬周确定德运，今人多不看重这一点，认为后周主要是依木德代水的五德相生说定德运。

② 关于五代"胡/汉"语境的淡化，参看邓小南：《论五代宋初"胡/汉"语境的消解》，《文史哲》2005年第5期，第57—60页；又见邓小南：《祖宗之法：北宋前期政治述略》（修订版），北京：生活·读书·新知三联书店，2014年，第82—94页。

③ 邓小南指出，郭崇韬、石敬瑭等攀附"流品"，"反映出当时影响该群体的特定文化心理，实际上也是他们骤然面对中原传统文明而不够自信的表现"。见《祖宗之法：北宋前期政治述略》（修订版），第123页。单个的沙陀人是如此，作为整体的沙陀政权亦是如此。

原的北族政权，同时受中原和北族两种传统的影响，他们模仿中原传统，也会因实际政治需求或理解方面的偏差，对中原传统做出改造。从长远看，沙陀人均已融入华夏集团，但不能忽视在具体历史进程中沙陀人身份给历史带来的影响。

"走出五代"是理解宋朝的又一重要议题①。这个议题包含的内容非常多元，关注的对象有异，"进入"及"走出"五代的时间点是不同的，讨论具体问题时要具体分析。另外更要明确以下问题：就我们研究的具体课题而言，什么是"五代"？"进入"及"走出"的标志是什么？"走出五代"不应泛化，不能把什么内容都当作五代特色，然后把宋朝的改变看作"走出五代"。就德运问题而言，后唐是建立五代传统的起点，后周既沿袭了传统、也在改造传统，宋朝建立最终走出五代。

后周改后汉火德为水德，造成我们今天理解五代德运的困难。而在宋朝，关于五代的资料是丰富的，宋朝可以看到后汉为火德的记载，考订后汉为火德的资料基本都出自宋人所编《册府元龟》。但宋朝却维持了后周对后汉德运的改造，理由有两点：

第一，后周、宋为同一集团，与北汉均是敌对关系。太平兴国八年（983）十一月，宋太宗云：

> 往者刘继元盗据汾、晋，周世宗及太祖皆亲征不利，朕决取之，除心腹之患，为世宗、太祖刷耻，擒刘继元致阙下。②

北汉构成后周、宋的"心腹之患"，而北汉沿袭了后汉的德运，宋初没有恢复后汉火德的动力。

新王朝建立，一般要立二王后，宋仅立周帝为郑王，"以奉周嗣"③。没有立后汉之后的举措。周郑王死后，后周陵庙无后周子孙专奉祭祀，嘉祐四年（1059）四月，因仁宗无子，著作佐郎何鬲认为，"本朝受周天下，而近代之盛，

---

① 邓小南：《祖宗之法：北宋前期政治述略》（修订版）第二章。
② 钱若水修，范学辉校注：《宋太宗皇帝实录校注》卷27，太平兴国八年十一月戊午，北京：中华书局，2012年，第72页。
③ 《宋会要辑稿》崇儒7之69，第2922页。

莫如唐。自梁以下,皆不足以崇袭",建议"考求唐、周之苗裔,以备二王之后"。太常礼院商议后上奏云:

> 今推次本朝之前二代,即当立汉与周后。又缘古者立二王后,不惟继绝,兼取其明德可法。五代草创,载祀不永,文章制度,一无可考。如上取唐室,又世数已远,于经不合。惟周则我朝受禅之所自,义不可废。①

最后选立周之子孙,"专奉庙享"。何䂮建议立唐、周之后为二王后,认为梁以下不值得立为二王后;太常礼院则认为,宋之前为后汉、后周,后汉政权不符合"明德可法"这一条件,因而后汉不适合立为二王后②。

建隆元年正月丁巳,"命宗正少卿郭玘祀周庙及嵩、庆二陵,因诏有司以时朝拜,著于令"③。乾德四年(966),给前代帝王置陵户,其中梁太祖、后唐庄宗、明宗、后晋高祖均置守陵两户④。宋初遍祀前朝有代表性的皇帝,唯独没有后汉。直到宋真宗大中祥符四年(1011)二月才诏令官府以时致祭五代汉祖陵⑤。

第二,在宋初,后周正统地位对宋的合法性至关重要;五代诸政权,后周统治是较为成功的,宋不便、也没必要改后周德运。太平兴国九年四月,徐铉等人反对赵垂庆提出的宋当继唐土德为金德,奏云:"且五运代迁,皆亲承授,质文相次,间不容发,岂可越数姓之上,继百年之运,此不可之甚

---

① 《宋会要辑稿》崇儒7之72,第2925页。又参看《长编》卷189,嘉祐四年四月癸酉,第4560页。司马光:《涑水记闻》卷10:"先是,诏周后柴氏,每遇亲郊,听奏补一人充班行。至是,或上言:'皇嗣未生,盖以国家未如古礼封二王后。'"邓广铭、张希清点校,北京:中华书局,1997年,第190—191页。

② 司马光曾建议改立郭氏为周后,这一意见被否定了。《建炎以来朝野杂记》甲集卷3《崇义公》:"崇义公,周后也。仁宗嘉祐中,择使臣柴咏者封之。咏于世宗为从孙,熙宁中,司马公为西京留台,请废咏而立郭氏后。王介甫为上言:'岂可使世宗以得天下之故,易其姓。'乃不行。"第98页。

③ 《长编》卷1,建隆元年正月丁巳,第7页。

④ 《宋大诏令集》卷156《前代帝王三年一享诏》,北京:中华书局,1962年,第585页。

⑤ 欧阳修等奉敕编:《太常因革礼》卷80《享先代帝王陵庙》引《礼阁新编》,宛委别藏本,南京:江苏古籍出版社,1988年,第838页。

也。"①强调后唐以降的德运是"亲承授",后周木德是宋火德合法性的源头。天禧四年(1020),光禄寺丞谢绛建议宋当绍唐土德,大理寺丞董行父提议宋应为金德,两制讨论后认为:"太祖实受终周室,岂可弗遵传继之序。"②后周理顺了后唐以降四朝的德运关系,这对宋政权是有利的。宋初君臣不会为了恢复后汉德运,做有损政权合法性的事。到了北宋中叶,随着儒学复兴运动的展开,五代正统地位都被否定了③,当然也没必要斤斤计较后汉是火德还是水德。五代德运的混乱,预示德运本身逐渐成为一种说辞,它的实际重要性在下降,这为五德终始政治学说在北宋中期的终结提供了历史证据。

后汉火德的事实在宋朝不会被提及,大概和宋朝是火德有关。天圣二年(1024)十一月,王钦若等奏上皇帝尊号册文,有"于铄有宋,肇开炎历"语④,类似说法还有很多。德运是周而复始的,德运相同的朝代非常多。但宋和后汉离得太近,让宋和后汉德运一致,于宋总归不体面。宋朝士大夫勇于"疑经",其中所体现的理性求实精神值得赞赏。但涉及本朝正统的大事,求实精神退居次位,讲政治就变得重要起来,这在当时应是一种更切实际的"理性务实"。

附记:感谢浙江大学人文社会科学高等研究院。本文初稿曾于2015年秋在江浙沪宋史沙龙上讨论过,得到了朱溢、谷继明的指正。修改稿先后得到了罗亮、尹承、邱靖嘉、苗润博、方诚峰的指正。特此致谢!

---

① 《长编》卷25,雍熙元年四月甲辰,第577—578页。
② 《长编》卷95,天禧四年五月甲戌,第2194—2195页。
③ 刘浦江:《正统论下的五代史观》,《正统与华夷:中国传统政治文化研究》,第46—50页。
④ 《宋会要辑稿》礼49之13,第1785页。

张载《正蒙》"诚明"概念探析

雷　博

　　张载《正蒙》的《诚明》章是全书的关键章节[①]。历代注释者对此章都非常重视，特别由于其中提及"天地之性"与"气质之性"的分别，成为中国人性论史上一篇枢纽性文章。但以王夫之为代表的历代诠释者，多是从人伦秩序中寻求其天道依据，通过心性言说天理，向上推出"所以然之理"和"所当然之则"。这和张载"以天体身""以天体物"（《正蒙·大心》）[②]的思辨方向与逻辑展开形式有显著差别。纵观《正蒙》的文本结构，可以很明显地看到，张载的思路是从天道上"演下来"，通过阐明天道来发显性命之理。二者在义理结构与取重上有根本性的殊歧。张载认为：诚明是天道的显现方式，同时又可以通于人道，形成了一个贯通天人的关联纽带。对于人而言，重要的思辨工夫不是见"天之在我"，而是觉察"我之属天"，即自我的精诚与灵明是天道神化之诚明的具体显现。

作者单位：中国社会科学院古代史研究所
　①　华希闵曰："此篇以'诚明'二字名篇。篇末'顺性命之理'，是一篇大主脑。"参见林乐昌：《正蒙合校集释》，北京：中华书局，2012年，第284—285页。
　②　按：本文引用张载《正蒙》原文，皆出自《正蒙合校集释》，下不赘述。

因此，本文尝试以《正蒙》中关于"诚"和"明"这两个概念的阐述为分析对象，从神化、性命两个角度考察"诚"的天道根源，及其在天人之际的联结作用；以此为基础，剖析《正蒙》文本中几个与"明"相关的概念：离明、虚明、贞明、诚明，梳理其内在的差别与关联。从而揭示张载"诚明"思想是如何在最精微处衔接天人，将"无知无识"（只有逻辑形式而没有具体伦理内容）的天道在个体层面现实化为明确的价值根源和伦理导向①。

一、"诚"在《正蒙》中的联结贯通意义

首先考察"诚"这一概念在《正蒙》思想体系中贯通天人的意义②。张载在《诚明》篇中做了一组"合一"形式的排比：

> 义命合一存乎理，仁智合一存乎圣，动静合一存乎神，阴阳合一存乎道，性与天道合一存乎诚。

"合"的义理结构在《正蒙》中有非常重要的地位。这组排比是"XY合一存乎Z"这一重要思辨方式的体现，历代注释者多有不同角度的发明，很多诠释将重点放在"义命合一存乎理"一句上③。不过考察上下文，此处的焦点是通过这一形式，引出最后一句"性与天道合一存乎诚"，再次强调"诚"在天

---

① 按：本文考察的重点是"诚明"这一概念的内在结构及其通贯作用，因此传统哲学史视域中关切的"自诚明"与"自明诚"的关系及工夫路径问题，本文论述中间有涉及，但并不是主要的思辨对象。参见米文科：《"自诚明"何以可能——张载思想中的"自诚明"与"自明诚"问题》，《唐都学刊》2014年第2期。

② 关于"诚"概念的哲学史意义，学界已有非常多的研究成果，冯友兰、徐复观、牟宗三、陈来等哲学史家均对其意涵进行过解析。以"诚"为对象的专题研究，有程宜山：《〈中庸〉"诚"说三题》，《孔子研究》1989年第4期；安延明：《中国哲学史上"诚"的观念的形成》（The Idea of Cheng(Integrity):Its formation in the History of Chinese Philosophy），密歇根大学博士学位论文，1997年；张洪波：《〈中庸〉之"诚"范畴考辨》，《武汉大学学报（哲学社会科学版）》2007年第4期；孟琢：《对〈中庸〉中"诚"的文化内涵的历史阐释——兼论训诂学在历史文化研究中的独特价值》，《社会科学论坛》2011年第2期；李旭然：《北宋四子的"诚"论》，西北大学博士学位论文，2014年。本文侧重于《正蒙》文本内部对"诚"的论述与建构。

③ 参见林乐昌：《正蒙合校集释》，第288—291页。

人之间的统合作用。王植即认为"此节大意，推言理、圣、神、道与诚之义也。玩上下节，重在诚上"①。

对于诚的这种联结作用，华希闵指出："'存'字，不着力。"② 即"诚"对于天道与人性之间的合一，是轻灵微妙的，而不是机械、僵硬的联结。那么这种联结是如何实现的呢？这就需要将"诚"这一概念做两个方向的打开：其一是朝向天道神化的方向，来看《正蒙》语境中诚与神化之间的联系；其二是朝向人事性命的方向，来看张载如何论述诚与性命之间的关系。

（一）诚与神化

首先来看天道神化的方向。在《诚明》篇中，张载这样定义"诚"：

> 天所以长久不已之道，乃所谓诚。
> 诚有是物，则有终有始；伪实不有，何终始之有！故曰"不诚无物"。

张载从"不已"和"有终有始"两个角度界定"诚"在天道层面的内涵，前者强调存有的连续、恒常与生生不息，后者注重存有形式的起点和终点，也就是具体的存有者的时空边界。两者均关联到一个非常重要的概念——"一"③。所谓"长久不已"，即存有连续性的"一"和内在能动性与趋同性的"一"共同作用的结果；而所谓"有始有终"，则是存有在时空规定性上的"一"，即存有在时间和空间上都是连续而完整的，不得跃迁、不能分割。这样的义理内涵可以与《太和》《参两》及《神化》篇的论述合观：

> 太虚不能无气，气不能不聚而为万物，万物不能不散而为太虚。循是出入，是皆不得已而然也。（《太和》）
> 气本之虚则湛一无形，感而生则聚而有象。有象斯有对，对必反其

---

① 林乐昌：《正蒙合校集释》，第291页。
② 林乐昌：《正蒙合校集释》，第291页。
③ 有学者对"诚"与"壹"之间的语义与思想渊源做过梳理辨析，先秦诸子思想中的"壹"概念，主要包含"充实郁积"和"专一不二"等意义层次，具有宇宙论和道德论的双重性质。参见孟琢：《对〈中庸〉中"诚"的文化内涵的历史阐释——兼论训诂学在历史文化研究中的独特价值》，《社会科学论坛》2011年第2期。

> 为;有反斯有仇,仇必和而解。(《太和》)
>
> 一物两体,气也;一故神 两在故不测,两故化 推行于一。此天之所以参也。(《参两》)
>
> 惟神为能变化,以其一天下之动也。人能知变化之道,其必知神之为也。(《神化》)

可以看出,《正蒙》中的"一"有两个不同层次的意义:一个强调的是存有的连续、完整与不能止息,另一个强调的是背反的同源性、趋同性与内在的能动性①。"一"不是机械僵化的"均一",而是即两而一,既包含着无限生机与可能性,同时又有着朝向特定方向的必然性,所谓"两不立则一不可见,一不可见则两之用息"(《太和》)。这里体现张载对存有本体的洞察:存有总是连贯的、无中断的、精一而无碍的存在,释老以"有无"之说,将存有本身切割为"存有"或"不存有"的阶段,正是"以人见之小因缘天地。明有不尽,则诬世界乾坤为幻化。幽明不能举其要,遂躐等妄意而然"(《太和》),正是没有把握到"一"的精义而产生思想上的误区。

两种性质不同但彼此关联的"一"共同作用,使天道呈现为一种宏博浩大的"不已"与"精一"——这也就是天道之"诚"②。

在《天道》篇中,张载描述了天道之诚的境界与达致的效果:

> 天不言而四时行,圣人神道设教而天下服。诚于此,动于彼,神之道与!
>
> 天不言而信,神不怒而威;诚故信,无私故威。

显然,天道的不已与精一,不仅仅是自然的性状与逻辑形式,而是具有德性导向意义的矩范,因此可以下"诚"字来予以明确的界定,将其本然蕴涵的德性昭显出来。

---

① 参见雷博:《张载〈正蒙〉"象"概念精析及其工夫论意义》,《中国哲学史》2015年第4期。
② 按:从"不二""不已"和"精一"的角度理解天道之诚,比用"无妄"界定其体内涵的德性,更接近《中庸》的原始意义,参见程宜山:《〈中庸〉"诚"说三题》,《孔子研究》1989年第4期。

（二）诚与性命

接下来我们来看人事的方向上，"诚"与"性命"之间的联结。张载在"天所以长久不已之道，乃所谓诚"的定义后，补充了一句话：

> 仁人孝子所以事天诚身，不过不已于仁孝而已。故君子诚之为贵。（《诚明》）

这句话可以与《神化》篇中另一句表述合观：

> 大而化之，能不勉而大也，不已而天，则不测而神矣。

张载将天道之诚中所蕴含的"不已"之义，用于仁人孝子的德性工夫上：所谓仁孝工夫，亦不过"不已"而已。这样就引出了《中庸》中"诚之"的概念，但横渠这里的用法与《中庸》有微妙差别。《中庸》所谓"诚者天之道，诚之者人之道"，后者重点在于人着力于诚意的德性工夫。而张载所论的"诚之"，强调的不是"用力于诚"，而是"自诚用力"，即天道自身的精一不已在人心中的显现。

横渠更进一步对《中庸》"自诚明"与"自明诚"之说给出了自己的解释：

> "自明诚"，由穷理而尽性也；"自诚明"，由尽性而穷理也。（《诚明》）

这一解释的意义在于，用穷理和尽性对应"明"与"诚"，标举出两种重要的工夫路径。前者是在"穷"字上下功夫，穷理本身是一种主观的努力过程，如华希闵所言："上穷理'穷'字用力，下'穷'字不用力。"[①] 后者的重点则是在"尽"字上，更准确地说，"尽性"之"尽"并不是一个需要去着意用力的工夫，而是对于"诚"的践行，也就是天道之"诚"本身的开展。

所以"诚"在人事的方向上，可以从"不已"和"尽"两个角度进行理解。前者是天道之精一无二、生生不息、充塞无间的体现，后者则是人的乾刚进取，同时也是天道于个体心性之中将自身的"精一"与"宏大"充分发显。从中我们可以深刻体认到《神化》篇所说的：

---

① 林乐昌：《正蒙合校集释》，第295页。

>神，天德，化，天道。德，其体，道，其用，一于气而已。"神无方"，"易无体"，大且一而已尔。

可以说，正是"诚"这一概念将"大且一"的天德天道进行了彻上彻下的通贯，使其"大"与"一"不是单纯对自然现象的描摹，而体现于人与自身性命的关系中，于"诚"字之上，将天道的根本良能和人主体的能动性关联贯通。正如《乾称》篇所总结：

>至诚，天性也；不息，天命也。人能至诚则性尽而神可穷矣，不息则命行而化可知矣。

二、关于"明"的四个概念：离明、虚明、贞明、诚明

在理解"诚"的通贯性之后，接下来需要进一步讨论"明"的作用。在《正蒙》中有四个关于"明"的重要表述：离明、虚明、贞明和诚明。四者既有区别，同时又有内在联系，其义理上的同异与次第本身即构成了"明"这一概念在天人之间的通贯机制。

（一）离明

首先来看"离明"，《太和》篇曰：

>气聚则离明得施而有形，气不聚则离明不得施而无形。

张载在太虚与气的转化中，下"离明"二字作为其成形的原因，十分耐人寻味。对"离明"的训释，古今学者多本于《易传·说卦》"离也者，明也"，"离者为目"，侧重从其"光""明"的含义上说。《朱子语类》载朱熹答弟子问"离明，何谓也？"曰：

>此说似难晓。有作日光说，有作目说。看来只是气聚则目得而见，不聚则不得而见，《易》所谓"离为目"是也。[1]

---

[1] 黎靖德编：《朱子语类》卷99，北京：中华书局，1994年，第2534页。

后世的注者多采用这种训诂方法,即以"离明"为火、为日、为目,泛指光明。只有王夫之的解释更丰富生动:

> 离明,在天为日,在人为目,光之所丽以著其形。有形则人得而见之,明也。①

王夫之在"光明"之义外,同时还引入了"附丽"之义以训释"离",即"附着"之义,所谓"光之所丽以著其形"。这一解释思路源于离卦的象辞"离,丽也",也符合张载的本义。在《正蒙·大易》篇中,张载解释"离"卦曰:

> "离为乾卦","于木为科上藁",附且燥也。
> ——(按:阳爻)陷溺而不得出为坎,——附丽而不能去为离。

《横渠易说》解离卦象辞,亦曰:

> 日月草木丽天地,丽,附着也。②

可见,张载在使用"离明"一词时,也有"附丽""附着"的意涵,光通过附着在物之上,使之边界清晰呈现出来,这就是"形"。从这个角度来看,"离明"的意义里不仅包含着日、月等光源和"目"这样的感光者,同时也暗含了对光成像过程的描述。

除了上述三方面意义之外,"离明"中的"分离"之义也值得特别关注。杨立华先生指出:"当'离明'与'施'关联在一起时,表明它必是指某种施予的存在者。而这里与'幽'相对的'明',就成了与被动的不可见相对的被动的可见。这种被动的可见性,则源于万物的'离'。这里的离显然是分离之意。"③

这一诠释并没有背离《正蒙》的语境。张载在言说"气聚则离明得施而有形"之后,随即将有形与无形的分别落在"幽明"二字之上进行更精细的思辨,以此诠释《系辞》中的"知幽明之故":

---

① 王夫之:《张子正蒙注》,《船山全书》第12册,长沙:岳麓书社,1996年,第28页。
② 张载:《张载集》,章锡琛点校,北京:中华书局,1978年,第123页。
③ 杨立华:《气本与神化——张载哲学述论》,北京:北京大学出版社,2008年,第30页。

> 故圣人仰观俯察，但云"知幽明之故"，不云"知有无之故"。盈天地之间者，法象而已；文理之察，非离不相睹也。方其形也，有以知幽之因；方其不形也，有以知明之故。（《太和》）

通过"成形"可以了解"幽"，通过"不形"可以了解"明"。这看上去似乎正好和常理相反，对此朱熹分析云：

> （此句）合当言"其形也，有以知明之故；其不形也，有以知幽之因"方是。却反说，何也？盖以形之时，此幽之因已在此；不形之际，其明之故已在此。聚者散之因，散者聚之故。①

这样一种背反而相互发明的状态，有力地阐释了上一句"文理之察，非离不相睹也"。《横渠易说》中的一条论述也可以作为旁证：

> 天文地理，皆因明而知之，非明则皆幽也，此所以知幽明之故。万物相见乎离，非离不相见也。②

总之，"离明"这一概念中包含了四重含义：一、日光（光源）；二、目光（感光者）；三、附着，附丽；四、背反，分离。从知觉作用的角度来看，其中同时包含着施与、赋形、感知的过程以及感知的内在机制，是一个意蕴丰富、哲学性很强的词汇。从"明"所蕴含的层次来看，"离明"是最基础的一层意义，即从"发光"和"感光"的角度描述客观的知觉活动。太和运化之中自然有同异消长，在一消一息之间产生的变化与涟漪即光、声等讯息，同时自然化育出感知其光色声响等讯息的能力。施与受在"浊则碍"处的交汇，就是"碍则形"。这个层面的"明"是天地神化的自然结果，是对万物之间通过光、声等讯息进行互联互通的描述（如草木趋光、禽兽见物），也是对于人的耳目知觉的解释。

然而"离明"中的分离义也提示我们，不能仅仅从客观现象的角度将这个概念轻轻放过。事实上，如果没有太和中内涵的絪缊背反（离），那么宇

---

① 黎靖德编：《朱子语类》卷99，第2534页。
② 张载：《张载集》，第182页。

宙就是一锅均质的汤，清浊不会分别，甚至清、浊这样的概念都没有意义，也不会有阴阳的施受关系，所谓光源、感光更无从谈起。因此，在张载的哲学体系中，太和本源的一而二、二而一，是如同野马、絪缊一般的"能然"，不仅是能生、能动，也是"能明"，是为宇宙万事万物带来差别变化和交感互通的义理根基。

（二）虚明

从"离明"的这一层"能明"含义，可以自然延伸到神的"虚明"上。张载在《神化》篇中全面描述了神的能然作用：

> 虚明照鉴，神之明也；无远近幽深，利用出入，神之充塞无间也。
> 天下之动，神鼓之也，辞不鼓舞则不足以尽神。
> 神化者，天之良能，非人能；故大而位天德，然后能穷神知化。
> 惟神为能变化，以其一天下之动也。人能知变化之道，其必知神之为也。

张载认为，这种根源性的、普遍存在而充塞无间的"能明""能动""能变化"是"天之良能"，"虚明"正是对这一能明的描述性界定。在张载看来，一般意义上的能明是赋形之明，是在施与者和感受者之间建立耳目知觉层面的联系；而神的能明则不仅仅是赋形，更是在形与不形的分界处"知几""显象"：

> "知几其神"，由经正以贯之，则宁用终日，断可识矣。几者象见而未形也，形则涉乎明，不待神而后知也。（《神化》）

神之虚明所建立起来的感知联系，是在万物发端的几微处，象见而未形的状态下，对"无形之象"乃至"形上之象"的显现①。需要注意的是：离明中蕴含的能明意义，可以通达神之虚明，但两者之间有境界差别。前者是在耳目见闻中呈现具体的形，是客观性、功能性的明，不具有伦理和德性的内容；而后者则是对"象"的发显，从若存若无、语辞几不可道的"象"出发，可以通贯昼夜幽明，这样就具备了思辨与德性的实践意义：

---

① 参见雷博：《张载〈正蒙〉"象"概念精析及其工夫论意义》，《中国哲学史》2015 年第 4 期。

> 神不可致思，存焉可也；化不可助长，顺焉可也。存虚明，久至德，顺变化，达时中，仁之至，义之尽也。知微知彰，不舍而继其善，然后可以成(人)性矣。(《神化》)

虚明是神之能明，而"神"作为根本性的"能"，不可以放在"所"的地位上进行对象化的思辨，只能用"存"的工夫去通达。存虚明也就是存神之"象"，久而至德，顺于变化，这就是横渠所主张的"存神知化"的工夫路径。

"存虚明，久至德"的表述，是横渠实践工夫的一大特点，即于"存"字上下"恒久""不已"的工夫，直至德盛仁熟，即所谓"大可为也，大而化不可为也，在熟而已。易谓'穷神知化'，乃德盛仁熟之致，非智力能强也""大而化之，能不勉而大也，不已而天，则不测而神矣。"(《神化》)

这种恒久不已之工夫既是人的主观努力，同时也是天道自身的彰显，即前文所论"诚"与"诚之"之间间不容发的"不已"。从虚明的恒久不已上，便可引出"明"的另一个层面："贞明"。

(三) 贞明

"贞明"这个概念来自《正蒙·天道》篇最后一章，对天德的总结：

> 有天德，然后天地之道可一言而尽。贞明不为日月所眩，贞观不为天地所迁。

这段内容可以与《参两》篇中关于天地日月的论述合观。一方面，学者需要在仰观俯察中格物穷理，把握天地日月等自然现象背后的阴阳规律；另一方面，又不能为天地日月之象所迁惑，而要看到"'日月得天'，得自然之理也，非苍苍之形也"(《参两》)，从而于天地之象中体察天德的悠久高明。

张载在《天道》篇中对这一点从各个角度反复陈说：

> 天体物不遗，犹仁体事无不在也。"礼仪三百，威仪三千"，无一物而非仁也。"昊天曰明，及尔出王，昊天曰旦，及尔游衍"，无一物之不体也。
>
> 上天之载，有感必通；圣人之为，得为而为之(应)。

> "不见而章",已诚而明也;"不动而变",神而化也;"无为而成",为物不贰也。已诚而明,故能"不见而章,不动而变,无为而成"。
>
> 天之知物不以耳目心思,然知之之理过于耳目心思。天视听以民,明威以民,故诗书所谓帝天之命,主于民心而已焉。

从《正蒙》文本结构来看,《叁两》篇叙说天地之法象、阴阳之性状,《天道》篇论天道天德的境界,而《神化》篇则分析天道天德的内在根源。因此上引《天道》篇中所论种种"明"、"感通"和"知",都可以理解为天道神化所呈现出的"明"的至高境界。

张载将这个层次的"明"界定为"贞明","贞"的意义包含三个层面:

首先是普遍无遗,张载举《诗经·大雅·板》"昊天曰明,及尔出王",言天道之大明,无物不体,无事不在。

其次是必然无碍,所谓"上天之载,有感必通",言天道之明,必然有体、有象、有感、有应,这种发显与感通是天道内蕴的不可已的必然性,故圣人对于天道的参赞方式,是"圣人之为,得为而为之应"。

第三是超然无形,所谓"不见而章","知物不以耳目心思",即天道之大明不是通过任何具体的、功能化的渠道媒介而达成的感通,而是在本然的精一与莫测中,呈现出的超然于具体知觉见闻之上的开显和澄明。

"贞明"与"虚明"的关系,可以通过《天道》篇中横渠对"天"与"神"的界定进行理解:

> 天之不测谓神,神而有常谓天。运于无形之谓道,形而下者不足以言之。

由此可见,"虚明"是神之妙用,而其常体即天之"贞明"。语其知几见象、变化无穷则曰"虚明";语其恒定持久、必然无碍则曰"贞明"。从思辨与实践工夫角度看,虚明是"存"的着手处,是工夫的起点,而贞明则是天德的至高境界,是工夫的目标方向。二者有着内在的一致性,却又在不同语境中显现不同的意义。

(四)诚明

在辨析以上三重"明"的含义后,就可以对"诚明"之"明"进行更为准确的界定。在《诚明》与《大心》两章中,横渠主要从三个角度论述其意旨。

首先是天道之明,所谓"诚明所知乃天德良知,非闻见小知而已"。"天人异用,不足以言诚;天人异知,不足以尽明。所谓诚明者,性与天道不见乎小大之别也。"这个层面的"明"也就是上述从离明、虚明到贞明的天德之明。

其次是人的感官灵明与求知穷理的内在诉求:

> "自明诚",由穷理而尽性也;"自诚明",由尽性而穷理也。

"明"为穷理,"诚"为尽性,显然,这一层的"明"侧重于人自身的能知与能明。

最后层次则是超越耳目知觉的"合内外之道":

> 人谓己有知,由耳目有受也;人之有受,由内外之合也。知合内外于耳目之外,则其知也过人远矣。(《大心》)

> 天之明莫大于日,故有目接之,不知其几万里之高也;天之声莫大于雷霆,故有耳属之,莫知其几万里之远也;天之不御莫大于太虚,故必知廓之,莫究其极也。人病其以耳目见闻累其心而不务尽其心,故思尽其心者,必知心所从来而后能。(《大心》)

在横渠看来,"诚明"之"明"不仅是耳目层面的交感与能知,而是由"诚"之中所蕴含的"尽心""尽性",超越具体知觉作用的藩篱桎梏,"合内外于耳目之外"而实现的通明洞彻。

在《正蒙》各篇章中,横渠对这一点进行了充分的阐发:

> 大其心则能体天下之物,物有未体,则心为有外。世人之心,止于闻见之狭。圣人尽性,不以见闻梏其心,其视天下无一物非我,孟子谓尽心则知性知天以此。天大无外,故有外之心不足以合天心。见闻之知,乃物交而知,非德性所知;德性所知,不萌于见闻。(《大心》)

> 成吾身者,天之神也。不知以性成身而自谓因身发智,贪天功为己力,吾不知其知也。民何知哉?因物同异相形,万变相感,耳目内外之合,

贪天功而自谓己知尔。(《大心》)

  天包载万物于内,所感所性,乾坤、阴阳二端而已,无内外之合,无耳目之引取,与人物蕞然异矣。人能尽性知天,不为蕞然起见,则几矣。(《乾称》)

张载用"大心"这一概念阐释诚明的内在贯通性:个体的"能明"通过尽心尽性而体天下之物,以"无外"的形式,超越感官的蕞然之见,使自身灵明与天道之明合一不二。所谓"大心",不是将个人的知觉思虑拔高为天地万物的意义生成机制,以我之灵明去对天地进行俯仰裁度,而是天道本然内蕴的虚明具象地体现于个体之中,个体拓展自身灵明的方式也就是"以天体身""以天体物""尽性知天",不断地返归于天道之贞明[①]。

结　语

综合上述对于"诚明"概念的讨论,可以将其中的义理结构归纳为:天道之"精一""不已"即为诚,诚之不已体现于人的主体性之中即为"尽",由尽心、尽性而发的实践工夫,也就是天道之精一不已的具体呈现。这一尽心工夫将人的灵明从表层的耳目感知中拓展超拔,使"明"从一种物理讯息的施受联结,提升为德性之知的通明畅达。

如果将张载对于"诚明"的诠释放在整个中国哲学史中进行理解,可以看到他是依《中庸》与《易传》为义理根基,吸收先秦诸子思想,特别是道家思想中对天道的论述,将"诚明"这一明显具有人伦特征的概念向天道的方向进行了充分的阐释与拓展,使其义理内涵深植于天道神化,而构成天人之际牢不可破的纽带。这既是对先秦思想的创造性诠释,也是对汉唐以来天人思想的重大突破,使"天道"以更加清晰的本来面目和更为邃密的心性触感,通达于人伦世界之内,成为人的价值、义理、仪轨和制度的坚实根基。

[①] 有学者将诚明所知的天德良知界定为圣人境界,与君子的"德性之知"相区别,这种区分固有其道理,但推敲横渠上下文义,"诚明所知"不仅是至高境界,同样也是学者工夫的着力方向,从其通贯性的一面看,后者更接近其义理的重心。参见程宜山:《关于张载的"德性所知"与"诚明所知"》,《哲学研究》1985年第5期。

《朱文公文集》未收书信原因考释
——以宋元两朝文集所见朱熹书信真迹题跋为线索

汤元宋

中古中国思想,尤其是儒家思想转型的标志之一,即是经学之衰变与理学之兴起。若以文献而言,理学文献的特征之一便是因佛教的影响产生了大量"语录"体;同时也因物质条件的成熟和人文理念的转变等时代因素,使得理学家不同于前代倾全力于章句注疏之间的经学家——大量讨论学术的书信开始在宋代理学家群体中普遍出现并被收录于文集之中。

无论是语录还是包括大量书信在内的文集,对于宋代最重要的一些理学家而言,这些并非其生前所审定的定本,而是由其子孙、门人、再传弟子,甚至未有直接师承关系的私淑后学所编订。这份理学家的名单,包括程颢、程颐、张栻、吕祖谦和朱熹等人。

本人定稿与后人编订,区别之一在于,后者存在因时间久远而散佚失传、系年无序、真伪难辨等客观风险,以及编纂者基于编纂时的政治时局、学派演变、个人理解等因素对原始文本进行改动的主观风险。这种改动极少以伪

作者单位:中国人民大学国学院

造的方式出现,更多是隐藏于对文献的取舍和结构性安排之中,因此极为隐蔽。过往研究理学的学者,亦常将这些最终成稿于理学家过世后一代甚至几代人之手的文献作为体现理学家本人义理的"一手"材料,而忽略了其为后人编纂所不可避免的"二手"因素。

一、朱熹书信编纂中的政治与学术脉络

研究朱子学者,无不重《朱文公文集》[①]。但现存百卷本《文集》系统,其编纂历时数十年,《正集》《续集》《别集》最终作为一整体定稿,已在朱熹过世一甲子之后。《文集》编纂刊刻既在朱熹离世之后,又历时如此之久,其中部分篇目措置难免有出于朱子后学而非朱熹本人之意图,且与此间数十年的政治时局及学术演变有关。问题的关键在于能否选择合适的方式对《文集》中朱熹与朱熹后学的差异做出合理的分析。

《文集》之中,以书信部分为朱子学文献研究之重点与难点。《正集》卷24至卷64,《续集》卷1至卷11,《别集》卷1至卷6,共计58卷,收录书信2300余通,占《文集》近半卷帙[②]。相比于其他文献,书信更能反映出朱熹一生在政治与学术方面的人际交往情况。

对于朱熹书信的研究,过往主要集中于书信系年和辑佚工作[③]。传统的辑佚工作,多重视辑佚文献中残存的书信原文,而忽略今存原件或历代文集中

[①] 今学界通行本《朱子全书》中"文集"包括《晦庵先生朱文公文集》100卷、《晦庵先生朱文公续集》11卷和《晦庵先生朱文公别集》10卷。为避免行文分析时指涉不清,本文分别简称之为"《正集》""《续集》""《别集》",而将121卷整体统称为"《文集》"。

[②] 此亦是记其大数,如以今人观点,"书""启"皆可视为书信,但《正集》将《答辛幼安启》等置于卷85。《续集》卷8中亦收录数篇跋文。关于宋代书信体裁的研究,详见金传道:《北宋书信研究》第一章《书信体裁发微》,复旦大学中国语言文学系博士学位论文,2008年,第9—24页。此外,与《正集》《别集》中每一封书信皆标有小题不同,《续集》中,若与同一人的数封书信,则其间不加区分,因此难以判断两段文字分属两封书信,还是同一书信中的两段文字。

[③] 朱熹书信的编年考证工作,当代学者中以陈来、束景南、顾宏义的成果最具代表性。陈来:《朱子书信编年考证》(增订本),北京:生活·读书·新知三联书店,2007年;束景南:《朱熹年谱长编》(增订本),上海:华东师范大学出版社,2014年;顾宏义:《朱熹师友门人往还书札汇编》,上海:上海古籍出版社,2017年。本文中若未特意说明,则书信之系年皆以陈著为准。

收录的对于这些书信的题跋①。较之部分辑佚的仅数字、十余字残存的书信，不少数百字的书信题跋反而能反映更多朱子学发展的历史面貌。笔者目力所及，仅宋元两朝文集中，当时理学家、士大夫乃至僧道群体所作朱熹书信真迹题跋即已过半百之数，且不乏真德秀、魏了翁、王柏、吴澄、胡炳文等宋元理学大家。当然，宋元两朝文集中收录的吕祖谦、张栻、陆九渊等人书信真迹的题跋亦不在少数。问题的关键在于，能否选择合适的问题，以"激活"书信真迹题跋这类过往在理学史研究中不为人所重视的材料群。

《文集》对于书信的卷次编排，有其内在逻辑，即政治、学术二分。以《正集》为例，据其卷 24 至卷 64 目录下小字标注，此 41 卷分别以"时事出处""汪张吕刘问答""陆陈辩答""知旧门人问答"等加以分门别类。所谓"时事出处"，即朱熹与他人讨论时局、政务与仕宦进退；"汪张吕刘"则为汪应辰、张栻、吕祖谦、刘子澄，"陆陈"则为陆九龄、陆九渊、陈亮，"知旧门人"则为吕祖俭、何叔京、蔡元定等人。其中"时事出处"收录的书信，主要与朱熹的政治活动有关；而余者则多与朱熹的学术活动有关，姑且可以统称其为"讲学问答"。其中如朱熹答张栻、吕祖谦等人书信，亦因其主旨不同，而分属"时事出处"与"讲学问答"即政治与学术两部分。

大略而言，卷 24 至卷 29"时事出处"部分，其书信编排以时间为主要次第，起首《与钟户部论亏欠经总制钱书》作于 1155 年，终篇《与李彦中帐干论赈济札子》作于 1199 年②。其中答魏元履、陈俊卿、吕祖谦等人书信，因其通信早晚，分属不同卷次。而卷 30 至卷 64"讲学问答"部分则以人分类，同一通信对象书信，多归集在一处，不以书信往来时间编排卷次。

《续集》因目录未明确标示，故暂存而不论。但《别集》所收书信亦有此政治、学术二分之编排逻辑：所收六卷书信，前两卷题为"时事出处帖"，后

---

① 当然，以《朱子全书》侧重朱熹本人文献的编纂要求而言，此辑佚标准并无不妥之处。
② 陈来《朱子书信编年考证》中仅对少数几通书信的系年作了调整，其中有高明独断处，亦有可商榷处。高明处如《与江东尤提举札子》，今本置于卷 27 中，若依前后通信年限，应在 1188 年春夏之间，但在国家图书馆所藏宋刻元明递修本《晦庵先生文集》中，此信在卷 26《与周参政别纸》之后，陈来仅以其文意断在 1180 年，与宋刻元明递修本之前后年序暗合。而卷 27 最后一通《答或人书》，陈来前因文意将之定在 1182 年，后又次第将之定在 1188 年，恐是疏漏所致。见陈来：《朱子书信编年考证》(增订本)，第 210、279 页。

四卷题为"讲学及杂往来帖"。

了解《文集》编纂中对于政治、学术两分的原则后,下文将沿此分疏,借由宋元两朝文集中所见朱熹书信真迹题跋,进一步探讨《文集》编纂过程中未收录书信的特质,由此观察《文集》作为朱子学核心文献,影响其形成过程的政治与学术因素。

二、庆元党禁与书信编订

王汎森先生在对清代文献的考察中,曾敏锐地留意到清代文献中的"自我禁抑"现象,并由此讨论了一些因政治因素而在撰写、编辑、刊刻中"消失的文献"[①]。朱熹一生仕途屡遭挫折,1191 年他在给赵汝愚的书信中回顾此前政治生涯,即说:"一出而遭唐仲友,再出而遭林黄中,今又遭此吴禹圭矣,岂非天哉!"[②] 在仕途上的波折,进而影响到朱熹对于自己文献刊刻的态度。如在 1186 年答詹帅(即詹仪之)的四通书信中,朱熹听闻詹已开始刊刻其文字,且"用官钱刻私书",虽然当时以州学名义刊刻书籍本是常态,但朱熹的反应乃是"惊惧",反复嘱托詹推迟或中止此事,以求"免祸",甚至提出"若已用过工费,仍乞示下实数,熹虽贫,破产还纳,所不辞也"[③]。1191 年朱熹在《答刘季章书》中曾嘱咐刘对于往日刻书"且急收藏,不可印出",若今后再有人有刻书念头,"千万痛止之也"[④]。而庆元党禁的政治压力,较之上述时期有过之而无不及。今日通行之《文集》虽整理、刊刻于朱子离世乃至嘉定更化之后,但也依旧可以看到庆元党禁等政治因素的影响。

宋人文集已屡现对于朱熹《文集》中"消失的书信"(即未被收录于《文

---

① 王汎森:《权力的毛细管作用:清代的思想、学术与心态》第八章《权力的毛细管作用——清代文献中"自我压抑"的现象》,台北:联经出版社,2013 年,第 393—500 页。王汎森先生提及清代文献的自我压抑,包括作者主观上对于文字的克制,而本文主要从已经被书写、但未能被正式刊刻的角度来定义"消失"一词。

② 朱熹:《晦庵先生朱文公文集》卷 28,朱杰人、严佐之、刘永翔主编:《朱子全书》(修订版)第 21 册,上海:上海古籍出版社,2010 年,第 1254 页。

③ 朱熹:《晦庵先生朱文公文集》卷 27,《朱子全书》(修订版)第 21 册,第 1198—1207 页。

④ 朱熹:《晦庵先生朱文公文集》卷 29,《朱子全书》(修订版)第 21 册,第 1285 页。

集》中的书信）的感叹。如魏了翁在《跋朱文公所与辅汉卿帖》中就感慨，"（辅广）端方而沈硕，文公深所许与，往来书帖，当不止此"[①]，所谓"不止此"，是特指不止于《文集》中所收录的7封书信，而与辅广并称为朱熹门下"黄辅"的黄榦，《文集》中所收录朱熹与其的书信即近百通[②]。

王柏在《跋文公与潘月林帖》中亦指出，朱熹的书信真迹本是"遍满东南"，而以朱熹与潘月林（即潘时）的关系及朱熹对潘时"尊礼之严"，"《文集》中乃不登载一字，仅有墓道一碣"[③]，王柏认为其原因是《文集》编纂时因"不胜其众"而有所"遗逸"[④]。但此种理由并不充分，因为潘氏一门与朱熹往来极为密切，下一辈如潘端叔、潘恭叔、潘文叔等"友"字辈及潘时女婿史弥远，皆与朱熹在政治、学术方面有所牵涉，若单纯因"不胜其众"而不加以收录，则《文集》中缺乏实质内容的客套书信亦不在少数。其真实原因何在，且先看王柏在另一处朱熹书信真迹题跋中的文字。

南宋度宗咸淳八年（1272）冬天，赵师渊从孙携朱熹与赵师渊的书信真迹来王柏处，王柏在题跋此信时说：

> 讷斋赵公登朱子之门为最先，其后远庵昆仲相继而进，开之以道义，缔之以婚姻。往来尺牍其多可知，见于文集者讷斋止二通而已，此帖亦

[①] 魏了翁：《鹤山集》卷62《跋朱文公所与辅汉卿帖》，《景印文渊阁四库全书》，台北：台湾商务印书馆，1986年，第1173册，第42页。

[②] 若严格而言，实则黄榦的书信在《正集》中亦仅有8通，其余近90通皆是《续集》编订时所收录。朱熹与黄榦、辅广二人书信多寡不同的原因，或许也和二人从朱熹问学时长有关：黄榦从朱熹问学计24年，辅广仅6年。但问学年限长短不是很好的辩护理由，因为《正集》《续集》所收黄榦书信，绝大多数集中在黄榦从朱熹问学的后半程，其中近50封集中在1197—1199年。另一个辩护理由是黄榦乃朱熹之婿，难免往来书信较多。但观书信内容，所论家事并不多，而"伪学""伪党""取祸"之词频现。笔者更倾向于另一种推测，即黄榦在朱熹《文集》的形成中具有特殊的分量。证据有两点，其一是在《续集》中，黄榦位于首卷；其二是朱熹临终前一日曾有三封绝笔信，分别写给其子朱在、门生范念德和黄榦，今《文集》中仅收录与黄榦这一封。《文集》形成过程的许多细节，因文献不足征已然难以确知，但魏了翁、王柏等距朱熹尚近，他们对于一些现象的判断，仍然值得重视。

[③] 所谓"墓道一碣"，即指的《正集》卷94《直显谟阁潘公墓志铭》，载《朱子全书》（修订版）第25册，第4314—4321页。

[④] 王柏：《鲁斋集》卷13《跋文公与潘月林帖》，《景印文渊阁四库全书》第1186册，第206页。

不与焉。今以辞语考之，实庆元丙辰（按：即庆元二年，1196年）先生乞改正从臣恩数之后，沈继祖未上疏之前也。当是时国论大变，善类奔波，海内震骇，审观此帖，不胜感慨。①

王柏认为，赵师渊从学朱熹甚久，赵、朱两家又屡有婚约，因此二人往来书信，当不止《文集》卷54所收《答赵几道》两通②。王柏所见赵氏子孙所藏朱熹书信真迹，即为庆元二年沈继祖上疏之前，庆元党禁将起未起、风雨欲来之时。类似例子还有吴澄所亲见、未被收录于《文集》中的庆元元年朱熹与吕祖俭书信③，因其文意近似，此不赘引。

朱熹原本"遍满东南"的文字，在宋元两朝尚有不少人见到其真迹，且屡被理学家乃至文人群体鉴赏、题跋，此观真德秀、魏了翁、王柏、吴澄、胡炳文等人文集即可知之，而题跋者多能留意到其所见书信真迹中多有未被收录到《文集》之中者。至于未被收录的原因，宋人大多如上文所引从个案出发加以陈说，元人则更宏观地论及此与庆元党禁的关系。如黄溍在题跋朱熹、张栻书信真迹时即说：

> 庆元学禁方厉，为士者至更名他师，其间遗尺牍之偶存者，未必非毁弃之余也。乃今遂如壁书、冢简复启其秘。④

庆元党禁期间，曾与朱熹往来密切的门生、友人，更换门庭、"毁弃"与

---

① 王柏：《鲁斋集》卷12《跋朱子与讷斋帖》，《景印文渊阁四库全书》第1186册，第181页。
② 关于朱熹与赵师渊的往来书信，最知名的未收录书信即所谓《朱熹与赵师渊论纲目八书》，现收录于《资治通鉴纲目·附录》(《朱子全书》<修订版>第11册，第3497—3499页）。此八书的主旨为朱熹委托赵师渊编修《资治通鉴纲目》。汤勤福曾撰文认为此八书为伪作（汤勤福：《朱熹给赵师渊〈八书〉考辨》，《史学史研究》（北京）1998年第三期，第57—63、77页）。此八书或有进一步研究的必要，因为王柏曾见赵师渊文集，文集中与朱熹往来之书信曾论及《资治通鉴纲目》的编纂，其中内容有与此八书相契者，但王柏未曾见到八书真迹。理论上自然有可能是赵师渊文集的编撰者增加了这些书信以借重朱熹之名望，而实际并不存在此八书之真迹，否则赵氏子孙当有可能携此真迹去拜访王柏。但以笔者目力所见，关于朱熹书信真迹作伪之质疑始于元代，晚宋文集中尚未见有人质疑朱熹书信真迹之真伪。
③ 吴澄：《吴文正集》卷60《跋朱文公帖》，《景印文渊阁四库全书》第1197册，第593页。
④ 黄溍：《金华黄先生文集》卷21《续稿》18《跋朱张二先生帖》，《四部丛刊初编》第304册，台北：台湾商务印书馆，1967年，第208页。

朱熹往来密切之证据——书信——并不足为奇,此观朱熹没后,"门生故旧至无送葬者"即可知晓[①]。但为规避党禁政治风险,"毁弃"证据并非唯一做法,"藏匿"亦有可能;也正因为藏匿,党禁过后,朱熹书信真迹才能"如壁书、冢简复启其秘"。

超越个案而作更一般性推断的关键在于能否发现更充足的证据证明"消失的书信"与庆元党禁之间更普遍的联系。前文提及,《文集》包括《正集》《续集》《别集》三部分,其中《正集》编纂刊刻的准确时间、过程已不可考,而《别集》的编订刊刻最晚,依黄镛所作《闽刊本文公别集序》和余师鲁所作《闽刊本文公别集跋》[②],大约在宋理宗景定元年(1260)和宋度宗咸淳元年(1265),此时距朱熹过世已逾一甲子。对于《正集》而言,《别集》中补录的书信亦可视为一种"消失的书信",因此从《别集》收录书信的来源和类型,可以反推在《正集》编纂之时,对某些书信不加收录的原因。

《别集》共计10卷,前六卷为书信,其目录小字即标示卷1、卷2为"时事出处帖",卷3至卷6为"讲学及往来杂帖"。与《正集》《续集》略有不同,《别集》还于"每篇(书信)之下必书其所从得"[③],即标示此信征集、抄录的渊源,因此为详细分析其征集渠道提供了可能。下面以卷1、卷2关乎政治的"时事出处帖"数例加以分析:

卷一《彭子寿》止堂之孙沚家藏

卷一《刘德修》以下后溪之曾孙曾元家藏

卷二《李端甫》以下见蔡久轩所刊《庆元书帖》

卷二《章茂献》先生之孙主簿家藏

卷二《刘智夫》先生曾孙市辖浚家藏刊帖

---

① 《宋史》卷401《辛弃疾传》,北京:中华书局,1985年,第12165页。关于朱熹殁后会葬时门生故旧人数,另有一说认为党禁虽严,但前往会葬的门生依旧有几千人。合理的推断是朱熹门生一度希望集体参与会葬,但因朝廷严令,实际临葬者极少,门生中可考者仅蔡沈、黄榦、李燔和范建德四人。对于该问题,笔者另有札记详论,此不展开。

② 朱熹:《晦庵朱文公先生文集》,《朱子全书》(修订版)第25册,"附录一",第5063—5064页。

③ 《晦庵朱文公先生文集》"附录一",第5063页。

其中彭子寿即彭龟年,号止堂;刘德修即刘光祖,字德修;章茂献即章颖,此三人皆在庆元党禁 59 人之中,其与朱熹的书信,或未为《正集》所收,或仅被收录讨论学术的书信,而不及政治。而自李端甫以下,刘季章、黄直卿、祝汝玉、刘公度、蔡季通数人书信,皆转录自蔡久轩所刊《庆元书帖》。蔡久轩即蔡杭,其祖父蔡元定亦在庆元党禁 59 人之中。《庆元书帖》虽已遗佚,但其内容或为蔡杭所辑庆元党禁之时朱熹等人往来书信。此外又如刘智夫,《别集》收录朱熹与其书信 27 通,颇为可观,但其人在《正集》中仅见于卷 9《题刘志夫严居厚潇湘诗卷后》[①],而在庆元党禁之时,刘智夫与朱熹往来极为密切,朱熹曾多次与之讨论"辞职休致"一事,刘后亦受周必大牵连去职。

因此,一个合理的推断是,《正集》未收录的这些与朱熹政治活动尤其是庆元党禁期间活动相关的书信,很可能长期、完整地保留在朱熹或其通信对象的家族之中,甚至因庆元党禁而受到牵连者的后人(蔡杭)亦曾在多年之后对这些书信有心加以编纂、刊刻。所以《正集》编纂之时未能收录这些书信,其原因既非王柏所谓的书信过多、"不胜其众",亦非编纂之时"文献不足征",更大的可能乃是当时的政治环境导致编订者作了有意取舍;而到了宋末《别集》编订之时,或因政治气氛较为宽松,使得这些"消失的书信"再次被收录于《文集》之中。但此时毕竟距离朱熹过世已过一甲子,庆元党禁时朱熹及友人的往来书信,子孙精心保管者固然有之,但因战乱、家贫、火灾、偷盗而散落、遗失者亦不在少数。余师鲁在为《别集》所作跋文中,就曾感叹其父亲余秀实所藏朱熹所与书帖数十封,最后多为小偷所盗[②],类似感叹在宋人文集之中屡有所见,此不枚举。

三、朱陆之争与书信编订

首节已言影响朱熹书信编纂的有政治、学术两方面因素,次节以庆元党禁为例论《正集》编修时因政治考量未收之朱熹书信,本节则以朱陆之争为例分析基于学术因素而未被收录的书信,以及由此反映的朱熹文献中朱熹与

---

① 刘志夫、刘智夫乃一人,即刘崇之。
② 余师鲁:《闽刊本文公别集跋》,《晦庵朱文公先生文集》"附录一",第 5064 页。

朱熹后学立场的细微差异。

且先以朱陆二人共同的弟子,并在朱陆之争中扮演过重要角色的包扬为例,今本《文集》之中,仅收录两通朱熹与包扬的书信。在理学史的叙述之中,包扬往往被视为陆九渊门下的极端者:他反对朱熹读书穷理、下学上达的主张,宣称"读书讲学,充塞仁义""以书为溺心志之大阱者",不仅引起朱熹不满,甚至连陆九渊也批评他"好立虚论"[①]。

包扬的学问主张偏离朱子学立场固是事实[②],但包扬从朱熹问学往来甚久亦当是事实,据《朱子语类》卷首所附《朱子语类姓氏》,即可知包扬至少在1183年即已在朱熹门下问学。更具反差的证据则是来自包扬的儿子包恢。包恢在给陈公明所藏朱熹二帖题跋时,曾追忆其父亲在朱熹门下的问学经历:

> 先君子从学四十余年,庆元庚申(1200)之春,某亦尝随侍坐考亭春风之中者两月,每一追思,常叹景星之还复快睹,且家积其前后书问至十数巨轴,比年不幸连遭寇毁,尽为六丁取去。[③]

在包恢笔下,其父包扬从朱熹受学有四十余年,堪称朱熹门下最资深的弟子,而朱熹所与书信,包家曾累积至十数巨轴,其数量颇为可观,远不止《文集》中所收两通之数。这些书信虽然最终遗失,但其未被《文集》收录,恐亦另有原因。

朱熹在生前刊刻其著作时,曾担心詹仪之会因助其刊刻而被讥为"分朋树党"[④],而在朱熹、吕祖谦、陆九渊等同辈理学家过世之后,其门人在理学文献的编修过程之中,编订者之立场虽未必真陷入"分朋树党"之境地,但基于不同学派立场,对文献有所取舍、对前辈学者之争各有维护,则非罕见,

---

① 黄宗羲原撰,全祖望补修:《宋元学案》卷77,陈金生、梁运华点校,北京:中华书局,1986年,第2589页。
② 《朱子语类》中有数人所记语录被视为"间有可疑""间有疑误",包扬即其一也,见黎靖德编:《朱子语类》卷首《朱子语录姓氏》,王星贤点校,北京:中华书局,1986年,第18页。
③ 包恢:《敝帚稿略》卷5《跋晦翁先生二帖》,《四库全书珍本三集》,第246册,台北:台湾商务印书馆,1972年。
④ 朱熹:《晦庵先生朱文公文集》卷27《答詹帅书》,《朱子全书》(修订版)第21册,第1201页。

其中尤以朱陆两系之争为典型。

理学史公认朱熹与张栻、吕祖谦、陆九渊皆为讲学之友，虽然张栻、吕祖谦与朱熹相识较早，但张、吕二人分别于1180年、1181年早逝，陆九渊与朱熹讲学切磋之时间跨度，并不下于张、吕二人，但《文集》之中所收录的朱熹与张栻讲学书信49通，与吕祖谦讲学书信103通，而与陆九渊讲学书信仅6通，此种反差不得不令人起疑。

《文集》中朱熹与陆九渊书信之稀见，并非仅仅是因朱陆二人实际往来书信之稀少。最直接的证据是《陆九渊年谱》（下文简称"《陆谱》"）中，即至少收录7封《文集》中未收录的朱熹与陆九渊书信，这些书信，《文集》编订者亦不难见到其真迹。理由有二：其一是《陆谱》之编订始于袁燮（1144—1224），而其刊刻不会迟于南宋宝祐四年（1256），所以即便袁燮的手稿不曾示人，至晚在《别集》编订时，朱子后学也已能见到这些书信的文字；其二是朱熹、陆九渊皆有将彼此书信抄录转呈友人的习惯，尤其是关系甚大的朱陆"太极无极之辩"，朱熹就曾说"闻其（陆九渊）已誊本四出……且得四方学者略知前贤立言本旨"①。可见朱陆"太极无极之辩"的书信，当时不少人即所谓"四方学者"或都曾亲见书信内容。

这些书信之所以不被收录于《文集》、而被收录于《陆谱》，更可能的原因或许与书信内容有关。下文引其中数通加以讨论。

《陆谱》淳熙十年（1183）条下，录有一通朱熹与陆九渊的书信，信中朱熹自称："病中绝学损书，却觉得身心收管，似有少进处。向来泛滥，真是不济事。"②朱陆自鹅湖之会开始，对于理学工夫便有不同意见，朱熹此信自然可以视为朱陆二人关系融洽之时，朱熹的寒暄客套之词，而非论学的核心宗旨。但无论如何，与观者而言，"绝学损书"更近陆九渊的学风，而非朱子一

---

① 朱熹：《晦庵先生朱文公文集》卷50《答程正思》，《朱子全书》（修订版）第22册，第2330页。
② 陆九渊：《陆九渊集》卷36《年谱》，钟哲点校，北京：中华书局，1980年，第494页。

贯立场,尤其当这些书信是往来于朱陆二人之间时①;而自承"向来泛滥,真是不济事",更是惹人联想——鹅湖之会时,陆九渊批评朱熹的着眼点,恰恰是认为朱熹读书格物的工夫,乃是"支离事业竟浮沉"。

《陆谱》淳熙十六年条下,录有另一通朱熹与陆九渊的书信,朱熹写道:"某春首之书,词气粗率,既发即知悔之。"②以《陆谱》前文观之,"春首之书"即是"春正月,朱元晦来书"③,其书信内容即是《正集》卷 36 所收《答陆子静》第六书,为朱陆"无极太极之辩"的关键书信④,而《陆谱》特意收录此信,亦当是看中其中"知悔"二字。固然可将"知悔"二字解释为朱熹为避免无谓的论战而做出的字面妥协谦让,但对于《文集》和《陆谱》的编者而言,是否收录此信,则是表达朱熹对于"无极太极之辩"的不同"定见"。

《陆谱》淳熙十六年条下,还收录一通未见于《文集》之中的朱熹与包扬的书信,传统理学史视此时为朱陆"无极太极之辩"的关键时节,但朱熹在此信中却高度肯定陆九渊,认为"南渡以来,八字着脚,理会着实工夫者,惟某(朱熹)与陆子静二人而已"⑤。此信过往亦有学者因包扬更近陆学一系,而视之为伪作,但朱熹对于陆九渊近似文字评价,亦可见于《朱子语类》之

---

① "损书"意同"捐书"。《朱文公文集》中亦收录朱熹其他自言"绝学捐书"的文字,此处稍加说明。如朱熹所作《困学》一诗中有"旧喜安心苦觅心,捐书绝学费追寻。困衡此日安无地,始觉从前枉roomIdユ阴"(见朱熹:《晦庵先生朱文公文集》卷2,《朱子全书》<修订版>第20册,第284页)。但《困学》作于绍兴(1131—1162)末年,乃是朱熹反思早年出入佛老之弊端,朱熹最终的态度乃是认为当年捐书绝学、以心觅心的做法是枉费光阴(关于《困学》诗的系年与要义,可参见郭奇笺注:《朱熹诗词编年笺注》,成都:巴蜀书社,2000年,第172—173页;宋元文学研究会编:《朱子绝句全译注》第二册,东京:汲古书社,1994年,第115—120页)。《朱文公文集》中另一处提及"绝学捐书"的书信则更有代表性,淳熙八年朱熹在给江德功的信中曾说"绝学捐书,是病倦后看文字不得,正缘前日费力过甚,心力俱衰,且尔休息耳。然亦觉意思安静,无牵动之扰,有省察之功,非真若庄生所谓也"(见朱熹:《晦庵先生朱文公文集》卷44《答江德功》,《朱子全书》<修订版>第22册,第2048页)。朱熹清楚的点明他所谓的"绝学捐书"指的是因身体不适而减少损耗精力的读书,而非如庄子书中提及的与儒学立场截然不同的"绝学捐书"。

② 《陆九渊集》卷36《年谱》,第507页。
③ 《陆九渊集》卷36《年谱》,第506页。
④ 朱熹:《晦庵先生朱文公文集》卷36《答陆子静》,《朱子全书》(修订版)第21册,第1570—1577页。
⑤ 《陆九渊集》卷36《年谱》,第507页。

中朱门高弟陈文蔚所记①。

　　持朱子学立场的学者，对于上述书信，或视而不见，或视之客套之词而非朱熹真实意见，或视为伪作。第一种态度无须回应。第二种解释即便成立②，亦无损本文论证的关键逻辑，即这些书信是否被收录在朱陆二人文献之中，所反映的可能是朱陆后学的理解，而不仅是朱陆本人的态度。因此从回顾理学文献形成的过程而言，问题不仅在于这些书信是否为朱熹的真实意见，也在于后人会如何理解这些文献，以及这些不同的理解是否有可能导致编纂者在《文集》编订过程中作不同的取舍。而第三种意见则需谨慎对待。元人文集和今存朱熹书信的题跋中，都可以看到后世流传的朱熹书信虽有伪作，甚至数量不少，元人及后来者在题跋中对此已有留意。但据笔者所见题跋分析，其原因主要是宋元战乱导致朱熹真迹大量失传、散佚，同时元代朱子学的官学化使得朱熹地位日趋尊崇，士人对于朱熹真迹收藏和鉴赏的需求，造成后世逐渐出现朱熹书信的伪作③。但在《文集》和《陆谱》编订之时，朱熹书信并不稀见，宋人题跋中也不曾见对朱熹书信真伪的担忧与讨论。从《正集》"时事出处"数卷书信极为精确地以通信时间先后编订推断，朱子后学对于朱熹书信当是极为了解，在朱熹亡后的朱陆学术竞争中，若有陆学一系伪造文献，恐宋人应有所讨论。

　　实际上，就如前文所述，朱熹书信真迹中，颇有一批书信被朱熹及其通信对象的子孙和后学精心保存，且流传有序。前述淳熙十年"绝学损书"一书，元人虞集还曾亲见真迹，并以调和朱陆的立场作了一通题跋④。固然可以

---

① 黎靖德编：《朱子语类》卷124《陆氏》，第2969页。
② 对于理学家的义理之辨，当遇到文集、语录中的表述略显矛盾之时，更妥帖精确的处理方式，仍然是应将之置回于理学家的义理体系之中，以其内在理路加以验证。
③ 关于朱熹书信在宋、元、明、清四朝的不同流传，笔者另有专文论述。大略言之，晚宋之时，这些书信主要流传于朱子后学内部，扮演的角色是后人追慕家族、师门的"纪念物"；元代因朱子学的官学化，对于朱熹书信真迹的鉴赏、流传拓展到更广泛的士人群体，逐渐被视为兼具义理与书法造诣的"艺术品"；明清两朝，随着朱熹地位的进一步提升和朱熹书信真迹的稀见，朱熹书信真迹逐渐开始被高级官员、大收藏家乃至皇家收藏，成为"珍品"。
④ 虞集：《道园学古录》卷40《跋朱先生答陆先生书》，《景印文渊阁四库全书》第1207册，第572—573页。

大胆质疑，虞集所见在书法上乃是伪作，但这通书信至少在内容上与《陆谱》别无二致。就如前文所言，是否收录此一书信，对于朱陆之争可能会有不同的理解，虞集即以此为文献根据调和朱陆。而这封书信的内容，在明代复起的朱陆之争中，再次扮演了关键文献的角色。明人程敏政就在《道一编》中提及这通书信，并对该信不见于《文集》作了与本文近似的推断，即"殆门人去之也"[①]。

因篇幅与学力所限，朱陆往来书信外，无法讨论更多因学术原因而"消失的书信"的例子。讨论"消失的书信"最大的难度在于文献不足征，毕竟讨论的对象已然"消失"，难以见其全貌，因此经得起严格审查的"完美"案例并不易得。就如同笔者曾分析《朱子语类》编纂过程中朱熹后学如黎靖德的"刻意"编辑之处，整整140卷的《朱子语类》中，可能只有卷122至卷124讨论吕祖谦、陈亮、陆九渊等人的三卷可以提供极富说服力的文本比对证据，而这还是得益于黄士毅本《朱子语类》的重新发现[②]。但这并不意味着笔者所列举的乃是极为特殊的现象，只是其他个案的证据链尚欠严密。在讨论一些文献不足征的文本变动时，能有如此案例已属幸运，至于这些结论何时可以得出更具普遍性的推论，需要研究者更多的耐心。

四、结论：理学义理与理学文献编纂

传统理学研究中的文献学视角，主要是处理版本源流、文献辑佚等工作，其主要方法是版本考察、校勘，和从存世其他文献渠道加以辑佚补遗，其目的是希望尽可能恢复文献原初面貌，并在此基础上产生更准确反映理学家本人义理和更便于现代学者所利用的文本。

但这种传统文献学角度忽略了一点，即理学作为注重义理、道统的学问，

---

① 程敏政：《道一编》卷6《道园虞氏跋朱先生答陆先生书》，《续修四库全书》第936册，上海：上海古籍出版社，1997年，第561页。

② 关于《朱子语类》文本中所体现的朱熹与朱子后学之间的差异，详见汤元宋：《语类编纂与"朱吕公案"——以〈朱子语类〉为中心的再考察》，（北京）《中国哲学史》2017年第1期，第80—87页。

其文献编纂有其自身特点:诸多理学家的文献在被后学编纂之初,可能其立场就已经与其原作者有所差异①;这种后学编纂过程中的差异,在后续理学文献的传刻、解读过程中,有可能会被进一步放大,从而造成新的学术蔀障;这种蔀障则给后来的研究者以干扰,即研究者易将此类后学编纂文献中所伴生的问题,等同于理学家本人的问题,从而试图在理学家的义理体系中,就此"虚构"的问题寻求答案,结果却往往因强作解人而再生分歧,衍生出累层的学术新公案。

今日研究者视为朱熹文献的《朱子全书》二十七册,实则是一个复杂而多样的文献系统:既有朱熹本人写作、定稿的《周易本义》《四书章句集注》;又有朱熹授意、门生完成的《仪礼经传通解》;还有虽出自朱熹之口,但其文献之形成、编纂皆由后学完成的《朱子语类》;以及本文所讨论的,虽然单篇文献由朱熹写作、定稿,但其作为一个整体,却成于后学之手的《朱文公文集》。因此在分析、利用朱熹文献之时,对其文献的复杂性及编纂属性有足够的敏感,从而对不同文本的材料有效性有更准确的评价,才能更精确区分朱熹文献中朱熹与朱熹后学之间的差异,还原更真实准确的朱熹的历史世界。

附记:本文在撰写、修改过程中,柳立言教授、祝平次教授、左娅博士、郑丞良博士、雷博博士、Valerie Hansen教授及她的学生都曾给予详尽的书面评议,谨此致谢!

本文原刊《中华文史论丛》2018年第2期,收入本论集时有修订。

---

① 王柏就曾在《跋朱子与时逊斋帖》中感叹:"昔紫阳之门,四方之士云集,不旋踵而倍其师说者亦有之,未有一再世之后而能守之而不变者。"(王柏:《鲁斋集》卷11,《景印文渊阁四库全书》第1186册,第167页)其说虽是感叹于"科举之坏人心",但也可见朱子后学与朱子本身的差异。黄榦也曾针对语类的编纂特质,认为"不可以随时应答之语易平生著述之书"(李性传:《饶州刊朱子语续录后序》,《朱子语类》,第3页)。

编后记

本论文集缘于2019年6月14日至16日在北京大学人文社会科学研究院、清华大学历史系举办的同名工作坊。2020年值邓小南师七十寿诞暨在北京大学任教三十五年，故同仁酝酿许久，欲提前举办一小范围、内容充实的工作坊以为贺，亦不至惊动过多师友。在黄宽重先生、刘静贞老师的建议下，工作坊设计了学术史回顾、专题研究两个版块。

工作坊收到了35篇论文，日程所限，当时只选择了其中的14篇作品进行较为密集的讨论。会后，同仁深感有必要进行持续的切磋琢磨，亦希望将部分成果公开出版，以就正于学界。幸得北京大学出版社马辛民先生、武芳女士支持，本集得以顺利问世。

本集一共收录29篇论文，其中16篇为首次发表，13篇则是已发表论文的修订稿。无论是新作还是修订之作，组稿时皆安排了同行评议，作者也根据评议意见进行了修改。评议人多由本集作者担任，亦有同仁虽非作者仍欣然施以援手。

论文集亦由"学术史"和"专题研究"两部分构成。在"学术史"部分，我们对宋代政治、制度、社会、性别诸领域的研究史作了概览与评论，重点在近二三十年来诸领域的一些新动向。此外，"学术史"部分还略及宋史研究所发轫的近现代政治、学术背景。"专题研究"的重点是制度史、政治史，也包含社会史、思想文化史。诸论代表了作者们在积累丰厚又略显沉闷的学术世界求新、求深的努力。朱熹云,"问学如登塔,逐一层登将去","若不去实踏过,却悬空妄想,便和最下底层不曾理会得"。即须着力下学,方能上达,"层层级级达将去,自然日进乎高明"。本集以"诸层面"为题,既是为了涵盖诸多论题,亦是以前辈学人笃实、穷致的学风自勉。

邓小南师全程参与了工作坊的讨论,论文编集过程中又审阅指点,因而本集并非一般意义的弟子致贺,亦是教、学的一种延伸。1970 至 1974 年,邓师初任教于黑龙江雁窝岛三队小学,1977 至 1978 年又代课于北京 172 中学,1985 年后在北京大学历史系任教至今,实已从教四十年。本集同仁幸于近二十年间问学于邓师,自一字一句至于思想激发,自学业至人生,受无量之感召、培育、成全。是集可谓见证。

方诚峰敬识

2020 年 6 月

作者与评议人、与会人名录（以姓氏拼音排序）

陈文龙　华中科技大学历史研究所

陈希丰　四川大学文化科技协同创新研发中心

崔碧茹　韩国梨花女子大学历史系（评议人）

丁义珏　苏州大学社会学院历史系

方诚峰　清华大学人文学院历史系

高　波　中国人民大学历史学院（评议人）

高柯立　北京科技大学科技史与文化遗产研究院

古丽巍　华中师范大学历史文化学院

胡　坤　西北大学历史学院（评议人）

贾连港　西北大学历史学院

姜　勇　浙江工商大学人文与传播学院（与会）

雷　博　中国社会科学院古代史研究所

黎　晟　淮阴师范学院美术学院（与会）

李全德　中国人民大学历史学院

李怡文　香港城市大学中文及历史学系

梁建国　厦门大学历史系

刘光临　香港岭南大学历史系

刘　江　上海师范大学人文学院历史系

刘力耘　中国社会科学院历史理论研究所（评议人）

罗祎楠　北京大学政府管理学院（与会）

马东瑶　北京师范大学文学院（与会）

苗润博　北京大学历史学系

聂文华　重庆师范大学历史与社会学院

任　石　上海师范大学人文学院古籍所

汤元宋　中国人民大学国学院

王化雨　四川师范大学历史文化与旅游学院

王锦萍　新加坡国立大学历史系

小林隆道　日本神户女子学院大学（评议人）

徐力恒　香港城市大学中文及历史学系（与会）

许　曼　美国塔夫茨大学历史系

闫建飞　湖南大学岳麓书院

易素梅　中山大学历史系

尹　航　四川大学历史文化学院

张卫忠　西南民族大学旅游与历史文化学院

张新刚　北京大学历史学系（评议人）

张　祎　首都师范大学历史学院

张亦冰　中国人民大学历史学院

赵冬梅　北京大学历史学系（与会）

郑丞良　辅仁大学历史学系（评议人）

郑小威　美国加州大学圣芭芭拉分校历史系

周海建　中央民族大学历史文化学院（评议人）

周　佳　浙江大学古籍研究所

朱义群　福建师范大学社会历史学院